早期现代世界的革命与反抗

1600年至1850年间
英国、法国、奥斯曼土耳其和中国的人口变化与国家崩溃

（25周年版）

REVOLUTION AND REBELLION IN THE EARLY MODERN WORLD

POPULATION CHANGE AND STATE BREAKDOWN IN ENGLAND, FRANCE, TURKEY, AND CHINA, 1600–1850

25TH ANNIVERSARY EDITION

JACK A. GOLDSTONE

[德]杰克·A. 戈德斯通 著

章延杰 黄立志 章璇 译

上海人民出版社

谨此致敬我的老师们：

S.N.艾森施塔特（S.N.Eisenstadt）、乔治·霍曼斯（George Homans）、内森·凯菲茨（Nathan Keyfitz）、西达·斯考切波（Theda Skocpol）；同时致敬剑桥大学人口与社会结构研究小组，以及世界各国的人口研究学者，对他们而言，激发灵感、启迪智慧的是：学者、同事和朋友。

1991 年版所获赞誉

美国社会学学会 1993 年度杰出学术著作奖

这本卓越非凡而又精彩纷呈的著作早就该来了……这是一项重大的学术成果，将重绘早期现代世界的历史图卷。

——威廉·多伊尔（《泰晤士高等教育增刊》）

确实是很久以来一部最有趣的关于革命的总论性著作。

——约翰·马尔科夫（《美国社会学期刊》）

这是一部名副其实、雄辩有力、充满挑战而又雄心勃勃的著作。

——约翰·A.霍尔（《比较社会学》）

25 周年版所获赞誉

能够显著改变学科研究领域的书籍并不多见，《早期现代世界的革命与反抗》一书就做到了这一点，当它于 1991 年初次出版时，就明显改变了革命学研究的趋向。更为罕有的是，在初版 25 年之后，该书对学科领域的改变作用似乎依然如此，甚或更加明显了。本书 25 周年版本里的新材料表明，该书仍然属于这一类少有的书籍。

——道格·麦克亚当　斯坦福大学

读研究生期间，我首次阅读了《早期现代世界的革命与反抗》这本书，那时候，对于研究什么以及如何研究，我的想法才刚刚成形。戈德斯通这本现在已经成为经典的著作，为我提供了解决一系列谜题的方法，诸如社会运动的激进主义及其后果、公共政策执行问题、投票行为、群体间冲突、不平等问题，而且，在过去的 25 年里，该书有力地影响了我的思想，戈德斯通鲜明的分析方法至今仍然是新鲜的、密切相关而又广泛适用的。

——罗里·麦克维　圣母大学

恰如 25 年前一样，戈德斯通的《早期现代世界的革命与反抗》至今仍然值得研究和效仿，该书清楚地表明，比较历史分析的经典著作所得出的结论经得住岁月的检验，这本 1991 年取得惊人突破的书籍，到现今的 2016 年，已成永恒的经典。

——詹姆斯·马奥尼　西北大学

戈德斯通这本雄辩有力的著作极大地改变了我们对于革命的理解，在本书初版已经过去了一代人的时间之后，其影响力丝毫未减，且在许多方面证明了其先见之明，而非仅仅局限于革命浪潮以及革命浪潮中真实存在且密切相关的人口变化趋势。本书新版所更新的最后一章，是一个恰当的尾声，对于那些对社会政治变化感兴趣的读者而言，这一章应当阅读。该书理论精巧、内容丰富、文辞优美，仍将是当下以及今后的经典著作。

——埃里克·塞尔宾　西南大学

《早期现代世界的革命与反抗》是革命学论述中的经典著作，戈德斯通将视野扩展到那些失败的革命，因而能够突出强调人口变化在推动反叛和革命中的关键作用。自初次出版时，该书的一个重要贡献是，在我们越来越意识到经济增长的环境限制时，本书的面世是非常及时的。

——史蒂文·平卡斯　耶鲁大学

提　　要

对于当代的革命而言,过去的多次重大危机能够教会我们什么呢?戈德斯通揭示出,人口变化、年轻人口的膨胀、城市化、精英分裂和财政危机在重大的政治危机中起着重要作用。戈德斯通还揭示出,在西方君主国和东方帝国那里,国家崩溃都遵循相同的模式,当僵化的政治制度、经济制度和社会制度难以应对不断累积的人口结构改变所带来的民心民意的变化、国家与精英之间相互关系的变化时,就会引发国家崩溃。戈德斯通考查了英国革命和法国革命这两场欧洲的伟大革命,也考查了发生在亚洲的伟大起义,这些起义沉重打击了奥斯曼土耳其、中国和日本的王朝政权,他的考查揭示出,革命危机和社会稳定交互出现的历史长周期以相似的方式形塑欧洲和亚洲各国的政治,但其结果却大不相同。

在这个25周年版本里,戈德斯通深入思考了近25年来的革命史,从菲律宾和其他国家的颜色革命到"阿拉伯之春"再到伊斯兰国的崛起。在他所写的新的前言中,他重新审视了以前关于人口变化的作用的有关观点,比如青年人口的不断增加、城市化、不断变化的精英流动这些持续影响革命与反抗活动的因素。在总结性的最后一章里,戈德斯通更新了他的主要理论,并且对中东、亚洲和非洲的革命的未来进行了展望。

目 录

图　目　录

地图

插图

表目录

欧洲
1648年前后
0 100 200 300 英里
0 100 200 300 400 公里
神圣罗马帝国疆界
奥斯曼帝国
其他政治疆界
大西洋
太平洋
北海
丹麦—挪威王国
苏格兰
爱丁堡
爱尔兰
都柏林
约克
英格兰
威尔士
牛津
剑桥
布里斯托尔
伦敦
联合省
阿姆斯特丹
布鲁塞尔
科隆
西属尼德兰
诺曼底
巴黎
布列塔尼
南特
奥尔良
塞纳河
莱茵河
多瑙河
慕尼黑
卢瓦尔河
法兰西
瑞士联邦
里昂
波尔多
萨伏伊
米兰
威尼斯
加龙河
罗讷河
图卢兹
热那亚
地中海沿岸
佛罗伦萨
马赛
西班牙
葡萄牙
马德里
托莱多
里斯本
卡斯提尔
加泰罗尼亚
巴塞罗那
科西嘉岛
罗马
巴伦西亚
塞维利亚
萨丁岛
地
阿尔及尔
突尼斯
摩洛哥

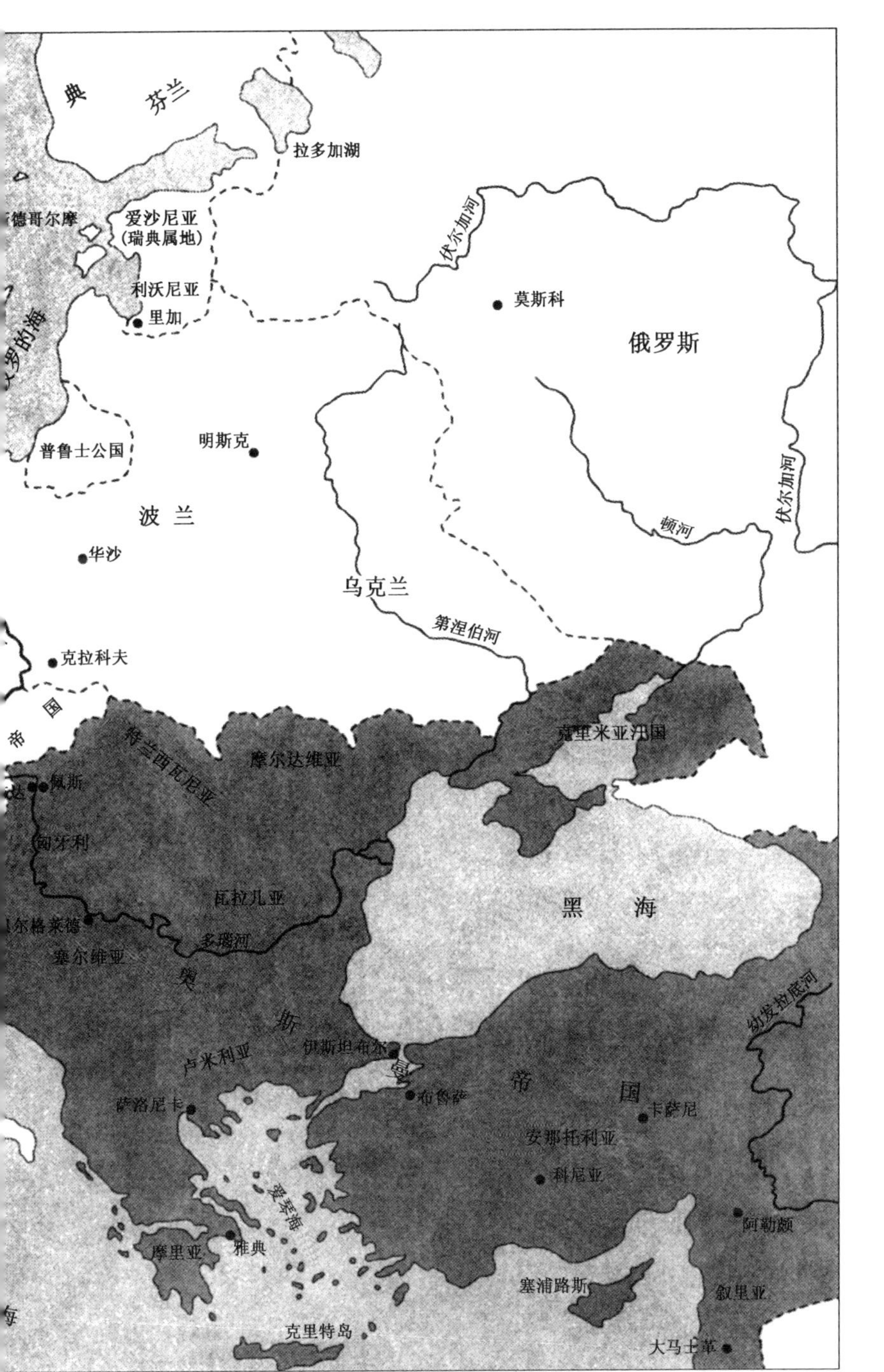

典
芬兰
拉多加湖
德哥尔摩
爱沙尼亚
（瑞典属地）
利沃尼亚
里加
波罗的海
伏尔加河
莫斯科
俄罗斯
普鲁士公国
明斯克
波兰
华沙
顿河
伏尔加河
乌克兰
第涅伯河
克拉科夫
帝
国
克里米亚汗国
特兰西瓦尼亚
摩尔达维亚
佩斯
匈牙利
瓦拉几亚
黑
海
尔格莱德
多瑙河
塞尔维亚
奥
斯
曼
帝
国
幼发拉底河
伊斯坦布尔
卢米利亚
布鲁萨
萨洛尼卡
卡萨尼
安那托利亚
科尼亚
爱琴海
阿勒颇
摩里亚
雅典
塞浦路斯
叙里亚
克里特岛
大马士革

大事年表

英　国

16 世纪

1485—1509 年　亨利七世(都铎王朝)

1509—1547 年　亨利八世

1558—1603 年　伊丽莎白一世

17 世纪

1603—1625 年　詹姆士一世(斯图亚特王朝)

1625—1649 年　查理一世

1637—1639 年　英格兰苏格兰战争

1640 年　呼吁设立长期议会

1641 年　爱尔兰起义

1642—1649 年　英国内战

1649 年　处决查理一世

1649—1660 年　共和国护国公奥列弗·克伦威尔统治时期

1660 年　斯图亚特王朝复辟

1660—1685 年　查理二世

1685—1688 年　詹姆士二世

1688 年　奥伦治的威廉入侵，詹姆士二世逊位、逃离英格兰
1689 年　威廉三世与玛丽(斯图亚特王朝)加冕为国王和王后，《权利宣言》通过

18 世纪

1702—1714 年　安妮女王
1714—1727 年　乔治一世(汉诺威)
1727—1760 年　乔治二世
1760—1820 年　乔治三世
1776—1789 年　美国独立战争

19 世纪

1815 年　击败拿破仑
1819 年　彼得卢暴动
1829—1831 年　斯温暴动
1830—1837 年　威廉四世
1832 年　《第一次改革法案》
1838—1848 年　宪章运动
1846 年　废除《谷物法》
1867 年　《第二次改革法案》

法　国

16 世纪

1560—1589 年　宗教战争
1589—1610 年　亨利四世(波旁王朝)
1598 年　《南特新教徒宗教信仰自由敕令》

17 世纪

1610—1643 年　路易十三
1643—1715 年　路易十四

1648—1653 年　福隆德运动

1675 年　废止《南特敕令》

18 世纪

1714—1775 年　路易十五

1770—1775 年　莫普和泰雷改革

1775—1792 年　路易十六

1787 年　卡隆宣称必须进行财政改革

1789 年　国民议会;攻陷巴士底狱;农村暴乱

1792 年　处决路易十六

1792—1799 年　法兰西第一共和国

1795 年　处决罗伯斯庇尔

1795—1799 年　督政府统治时期

19 世纪

1800—1815 年　拿破仑一世(波拿巴·拿破仑)

1815 年　波旁王朝复辟

1815—1830 年　路易十八(专制王朝复辟)

1830 年　1830 年革命

1830—1848 年　路易·菲利普(奥尔良公爵)(七月王朝)

1848 年　1848 年革命

1848—1851 年　法兰西第二共和国

1851—1870 年　拿破仑三世(波拿巴·拿破仑)

1870 年　普法战争;拿破仑三世战败;法兰西第三共和国开始

奥斯曼土耳其帝国

16 世纪

1520—1566 年　苏莱曼一世;征服匈牙利和北非

1596 年　奥斯曼帝国战胜哈布斯堡王朝，成千上万的小土地领主被遣散

17 世纪

1603 年　军队叛乱，杰拉里开始在安那托利亚起义

1623—1640 年　穆拉德四世

1620—1629 年　失去伊拉克，埃及起义

1629—1632 年　叛乱军队占领安那托利亚地区和伊斯坦布尔

1632—1640 年　穆拉德四世收复伊斯坦布尔，尝试改革

1648 年　苏尔坦·易卜拉欣在自己的宫殿里被扼死

1648—1656 年　禁卫军管制伊斯坦布尔，赛拉力叛乱者管制安那托利亚地区

1656—1683 年　大维齐柯普吕律恢复社会秩序

1659 年　最后一次杰拉里起义失败，阿巴扎·哈桑帕夏起义失败

1669 年　征服克利特岛

1683 年　奥斯曼土耳其人围攻维也纳

1683—1689 年　奥斯曼帝国围攻维也纳失败，遭受惨重损失

1689—1691 年，1699—1702 年　柯普吕律两次被任命为大维齐，领导奥斯曼土耳其人征服了贝尔格莱德

1699 年　《卡洛维茨条约》，奥斯曼帝国失去了匈牙利、特兰西瓦尼亚和摩里亚半岛(即伯罗奔尼撒半岛)

18 世纪

1711 年　奥斯曼帝国在普鲁特河战役中战胜俄国彼得大帝

1789—1807 年　塞利姆三世，现代化改革

19 世纪

1804 年　叙利亚人起义

1807—1808 年　塞利姆三世和穆斯塔法四世被军队废黜

1821—1830 年　希腊人起义

1831—1839 年　埃及省长穆罕默德·阿里起兵，埃及自治

中 华 帝 国

1368 年　　明朝建立

16 世纪

1522—1582 年　“一条鞭法”赋税改革

1573—1582 年　万历首辅张居正在位

17 世纪

1604—1627 年　东林书院成立,后被取缔

1631—1644 年　李自成起义

1630—1647 年　张献忠起义

1644 年　李自成占领北京,明朝末代皇帝自缢

1644 年　满族人占领北京,建立清朝

1644—1681 年　满族人征服中国

1661—1722 年　康熙皇帝

18 世纪

1736—1795 年　清朝扩张至中亚

1796—1804 年　白莲教起义

19 世纪

1839—1842 年　鸦片战争

1856—1860 年　第二次鸦片战争

1850—1863 年　太平天国起义

1853—1873 年　捻军起义和穆斯林起义

1991年版译者序

曾几何时，我们以为革命已经离这个世界渐行渐远，然而，最近所谓的“阿拉伯之春”事件无异于给这种想法以当头棒喝，原来，革命的幽灵一直徘徊在地球上空，稍不留神就会降落人间，有时会导致国家崩溃。

国人对“革命”曾经并不陌生，毕竟，改革开放之前20世纪的中国史曾经上演过许多次革命：辛亥革命、新民主主义革命、“文化大革命”，在这个时期里，“革命”占据了中国舞台的中心位置，演绎出几部波澜壮阔的历史大剧。但是随着革命年代的渐渐远去，物质话语逐渐成为主流，我们似乎不再热衷于谈论革命之类的宏大话题，中国学者对革命问题的讨论也盛况不再。

革命研究曾经是一门显学，在漫长的革命研究过程中，曾经涌现出一些著名的学者和著名的理论，中国人熟知的是马克思主义的革命理论，马克思主义对于革命的解读是历史唯物主义的，是我们理解革命的指南，然而与此同时，我们也应该参考西方一些学者对革命的研究成果。

戈德斯通教授用了十余年时间深入研究了早期现代史上的一些革命和反抗：英国革命、法国大革命、奥斯曼帝国的起义、中国明清的王朝更迭、德川幕府时期日本的国家崩溃……通过宏大的比较历史学研究，戈德斯通教授提出了解读革命和国家崩溃的人口/社会结构模型。

斯考切波曾对法国、俄国和中国的革命进行过比较研究，提出了著名的社会结构论解释模型，戈德斯通的解释模型借鉴了斯考切波的社会结构论解释模型，并在此基础上进行了进一步发展和完善。与斯考切波不同的是，戈德斯通教授认为，人口因素在革命和国家崩溃的发展过程中发挥了极大的影响，但是戈德斯通教授的解释模型绝非单一的人口决定论，而是多因素综合解释模型。

作为美国1993年度社会学学会杰出学术著作奖的获奖著作，本书篇幅较大，如果读者耐心地读完本书的话，肯定会大有收获，我可以肯定地说，读者至少会进一步加深对于革命和国家崩溃的理解，对于读者思考中国历史问题，是大有裨益的。

本书内容广泛，涉及英国、法国、奥斯曼帝国、中国明清两朝、日本、德国以及西班牙等国家的早期现代历史。现对本书的翻译作些说明：

(1) 原书封面题名中的"rebellion"一词，应为中性词，对应的汉语词较多，根据全书内容来看，这个词包含了民众和精英的"反抗、起义、反叛、叛乱"等多种含义，我在翻译时根据不同的语境给予不同的对应词，汉译书名则采用"反抗"一词，因其具有较强的中性词色彩。

(2) 书中人名和地名的翻译，除了少数遵循传统翻译习惯之外，其他都依据新华通讯社译名室编著的《世界人名翻译大辞典》(中国对外翻译出版公司1993年版)、中国地名委员会编著的《外国地名译名手册》(商务印书馆1983年版)，同时参考了《泰晤士世界历史地图》(杰弗里·巴勒克拉夫主编，三联书店1985年版)、《钱伯斯世界历史地图》(三联书店1981年版)。

(3) 一些历史名词的翻译，遇有犹疑者，我参考的主要书籍：《牛津英国通史》([英]肯尼斯·O.摩根主编、王觉非等译，商务印书馆1993年版)、《英国通史》(钱乘旦、许洁明著，上海社会科学院出版社2002年版)、《法国通史》(吕一民著，上海社会科学院出版社2003年版)、《奥斯曼帝国》(黄维民著，三秦出版社2000年版)、《新编日本通史》(浙江大学日本文化研究所编著，复旦大学出版社1989年版)、《德国通史》(丁建弘著，上海社会科学院出版社2002年版)。

(4) 在本书翻译过程中，我的女儿章璇参与了部分章节的翻译，再由我进行校对，大部分章节由我进行翻译。

承蒙上海人民出版社徐晓明博士委托我翻译此书，不胜感谢。同时我也要感谢黄立志老师、汤向俊博士、孙红军博士、邓小清老师，我曾就译文中的一些专业性问题和他们进行过交流。本人虽竭尽心力，致力于通、达、雅，然而由于本书面广量大、本人智识有限，虽经反复推敲、屡次校对，但讹误之处在所难免，望读者诸君不吝指正。

章延杰

2013 年 11 月 22 日

25周年版译者序

《早期现代世界的革命与反抗》英文原版初版于1991年，2016年，劳特利奇公司出版了该书的25周年版，在此版中，作者杰克·A.戈德斯通（中文名：金世杰）教授对原书进行了修改，改动最大的地方是第六章，作者引证了1991年之后关于革命的一些最新研究资料，对一些观点进行了修正，体现了作者的最新理论研究成果。但是就原书的主要观点来说，作者认为并没有过时，相反的，新的事实和研究资料证明原书的核心观点是正确的、仍然适用的，因此并没有改变。

2013年12月，上海世纪出版集团、上海人民出版社出版了该书初版的中文译本，能够翻译戈德斯通教授的这本经典著作，是在下的荣幸。2019年下半年，我在乔治·梅森大学访学期间，有幸与戈德斯通教授就革命、社会运动、人口政治学、社会治理、国际政治等学术问题进行了充分的交流，杰克教授谦逊的品格、渊博的学识及其对华友好的鲜明态度给我留下了深刻印象。

该书英文初版迄今已近30载，目前，已经有中文、法文、德文、日文等十几种译本，诚如许多著名学者的评价那样，该书在政治学、社会学、历史学领域业已成为一部经典著作。该书中文版面世迄今也有7载，上海人民出版社根据劳特利奇公司出版的25周年版本，出版该书新版中文译本，有利于读者更好地了解该书的理论观点和研究方法，实为幸事。

《早期现代世界的革命与反抗》一书提出了革命的人口/社会结构论解释模型，有助于我们深化对于革命的理解。

如何理解革命

“尼德兰革命”之后,“革命”就成为世界上许多国家频频发生的独特景观,因之,许多人就对“革命”进行了系统的分析思考,这种研究大致始自埃德蒙·伯克,迄今为止,对“革命”的解读形成了两大类不同的解释范式:马克思主义的与非马克思主义的。马克思主义革命理论,植根于社会生产方式的分析,基本的分析框架是阶级对立和阶级斗争。马克思主义认为,革命是阶级矛盾无法调和的产物,是被压迫阶级以暴力方式推翻反动的统治阶级的正当行为。我们应该认识到,马克思主义革命理论对于革命本质的分析是正确的,在世界进入资本统治时代之后,阶级矛盾的尖锐化一度十分严重,而且,只要是资本统治世界,这种阶级矛盾是无法根本消除的,因而,革命的火种就会一直存在。

但是,我们也可以看到,随着社会生产方式的变化、科技发展的不断进步,资本统治世界的方式也发生了微妙变化,资本与劳动的矛盾、资产者与无产者的矛盾的表现形式相应发生了重大变化。在经历了许多次重大的危机、革命与战争之后,资本家的统治方式业已大不同于既往,资本主义“福利国家”的发展演变就是一种鲜明的表征,因此,各个社会集团之间的关系也发生了重大变化。在此过程中,革命学理论一直在不断发展,如果我们想要更深入细致地分析革命的原因、过程与结果,就确实需要根据变化了的社会实践来不断发展马克思主义的革命学理论,批判分析和借鉴西方非马克思主义学者的研究成果,是很有必要的。

马克斯·韦伯的社会学理论,为西方学者研究革命提供了基本的概念和方法论基础,逐渐形成了非马克思主义的革命学理论。韦伯的社会分层理论的基础是“阶层”,这种阶层划分的标准是不同于马克思主义理论的。西方学者的革命学理论,究其实质是同类型的,但是也有一个发展变化的过程,其中影响较大的是西达·斯考切波的社会结构论,戈德斯通教授在书中提出的人口/社会结构论解释模型,是在此基础上的革新性学术创新。

就革命的原因、过程和结果的动力机制而言,阶级斗争论和人口/社会结构论,其解释效力有所不同,这里的关键是如何理解阶级和人口在革命中的作用。人口是国家的基本组成要素,阶级是在一定生产关系中处于不同经济地位的人们所组成的集团，因此，阶级或阶层是一个国家人口中部分群体的集合体，人口的结构性变化所带来的一个结果就是阶级阶层关系的变化。当然，由于卡尔·马克思和马克斯·韦伯对阶级和阶层实质内涵的表述有很大不同，因此，同样的人口结构性变化，如果分别从马克思主义理论和韦伯理论的角度来分析的话，会得出阶级阶层关系变化的不同结论。

这样的话，在马克思主义和西方非马克思主义两种不同的革命学理论的分析范式里，人口的结构性变化对于革命的影响也就有明显的差异。从历史动力学的角度来看，人口的结构性变化，是阶级阶层关系变化的基础性要素，但并非全部，人口的结构性变化所带来的阶级阶层关系的变化，是否会造就革命发生发展的阶级阶层关系变化的实质性要件，更为重要的影响因素是社会生产关系的变化。因此，作为革命要件之一的阶级阶层关系的变化所带来的不可调和的严重的阶级阶层对立，虽然与人口结构性变化有着密切的关系，但是从根本上说，更为重要的是取决于社会生产关系的变化。就此而言，马克思主义的革命学的解释效力是本质性的。

戈德斯通教授的人口/社会结构论，实际上也注意到了人口变化所带来的社会结构变化对于革命的关键影响作用，并将其视为革命发生发展的根本因素，这种解释模式已经具有马克思主义革命学的一些基本特征，但是，由于对阶级阶层关系的理解有所不同，因此，如同斯考切波的社会结构论一样，人口/社会结构论对于革命的解读，仍然与马克思主义革命学说具有实质上的不同。

尽管如此，人口/社会结构论对于我们深入理解革命的发生发展仍然具有非常重要的启发意义。既往的马克思主义革命学说，对于革命过程中的阶级阶层关系的变化的解读偏重于社会生产关系的变化，对于社会生产关系变化的人口政治学基础缺乏足够的重视和研究，因此对于革命的解读虽然就本质上来说是正确的，但是对于完整准确地解释革命的全貌来说，对于精确的研究革命发生发展的充要条件来说，阶级斗争论并不充分。阶级阶层关系的对立，固然是由社会生产关系的变化而产生的，但是，社会生产关系的变化又是由哪些原因造成的？这里的原因固然很多，然而不能忽视的是，社会生产关系是人们在物质资料生产过程中所形成的社会关系，这里确实隐含着人口和社会结构的变化会影响社会生产关系的内在含义，因此，要深刻理解革命，确实需要重视人口/社会结构论。

当代世界的革命

革命，是世界进入资本主义时代以后才产生的疾风暴雨式的社会运动。从“尼德兰革命”到20世纪中叶，曾经发生过两大波革命浪潮：资产阶级革命和无产阶级革命。在这个漫长的历史时期里，资本生产方式逐步确立起世界性主导地位，人口的快速增加以及资本主义生产方式造成的阶级阶层的严重对立，造就了许多国家发生革命的充要条件。

20世纪中叶之后，随着和平与发展成为世界主题，世界革命仿佛跌入低谷，甚至于在许多中国人看来，当代世界发生革命已经是不可思议的事情，这实在是一种误解。也许是中国自改革开放之后迅速的经济社会发展给国人带来的繁荣景象，以及世界总体上的和平状况，带给我们许多人以这种误解。但是我们应该知道，即便是这个时期，世界上许多国家仍然发生了许多次革命，比如1979年的伊朗伊斯兰革命、尼加拉瓜桑地诺民族解放阵线的革命，其影响虽然不及以往的许多次重大革命，但仍然产生了重要影响。戈德斯通教授曾指出，1991年之后，世界进入了一个最为明显的革命时代。我们可以质疑这个观点，但是这个时期确实发生了许多次革命，这是历史事实。

当代世界的革命，在其发生发展的基本规律上与既往的革命并没有本质上的差异。但是也应该注意到，由于当代世界资本主义生产方式的调整性变化，由于科技革命的广泛而深刻的影响，因此，人口结构和社会结构也发生了相应的变化，其中，与革命关系极大的阶级阶层关系的新变化最为明显，比如产业结构的变化，不但会造成人口结构和社会结构的变化，而且必然造成阶级阶层关系的重大变化，以及观念系统的重大变化，这确实会影响当代世界的革命。

不管做哪些适应性调整，资本生产方式的内在矛盾仍然不可能得到根本消除，而且，帝国主义国家由于资本的内生性扩张冲动所蕴含的侵略性，仍然会给许多国家带来巨大压力。这样，造就革命的内外两方面重要因素也就会长期存在，因此，革命发生的可能性就会长期存在。

当前，由于人口变化和科技革命所推动的资本生产方式的变化，世界格局正处于历史性的调整时期，国家之间的矛盾、资本主义国家内部阶级阶层的矛盾，也处于历史性的调整阶段。资本主义发达国家和发展中国家都在这种调整的漩涡中寻求调整或重塑社会生产关系，在这种全球变化的背景下，一些贫穷的发展中国家或者成熟程度不足的民族国家，很可能在这种世界性调整中遭遇集体损失，很可能由于国家政策的调整不能因应人口和社会结构的变化而激化阶级阶层矛盾，从而点燃革命的火花，这种风险并非无稽之谈。

当前以及今后很长历史时期里，中国最为重要的事情是实现中国特色社会主义的现代化，但是，我们确实应该关注并深入研究革命，毕竟，中国是世界的中国，中国离不开世界，而当今世界体系仍然是由资本主导的，本质上是资本统治的世界，这个实质性关键问题在很长历史时期里是这个世界最大的现实。关注并研究当代世界的革命，有助于我们加深对于革命的理解，有助于我们深化对于世界体系的理解，有助于我们深化对资本主义国家的理解，当然更重要的是，有助于我们深化对历史发展规律的认知，最终会有助于我们进一步推动中国自身的现代化建设。

章延杰

2020 年 6 月 8 日

于江苏科技大学

1991 年版中文版序

本书论述 1500 年至 1868 年期间世界上一些革命和反抗的原因，汉译本之问世，我深感荣幸之至。当前，随着中国向现代社会的逐步转型，中国正面临许多挑战，包括人们对社会稳定的担忧，本书汉译本于此时面世，可谓恰逢其时。

读者们可能颇为不解：20 年前一部论述革命历史的旧书，现在为何还应该再次提及以引起他们的关注？实际上，本书对于中国读者之重要性尤胜以往，作此断言，至少有三个原因。

第一，本书是将中国前工业社会视为与西欧社会具有类似发展动力机制的首批历史社会学著作之一。从卡尔·马克思时代到马克斯·韦伯及其以后时代的社会学家们，都把欧洲和中国视为本质上截然不同的社会。他们认为，欧洲社会是富有活力的，在 17 世纪、18 世纪和 19 世纪里，欧洲社会经历了真正的革命性社会变革和政治变革。与之相反的是，在这些社会学家们看来，中国则牢牢禁锢在王朝兴衰的周期循环之中，统治国家的帝王可以不断变换，但其他一切方面则依然照旧，直到 1911 年中国首次“西方式”的共和革命为止。本书则认为，中国现代早期的一些重大变故——明朝的灭亡和太平天国起义，就其原因和发展变化的动力机制而言，与同一时期欧洲各国的革命非常相似。事实上，我认为，前工业时期欧亚大陆温带地区的一些主要农业国，包括欧洲各君主国、奥斯曼帝国、中华帝国和德川幕府时期的日本，它们的制度运转都具有相似的逻辑，在社会动乱和国家崩溃面前也都具有类似的脆弱性。随着中国在世界舞台上重获重要位置,中国应该意识到,尽管中国和西方之间的文化和历史有许多不同之处,但是,两者之间历史的社会模式和政治模式仍然具有许多共同因素。

第二,本书的核心观点是,人口对于社会发展和社会稳定具有强大的影响力,尤为重要的是,持续的人口增长会加剧土地和劳动力市场的负担,引起剧烈的社会流动,削弱国家财政收入,这将导致政治动乱和社会动荡。20世纪80年代,通过实行独生子女政策,中国领导人试图消除这种威胁,这种政策已经成功地减缓了人口增长。然而,本书中论述德川幕府日本的那部分内容业已揭示出,人口停滞或人口下降会造成经济发展放缓、国家掌控的资源更加难以维持增长,因此,人口停滞或人口下降也同样有引起政治危机的风险,目前,中国正在进入劳动力增长停滞期,此后,中国的劳动力将开始减少,2030年之后,中国劳动力减少的速度将会更快。事实上,联合国人口司预测,按照目前的趋势,2030年到2100年间,中国人口将减少4.5亿。如此规模的人口下降将对中国的经济发展、社会和谐及其国际地位产生巨大影响。未雨绸缪,中国现在就要思考如何避免或者适应这个问题。

第三,本书探讨的根本问题是,在长期的经济转型、城市化和社会流动时期,一些国家是如何成功地(或失败地)维持社会秩序的。本书揭示出,无论是中国还是西方国家,当社会流动产生了许多精英职位谋求者,而当今政府高级职位的谋求不顺的时候;当城市化和经济变化使得城市工人的数量不断增加而实际工资却不断下降的时候;当精英们为了保护自身的社会地位免遭正在改变社会财富分配和收入分配的那些势力的损害而抵制变革的时候,国家就会出现社会动乱。随着中国崛起为世界强国,随着中国逐步转变为现代工业国,中国要应对许多挑战,这种历史教训对中华民族而言是一笔宝贵的财富。

就我个人而言,还有一个原因使我乐于为中国读者呈上本书。第二次世界大战期间,我的父母双亲为了逃避欧洲战火,来到上海避难,他们在上海相识。如果没有中国为他们提供庇护所,我就不会出现在这个世界上。因此,本书回到中国,在上海出版,也算是完成了生命轮回。

本书致力于重新思考历史学和社会学领域的两个重大问题:对革命

的探究、对政治人口学(人口变化如何影响政治制度)的解读。现今,这两个问题都具有重大意义。因此,我要特别感谢章延杰教授和上海人民出版社徐晓明博士,他们为了把本书呈现在中国读者面前做出了极大努力。我希望本书能够阐明中国的过去,并为重塑中国的未来提供一些借鉴。

杰克·A.戈德斯通

弗吉尼亚州,大瀑布城

2012 年 11 月 15 日

25 周年版中文版序

《早期现代世界的革命与反抗》于1991年初次出版，之后的数十年里，我在中国待了很多时间。我看到，中国史学家、社会学家和经济学家们进步斐然，恰如我看到中国的经济增长和经济发展震惊世界一样。我很高兴地看到，中国作为一个伟大的国家立足于现代世界，恰如中国一直是世界历史中的一个伟大文明一样。

然而这种发展并不令人诧异。中国历史清楚地告诉我们，中国虽然经历了兴衰沉浮，但是一直是一个主要的世界大国。从1850年至1950年间的"百年国耻"中复兴起来用时并不长，仅用50多年，这比中国从许多王朝末期的动荡中复兴起来要快得多。

当我从事《早期现代世界的革命与反抗》的相关研究时，我的心里就有两个问题，我相信中国读者对于这两个问题也有极大兴趣：第一，中国的社会和政治发展的动力机制不同于其他国家吗？第二，世界历史中的革命时期已经终结？抑或仍然会在将来改变一些国家？当我着手修改本书的25周年修订版时，我的心里产生了第三个问题，这就是，根据最近的历史发展和相关证据来看，本书提出的革命和社会变革理论是否仍然有效？请容我对这些问题依次道来。

中国是否与众不同？

由于工业革命使欧洲具有了技术优势，欧洲国家藉此建立了遍及世界各地的殖民帝国和贸易帝国，因此西方国家自认为与众不同。许多西方历史学家和社会学家宣称，西方国家，至少从公元1500年开始，就已经生机盎然，率先过渡到资本主义，率先发展现代科学，率先发展出现代民族国家政府。与之相反的是，世界上的其他地区，诸如阿拉伯世界、波斯、中国和印度，它们可能在世界历史的早期比较富有，甚至占据统治地位，但是中世纪之后，这些地区就停滞不前，仍然维持着传统的农业经济、传统的自然教育、传统的君主政府或帝王政府。这种“现代化理论”，是由许多学者以不同的方式提出的，诸如赫伯特·斯宾塞、卡尔·马克思、马克斯·韦伯和塔尔科特·帕森斯等人，该理论影响深远，而且，1750年至1950年间西方国家的军事和经济成功，似乎也使这种理论言之凿凿。

当我着手进行革命与反抗的比较研究之时，这些现代化理论认为，革命与反抗这类事件在西方国家发生的时候，必然有着不同于其他地方的动力机制，在“充满活力”的西方国家，革命一定反映出历史的进步，反映出现代政体代替了传统政体。与之相反的是，在世界的其他地方，颠覆政府的群众运动仅仅只是反叛活动，仅仅只是导致王朝周期的兴衰起伏而已，并非重大的制度变革。

但是，有两件事让我对东西方如此简单的差异产生了强烈的怀疑，其一，我注意到，西方国家的革命和非西方国家的反叛，往往都集中于近代史上的同一时期，即17世纪初期至中期和18世纪末至19世纪中叶，这意味着其中蕴含着共同的原因。其二，其他一些学者也对这种现代化理论提出了广泛的质疑。他们指出，这种现代化理论是建立在对非西方社会历史非常肤浅的认识基础上的，这就导致了对西方社会“相对活力”的夸大其词，以及对非西方国家“相对停滞”的言过其实。随着西方学者和非西方学者越来越多的深入研究逐渐加深了我们的认知，显而易见的是，这个理论根本不能解释所谓的“传统社会”之间的巨大差异，也不能解释许多亚洲社会展现出的能力——首先是日本，然后是韩国、新加坡等，现在是中国——它们在收入和技术上迅速赶上甚至超过了许多西方国家。

于我而言，幸运的是，到20世纪90年代初，许多新的学术成果使我们对世界各国的人口和经济史形成了更为清晰的认知，这就使我们有可能对导致不同地区发生革命和反叛的条件进行定量比较研究。

可以解释清楚的是，对于欧洲国家、奥斯曼帝国和中华帝国而言，导致重大政治动荡的那些革命与反抗事件的发生发展模式是完全相似的。在这类事件中,人口增长持续一段时期之后,就会导致土地短缺、租金上涨、精英之间的高度竞争、国家财政危机以及统治者的行政管理困境。这些因素结合起来,将会导致统治者与精英之间发生收益冲突,导致派系斗争,这种斗争会把精英分裂为拥护政府的团体和反对政府的团体,然后,群众的抗议示威活动就不会遭遇团结一致的精英群体,也不会面临强大政府的有力回应,随后就是更大规模的反叛活动、精英的派系分裂、林林总总的群众团体相继加入颠覆政府权威的活动之中。1640年至1660年的英国清教徒革命、17世纪早期奥斯曼帝国的杰拉里起义、17世纪40年代大明王朝的覆亡、18世纪的法国大革命、1830年至1848年欧洲各国的革命、19世纪50年代的太平天国起义,在这些事件发生之前的岁月里,这种相同的发展模式清晰可见。

因此,中国并非与众不同——在整个现代早期,世界各地的革命与反抗的动力机制大同小异。有学者认为,西方国家发生的是制度变革的革命,而非西方社会发生的仅仅只是更换统治者却保留旧制度的王朝叛乱,然而这种观点是经不起审慎检验的。在上述重大事件里,若要恢复社会秩序,就需采用新的税收模式以增加财政收入,采用新的精英招录模式和组织方式以恢复精英的团结和忠诚,以此来应对人口/经济危机。因此,大明王朝的终结,也就意味着由奴仆经营的大庄园制的终结、依据与官员的关系而得到的税收豁免权的终结,代之而起的是,中国进入了由独立小农和租佃农、受到清朝政府严格控制和征税的地主们所构成的社会,大清王朝还修改了官员招录方式,为八旗子弟保留了重要的军事和文官职位,对这个多民族国家采取了一些新的统治形式,以便更好地管理这个极大扩张了的多民族帝国(Rawski 2001; Temin 2010; Chen, Campbell and Lee 2018)。

自认为西方的革命与众不同,这仅仅只是西方一些人自己的观念。那些非西方国家的统治者宣称,他们确实是在恢复以前的统治制度,只不过是为了使这种制度更加行之有效,以此为自己新的政治和经济制度寻求合法性。欧洲的革命者则宣称,以前的统治制度有着根本缺陷,不值得继续效法。欧洲人将新生制度归之为美德,而将传统权威归之为邪恶。

这种观念差异确实产生了巨大后果。到了17世纪和18世纪，一些欧洲国家的思想家们，能够在缺乏传统的宗教领袖和政治领袖权威的条件下，对自然科学进行连续的探究。在这些欧洲国家里——主要是北欧和西欧国家——现代科学迅速发展，从而为军事技术和经济增长提供了源源不断的推动力。但是，在其他欧洲国家里——主要是南欧和东欧国家——传统的宗教权威和政治权威得到恢复和维持，因此这些国家的现代科学停滞不前。在这方面，西班牙、意大利、波兰和俄罗斯的道路历程更加类似于中国和土耳其，在这些国家里，政治秩序的恢复往往意味着更加崇尚过往以及对新思想的迫害。

不过，尽管这种观念差异作用于革命和反抗这类事件，确实产生了极大的短期效果，使得北欧和西欧国家在现代科学技术上取得了显著的领先地位，并因此成为经济和军事强国，但是，这并不意味着这些国家的社会组织与社会发展动力机制有着什么不同之处。因此，如果非西方国家冲破意识形态观念的藩篱并拥抱现代科学的话，没有理由认为它们仍然不能实现社会现代化、在财富和技术实力上赶上西方国家甚或不相上下。

在明治维新推翻了幕府统治之后的日本，在共和革命终结了最后一个帝制王朝之后的中国，在民族主义革命推翻了奥斯曼帝国之后的土耳其，这样的事情确确实实发生了。在这些事例中，对西方科学技术的全面拥抱最终蔓延开来，随之而来的是技术现代化和快速的经济发展。诚然，这个进程常常会被战争和政治动荡所打断，但是在一个世纪的时间里，西方社会和一些主要的非西方社会之间，由18世纪和19世纪以来拉开的很多差距开始逐渐缩小。

当然，即便在现代化的征程中，每一个重要社会依然保留了其过往历史中的独特元素和独特的文化因素，中国依旧尊重儒家伦理，印度继续尊崇印度教神殿和神祇，美国则将牛仔理想主义化。然而，每一个社会都会与其他文化分享其独特的文化特质，并在外来文化上打上自己的印记。因此，一些非西方社会业已发展了自己的电影产业，而西方社会则学会了享用寿司，音乐、舞蹈、文学巨著和艺术作品的各种形式，超越社会和文明的界限而受到人们越来越多的欣赏。

就其根本而言，所有的社会都是由人构成的，这些人无论其出身如何，大多追求一些相同的东西：尊严、家庭的安全和保障、工作与储蓄的机会、一个可以得到朋友和尊重的社区、一个支持这些欲望并能够提供良好秩序又不至于造成压迫和不公的政府。人类历史就是不断探索以达至这种社会的历史。当然，人类有许多缺陷，因此这种探索时常被战争、饥馑、对自然和城市的破坏、革命和反叛这类活动所打断，本书叙述的正是革命和反叛这类故事。

然而，过去几个世纪的人类历史，更有甚者是最近几十年来的人类历史，是世界各国朝着更加美好的社会前进的一幅画卷，在这幅朝向进步的历史画卷里，中国在最近几十年里一直是一个领跑者，但是世界上的其他各个大洲也不乏取得巨大进步的范例。贫困和疾病业已大为减少，从小城市和森林中崛起了一些大城市。西方世界因欧洲国家处于领先地位而享有过一个半世纪的短暂时光，但这并不意味着西方国家过去一直是，或者将来总是与众不同的。在漫长的历史长河中，各个不同的社会其命运总会兴衰起伏，每一个社会都有可能发展进步，也有可能沉沦衰败，未来仍将如此。本书的比较研究和主要观点都指向全球史的重新统一。

革命时代业已终结？

20 世纪 80 年代，诸多现代化理论都将革命视为标志着从传统社会转型到现代政府形式的重大事件，无论这种转型的结果是宪政民主制、军人政府、政党政治还是现代独裁制。到了 20 世纪 80 年代，由于世界上几乎所有的国家都已经脱离了君主制或帝制，因此，似乎不会再有人进行这样的革命了。实际上，正如我在本书最后一章所说的那样，当我在 20 世纪 70 年代中期进入研究生院学习的时候，一些高级教员就告诉我，不要再劳神费力研究革命了，因为再也不会发生重大的革命了！1974 年，埃塞俄比亚的一场共产主义革命将皇帝海尔·塞拉西赶下台，此事被人们认为是革命的绝唱之一，因为塞拉西是现代世界残存的世袭绝对君主之一。

但是，我对这种观点怀有疑虑。如果，西方国家和非西方社会所经历的长期的革命和反叛，并非是因为社会发展到了一个关键阶段，而是因为一些复杂的原因导致了国家财政紧张、精英分裂和民众动员所造成的，那么，我就想不明白，即便是在现代世界里，为何革命和反抗就不会发生？

许多国家的人口仍在快速增长，统治者和精英之间的收益冲突当然就会发生，各国都会因为债务或货币问题而遭遇财政问题，民众动员的发生也存在许多原因。食物价格飙升、国家对福利供给或宗教或环境破坏所作出的不受欢迎的行为、战争失败、操控选举、过度腐败的频频曝光或者被人民认为是政府无能自私不公的任何其他一些政府行为，这些都会激起民众的抗议示威。在我看来，不管政府是传统的、民主的、军人的还是政党领导的，这都无关紧要，如果国家失去了财政资源，失去了精英团结和精英支持，如果民众有理由动员起来示威抗议，那么，革命就有可能会发生。

事实上，随后的几十年里，新一波全球革命浪潮确实开始了。1979 年尼加拉瓜和伊朗爆发了革命，1986 年菲律宾的一场革命推翻了费迪南德·马科斯的统治，几年之后，东欧和苏联爆发了剧变，终结了这些国家的政权，并诞生了许多新的国家。21 世纪初，乌克兰、格鲁吉亚和吉尔吉斯斯坦发生了一系列“颜色革命”。十年之后，北非和中东地区爆发了一连串革命：突尼斯、利比亚、埃及、叙利亚、巴林和也门，这波浪潮目前尚未结束：2018 年至 2019 年间，苏丹和阿尔及利亚的民众示威造成了政府更迭。

可以肯定的是，革命已经在发生发展。在这些革命中，目前多数革命是和平的而非暴力的，它们倾向于追求更温和的目标，比如让地方政府更加负责，而不是追求改变世界的激进目标。但是，在过去的四十年里，革命非但没有消失，反而频繁发生。无论何处，只要精英阶层和各种民众团体感觉到政府是无效和不公正的，革命就会爆发。

因此，目前我们仍然生活在一个革命时代，未来仍有可能会有更多的革命。非洲的许多国家和中东的几个国家，仍将面对本书中所讨论的导致国家崩溃的那些人口变化问题——快速的人口增长、快速的城市化以及青年人口的急剧膨胀。而且，本书还考察了另一种人口变化模式：人口规模的急剧下降和长期停滞，这正是明治维新之前几十年里日本所发生的事情。在那个时期的日本，18 世纪人口增长期的结束，导致政府财政收入的下降、精英们机遇的减少，以及对农民的更加严格的流动限制，这些因素毁坏了幕府的威信，为西部各藩大名们的叛乱扫清了道路，这场叛乱最终推翻了幕府，建立了革命性的明治政权。如今，包括日本、中国、俄罗斯和韩国在内的许多社会，都正在经历人口增长的急剧放缓和人口减少，此种情形也可能是破坏性的，也可能导致社会混乱，从而导致国家崩溃。

简而言之，本书所叙述的革命和反抗的故事，并不仅仅只是描述了一个已经结束的时代，这些故事对于理解现在以及将来很有可能发生的事件，也仍然具有重要意义。

书中理论依然正确?

许多怀疑论者说，社会科学根本就不是科学，毋宁说，社会科学就是披上行话外衣的一些观点或描述。社会科学理论是在学术风尚的驱使下而提出来或抛出来的，没有经过检验和提炼，有时候确如此言，保守的或者激进的思想观念似乎也有利于某些理论或结论。

然而，本书所提出的理论，业已很好地经受住了最近几十年来有关证据和有关事件的检验，革命确实在继续发生，经济发展和现代化的源源动力在全世界渐次扩展开来，扩展到西方国家之外的许多国家，而且常常在没有西方援助或干预的情况下扩展开来，这就显示出，全球各个社会都有可能展现社会活力和技术领先能力。

阿拉伯革命特别彰显出本书提出的人口—社会结构革命理论的实际意义。20世纪60年代到21世纪初，阿拉伯世界是一个有着许多强大国家、国家补贴慷慨大度、人口增长很快、城市化迅速发展、高等教育快速发展、青年人口迅速增加的地区，这个地区的许多国家都是由“终身独裁者”领导的，这些终身独裁者的领导地位似乎坚不可摧。

然而，到了21世纪初，人口激增和粮价上涨使得国家补贴越来越代价高昂，各国难以承受，削减补贴又引发了民众骚乱。与此同时，精英们通往精英职位的各种大门都被关闭了——并非每一个大学毕业生都能获得一份政府公职，为了争夺腐败的战利品和在经济中的领导地位，政府内部出现了派系斗争。日益严重的腐败和小规模的镇压削弱了精英们对统治者的尊重，而且还侵蚀了他们的民众支持。本书所详细描述的17世纪和19世纪一些世界主要国家的政治衰败模式，又一次在20世纪的中东地区显现出来，并且产生了同样的结果。

本书还曾指出，革命有着不同的结果。在欧洲，一些主要的起义，诸如17世纪50年代法国的弗朗德起义、1848年德国和匈牙利的革命，都未能将当局赶下台。甚至于曾推翻君主制的一些革命，诸如1640年的英国革命和1789年的法国大革命，在经历了长期的内战和外战之后，也随着旧王朝的复辟而告终。在亚洲，许多王朝末期的动乱，也以产生出强调回归传统信仰的保守政府而收场。不过，明治时期的日本在摧毁了幕府统治之后，却形成了一个全新的现代化政权。因此，过去的许多次革命，其结果并非单纯是由革命的原因决定的，也不是由跨越某个历史阶段所决定的，毋宁说，革命的结果是由意识形态思想观念和胜利者拥有的资源决定的。通常情况下，革命的结果是通过赢得最广泛的支持者联盟而决定的，但是，有时候外国的干预也能影响革命结果，比如法国军队帮助美国革命取得了成功、俄国的干预导致了1848年东欧国家革命的失败。

2010年至2019年中东和北非的几次革命，其结果也是如此。这几次革命的结果各不相同：突尼斯正在建设一个新的民主国家；利比亚和也门的独裁者被推翻，但是内战正在分裂国家；叙利亚和巴林的统治者在暴乱中幸存下来；埃及的独裁者胡斯尼·穆巴拉克被赶下台，但是其军队同僚重新夺回了国家控制权。在某些情况下，外国干预是至关重要的：北约对利比亚革命者的支持帮助他们获得了胜利；俄罗斯和伊朗对叙利亚巴沙尔·阿萨德的支持造成了巴沙尔的幸存和革命党人的失败。

简而言之，本书的主要理论：人口变化可能会带来革命，革命是由精英的派系分裂加之国家财政危机和民众动员而驱动的，革命的结果并不单纯是由革命的原因决定的，也会受到各种不同的意识形态思想观念和具体环境的影响。本书的这些主要理论，在几年来的革命和反叛事例中得到很好的支持。

可以肯定的是，革命一直在不断发展。革命者策略的改变、独特的事件发展轨迹、诸如社交媒体和互联网之类的新技术，都可能会改变革命的演变方式，并产生意想不到的结果。因此，本书中的革命理论必然是不完全的，随着全球革命史的进行和发展，新的篇章就不得不留给后进学者们去撰写了。然而，本书中的观点似乎可以作为理论发展的合理基础。因此，我很高兴在这本修订的25周年纪念版中提出这些理论观点，以供进一步讨论和指正。

杰克·A.戈德斯通(金世杰)
于美国哥伦比亚特区华盛顿
2020年2月13日

参考文献

1. Chen, Bijia, Cameron Campbell, James Z.Lee 2018. The Transition of Banner and Imperial Lineage Officials During the Late Qing Reform Period: Evidence from the Qing Jinshenlu Database. *Studies in Qing History* (4): 10-20. http://qsyj.iqh.net.cn/CN/abstract/abstract2384.shtml.

2. Perdue, Peter C. 2010. *China Marches West: The Qing Conquest of Central Eurasia*. Cambridge, MA: Harvard University Press.

3. Rawski, Evelyn 2001. *The Last Emperors: A Social History of Qing Imperial Institutions*. Berkeley, CA: University of California Press.

1991 年版前言

1789 年 7 月 14 日夜晚，法国国王路易十六的近臣利安库尔公爵(The Duke de Liancourt)轻轻地走进国王的卧室，此前，国王告诉他，愤怒的巴黎民众已经占领巴士底狱。但国王好像并不着急，早早就安歇了。看到国王似乎并未意识到民众愤怒的程度，利安库尔试图说服国王采取行动。“那么，这是暴乱吗?”国王问。利安库尔公爵答道：“陛下，这不是暴乱，这是革命。”

这个故事可能纯属杜撰，然而，它却意义非凡。路易十六国王的问题是，民众攻击巴士底狱是否可能“仅仅”只是一场暴乱。暴乱是指民众的怒火骤然迸发出来，而且是经常性地骤然迸发出来，却仅仅凭借暴力就可以将其压制下去。从早期现代世界至今，暴乱、示威、破坏这些行为就经常打断和平生活，但它们都是分散的插曲，一般来说，这些行为都不会颠覆政府。路易十六希望 1789 年 7 月 14 日的事件仅仅只是又一个这样的插曲，然而，利安库尔公爵却不这样认为，他认定，这个事件充分证明法国的国家支柱已经腐朽，政府已经摇摇欲坠。君主政体处于严重的危机之中，因此，巴士底狱的陷落预示着“一场革命”。

自此以后，对于政治家和社会科学家而言，如何辨识“路易十六的问题”已经成为一个问题：在当前诸多纷乱的事件中，我们如何辨识一次暴力事件的发生究竟是一场转瞬即逝的暴风雨呢？抑或是一场社会巨变的开始呢？换言之，我们如何辨识一个国家正遭到革命的威胁呢？

20 世纪晚期，我们对革命已经耳熟能详。因为，我们的世界正是革命和反叛的产物。一场反抗英国殖民统治的革命诞生了美利坚合众国，苏联源自俄国的一场革命；亚洲的一些大国，诸如中国、印度和日本，分别是从反抗帝国主义、英国殖民主义、德川幕府的统治中塑造现代国家的；在西欧，早期现代(1500—1850)的革命和反叛留下了不可磨灭的印记；在拉丁美洲和非洲，大多数国家都是通过革命才开始其现代政治生活的；最近，革命又改变了东欧的政治局面。

但是，我们对革命仍然知之不多。对于越南、伊拉克、中美洲的革命，美国未能预测到，也未能有效应对，这至今仍然是值得研究的教训。与此同时，深陷阿富汗革命泥潭之中的苏联，当其致力于内部改革之时，令其震惊的是，却激起了苏联国内及其《华沙条约》成员国国内的革命和动乱。现在，革命和反叛仍然会出其不意地发生在世界舞台上，造成动荡和危机，从伊朗和中美洲尚不明朗的革命到东亚和拉美苦苦挣扎的民主抗争，从东欧风雨飘摇的共产主义统治到南非的渴求变革。

本书解释了早期现代世界发生的革命和反叛的原因，它所分析的历史时期非常类似于我们现在的时代——全球性的国家危机的时代。我主要关注的是 1640 年的英国革命和 1789 年的法国革命，但是，英国革命只是 1600 年至 1660 年期间革命浪潮的一部分，这次革命浪潮横贯葡萄牙、意大利、西班牙、法国、中欧、俄国，甚至波及奥斯曼土耳其帝国和中国大明王朝。尽管从英国革命到法国革命之间的一又四分之一个世纪里，绝大部分时间没有危机、平安无事，但是，从 1789 年至 1848 年，不仅法国，欧洲所有国家、中东和中国，政府又都动荡不宁。我要强调的中心问题是，在这些年里，为何危机浪潮发展到从英国到中国这样如此巨大的规模?

我所建构的因果模型仅适用于现代早期，但是，其基本原则对于理解现在(乃至将来)的危机可能也是有益的。在本书最后一部分，我的目光转向了当前，思考了现代革命的一些问题，以及美国国际地位衰落的一些原因。

我的研究方法具有两个主要特色：

其一，全球人口增长趋势是如何影响早期现代社会的。大多数政治学家和历史学家低估了人口在政治危机中的作用，他们仅仅考虑了人口的总体变化,因而忽视了人口变化的非均衡影响,甚至忽视了某些特定群体缓慢的人口变化所造成的影响——比如城市工人、无地农民、青年人、非继承性精英子女这些群体,乃至于忽视了人口变化对于物价、政府税收和收入分配的重大间接性影响。

其二,本书构建了一个国家崩溃的危机模型。许多社会理论是片面的——政治史被从经济史中孤立出来,或者淹没在经济史之中。文化的力量也常常被忽视了,而且,各种各样的社会主体——国家、精英、许多在宗教上截然不同的农村和城市群体,极少得到应有的注意。本书强调指出,社会秩序是依靠各种社会阶层共同维持的,因此,一个国家崩溃的理论必须强调经济、政治、社会和文化关系的变化是如何影响国家、精英以及不同的社会群体的。

把人口统计学分析和国家危机因果架构模型这两个因素结合起来进行分析,可以得到一些令人惊讶的结论。相较目前既有的任何革命理论或早期现代危机理论而言,抓住人口变化的以及这种变化对物价的即时性影响、物价的变化造成许多国家和精英及社会制度失衡这些因素,我们可以更准确地分析早期现代世界欧亚大陆国家崩溃的发展进程。另外,这种分析方法十分有助于洞察早期现代历史的许多谜题:大学招生的繁荣与衰退、贵族与君主的权力和声望的由盛而衰,更重要的是,国家在危机和稳定之间的阶段性变化。这种分析方法也易于凸显欧洲和亚洲在发展过程中的异同。

将这两种因素结合起来进行分析研究,结果就得出一种简单的革命理论。据此理论,只有当一个社会同时遭致三种困境时,革命才会发生,这三个困境:(1)国家财政危机,这种危机是由于政府税收收入与政府必须承担的职责和义务之间出现了越来越大的财政失衡而产生的;(2)精英严重分裂,包括精英与政府之间的疏离以及精英的内部冲突,这种疏离和冲突是由于日益增加的社会动荡和精英职位竞争而产生的;(3)动员民众团体的极大潜能,这是由日益上升的社会不满(比如对于高租金和低工资的不满)以及易于促使大众团体采取行动的社会结构模式(比如总人口中有大量的年轻人、自治村庄愈益增加、管理愈益弱化的城市里工人的集中度愈益提高)所引起的。一般而言,这三种困境纠合起来就会产生第四个困境:异质文化和异端宗教思想日益凸显,然后异端团体就会成为反对国家的领导者和组织中心。

关于革命和反叛的时机问题,这种理论将会引导我们追问:什么样的历史条件会导致这些困境同时恶化?为何这些历史条件在某一历史时期形成于欧亚大陆而不是其他地方?这些问题的答案潜藏于持续的人口增长(或下降)对于土地官僚制国家的经济制度、社会制度和政治制度的宽广影响之中。

这个简单的理论对于理解革命的本质和结果也有深刻的意义。据此理论,革命是多种社会问题的产物,源自人口和资源之间的长期失衡,仅仅依靠政府更迭找不到立竿见影的解决办法,因此,不要指望旧政权的垮台和新政权的产生就能结束社会困难时期,相反的,持续存在的大量社会问题很可能会导致新的社会冲突。旧秩序崩溃之后,有可能出现一个为争取民众支持而展开竞争的生气勃勃的历史时期,竞争各方会纷纷许诺给予人民以自由、民主和普遍公民权。实际上,一个深受各种严重社会问题困扰的国家更有可能通过一个严酷的权威政体寻求解决之道,在某些情况下,还会通过最后的政治手段——内战和外战来解决社会问题。因而,虽然对于革命能否获致自由这个问题存在巨大争论,但人们对于革命通常都畏惧踌躇。揭示革命危机的深广原因,有助于人们理解为何革命虽能够解放思想但往往导致奴役。

我的这个革命理论对于理解革命是历史发展的载体这个观念也是有意义的。革命常被描绘成垂死的社会秩序的“坏”的保卫者与新社会秩序的“好”的建设者之间的斗争,因此,成功的革命应该终结陈旧的思想和社会制度,并成为新思想和新制度的引领者。然而,根据本书所提出的革命理论,革命既不是由过去和未来之间的斗争所引起的,也不是由善和恶之间的斗争所引起的,相反,革命源自社会制度和环境之间的失衡,环境是由影响人口与食物的那些因素——比如疾病、气候、土地生产率等因素决定的。在这场生态战争中,胜利往往姗姗来迟,而预示着潜在社会困境的那些政治危机并不必然导致“新”世界的出现。

因此,如若革命之后的人口减少能够恢复人口与资源之间的平衡,传统的社会制度就可能得以恢复。据此,我们就有可能揭示出,在1640年革命后随之而来的50年人口下降或停滞之后,为何英国在许多方面又经历了传统的君主制、贵族制和教会的权威的复兴,尽管这些制度在革命期间曾被一一推翻。另一方面,人口与资源的再次失衡或持续失衡很可能导致革命再次爆发,由此,我们就有可能揭示出,在1789年革命后随之而来的持续人口增长(尽管是缓慢的)之后,尽管1789年革命已经改变了法国的政治体制和土地制度,为何法国在1830年和1848年又经历了两次革命危机。

这些经验事实并不意味着人们无法逃脱生态压力。经济革新,包括劳动组织(常被称之为"资本主义危机")的革新和生产工具的革新,解决了1850年之后大部分欧洲国家的生态压力问题,英国较早,东欧国家较晚。但是在1850年之前,经济发展和革命根本不具有内在一致性,它们之间的关系令人困惑不解。如同我下面将要提出的观点那样,革命既可能加速经济发展,也可能阻碍经济发展。尽管某些狭义经济增长要素(例如,新富群体与传统精英之间为争夺特权职位而展开的愈益激烈的竞争)会加剧革命危机,但通常而言,经济发展全面而快速的国家发生革命和反叛的可能性极小。

这种分析路径有一个主要优点,也有两个主要缺陷。其优点在于,当我们关注人口变化及其后果,特别是引入物价变化进行评估的时候,我们就得考虑可以测量的数值。我在本书中所提出的因果模型断言,在几组数值之间存在某种特定关系,因而是可以证伪的。许多比较历史著作使用了一些特定的数值,因而难以验证。在我的这个解释模型中,如果其资料或分析被证明是错误的,特别是对过去的人口变化和物价变化的估计被证明是应该进行极大修正的,那么本书中的许多观点就是明显错误的。还在大学一年级的时候,有个老师[就是后来的物理学家理查德·范曼(Richard Feynman)]使我深深地树立了一个观念,即,如果一个人提出的解释模型中所有事实均确凿无误,那么此人之解释并未成功,只是同义反复罢了。理论只有经受得住事实的检验,才是正确的,只有事实才能决定理论是否正确。我在本书中提出的解释模型是可以验证的,因而也就可能是正确的,因此我对这个解释模型在一定程度上是满意的。

这个解释模型的第一个缺陷是，许多读者可能不熟悉这个数学模型及其验证方法。然而，书中的主要观点是清晰明确的。而且，书中所涉及的亚洲国家案例的资料相较欧洲国家而言有所不足，所以我不得不摒弃这个解释模型以强调这些案例，因此，在阅读欧洲国家案例时愿意忽略数学分析的那些读者们，在阅读亚洲国家案例时，可以理解得更加容易，虽然此部分也采用了基本相同的因果分析方法。

第二个缺陷是，由于我用人口变化趋势以及人口统计学资料支撑自己的观点，这就产生了一个危险，读者会过分强调这些人口变化趋势，并且会认为我是个人口决定论者。对此，我愿意说清楚些，本书中的分析不仅仅是基于人口统计学的，而是基于人口统计学结合结构主义来分析的，重要的是人口变化对于经济、政治和社会制度的影响，单单是人口变化趋势并不能决定什么。我之所以发现了人口变化所产生的相似的结果，仅仅是是因为我发现了不同历史背景下人口变化对社会制度所产生的极其相似的影响。

对于比较历史学研究学者们来说，一个典型的两难困境：一方面，如果他们同样对待每一个案例，他们就必须简化处理每个案例，使之保持在一定的篇幅内，这种方法会使案例研究缺乏深度，对于一些特殊文献也无法进行深入分析。另一方面，如果详尽分析每个案例，势必使研究变成难以想象的冗长乏味、连篇累牍。因此，在撰写本书时，我选择了一个非均衡折中方法。我把英国革命的案例写得很详尽，并建构了一个数学模型，用此模型来验证英国革命，而且穿插了英国史专家们当前的一些学术争论。写法国革命的方法则有所不同，尽管也穿插了关于法国革命的历史学和社会学的激烈争论，但用数学模型方法分析的内容则比较少。在探讨奥斯曼土耳其帝国危机和明清王朝更迭的案例时，我写得较为简略，对于这些政治危机起因的分析也较为简单，并简要考察了这些案例与欧洲革命的异同。

如本书这样的比较历史学著作是建立在专家们的研究成果之上的，在我对某些特定历史事件的叙述中，专家们会发现几无新意，甚至有很多吹毛求疵之处。然而，专家们经常用对其几无益处的方法阅读比较研究著作，比如，英国历史学者会阅读本书的前言和本书中关于英国革命的那些章节,以便了解我的研究能给他(或者她)哪些信息。这种方法收效甚微,因为我并未打算把每一章都写成能够超越专家著作的史例。我的意图是强调那些贯穿所有事例的共同因素,即那些与早期现代国家崩溃始终关联的因素。英国历史学家会发现,我对革命的阐述过于强调经济因素和人口因素,而政治信仰和清教教义却没有得到足够重视。当然,可能符合一般研究规则的是,我尽量对每一个历史案例都作了完整的叙述。但是,我的目的是帮助历史学家和社会学家们了解,一般说来是何种力量导致一定时期内国家崩溃,而在别的历史时期内促成国家稳定的大浪潮的。因此,对英国专家(或者法国专家、中国专家、土耳其专家)阅读本书来说最有用的方法是,理所当然地认为我对英国史(或者法国史等等)的阐述方法是有别于这些专家自身的喜好的,并且用心阅读本书的案例研究而非其他学者的案例研究。然而,专家们也许会问:我和其他学者的案例研究是否有相似之处?这些相似之处会迫使我重新思考(甚至否定)我所认为的本书的独一无二之处吗?若有此问,本书面世就是有价值的。

如果我忽视或疏漏了一些读者认为是特别有趣的研究著作,我向读者们致歉。在过去的十年里,我努力了解关于英国、法国、早期奥斯曼土耳其帝国、大明王朝晚期的人口、经济、社会以及政治历史的所有重要研究成果,同时也努力了解关于1500—1800年间西欧以及中东、中国、日本的上述诸领域的研究成果。当然,这几乎是一个无法完成的工作,我收集的资料卷帙浩繁,有几百卷文献资料,几乎无法一一查阅。我停止了资料查阅是因为我相信我的阐释能够经得住未来研究的检验。因此,我提出了我的解释模型,尽管我也知道我对某些特定案例的阐述注定是不完整的。

在此书写作期间,我得到了同事和学生们以及那些为我的思考创作提供了机会的研究机构极大的帮助和鼓励,这些帮助和鼓励使我感觉到,我只是一项大型合作事业的挂名负责人。毫无疑问,许多参与研讨并影响了我思想的学者对本书中的观点会有不同意见,毫无疑问,我也没有完全避免这些学者曾经努力敦促我加以避免的错误和不足。尽管如此,我仍要感谢这些学者,没有他们,本书就不可能写得出来,他们是:罗德·阿亚(Rod Aya)、丹尼尔·奇罗特(Daniel Chirot)、兰德尔·柯林斯(Randall Collins)、S.N.艾森施塔特(S.N.Eisenstadt)、阿诺德·费尔德曼(Arnold Feldman)、加里·汉密尔顿(Gary Hamilton)、迈克尔·赫克特(Michael Hechter)、乔治·霍曼斯(George Homans)、克里斯托弗·詹克斯(Christopher Jencks)、内森·凯菲茨(Nathan Keyfitz)、乔治·马斯尼克(George Masnick)、乔尔·莫克里(Joel Mokyr)、查尔斯·拉金(Charles Ragin)、罗杰·斯科菲尔德(Roger Schofield)、西达·斯考切波(Theda Skocpol)、保罗·斯塔尔(Paul Starr)、阿瑟·斯廷奇库姆(Arthur Stinchcombe)、查尔斯·蒂利(Charles Tilly)、弗雷德里克·韦克曼(Frederick Wakeman)、小哈里森·怀特(Jr., Harrison White)、克里斯托弗·温希普(Christopher Winship)、E.A.里格利(E.A.Wrigley)。我也衷心感谢那些为我的研究工作提供了时间、资金和招待服务的组织机构:西北大学文理学院、西北大学城市事务和政策研究中心、西北大学大学教师研究基金委员会;英国剑桥大学人口与社会结构史研究小组、加州大学伯克利分校人口研究项目、加州大学洛杉矶分校中国研究中心、加州理工学院人文和社会科学学院、美国学术团体协会、澳大利亚国立大学社会科学研究院。

我也要感谢芝加哥大学出版社、剑桥大学出版社、美国社会学学会,感谢塞奇出版社允许我使用先前发表在《美国社会学杂志》、《社会、历史和社会学理论比较研究》、《美国社会学》等期刊上[由赫伯特·甘斯(Herbert Gans)编辑]的论文。(Beverly Hills, CA:Sage, 1990)

我的研究助理乔恩·谢夫纳(Jon Shefner)是个做事高效而富有幽默感的人,勤于完善细节,他修正了本书中的许多错误并提出了很多有益的建议。本项研究的支持团队成员、西北大学和加州大学戴维斯分校的琼·卫斯理(June Weatherly)、南希·克莱恩(Nancy Klein)、芭芭拉·威廉姆森(Barbara Williamson)、瓦发·哈格德(Wava Haggard)在使用各种不同的文字处理器将手稿整理成文的过程中担负了关键角色。感谢他们坚持不懈、准确无误而又高高兴兴地做完此事。特别感谢加州大学出版社的内奥米·施耐德(Naomi Schneider)编辑,她的耐心、毅力和鼓励对本书的出版是不可或缺的。

书中的汉字，我使用了罗马字母汉语拼音[我十分感谢唐·普赖斯(Don Price)的帮助]，土耳其文字，我使用了现代罗马字母土耳其语文[我也深深感谢斯坦福·肖(Stanford Shaw)的帮助]，至于法文著作的引用，我自己将其译成英文。

杰克·A.戈德斯通

加州大学戴维斯分校

1990年3月5日

25 周年版前言

革命寿终正寝？抑或方兴未艾？

1991年，本书第一版面世之时，研究革命的学者们开始讨论“革命时代的终结”。最近的暴力社会革命发生于1979年的伊朗和尼加拉瓜。尽管东欧国家和苏联刚刚崩塌，但是这些事件往往被视为是由和平的抗议者发起的非暴力的民主转型，在这些事件中，车臣和塔吉克斯坦发生了流血战争，在许多后苏维埃国家里，残暴的独裁统治也许会兴起，但是目前看来并不明显。蒂莫西·加滕·阿什(Timothy Garten Ash 1989)新造了一个词“refolutions”来描述这些事件，意思是这些事件更像改革(reforms)而非革命(revolutions)。杰夫·古德温(Jeff Goodwin 2001)和罗伯特·S.斯奈德(Robert S.Snyder 1999)等学者根据斯考切波的社会结构论，认为革命只能在特定的国家里才能发生，这些国家就是传统的君主专制国家或者压迫性的个人专制独裁国家，然而这类国家正在逐渐消亡。罗宾·赖特(Robin Wright 2000)和吉亚·诺迪亚(Ghia Nodia 2000)认为，全球财富的扩散意味着激进思想的吸引力逐渐消解。福里斯特·科尔伯恩(Forrest Colburn 1994)则认为，随着苏联的解体，由诸如弗拉基米尔·列宁、毛泽东、切·格瓦拉和菲德尔·卡斯特罗等共产主义英雄们激发起来的革命“风尚”已经终结。

但是上述这些观点都是错误的。自1991年开始，全世界就进入了一个最为明显的革命时代，仅1991年这一年，埃塞俄比亚人民革命民主阵线将独裁者门格斯图·海尔·马里亚姆赶下台,库尔德起义者开始在伊拉克北部实行库尔德人自治,索马里民族运动反政府武装建立了独立的索马里兰国。1992 年,波斯尼亚独立战争震撼巴尔干半岛,1994 年,墨西哥发生了萨帕塔叛乱,车臣人开始了反抗俄国人的第一次车臣叛乱,卢旺达爱国阵线接管了全国政权。1997 年,科索沃反叛开始,并在十年后宣布独立,刚果总统蒙博托·塞塞·赛托的统治被推翻。1998 年印度尼西亚发生了革命。2000 年,南斯拉夫的斯洛博丹·米洛舍维奇政权被"推土机革命"推翻,这是随后六年里发生的五次"颜色革命"中的第一次,第二次"颜色革命"是 2003 年格鲁吉亚的"玫瑰革命",随后是 2004 年乌克兰的"橙色革命",再后是 2005 年黎巴嫩的"雪松革命"和吉尔吉斯斯坦的"郁金香革命"。与此同时,一些暴力性的革命运动也在兴起:2003 年苏丹爆发了达尔富尔叛乱,同年尼日利亚的"博科圣地"开始崛起。

随后十年里,2010 年第二次吉尔吉斯斯坦革命爆发,随后是"阿拉伯革命","阿拉伯革命"始于 2010 年的突尼斯,然后于 2011 年扩展到埃及、利比亚、叙利亚和也门。2012 年,统治中非共和国多年的弗朗索瓦·博齐泽政权被反叛者推翻,2014 年,乌克兰革命推翻了维克托·亚努科维奇的统治。总的来看,在 1991 年到 2014 年的 24 年里,一共发生了 25 次革命,更不要说那些数不胜数的没有成功的规模较小的起义暴动和全国性示威活动了。

看起来,我们似乎正生活在一个新的革命时代的中间期。诚然,较之以往那些社会大革命或革命游击战争而言,上述这些事件里,有一些具有更多的非暴力特征,然而也有一些事件,比如卢旺达的胡图族和图西族争夺全国政权的斗争以及叙利亚战争等,就纯粹的暴力恐怖而言,堪比过往的那些斗争冲突。

因此,现在推出本书的 25 周年版以检验过往的革命浪潮,似乎也算正逢其时,而且,本书的命题是:人口趋势是革命动力学的基础,这个命题现在似乎比以往任何时候都更贴切。1991 年,当大多数学者沉湎于政体类型、文化或者"思想",并且认为这些才是历史上许多次革命的推动力的时候,我却认为,史上的那些革命,从 17 世纪英国的清教徒革命、18 世纪的法国大革命,到 1848 年欧洲各国的革命,以及奥斯曼土耳其、明清王朝的中国所发生的重大的反抗活动，这些革命和反抗，部分原因是由人口变化所推动的，这种人口变化包括总人口的增长、过度的城市化以及不断膨胀的青年潮。现在，如果还没听说过城市化和青年人口的膨胀是近年来革命性剧变的核心缘由的话，就无法卓有成效地分析“阿拉伯革命”或者非洲的暴力活动（Bajoria and Assaad 2011；Schwartz 2011；Ighobor 2013）。如同以往一样，当初看似激进的理论，在历时几十年之后，可能就显得略微过时略微简单，成为众所周知的常识。

我给本书的新版添加了一个描述性的副标题：1600年至1850年间英国、法国、奥斯曼土耳其和中国的人口变化与国家崩溃。在本书初次出版时，我就打算添加这个副标题，但是那个时候添加这个副标题似乎容易引起争论，这个副标题可以表明我的理论从何而来以及这个世界改变的程度。在发展中国家经历了快速的人口增长、新的革命浪潮已逾几十年之后，现在看来这个副标题似乎颇为有用而且合理，我很高兴在本书新版之时给它恢复这个副标题。

对有关学者和学生们而言，重温一下我原先关于革命的人口结构论，厘清这个理论的背景和一些限制性条件，这也许颇有益处。现在看来，《早期现代世界的革命与反抗》一书的最后一章，也许需要重新审视一下，这一章不仅预言革命将继续发生，而且预言：即便在富裕的西方国家，尤其是在美国，“自私的精英”也将播下政治衰败的种子。

那么，如此之多的研究革命的饱学之士，怎么会错误地认为到1990年革命即已终结了呢？公平地说，在预测未来的社会稳定方面，一些经济学领军人物也同样犯了错，比如诺贝尔奖得主罗伯特·E.卢卡斯（Robert E.Lucas），在其2003年1月就任美国经济学会主席的致辞中就宣称：“防止经济衰退的中心问题已经得到解决”，这个时候离2007年那次堪称“大萧条”之后最为严重的经济低迷也就几年时间。认为革命已经终结的想法是一个更为普遍的思想趋向的一部分，这种思想趋向始自于1992年弗朗西斯·福山（Francis Fukuyama）所宣称的“历史的终结”——东欧和苏联国家的剧变，欧洲和北美的学者们，以胜利者的姿态，相信他们这一代人已经解决了社会治理和政治治理中一些最为重要的问题。在这些人看来，由影响广泛的宏观社会思潮和意识形态思潮所孵化的历史的大动荡：

现代化的冲击颠覆了传统社会、民族主义的兴起打碎了陈旧的多民族和多种族社会、共产主义思想或者民主思想将民众动员起来反对君主政体或者军人政权，这些现在正在走向终结。到20世纪90年代，在许多观察者看来，现代化几乎处处高奏凯歌，世界上现代民族国家的转型事实上已经完成，共产主义已经在与自由民主的全球战斗中遭遇失败，自由民主政治成为组织现代民族国家的主流方式，由宏大的历史力量和影响广泛的意识形态引发的伟大斗争看起来已近终结，仅能掀起微小的波澜，也可能会扰乱未来经济的稳定发展和政治民主化。

然而，《早期现代世界的革命与反抗》却认为，引起17世纪和18世纪晚期到19世纪早期革命浪潮的，并非宏大的历史力量或者影响广泛的意识形态，毋宁说，引发本书所说的国家崩溃浪潮的，是频繁出现的国家危机、精英分裂和民众动员。国家危机常常是由财政紧张、不断恶化的国家债务和腐败、由于精英谋求者不断膨胀而导致的精英分裂、上下层之间社会流动的增加以及派系权力斗争所造成的；民众动员是对失业和就业不足、不断下降的工资收入、不断上涨的土地租金、土地短缺、快速的城市化和不断膨胀的青年人口作出的反应。在经历了好几代人持续不断的人口增长之后，国家内部、精英之间、社会团体之间的资源流动就会失去平衡，上述这些发展趋势往往就会同时产生，此时，革命性动荡就很难避免。

历史的发展变迁丝毫没有改变这些发展趋势。不管是在财政危机的后遗症里，比如印度尼西亚政府宣称的亚洲金融危机的后遗症里，还是在2010年到2011年“阿拉伯革命”之前的酝酿阶段里，财政紧张、不断增加的国家债务以及政治腐败都曾反复出现。精英分裂依然继续产生于不同的社会流动、地区之间和种族之间的竞争、控制了不同经济部门的各个集团之间的尖锐摩擦以及彻头彻尾的任人唯亲，这些现象在很多发生了“颜色革命”的国家里随处可见。而且，由于全球化带来的全球性工资竞争、城市化不断发展、全球气候变化影响着食物价格和土地利用，因此世界各国民众动员的压力都在增加。所以，在这25年里，革命在继续发展，甚至在频度上有所增强，这并不令人诧异。

《早期现代世界的革命与反抗》一书曾经预言：尽管人口增长仍将是许多农业社会里革命的推动力，但是在高收入的工业化社会里，其他一些因素，比如不平等的发展、国际压力以及腐败，也能加剧国家危机、精英分裂和民众动员。因此，虽然有些社会没有经历过快速的人口增长浪潮，却依然发生了“颜色革命”，比如2004年的乌克兰，但是这与革命的人口/社会结构解释模式并不矛盾，虽然人口因素是最为广泛最为有力的影响因素，但它往往只是导致国家危机、精英分裂和民众动员的一个主要因素。然而，近年来的一些研究，对于政治变迁中人口动力学的作用提出了一些有趣的新问题。

《早期现代世界的革命与反抗》自出版以来，给正在快速发展的政治人口学领域注入了推动力。本书认为，包括年龄结构变化在内的人口变化、城市化、宗教关系、婚姻状况、性别平衡、种族构成、迁徙模式，这些对政治发展都能产生重要影响，本书的这种观点已经被证明是有真知灼见的。我们可以看到富裕国家的老龄化是如何影响全球战略竞争的(Jackson and Howe 2009；Haas 2011；Sciubba 2011a，b)，也可以看到青年群体的膨胀是如何增加了冲突和暴力的风险的(Urdal 2006，2011)，或者还可以看到亚洲一些国家的性别选择性流产导致的性别失衡是如何影响社会凝聚力的，如此，我们就可以明白，在政治发展中人口因素在许多方面都发挥着重要作用。

近年来的人口政治学研究揭示出来的一个最为新奇有趣的结论，是年龄结构和民主政治之间的强相关关系。由汉内斯·韦伯(Hannes Weber 2012)和理查德·辛科塔(Richard Cincotta 2008/9，2009，2012；还有辛科塔和多塞斯 Cincotta and Doces 2011)等人各自所做的独立研究都揭示出：一个中老年的民主社会更为稳定，也不太可能重蹈独裁的覆辙；一个社会的年龄中位数越大，就越有可能转入稳定的民主政治。这些发展进程产生了一个新的全球性社会分布格局，在这里，那些年龄中位数低于25岁的国家极少属于稳定的民主政体，但是几乎所有那些年龄中位数大于35岁的国家都是稳定的民主国家。因此2010年之前，辛科塔就据此预测，由于阿拉伯国家的年龄中位数在不断提高，其中突尼斯的老龄化速度尤其突出，因而，这几个阿拉伯国家在2010年至2020年之间有可能进入民主转型，其中突尼斯最有可能实现稳定的民主转型(Cincotta 2009)。这确实是近年来社会科学中最为成功的预测之一。

这个发现对于人口在革命中的作用也具有很强的启示意义。这意味着，由青年人口膨胀引发的那些革命，即发生在年轻化社会里的那些革命，实现稳定的民主转型的可能性极小，相反的，这些革命引发暴力的可能性极大，然后就会实行威权统治以恢复社会秩序。反之，如果革命发生在老龄化社会里，引发暴力的可能性极小，并且极有可能会产生稳定的民主转型。2010年至2011年间阿拉伯世界的革命，尽管起初看似充满希望，但随后，有的国家却很快陷入暴力斗争之中（叙利亚、利比亚和也门），有的国家重新建立了威权政体（埃及和巴林）；而1989年至1991年间东欧那些颠覆了政权的革命，却甚少暴力行为，并且都实现了相对稳定的民主转型，这两类革命之间的差别完全符合上述这种革命解释范式。

这个发现，对于俄罗斯和中国这类虽然仍属于权威政治但是却在快速老龄化的社会也具有积极的启发意义。俄罗斯的人口年龄中位数早已超过35岁，中国现在正在跨过35岁人口年龄中位数，这都极有可能催生出稳定的民主转型。尽管这并不能告诉我们这些国家是否能够或者何时才能开始未来的政治转型，但是这个理论却可以预测，一旦这些国家发生了政权危机，那么可能的结果是相对非暴力的稳定的民主转型，而不会像这些国家以前的历史那样，导致暴力权威转型。

不幸的是，对于许多撒哈拉以南非洲国家来说，这一理论却没有带来什么好消息。尽管这个地区的许多国家已经实现了显著的经济增长，但是，我们却并没有看到通常伴随着经济增长而来的人口增长率的下降（Bongaarts and Casterline 2013；Korotayev et al. 2016）。因此撒哈拉以南非洲国家开始出现历史上最大规模的人口膨胀和青年潮，根据联合国的预测（2015年），撒哈拉以南非洲国家的人口将从2015年的9.62亿增长到2050年的21亿，到2080年会增长到33亿，即大约每一代人增长10亿人口。可以预测，一些人口出生率居高不下的国家，将会忧虑其极大的人口增长：尼日利亚预计人口将会翻一番还多，从今天的1.82亿增长到2050年的3.98亿；同一时期里，乌干达和坦桑尼亚的人口预计将增长到现在的三倍，前者的人口将从目前的不到4 000万增长到超过1亿，后者将从现在的5 300万增长到1亿3 700万；而尼日尔的人口预计将增加到将近现在的四倍，从现在的不到2 000万增长到2050年的7 200多万。考虑到这些国家也将有可能受到气候变化的影响，气候变化会带来干旱、食品和土地价格飙升、移民和工作竞争、政府财政的紧张，因此，曾经广布于北非和中东的那些革命，只是革命浪潮中的“开场戏”，看来这个“开场戏”极有可能在未来的25年里出现于其他非洲国家。中东和中亚国家也还没有脱离险境，近年来，这个地区的一些最为年轻化的国家，比如阿富汗、伊拉克、叙利亚和也门，也已经成为暴力活动最为频繁的国家，并且极易引发政治动乱。

此外，非洲年轻化的人口结构、政治危机和快速增长的人口这些因素交织在一起，意味着目前从叙利亚前往欧洲的难民潮，也将仅仅只是欧洲那个漫长而又大规模的持续性移民危机的早期阶段，因此，极其重要的是，欧洲不能将目前的移民危机视为过眼云烟，一旦问题解决了就抛诸脑后，相反的，欧洲应该吸取教训，在制度和社会层面都准备好应对未来来自南边的更大的压力和移民潮。

因此，《早期现代世界的革命与反抗》一书的观点和结论与今天的政治依然相通相关。

本书的大部分内容是一种历史研究，研究的是1600年至1868年间欧亚大陆的政治危机，以及人口、物价通胀、社会竞争、国家财政危机、精英派系斗争、民众愤懑和民众动员这些因素在这些危机事件中的作用。在过去的25年里，历史研究已经取得了极大进步，关于上述这些因素的许多新的资料信息也已产生。然而，即便根据这些关于人口、物价史和社会史的最新研究结果来看，《早期现代世界的革命与反抗》一书的观点依然经得起检验。我也曾在别处发表过关于本书第三章法国大革命的升级版本，使用了更多的近期研究资料，但是，关于法国大革命的基本结论和基本发展模式以及本书中的其他结论，绝大部分依然如故。

如果今天我重写此书，我将对本书的理论观点进行两个重大的改写。

首先，在原书第一章里，对于农业社会里人口增长和物价通胀之间的关系，我的表述过于简单了。我那时候认为，由于人口增长对可资利用的土地和其他资源造成压力，而城市化会加快货币流通的速率，因此名义价格将会上涨而实际工资将会下降。现在我认为，尽管这种观点是大致正确的，但是这种线性关系显得过于简单，更准确地说，人口增长和物价之间的关系往往会历经三个阶段，第一阶段，当经历长期的下降或停滞之后人口再度加快增长时，这种人口增长对于经济发展常常会产生积极的刺激效应，物价可能会上涨，但是这会刺激投资从而增加产出；城市化水平也许会提高，但是这通常会带来更多的工作岗位和合理的工资水平。因此对多数人而言，这个人口增长的早期阶段会带来商业繁荣和更多的机遇以及社会的欣欣向荣。接下来是第二阶段，各国开始担忧物价上涨对国民收入的影响，并且会采取措施进行补救，然而这种补救常常会过犹不及，国家试图从货币贬值中攫取利润，而商人们则会通过大幅度提高名义价格来应对货币贬值，这就会带来一阵迅猛的通货膨胀，如果君主们继续贬值货币，就会造成通货膨胀的螺旋式上升。然而，这通常并不会导致政权倒台。更确切地讲，随着人们逐渐明白过来以及劣币驱逐良币，君主们也就知道货币贬值只是一个有限的工具。在商业精英们的压力之下，君主们会转而保护币值的稳定，并且试图通过以稳定的货币支付来提高税收或者出售资产以增加财政收入。

然而在此之后，如果人口继续增长，就会进入第三阶段，即恶性通货膨胀阶段。在轻松获益于人口增长带来的商业繁荣和产出增加之后，人口的继续增长就会对土地的产出增长能力和城市的就业创造能力造成严重压力，地租会上涨到难以为继的水平，农户的土地会被分割成不经济的小地块，或者被出售给那些更为富裕一些的邻居，城市和乡村的工人们更难找到工作，他们的实际工资也会下降。精英们也会发现，为了维护自己的社会地位，在竞争中领先于对手，就不得不进行更为激烈的竞争，不得不更加依赖君主的支持或者商业冒险，因此精英分裂更加严重。最后，统治者们也会发现，由于不能再简单地依赖于货币贬值，由于农民们可以征税的生产剩余越来越少，由于精英们保护自己生产份额的声音越来越大，统治者们也很难跟上物价上涨的步伐。因此，国家只能依赖于出售资产、增加债务或者对精英们征税，这些措施中的每一个都会招致财政危机。只有在历经先前的人口停滞或下降、经过几十年的人口增长之后，第三阶段才会出现，只有在这个阶段，本书初版中表述的人口增长导致国家崩溃的模式才能成立。

其次，在《早期现代世界的革命与反抗》一书中，我对意识形态在规制革命斗争结局中的作用予以了高度的关注，但是，现在我会说，我低估了意识形态在革命早期阶段和因果阶段的作用。埃里克·塞尔宾(Eric Selbin 1993, 2010)、伊丽莎白·伍德(Elisabeth Wood 2003)、米沙·帕尔撒(Misagh Parsa 2000)以及约翰·福兰(John Foran 2005)等人的研究表明，单靠物质条件和社会结构并不能解释清楚连续性革命动员的强度。对于那些因从事危险的革命行动而付出牺牲和远离日常生活的人们来说，不仅必须使他们感受到物质上遭受的剥夺或者威胁，而且必须使他们感受到社会不公，并且要能够将这种感受与一种叙述结合起来，在这种叙述里，统治者是邪恶的，革命是必要的、高尚的，这种叙述还要能够提供一条通往成功变革的路径。如果缺乏这种能够对人们产生广泛吸引力和深刻影响的关于社会不公和变革必要性的叙述，物质条件的悲痛烦恼可能会继续在许多社会群体间扩散和弥漫，这些社会群体可能会示威抗议、牢骚满腹、悲伤绝望，但是他们并不会有效地组织起来。

在本书这个25周年版本里，我对原书的第一章到第五章未作改动。我认为，重要的是能够判断本书的优点和缺陷、能够衡量在初次出版时它的先见程度或者错误程度。我希望那些没有读过原书的读者们，仍然能够发现这些资料是新鲜而有价值的；我也希望那些可能读过20年或25年前出版的原书的读者们，能够对照当前的一些事件再度阅读这些章节，并且思考这些革命研究理论何以依然有效，或者何以需要改变，以便使其更加贴近新的革命时代。

与此不同的是，第六章“从过去到现在”确实需要更新，因为那个标题中的“现在”距今已有25年了，所以我对该章进行了更新，使其进入到今天的“现在”语境，同时也对未来进行了展望。现在，这一章包括了对下列事件的分析：“阿拉伯革命”、欧盟的沉重负担、俄罗斯和中国发生社会动荡的风险、美国霸权的前景、由不平等带来的挑战，甚至还分析了在由机器人和人工智能带来的新一波自动化浪潮中，由于人们把越来越多的角色让渡给机器，这是否会使人口因素变得无关紧要的问题。

无论是对于经历了这些意外危机的那几代人来说，还是对于那些因未能预见和控制这些事件而感到卑微的学者们来说，试图分析和理解这些事件都是困难重重的。25年前，《早期现代世界的革命与反抗》一书根据对过去几个世纪的分析，尝试着对未来进行展望。再次进行这样的尝试依旧是一次挑战，但是对于本书这个25周年版本来说，有机会这样做也是一件令人愉快的事情。

我应该感谢劳特利奇出版公司的编辑詹妮弗·克内尔(Jennifer Knerr)，她给予我勉励，使得《早期现代世界的革命与反抗》新版的出版成为可能。我更该感谢我那了不起的夫人吉娜(Gina)，并将本书的25周年版献给她，我们在本书初次出版的那一年相识，在已经过去的25年里，她已经成为一个有耐心又有爱心的伴侣，并以其才智和不屈不挠的精神给予我支持。最后，我要衷心感谢我的学生们、学术同仁以及本书初版的读者们，他们的反馈意见，不管是批评的还是鼓励的，都使一切努力尽有所值。

2016年8月于香港

第一章
中心问题：如何解释早期现代世界国家崩溃的周期性浪潮

我认为，近来，全能的上帝和人类吵架了……，这是因为，最近这12年里，奇形怪状的革命和恐怖不堪的事情不仅发生在欧洲，而且遍及全世界。

——詹姆斯·霍威尔(James Howell)

第一节 危机中的国家

近350年来，学者们对于"17世纪的普遍危机"争论不休。某些事实是确凿无疑的，从大约1500年开始至17世纪上半叶，全球人口和物价先是缓慢下降，而后停止下降并稳定上升，此外，起义和革命冲击着欧亚大陆的许多国家政权，其中最著名的有：英国革命，法国福隆德运动(Fronde)，加泰罗尼亚、那不勒斯、西西里和波希米亚的反对哈布斯堡王朝的起义，乌克兰的赫梅利尼茨基城起义，奥斯曼土耳其帝国的杰拉里起义，中国大明王朝的崩溃。但是对于如何解释这些事实却没有一致意见，历史学家们对于这些事件的原因、关系和意义的解释极不相同。

有些学者认为，17世纪的普遍危机标志着资本主义历史的转折点，其他学者则认为，这些历史事件主要是政治性的，标示着专制主义的危机。有些学者发现了17世纪的世界经济大萧条，并试图去解释它，但是还有些学者则发现，在某些地方，贸易快速增长，并因此断言，所谓世界经济大萧条只不过是个错觉。尽管涌现了一些对历史研究富有创意的思想观点(绝大多数主要贡献体现在下列论文集中：Aston 1967, Forster and Greene 1970, Parker and Smith 1978，其他重要的著作有：Anderson 1974, De Vries 1974, Wallerstein 1974, 1980)，但这些争论均未有定论。

这些争论的一个根本缺陷是其强烈的欧洲中心论色彩。在反思了马克思和韦伯思想"偏见"的基础上，一方面，他们认为，欧洲的历史事件标志着重大的社会结构变化，以此来说明欧洲是富有活力的；另一方面，他们很少注意到亚洲发生的几乎同样重大的政治反抗和政权更迭，常常轻率地认为这些事件仅仅是农民暴动或专制政权的更迭。事实上，奥斯曼帝国和中华帝国的政治反抗涉及同样广泛的阶层：社会精英、城市居民、农民，也具有作为西方政治危机重要特点的为反抗财政上濒临破产的国家政权而进行的意识形态斗争(特别是中华帝国，参见 Wakeman 1986)，而且，相较这个时期内绝大多数西方国家而言，东方国家的危机所导致的国家权力、阶级阶层结构以及地方政权的变化要大得多。因此，至少来说，东方国家发生的危机应该得到西方学者更加密切的关注，大而言之，我强烈主张，关于17世纪危机的欧洲中心论观念，应该彻底废弃，欧洲中心论认为，欧洲的资本主义危机导致了富有活力的社会结构变化，这些危机扩散到边缘地带的亚洲，但对其社会变化的影响微乎其微。为了抓住17世纪社会变化的本质，我们需要认识清楚那个影响了东方帝国和西方君主制农业专制国家的世界性危机。

1770年至1850年间这个动荡混乱的历史时期也是如此，这个时期最令人难忘的是法国大革命，重要的还包括：俄国的普加乔夫农民起义，1820—1821年、1830年和1848年欧洲的起义和革命，奥斯曼帝国境内希腊人、巴尔干人和埃及人的起义，以及史上最血腥的农民起义——中国太平天国农民起义的开始。E.J.霍布斯鲍姆(E.J.Hobsbawm)在1962年十分准确地把这个历史时期称为"革命的时代"。纵观所有这些历史事件，人们有理由认为整个现代早期是一个危机四伏的历史时期。

然而，1660年至1760年间，大规模的政治崩溃十分罕见(Rabb

1975),那个时期也有农民起义、精英反叛和王朝更迭,但是,从欧洲到奥斯曼帝国到中华帝国,革命性的内战是没有的,尽管这个时期里所谓革命的两个主要引擎——战争和资本主义的发展比先前那个世纪要更多更快,但这个时期还是很稳定。这个时期是大规模战争的时期,从由野心勃勃的路易十四挑起的第二个"三十年战争"(1688—1714),到使用了此前欧洲未见的最大数量军队和最尖端装备的"七年战争"(1756—1763)。这个时期也是资本主义大发展的历史时期:在英国,绝大多数圈地运动——占1500年至1850年间全部圈地的三分之二甚至更多——就发生在这个100年间(Wodie 1983);在英国、法国和荷兰,依靠资本的发展提供劳力的农产品加工工业快速发展,使许多行业的手工工人失业(de Vries 1976);由于欧洲国家之间的贸易扩展至美洲、黎凡特(Levant)* 和远东,形成广阔的殖民地贸易和帝国贸易网,因而全世界的对外贸易额成指数级迅速增长。我将在后文中详细阐述并尝试测度这些发展趋势。但是,显而易见的是,1660年至1760年间,战争持续存在,资本主义持续发展,却没有国家政权崩溃。因此,我们就面临一个历史解释问题:欧洲乃至世界范围的国家崩溃为何能形成两个显著的"浪潮",第一次在17世纪中叶,第二次在19世纪中叶,中间却有大致一个世纪(从1660年至1760年)的稳定时期?

对现代早期亚洲和欧洲的国家崩溃进行比较研究的学者少之又少(Mousnier 1970b, 1984)。但是,我们将要明白的是,东方和西方专制主义政体的国家崩溃在其原初模式上有着明显的相似之处:伴随通货膨胀而来的国家财政危机;由社会流动产生的精英内部分裂;民众暴动,这种暴动或者是自发的,或者是由精英策划鼓动的,民众暴动通常先提出一些尖锐的经济要求,而后会要求改革政治、社会和经济体制。颇似17世纪英国的是,17世纪的中国甚至出现了一个叫作"铲平王"的小团体,宣称人人平等的新时代已经到来,这些人影响了覆亡大明王朝的民众起义。尽管如此,经过16世纪国家崩溃大潮之后,欧洲的经济发展加速了科学发现和发明,而亚洲的经济只是数量上有所增长,令人奇怪地凝固在其既

* 指第一次世界大战前地中海东部各国。——译者注

有的经济和管理技术之上。这就产生了两个历史问题：与欧洲国家几乎同时发生的亚洲主要帝国的国家崩溃在其原初模式上为何与欧洲国家如此相似？原初模式大致相似，为何经过长期发展后结果却大不相同、导致众所周知的“西方的崛起”？

国家与国家崩溃

无疑，读到此处，有些读者已经不耐烦了，他们会嫌我列举了许多极不相同的社会、“国家崩溃”的术语定义不明，但是，大致从 16 世纪至 19 世纪的现代早期的欧亚国家，包括欧洲君主国、俄罗斯、中国、奥斯曼帝国和日本，彼此之间并无很大的差异。[1]欧亚国家差不多都是由官员组成的官僚集合体，有一个世袭的统治者，宣称在一个明确的、通常是连续的边界内享有主权，最主要的经济是农业，国家收入和精英们的收入通常直接或间接依赖于土地税收和租金。

我所说的“国家”，是指中央集权的、全国层面的、享有制定和执行政策法规权力的公共机构，包括以官员身份控制这些公共机构的个人。对早期现代国家而言，“国家”包括世袭的统治者和各个大臣、具有全国性权力的立法机构、皇家或帝国税收官员和法官、中央政府直接控制的军队，因此，我所说的“国家”，仅指全部政治参与者和政治机构的一部分，也是主要的一部分。在现代早期社会，其他各种各样的团体和个人也可能执掌司法和管理权力，比如可以收税和收费、制定规章、惩罚侵害者。某些团体——包括地方议会或政治团体，郡县、市政和乡村权威机构，教会和宗教法官，世俗领主和宗教领主——尽管处于从属地位，但在某种程度上是独立于中央政府的，并且偶尔会与中央政府发生冲突。因此，国家崩溃一般是指中央权威在与其他政治行动者的冲突中丧失了统治能力，而不是整个政治机构的崩溃。[2]

这些社会也都经历过政治分裂和地区分裂，这两种分裂之间的关系仍然存疑。尽管某些特殊人物，首先是最高统治者，可能同时扮演着政治权威和宗教权威的角色，尽管国家可能寻求主宰宗教事务、任命宗教领袖，但是，半独立的社会精英仍然会存在，游离于官僚国家之外，充当表述完整的道德传统的监护人（Eisentadt 1980b）。在欧洲国家，这种情况是由于天主教牧师阶层的存在而形成的;在奥斯曼帝国,则是由于希腊正教、众多伊斯兰宗教学校、虔信基金会、宗教学者和毛拉的存在而形成的;在中国,则是由于中国知识分子而形成的,尽管中国知识分子是帝国官僚的来源,却绝不仅仅只是帝国官僚,他们在地方教育、地方管理和礼仪职能中保持着非官方角色,这使他们在中国社会中保持部分独立;在日本,这是由于幕府管理(统治)国家和帝国宫廷(依然是日本社会的神权中心)之间的角色分离而造成的。

"精英",是指拥有较充裕的财富或较高社会地位的那些人,通常是有文化的人,他们并不一定是国家官员。可以稍加辨识的是,精英们通过各种途径,比如通过土地、武器、贸易、管理或者宗教来追求财富和社会地位。然而,这些特性与劳动之间并非泾渭分明,多数精英家庭都显示出多样化的资产组合和目标诉求。

由于精英利益的多样性,国家和精英之间的关系一直是争论不休的问题。精英希望国家能够履行提供各种公共福利的固有职责:组织成功的军事活动;维护社会秩序;管理和提供某些公共物品,比如货币体系和交通网络;通过调控进入军事和行政职位的管道(有时也包括调控精英教育和精英培训的管道)为精英提供地位上升和财富增加的机会。为了履行这些职责,国家通过税收、土地所有权或者其他的财源获得资源。但是,资源集中在国家手中也会产生一些问题,如果资源汲取率太低,国家就无法履行相应的职责;如果资源汲取率太高,剩余部分就会被用来增加统治者的财富和权力,代价却由精英承担。因此,精英们通常会支持那些看起来与履行预期的国家职能相一致的国家行为,反对那些以牺牲精英利益为代价、使权力过分集中在统治者手中的国家行为。就国家而言,它通常会寻求这样的一种方式履行公众期盼的国家职能:一方面足以避免招致精英们广泛的攻击,同时寻求能够比国内精英和外国竞争者更多地增加资源以增加其财富和权力(Levi 1988)。这种对于国家资源掌控的持续张力通常会经由国家和精英之间的协商谈判得到控制,当这种内部冲突扩大为公开斗争时,国家危机即告开始。

当然,普通民众和国家之间也有张力。早期现代社会的农村和城市民众指望国家能够:确保道路、桥梁和灌溉系统的维护,买得起的面包和充分的就业，保护居民免遭盗窃、外国入侵和精英的剥削，保持地区公平。作为获得这些公共物品的代价，民众一般会接受一定数量的税收。事实上，这些服务通常并非由国家官员，而是由地方政府或宗教机构提供的，通常会在国家税收之外另行收费。然而，普通民众通常认为，他们的国王、皇帝或者苏丹才是地方秩序的最终保证者。当这些公共服务恶化时，或者当税收达到威胁传统农民生存标准时，政府通常会受到指责，在此情况下，民众可能会发动起义以表示他们对政府的极度不满，或者打着国王的名义起而反抗地方精英，谴责他们没有遵照国王的意愿保护普通民众。

尽管在政治、司法、宗教和物质福利上依赖于精英的指导和保护，民众也会与精英展开资源竞争。在国家范围内，为了换取精英的指导和保护，民众通常会接受精英的优越地位和资源汲取；但是，在国家范围内，民众和精英之间的关系应该是一种“经常性张力”，这是因为，精英一般会追求资源汲取最大化，而民众则要求精英对资源的汲取最小化，而且，精英对于“充分有效的指导和保护”的理解与普通民众的观点常常不一致。

本书研究的国家与绝大多数早期农业帝国的不同之处，在于它们拥有广大的国内市场，因而，物价和商品分配受到供需关系的广泛影响，物价的意义在于其影响广大的市场主体获得商品和服务，因此，统治者也得付出由市场决定的代价为军队取得食物和许多其他服务；精英们来自租金或其他生产性事业的收入取决于市场决定的产品价格；城市工人的收入取决于受市场影响的工资；农民使用土地取决于市场决定的地租。当然，许多人会试图运用政治权力打破或者逃避市场规制。已经拥有足够维持全家人生活的土地的那些农民，可能只是有限参与市场交易，以获取生产工具、奢侈品，或者赚取少量现金以支付税收。然而，每个国家的市场都很大，它从根本上影响着许多人的收入和机遇，包括所有重要政治人物的收入和机遇。

总而言之，本书研究的所有国家都具有：(1)农业经济基础；(2)管理广大国土的世袭统治者和官僚，他们与半独立的地方权威、地区权威、宗教权威、文化权威都存在某些张力；(3)官僚集团之外的文化精英，他们有广泛的诉求，在关于国家职能边界和国家资源汲取水平这些问题上与国家存在某些张力；(4)城市和农村民众，他们要忠诚于精英和国家，也要接受精英和国家的资源汲取；(5)功能相当完善的国内市场，市场价格影响着广大社会成员的商品获得。

本书并没有忽略下列事情：国家之间的资源差异、精英之间自主权的差异、宗教教义的差异，这些事情都在适当的地方进行了阐述。只是为了说明，对于这些国家而言，人们可以相当合理地谈及“国家”、“精英”、“世俗统治者”和“宗教团体”之间的冲突、“物价”、国家之间那些极不相同的情形。

我把本书研究的那些革命和反叛作为“国家崩溃”的案例。所谓“国家崩溃”，我指的是一系列事件的特定“组合”，不仅仅只是一场革命。“革命”这个术语常常被随意使用，结果，其含义愈益模糊不清，而且，自从法国革命之后，这个术语被赋予了激进政治变革的含义，人们极少用这个术语指称 1789 年之前的许多政治危机，因此，我得仔细界定本书的主题词“革命”。

许多作者(例如，Huntington 1968)是在极其宽泛的意义上界定“革命”一词的，他们认为，革命是基于大众参与的以暴力方式彻底推翻政府和精英的统治，它要建立一个新的政治和经济制度、建立一种基于新成员的新身份结构、建立一个新的法律体系和信仰体系。这种解释模型对于 20 世纪俄国和中国的共产主义革命相当适用，对于 1789 年的法国革命也部分适用，但对于早期现代国家则几乎完全不适用。因此，这种解释模型对于研究早期现代世界几乎没有多大作用。“革命”一词的使用由于下列词汇而变得更加混乱不堪，例如：“不成功的革命”、“社会革命”、“流产的革命”、“精英革命”，这些词汇意味着它们之间有着某些差别，也意味着这些词汇与“政变”、“内战”以及“民众起义”之间是有差别的。由于这些事情很少有几个适合于宽泛意义上的“革命”，但却存在着政府被推翻或被暂时瘫痪的众多案例，因此，有多少研究者，有多少国家危机的案例，就有多少种“革命”定义。

当然，“危机”一词同样含糊不清。学者们经常使用这个术语指称对于法律和秩序的任何一种威胁，并因而发现了大量的令人困惑不堪的“危机”。由于这个词汇被轻率地使用，“政治危机”就可能意味着对政府的信任危机、国家破产、政变、精英叛乱、农民起义、市民暴动、内战。我所使用的“国家危机”一词，特指精英和民众对于国家态度的改变，即，国家危机就是这样一种状况：精英或者民众中的重要政治人物认为中央政府的运转方式没有效率、不公正或者已经过时。这种国家危机可能起源于政府无法实际履行其职能，比如破产、战败、无法制止地方动乱，也可能起源于经济改革或者轻率的政府行为，导致精英或民众失去了对国家的信任或者收回对国家的忠诚。不管是何种原因，精英或民众认为，国家已经不能履行其必要职能，其结果是，国家丧失了为维系统治所必需的忠诚。但是，国家危机并不是破产或者军事失败本身，如果精英或民众没有丧失对于国家的忠诚和信任，即使有这些问题，国家常常也会幸存下来，比如16世纪后期的西班牙、路易十四之后的法国，都曾经历过军事失败和国家破产，但是，精英们团结在国家周围，也没有大规模的骚乱。当人们对于国家失效或者不公正的怀疑持续增加时，国家危机即告产生，财政危机或者军事挫折会被视为这种怀疑的确凿证据。因此，精英或者民众对于国家态度的改变、而不是具体的事件，标志着国家危机的产生。

许多政治科学研究著作把这种对于国家态度的改变描述为“合法性危机”(Zimmerman 1979，1983)。我不愿意使用这个词汇，因为它不能准确达意，其部分原因在于，“合法性”一词具有法律含义，它表示的意思是，“合法政府”是合法成立的，“非法政府”是非法成立的，这种看法常常是离题的。而且，“合法性”一词是不充分的，因为这个词汇常常只关注正义性问题，却忽略了有效性问题。政治忠诚依赖于精英或者民众对于国家正义性和执行政府职能的有效性的认可程度，即使是合法成立的政府也会被视为无效的或者不正义的政府，同样，即使是非法成立的政府(比如那些经由革命或政变而成立的政府)也能被视为有效的和正义的政府。而且，即使是不正义的国家也会被视为是有效的，并能够维系主要社会成员的忠诚，即使是正义的国家也会被视为是无效的，从而丧失了主要社会成员的忠诚。总而言之，不论国家是如何建立的，也不论这种对国家忠诚的改变是源自国家行为本身的非正义性或者无效性，还是源自经济环境或国际环境的改变使国家成为受害者，当精英或者民众中的主要政治成员不再维持对现存国家政权的忠诚时，国家危机即告产生(因为国家的运转依赖于一系列的机构和制度，而不仅仅只是依赖于国家公职人员)。

在那些有影响的精英和很多普通民众的眼里，国家危机通常表示一种失衡情况，国家或者无法执行预期的政府职能，或者需要太多的资源以执行政府职能，或者两者兼而有之。因而，国家执行力和国家收入之间的持续张力达到了非同寻常的高度。这种国家危机要么轻松结束，要么导致全面冲突，这取决于政府当局的灵活性，取决于精英的团结和组织性，取决于民众团体的动员潜力，取决于这些政治行动者之间的微妙关系，包括他们的财政资源、组织资源、军事资源和意识形态资源之间的微妙关系。国家危机有可能导致革命，但是也可能以不成功的革命尝试而结束（比如 1848 年的普鲁士），或者导致一次成功的改革（比如 1830 年至 1832 年间的英国改革）。

本书将尝试解释国家危机中一种特别严重的类型，就是上面提到的“国家崩溃”。当国家危机导致全面广泛的冲突，包括众多的精英反叛、精英内部冲突和民众暴动，此时，国家危机即告发生。如果精英们支持国家权力，或者改革者成功地改正了国家的非正义状况，国家危机就可能得到和平解决；或者，如果重要精英能够团结起来，不要社会动员就取得他们希望的政权更迭，国家危机就可能以政变而告终结。但是，如果精英与国家高度疏远，并掌握了大量资源，精英又处于分裂状态，国家危机就可能导致精英叛乱以及精英内部的激烈冲突，此时，如果民众动乱迫在眉睫，国家和精英之间的冲突就可能打开民众起义的大门，或者打开了为支持竞争各方而展开的社会动员的大门。此后，不同团体之间的权力斗争就会导致内战。

因此，国家崩溃指的是社会秩序紊乱、国家权威丧失的一种状况，这种状况有时称为革命。然而，我所说的“革命”还包括这样一种情况：国家崩溃之后，接踵而来的是政治制度、社会制度以及用以论证这些制度正当性的意识形态体系的根本变革。

为了使这些定义更加明确，为了阐明历史上各种各样的政治危机之间的差异，采用一些从矢量代数中借用而来的简单标记法是有益的。[3]让我们把上述提到的国家崩溃和革命的概念分为几个组成部分，然后，我们就可以得到一系列要素，这些要素在一场政治危机中可能存在也可能不存在：(1)精英或民众普遍认为国家无效、非正义或者陈腐不堪，从而，国家失去了许多人的信任或忠诚;(2)精英反叛国家;(3)民众——城市居民或者农村居民,起而反抗国家或精英的统治;(4)广泛的暴力活动或内战;(5)政治制度的改变;(6)传统精英(在农业社会中主要指地主)的社会地位和权力的改变;(7)经济结构和财产所有权基本形式的改变;(8)证明权力分配、社会地位分配和财富分配正当性的符号体系和观念体系的改变。

然后,我们就可以用一系列的"1"和"0"来描述特定的历史事件,用"1"和"0"来标示上述八个要素中的某一个是否存在。因此,俄国和中国的共产主义革命(俄国的杜马起义是一次精英起义)就具备了八个"1":(1, 1, 1, 1, 1, 1, 1, 1),法国大革命稍有不同,这是因为,即使认为法国地主领主权的丧失是地主权力的重大改变,法国的财产所有权或经济结构的基本形式也没有任何重大变化,因此,我们可以把法国大革命描述为:(1, 1, 1, 1, 1, 1, 0, 1)。社会稳定则可以标示为一系列的"0":(0, 0, 0, 0, 0, 0, 0, 0)。政府的和平改革则可以标示为:(1, 0, 0, 0, 1, 0, 0, 0)。这个定义体系广泛适用,因而,我们可以把一次普通的政变描述为:(0, 1, 0, 0, 0, 0, 0, 0),一场精英革命可以描述为:(1, 1, 0, 0, 1, 1, 1, 1),而王朝内战并非挑战国家本身,只是精英领袖之间争夺权力继承的斗争,比如奥斯曼帝国和莫卧儿帝国经常发生的内战,因此,王朝内战可以描述为:(0, 1, 0, 1, 0, 0, 0, 0),而一场分离主义的内战,比如美国内战,可以描述为:(1, 1, 0, 1, 1, 0, 0, 1)。更为重要的是,通过这种方法,人们可以更加精确地说明各种历史事件之间的差异,比如1640年的英国革命(1, 1, 1, 1, 1, 0, 0, 1)、明清的王朝更迭(1, 1, 1, 1, 1, 1, 0, 0)、法国大革命(1, 1, 1, 1, 1, 1, 0, 1)之间的差异,而不仅仅只是争论前两者是否"真正的革命",事实上,尽管这三者具有许多共同点,但是,前两者与法国大革命并非高度相似,它们两者之间也有差别。

这个定义系统可以描述128种从稳定到极端革命之间的不同类型的历史事件。当然,这些可以描述的历史事件并不能说清帝国的所有内涵,比如,在制度变革(1, 0, 1, 1, 1, 1, 1, 1)中,如果没有精英反叛和精英的领导,任何一次民众起义都不会成功。但是,这个概念使我们可以精确地阐述各种政治变革,而无需受到由"革命"一词延伸而来的各种含义的束缚。特别重要的是,我们可以精确地阐明,"国家崩溃"是涉及中央政府危机、精英反叛、民众暴动、广泛的暴力或内战的事件，可以描述为：(1, 1, 1, 1, x, x, x, x)，其中后面四个“x”的意思是它们可以是“1”也可以是“0”。因此，本书解释的主题词“国家崩溃”是涉及前四个要素的严重的国家危机，不管这种危机是否导致我们可以称为革命的社会变革。特别要指出的是，我的目标是要阐明，在欧亚大陆北部国家，这种严重的国家危机为何会在一段时间里周期性爆发，而其他时间里则消失无踪。

在本书中，我相当详细地研究了早期现代世界一些国家崩溃的事例。我主要关注四个案例：1639 年至 1642 年的英国革命；1789 年至 1792 年的法国大革命；奥斯曼帝国安那托利亚地区的起义[大约始于 16 世纪 90 年代，1648 年苏丹遇刺，社会秩序失控达到顶峰，终结于 1658 年阿巴扎・哈桑・帕夏(Abaza Hasan Pasa)起义的被镇压]；中国大明王朝的灭亡(1644 年)。此外，我还简要分析了 17 世纪中期法国福隆德运动和西班牙哈布斯堡王朝的起义、法国 1830 年革命、法国和德国 1848 年革命、大清王朝太平天国起义、日本明治维新。也许，在一些人看来，这些事件中只有一两个可以称为“革命”，然而，所有这些事件都是国家崩溃的案例。此外，我还探讨了 17 世纪后期和 18 世纪早期欧亚国家的相对平静。我的主要研究目标是要揭示这些事件背后隐含的普遍因果模式，在第五章我将转而探究这些事件之间的差异。

在提出因果解释模型之前，注意一下目前编史工作中的一些问题、革命理论的一些缺陷，这是值得的，这也是我的解释模型试图矫正的一些问题。

编史工作中的一些问题

目前，早期现代政治危机的编史工作混乱不堪。关于英国革命和法国革命，“修正论者”猛烈抨击曾经广为流行的、基于长期社会变化的解释理论。对于这两次革命，一个影响广泛、学识精深的学派坚持认为，这些革命事实上并非是长期的社会变化导致的，相反的，它们纯粹是由于政治冲突和环境恶化的不幸交织而造成的。

迄今为止，大多数学者认为，1640 年的英国革命是英国社会变化的顶点。在一个有影响的综合理论中，L.斯通(L. Stone)曾经述及：斯图亚特王朝在财政上和行政管理上均很疲软;19世纪的社会动员业已使绅士的重要性得以增加、而贵族的重要性却在减少,产生了为拓展政治权力管道而进行的斗争,同时,国王的支持率在下降;悬而未决的宗教冲突使英国的基督教会对于一个日渐增多的独立的绅士阶层的吸引力十分有限,新教徒的不满日益增加,因此,考虑到国家的虚弱、日益增多的政治冲突和社会冲突以及宗教冲突,某种形式的重大危机业已不可避免。尽管斯通不接受这样的观点:革命是资本主义发展的产物,是英国资产阶级的胜利,此种观点是由一些才华横溢的学者提出的马克思主义观点,这些学者包括C.希尔(C.Hill 1961)、小巴林顿·摩尔(Jr. Barringron Moore 1966)、佩里·安德森(Perry Anderson 1974)和伊曼纽尔·沃勒斯坦(Immanuel Wallerstein 1980),尽管侧重点也有所不同,但是,这些学者都接受斯通的这个观点:革命危机只能通过追溯其长期的社会原因才能得以理解。

然而最近一些年来,这些研究方法中的一些关键方面招致了抨击。对议会辩论的研究业已揭示出,革命过程中的政治斗争极少出现王室特权和议会特权的长期斗争,恰恰相反,1629年之前,议会几乎不会批评国王或者限制国王的权威(Russel 1979)。与此相似的是,对清教的研究揭示出,在17世纪30年代阿米乌纽斯派教徒遭到攻击之前,清教牧师遵从规训,与伊丽莎白和詹姆士一世保持良好的合作关系(Richardson 1973);对农村资本主义的研究也证明,17世纪早期,在提高地租、圈地和寻找利益等方面,英国国王都是领导者(Thirsk 1967a),因此,把国王描绘成反对商业活动、压制富有进取心和企业家精神的"资产阶级"的形象,这无疑是错误的。而且,在1640年至1642年间的国会事务中,上院似乎扮演了主要的,甚至是决定性的角色,这使我们怀疑所谓的"绅士阶层的崛起"(C.Roberts 1977a)。简而言之,过去的分析看来是站不住脚了,还有,所有过去的研究都是批判主义的,没有任何一个长期社会变化论的分析模式能够恰如其分。因此,修正论学者们认为,革命没有任何长期原因,17世纪40年代英国的危机绝非不可避免,很简单,这场危机不过是在英国独一无二的政治体制背景下,即在依赖于国王和绅士阶层的合作实行地方管理和国家管理的背景下,由于30年代的错误政策而导致的产物。对于一个敌视绅士并把官员任命和政策制定弄糟了的君主来说,这种政治体制并不能使他幸免于难,因此,完全是查理一世的错误导致了革命的发生(K.Sharpe 1978b)。

学术界这种引人注目的相似研究趋势,业已影响了对法国大革命的研究。19 世纪,马克思主义的观点占支配地位,这种观点认为,法国大革命是“资产阶级革命”,在这场革命中,正在形成的资产阶级宣称自己有反对国王和贵族的权利。这种观点不仅在过去,现在仍然得到一批颇有影响的法国学者的辩护,这些学者中有:A.马蒂耶(A.Mathiez 1928)、G.勒费弗(G. Lefebvre 1947)、A.索布尔(A.Soboul 1978)、C.马佐丽珂(C.Mazauric 1970)、J.戈德肖(J.Godechot 1970/1971)、M.沃韦勒(M.Vovelle 1984)。但是,新一代的法国学者和美国学者,在很大程度上已经抛弃了这种观点,这是因为,经过严格探究之后,这种观点中的许多基本点已经站不住脚。最具毁灭性的论据有:法国资产阶级在大革命中的作用相当有限,且大多数局限于各个省;巴黎的革命领袖们都来自职业人士,其中绝大多数是贵族。G.泰勒(G.Taylor)揭示出,贵族和新贵们具有相似的经济利益,W.多伊尔(W.Doyle)用充分的证据质疑 18 世纪的法国是“封建主义复辟”的旧观点,C.卢卡斯(C.Lucas)认为,与贵族和资产阶级的冲突相比,贵族的内部冲突即使不是更重要,起码也是同样重要。F.菲雷(F.Furet)和 D.里歇(D.Richet)提出,给法国以致命打击的冲突,并非不同阶级间的冲突,而是专制政府内部各种不同派系之间的冲突,这些不同派系来自社会各个阶层,因其权力获得的不同途径和不同的社会声望而日益分道扬镳。

法国的专制政权是建立在各要素之间既相互分离又相互联系的制度之上的:最高法院和各省三级会议、各省的贵族省长和新贵监督官、法官和私人资本家、绅士军官控制的军队、法官和律师主导的民政管理。这种行政管理体制的顺利运转需要熟练掌控经济政策和政治政策。菲雷认为,在摇摇欲坠、疆域较大、奢靡盛行的法国,一连串的天灾削弱了法国的农业经济,再加上路易十六无法处理好大量的社会冲突,才有些偶然地导致了法国的崩溃。导致旧秩序崩溃的,并非资本主义危机,而是专制主义政体的危机。因此,与英国革命一样,法国大革命源于长期的根本性的社会变化,倒霉透顶的君主运气太糟又领导无方,不能满足法国这样独一无二的复杂的行政管理体制的需求。

尽管修正论者的尖锐批评有利于发现新的事实论据、揭示错误的陈旧观念，但是，其总体效果仍然使许多历史学家甚为不满，现在，这些历史学家们认为，英国和法国历史上的这些重大历史事件，纯粹是偶然事件。许多学者不愿意放弃一些令其满意的旧观点，即使这些观点经受了修正论者的激烈批评，现在，这些学者发现自己陷入了两难境地。关于英国革命，D.塞耶(D.Sayer)注意到，有人曾对马克思主义的一个解释观点作出批评，而马克思主义学者对于这种批评的回应令人困惑，这个批评是："用'资产阶级革命'来解释英国革命特别困难，英国的'阶级结构'明显不符合'阶级分析论'模式，针对这种困难，通常的做法是，保留阶级分析论，同时将英国视为'例外'。"一些非马克思主义者则抱怨："目前看来，关于英国革命尚没有一致接受的理论，除了摧毁旧理论之外，在寻找新的解释理论方面，学者们几乎一无所成。"(Carlton 1980, p.168)结果是"今天的社会史一片混乱、四分五裂，社会史研究朝向四面八方，没有一个大的理论框架加以统合……，除了一大堆混乱不堪、自我陶醉却没有任何连接纽带的研究主题之外，什么都没留下"(L.Stone 1984, p.47)。十分相似的是，关于法国大革命，C.B.贝伦斯(C.B.Behrens 1974)提出："人们经常提出，并且现在得到公认的是，对于法国大革命，基于阶级斗争理论作出的正统解释经受不住事实的检验，[但是]现在，正统解释已不足信，我们又不知道该相信什么了……，在马蒂耶和勒费弗的理论占支配地位的时代，我们以为已经知道了真相，可是现在，已经没有一个条理清晰的解释了。"

在一些新研究成果的连续冲击下，亚洲史的某些似乎确凿无疑的解释理论也已轰然倒塌。传统的亚洲历史学，从中国古代王朝的历史学家到阿拉伯历史学家伊本·哈尔敦(Ibn Khaldûn)，都用王朝周期律来解释周期性的国家崩溃：皇室家庭最终出现了软弱无力的后代和腐化堕落的继承人，最终死于强有力的挑战者之手。现代历史学家在马克思主义比较历史学理论的影响下，长期以来不断重复着这种主题，他们所补充增加的是，王朝时期的周期性历史归因于传统亚洲社会的"封建主义特质"以及缺乏西方那种"合理化"与进步精神。

然而，最近以来，关于明朝和清朝经济的学术研究却打破了许多历史学家最为珍爱的、认为亚洲缺乏变革和经济合理化的神话。关于16世纪和17世纪中国先进商业的证据是如此之多，以至于现在的中国历史学家把这个时期称为明显的"资本主义萌芽"，在大清王朝，中国的商业活动最终会受到地方商会的规制，这些地方商会致力于商业合同的规范、商品重量的规定和度量，致力于使商业活动免受国家干涉，在任何方面都等同于甚或超过专制主义的西方国家。早在16世纪，中国就展现出一些地方性特色农业，特别是稻米和棉花，服务于广大的市场。而且，大明王朝的覆灭标志着国家管理、土地法、农村阶级关系的变化。特别要注意的是，不断提高的中央集权、税收的统一、地主权力的丧失及其权力向官僚的转移、农奴制的废除及其被自由佃农取代，这些变化都超过了英国革命所产生的社会变化，堪比一个世纪后法国大革命所产生的社会变化。中国商业活动和经济合理化取得的进步可能与西方国家有所不同，但是，这种差异绝不能被解读为中国完全没有经济变化和经济合理化。奥斯曼帝国史中也有相似的社会变化，这些将在以后章节中详加阐述。不管怎样，显而易见的是，"凝滞的亚洲"这个陈词滥调已经寿终正寝了。

总而言之，一些曾被广为接受的有关早期现代历史的阐释，现在已经百孔千疮。英国革命和法国大革命，只不过是大规模的偶然的历史事件。现代早期亚洲经济的精致及其进步留下了一个悬疑：为什么亚洲各帝国都经历了简单的"王朝危机"？此后，它们在经济发展和政治发展方面为什么会落后于欧洲？曾经有助于理解世界历史的简单对比研究——不可避免的革命促进了早期现代西方国家的发展，而东方国家则深陷停滞的泥潭——已经不再得到历史研究的支持。

人们希望，探寻对十七世纪危机进行更好理论解释的历史学家们，能够对东西方的政治史进行更详尽的比较研究，但是，截至目前，这样的比较研究几乎完全没有。一些现代学者业已致力于亚洲和西方的比较研究：F.布罗代尔（F.Braudel）、D.齐洛特（D.Chirot）、柯林斯、M.埃尔文（M.Elvin）、J.哈吉纳（J.Hajnal）、加里·汉密尔顿、E.L.琼斯（E.L.Jones）、P.拉斯利特（P.Laslett）、W.麦克尼尔（W.McNeill）、R.穆斯尼耶（R.Mousnier）、R.C.诺斯（R.C.North）、斯考切波、沃勒斯坦、R.B.黄（R.B.Wong）。然而，这些学者的研究均有其局限性，而且许多研究与政治无关。布罗代尔、埃尔文、哈吉纳、琼斯、拉斯利特、诺斯主要做经济和人口史的研究,穆斯尼耶主要做农民起义的研究,黄主要做行政管理能力的研究。齐洛特、柯林斯、麦克尼尔虽然主要做宏观政治发展和经济发展研究,尽管也提出了一些富有洞见的观点,但是,它们基本上仍然局限于韦伯式的西方理性主义。斯考切波将法国大革命与1911年至1949年间的现代中国革命举行比较研究,她将这些历史事件从短时期历史背景之中抽出来,并没有认为这些重大的政治变革纯属偶然,也并未认为现代早期东西方的政治发展和经济发展有何重大差异。汉密尔顿描绘了中国和欧洲文化发展的不同路径,并探究其对于长期经济发展变化的意义,然而,他的研究并未考虑明清两朝剧烈的政治变革。沃勒斯坦及其研究团队研究了17世纪至19世纪奥斯曼帝国参与欧洲贸易市场的过程,然而他们并未涉及奥斯曼帝国的国家崩溃问题(1980, 1989)。简而言之,历史学家尚未通过早期现代欧洲国家崩溃的比较研究,来探究中华帝国和土耳其帝国的重大政治崩溃,以及这种政治崩溃与长期经济发展和政治发展之间的关系。

另一奇怪现象也是显而易见的,长期以来,历史学家们认为,在早期现代欧洲史中,1550年至1650年间是政治危机的集中期,随后是一个世纪的稳定时期,然后是1750年至1850年间的又一个危机集中期。在试图解释这些历史事件的时候,历史学家吸收了社会学家和政治学家的革命理论(Forster and Green 1970; Zagorin 1982),但是,相反的现象却没有出现,没有任何一个研究革命的理论家是从早期现代世界各个帝国发生的大量的革命而开始研究的,也没有人尝试构建一个与事实相符的政治危机理论。

理论的缺陷

转而依靠社会科学来研究现代早期革命的历史学家们发现,这些理论主要是为了解释第二次世界大战后发展中国家发生的大量暴力活动的,暴力活动曾被认为是“现代化”进程中一系列张力中的一个典型特征(L.Stone 1972; Zagorin 1982)。从20世纪50年代到70年代早期,大多数社会科学家认为,革命仅仅是一系列政治暴力中的最大事件,这些政治暴力包括从个人非法行为到闹事和暴乱，终点是革命。因此，这些社会科学家关注的是“社会张力”的一般模式，他们之间的分歧在于，这些张力是源自个体挫折和个体不满，还是源自“制度不公正”，抑或源自不同社会制度和政治制度之间的“发展不平衡”。然而，有关个体焦虑和制度不公正的分析表明，在特定的历史背景下，特定的政治体制是如何顺利运转的，抑或是如何无法顺利运转的，要解释这些问题，这种个体焦虑和制度不公正的分析几无裨益。因此，社会理论家往往只是从复杂宏大的历史叙事中摘取一些要素，并解释性地、常常超越历史背景地使用这些要素，来建构并验证他们的理论。转而，历史学家又从这些理论中简单地摘取一些要素，并用以解释某个特定的危机。(B.Moore 1966; E.Wolf 1969)关于政治危机在宏大的历史背景中是如何发生发展的、这些危机有何异同，对此，除了一些特例之外，尚无人进行详细的比较研究。

这种情形在20世纪70年代得到极大改观，蒂利及其合作者的历史性奠基著作，挑战了以往一般暴力理论的正确性，该书认为，需要更加关注的问题是，在特定的历史背景下，社会冲突是如何发生发展的、反对者是如何进行资源动员的，J.M.佩奇(J.M.Paige)、艾森施塔特、斯考切波以及其他许多学者提出并发展了革命的“社会结构论”研究范式。总的来说，这些著作关注的是少数几个案例，并进行了宽广的叙述和分析，它们的目标并不是要提出一个普遍适用的革命理论或者政治暴力理论，相反，很明显的是，它们是要分析不同的政治暴力事件是如何发展变化的、历史背景是如何对国家崩溃的起因和结果产生重要影响的。这项工作尽管已经取得丰硕成果，但仍不足以解决解释现代早期的“政治危机浪潮”这个问题。

蒂利关于欧洲的反叛与革命的研究著作，分析了大众抗争的组织基础，也分析了国家与公民社会的关系如何影响集体行为的形式和频度。但是，蒂利把这些变化看做长期的持续的过程——国家权力的增加以及资本主义生产组织的扩散。尽管其著作对于我所提出的研究主题极有助益，但仍不能阐明国家崩溃的“周期性浪潮”。

斯考切波(Skocpol 1979)的著作是最近以来最具影响力的革命理论之一，通过对法国革命、俄国革命和中国革命的比较研究，斯考切波注意到，每当一个国家面临更为先进的资本主义国家的战争压迫时，革命就会发生，同时，她也注意到，这些国家都存在着增加革命危机潜在可能性的结构性缺陷：落后的农业，无法供养一支有战斗力的军队（俄国）；独立的精英，他们能够阻止国家增税和集权（法国和中国）；众多的农民，传统的农村领袖（法国和俄国）或者共产主义政党组织者（中国）可以很容易地把他们动员起来，攻击地主，削弱中央政府权威。外部压迫、国家行动的结构性阻碍、鼓动农民起义的农民组织，这些因素交织起来，导致革命的产生。斯考切波的理论遭到一些学者的批评，J.古格勒（J.Gugler 1982）和R.迪克斯（R.Dix 1983）提出，斯考切波低估了城市工人在革命产生过程中的作用，艾森施塔特和小 W.休厄尔（Jr.W.Sewell 1985b）认为，被斯考切波忽视的文化差异在革命产生过程中起着很重要的作用。尽管存在这些批评，我们必须承认，斯考切波的功绩在于她为当前的革命研究提出了三个新观点：（1）革命起源于一系列事件的共同作用：国家危机、民众起义、精英行动，这些事件的起因可能各不相同，因此必须分别进行研究和说明；（2）国家不仅仅是革命斗争的目标，也是社会戏剧中的演员，其行为和选择对于革命危机的产生或消失至关重要；（3）革命常常是侵犯一个国家并试图改变其特定社会制度的外国军事暴力的产物。

遗憾的是，迄今为止，斯考切波的这部著作对于早期现代历史的比较研究几乎没有什么影响，安德森和沃勒斯坦的比较研究仍然固守马克思主义的理论框架，国家行为仍然从属于阶级斗争。斯考切波的著作，关注的焦点是国家本身以及国家间的军事斗争，这是很有价值的，也是正确的，但是，它是很不适合用来解释早期现代的国家崩溃的。

用战争来解释长期历史时段里革命的反复发生，这几乎没有什么指导意义。许多著作探讨了战争的影响，比如，17 世纪英国、法国和西班牙国家崩溃之前的“三十年战争”，导致 1917 年俄国革命的第一次世界大战。但是，几乎没有人注意到那些没有导致国家崩溃的更大规模的战争，从 1688 年至 1714 年，路易十四使欧洲陷入了几乎从未间断的武装冲突，致使一些历史学家称这个时期为“第二个三十年战争”，在这些战争中，法国遭到彻底的失败，这些战争使用的军队规模更大，战争开支也比第一个“三十年战争”更多，但是，尽管遭受了战败和破产，法国或者其他参战国都没有发生革命。与此相似的是，拿破仑战争（1799—1815）期间的武装冲突规模空前，但是，欧洲主要强权国家却没有爆发革命，相反的，英国、普鲁士、奥匈帝国、沙皇俄国这些保守国家的政府权威还有所增强。此外，在相对无战事期间爆发的革命，例如1830年和1848年，比利时、法国、意大利、波兰、瑞士、德国以及奥匈帝国爆发的革命，也没有得到足够的注意。这些事例说明，用战争的发生来解释国家崩溃的原因，既非必要，也不充分。

从1550年到1815年几十年，欧洲不仅没有免遭重大战争，而且，战争规模越来越大，战争损失越来越多，但是，在此期间，国家崩溃周期循环，19世纪中期达到相对和平（就国家间冲突而言）的顶点。那么，我们应该怎样看待战争与革命之间的关系呢？

当然，军事压迫及其出现是由战争的本质决定的。有人认为，16世纪的“军事革命”导致战争损失达到毁灭性的程度，但是，从1550年到1850年，军事技术几乎没有什么变化，虽然防御工事遇到了加农炮，火枪取代了弓箭，然而战争的主角仍然是装备着火枪或弓矛的步兵，虽然炮兵逐渐取代了骑兵，但是军事技术的进步相当缓慢（Vancreveld 1989, p.97）。变化最显著的是战争规模和战争费用。这种变化趋势与经济发展的广泛趋势有关：人口规模的变化意味着适龄士兵数量的变化，物价的巨大变化影响着士兵装备费用的变化，1550年至1650年以及1750年至1850年，欧洲国家经历了非比寻常的人口激增和通货膨胀。举例来说，16世纪和17世纪军事费用的上升，主要原因在于：欧洲主要国家的人口增加了1倍，物价水平上升了5倍，这两者结合起来，使得用于维持一支庞大军队及其供给的费用增加了10倍（G.Parker 1976, p.206）。

因此，我们能够理解斯考切波的观点，她注意到了，战争或者准备应对国家间冲突的压力会使国家财政状况恶化，但是，我们坚持认为，关键的因素不仅仅只有冲突和战争，战争和冲突的发生规律并不符合现代早期国家崩溃的周期性模式。重要的问题在于，为了应对军事压力而支出的费用是如何对国家产生重大影响的，如同我将在本书下面各章中的分析那样，在现代早期，这种费用主要取决于人口和物价的周期性变化趋势。

此外，在现代早期，一些相对发达的资本主义国家，比如1566年至1648年的荷兰、1640年至1688年间的英国，比其他国家更容易爆发革命，因此，把国家崩溃归因于更为先进的资本主义国家的军事压力的理论，很难适用于现代早期。另外，如上所述，斯考切波在很大程度上忽视了城市暴动，而城市暴动是现代早期国家崩溃的关键因素，她还忽视了国家间文化差异的影响，而如果忽视文化差异，人们就很难理解现代早期欧洲和亚洲的国家崩溃所产生的各种影响。因此，这些关键性的缺陷，制约着斯考切波关于现代早期欧洲和亚洲国家崩溃的比较历史研究著作的影响。

革命理论的许多问题在一些主题范围更窄的研究著作中也得到了探究。E.K.特林伯格（E.K.Trimberger 1978）运用结构主义革命理论研究“来自上层的革命”的一些案例，她提出，1868年的日本和1921年的土耳其都经历了国家崩溃和新制度的建构，然而权力斗争相对简单，而且这种权力斗争仅仅局限于精英内部，她坚持认为，这种精英革命也是由于国家面临更为先进的外国的压力而造成的，然而，当时这两个国家并不存在斯考切波所引证的结构性缺陷，却都存在着高度职业化的官僚精英，这些官僚精英致力于政府服务而不是占有土地，而且具有重塑社会制度以应对外部压力的灵活性。戈德弗兰克（Goldfrank 1979）运用结构主义方法来研究墨西哥革命的起源问题，他所强调的是墨西哥在国际体系中的地位、精英的内部冲突、农民组织的地区差异。E.阿布拉哈米安（E.Abrahamian）使用了类似的方法，尽管他更强调市民组织而非农民组织，以此来分析最近以来伊朗的革命。

E.沃尔夫（E.Wolf 1969）、佩奇（Paige 1975）、J.S.米格德尔（J.S.Migdal 1974）、J.C.斯科特（J.C.Scott 1976）、S.波普金（S.Popkin 1979）就农民参与革命的一些决定因素展开了争论，斯科特强调文化因素，佩奇强调农民与地主的经济关系，米格德尔和沃尔夫强调资本主义生产组织对农村的渗透以及人口增长的影响，波普金强调传统农村里农民的利益计算。无疑，所有这些因素都起作用，但是，在特定的情形下，这些因素中究竟何者最为重要，这个问题尚未解决。然而，有一个事情似乎是明显的：农民参与革命几乎并非只是要反抗传统的剥削，相反的，当农民有机会的时候就会采取行动，这些机会涉及：农村动员、地主和国家对农民控制的软弱无力、由于人口变化而导致的课税条件的变化、市场交易和农业生产的变化、国家和精英的机遇与需求的变化。

关于参与革命的市民,G.鲁德(G.Rudé 1964)曾经研究过革命群众的政策记录,他发现,这些群众绝非失去理性的暴徒,而主要是由熟练工人和手艺人组成的,它们寻求保护自己的经济利益。C.J.卡尔霍恩(C.J.Calhoun 1983b)和 R.阿明萨德(R.Aminzade 1981)对工人运动的研究,分析了革命运动从工人保卫传统权力的活动中汲取巨大力量的方式。M.雷嘉和 W.D.菲利普斯(M.Rejai and W.D.Phillips 1983)曾经研究过革命领袖,他们发现,革命领袖很少会加剧革命危机,相反的,革命形势——国家崩溃以及权威之间的冲突——给了那些本来可能愿意从事传统职业的人加入革命的机会。

对于革命后果的研究也在不断增加。斯考切波、S.埃克斯坦(S.Eckstein 1982)、J.沃尔顿(J.Walton 1984)和 R.塔丹尼科(R.Tardanico 1985)曾研究过 20 世纪一些主要的革命,发现了一些影响革命后果的因素。他们提出,当经济资源集中在少数几个资本集聚中心、当社会动员广泛化、当来自资本主义国家的外部压力适中的时候,最有可能出现社会主义政府;若情况相反,则很有可能出现资本主义政府。

这些著作以其洞见而给人以深刻印象。目前的各种革命理论强调多种因素,在对大量的案例以及各种问题进行研究的时候,学者们采用的是多因素复合解释模式。他们探究革命危机和革命后果中的各种变量,追溯到军事压力的差异、精英和农民自主性的差异、国家资源的差异、机遇的变化以及由于国际经济的变动而给国家造成的压力。革命理论的最新研究著作,因其摒弃了传统观点,也给人留下深刻印象,例如,斯考切波淡化了阶级冲突,否定法国大革命主要是“资产阶级革命”,强调国家的自主性。(实际上,马克思主义的现代资本主义国家理论,越来越扮演着国家管理者的独立的批评角色)。

但是,大部分研究关心的是解释 20 世纪的革命,在这些革命中,国际殖民势力和经济势力与传统政体之间的冲突起着主要作用。研究革命的理论家,回顾 1789 年,他们会像斯考切波那样,将其与一些现代事件作比较分析。但是,革命理论自身尚不能很好地解释早期现代的政治危机,结果，革命理论的最新发展与早期现代史的研究几乎没有关系。

大多数研究早期现代世界的革命和反叛的历史学家，已经放弃马克思主义分析范式，这是因为其常常与研究结果不符。然而，最近的革命理论自身却有相当大的缺陷，对于早期现代欧洲只有十分有限的适用性，结果，对于现代早期革命和反叛的研究就缺乏一个一般性的研究框架。对于一些学者而言，这种理论匮乏是令人不安的，对横贯欧亚大陆的蒙古史进行研究的J.弗莱彻（J.Fletcher 1985，pp.37—38）最近发问："存在早期现代史吗？或者只有历史？……没有一个大历史……就看不到一个特定社会的历史特性的全部意义。"密切关注历史学家广泛成就的W.A.麦克杜格尔（W.A.McDougal 1986，p.20）也问道："没有一个总体结构来建造知识大厦，并把我们那些如同乱七八糟的仓库一样的特殊知识组织起来，[历史]这个职业能长久存在吗？"迄今为止，各种革命理论尚不能够提供一个用以研究早期现代世界国家危机的恰当的理论框架。因此，毫不奇怪的是，许多研究早期现代世界的革命和反叛的历史学家，感觉在总体理论框架方面的成绩远不如事实研究丰富，他们批评社会理论家们误导研究或者没有提供足够的研究成果。

关于一般理论框架

现代早期的大国，不管是君主国还是帝国，都面临某些共同的制约，它们需要募集到足够的财政资金以维持军队并给臣子以赏赐；它们需要精英们足够的忠诚，以确保皇家官员开展治理工作，也许更为重要的是，在中央政府几乎不向县以下的地方委派官员的时代，确保皇室（王室）在地方上的权威；它们需要保障社会的足够稳定，并为市民和农民提供足够的生计，这样，市民和农民才能交税并承担其他义务，而且不会倾向于支持叛乱者。因此，导致财政恶化、精英分裂和精英背叛、民众生活水准的严重下降或者民众传统权力的被剥夺的一连串事件，都会威胁到国家维持权威的能力。16世纪，这样一连串的事件在世界范围开始出现。

国家崩溃的人口/社会结构模型

简单地说，这个时期的农业大国，尚不能有效应对人口稳定增长所造成的影响，这种人口的稳定增长贯穿欧亚大陆北部国家，最终，不断增长的人口会超过土地收益的承载量,这种社会生态的变化所造成的问题远不止贫困和人口激增引起的社会混乱,资源压力会导致持续的通货膨胀,因为早期现代国家的税收体制是建立在基于人口或土地的固定税率之上的,财政收入就会落后于通货膨胀,因此,国家别无选择,只能不断加重税收。更加实际的情况是,人口数量的增长导致军队人数的扩大,因此实际军费也就增加了。但是,试图增加国家财政收入会遭到精英和大众的抵制,因而很少能满足不断增加的经费缺口,结果,17 世纪主要的大国虽然税收增加很快,但仍然陷入了财政危机。而且,精英们总是设法确保自己的相对社会地位,人口的增长使得渴望进入精英阶层的人数不断上升,由于国家财政危机的影响,这些人的要求很难得到满足。职位追求和对国家征税要求的抵制导致为争夺国家酬赏的派系保护网的形成,因而,竞争和派别活动不断加剧,精英陷入分裂状态。最后,由于人口增长,特别是由于伴随人口增长而来的青年人口的快速增长,不仅造成农村困苦不堪,也造成人口在城市间的流动以及实际工资的不断减少。因此,城市工人和农村工匠不断发起争抢食物的暴动以及针对实际工资下降的抗议活动。

对于国家衰落而言,意识形态斗争、精英之间的争斗以及公众愤懑交织起来,激化了宗教冲突。在此期间,国家的财政困难削弱了国家对于建设教堂的财政支持,也破坏了国家试图争取教会支持国家对日益增长的税收和其他资源的需求的努力,这会导致宗教反对派和政治反对派走到一起,因而,愤愤不平的精英和心怀不满的手工工人会加入异端宗教运动,如果所有这些动向不断加剧,其结果:国家破产,此后会失去对军队的控制,然后是地方性和全国性的精英起义,最后,精英动员和民众起义的交织标志着中央政府的崩溃。

当然,这些发展趋势会因国家和地区的不同而表现出许多差异,但是,如同我在以下各章所述,即使在不同的历史背景下,这些发展趋势也是有充足证据的,因此,我提出的解释框架提供了一条理解 17 世纪早期和中期欧亚国家的政治危机的路径,以及解释这些政治危机的共同特征的路径。

众所周知,从大约 1500 年开始,欧亚大陆温带国家的人口开始增长,然而这个现象尚未得到充分的解释。气候记录显示，从中世纪晚期直至大约1600年，这些国家的气候明显变暖，在此期间，人口增长率下降了。另外，从14世纪开始以大约30年的周期反复爆发的“黑死病”，在1500年之前消失无踪了。在下面各章探究这些特殊案例的时候，我列举了每个国家一些特殊的人口数据，以及关于这些事例产生缘由的争议。但是，得到广泛接受的是，从1500年至17世纪早期，有利的气候以及疾病的减少，导致绝大多数地区的人口增加了一倍。

这种情形并未继续下去，1600年之后，气候明显变冷且变化无常，黑死病又死灰复燃，而且伴随而来的还有天花、伤寒以及其他传染病，到1650年为止，除了极少数地方人口略有增长以外，世界范围的人口增长停止了。随后的一个世纪里，死亡率上升，绝大部分国家的人口没有增长甚或有所减少。然而荒诞的是，对于那些活着的人而言，生活条件反而改善了。如果人口数量近乎不变，农业产量的提高会马上提高人均食物供给量，因此食物价格会保持稳定甚至有所降低；如果劳动力数量没有增加而贸易和产出都有所提高的话，实际工资就会逐渐增长；如果精英结构保持稳定，则精英的收入和皇家的财政收入就不会受到通货膨胀的侵蚀。与之相对的是，精英和国家会利用有利的条件节约开支。路易十四那个时代，人均寿命短，死亡率高，但对于生者而言，也是一个物价稳定、国内相对和平的时代，不仅法国如此，欧洲大陆所有国家亦均如此。

17世纪后期的一段时间里，糟糕的气候和流行性传染病的高潮业已过去，到18世纪早期，人口数量已经恢复到17世纪早期的水平，此后，开始超过那个时期的人口数。18世纪后五十年，在欧洲国家和中国，人口对土地的压力，以及伴随而来的通货膨胀，已经显而易见。新一轮的城市扩张，以及精英阶层后备人数的扩大，加上实际工资不断降低，导致欧洲国家的首都集聚了很多野心家以及贫困潦倒的穷人。在那些财源不断萎缩而开支却又很大的国家，比如法国和中国，到18世纪末，其国家管理的组织结构已经破碎不堪；在那些曾利用1660年至1760年间的有利时机增收减支的国家，比如英国和普鲁士，国家管理的组织结构完好无损，尽管19世纪上半叶这些国家都反复遭遇了精英和民众的抗议活动，1848年欧陆爆发的各种革命是这种抗议活动的高潮。

1850年之后,铁路、蒸汽轮船的发展,加上美国和俄罗斯的廉价谷物,结束了欧洲各国挥之不去的梦魇:人口增长超出食物供给的增长。然而,在俄罗斯和中国,人口增长还是持续超过农业生产的扩张,终于,20世纪20年代里,土地饥渴使这两个国家都崩溃了。这些事件给我们的启发远不止于现代早期。

我所提出的国家崩溃的解释模型,强调人口变化,但绝不只是基于人口变化一个因素。关键的问题是,人口变化是如何影响社会结构的主要方面的。因此,对于本书研究的每一个案例,我们都会分析关涉下列问题的论据:(1)人口是如何变化的?(2)人口与经济生产之间平衡关系的改变是如何影响物价的?(3)物价变化是如何影响国家收入的?(4)人口和物价的变化是如何影响精英收入的?又是如何影响作为精英后备的家庭和个人的?(5)人口和物价的变化是如何影响普通民众(包括自耕农和无地劳工)的收入和就业状况的?(6)国家、精英和普通民众相对收入的变化,以及他们应对这些变化的措施,是如何影响思想观念变化的?包括是忠于既有的教会还是转向异端思想?我提出的这个解释模型,既关注人口变化,又关注各个社会阶层应对这些变化的能力,所以,这个解释模型并非国家崩溃的人口模型,而是人口/社会结构模型。

尽管这个解释体系强调物质变化是国家崩溃的原因,但是,单有这些物质变化并不能决定任何结果。在第五章里,我提出,国家重建为精英们提供了广泛的选择,这种国家重建是激进的变革还是强调传统的制度,主要取决于特定的文化结构以及精英意识形态的发展。很明显的是,物质因素和观念因素影响着国家崩溃的原因和结果。不过,这个解释体系认为,物质因素和文化因素之间存在着一种特定的平衡关系,物质因素是国家崩溃的主导因素,文化和意识形态则是国家重建的主导因素。

人口变化是历史发展的一个独立力量吗?

有一种观点的影响日渐扩大,这就是:在现代早期,国家会调控生育。限制结婚以及杀婴,意味着人口数量并非只受到人们的“动物本能”的支配。因此有人就会问道,在早期现代历史中,人口变化是外因作用的结果这个看法是否恰当?或者,是否可以认为,人口变化取决于经济条件或文化条件的变化?

最近一些对历史人口的详细研究，使我们可以肯定地回答这个问题：1850年之前，对人口规模的长期变化起支配性作用的，是死亡率的变化。国家确实会调控生育，但是，较之死亡率对人口数量的作用而言，这种调控作用只是第二位的。因之，如果一个国家由于较低的死亡率而使人口迅速增长的话，就会通过限制结婚和生育来降低人口增长率；反之，如果一个国家由于较高的死亡率而使人口下降或停滞的话，就会鼓励结婚，防止人口下降。但是，大约1770年之前的英国，以及大约1850年之前的其他国家，生育调控只是为了抵消死亡率变化的影响。在本书研究的各个国家里，1800年之前的英国和法国、19世纪的德国，我们都有详细的资料可以说明，死亡率支配着人口增减。E.A.里格利和R.S.斯科菲尔德（E.A. Wrigley and R.S.Schofield 1981，p.244）注意到，1750年之前的英国"死亡率对于人口增长率显然有着更为重要的影响"。现代早期人口变化的规律很简单：死亡率低，人口增长；死亡率高，人口下降或停滞。生育率控制仅仅影响人口增减的幅度。

在下面各章的案例研究中，我将用论据较为详细地论证这种观点。然而我们很可能会问，究竟是什么原因导致各国死亡率的变化，从而导致欧亚各国的人口同时出现增长或停滞的。

从英国到中国，尽管人口增减的比率不同，但都按照同样的方向变动，这种大范围的人口变动揭示出，从经济条件或文化模式中是无法找到个中原委的。事实上很明显的是，长时段内的死亡率确实是个独立作用的因素，与物价和食物供给等经济条件无关。在那些存有关于人口、食物价格和工资等资料的地方，我们都会发现，人口增长期恰好就是食物价格相对较高而工资相对较低的时期，而食物价格低、实际工资高的时期里人口则停滞不增，这种现象的原因很简单：如果人口规模由于其自身原因而扩大，食物供给量却相对固定，则不断增加的人口和不断提高的需求会推高物价，反之，相对稳定抑或不断下降的人口则会压低物价。与此相似的是，如果就业机会相对不变，过多的人口和劳动力会压低实际工资。因此，如同里格利和斯科菲尔德（1981）以及R.李（R.Lee 1980）所探究的英国、J.迪帕基耶（J.Dupâquier 1979）和A.阿芒戈（A.Armengaud 1976）所探究的法国、W.李（W.Lee 1977）所探究的德国那样，人口变化是独立的过程，其原因与农业经济无关,用R.李的话说:“在工业化之前的欧洲,那些早期的资料告诉我们,人口波动在很大程度上是独立的波动,与经济变化没有关系。”

死亡率与收入无关,英国贵族和法国公爵的长期死亡率与英法普通民众的死亡率十分相近,因此,我们还得研究这个超越不同国度、不同文化和收入群体的死亡率变动的原因。学者们曾经深信,长期死亡率变化的关键决定因素是疾病发生率的长期变动。

疾病研究有助于我们理解欧洲和亚洲各国人口变化的一致性,恰如麦克尼尔(McNeill 1977)评述的那样,13世纪,由于许多疾病的交汇肆虐,亚洲和欧洲已经开始密切联系在一起。自从14世纪黑死病出现之后,这种疾病越出中亚,向西蔓延到中东和欧洲,向东蔓延到中国,在黑死病蹂躏欧洲和中东的同时,大规模的流行病同时伴随着元朝的覆灭(1368年),16世纪后期和17世纪早期,当瘟疫重回欧洲时,伴随而来的是天花和斑疹伤寒,此时,在奥斯曼帝国和大明王朝,毁灭性的传染病重新见诸报告。

当一种新的疾病传入易受感染的人群之时,它不会只是杀死一部分人之后就能消失不见,相反的,它会形成地方性流行病,使死亡率上升,直至该群体获得抵抗力从而使病毒的危害力降低为止。因此,1347年黑死病出现之后,每隔10年到20年就会重新爆发一次,直至15世纪初为止。17世纪中期,天花和斑疹伤寒的侵袭开始出现,此后会周期性爆发,直至18世纪早期为止。这些疾病的周期爆发,使15世纪的人口增长率下降,17世纪中期至18世纪早期,人口增长则停滞不前。

然而,对于新的致命疾病爆发的机理,我们几乎一无所知。今天,我们也许会问:是什么造成了由艾滋病毒引发的新传染病?对于艾滋病毒及其感染模式所产生的后果,现代医学尚未发现的是什么?对于黑死病、天花和梅毒这些致命病毒的起源,至今仍未探明。这些疾病在有些世纪扩散为全球性流行病,其他世纪则危害不大,至于为何如此,个中原委仍不得而知。

在某种程度上,上述问题的答案可能与全球气候变化有关。在现代早期历史中,高死亡率时期与低死亡率时期相比,气候更为寒冷、更为多变，恰如树木年轮所揭示的那样。其原因可能在于，寒冷的气候迫使人们待在室内的时间更多，因而会提高疾病传染的风险，或者，寒冷的气候导致一些携带病毒的昆虫和啮齿类动物改变了迁徙行为，也可能是由于，多变的气候，比如冷热的剧烈更替、不规律的季节更替、严重的暴风骤雨等，会削弱人们对传染病的抵抗力。

目前，这些气候原因论仅仅是猜测。我们确知的是，现代早期的人口增长主要是由死亡率的变化决定的，长期死亡率主要是由恶性疾病的爆发决定的。长期的高死亡率并非由食物价格高或实际工资低造成的，似与经济条件无关。疾病重复爆发，其危害缓慢减少，由此，死亡率水平先提高，而后渐趋稳定，数代人将有着较高的死亡率，尔后，死亡率下降并维持在较低的水平，直至下一个重大疾病的侵袭为止。当然，在某些地区，人口增长或下降的比率还是会稍微受到经济条件和文化条件的影响。在生活的美好时期，有着充分土地的地方的人口增长最快，比如东欧和俄罗斯这些地方，然而，美好时期和艰难时期的更替与传染病的变化趋势是一致的。

在此前的数个世纪里也发现了疾病爆发的这种兴衰起伏。公元 2 世纪晚期，一种未知的瘟疫就曾横扫罗马帝国，并反复发生，祸及几代人，此后，史籍中未记载其他流行病，直至三个世纪后的查士丁尼大帝时期，一种瘟疫，很可能是腺鼠疫，给地中海地区和西欧造成严重破坏。

疾病的反复发生可能与全球气候变化有关，或者源于某种掌控细菌与病毒活动的未知机理。无论哪种原因，在现代早期历史中，我们都可以把长期死亡率的变化以及相应的人口变化视为历史发展的一个主要独立因素。

把长期的人口变化作为起点，我们接着就会探究这种人口变化的经济、社会和政治后果。把人口变化和物价相联系，再将其与国家收入、精英阶层、民众的生活水准这些因素相联系，我们就可以建构一个有说服力的因果模型，用以分析国家危机的发展进程及其本质。

人口变化的后马尔萨斯观点与非线性视角

有人认为，人口变化植根于大规模的历史变化，这种观点常被提及，接着又被很快抛弃。这种观点之所以被很快抛弃,源于两种传统的思维模式:人口变化的马尔萨斯论观点、历史因果关系的线性思维模式。如若前一思维模式稍有破绽,那么这两种思维模式很快就会真相毕露。

人口变化的马尔萨斯论观点,经常被人轻率地视为一个信条,认为人口增长仅仅是源于无节制的两性激情。因而,人口会一直增长,直至食物供应枯竭为止,从而导致饥饿和疾病,并消减先前所增加的人口。事实上,马尔萨斯认为,个人可以选择限制生育,这种谨慎可以防止人口无限扩张。但是,基于其粗糙的人口论,马尔萨斯理论预示着,食物短缺而致的饥馑会给人口增长划定一条明确的界限。

我们现在认为,这种粗糙的描绘并不适合早期现代历史,人口不会不断繁殖到发生饥馑为止。人口压力相对较低时期与相对较高时期是交错的,但是,一般而言,通过限制结婚或者杀婴等手段控制生育率,可以把人口数量很好地控制在马尔萨斯的饥馑界限之内。因此,那些把粗糙的马尔萨斯人口论视为正视人口在历史中的作用的唯一路径的人,可能会相信:由于这种理论已经被颠覆,他们就可以不再考虑人口增长在解释历史变化中的任何作用。

然而,关于人口增长的原因和影响,历史人口统计学家和经济学家已经建构了一些更为复杂的观点。其一,他们认为,人口数量绝不仅仅是由出生率决定的,流行病的周期爆发会提高或者降低长期死亡率,从而形成人口停滞期或人口增长期。其二,他们认为,食物供给不会严格限制人口增长,食物供给的增加比人口增长有时快有时慢,但就长期而言,食物供给的增加一般会超过人口增长。其三,他们认为,早在食物匮乏之前,分配性努力即已取而代之。就是说,即使食物供给足以满足全体民众的需求,但是由于劳动力供给的增加,工资会下降,或者,由于食物供给稍稍减少,物价就会上涨,这些情况会使部分人群的境况变糟。换句话说,即使总人口控制在“马尔萨斯界限”之内,食物相对供给的变化以及劳动力总量的变化,会造成很多人难以购买到足够的食物或其他消费品。

人口变化的最后一个影响我们都很熟悉:一旦住房需求上升,在我们“满足”了所有人的住房需求之前很长一段时间内,房屋价格会持续上涨。与之相似的是,早期现代社会也曾经历过人口增长快于食物产出增加的时期，结果并不会导致马尔萨斯式的大饥荒，而是造成收入和就业机会再分配的物价变化。

上述最后这一点，概括了我们可以称之为早期现代历史中人口动力学的后马尔萨斯观点，这个观点对我的研究有所助益。我不会探究那些由失控的出生率造成的饥荒时期，相反的，我的研究将从外生性的死亡率变化开始，这种死亡率的变化很可能是由流行病的兴衰造成的，从而导致一段时期人口停滞或者下降、另一些时期人口迅速增长。我要探究的是，当一个社会采取调控措施，试图改变食物和人口的相对平衡关系时，这种调控措施的分配效应。物价的变化、不同群体社会福利的变化，是人口变化导致的重要政治效应。

但是，对历史因果关系采取线性思维的一些人，可能至今还未注意到人口增长的作用，毕竟，人口增长是渐进的，不会突然剧烈增加，而诸如革命和起义这些事件都是影响巨大且具有突然性。它们之间内在本质的差异看起来似乎需要不同的解释模式。我们可以把这些问题置于两个标题之下：第一，历史因果关系的规模；第二，它们的突然性。

对于固守线性思维的人而言，历史因果关系的规模问题很简单：百分之十的原因变化应该导致百分之十的结果变化，原因倍增导致结果倍增，如此等等，呈简单比例关系。但是，众所周知，历史并非线性关系，大多数原因因素对于不同的群体有着不同的影响，而且，诸种原因会相互影响、相互交织，从而极大增强其结果效应。

人口增长对于边缘群体具有特别强烈的非线性影响，边缘群体就是面对某些边界条件的群体，比如试图获得新土地的农民、精英家庭里试图寻求新的精英岗位的年轻人。在人口全面增长的社会里，这些边缘群体面临的边界条件的压力迅速增大。为了把这种影响说得形象点，我们可以设想一个社会圈，假设圈内的群体是有地农民，或者是即将承续精英职位的精英家庭子女，圈外的是失地农民，或者是无法承续职位的年轻人，如果这个社会圈扩大了，会发生什么呢？如果圈内人数不增长，那么，即使总人口只有轻微增长，也将导致圈外人数增加许多倍，纵然圈内人数有所增长（新土地投入生产，或者创造了新的精英职位），其增长率即使稍稍少于总人口的增长率，也将导致边缘群体不成比例的增长。因此，如下图所示，我们假定边缘群体只占总人口的10%，如若社会圈倍增，那么，边缘群体将达到总人口的55%，就是说，总人口增长1倍，边缘群体将增长11倍！即使圈内人数增长1/2(土地供给或精英职位增加)，总人口增长1倍也将导致边缘群体增长6.5倍，边缘群体占总人口的比例将从10%增加到65%。总而言之，一般来说，总人口的增长会导致边缘群体人口更大的增长，也就是说，人口总量的增长，将导致那些为相对稀缺资源而竞争的群体比总人口增长更快，因此，我们可以看出，边缘群体的竞争烈度将比全体民众更为激烈。

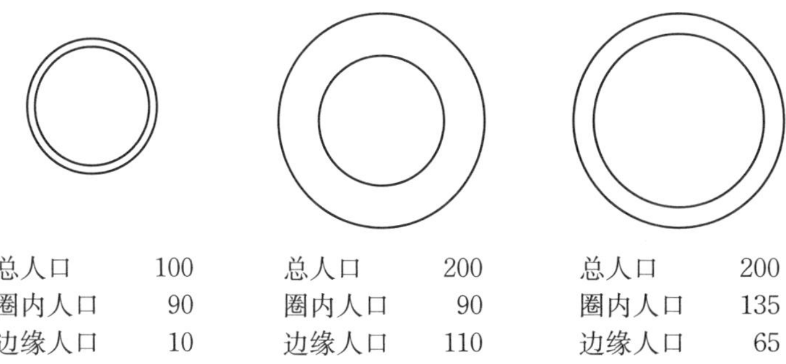

为了说得更清楚些，我们还必须考虑多种原因的交互作用。前曾述及，供需关系的变化会导致物价变化，特别值得注意的是，对稀缺资源需求的增长，比如对土地和食物的需求的增长，会导致通货膨胀。在早期现代历史中，人口倍增往往会导致物价的巨大上涨，从上涨1倍到4倍，都是很常见的。让我们思考一下边缘群体人口的增长对于政府财政的影响，如果人口增长1倍，对于政府用于为没有土地的工人提供可怜的救济金、为缺乏职位可以承续的年轻人创造更多的精英职位所需的政府支出有何影响？即使依据我们上述最后一个图例所示，边缘群体人口增长6.5倍，将其与2倍至4倍的物价相乘，可以看出，由于边缘群体人口的增长，财政负担将增加13倍至26倍！这个结果值得重复强调：当你思考由于人口增长而导致的边缘群体人口的增长所造成的影响时，结合人口增长所导致的物价上涨，即使总人口只增加1倍，用于维持边缘群体生计的财政支出会增加13倍至26倍。这是报复式的非线性回应！

如果对这种回应视而不见，就不会注意到通货膨胀或者人口增长对于国家和精英的影响。例如，一些英国历史学家曾提及，从1540年至1640年，君主制英国的财政收入增加了3倍，同期，物价也上涨了3倍，因此，他们总结道，英国财政收入与物价上涨保持同步，通货膨胀并不是一个问题。但是，他们没有注意到，与通货膨胀相伴随的人口增长会导致军队规模的扩大，如果军队规模的扩大与人口增长保持一致，其人数增加1倍，同时物价上涨3倍的话，军队开支将增加6倍，那么，英国的财政收入远没有与物价上涨保持同步。与之相似的是，有些历史学家认为，从1540年至1640年，英国总人口增加了1倍，其中贵族家庭人口增加了1倍稍多一点，那么，对于贵族爵位"未满足的需求"应该不会增加，毕竟，贵族人口与总人口基本成同比例增长。但是，现在我们意识到，简单的比例关系并不能抓住历史变化的实质，在这个事例中，如果英国人口在1540年之前增长缓慢，那么，每10个贵族家庭中可能只有1个年轻人不能承续爵位；如果随后的一百年间人口快速增长，那么，到1640年，每10个贵族家庭中可能会有3个年轻人失去承袭爵位的机会，贵族家庭人口增加1倍的话，无法袭爵的贵族家庭子弟将会增加6倍，这些贵族子女就需要寻找新的工作职位。理解了这些人口动力学原理，就可以看出，贵族家庭的倍增，会极大提高对于新工作职位的需求。简而言之，线性思维或同比例思维没有看到人口变化的多种效应。

同样的，革命或起义的突然性问题也源于同比例思维方式。就是说，有人可能认为，突然事件必有突然原因。为了驳斥这种观念，让我们思考一下地震的原因，地震也是突然性的事件。地震之前，来自地核的热能和动能给地壳造成了压力，地壳断层线不断扩大，地球内部的压力沿着这条断层线不断累积，当这种压力达到某种程度的时候，联结断层线两边地壳的一小块地表，承受不住内部压力，就会断开，然后，地面开始自由移动，地球内部压力就会突然释放出来——这就是地震。地震是什么原因造成的？直接的原因是，联结断层线两边的、抑制地球内部压力的一块地表断裂了，但是，这块地表的断裂当然是由于沿着断层线的地核压力不断累积而造成的，因此，地球内部压力才是触发地震的"扳机"，才是这种能量突然释放事件的原因，地震始得发生，换句话说，看似突然的地震源自长期的能量累积，这种能量不断作用于抑制地核压力的地表结构（地壳或者地壳断层线)之上,最终使其突然断开,从而使被抑制的能量释放出来。

革命和起义的原因,其作用方式颇似导致地震的能量累积方式,即,革命或起义之前的数年里,社会变革的压力不断累积,然而,既有的社会和政治结构在一段时间里却抵制变革(即便变革压力和社会畸变清晰可见),然而,在这种压力的不断作用下,国家破产、地方起义突然发生,从而削弱了对社会变革的抵制(恰似地表沿着断层线断裂),彼时彼刻,被抑制的力量突然释放,旧秩序土崩瓦解,革命或起义发生了。具体而言,1637年至1641年间英国的苏格兰人和爱尔兰人起义、1789年法国的国家破产和三级会议的召开,都是其自身对于不断累积的社会压力和财政压力的回应。然而这些特殊事件却促使更多的社会压力被释放出来,使国家难以应付,导致革命的发生。

因此,不能局限于这些突然事件本身来探寻革命和起义的原因,这些事件可以被视为遭受抑制的社会力量的"扳机"或"引发者",但它们本身并不是根本原因。实际上,这些"释放性事件"本身往往就是不断累积的社会压力的结果,诸如人口增长之类的长期积累的因素,能够轻而易举地导致突然事件的发生。重要的问题在于,既有的社会制度和政治制度是否有足够的灵活性,足以轻松应对这类社会压力,那些制度灵活的国家,比如现代民主国家,通过选举中的重新组合和政策变化,通常能够消解社会压力,那些制度相对不灵活的国家,比如那些存在着传统税收制度、传统精英集团、传统经济组织的世袭君主国或帝国,更有可能发生革命或起义。因此,本书研究的关键问题:在相对缺乏灵活性的政体里,不断累积的社会压力是如何导致危机的,这些社会压力的渐止是如何导致社会相对稳定的。

理解人口在历史中的作用的最后一个障碍在于,有一种观点认为其原因源自特定的维度,即,革命的原因可以从上层的堕落(国家本质或国家效能出现了问题)或者下层的崛起(社会不满或者大众行动)中寻找,然而,这些"线性思维方式"同样扭曲了历史事实。

研究革命和起义的学者尽人皆知,这些"重大事件"的原因在于,这些事件说明了社会制度"全面崩溃",就是说,既出现了中央政府危机,也产生了地方政府危机;既有国家间冲突,也有地区之间的冲突,甚至出现了家庭间冲突;既有精英起义,也有各种各样的农村群众运动和城市群众运动。如果从一维向度探究这些事件,几乎无法分清到底是上层的堕落还是下层的崛起。我们需要探究的是那些能够贯穿社会各个层级的原因,包括全国的、地区的、地方的,甚至家庭的原因。科学家业已发明一个现象学术语,用以揭示不同维度或不同规模的行动之间的相似程度,具有这种特点的解释模型称之为“分形学”。社会运行变化绝非只有上层的堕落或者下层的崛起,相反的,社会运转在各个方面都具有组织相似性:中央政府与外国政府和地方政府具有组织相似性;国家精英与外国精英和地方精英具有组织相似性;大城市和大企业与小城市和小企业具有组织相似性。因此,为了解释革命和起义,我们就需要一种具有这种社会分形特点的解释方法。

聚焦于人口压力的主要优点在于,这些压力贯穿于社会各个层面:全国的、地方的,甚至家庭的。尽管因果路径有所差异,如同我在本书后面的分析所示,以人口动力学作为分析的起点,我们可以避免陷入上层的堕落或者下层的崛起这个因果解释框架,取而代之的是,致力于探究那些同时贯穿于社会各个层面的因素。

总而言之,本书中的解释模型采取了后马尔萨斯式的和非线性的思维方式,来分析人口动力学,即,我将致力于研究人口和资源相对变化的分配效应,而非研究社会整体的物质匮乏。我所强调的是,人口增长的影响与总人口的变化并非简单比例关系,很多时候这种影响有所放大,特别是对边缘群体而言,或者当人口增长与物价变化相交织的时候。而且,我认为没有必要探究革命和起义的突然性和单向度的那些原因,相反的,分析不断累积的社会力量对于缺乏灵活性的社会制度的影响、关注这些社会力量在社会各个层面的情况,可能更有助益。

新的综合分析法

本书运用的因果关系框架从几个方面提出了一个新的综合分析法。

第一,它提出了一种将经济史和政治史综合起来、与现在的马克思主义分析模式极不相同的分析方法。马克思主义分析模式,也被称为现代早期革命的“社会解释理论”,这种分析模式认为,社会变革的动力源自作为资本主义发展特点的生产关系的变化,生产关系的变化会导致阶级冲突，最终使国家崩溃。与其不同的是，我认为变革的动力源自人口规模与农业产出相互关系的社会生态变化，这种生态关系的变化会导致多种多样的社会冲突，包括精英和国家之间的冲突、精英集团之间的冲突、大众团体和政府之间的冲突。这些冲突围绕着不同主线而展开，包括中央政府和地方政府、社会地位、经济问题和地方问题。因此，这个因果关系框架也是一个对于国家崩溃的“社会解释”，但它并不认为资本主义的发展或者阶级冲突是首要的根本原因。

第二，这个因果关系框架将“新”人口社会史和“新”社会史与“旧”的革命史和国家危机史结合起来，在它们之间找到了许多联系。我分析了人口变化、城市化进程、物价变化、收入水准变化和分配关系的变化、社会动员的变化以及教育的变化，并分析了这些变化与重大政治危机之间的因果联系。

第三，这个分析框架是用于解释欧亚国家的国家崩溃的，因此，它提出了早期现代历史中的东方史和西方史的综合分析方法。

第四，这个分析框架强调要注意早期现代历史中的一些周期性因素。大多数长期史研究都集中于一些非周期性进程，比如资本主义的发展、民主的发展或者国家的发展，但是，早期现代史在社会生活、经济生活和政治生活等许多方面都显示出明显的周期性特征，因此，我认为，对早期现代历史的解释需要一种综合了非周期性和周期性因素的分析框架。

第五，这个分析框架综合了结构分析法和文化分析法，它并非将结构分析法和文化分析法简单混合起来，也并不单纯依靠其中之一。相反，我认为，物质因素和文化因素在国家危机的产生过程中都起着关键作用，然而国家危机一旦开始，文化因素对于国家危机的发展进程和发展结果就发挥着关键作用。因此，结构性因素和文化因素都发挥了重要作用，但是这两种因素的作用却大不相同。

第六，这个分析框架使用的研究方法，综合了定量统计分析法以及作为定性比较历史研究典型特征的案例集中研究法。

我的研究从分析有关英国革命起源问题的争论开始，第二章分析了英国革命的案例，以揭示人口变化是如何影响早期现代国家的，然后，作为对比，我简要分析了两个同时代的政治事件：作为法国国家崩溃肇始的福隆德运动，西班牙哈布斯堡王朝外围的加泰罗尼亚、葡萄牙、那不勒斯和西西里发生的导致国家崩溃的历史事件。第三章列举了对于法国大革命的一些争论。我把解释英国革命的分析方法加以扩展，尝试解析几个问题。第四章转而探讨17世纪的奥斯曼帝国和中国大明王朝的国家崩溃，论述了它们与西方的国家崩溃在原因上的许多相似之处。我也简要分析了19世纪亚洲发生的两个主要的国家崩溃案例：中国的太平天国起义，以及日本明治维新这个相当独特的历史案例。第五章思考的问题是，欧洲和亚洲早期现代历史上的国家崩溃，其结局为何如此大相径庭，这一章着重分析意识形态结构和文化结构对于革命危机的扩大所起的作用，通过整合政治崩溃、文化结构和经济史，尝试分析1600年至1800年间西方崛起和东方相对没落的原因。最后，在第六章里，得出了理解现代世界国家危机的一些结论，其中包括第三世界的发展问题、美国世界权力的衰败问题。

如若有人宣称，对于历史背景各不相同的国家崩溃问题，是有可能提出一个普遍的因果解释模式的，这可能会招致相当多的怀疑，如果联想一下过去曾有的一些关于社会变化的简单实证主义解释模式以及目前社会科学分析方法和研究结果所出现的混乱状况，这种怀疑还是有根有据的。

确实，研究历史变化的许多社会科学方法都是不准确的。我相信这是自造藩篱的结果，这些自造的藩篱，部分是20世纪社会科学的产物，部分遗传自一些社会科学大鳄，特别是马克思、涂尔干和韦伯。这些藩篱有两种主要形式：(1)关注的焦点是历史发展的长期进程，而排斥了周期性进程；(2)倾向于把纷繁复杂的各种社会因素简化为非此即彼的两极关系。

对方法论和理论争议不感兴趣的读者，可能会跳过这个部分而直接阅读第二章，这一章开始真正论述。但是，鉴于以往的历史研究和社会科学研究所造成的混乱，简要分析一下比较历史研究方法的一些问题，某些读者可能还是有兴趣的。

第二节　社会理论、社会科学和比较历史学

不要用理论硬套历史事实，而要用历史事实去建构理论。

——阿瑟·斯廷奇库姆

社会理论常常会阻碍我们运用社会学知识理解历史，之所以如此，乃在于社会理论常把经验主义问题拔高到理论争论，不幸的是，由于这些问题的争论未有定论，理论争论变得无休无止、无终无果，并使人们的注意力偏离了实际的历史问题。社会理论常常误导性地根据长期历史发展"进步"来对历史变化进行分类，不仅如此，社会理论还常常误导性地运用简单二分法论述历史因果关系。因此，有必要揭示如何才能去除这些理论障碍。

此外，历史学家和社会学家们，常常会由于对"科学"本质的误解而妨碍了他们的理论研究，这是由于他们并不熟悉自然科学实践，很多历史学家和社会学家忽视了现代科学的多种学科和丰富成果，他们认为"真正正确的科学"模式是 18 世纪的物理学。学者们纷纷论及要使历史学变得更加"科学"，这激起了一些希望，也引起了一些担忧，然而对于科学的这种极端狭隘的观点，却在历史学和社会科学之间形成了不必要的裂隙。我认为，历史学和社会学的结合可以形成一个独特的研究领域——比较历史学，它有自己的研究命题和研究方法，必须清楚地理解比较历史学自身的研究领域，确保它不成为其他研究领域的变种。

社会理论造成的藩篱

历史发展中的长期周期性过程

经典的社会理论把社会发展视为线性的过程，19 世纪和 20 世纪早期的一些社会理论家，其中最著名的当数马克思、涂尔干和韦伯，由于深受当时社会向现代技术组织和政治组织"大转型"的影响，他们把过去的所

有变革都视为这场“大变革”的前奏。14 世纪时，采邑封建主义和政治封建主义正在消亡，至 19 世纪时，工业资本主义和议会民主制已经到来，这两者之间相隔了五百年，这段时期被这些社会理论家视为长期“转型期”（因而也是多事之秋）。此种观点至今仍然影响着我们。最近，蒂利承担了一项勇敢的任务，要为现代早期的欧洲社会史研究制定一份待研议程表，他建议学者关注“民族国家的成长和资本主义的发展”。然而，谈及“成长”和“发展”，就意味着连续不断的长期过程，意味着要反思从封建主义向资本主义的转变所遭遇的传统阻碍。这种转变当然是至关重要的，然而，单纯依靠这种认为社会发展是连续运动的理论，会扭曲我们看待这个大转变时期几个世纪的一些观点。

从百年战争至 1848 年革命这个时期，不仅仅是转型时期。这是一个经济重构和政治重构的历史时期：一种农业的、城市化的、商业化的经济形态；半集权制、部分官僚制的王朝国家，在这种国家里，世袭君主依靠任命制官员的协助来统治国家。在本书中，我接受斯考切波的说法，把这种国家称为农业官僚制国家。在这个历史时期，各个国家的商业化和城市化的程度各不相同，君主对官员的控制力度亦不相同，这些官员来自教育程度不同、土地拥有量不同的各个社会阶层。但是，这个历史时期里，这种农业官僚制国家的经济体制和政治体制，与此前很大程度上是地方性的生存型非城市化经济体制和封建主义政治体制截然不同，与此后的工业经济和民主政体亦截然不同。在这几个世纪里，就政治组织和经济组织以及农业官僚制国家而言，主要欧洲国家与同时期的奥斯曼帝国和中华帝国具有很多共同点。

在这几个世纪里，各个国家的社会变革和政治变革各具独特的模式，尽管一些变革使以后的工业发展和民主发展得以生根，但这些变革绝非仅有的社会变化。实际上，现代早期的社会变革，只能被理解为线性的或长期的历史过程与周期性过程的产物。

1250 年至 1850 年间的几个世纪里，历史发展显示出连续不断的周期模式，由此，把现代早期历史置于一个简单的长期历史发展框架之中是极其困难的。就欧洲大陆的国家肇建而言，中世纪后期的国家危机以及早期与罗马教皇的斗争，业已让位于 15 世纪和 16 世纪的强大的国家复兴运动,然而到17世纪,这些国家都经历了广泛的政治危机,面临着大规模的起义和革命,17世纪后期和18世纪早期,国家变得更加强大,法国和德国的专制主义统治得以增强;然而,18世纪晚期和19世纪早期,国家危机再次出现,专制主义处处遭遇失败,或者被迫向某种形式的宪政秩序做出让步(甚至普鲁士也是如此,即便让步轻微)。就资本主义的发展而言,我们发现,中世纪盛期里,在黑死病的侵袭衰落之后,市场经济和城市化不断扩张,16世纪和17世纪早期,商业得到极大扩张,17世纪晚期,依据许多指数来看,这是个停滞期,18世纪,这种扩张再次开始。即便我们考查资本主义的一个精确指数,比如英国农场劳力中非家庭用雇佣劳动者(不同于传统的农场家庭雇工)的比例,我们也会发现,这个比例在16世纪显著上升,17世纪后期和18世纪早期又有所下降,18世纪晚期和19世纪早期,这个比例得到决定性的扩张(Kussmaul 1981, pp.97—98)。如果我们考虑到那些至关重要的因素,比如人口和物价水平,一种类似的周期性模式就会强烈地展现出来。那么,考虑到早期现代历史中如此众多的根本性的周期性特点,我们何以能够满足于首先关注历史发展的长期变化呢?

关于这个问题,已经有了两个答案,但是这两个答案都不能令人满意。

第一个答案,断言所有的周期性历史运动只是一个长期历史进程的内部动态,因此,关于资本主义的发展问题,必须知晓14世纪的“封建主义危机”、17世纪的“资本主义危机”(有时又被称为商业资本主义)以及19世纪的“资本主义危机”(称为工业资本主义的产生)。政治领域和经济领域清晰可见的周期性危机,是资本主义发展过程中自身内部矛盾的产物。这就是由霍布斯鲍姆(1965)、沃勒斯坦(1974)和安德森(1974)给出的答案。下文中,在探究某些特定的案例时,我将进一步分析这种看法。但是,现今已被广为认可的是,用“资本主义危机”来解释政治危机和人口危机,这种依靠阶级斗争来解释政治问题、依靠收入水平来解释人口增长的机械论,与欧洲革命和人口增长的历史记录是不相一致的。因此,关于资本主义为何必然经受周期性的内部危机这个问题,仍然是马克思主义世界历史理论中十分棘手的难题,也是其远未解决的问题之一。[4]而且,1500年至1850年间,中华帝国和奥斯曼土耳其帝国,在国家建设和国家崩溃、人口和物价等方面都具有相同的周期性发展趋势，而且两者具有高度的共时性，但是，1800 年之前，这两个国家与欧洲国家之间的经济联系极其薄弱。（在随后的第一章里，我将分析，与其国内经济规模相比，它们与欧洲的经济联系为何如此薄弱。）现代早期，奥斯曼土耳其和中国都是强盛的、独立的、非资本主义的经济体。那么，联系历史发展的动力——资本主义的发展，这种发展唯独出现于欧洲，人们如何能够解释遍及全世界的政治发展和人口发展的周期律呢？

第二个答案，丝毫不理会现代早期这些同步发生的、世界规模的周期性运动，反而认为每次波动或危机只是局部现象。因而，有人用英国农业来解释英国的人口变化，用专制主义的发展来解释法国的政治危机，中国的农民起义也只是王朝周期循环的一部分，尽管人口变动、政治危机和农民起义的时间表在上述国家中几乎具有高度的一致性。

尽管历史学家们可能坚持认为每一次危机都是独一无二的，但是这种观点有时会自相矛盾，恰如 J.克拉克（J.Clark 1986, pp.24—25）曾经指出的那样，研究 17 世纪英国的历史学家们，常常把 1540 年至 1640 年（或者至 1688—1689 年）这个历史时期，描述为皇室和贵族特权最后没落的标志、英国议会摆脱国王和贵族控制的关键转折点。与此同时，研究 19 世纪英国的历史学家们，也以同样的方式描述 1740 年至 1832 年《改革法案》颁布这个历史时期。除非 17 世纪晚期和 18 世纪早期国王和贵族的权力与特权得以复兴，因而 17 世纪的战斗在 19 世纪又一次重演，否则上述两种观点不可能都正确。如果考虑到政治发展趋势和社会发展趋势中的周期性因素，这种矛盾就可迎刃而解。

再举一个例子，16 世纪的英国历史学家们大肆宣扬“发现”了英国的贫困，正是这种贫困导致了伊丽莎白时期《济贫法》的出台，然而，19 世纪的历史学家们，在研究 1834 年《新济贫法》的时候，同样提出突然“发现”了英国的贫困，并把这种贫困归因于工业化带来的社会良知的增进。研究 18 世纪法国贫困问题的历史学家们，对于这些观点也感兴趣，这些历史学家提出，在这个历史时期里，法国“发现”了贫困问题，并且说，法国的贫困问题的确“可能是启蒙运动时期法国面临的最严重的社会问题”。事实到底如何？解决种种矛盾观点需要再次关注周期性因素。16 世纪，人口增长使得劳动力市场饱和泛滥,导致前所未闻的广泛失业,这个新的社会问题随后引起了注意,1640 年之后,欧洲的人口增长停滞,劳动力市场紧张,失业问题得以缓解。但是,18 世纪的法国和 19 世纪的英国,当人口重现增长、劳动力市场再次饱和泛滥之时,失业问题又再次出现,有劳动能力的人口之中出现了好几代人未见的失业浪潮和不充分就业浪潮。简而言之,不仅是贫困问题,失业问题也并非是在这个或那个社会中"发现"的,这是实际存在的问题,作为周期性力量的结果,它会周期性出现,在这个例子中,这种周期性力量就是人口增长。

经典的社会理论强调社会的长期发展变化以及欧洲和亚洲周期性发展的差异,但是,早期的现代历史,处处显示出周期性发展变化的证据,我们可以通过把周期性变化归因于长期发展过程中某些变形或者内部矛盾,使历史事实契合理论,从而保持理论的完美无缺。但是,如同下文分析的那样,这种契合是苍白无力的。另一种做法是,恰如斯廷奇库姆在前文题辞中所言,我们可以通过研究历史,掌握周期性发展进程的本质,在需要的时候,把长期变化和周期变化结合起来,运用历史事实去建构更好的理论。这正是我在本书中所要做的。

社会理论中的其他陷阱也同样在守株待兔,等着我们上套。

有害无益的"秩序问题"

社会理论之所以发展缓慢,其原因之一在于,社会理论家们常常一开始就试图解决"秩序问题":个人是如何创造并维持那些超越个人生活和个人意图的群体行为模式的?[参见 T.帕森斯(T.Parsons)于 1937 年对这个问题的经典表述]然而,把纷繁复杂的所有社会行为都简化为"秩序问题",这是荒谬可笑的,自然科学家曾经试图解决"自然界的问题"吗?没有。尽管有一些物理学家可能会把建立一个伟大的一元理论视为神圣使命,但是,大多数科学家——生物学家、化学家、地理学家、天文学家、动物学家——所从事的是解决自然界提出的大量不同的问题,他们运用各种不同的模型和理论去解决一些特定的问题。可能会有这么一天,人们发现,用以解决不同问题的许多分析模式具有很多共同的要素,可以化繁为简加以归纳。但是,事情的第一步是解决研究的特定问题,归纳是最后的事情,而非最初的一步。

然而，社会学似乎本末倒置了。“社会秩序”究竟是奠基于冲突还是奠基于一致同意，“社会变革”究竟是根源于物质因素还是根源于思想因素，社会学研究的根本目标究竟是“微观行为”还是“宏观行为”，关于这些问题的无休无止的争论反映出有这么一种观念，这种观念认为，存在着一种社会秩序问题，只要解决了这个社会秩序问题，所有的社会行为就可得以解释和理解。现在，应该很清楚的是，一揽子解决是不可能的。历史和现状展现了许多类型的社会秩序——就是众多个体的持久行为模式，有些社会秩序奠基于冲突，有些则奠基于一致同意；有些社会变革的事例根源于物质变化，有些则根源于思想因素，大多数社会变革的根源则是物质因素和思想因素兼而有之。查明一种特定的社会秩序或社会利益变革究竟是基于哪些因素的唯一路径，是严格的实践检验。换句话说，秩序问题并非单一问题，因此，仅仅依靠理论分析和理论归纳是难以解决的，这是一个实践问题，或者说是很多实践问题，这是因为有许多种实际存在的社会秩序，因而也就有许多种方法去描述这些社会秩序。能够取得不断进步的有益工作，是辨识特定的行为或社会秩序或利益变革，并证实它们是如何发展、如何维持的，同时要清醒地意识到，在不同的时间和不同的地点，不同的解答都可能是正确的。试图寻找一个普遍适用的解答，是徒劳无功的，也是一种落后的一元论。

给社会学增加了更大困难的是，在社会学的一元化社会秩序观点中常常掺杂着摩尼主义错误，就是说，如果存在着秩序问题，而且只有一个解答，那么，除了这个解答之外，其他所有的解答都被认为是邪恶的欺骗。现代社会理论往往把它的研究客体划分为对立的一对因素，称其中一个因素是基本的或根本的因素，另外一个则众多是第二位的，仅仅是上层建筑甚或是虚幻的。社会学家常常把“微观”与“宏观”、“思想”与“物质”、“冲突”与“一致”视为相互对立的因素，而非表示经验层面两个极端的观念形态。由于客观事实往往是由多种多样的中性因素主导的，因此，对于极端问题的争论，只能使人们的注意力偏离真实的社会发展进程。

以“微观”和“宏观”这两个术语为例，如同J.C.亚历山大和B.吉森(J.C.Alexander and B.Giesen)指出的那样，这两个术语仅仅是观念上的划分，在事实世界里，并不存在单纯的“微观”和“宏观”行为，所有的社会行为都涉及个体行为以及产生这种个体行为的社会资源——语言、符号或者制度安排。

然而，有关这类观念划分的争论，已经引导社会学走上了错误的道路。学者们使用交换理论来解释宏观结构的微观基础，抑或使用“结构理论”或“联系理论（关联—耦合理论）”来强调微观行为持续创造并维持着宏观结构，反之亦然。但是，这些学者并未超越观念二分法，而这正是问题的要害。因为社会行为并非仅仅是“微观”和“宏观”层面的交互作用，社会往往展现出多种层面的秩序，实际上，社会结构的许多方面既非微观，也非宏观，它们是分形的。

近来，几何学热衷于使用“分形”这个术语来表示相似性特征，不管其观察到的范围有多大。举例来说，海岸线因各个大小港湾而曲折不平，但是每个港湾又有着更小的大小港湾，如此等等。社会也恰如这种状况，在全国层面，人们可以发现全国性政治机构、全国性工商企业、全国性政党、全国性社会层级、全国性工会、全国性志愿组织，如此等等；但是，在国家内部，各省的外观和行为恰似小型国家；各省内部有县和自治市，它们与省具有相似的组织结构；在自治市里，有地方性志愿社团、地方俱乐部、地方工商企业，如此等等，在某些方面都具有相似的组织结构，甚至家庭这个作为政府、冲突、结盟以及代际财产保护的基础单位，也具有社会的某些特征。因此，社会秩序，也是以极大的自相似性方式、贯穿各个社会层面而得以产生和维持的。把精力集中于微观对宏观这种两极对立模式，只会导致人们忽视整体现象。

当然，社会并非像自然现象那样以同样的方式分形，自然现象的各个方面可能都具有相同的自相似性。恰恰因为社会结构是人类意志和历史偶然事件的产物，而非那些自我复制的自然力量的产物，因此，关键的问题是要查明，在一个社会里，贯穿社会不同层级和不同维度（经济、政治、血族等等）的社会秩序具有何种程度的相似性。为了强调与自然科学的区别，并牢记社会意志的作用，我们可以把社会结构描述为“近似分形”：由人的自由意志和历史偶然事件共同作用而形成的、贯穿社会各个层面的结构，贯穿社会各个层面的秩序原则具有很大的自相似性，尽管仍然还会有问题。

这种社会“近似分形”的特征一旦被认可，就会产生许多经验性问题，贯穿社会各个层面和各个维度的社会秩序具有何种程度的一致性？例如，实行官员选举制的民族国家通常具有中央政府和地方政府，这些政府具有选举出来的官员、志愿协会以及由选举出来的官员管理的工会，相反的，由政党组织和政党任命的官员控制的民族国家，通常由政党任命的官员负责领导各省政府和地方政府、工会，等等，虽然也有例外。19世纪，英国的民主化政治结构刚刚开始建立，恰在此时，权威主义经济结构（工厂）是如何同时发展起来的？即使在今天，尽管国有企业也选举企业官员，但是这种选举取决于股权分布，与政治体制中的一人一票制选举迥然不同。这些差异是如何维持下来的？它们是沿着更加和谐的道路前进？还是稳定不变呢？家庭这个非民主的社会单元，随着其社会化，它在何种程度上会阻碍社会对个人权利和个人责任的认可？“儿童权利运动”是国家规范向更低社会层次不可避免的扩展吗？

举例来说，这些问题在判断苏联和中国国家重建的前景时至关重要：它们在何种程度上能够避免社会碎裂并维持政党主导的政治组织，同时又能拥有“自由的”工商企业和选举联盟？当人们思考社会的碎片化结构时，现代政治的这个至关重要的问题就会立即跃入脑海。但是，传统的微观宏观二分法完全模糊了（因而也就忽视了）这个问题。

实际上，社会再生产和社会变化的关键动力源，往往存在于各种社会团体之中：家庭、农村村庄、城市工人阶级、地方精英、工商企业、地方政府，这些社会团体在个人和社会整体之间起着调谐作用。你说这些动力源是微观的还是宏观的？它们当然既非微观也非宏观，如果试图把它们归类到微观或者宏观，由此作出理论解释，这种做法只能是失败的，不会成功。摒弃这些把我们拘束在两个极端的理论障碍吧，丰富多彩的中性事实迫切召唤经验解释。

对于本书的研究而言，抛弃这种理论障碍极端重要，这是因为，把注意力仅仅集中在宏观层面或者微观层面，这已经极大地阻碍了对国家危机的研究。宏观分析关注的国家结构的本质，特别是各个阶级与国家之间的关系，以及国际领域的国家间关系。微观分析关注的是个体动员，特别是那些参加革命运动的一般社会成员所得到的回报或者惩罚。所有这些因素都是重要的,但是,它们都忽视了重大国家危机的内在本质,那就是社会秩序的全面崩溃。

因此,国家崩溃不仅涉及中央政府的崩溃,也涉及各个省级政府和地方政府的失败。举例来说,1640 年的英国和 1789 年的法国,英国国王和法国国王都面临着财政困难,且正与倔强的议会进行争斗,与此同时,英国和法国的许多地方政府,由于沉重的债务以及与公民和城市工商公司的不断争斗,业已岌岌可危。因此,仅仅关注于中央政府来进行解释,就会忽视革命危机的广度和深度。

而且,国家崩溃不仅涉及国家与精英之间的冲突,也涉及精英内部的冲突和精英集团之间的冲突,冲突不仅发生在全国层面的精英之间,也发生在县、镇和教区等地方精英之间,实际上,精英冲突常常会延伸到家庭内部,由于危机所导致的家庭分裂,父子之间、兄弟姐妹之间也会产生冲突。

同样,从“普通个人”对政府的态度出发进行分析,就会忽视一个事实:民众冲突可能还会采取起义之外的其他形式,革命往往也会表现为底层民众之间的许多冲突,这些冲突更为直接地发生在民众团体之间,较之与中央政府的冲突要更多一些。例如,农民冲突往往会涉及支持革命的村庄和反对革命的村庄,这些村庄之间会相互争斗,而城市冲突会涉及相互对立的各种不同的工人团体和城市精英。因此,仅仅关注“普通个人”所面临的回报或惩罚,常常会忽视农民和工人的行为动力,他们的行为动力受到各种不同的地方组织的调谐。

本书把国家崩溃问题视为社会制度的全面崩溃问题,我的目标是:从中央政府和地方政府两个层面来解释国家危机,把精英冲突视为发生在地方、地区和全国层面的一系列内在冲突加以解释,把大众行动视为地区背景、农村或者城市背景各不相同的冲突加以解释。如此广泛的秩序崩溃正是重大国家危机的典型特征。因此,关键的问题是要解释清楚,在一个特定的时间里,社会秩序为何会在各个层面和各个维度全面崩溃。宏观方法或者微观方法只能用以解释部分危机问题。本书的因果解释框架,以人口变化和物价变化对社会各阶层的影响作为开端,这个解释框架是非常适用的,因为它能够阐明社会冲突和社会不稳定是如何同时在社会各个阶层中产生和发展的。

同样,关于社会秩序和社会变化究竟是根源于物质因素还是思想因素,抑或两者兼而有之这个问题,常常被作为可以回答的理论问题提出来,然后用以指导实际研究。关于社会秩序是基于冲突还是基于一致同意这个问题,同样也是真实存在的。以这种方式提出问题,任何答案都只能导致脱离丰富多彩的历史实际。可能存在的情况是,在某些事例中,或者对于一个复杂社会进程的某些方面而言,物质因素(或者冲突)起着主导作用,在别的事例中,则是思想因素(或者一致同意)起着主导作用。如果断言总是物质因素(或者冲突)是社会发展的关键动力,抑或断言总是思想因素(或者一致同意)是社会发展的关键动力,抑或断言两者都是社会发展的关键动力,这种做法是从理论上排除了历史的多样性。

简而言之,理论绝不能解决"秩序问题",实际上,社会学以这种研究方式来解决其研究问题,可能是其最大的错误。凡是在那些我们使用刚性构架理论分类法、而不是使用基于数据资料构建的灵活解释模型来指导我们实际研究的地方,我们都会犯错误。

有些社会学家倾向于从理论分类开始进行研究,然后僵硬地把这种理论分类运用到历史之中,不难理解,这会把历史学家弄糊涂,使他们苦恼不已,因此,有一种看法,认为社会学家们是用望远镜物镜观察世界的人,这种看法是有些根据的。但是,社会学不能按照这种方式发展,社会理论应该立足于历史实际,应该能够帮助解释丰富多彩的历史实际,应该抓住历史问题的核心。

比较历史学并非将社会理论运用到历史之中,那么,它究竟是什么呢?

比较历史学:一份声明

历史是一场永无休止的辩论。

——彼得·盖尔(Pieter Geyl)评阿诺德·汤因比的《历史研究》

历史中的变化

87年前,保罗·芒图(Paul Mantoux)写道:"历史事件是特殊的,只能发生一次。”这个观点早就经常被人引用，并从此引起广泛共鸣，至今仍为历史学家所珍视。但是，我们必须清楚其含义。“特殊性”、“唯一性”是连续事件或系列事件的特性，所有历史研究的任务是解释那些业已发生的特殊连续事件。然而，如果这些连续事件中的所有部分、所有方面都是独一无二的，那么，这种研究任务是不可能完成的。

让我们思考一下一个国家的历史，比如英国的历史，如果英国历史的每时每刻、所有方面都是完完全全独一无二的，那么，讨论英国历史还有什么价值呢？很可能的情况是，大不列颠岛南部三分之二的地区里，其社会在某些方面具有共同性，并且历经几个世纪，虽然，其语言、政体和民族传统都会有所变化，但这些变化不会大到使社会在此时此刻就与彼时彼刻完全不同。

尽管历史事件整体是独一无二的，因此有可能辨清这些事件的某些方面与彼时彼地的历史事件具有相似性，然而历史学家们宣称特定的历史事件具有独特性这种论点，就会引发一个很有用的问题。因为我们面临的不是一个绝对不可比的先验的理论主张，而是一项实践性任务：所研究的是虽不完全相同、但可能是相似的系列历史事件之间的差异程度。简单说来，历史显示出的，既有连续性，也有变化性。因此，我们就有可能提出下列问题：英国 18 世纪的君主制与 17 世纪的君主制相比有何不同？从 1750 年到 1850 年，英国经济有何变化？这些变化比前一世纪的变化更大吗？如果此类问题从理论上无法回答（除了与倔强的社会学家争论得热火朝天之外，也没有历史学家对此问题作出回答），那么，“英国历史”就毫无意义。

如果，随着时间的流逝，历史既有变化又有连续，我们就可以跨越时空发现相同的因素。一个 18 世纪的旅行者，从英国到法国旅行，会识别出当时法国社会风景的一些特色——君主、贵族、农业技术，与英国的这些相似物有细节上的差异，这些特色并非完全不能识别。因此，人们会探询 18 世纪英国和法国的政体（或者农业、收入、宗教）有何不同。再者，历史独特性这种论断，在某种程度上是需要依靠实证研究加以证明的。

这里，我们对历史事件概念化的推理，又一次成为由于形而上学的理论推理所导致的简单对立二分法的奴隶。历史学家和社会学家往往倾向于使用这样的方法进行论证，这种方法是，好像只有两条路径可以研究历史：每个历史事件都是独一无二的，或者存在着普遍原则或“法则”。这两者都不是完全正确的。事实（也是每个渊博的历史学家所知晓与追求的）是，历史是变化的。那些或多或少具有历时连续性的历史因素，会超越时空，以大不相同的方式，前后既有变化，又有联系。历史研究，即重构、描述和解释特定的系列历史事件，几乎总是要做这样的事情：在一个复杂的历史背景中，哪些方面有所变化、哪些方面相对没有变化，并尝试回答变化或者相对无变化的原因。

案例与关键差异

比较历史学的鲜明特色是，它用案例研究法来研究历史变化。一个历史学家可能会撰写一部跨越几个国家或几个世纪的欧洲长期史、疾病长期史、收入分配长期史。这类通史、长期史或者世界史并非比较历史学，他们与比较历史学的共同点是，都关心大规模的历史变化，都对继发原因做了必要的追溯。但是，它们与比较历史学的研究路径是不同的，长期史或者通史试图描述的是，在一个既定的、虽然可能比较长的历史时段里所发生的历史事实。

相较通史或长期史而言，比较历史学研究更为集中化、主题化。比较历史研究会以下列问题作为研究开端：19 世纪里，面对西方入侵，为何日本比中国作出了更为成功的反应？1500 年之后，西欧的奴隶制已经废除，为何类似奴隶制的东西却在东欧大肆扩张？在共产主义革命和非共产主义革命中，意识形态发挥着不同的作用吗？诸如此类问题的提出，源自学者注意到了历史记载中的关键差别：看似具有某些共同点的历史事件，实际上截然不同。经过仔细的审视之后，看似明显的相似点可能是虚幻的，或者，一个微小的，但却是关键的因素，就可能把十分相似的历史事件截然分开，并使两者大相径庭。比较历史研究的有趣之处在于，对每个历史案例进行的研究，其答案都不可能预知。比较历史研究是一种实证研究，以探明历史事实及其原因。

因此，比较历史研究的核心目标并非仅仅要去发现历史事实中的相似性或普遍性，它的核心目标是研究历史事件之间的因果关系。如果历史进程既有连续又有变化，那么，比较历史研究一开始就要探询历史事实中哪些因素是关键因素。因此，如果仅仅研究两个城市的历史，或者两个国家的历史，那么，这种研究只是并行研究，而非比较历史研究。比较历史研究有赖于识别历史案例中的关键差异，有赖于探寻这些历史案例里不同的因素中有哪些因素会造成特定的差异。

用不同的国家作为研究案例，已成普遍现象，但是这并非必要。最近，M.特劳戈特（M.Traugott 1985）分析了1848年巴黎街垒两边的社会力量，街垒一边是起义者，另一边是国民警卫队士兵。特劳戈特用这两边力量的对比作为其论点的论据，他的论点是，国民警卫队之所以依旧忠诚于政府，不仅是由于其阶级构成，更主要的是由于国民警卫队经过该年2月至6月间的军事训练和纪律约束而形成的社会化。与此相似的是，卡尔霍恩对英国工人阶级的研究，以19世纪早期的手工工人以及19世纪晚期的工厂工人作为研究案例，通过辨析这些工人群体之间的差别，卡尔霍恩能够挑战E.P.汤普森（E.P.Thompson）此前关于英国工人阶级具有连续性的观点，还有，W.布鲁斯坦（W.Brustein 1985，1986）曾以地区作为研究单位，以此说明17世纪和18世纪法国政治抗议活动的模式。

历史学家和社会学家常常问及历史事实的“社会问题”，比如，19世纪法国马赛的社会动员模式是什么样的？或者，他们常常转而依靠历史来探究社会学领域的一些特色，比如，物理学家是如何成为美国一个强大有力的职业的？要回答此类问题，就要依靠历史学家对主要原因的分析能力以及社会学家关于社会发展进程的知识。因而，这种研究确实会产生一种如亚伯拉罕设想的混合研究，可以命名为社会历史学或者历史社会学。尽管这类研究极具价值，但这种研究专业有别于比较历史学，比较历史学依靠的是案例研究法，就此意义而言，比较历史学只是广义历史社会学的一部分，尽管可能是最有争议的一部分。（对历史社会学进行更为详尽的分析的，有斯考切波、加里·汉密尔顿和沃尔顿。）

历史发展中的稳态过程

比较历史研究，常常始于显而易见的相似情形，然而在这些相似情形里，存在着明显的差异有待我们加以解释。但是，历史变化中有时也存在相反的模式,即,看似大不相同的历史情形,却会有许多相似之处。1789年的法国大革命和1917年的俄国革命,尽管其时间和历史背景大相迥异,但却具有明显的相似之处。因此,比较历史学家也可以从相似性角度来研究历史的发展变化:为何在大不相同的历史背景中,却能看到历史事件具有相似的模式?

对不同历史背景下相似的历史事件进行研究,这种做法引起极大争议,甚至招致鄙视。比较历史学业已蒙上恶名:试图把有限的一般性极度扩大为似律性。这种自命不凡玷污了马克思和黑格尔派学者的其他珍贵著作,也包括汤因比的著作。有人怀疑,在找寻一般性的过程中,比较历史学藐视了历史事实。但是,正确的比较历史学所做的是两者兼顾:找寻有限的一般性,从审慎使用历史详情中汲取力量。

首先,必须承认,比较历史学不能仅仅使用历史叙事作为研究资料。这是因为,历史学家们并未告诉我们,在特定的时间和地点究竟发生了什么,相反的,他们对业已发生的事情仍然争议不休。在任何一个既定的时间里,历史事件发展的某些模式会得到认可,其他模式则遭到激烈争辩。鉴于历史证据的本质属性以及历史事实的再现问题,很难有别的办法。这就是为什么对于比较历史学家而言,为了知晓有关的历史争论、了解尚未确定的历史事实以及一些紧迫的研究议题,完全吃透有关历史案例的二手文献是一个基本问题。比较历史学家并非像矿工开矿那样取得历史研究成果,反而,他或她依靠历史文献参与有关历史事实的讨论。

其次,辨识不同历史背景下发生的相似历史事件,有别于探索独立于历史背景的普遍规律。毋宁说,辨识这类相似的历史事件,更像是一个地理学家为不同的地区绘图以及在大范围相似岩层中发现了相似化石的活动。然后,地理学家会假定,在不同的地方曾经发生过相同的地质过程,并尝试着小心谨慎地再现这个过程。但是,这个过程并非如万有引力定律那样是一个“定律”。

定律,是不管初始条件如何改变都确定不移的内在联系。确凿无疑的是,为了作出预测,人们必须知道一个系统中的初始条件。因此,要预测两个互有引力的物体的运动,就必须知道它们的质量以及它们之间的距离。但是，万有引力以及它们相互作用的平方反比定律*，却并不依赖于这些物体的质量或距离。初始条件只是参数，这些参数可以改变却并不影响定律发挥作用。定律是独立于初始条件的。地理学家宣称，在不同的地点可以出现相同的发展过程，这正是对初始条件的精确阐述。有人指出，在历史上的某些特定时间里，诸如万有引力这样的物理定律，导致岩石沉积，化学反应又导致动物遗骸变成化石，假若不同的地点形成相似的岩石层和化石层，这必然是基于十分相似的初始条件。

地理学家业已发现“稳态过程”的证据，这个稳态过程并非定律，而是由独特的初始条件和一个特定定律共同作用的过程，它会产生独特的结果。稳态过程不能用于精确预测，因为，并没有任何参数可以套入一个可作出精确预测的“定律”。因此，地理学家并不期望能够预测出一个特定的岩层中含有的化石的数量及其埋藏位置。地质过程要在历史领域发挥作用，要面对的是大不相同的初始条件。然而，如果知道岩石形成时该地的生物种类，地理学家可以预测出化石的类型、岩石中化石的大概比例。就是说，如果初始条件相似（即使不完全相同），那么，规则性定律就会产生相似的（即使不完全相同或不完全符合预测）结果。

历史领域也有类似的稳态过程。这是因为，绝大多数人是以可以识别的一贯方式或理性方式而作出行为的，事实上，我们每天都依赖于这种一致性，我们相信将军们不会背叛祖国、银行家和官员不会欺诈或毁灭其组织。当然，也存在着叛徒和圣人，然而，我们用一些特殊的词汇标示这些人，用以指出他们的例外。如果绝大多数将军都是叛徒、绝大多数银行家都是圣人，这些特殊的词汇就失去了意义，而且，不用说，历史也将大为不同。

因此，历史解释的关键是要认识到，在一个既定的历史背景下，绝大多人会以某些一贯方式行为。这绝不意味着所有人都有相同的目标，在某些群体里，荣誉可能是最重要的，荣誉受损比任何基础性成功都要可怕，在另外一些群体里，精神上的收获比物质酬劳更有价值。问题的关键

---

* inverse square law，指物体或粒子的作用强度，随距离的平方而线性衰减，即作用力与距离平方成反比关系。——译者注

是,我们不能认为所有人的行为都是随机的或者难以言表的,因为我们相信,我们能够发现一个人或一群人的价值观。然后,我们就可以期望,在绝大多数情况下,人们的行为中存在着某种一致性。

这并不意味着所有业已发生的事情都是个人意图的结果,在多数情形里——比如,当许多人同时寻找安静的乡村小径时,它就不再是安静的乡村小径了——人们的如果根据他人选择而作出同时性或反应性选择,抑或由于缺乏信息或误读信息而作出选择,这将导致最后结果不同于每个人的初衷。理性选择理论清楚地阐述了这种矛盾,并对其结果进行了研究。这种分析极其有用,因为,它对分析种种实际情形十分有价值,在这些情形里,个人有意识的行为交互作用,所产生的集体结果却都不符合每个人的预期,也没有人能预知这种结果。然而,使日常生活以及社会科学成为可能的,是我们的一种信念,这就是,如果我们能够辨识一个特定的行为者或一特定的行为群体所面临的某些明显的初始条件,我们就可以预期,他们将按照某种特定的(尽管不会完全一致的)方式作出反应,并由此产生特定的(尽管不是完全可以预知的)结果。

一个极好的事例是斯考切波对革命的研究,斯考切波发现了导致法国、俄国和中国产生社会革命的一个历史进程,这个进程包括国家权力的崩溃,国家权力之所以崩溃,是由于未能正确应对敌对国家施加的外部压力以及农村中涌现的农民起义,在每一个案例中,尽管君主和农民都从自身情况出发寻求变革,但是,他们的行为结合起来,却产生了超出君主和农民预期的社会革命。

描述这个进程只是一个开始,斯考切波著作的关键部分揭示了这个进程是如何扩展的。她指出,这个进程在一些特殊细节上有所不同,例如,国家之所以未能正确应对外部压力,有的是因为经济发展不充分(比如 1917 年的俄国),有的是因为权力精英阻止变革,而这种变革确实是增强国家活力所必需的(比如中华帝国以及旧制度的法国)。这种分析之所以有说服力,乃在于它揭示了,资源有限又面临外部压力的国家领袖,是如何采取行动、这些行动激怒了精英并导致国家瘫痪的,这就打开了农民起义自下而上发展的缺口。再者,斯考切波论述了,具有地方自治权和地方组织的俄国和法国农村,是如何自发地对国家瘫痪带来的机遇做出反应的，而中国的农村，由于缺乏精英自治，就无法作出类似的反应，直至日本人入侵，中国共产党的社会动员使得独立于地主之外的农村组织得以建立。导致社会革命的，并非单独一个或单独一组原因。斯考切波提出，没有什么“革命定律”能够适用于所有历史事件，不管初始条件如何。相反，她勾画了在几个地方以相似方式发生的一系列特殊的综合条件。在这些条件下——可能是由一系列稍有不同的原因造成的国家瘫痪和农民组织涌现的状况——国家领导人、精英和农民们的合理行动很有可能导致社会革命的发生。尽管历史环境不会完全相同（历史结果也不会完全一样），辨识各种历史环境中那些导致行为者采取相似行动的关键因素，这是比较历史学的实质所在。[5]

历史发展中的稳态过程是一系列事件，它在各种不同的历史背景中会以相似的（但并非完全一致，也不能完整准确地加以预测）方式发挥作用。然而，稳态过程绝不只是一个“有限的历史概括”，也绝不只是不同历史事件之间的类比。“17 世纪的欧洲君主都戴着王冠”这个说法，是一个有限的历史概括。但是我们不知道究竟是什么原因造成历史事件的周而复始，纯属巧合这种解释就足够了吗？或者，选择加冕典礼作为君主制的象征，这是根源于符号控制和普遍的符号遗产吗？若果真如此，其背后必然隐含着一种稳态过程，正是这种稳态过程才使我们能够进行有限的概括。类似的，人们可能会注意到，1789 年法国制宪议会和法国国王之间的权力争夺，与 1917 年彼得格勒苏维埃和临时政府之间的权力争夺十分相似，这种情形被称之为“双重主权”。但是，这种相似性是偶然现象还是具有重大意义的现象？是什么原因使得这种相似性具有历史意义？如果我们能够辨识出两种不同情形里导致行为者采取相似选择的那些初始条件的作用过程，即连接两种情形中相似因素的因果过程，这是很有意义的。斯廷奇库姆（1978，p.117）曾经指出，“推动社会发生系统变革的原因性力量是人民的行为选择”。因此，稳态过程虽非定律，但也绝不只是有限的历史概括或历史类比，它是一种因果关系的表述，它断言，我们之所以能阐明一个历史事件，是因为，在各自的历史背景中，个体会对特定的、特殊的、明显的历史特性作出反应。如果这些历史特性足够明显，人们就有理由期望，在各种不同的历史背景中，行为者作出的反应就会有些相似之处，因此，就可以预测出人们的相似行为，也就可以解释这些相似行为。

这就引起了有些人极大的困惑，这是因为，有些历史学家和社会科学家坚信，认为历史过程中存在着固有相似性的观点，等于断言存在着可以用以预测的、决定性的定律。历史学家认为，由于历史事件是独一无二的，而且带有偶然性，因此，寻找那些有意义的因果规律是没有希望的，也是错误的。相比而言，社会学家认为，寻找因果规律应该通过大量的案例研究来进行，用大量的案例来验证那些令人信服的预测以及那些可能是无效的预测。这两种观点都是错误的，因为它们没有理解稳态过程和定律的不同之处。

举一个自然科学的例子，达尔文的自然选择进化论表达了这样一个过程：在既定的某些初始条件下——繁殖竞争中的、存在个体变异的许多物种——后代继承双亲特质的定律就会创造出一个进化过程，藉此进化过程，那些在成功的后代身上体现出的遗传特征就会得以扩散，并形成新的物种。但是，人们也能举出例外：实验室里的老鼠（或者其他家养物种）并未经历自然选择，它们的繁殖是由主人控制的，其个体变异被有目的地加以最小化（实验室的老鼠），或者被导向特定的方向（比如动物或谷物的那些特别有吸引力或者有价值的遗传特征）。这些例外确实存在，但并不能证明进化论是错误的，准确的预测也就不会引起争议。自然选择理论没有预测任何特定的新物种，也没有预测新物种产生的确切时间。

进化论生物学家十分清楚，预测未来是不可能的，原因如S.古尔德（S.Gould 1988，p.32）所说的那样，“历史偶然性允许有多种合理的结果”，尽管如此，古尔德继续说道，给定一些初始条件，“我们就能够如同自然科学那样颇为自信地解释历史事实”。正如I.B.科恩（I.B.Cohen）所说，“达尔文揭示出，所有科学学科的发展，并非必然要走数学化这种时髦的路径，[达尔文的著作是]现代第一个重大的科学理论，这个理论是因果性的而非预测性的”。

达尔文理论的影响力在于，在各种不同的情况下，通过相似性方式揭示出一个简单的发展过程，大量的历史记录就能以一种前人未曾发现的，或曾被误解的方式相互联系起来。自然选择理论的正确性，依赖于它能否揭示出，对于众多物种来说，现存的大量物种确实是从以往物种的新遗传特征发展而来的。这就意味着要认真研究化石证据，看看是否有证据能够证实这个进化过程。在所要研究的具体历史事实里，如果各个细节都与该发展过程相一致，那么这个发展过程就得到了证实。

与此相似的是，板块构造论这个地理学理论——该理论详细描述了地壳分为不同的板块，各个板块沿着地表移动，从海底山脊形成的新岩层把各个板块相互推离，板块边缘没入深海海沟之下——并不能让我们准确预测何时何地会发生地震。这个理论所解释（以及预测）的是，地震在一些地方是（将来还是）更为频繁的，地震发生的地点位于不断移动的板块交界处。再者，板块理论描述的并非数学关系，它是对板块移动过程的分析，这是前人未曾认识到的。一旦得到证实，关于这种过程的有关知识就能用以解释某些现象，这些现象包括各个地区的地震分布、海底山脊和海沟的存在、海底岩层的年代。要证实这种理论，并不能依靠对某一特定地震的预测，而要依靠某些地质证据：海床岩石要比地壳岩石年轻，却比人们从海底山脊采集的岩石样本要古老；地壳岩石显示出更多的形变，显示出由于受到地壳板块之间的断层线引起的压力而产生的拉伸的证据。又及，该理论的价值并不是它能够预测任何一个特定的事件（它也做不到），毋宁说，其价值在于，它能分析解释地质记录中大量细节之间的联系，这是以往未曾认识、未曾理解的。

因此，历史解释的实质，是通过一个过程把各种事情联系起来，即便自然科学也是如此。这种过程可能依赖于十分明显的行为规律或者“定律”。然而，仅有定律并不能形成理论。观察到父母双方给后代留下一些遗传特征，这并不表示认识到了自然选择理论。为了辨识这种过程，人们必须进行艰苦的认知努力，详细分析哪些方面的初始条件再加上哪些适合的简单原理，就可以产生所观察到的历史事实。

使得争论更加混乱不堪的是C.G.亨普尔（C.G.Hempel 1942）提出的主张，他宣称，如果人们知道了那些定律和历史事实，就能够运用定律去解释历史事实。但是实际上断非如此，历史上，人们观察到的历史事件，貌似有一些不受控制的初始条件，就是说，诸多历史事件之间貌似存在着无穷无尽的关联性。这样的话，人们怎么能够知道哪些初始条件是相关的、可以用之于解释这些历史事件？一个人即使知晓所有定律、拥有所有相关资料，但是如果缺乏把这些定律和资料联系起来的过程知识的话，仍将一无所获。在达尔文之前，人们就已知道化石知识、遗传原理，但是，在达尔文阐明自然选择过程之前，他们并不知道如何把这两者连结起来。

那么，既然不能通过预测来验证一个稳态过程，我们又如何才能证实它呢？如同地理学研究和进化论研究一样，如果有人断言，在人类历史的某些特定历史背景下，存在着一个特定的发展过程，那么，就需要对那些事例的历史记载进行详尽的考查。如果一个过程在各种不同的环境里都能发挥作用，那么就可以认为这是一个稳态过程，就是说，在各种不同的历史环境里，不管遇到什么样的情形，当然这些情形在某些方面是相似的，行为者都会在某些方面以相似的方式做出行为。“某些方面”是从一个解释模型的角度来说的，这个解释模型对复杂多样的历史事实作了抽象和简化。但是，这个解释模型的正确性要看所有具体的历史细节是否与该发展过程相一致，A.L.乔治（A.L.George）曾经把这种证明模式描述为“过程追溯”，过程追溯的意思是，观察到的结果能够合理地从特定环境里可能会发生的系列行为中找到原因。

重视因果过程的追溯，就把比较历史学和一些相似的学科研究明确区分开来，这些相似的学科研究，也运用许多案例，比如政治学或社会学中经常使用的跨国研究，这些学科研究以这种方式得出的任何一个有限概括，都只是一个假说，其因果过程的基本原理仍然有待阐明。就此意义而言，比较历史学与这类海量资料式分析并非对立关系或替代关系，而是互补关系。

因此，完善的比较历史学必须“锚泊于细节之中”（古尔德）。藉由对历史细节的分析研究、揭示这些细节之间那些前人未曾认知的联系，比较历史学一举成名。当然，如同地理学或者进化论一样，比较历史学也不可能解释所有的历史细节。能够对关涉到历史事实中许多细节的一种发展过程作出阐释，这已足以使其成为一项极有价值的工作。

总结

比较历史学不只是通过挖掘历史来建构定律。让我们列举一下比较历史学要做什么，(1)比较历史学运用案例比较研究法，分析历史的发展变化。(2)比较历史学寻求通过提出特定历史事件的因果解释模式参与历史辩论。(3)通过分析类似情形之间的关键差异，或者通过分析发生于不同历史背景下的稳态过程，(当然，成就突出的比较历史研究常常是两者兼有)，比较历史学可以建构因果解释模式。(4)比较历史学运用的是简化了的解释模式，这并不意味着它可以作出精确的预测。(5)比较历史学通过过程追溯，而不仅仅是通过相关性来验证其理论成果。(6)比较历史学锚泊于历史细节之中，这是因为，它的合理性依赖于它所描述的历史细节间的内在联系是否能很好地契合并解释清楚那些历史细节。(7)对比较历史学研究成果价值的检验，要看它是否能够辨识并阐明那些前人未曾认识或未曾正确理解的、存在于特定历史事件中的内在联系。

如同盖尔谈论汤因比著作时所说的那样，盖尔的话适用于所有的比较历史学研究："但是它并非历史学"，确实如此；比较历史学并不是要从现有证据中再现那些发生在特定地点、特定事件的历史事实，也不是那种对一般国家或世界历史的宽泛的编年体叙事。比较历史学是截然不同的学术研究，它有自己的研究目标和研究方法。但是，比较历史学也同样关注事实序列以及人的行为。当历史学家们争论那些历史事实时，比较历史学也寻求参与其中。不光是历史学，比较历史学也同样力图解释有些事情何以发生、我们今天生活的世界何以如此。

本书断言，1560 年至 1660 年以及 1760 年至 1860 年这两个历史时期里，横扫欧亚大陆的国家崩溃浪潮，其背后隐藏着一种稳态过程。本书也提出，认识到这种稳态过程，有助于我们解决目前对英国革命和法国革命以及对奥斯曼帝国和中国的研究中存在的许多问题。但是，指出这些相似性仅仅是研究内容的一部分，这是因为，尽管横扫欧亚大陆的相似发展过程导致了国家崩溃，但是仍然存在一些关键差异，这些关键差异影响着国家崩溃的结果。在欧洲国家之间，这些差异主要是社会结构差异，它们决定着危机是否会导致革命，但是在欧洲国家和亚洲国家(或者更确切地说，是欧洲西北部国家和亚洲国家)之间，存在着文化差异，这些文化差异影响着各个国家对于危机的反应——国家重建是走创新路径还是走传统路径。因此，理解稳态过程以及关键差异，就能够解释：第一，为何这些危机会在同一历史时期里发生在各个欧亚国家；第二，为何这些危机的具体发展过程及其结果迥然不同。

这种观点是否正确，只能通过许多实际的论证和证据才能加以判断。因此，让我们转入到历史学家们对英国革命的讨论中吧。

注　释

1. 在本书中，我所说的“欧亚”，仅指位于一条线以北的气候温和的地区，这条线大致：从地中海最东端经过里海、喜马拉雅山至中国南部边界。因此，书中的“欧亚”不包括叙利亚的绝大部分、美索不达米亚、波斯和印度次大陆，这些地区国家的管理模式和此线以北地区国家大不相同，并且它们的经济史和人口史极不完整，由于这些原因，并为了把研究控制在一定范围内，我没有明确说明本书中的观点是否适用于这条线以南的国家。

2. 马克斯·韦伯（Weber 1978）和 M.曼恩（M.Mann 1988）认为国家享有合法暴力的独占权。但是，早期现代国家并不具有这个特点，那时候，国家与各种地方性合法机构或遵从宗教法规的团体这些半独立的社会力量之间存在张力。认为国家是制定法规和执行法规的中央集权式机构，在这一点上，我关于“国家”的定义与韦伯和曼恩是一致的，但是与他们不同的是，我认为国家与其他政治行动者和组织机构是分享政治空间的。因此，我对于“国家”的定义考虑到了增强政治动力的日常张力和潜在冲突。

3. 这种整体比较研究方法在社会科学的运用，C.C.拉津（C.C.Ragin 1987）在其著作中做得十分详细。

4. 有些曲解源自认为 17 世纪的危机是“资本主义危机”这种观点，这类曲解显见于一些学者的论述之中，在罗格里奥·罗马诺（Ruggerio Romano）和西奥多·拉布（Theodore Rabb）那里有着不同的表现。罗马诺（1978，p.205）认为“16 世纪的‘资本主义实验’以封建主义经济形态的回归而告终结”，拉布（1975，p.99）评述“资本主义从封建主义那里没有得到显著的收获”。这些评述都是荒谬可笑的。17 世纪之前，尽管土地仍然受到领主制（而非封建制）司法权和领主捐税的掌控，但西欧的农业劳动者基本上是自由的；政治控制是由国家任命的官员以及由中央政府掌握和支付军费的军队来维持的；在封建主义的欧洲，城市的扩张达到了意想不到的程度；随着东南亚航路和新世界航路的开辟，国内贸易和海外贸易达到了新的高度。然而，1700 年之后，这是罗马诺和拉布指出的时间，君主权力以及土地贵族在社会领域和经济领域的支配地位不断提高，遍及全欧洲。简而言之，1650 年之后的欧洲已经不再是封建主义了，但也不是资本主义，它是由农业官僚制国家和商业经济混合而成。由于这种类型就其本质来说在马克思主义观点之中没有容身之地，因此，争论是毫无意义的。有人可能会说，既然 1400 年之后已经不再是封建主义的，那么它“实质上”就是资本主义，沃勒斯坦和布罗代尔就是这样认为的，可是，有人同样也会说，既然 1850 年之前的欧洲还不是资本主义，那么它“实质上”就是封建主义，罗马诺、拉布以及大革命之前旧制度法国的许多历史学家就持这种看法，他们都继承了索布尔（1977b）的观点。除非以及其偏颇的、地方式的、支离破碎的方式，否则，就无法把早期现代欧洲社会归类为上述两种社会形态中的一类，有关这个问题的争论只能使学者们的注意力偏离这个时期里主要的社会关系。

这并非西方史独有的问题，中国在其帝国史的多数时间里，同样也是一个农业官僚制国家，因而难以适用马克思主义的分类法（除非你认为"亚细亚专制主义"这个说法是适当的），W.T.罗伊（W.T.Rowe 1985，p.284）曾提及，中国学者陶希圣就曾遇到这个两难困境，恰如其西方同行遇到的那样，他"发现自己不得把所有的中国记录史称为'介于马克思主义两种社会形态之间的过渡时期'"。

5. 斯考切波曾明确说明，其研究方法运用了约翰·斯图亚特·穆勒的"差异法"，然而，有批评者指出，她并未使用穆勒的研究方法，穆勒的研究方法，要求除了那个作为分析对象的因素之外，其他所有因素都是一样的。斯考切波的观点意味着，社会革命之所以发生的原因，并非单个因素，而是一组条件。而且，她的研究案例与其他案例就其特征而言远非一致。我认为，对"稳态过程"的研究，才是斯考切波研究方法的特色。因此，斯考切波才能列于创新型学者之列，这些创新型学者实际运用的研究方法远远优于他们自认的研究方法。

第二章
早期现代欧洲的国家崩溃：英国革命

在这场革命中，我看到了统治权力的循环转移。[它]从国王查理一世转到了长期国会，又从长期国会转到了残阙国会，接着又从残阙国会转到了奥利弗·克伦威尔手中，然后又再次……转到了长期国会，此后转到了国王查理二世手里。

——托马斯·霍布斯

1639年，苏格兰军队击退了一支英格兰军队，这支英格兰军队试图在苏格兰强行维持英王的权威，次年，苏格兰军队攻入英格兰境内。1639年至1642年，英国呈现出国家崩溃的一些典型征兆：(1)国家危机，英格兰军队败于苏格兰军队之后，1639年，英格兰强行征收船税，然而英格兰人拒绝缴纳，使政府濒临破产；(2)精英反叛，许多郡的领导人拒绝执行国王要求他们加入皇家军队的敕令，这些郡领导起而与国会合作，组建一支由国会控制的武装力量；(3)社会动乱，商人、店主、工匠从市国会手中强行夺取了伦敦的控制权，大批市民阻止主教们出席国会会议，并迫使国王及其家人离开伦敦(国王及其家人也担心遭到暴力侵害)，英格兰东部沼泽地带以及皇家林场地区出现的农民暴动，令保守派精英们胆战心惊，与此同时，反天主教会的暴动威胁着国王的支持者，爱尔兰大规模的起义威胁着皇家权威和英格兰地主。到1642年，英格兰人、苏格兰人和爱尔兰人都在选择队列(或者试图避免涉入其中)，考虑在保皇党人和国会势力之间到底站在哪一边。这些事件，标志着所谓的“大起义”或“英国革命”的序幕已经拉开。

从1642年到1649年，内战席卷了大不列颠，这次内战的高潮是，查理一世战败并被处死、上议院解散、主教制和英国教会被废除。此后，英国处于克伦威尔统治之下，他是国会军的领导人，被授以“英联邦护国主”的称号。然而，那些极端举措、更加集权化的统治、国会强征的更多的税收，都极其不得人心。激进势力和保守势力之间的冲突、中央政府和地方政府之间的冲突、军队领袖和平民领袖之间的冲突继续进行。1660年，即克伦威尔去世一年之后，护国主制度被认为是一个失败的制度，英国出现了要求查理二世继承其父登上英国国王宝座的呼声。

第一节　理论争议、人口和经济发展趋势

相较而言，极少有历史事件能像英国革命那样受到历史学家们的详尽研究、引发更多更热烈的争论。关键问题是，这场冲突是否标志着英国与过去永远决裂、从而开启了英国成为第一个工业化国家的征途。对此，辉格党人历史学家和马克思主义历史学家都作了肯定的回答，但是，最近一些修正主义历史学家认为，英国内战只是一次短暂的政治崩溃，暂时中断了，但绝不是根本改变了“英国旧制度”[借自J.克拉克(1986)的词汇]。

关于国家危机的争议中常常出现的情况是，即使是修正论者也难免受到对方观点的影响。在表述英国历史的时候，所有的学者都坚持一种错误的二分法。一方面，辉格党学者和马克思主义学者都认为，1500年至1850年这个历史时期是一个持续进步的时期，然而，辉格党历史学家强调的是，英国中上阶层日益增加的自信、国会独立性日益增强，是如何稳定地削弱皇家权威的；而马克思主义者强调的是，资本主义是如何稳步发展的。在这两派学者看来，长期的社会变化导致了1640年和1688年的重大危机，并导致了资本主义突破性的发展。另一方面，修正主义学者认为，1500年至1850年这个历史时期，英国社会极少有根本性的变化，更

多的还是历史连续性，而且，至少到1832年，其间的重大危机主要是政治斗争，这些政治斗争并非社会根本变化的产物。简而言之，在不同学派的历史学家看来，1500年至1832年这个历史时期，要么是长期的稳步发展，要么是没有任何变化。

这里，我提出一个周期性社会压力解释框架，这也许会令以前的学者感到困惑不解。依据我的解释模式，1500年至1640年间，伴随人口增长而来的长期社会变化，削弱了英国王室的权威，破坏了社会稳定，从而导致国家崩溃。然而，从1660年至1750年，由于人口数量稳定，这种长期的社会变化趋势和经济变化趋势逆转过来，因此，尽管1660年至1750年间英国充斥着政治斗争，这些政治斗争绝大部分围绕着帝国政策、王权继承以及国家宗教而产生的各种交错复杂的问题，但是，国家崩溃的压力却逐渐减少，所以这些政治斗争绝不会威胁王室权威或现存的社会结构，实际上，在此期间，王室权威和精英统治反而有所增强。此后，从1750年到1832年，人口和经济的长期变化趋势又重复着16世纪和17世纪早期的那种模式，社会稳定和王室权威再次遭到削弱。19世纪，工业革命创造的许多新资源使得英国能够避免国家崩溃，但是，这些社会压力依然导致了政治制度的重大改革以及精英构成的变化。总而言之，抛弃那种要么全有要么全无的观念，代之以长期社会经济变化的观念，我们就能料想到，在不同历史时期里，政治事件会有不同的模式，相较目前那些正统观点或修正主义观点而言，这种方法能够更为准确地抓住英国历史变革的动力。

依据马克思主义观点，1640年至1642年间英国的那些历史事件是第一次重大的前资本主义革命，这种观点得到比较历史学家的广泛认可。这种观点有一些可取之处，因为它把英国史与欧陆史联系起来，并且阐述了英国革命与法国革命之间的某些共同点。但是，其最重要的论断却与许多地方史研究、精英集团分析以及英国王室的许多政策完全相抵触，因而不再能站得住脚了。

辉格主义学者的观点，主要是由T.B.麦考利（T.B.Macaulay）、S.R.加德纳（S.R.Gardiner）、G.M.特里维廉（G.M.Trevelyan）奠定的，这种观点得到大多数当代历史学家的赞同（例如，R.Ashton 1978；Arlmer 1965；

Hexter 1978; Hirst 1978; Rabb 1981; L.Stone 1972; Woolrych 1980; Zagorin 1969)。这些学者强调制度冲突和宗教冲突，把1640年至1642年间的危机视为英国长期社会变化的高潮：国会(特别是众议院)独立性的增强、清教与英国国教之间日益扩大的冲突、英国宪法和普通法的日益成长，所有这些都与斯图亚特王朝王室权威的极度扩张相抵触。

尽管关注宗教冲突和政治冲突，辉格主义观点也从L.斯通的观点中得到社会分析和经济分析的理论支撑。1500年的英国，主要是由国王和几十个显赫的贵族家庭统治的，这些贵族家庭享有各种英国贵族的头衔：男爵、子爵、伯爵、侯爵、公爵，这一小部分贵族家庭担任着国王的廷臣和各部大臣，担任上议院议员，代表国王担任各郡治安长官，他们在乡村拥有奢华的住宅，住宅周围有他们巨大的地产，他们慷慨施舍，通过这些，他们主宰着各个郡县。这种贵族制得到大约5 000个家庭的支持，这些家庭尽管没有贵族头衔，却被视为“绅士”，这个绅士阶层包括在乡村拥有自己地产的骑士和乡绅，还包括小地主，以及知识阶层中的杰出人物，特别是律师。绅士阶层好似仆人一般服务于国王和贵族，担任众议院议员、皇家法官和皇家官员，他们治理着广大的乡村，担任治安法官、司法官以及津贴(议会税的主要形式)专员。绅士阶层之下就是广大的英国百姓：租种贵族和绅士土地的农民(他们中有拥有自己土地的较为富裕的自耕农，也有贫困的农夫)、店主、手工工人，处在社会最底层的是无地的劳工。

L.斯通(1965, 1972)认为，对于国王和许多贵族而言，1640年之前的一个世纪是财政收入下降、军事衰落的世纪，而绅士阶层却变得越加富有，人数也变得更多。物价上涨、教会土地和王室土地的出售、职业种类的扩大，都使绅士阶层变得更为富有。这些社会变化趋势使许多勤劳的自耕农和商人也有机会获取财富，因此他们或其后代能够进入绅士阶层。王室和贵族相对于绅士阶层的衰落，使得绅士阶层能够利用自身占据的众议院议席和治安法官的职位来挑战国王，也使绅士阶层能够强有力地抵制国王提高税收和权威和努力。

但是，这种观点也有缺陷，虽然其所引用的长期社会变化一般而言是有根据的，然而如果只是从表面上接受这种观点，那么这种观点几乎不能解释什么问题。这就是说，辉格主义学者的历史观点能够解释1640年英国的国家崩溃，但它并不能解释为何1660年英国在绝大多数方面又重新恢复到传统模式，更重要的是，1689年至1880年，国王和贵族重掌英国，对此问题的解释，这种观点即便不是不可能，也是十分困难的。简而言之，如果你不仅认可辉格主义历史学家分析的关于1640年之前英国社会的演进趋势，而且也认可这些演进趋势显而易见的影响力和持久性，那么，你似乎就不可能承认1640年之后的英国在这些演进趋势的许多方面发生了意义深远、有据可查的逆转。对我们的研究而言，最根本的问题是，辉格主义学者有关1640年英国国家崩溃的观点，在多大程度上是建立在英国那些独特性基础之上的，例如，英国君主制相对于势力日强的国会、新教以及英国宪政传统显示出的虚弱无力，英国革命与横贯欧亚的国家崩溃在时间上的重叠成为一个纯粹的无法解释的偶然事件。因此，英国历史就被他们从17世纪欧亚国家的政治危机史中割裂出来，但是前者似乎是后者合乎逻辑的一个组成部分。

修正主义历史学家批评辉格派学者关于宪政斗争连续性的观点，批评他们高估了17世纪时国王和贵族的衰落，批评他们用长期目标来解释即时行动，如果仔细分析就会发现，这些即时行动似乎更像是短期斗争的产物，或者完全是国王无能和错误政策的产物。（例如，Christiansen 1976；J.Clark 1986；Elton 1974b；Fletcher 1981；Kishlansky 1977；Miller 1979；Morrill 1976；Russell 1979；K.Sharpe 1978a）修正主义学者声称，“查理政府的失败，并非社会严重分裂或内部紧张关系‘不可避免’的结果……，而是国王和大臣们无法操控政治制度的产物”。（Elton 1974b，2：160）然而，修正主义学者的观点——他们认为1640年的历史事件是国王政策缺陷的结果，内战并未给英国带来多大变化，而且后来英国精英们对此持鲜明的否定态度——这些观点也不能使历史学者们满意。如果英国革命是世界史中的孤立事件，我们可能就会满足于认为它是国王错误判断的结果，但是，英国革命是当时国家崩溃诸多事件中的一个组成部分。无疑，当时发生的某些事必定迫使君主们采取了一些不适当的措施，否则，我们就只能得出结论，1640年至1660年，欧亚国家的君主都作出了糟糕的判断。

而且，英国发生的那些事情远不只是反对国王的斗争：郡县精英们相互争斗；民众起义波及伦敦、皇家林地以及沼泽地带；新宗教团体兴起；欧洲各国人民都在谈论争取自由的改革运动。相较1688年至1689年间的冲突而言，肇始于1640年的冲突更加猛烈而持久，为何如此？对此，修正论的观点无助于我们理解这个问题。毕竟，1688年至1689年，英国面对的是一个因其亲天主教及其残暴政策而为英国人痛恨的君主，同时，英国还面临着外敌入侵和王室争斗，这些因素都是1640年的英国所没有的。然而相比之下，1688年至1689年的那些事件却形成了一场和平革命，如果1640年事件也只是一场反对国王错误政策的行动，那么，为何这些事件会急速发展成一场波涛汹涌的冲突？

简言之，英国革命的起因及其与当时诸多国家危机之间的关系，仍然是一个悬而未决的问题。令人遗憾的是，我们有足够的理由怀疑，目前的“解答”会把那些对革命或者比较历史学有兴趣的人弄糊涂。一个正蓬勃发展的、由一些英国历史学家构成的修正论学派，执着地否认革命存在任何长期社会原因，而他们的辉格派对手们坚持那种强调英国独特历史发展趋势特点的革命观点，并实际上把英国革命从当时遍及世界的许多同样的国家危机中割裂出来。马克思主义者提出了一个更为宽广的理论，他们把革命与欧洲的社会史、经济史和政治史联系起来，然而如同我将要分析的那样，若以历史详情加以验证，这种观点就站不住脚了。

下面，我将首先较为详尽地考查马克思主义观点的一些不足之处，特别是作为其最新变种的新马克思主义的一些观点的不足之处，由于新马克思主义观点近来在比较历史领域占据主导地位，这种考查是合理的。(B.Moore 1966；Anderson 1974；Wallerstein 1980)然后，我将构建一个关于17世纪40年代英国国家崩溃的因果解释模型，这个解释模型吸收了辉格派和修正派的观点。(Elton 1974b；K.Sharpe 1978b；Russell 1979；Morrill 1976)我的解释模型与他人观点的不同之处在于：第一，我把他们的见解置于一种长期社会变化和经济变化的周期性观点之下；第二，我把这些社会变化和经济变化与社会发展趋势联系起来，这些社会发展趋势不仅见之于英国，而且见之于欧亚各个国家。

新马克思主义理论中的问题

M.多布(M.Dobb 1946)和C.希尔(C.Hill 1940)曾对正统的马克思主义观点做过中肯全面的阐述,此种观点把资本主义的产生与资产阶级的崛起联系起来,这个资产阶级包括土地所有者中的农业资本家、在日益壮大的海外贸易公司中产生的商业资本家,对于当时封建主义君主制和贵族政治对他们生产经营活动的那些限制,资产阶级感到十分愤怒。这就说明,日益上升的资产阶级与保守的封建阶级之间的冲突,正是革命发生的原因。

然而,这种观点受到一些历史学家的严厉抨击,这些历史学家有:H.R.特雷弗—罗普尔(H.R.Trevor-Roper 1953)、J.H.赫克斯特(J.H.Hexter 1961)、V.波尔(V.Pearl 1961)、L.斯通(1965)、P.扎格林(P.Zagorin 1969)。这些学者认为,在17世纪的英国,不可能区分出一个明显的资产阶级;造船、采矿、商业农业中的资本主义大企业,有的属于旧贵族,有的属于新贵;伦敦最大的一些海外商业巨头,往往担任各种各样的官职、享有许多特权、拥有许多关系网,因而,这些商业巨头与国王保持着密切的联系,实际上,在国王与国会的斗争中,这些商业巨头通常都是支持国王的。主宰17世纪英国政治的,并非阶级冲突,而是国王与各郡精英之间的冲突。特别要注意的是,恰如无数地方史研究所揭示的那样,地方冲突十分剧烈、十分频繁,以至于我们无法把统治阶级简单地划分为保皇派和议会派。更确切地说,我们必须注意到,精英们分裂为许多相互冲突的集团,他们在各个地方展开的多种多样的争斗,交织于并汇入国会与国王间的首要冲突之中。(Gleason 1969; A.H.Smith 1974; H.Lloyd 1968; Everitt 1968, 1973; Morrill 1974, 1976; Fletcher 1975, 1981; P.Clark 1977; W.Hunt 1983; Barnes 1961)在17世纪中叶的英国,任何一个地方几乎都找不到阶级冲突,相反的,人们可以发现阶级内部冲突,以及在国王、贵族、新贵、商人和社会团体之间不断变化的政治联合。这些联合超越了阶级,模糊了阶级之间的界限。

新马克思主义社会学家,其发展历程历经小巴林顿·摩尔到安德森和沃勒斯坦,这些学者抛弃了把一个与众不同的"资产阶级"视为革命的当然先锋的观念,以此来修正传统的马克思主义观点。[1]在他们的著作中,这些学者认为,资本主义经济关系在全社会的扩展,特别是伴随着圈地运动的扩大和海外贸易的巨大增长同时而来的农业生产的提高,逐渐破坏了英国人的传统生活,致使商业活动和政治控制之间产生了尖锐冲突。特别值得注意的是,这些学者指出,地主没收农民的土地并将其转为牧场的圈地运动,既导致了农民暴动,使小农与圈地地主之间产生尖锐冲突,又导致了政治斗争,使圈地地主与保守的、传统的君主制度之间产生了尖锐冲突。在这些学者看来,尽管冲突双方都努力争取商人、贵族、绅士以及小农的支持,但是这种冲突仍旧是新兴的市场化力量与传统的封建主义经济力量之间的冲突,后者得到国王的支持。

摩尔、沃勒斯坦和安德森都以不同的方式表达了这种观点,摩尔(1966, pp.9, 11—12, 14)提道:

> 16 世纪里,具有极大深远意义的[圈地运动]是"庄园领主对土地的侵占,庄园上的农民本该享有普遍权利"……,农民被逐出他们的土地,一块块的耕地都被变成了牧场……,掀起农业资本主义浪潮的那些人……,都是反对国王及王室试图维护旧秩序的主要力量之一,因此,这是一个重要原因……,导致了英国内战。

沃勒斯坦(1980, p.142)指出,由于商业活动扩展,贵族阶层分裂为"新兴的资本家和守旧的封建贵族",安德森(1974, p.142)说得更为有力:"英国君主制被一群商业化贵族和一个资本主义城市从内部推翻了",他们面临的是查理一世试图"在政治上强化封建国家"。但是,我们真的可以把推翻了英国国王的那些冲突归因于圈地运动和海外贸易的扩大吗?

失地与民众不满

最近以来,地理学家们的研究成果极大地扩展了我们关于圈地运动的知识,我们以往的知识仅仅来自皇家圈地官员的一些文献记载(Fox and Butlin 1979; Butlin 1982; Yelling 1977; Broad 1980; Charlesworth 1983; Rowley 1981; Darby 1973b; Bridbury 1974; Beresford 1954, 1961; Kerridge 1967)。这些地理学视角的考察是十分必要的,恰如 R.A. 布特林(R.A.Butlin 1982, p.48)总结的那样:"曾几何时,我们已经知道……,16 世纪时,财政部调查委员会所收到的汇报以及许多圈地案例的细节是极其可疑的。”

与摩尔(1966)的观点相反，产生了重要社会后果和政治后果的那些圈地类型——地主圈占一般的农地以供佃户租种或改造成牧场——仅仅是圈地运动中的一小部分，而这些事情主要发生在1450年至1520年间。1516年，当写作《乌托邦》一书之时，作为(对圈地运动的)回顾总结，托马斯·莫尔爵士对“羊吃人”那讽刺性的抨击揭示出了某些真相。但是，对于随后120年而言，这种描述就极不准确了。如下文所述，1550年之后的一个世纪里，英国的羊毛贸易实际上停滞不前，而人口增长导致了市场繁荣以及粮食价格的上涨。因此，1550年之后，“大规模的绵羊养殖逐步衰退”(Charlesworth 1983, p.14)，土地从牧场逐步转为粮食种植。

常常有人断言，在16世纪和17世纪的英国内地，经常可见破坏性的圈地，这种圈地把可耕地圈占为牧场。但是，一直到18世纪晚期，英国内地的绝大部分地方依然是一片旷野。(McCloskey 1975, p.125; M.Turner 1980, 1984)从1550年到1650年，圈地放牧仅仅发生在一小部分较为特殊的地方，这些地方主要是粘土层较厚的内地山谷地带，这些地带最适合蓄养牲畜。(Charlesworth 1983; Thirsk 1967a)在英国内地的其他地方，恰如J.布罗德(J.Broad 1980)所说，相反的趋势更为普遍，许多牧场又重新成为耕地。事实上“英国内地有一种弃牧还耕的普遍趋势；……，比如莱斯特郡的比特斯比，……，1640年时的耕地面积是1572年的14倍……，到17世纪中叶，可耕地中几乎没有被圈为牧场的”。V.斯基普(V.Skipp 1978)发现，在北沃里克郡，17世纪里，新垦地中用于种植粮食的土地比用于放牧的增长更快，前者比后者从多出三分之一到多出近三分之二。1621年，一位发言者在下院宣称“目前并不缺少耕地，多数林区缺少的是牧场和畜群，贫瘠的土地变成了丰收的谷田，而不是成为牧场”(Thirsk and Cooper 1972, p.122)。当时的一些农业研究者，比如T.塔瑟(T.Tusser 1573)和J.诺顿(Norden 1607)，都为圈地放牧辩护，他们认为牧场的生产率高于粮食种植。

我们也必须认识到，16世纪50年代时，极少有领主圈地为牧，这些领主拥有全部或几乎全部可圈土地。相反的是，佃户却常常着手圈地，也赞同圈地，以提高种植集中度。对16世纪和17世纪英国财政部卷宗的研究揭示出，赞成圈地的主要是自耕农和官册土地拥有者，以及其他所有可以从中获益者

(Spufford 1974；Leonurd 1962；Hey 1974；Thirsk 1967a；Yelling 1977)。

表 2.1　1540—1640 年间英国农户土地占有量的分布状况

(a) 源自 28 个庄园中 447 个农户土地占有量的数据统计

各类土地占有面积(英亩)的百分比

时　期	农舍(或园圃)大小	少于 1 英亩	1—$1^3/4$	2—$2^3/4$	3—$3^3/4$	4—5
1560 年之前	11	31	28	7	11	11
1600 年至 1610 年	35	36	13	6	5	5
1620 年之后	40	23	14	8	7	7

(b) 类比：1535 年 100 个家庭，人口净增长率为 1.2，部分人口有遗产继承

各类土地占有面积(英亩)的百分比

时　期	农舍(或园圃)大小	少于 1 英亩	1—$1^3/4$	2—$2^3/4$	3—$3^3/4$	4—5
约 1540 年	11.0	31.0	28.0	7.0	11.0	11.0
约 1600 年	31.6	28.5	21.9	8.1	4.9	4.9
约 1630 年	41.1	26.3	18.9	7.0	3.3	3.3

资料来源：(a)表中的数据引自 A.埃弗里特著作(A.Everitt，1967b，402)。

确实，在英国的许多地方，大型的商业化农场取代了家庭谋生式的土地占有。尽管缺乏直接征地的证据，一些马克思主义学者还是坚持认为，这种商业农场取代家庭土地就是导致土地占有发生变化的唯一途径。例如，R.拉赫曼(R.Lachman 1987)就引用了埃弗里特(1967b)的数据，这些数据参见表 2.1 上半部分。如表 2.1 所示，在各种土地面积中，只有农舍(或园圃)大小一项的比例从 1560 年之前的 11%上升到 1620 年之后的 40%，这意味着，失地人口增长了近 300%，而同期的人口增长率仅有 75%，因而，拉赫曼认为，失地人口的增长远远快于人口总量的增长，所以，只有用土地征收才能说明这种现象。

然而，土地占有量的变化并非庄园领主征收土地的结果，斯普福特(Spufford 1974，p.85)曾对 16 世纪和 17 世纪剑桥郡的土地占有变化作过详尽研究，她认为，“庄园领主因素以及法律因素并非土地占有变化的原因”。毋宁说，土地占有变化是人口增长以及土地佃租细分化渐进发展

的结果，这些因素交合起来，形成了许多更小面积的、不经济的土地占有。每当经济困难时期，这种小规模土地的占有者就常常把土地出售给其他官册土地所有者。J.瑟斯克(J.Thirsk 1961)和埃弗里特(1967a)两人对林肯郡萨福克县和贝特福德郡的研究有着相似的发现，这就是，农民通常会把财产分给各个子女，这就会导致土地占有面积逐渐缩小。瑟斯克(1961, p.70)曾引用爱德华·兰德(Edward Lande)这位80多岁的登特县老人的表述，这位老人于1634年说道："如果一个佃农去世了……，没有留下遗嘱，那么，他的那块土地就将在诸子中均分……，由于这种均分，佃农数量就会上升，每块耕地就会变得更小，很多地块的面积不超过三、四英亩。"埃弗里特补充道："小块土地，要么在诸子中均分，然后再次均分，直到每小块土地缩小到庭院大小，要么就把这块土地单独传给长子，其他诸子一无所有。"

人口增长和土地细分这两个因素，足以精确地说明埃弗里特关于土地占有变化的数据。有人认为人口增长不足以说明土地占有情况的变化，持这种观点的人没有搞清楚，失去土地的都是边缘人群，而且，在资源有限却人口增长的许多情形下，边缘人群将比总人口增长更快，这是一个简单的算术定律。举一个简单的例子，如果5个农夫有7个儿子，而且每个农夫都保持其农田完整不变，那么，将有2个儿子是没有土地的，如果下一代保持同样的出生率，则这7个儿子将有10个子嗣，假如那5块农田依旧照样不变，那么，就将有5个子嗣没有土地，从第二代到第三代，人口数从7个增加到10个(增长42%)，但是，无地人口已经从2个增加到5个(增长150%)。简而言之，如果无地是由于土地有限但人口却不断增长而造成的，我们就有理由认为，无地人群将比总人口增长更快。

我们还可以做出更为精确的计算，从1540年到1630年，英国人口增长了75%，假设大约三十年出生一代人口，那么，我们就很容易看到这种人口增长对于土地占有所产生的影响(Wrigley and Schofield 1981, pp.208—209)。[2]在三代人的时间里，人口要增长75%，那么人口净增长率必定为1.2，这就意味着，对于每一代人口来说，80%的父亲只能有一个存活的儿子，其他20%的父亲有两个存活的儿子。我们来做一个最简单却又可能的假设：对于只有一个存活儿子的80%的父亲来说，财产可以确保完整无缺,对于那些有两个儿子的父亲来说,财产就得均分为二。表2.1的下半部分,揭示了由此导致的土地占有模式,根据人口增长率和遗产继承模式,基于1560年的土地占有分布情况,埃弗里特(1976b)发现并计算出了这种土地占有模式。

由此可见,这个极为简化的人口统计学模型几乎完全符合事实。实际上,这个数据显示,大土地占有(占地超过3英亩)比简单继承模式的土地占有能够更好地保存下来,这就意味着,一些大块土地有可能保持完整,一些年轻子嗣会离家定居到新的地方,这个结果符合这个时期的人口迁移数据。(P.Clark 1979a)因而,英国革命之前,土地占有规模的缩减与人口增长率是一致的。我们没有必要假定曾经发生过征收土地,人口增长和遗产分割这两点就足以导致土地占有规模的缩减。

当土地占有量不能完全养活一家人的时候,农户就得举债购买食物和生活用品。歉收之后,许多农户就得把他们的土地出售给那些幸运的邻居,这些邻居土地多或者人口少,使他们能够免于借贷,并能累积盈余。(Spufford 1974, 1976; Everitt 1967b; Thirsk 1961)尽管有人谴责不断上涨的租金和过户费是一种剥夺,但是,只有那些土地规模最小的佃户,家庭人口压力不断增加,耕地面积细分至无法维生,因此就会亏本。从1550年到1600年,地租和过户费实际上总是落后于通货膨胀,这使得佃农遭受损失,同时使得那些土地本就有收支盈余的官册土地所有者和自耕农获利,并能扩大土地占有量。(Charlesworth 1983; Russell 1979; Campbell 1942)W.亨特(W.Hunt 1983, pp.34、38)在其对埃塞克斯郡的研究著作中提到,有一个县涉及商业化农业的程度最深,

> 不能指责圈地者剥夺小农户……,证据……,显示出,马克思主义者以及激进历史学家常常夸大了暴力和欺诈在英国农民的衰落中所起的作用,实际上正相反,土地集中是渐进发生的,其速度取决于中农的土地如何以及何时进入市场。通常的情况是,中农失去全部土地或者出售部分土地,这是由于……经济困窘或者负债累累。

特别值得注意的是,歉收之后,土地很少的农户极易陷入资金困境。(Charlesworth 1983, p.15)

都铎王朝后期以及斯图亚特王朝前期,尽管英国农村的混乱无序已

经日渐成为普遍现象，但是自耕农和佃农并不是农村动荡的主要源泉。由英国南部和东部自耕农发起的最后一次大规模的抗争，是1549年的凯特起义。(Cornwall 1977；Charlesworth 1983)凯特起义之后，英国王庭颁布了“准许根据官册享有的不动产[以及]废除不合理罚金的法则”。(Croot and Parker 1978，p.40)佃农获得了改进农业生产的动力，许多佃农因此跨入了土地绅士阶层。1600年之前，地主就已经普遍开始提高土地租金，其幅度等同于或者超过物价上涨(Kerridge 1962；L.Stone 1965)，但是，那个时候，增加的租金往往是由富裕佃农缴纳的，这些富裕佃农已经扩大了占有的土地，并能从商业耕作中获益。(Charlesworth 1983)[3]

B.夏普(B.Sharp，1980)最近对英国西部林区圈地运动的研究著作，堪称新地方史研究的典范，是值得我们仿效的。旧观点认为，这种圈地简直就是对小自耕农正当权利的专横剥夺，小自耕农因此起而保卫自己的这种固有权利。然而，对法律程序的详细研究业已揭示出：

> 大肆砍伐森林，而不是专横的圈占林地，恰是当时大家一致认为的圈地中的突出事例，人们要求那些富裕的自由土地保有者和官册土地所有者同意圈占林地，并向公众让渡他们的权利，以此作为土地分配的补偿。与很多学者认可的观点正相反的是……，经由详尽的法律程序，自由土地保有者和官册土地所有者的财产权得到严格保护。(Sharp 1980，p.127)

如果不是自耕农，那么，是谁造成了16世纪晚期和17世纪早期英国农村的骚乱呢？夏普发现，进行抗议活动的那些人，并非失去财产的官册土地所有者和自耕农，而是那些原本无地、却在林区擅自占地的斯夸特*，这些人主要是手工工人，他们依靠放牧、偷猎、伐木来弥补收入。

众多的地方史研究都得出了相同的结论：从16世纪中叶到17世纪中叶，英国农村动荡的主要根源并不是那些土地已被圈定的农业地区的居民(Appleby 1975b；Walter 1980；Walter and Wrightson 1976；P.Clark 1976)，毋宁说，人口增长(英国人口从1540年的200万多一点增长到1640年的500万)已经制造出另外一个英国：一批批的斯夸特以及占据林

---

* squatter，擅自占有土地者。——译者注

地、沼泽地和公用地的无地农业工人,由于传统农业地区人口过剩而导致的人口迁徙,使得这些人的数量不断增加。位于老居民区边缘的这些斯夸特区,才是暴乱和骚乱发生的主要地区。为了维持生计,斯夸特们在荒地和林区制乳、偷猎、砍柴火、烧木炭,同时也从事金属加工、木材加工和纺织工作,他们从市场上购买粮食。由于人口增长导致市场不断扩大,原住民就试图扩大耕地以满足市场需求,他们就圈占那些农业工人和斯夸特业已定居的荒地和林地,暴乱由此产生。(Appleby 1975a, 1975b; Beckett 1982; Lindley 1982)而且,不断上涨的食物价格刺激农业工人不断发起粮食骚乱,16 世纪晚期和 17 世纪早期,这些骚乱事件越来越频繁。(Charlesworth 1983; Walter 1980)

D.昂德当(D.Underdown 1981, p.75)在其对 1590 年至 1640 年的萨默塞特郡和威尔特郡的研究中,就曾细致地描述了边缘人群社区与定居原住民社区之间的对比:

> 制乳地区和纺织地区的特点是:庄园结构弱、人口增长快、迁徙频率高、歉收年份里承受食物短缺的能力差……,频繁的食物短缺会引起骚乱,[而且]这些地区持续不稳定、混乱无序。与此相对的是,尽管如同乳业地区一样,英国的低地地区同样受到市场经济不断发展的影响,也受到部分地区圈地所产生的结果的影响,但是,低地地区的邻里纽带,经由教堂和庄园法庭的制度化保障,却完好无损地延续下来,村庄……更加稳定。

因此,资本主义农业的发展并不会导致传统社区自动解体,也不会导致农民抗议失去土地。16 世纪晚期和 17 世纪早期的绝大多数社会骚乱,都是由于农业工人和斯夸特抗议把他们占据的荒地和林地圈为耕地、食物短缺和高物价而造成的。

更为重要的是,对皇室土地管理的研究表明,英国国王并不反对圈地,1630 年时,英王可能是英国最大的圈地地主(Thirsk 1967a, 1976)。确实,17 世纪 30 年代,英王会对圈地者征收一些罚金,但这些罚金只是作为一种虔诚的公开表达,而非王室政策的表达。不断增长的财政压力使得斯图亚特王室带头圈地,把荒地变为可耕地,当然常常是与地方贵族合作进行圈地。圈地所得的利润以及收回的沼泽地、皇家林地所得的租金,就由国王和贵族士瓜分(Thirsk and Cooper 1972, p.109; Lindley 1982; Charlesworth 1983)。比如,17 世纪 30 年代,林肯郡的一群贵族参与了国王的一项沼泽排水项目,在英国内战中,这些贵族还是保皇党人的核心成员(A.Fletcher 1981, p.312)。在英国北部,1600 年之后,国王带头提高租金和准入金,把它们调整到该地区最高的市场化租金(Appleby 1975a, p.591)。如果圈地是为了提高租金,如果利润是商业发展的一个标志,那么从国王的行为来看,几乎很难把 17 世纪的英国危机描绘成一批不断壮大的商业贵族与保守的反对商业的国王之间的冲突。

我们还必须思考一下沃勒斯坦(1980)的观点,他认为,海外贸易的发展变化、而不仅仅是国内农业的发展变化,造成了英国社会的严重冲突,导致英国革命的发生。

海外贸易模式

沃勒斯坦(1980, p.142)提出,英国的社会冲突是"新兴资本家与旧贵族之间的冲突",他指出,这两者都是处于统治地位的地主阶级的一部分,统治阶级的这种内部分裂,是由一些新兴贵族带来的挑战所造成的,"新兴"的意思是,由于他们抓住了 16 世纪世界经济的扩张所带来的机遇,他们比旧贵族攫取了更多的财富。沃勒斯坦进一步论述到,17 世纪 40 年代的英国危机是资本主义世界经济中的一次危机,资本主义世界经济在经过一个世纪的增长之后,于 1590 年至 1640 年间进入经济萎缩和经济停滞时期。在沃勒斯坦(1980, p.121)看来,只要世界经济扩张,新兴贵族和旧贵族之间的紧张关系就能得到抑制,但是,"一旦经济扩张的边界展现眼前,争夺国家机器控制权的斗争就会愈演愈烈",由此就会导致革命。然而,经济衰退也会造成一个长期性的问题:"[1660 年之后]持续的经济困顿迫使这两种势力之间达成妥协,以免政治斗争失控,而社会底层……开始宣示自身的力量",由此形成了 17 世纪后期和 18 世纪早期的社会稳定。沃勒斯坦的理论架构是简练的,而且就这个时期的经济发展问题也提出了许多富有洞见的观点,但是,这些洞见并不能轻而易举地解释国家崩溃的缘由。

问题之一是世界经济与新兴贵族崛起之间的关系。1650 年之前,英国并非粮食净出口国,1640 年,羊毛服装仍然占英国出口总值的 80%(R.

Davis 1967),因此,这个时期英国与世界经济的联系大部分就是纺织品贸易,但是,大部分新晋贵族都是经营农业的,他们要么生产粮食,要么把农田出租给佃户耕种,他们的收益来自英国国内对于食物和土地日益增长的需求,这种需求增长源自英国的人口增长。更值得注意的是,直到1640年,英国的粮食价格和土地租金一直在上涨,事实上,1590年之后土地租金比以前上涨得更快(Kerridge 1962)。因此,我们不能把英国贵族的财富增长或者贵族的内部冲突归因于1500年至1640年间世界经济的扩展和衰退。

如果我们把注意力集中于英国的海外贸易,并且认为它是世界经济中的“领先”成分,我们就会发现,要解释英国革命的进程就会非常困难。英国海外贸易的扩张终结于16世纪50年代,16世纪70年代,在荷兰反抗西班牙统治的起义过程中,作为英国海外贸易中心的安特卫普服装市场已经解体,英国商人不得不寻找新的贸易市场,而其所取得的成功则非常微小(R.Davis 1967; Minchinton 1969)。从1560年到1590年,英国的服装出口仅及50年代的三分之二(Coleman 1977),“16世纪前50年英国纺织品出口的繁荣景象……已经演变成这个世纪第三个25年里漫长的海外销售滑坡”(Supple 1959, p.23)。此后,英国的海外贸易在萎缩和停滞中挣扎,长达75年之久,直到1650年之后才再度复苏(R.Davis 1973)。沃勒斯坦认为,海外贸易的萎缩会导致重大冲突,持续的海外贸易停滞会导致妥协,如果沃勒斯坦的这些理论是正确的,那么,英国革命危机应该发生在16世纪后期,而且,此后处于贸易停滞期的1600年至1650年应该是一个社会稳定时期。就此而言,沃勒斯坦认为必定会导致妥协的17世纪后期英国“持续的经济困顿”其实并不存在。1650年之后,英国经历了前所未有的贸易繁荣,1686年,进出伦敦的商船总吨位扶摇直上,达到1600年的5倍(B.Dietz 1986, p.128),英国的羊毛出口贸易,从1550年到1650年间未有增长,17世纪后50年间其出口总值却突然倍增(Coleman 1977, pp.63—67)。如果长期的经济停滞必定会导致英国精英集团之间的妥协,那么,1650年之后,英国大规模的海外贸易扩张应该能缓解精英集团之间的紧张关系,阻止公开冲突的爆发,但是,下面这个说法却并不符合事实:1688年至1689年的英国危机,相比17世纪40年代,精英内部并没有冲突。

最后，在英国革命中，许多“新兴资本家”并非国王的敌人，而是国王的紧密盟友。英国的海外贸易掌握在一些由王室颁发许可证的垄断公司手中：利凡特公司（Levant Company）*、东陆公司（Eastland Company）、东印度公司、商业探险公司（Merchant Adventures）。从这些垄断贸易中获益的那些人一般都支持国王。对英国革命中商人的忠诚问题进行研究的一些论著揭示出，17 世纪 40 年代，支持国会的是那些国内贸易商，而不是大海外贸易商（A.Fletcher 1981；R.Ashton 1979；Pearl 1961；Manning 1976；Farnell 1977；Robert Brenner 1973）。国王的支持者还包括那些“新兴家族”，这些家族得益于官职，为了商业利益而投资于土地（常常是从国王那里购买的），并且与国王一道参与一些地方项目，比如沼泽排水和森林改良。（Zagorin 1969）看来，支配这些产业核心人物政治态度的，并非事业本身，而是利益。当纺织业地区艰难挣扎并逐渐倾向于激进主义的时候，以纽卡斯尔为中心的煤炭贸易发展迅速，“纽卡斯尔……提供了一个工商业中心站在国王一边而不是国会一边的鲜明事例”（Howell 1979，p.112）。

尽管英王在 1640 年就已卷入了伦敦领导权之争，但是，如果有人要把这种情形描绘成首都的“商业资本家”势力与反资本主义势力或封建国王之间的冲突不断累积的结果，那么，这个人就忽视了 16 世纪和 17 世纪的王室历史。从 16 世纪中叶到 17 世纪 20 年代，皇家政府与商业化首都两者互相支持，并且都从彼此的发展中获益。在斯图亚特王朝早期，国王与商业化寡头政权之间建立了紧密的伙伴关系：国王依靠伦敦市长和市议员来筹集借款、分派皇家债券，作为回报，这些寡头得到税收优惠、皇室专卖许可以及贸易合同（F.Ficher 1968；A.Ashton 1961）。动摇了这种相互支持体制的，是 17 世纪 20 年代和 30 年代英王面临的棘手的财政困难。查理一世需要钱，这促使他攫取了大量的城市土地，他找出的那些名目几乎谁都知道破绽百出。许多专卖权被取消或者被宣布为到期终止，要再次取得这些专卖权，只有提供借款或者用现金购买（R.Ashton

---

* 又译东地中海公司。——译者注

1979)。1640年，国王需要新一笔巨额借款，此时，伦敦市议员们几乎就是明确回应道，王室信用和财政不值得继续给予贷款支持，这迫使查理一世求助于国会。但是，英王与伦敦之间的冲突并非长期敌对的双方之间的冲突，伦敦对国王的敌视情绪属于一种长期合作伙伴的那种敌视，这个合作伙伴突然被一个一文不名的熟人欺骗了。

简而言之，摩尔、安德森和沃勒斯坦对英国革命的解释是，这是一场由那些从日益发展的资本主义中获益的人群反对“保守的国王”和“旧贵族”的冲突，冲突的社会背景是广大农民遭受的剥夺及其日益不满的情绪。但是，直至1640年，大部分精英，不管他们获得贵族头衔的时间为几年，他们都参与了各种商业活动，这是因为，一个半世纪以来的通货膨胀，使得那些没有把土地租金市场化的地主的资产缩水到几乎一无所有。而且，所谓“保守的国王”以及“广大农民遭受的剥夺及其不满”更是无须解释，因为16世纪晚期和17世纪早期这些几乎都不存在，它们都是历史幻象，这些历史幻象在我们的脑海中久久挥之不去。

要解释英国革命的发生，我们就需要分析到底发生了什么事情。这里，有三个关键因素：

其一，国家财政压力。缺钱使得国王实施了那些遭受反对的政策和措施，这些措施中很多都是高度商业化的、也是进步的：把王室土地的租金提高到市场水平；参与圈地、开发沼泽地和林地；出售贸易特许证给国内外商业公司。当然其他一些措施是保守的、封建式的：对能够给国王带来财政收入的保护申请采取紧缩政策；要求绅士们取得爵位；出售爵位和公职。但是，英王的这些政策都是为了增加财政收入。如果没有财政压力，英王就没有必要采取这些招致精英们激烈反对的措施；如果没有财政压力，国王也就没有必要在1640年屈从于国会。因此，我们需要知道的是，为何英王政府的税收和财政制度在17世纪中叶变得日益不稳，而这些都是新马克思主义理论没有告诉我们的。

其二，当时英国存在着大量的、绝大多数是地方性的精英内部冲突。英国革命的一个突出现象是，上层阶级在对抗国王时团结一致，但是，当1641年至1642年间伦敦、北爱尔兰、沼泽地带和林区的民众起义来临之时，这种团结迅即瓦解（A. Fletcher 1981；Manning 1976；Kishlansky

1977)。精英冲突的模式并不是精英之间公开的决绝,相反,大量的地方斗争因其地方不同而极为不同。从1640年到1660年,精英之间的联合和冲突变化无常,造成社会的极度动荡不宁,唯有克伦威尔的军事统治以及后来的王朝复辟,方才使社会安定下来。17世纪中叶,精英们几乎普遍受益于商业利益以及土地商业化租金,那么,这些上层人物为何不能达成一致、找到一些办法以统治英国,却分裂成如此众多的敌对利益集团?

其三,当时英国底层阶级中的混乱无序日益增强。希尔(Hill 1980, p.129)在其新著中的说法还是有部分道理的:"对于英国革命而言,重要的问题是,当底层阶级中充斥着易燃品时,统治阶级却分崩离析"。英国革命之所以演变为一场革命,绝不仅仅是由于国会试图限制国王的权力,当伦敦及乡村日益动荡不安之时,精英们面临着一个极度的两难选择:是应该归还国王权威以便消除社会动荡呢,还是应该仍然由国会独掌权柄、鼓励民众反对国王并从中谋利呢?假如没有人数众多的中产阶级——手工工人和小商人,在反对传统秩序的斗争中,伦敦的这些中产阶级都愿意追随清教牧师和国会领袖——后一种选项就不可能出现。如果民众抗争的主角是手工工人、小商贩、城市商贾,而不是自耕农,那么,社会动乱的原因是什么?民众为何反对国王?

其他一些倾向于马克思主义的社会理论家,突出者如斯考切波(1979)、沃尔夫(1969)和佩奇(1975),他们对英国革命之后、主要发生在发展中国家的一些革命作过杰出的研究。然而遗憾的是,这些研究对于解读英国革命帮助有限,因为这些学者研究的主要是农民革命。这些学者中无人对手工工人和市民起义的原因给予过高度关注,而手工工人和市民在英国革命中扮演了关键角色。斯考切波确曾指出,财政危机加剧了英王政府与精英之间的冲突,这是革命的核心问题,斯考切波的这些见解当然适用于英国革命,但是,如若我们要问,为什么17世纪中叶英国的财政危机会加剧?斯考切波的答案就不合适了。通过研究法国、俄国和中国的革命,斯考切波发现(1979, p.50),一旦相对落后的国家面临"与其他民族国家的军事竞争不断升级,这些国家的资本主义工业化抑或农业和商业发展突飞猛进,因而具有相对更大更灵活的权力",这个国家的财政危机就会加剧。然而,与其主要竞争对手西班牙和法国相比,斯图亚特王朝时期的英国在经济上并不落后,在资本主义发展方面也不落后。激起1640年英国革命危机的,是英格兰与英王统治下的落后的苏格兰之间的一场小规模战争。如若英国没有面临更为发达的国家的压力,那么,财政收入衰减的根源是什么呢?再则,斯考切波对国家危机的探讨主要集中于国家行政机构与独立精英之间的冲突,但是,我们需要加以解释的,既有国王与国会之间的冲突,也有贵族绅士阶级激烈的精英内部冲突。对于这个问题而言,斯考切波几乎没有提供什么指引。

因此,对于理解英国革命来说,社会学和比较历史学的贡献甚微。近年来一些革命理论大家,更关注一些最近时期的革命事件,他们的观点中绝大部分不适用于17世纪的英国,与此同时,历史社会学家们仍然继续依靠新马克思主义观点来阐释17世纪的革命事件,而这些新马克思主义观点往往与历史事实相去甚远。

而且,所有英国革命历史的研究者都受制于线性历史观,在这种线性历史观看来,英国革命要么就是与过去历史的重大决绝,要么就是英国旧制度历史延续中具有重要意义的中断。这些研究者缺乏一个周期性解释框架,而这个周期性解释框架能够阐明:社会的长期发展变化既能造成1640年前英王、教会和贵族力量的严重削弱,又能造成随后一个世纪里英王、教会和贵族势力的复兴。

近十年来,社会学、经济学、政治学和人口统计学方面的研究成果纷纷涌现,有了这些研究成果,我们就能做得更好。我们可以首先分析一下出生率和死亡率的长期变化,以便于解释17世纪中叶的英国财政收入为何衰减、精英内部分裂为何加剧、市民和手工工人的起义为何集中爆发,与此同时,国家崩溃为何遍及欧洲各国。

1500年至1750年英国的人口变化及其对经济的影响

出生和死亡

1300年到1500年,英国的出生人口和死亡人数几乎是相等的,即使是1348年至1349年间的黑死病之后,瘟疫长期挥之不去,人口也在缓慢恢复。1500年,英国总人口甚至低于14世纪人口高峰期(Hatcher 1977; Gottfried 1978)。但是在随后的一个半世纪里,出生率超过了死亡率:

1500 年到 1650 年，英国总人口增加了一倍多，从 200 万多一点增加到 500 多万（Wrigley and Schofield 1981；Cornwall 1970）。

当时，一些人已经意识到了这种巨大变化，1575 年，汉·弗里·吉尔伯特（Hum Phrey Gilbert）就曾说道："英国已经人满为患"，政治评论家哈克路特（Hakluyt）曾评述道："由于长期和平，疾病甚少，我们的人口增长前所未有"（引自 Chambers 1972，p.135），1624 年，亨斯特里奇的牧师理查德·伊本（Richard Eburne）曾建议英国新殖民地减少"过多的人口"（Underdown 1973，p.17）。

根据许多地方史研究（Gottfried 1982；Appleby 1975c）以及一些教区文档研究（R. Lee 1980；Wrigley and Schofield 1989；Goldstone 1986a），一些学者总结道："如果我们必须找出人口增长中一个最重要的因素，那么这个因素极有可能是 1480 年至 1520 年间死亡率的下降"（Gottfried 1982，p.71）。事实上，恰如 R.李（1978，p.168）在其对 1250 年至 1700 年间的死亡率和人口变化的研究著作中所说："死亡率的变化…… 似乎能从根本上阐明所有的人口变化"。

16 世纪的低死亡率，特别明显地表现在 1—9 岁年龄段（Wrigley 1969；Wrightson and Levine 1979），芬莱（Finlay 1981b，p.69）曾对英国中部的 8 个教区进行过详细的研究，他发现，1550 年到 1599 年，1—9 岁幼童的死亡率仅及 17 世纪的 75%。结果，人口不仅变得更多，而且更加年轻化，每一代人都比上一代拥有更多的青少年（Coale 1956）。

然而 1650 年之后，死亡率又上升到以前的水平。尽管农业产量有所增加、实际工资有所提高，但是，天花和麻疹的侵袭，瘟疫的重现，使得青少年人口减少（Wrigley and Schofield 1981；Skipp 1978；P.Clark 1977；Apleby 1975c；Landers and Monzos 1988）。人口增长停止了，实际上，英国人口下降到不足 500 万，并一直持续到 1700 年，此后才开始缓慢恢复。1650 年至 1750 年，英国人口从 520 万仅仅增加到 570 万，增长不足 10%。由于年轻人口缩减，总人口在老化，家庭人口规模变少。1670 年，当时的观察家威廉·考文垂（William Corentry）评述道："粮食和畜群生产过度，人口增长不够，不足以消化这些粮食和畜群"（引自 Thirsk 1976，p.89）。只是到了 1750 年之后，婚育年轻化使得出生率大为提高，英国人口才开始新一轮快速增长(Wrigley 1983; Gold Stone 1986a)。

人口增长与城市化紧密关联。16世纪和17世纪早期,由于总人口增长的推动,过多的人口从乡村纷纷涌入城市,伦敦的人口从1500年的5万增加到1650年的40万,在此期间,其他城镇的人口增加了2—3倍。但是在随后的一个世纪里,英国的人口增长几近停滞,伦敦市的人口增长率下降了2/3,绝大多数小城镇的人口停滞不增甚或有所下降(Finlay 1981a; Finlay and Shearer 1986; Clark and Slack 1976; P.Clark 1981; A. Dyer 1979)。

16世纪和17世纪伦敦的人口增长,主要原因是英国总人口的增加吗?或者如沃勒斯坦(1974, 1980)所说的那样,更主要的是由于欧洲经济扩张时期海外贸易的增长?这种说法易于检验,科尔曼(1977, p.37, 50, 63—67, 160)曾提供了1450年至1750年间英国出口额的一些数据资料,表2.2显示的是1500年至1750年间伦敦人口增长之于英国人口增长和出口增长的时间序列回归分析结果。[4]英国总人口增长和英国海外贸易增长这两个因素结合起来,几乎可以解释这个期间伦敦人口增长的所有变化,该数据资料使得我们可以断定,这两个因素对于伦敦人口增长起着一定的作用。从表2.2中可以看出,如果要估计这两个因素对于伦敦人口增长各自所起的作用,那么可知,英国革命前的一个半世纪里,伦敦人口增长的80%多的原因要归因于英国的人口增长。

表2.2 1500—1750年间伦敦人口增长的回归分析

变　量	回归系数[a]
In(population)	2.66
In(exports)	0.303
Constant	N.S
Rho	0.754
R^2	0.999

a GLS一阶序列相关校正值,所有回归系数P < 0.01。

实际上,在英国工业革命前,经济变化对于人口变化几无影响。1500年至1750年,死亡率是决定人口增减的首要因素。关于现代早期英国人口史的大量研究表明,死亡率的变化与农业收成或者实际收入无关

(Appleby 1975c; Skipp 1978; R.Lee 1980),贵族人口的死亡率与普通人口几无二致(Hollingsworth 1965),恰如里格利和斯科菲尔德(Wrigley and Schofield 1981, p.354)所总结的那样:“决定死亡率变化的主要因素似乎是外在于经济体制的”。因此,如同J.D.钱伯斯(J.D.Chambers 1972, pp.6—7)评述:“我们不得不承认,对人口变化起着独立作用的因素是一个外生变量,它是人口变化的原因,而不是人口变化的结果。”

历史学家和社会学家们经常提及1500年至1600年间英国人口异乎寻常的增长,但是,这种人口增长对于17世纪英国政治事件的影响却常常没有得到正确的理解。尽管自亚里士多德开始,研究革命的学者们就曾表达过一个观点:过度的人口增长会导致政治动荡,但是这种观点的推理过程却常常是粗糙的马尔萨斯式的[5],他们认为,人口增长导致生活水准下降、民怨沸腾、传统社会崩溃、激进思想抬头、民众迷茫以及暴力事件(Aristotle 1967, p.77; Keyfitz 1965; Taeuber 1948; C.Johnson 1966; Migdal 1974)。这些观点并非全然错误——当英国人口增长时,实际工资的确有所下降,17世纪早期,英国人的实际工资处于1500年至1750年间的最低谷(Phelps Brown and Hopkins 1962b)。清教教会也确实发现,绝大多数清教徒来自城镇和“边缘地区”,这些地方人口增长迅速,手工工人起而反抗工资下降,社会暴动频繁发生(P.Clark and P.Slack 1976; Thirsk 1976; Underdown 1981)。但是,仅仅用人民的苦难这个因素是无法解释国家崩溃和革命的发生的,蒂利(1976, 1978)和斯考切波(1979)曾经雄辩地阐述到,不断蔓延的社会不满可以经由多种途径得到表达,对于一个受到团结一致的精英们支持的强大国家而言,社会不满不可能产生任何政治影响。导致国家崩溃的关键因素是财政危机、精英反叛和精英内部冲突。

因此,我们应该立即抛弃任何一种“社会崩溃”的观念,这种观念认为,人口增长之所以导致革命,仅仅是由于人口增长加剧了社会不满。穷人不会发起革命。基于基本的人口数据所建立的一种新的政治危机理论,若要行之有效的话,就必须揭示人口变化与国家财政压力之间的关系、人口变化与精英冲突之间的关系,精英冲突包括精英与国王的冲突以及精英内部冲突。我赞同哈里斯和萨马拉维拉(Harris and Smaraweera

1984，p.127）的观点："人口压力与冲突之间的渐变关系需要详细分析……，为了了解人口变化与[政治变化]之间的联系，我们必须分析其中的调谐机制"。

认为人口变化具有重要影响的学者们经常犯的错误是，他们往往排他性地关注总人口的变化，然而，人口变化还有强大的间接影响。人口和资源之间平衡关系的改变，能够改变相对价格和一般价格，从而间接地影响收入再分配以及国家财政压力。因此，我们需要仔细研究的，既有人口变化，还有物价变化及其对现存制度的影响。

人口增长、资源稀缺与通货膨胀

对于一个社会而言，人口增长通常是有利的。哪里有未开垦的土地，哪里就有广泛的教育需求，就缺少熟练的管理者和公职人员；工业快速发展的地方，能够为熟练劳动力提供机会，日渐增加的青壮年人口能够为经济发展提供必要的动力。然而，16 世纪晚期和 17 世纪早期的英国却不具备这些条件。最重要的是，英国的新垦土地只能来自既有的森林、沼泽地以及普通农地，这些森林、沼泽地和普通农地早已是手工工人、乳业工人和农村居民的生计来源。因此，食物生产要跟上人口增长的步伐就存在着巨大的压力。

资源稀缺最为明显的证据，通过食物价格的变化得以反映，16 世纪早期至 17 世纪中叶（Coleman 1977），英国食物价格上涨了 600%。食物价格的上涨是物价普遍上涨的一部分内容，而物价的普遍上涨就是众所周知的"价格革命"（Ramsey 1971；Outhwaite 1969）。

包括新马克思主义者在内的一些学者（Wallerstein 1974，pp.77—84），追随着马克思以及后来的 E.汉密尔顿（1934）的观点，他们认为，通货膨胀的原因是美洲白银的大量涌入。但是，现在人们认为这种解释是不准确的。对欧洲金属货币的化学分析表明，在"价格革命"期间，美洲金银在欧洲金属货币的构成中只占极少比例，除了西班牙和意大利，其他所有欧洲国家的金属货币中，美洲金银的含量微乎其微，而西班牙和意大利的通货膨胀事实上远低于英国或法国（Gordus and Gordus 1981）。一些关于进口总量的最新研究表明，16 世纪自美洲进口的金银数量极少，并不能成为欧洲经济增长和物价上涨的缘由，17 世纪晚期和 18 世纪早期，尽管欧洲进口的金银数量大增，物价却几无变化（Morineau 1985；Cross 1983）。近来对英国货币储备变化的分析表明，16 世纪里，英国的货币供给增加了不到 50%，物价却上涨了 4 倍（Challis 1975）。尽管金银数量的增加无疑是原因之一，但是，通货膨胀的主要源泉应该在别的地方。

图 2.1 所示为英国的长期人口变化及物价变化。在现代早期的英国，物价，特别是粮食价格的起伏与人口变化高度一致。很容易看出为何人口增长会推升食物价格，在土地资源有限、技术没有进步的情况下，粮食产量的增加会落后于人口增长，因此，人口增长会导致需求超过供给，物价就会上涨。

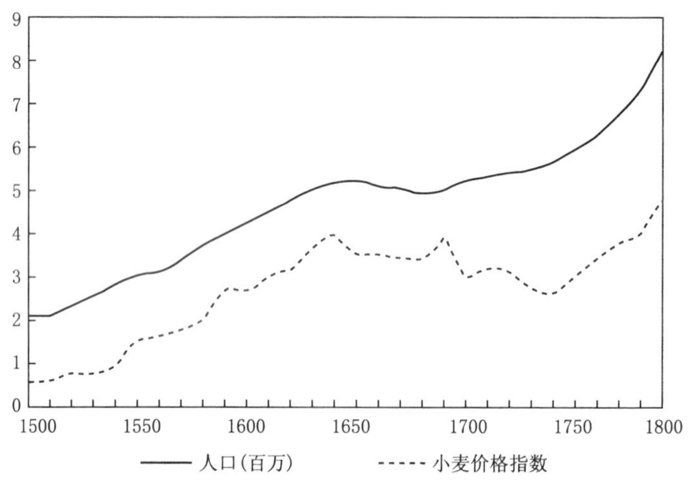

图 2.1　1500—1800 年间英国的人口和物价

注：小麦价格为 10 年期平均价格指数，以 1641—1650 年的小麦价格为 4.0。

但是，人口增长也会导致劳动力供给增加，因此，我们可以预断，诸如服装业之类的劳动密集型企业的劳动力成本（例如工资）以及工业产品的成本就会下降。但是，16 世纪和 17 世纪早期，实际出现的情况是，食物价格和工业产品的价格均有所上涨，食物价格上涨得更快。

关于物价全面上涨的根源问题，争议颇大，最近流行的一种观点认为，货币周转速度的变化，而不是进口的金银，促使物价全面上涨（Miskimin 1975；Riley and McCusker 1983；Riley 1984；Lindert 1985；Glassman and Redish 1985；Goldstone 1984）。简要说来，现代早期的人口增长促使城市化和经济专门化加速，这些变化反过来会导致交易频率的变化以及信用的扩张，这会大大加快货币周转速度，因此，人口增长导致购买力的扩张以及市场需求的扩大，当食物供给和服务供给不能保持相应增长时，物价就会全面上涨。

粮食价格变化最大，这是因为，粮食短缺会导致食物相对价格的更大上涨。从16世纪最初十年到17世纪40年代，粮食价格上涨了600%多，而同时期的工业产品价格仅上涨了200%（A.G.R.Smith 1984，p.436），工人工资也仅上涨了大约200%，仅及粮食价格增幅的三分之一，因此，相对于食物而言，服装的相对价值、工人工资的相对价值下降了将近一半。

然而，粮食价格对于经济发展是至关重要的。在一个农业社会里，绝大部分居民要花费一半以上的收入来购买食物，因此粮食价格是民众日常生活的中心（R.Stone 1987，p.32）。工人要养家糊口，农民要缴付租金，这些都有赖于他们产品的价格，国王也需要购买食物供养军队，因此，粮食价格关涉整个王国。

1400年至1500年，高死亡率使得人口保持稳定，物价也几无变化：与14世纪最后10年相比，16世纪最初10年的物价仅高出5%，此后，从1500年到1640年，死亡率下降，人口增加了一倍多，粮食价格扶摇直上（Coleman 1977；Phelps Brown and Hopkins 1957），从1640年到1740年，死亡率再度上升，英国人口又保持稳定，尽管1650年之后，输入的金银继续增加，超过了16世纪的输入量（Morineau 1968，1985；Doyle 1978），但英国物价保持稳定。总而言之，从1500年到1750年，物价变化与人口变化模式保持一致，与金银输入并不一致，因此，16世纪和17世纪早期，物价上涨是“牢固地奠基于人口繁荣之上的”（Chambers 1972，p.27）。

物价变化的简单模型

人口增长提升了粮食需求，对食物价格造成压力，但是农业也并非停滞不前，林地和沼泽地的圈占开垦、农业新技术的推广——例如轮作经营，就是把土地由种植谷物转为放牧牲畜——提高了16世纪和17世纪英国的农业产出（Kerridge 1967），虽然食物价格越来越贵，但是，与16世纪和17世纪欧洲大陆国家相比，英国人极少挨饿（Appleby 1978）。

我们可以建构一个简单模型，以便分析人口变化和农业产出变化是如何造成物价变化的。在其他因素恒定的情况下，人口增长会导致物价上涨，然而，由于农业、交通和市场的技术进步，提高了粮食的供给，降低了销售成本，因此，技术变革应该会导致物价呈现下降趋势。另外，对于物价变化模型来说，还有一个因素也是必须考虑的，由于短期气候变化会造成农业收成以及物价的短期动荡，每一个十年期的物价都是高度不稳定的。W.H.霍斯金斯（W.H.Hoskins 1964，1968）曾经研究过这个期间英国的粮食收成变化，并且根据物价围绕长期波动均值的变动估算出农业收成短期变化的大概指数。运用霍斯金斯的粮食收成测度方法，我们可以有效地去除气候对物价的短期影响，以便根据人口变化、农业产出变化以及市场需求变化来解释长期物价变化的根本原因。

表 2.3 所示为，小麦 10 年期平均价格对于人口变化、粮食收成变化以及长期技术变革的归因分析的“最佳适配”估算值，长期技术变革以时间向度（t）来表示。

表 2.3　1500—1750 年间英国物价和工资的回归分析

变　量	回归系数[a]	
	ln（物价）	ln（工资）[b]
ln（人口）	2.24	−1.78
收成	0.018 7	−.008 92
t		0.062 4
t^3	-4.54×10^{-5}	
常数	2.97	5.78
Rho 1		0.716
Rho 2		−0.406
R^2	0.990	0.927

a 所有因子的 $P<0.01$；
b 对第二列相关性的 GLS 进行了修正。

该模型显示，如果人口为常数，粮食价格会加速下降，1600 年前后每 10 年下降约 2%，1650 年前后每 10 年下降 3%，1750 年前后每 10 年下降 8%。[6]人口每增长一个百分点，物价涨幅就会多出 2.2%，因此，1650 年前每 10 年间人口增长超过 1—1.5 个百分点，就会导致物价上涨。从 1500

年到1650年，英国人口每10年的增长率常常超过5%，在16世纪后期物价快速上涨的那些年份，每10年的人口增长率通常都超过10%（Wrigley and Schofield 1981）。因此，尽管农业产出有所增加，人口增长却主宰着1500年至1640年“价格革命”期间的物价变化。

类似的计算表明，劳动力价格以及粮食价格对于人口变化的反应非常显著。亦如表2.3所示，实际工资对于人口变化的反应意味着，如果人口恒定，实际工资每10年间的增加额会超过6%，这反映出实际工资对于生产率提高的长期变化趋势。然而，人口每增长1%，实际工资就会下降近1.8%，因此，每10年平均3.3%的人口增长率必然会导致实际工资下降。1500年至1650年间，人口变化主导着工资变动以及实际工资的下降，相反的，1650年至1750年间，人口数量稳定，实际工资也有所上升。[7]

简而言之，1500年至1640年，尽管农业有所进步，人口繁荣却导致物价稳步上涨。人口和物价的变化是渐进的：人口每年增长1%，粮食价格就会上涨2%。但是，从1500年至1640年间，这种累积效应——仅仅四代人多一点的时间，英国人口从大约200万增加到500多万，粮食价格上涨600%——却是非常巨大的，这种累积效应改变了资源状况，给英国社会带来了挑战。

为了理解这些变化所带来的影响，我们必须认识到，这些变化给不同的社会主体提出了各不相同的问题，因此，让我们思考一下国家、精英与普通民众团体对于这些变化的不同反应。

第二节　1500年至1640年间都铎王朝和斯图亚特王朝的发展危机

人口变化的政治后果：国家

早期现代国家危机的各种社会学研究理论都有一个奇怪的空白点，所有的研究者都认为，1640年的财政危机是英国国家崩溃的关键因素，对于法国的福隆德运动和1789年法国大革命而言，财政危机也是至关重要的因素。但是,是什么原因导致国家财政有时衰减而有时又十分稳定、足以支持大规模战争?至于英国,为何亨利七世时期国家财政稳定、17世纪早期却逐渐衰退并陷入财政危机?

安德森(1974)和摩尔(1966)认为,对于解释国家危机而言,阶级冲突比国家财政危机更为重要,作为回应,斯考切波(1979)在对法国大革命、俄国革命和中国革命的研究中,强调国家是独立于阶级划分的,斯考切波关注的是国际政治斗争对于国家财政的影响。沃勒斯坦(1980)则把大英王朝的财政崩溃归咎于17世纪早期英国海外贸易的衰退。然而,我们不能简单地把17世纪英国的财政危机归咎于阶级冲突、贸易变迁或者国际压力。

我们首先应该注意到,自16世纪中叶以降,英王已经举步维艰,唯如此,才能理解英国财政危机的政治意蕴。对于英王来说,为了筹措战争经费,为了偿还和平时期的借款,借债是很正常的事情,这些借款主要源自国会的土地税收入。关税、英王土地收入以及其他经常收入,用以支付英王的日常开支。然而,从16世纪中叶开始,经常收入已经收不抵支,这就造成连年的财政赤字,因此,英王不得不出售皇家资产,不得不借债,甚至在和平时期也要向国会寻求资助。17世纪早期,英王采取了一些权宜之计,以图平衡账面,比如专卖许可、林业税、出售公职,但这些措施激怒了众多英国人。17世纪30年代,尽管采取了这些措施,事实上提高了土地税(以船税的名目),英王查理一世仍然不得不大量举债以偿还和平时期的开支欠账。因此,早在1640年之前,英国的财政结构就已严重恶化。

当然这并不是说,从1500年到1640年,英王的财政恶化是以直线方式发展的。在对抗财政赤字膨胀的战斗中,英王也偶有斩获,由于和平时期、丰收时期这些间歇期里的行政管理改革,或者是少有的关税调整,给王室账户带来了短暂的盈余。尽管存在这些偿付能力有所提高的间歇期,但日渐增加的、无情的开支压力一直压制着相对僵化的财政收入,这种状况从未得到改观。从1540年到1640年,由于国王依靠出售土地、大举借债来满足财政需求,每一位英国国王给继承人留下的债务越来越多,留下的王室财产越来越少,所有的英王概莫能外。

詹姆士一世时期,莱昂内尔·克兰菲尔德爵士精明强干,他帮助国王减少王室开支,提升了税收收入,詹姆士一世早期是和平时期,国库岁入比以往都要更为富足:1618 年,经常项目收支盈余 4 万英镑。但是这种富足是虚幻的,因为它建立在长期债务结构之上:“尽管[克兰菲尔德]的改革令人影响深刻,但是那一年的王室债务还是从 70 万英镑增加到 80 万英镑”,“下一年的王室债务还将继续增加同样的数目”,而且,“预期 1619 年的经常项目收入将达到 117 000 英镑”,A.阿什顿(R.Ashton)补充道:“节约开支给人留下了深刻印象,但做得并不充分”(R.Ashton 1984, p.233)。1640 年之前,尽管致力改革,英王还是难以挣脱王室债务的螺旋上升以及财政危机,为了理清个中缘由,我们需要更加深入地探究都铎王朝和斯图亚特王朝时期的英国财政。

阶级冲突并不能解释财政危机,这是因为,英国各个阶级既与国王合作,同时又致力于限制国王征税。我们需要加以解释的是,国王与精英之间的平衡关系为何被打破,精英们征收土地税、提供贷款、缴付贸易关税,在都铎王朝以及斯图亚特王朝早期,精英们征集的财政收入越来越入不敷出。我们不能把这种情形仅仅归咎于自 16 世纪 50 年代之后的贸易滑坡,因为,未能从土地上筹集到更多的财政收入也是造成英王财政困窘的关键原因。实际上,正是地主阶级的逃税以及抵制税收摧毁了国王筹集战争经费的能力。同样,军事压力也不是造成英王财政危机的原因。16 世纪和 17 世纪里,英王支付的战争经费数额巨大,这些战争是与西班牙和法国的战争以及征服爱尔兰的战争,而这种战争经费是常规性国家开支,并非暂时开支。17 世纪后期,当英国卷入漫长的英法战争时,相较斯图亚特王朝早期而言,财政压力愈加沉重。当查理一世试图发动一场战争以惩罚弱小而又落后的苏格兰时,他的财政业已破产。因此,导致财政危机的原因,并非日渐增加的军事压力,而是**即便为相对合适的军费提供财政资金的财政能力也在日趋下降**,这种情况既源于和平时期累积的、耗尽了国家信用的巨额经常性财政赤字,也源于精英们拒绝继续提供税收。

有些修正主义学者声称,当时的英国并不存在财政危机,只存在政治危机,这是因为,国会应当通过土地税,以帮助查理一世支付苏格兰战争的费用。因此,导致英王财政困窘的,并非英王财政管理不善,而是国会拒绝合作。但是,这种观点忽视了一个事实,这就是,国会之所以不妥协,一个重大的原因是,此前的数十年里,国王把许多财政经费都用于应付王室的财政困难,这使绅士们十分愤怒。因此,我们需要回答的问题并不仅仅是为何国王在1640年时手中缺钱,而且还要回答,1640年之前的一个世纪里,国王的财政状况为何逐渐恶化。

我们可以这样开始回答这个问题:应该注意到,尽管国家可能并非一个阶级主体,但却是一个经济主体,因此,国家的财政健康状况与影响经济发展的长期人口变化和物价变化有着直接关系。通过分析英国财政体制的运转机制及其对于人口和物价长期变化趋势的因应,我们就可以揭示出财政危机的根源。

1500年至1640年英国国王的支出和收入

面对持续的通货膨胀,英国国王可能是英国所有经济角色中最不利的一个。国王有两项主要的支出,一个是对外战争支出,一个是资助国内支持者,人口增长使得军队规模不断扩大,需要资助的支持者数量也在不断增加,与此同时,通货膨胀逐渐使得这些支出翻了好几倍,这使国王的负担日趋加重,更要紧的是,国王的许多收入进项,特别是王室土地收入和关税,甚至还包括议会税,都需要很长时间才能得到调整,因此也就无法跟上物价上涨的步伐。国王试图增加财政收入的措施往往不受欢迎,因为许多精英关心的是在通货膨胀中维护自身的地位和利益,精英之间的争夺日趋激烈,也就无力向他们的国王伸出援手。恰如W.亨特(1983, pp.170—171)指出的那样,许多绅士"拒绝认可由于一个世纪的通货膨胀所造成的财政危机"。

16世纪和17世纪,英国国王的主要支出耗费于一些军事行动:征服爱尔兰、苏格兰边境巡逻(直到1603年终止)、与一些天主教强权国家进行的大陆战争,因此,国王需要购买大量的食物以供养军队。都铎王朝时期,英国各郡自行负责招募民兵以便自卫,并给民兵提供军事装备,但是,境外战争却需要国王在战时雇佣士兵、给付薪水、提供食物,"军事供给的主要负担就落在了政府身上"(Corvisier 1979, pp.33—36; C.Davies 1964)。1544年,亨利八世率军48 000人进入法国战场,随行的有2万匹马,这支军队的数量相当于当时伦敦人口的三分之二。经常性派往法国北部或者苏格兰边境的军队,多达2万人,这比布里斯托尔市或者诺里奇市的人口还要多。伊丽莎白一世常常需要派遣军队前往爱尔兰,以维持英国的统治;"三十年战争"期间,詹姆士一世曾派遣远征军前去欧洲大陆。

大多数情况下,这些军队士兵并不以土地为生,而是希望能以薪水购买食物,都铎王朝的食物政策一步步反映出军队供给的需求:随着食物价格上涨,关注度也在上升(Pearce 1942; C.Davies 1964)。在所有的西欧国家里,"1530 年到 1630 年期间,通货膨胀意味着,把一个士兵……送上战场所需的开支翻了 5 倍"(Parker and Smith 1978, p.5; G.Parker 1976)。为了维持战争,或者即便只是准备战争,国王也需要大幅增加财政收入,但是,亨利七世留给都铎王朝后代君主们的财政体制已经远不能适应这种需要。

亨利七世在位时,物价稳定业已长达 120 年(1380—1500),在此期间,王室土地逐渐增加,收入逐渐增多,亨利七世向国会宣布,他希望依靠自己的收入就能够支付王室的一般支出:修缮王室房屋、支付皇家官员的薪水及其养老金、司法管理费用,"依靠自己的收入",意思就是,依靠王室土地租金、关税、诉讼费以及罚金。另外,国会征收的土地税用以支付"额外需要",即军费,也绰绰有余。实际上,亨利七世从战争中甚至还小有赚头,他从国会拿到的资金多于实际支出(Schofield 1964)。这种舒适的情形在随后一个半世纪的通货膨胀期间渐渐不复存在。

有些学者贬低通货膨胀在国家财政衰败中所起的作用,他们认为,一般而言,都铎王朝和斯图亚特王朝早期,英国国王的收入跟上了通货膨胀的步伐。但是,只有当实际支出没有增加时,"跟上"通货膨胀才是可以接受的。而人口增长极大地增加了国王的两项主要支出:战争与国王的支持者。我在下一节里将探讨:随着精英人数的扩大,国王要支付的资助费用也在不断增加。现在,能够注意到这个问题就足够了:16 世纪和 17 世纪早期,随着欧洲各国人口的增长,兵役适龄人员的数量也在增长。随着军人数量的增加,国王的实际支出也在增加。由于伊丽莎白时期和斯图亚特王朝早期的陆海军(陆军经常派往爱尔兰)人员数量远多于亨利七世时期,如果要收支相抵的话,军饷的增幅就必须超过通货膨胀率。假如实际军费翻番而市场物价上涨 5 倍的话,那么,国王的收入就必须增长 10

倍才不至于出现赤字。因此,即使收入增幅跟上了通货膨胀,仍然会出现巨大的赤字(50%)。

所以,人口增长的严峻性在于,它既推动实际支出增加,又推动物价上涨,给国王的财政造成双重负担,使国王的财政收入远远不敷所需。

王室经常性收入中的绝大部分项目,需要很长一段时间才能进行调整。王室土地的租期很长(经常是三代人租期,或者 99 年租期),租期内年租恒定。在物价稳定时期,长期租赁能使租户忠诚于并依赖于国王,但是,在通货膨胀时期,这种长期租赁却是灾难性的。为了应付日益增加的开支,都铎王朝的国王们把王室土地作为财产性价值出售,而不是作为税源使用:出售土地以筹措战争经费,或者出让给(以象征性的价格出售)亲信和官员以作酬赏。尽管这些措施为国王筹措到了现金以解眼前之需,但就长期来看,这些措施却严重毁坏了国王的收入和税源(Schofield 1964, p.236; Wyndham 1979)。关税在数十年里也一直固定不变,征收税率极小。而且,对酒类和服装是根据其数量而不是交易价格来课税,所以,当物价上涨时,"关税在商品实际价值中所占的比例越来越小"(A.G. R.Smith 1984, p.118)。伊丽莎白时期曾临时提高了关税,但是,在长达一个世纪的时间(1550—1650)里,关税收入(主要是羊毛制品)从未能弥补损失的土地收入,在此期间,羊毛贸易停滞不前,纺织品和其他制成品的实际价格与食品相比下降了 50%。尽管经常性收入缩水,但是皇家官员的数量在不断增长,为了抵消通货膨胀的影响,国王支付给官员的酬金和养老金的数量也在不断上升,这就意味着,到 16 世纪中叶,"大多数政府部门每年透支的数额极大"(Alsop 1982, p.2)。

面对经年累月的赤字与王室土地的不断减少,国王转而要求国会增加税收。但是,为了增加收入以解决日益增加的支出,国王在国会遇到的困难更大。

国会掌控的税收包括"补贴税"、"十五分之一税和什一税",设定这些税收的目的是为国王提供"特殊资助",以便国王解决非常之需,比如战争之类的需要,这些税收是由国会中的土地绅士们投票通过的,由各个郡县的地方绅士负责评定纳税额、征收税款,以之作为国王保护和平的合理补偿。十五分之一税和什一税,作为固定税种向各村征收,不随通货膨胀而变动。补贴税在理论上是一个异乎寻常的税种，征收的主要对象是土地收益和动产，同时也对无不动产者的工资收入征收少量税收，补贴税的主要应税对象是富人，随其收入提高而提高税率，实际上，评定补贴税纳税额的，却恰好是承担绝大部分纳税额的那些人，即各个郡县中富裕的有地家庭。

随着食物价格的上涨，土地价格也在相应上涨，相关的地租文献显示，从16世纪40年代到17世纪40年代，地租上涨了600%—1 000%(Kerridge 1962; R.Allen 1988)，然而，地主绅士们增加的这些收入却并不在征税范围内，从16世纪40年代起，地方乡绅们一直低报地租，因此，补贴税的纳税额越来越落后于绅士们的财富，实际上，到16世纪末，低报地租以便逃税已经非常普遍，总的来说，"纳税者越富有，对其实际财富征收的补贴税纳税额比率就越小"(Schofield 1988, p.253)。

16世纪40年代，补贴税纳税额大致占市场地值的80%，到90年代已经跌落到3%甚至更少(Schofield 1964, p.188)。沃尔特·罗利爵士(Sir Walter Raleigh)曾注意到，补贴税纳税额涵盖的收入"并非我们的全部财富"(P.Williams 1979, p.74)。1603年，国王拿到的补贴税款项的实际价值不足1568年的三分之一。17世纪前50年，补贴税的实际价值持续降低，1628年补贴税的实际价值仅及16世纪中叶的六分之一(Schofield 1964, pp.185—194; Hill 1961, p.52; W.Hunt 1983, p.274)。到17世纪20年代，原本意在维持特殊军事行动的补贴税，甚至不足解决国王和平时期的开支(K.Sharpe 1978a; Russell 1979)。

M.曼(M.Mann 1988, p.82)曾经估计，从16世纪60年代到80年代，英国国王的实际收入减少了将近15%，当时英国正在爱尔兰采取军事行动，与西班牙也处于战争之中，因此实际开支大增。伊丽莎白统治时期的最后十年，曾采取稳健的财政措施，并努力增加财政收入，这些措施使得实际财政收入比她即位时增加了10%，即使如此，财政收入也远远不敷国王所需。因此，伊丽莎白留给继承者的王室土地急剧减少，留下的债务却大为增加。

国王应对财政紧张的措施，包括降低货币的金银含量、出售王室土地、从伦敦市以及国际金融市场借贷。到了17世纪，屡次使用这些权宜措施使其几乎难以为继，16 世纪 40 年代和 50 年代，英国货币的金银含量已经减少到极致，无法继续以其面值流通，国王不得不收回这些货币，并且不得不铸造大量新币（Challis 1978）。1570 年，伊丽莎白再次重铸货币，使货币的银含量保持稳定，不再把降低货币的金银含量作为国家财政的一种方法。从 16 世纪 30 年代开始，英国王室的土地每十年就出售一些，30 年代，王室土地高达英国土地总量的 20%—30%，经过多次出售，到 17 世纪早期，王室土地急剧减少到约占英国土地的 5%（Mingay 1976）。随着国王资产的大幅缩水以及赤字的持续增加，国王不得不更为频繁地举借更高利息的债务，詹姆士一世严重依赖国际金融市场，然而，1615 年至 1617 年间，债权人开始拒绝继续提供信贷，英王政府唯有依赖伦敦市的贷款（Kenyon 1978），但是到了 17 世纪 20 年代，伦敦市政官员拒绝国王再如以往那样以关税作为抵押来借款，而是坚持要以王室土地作为抵押，到了 30 年代，尽管国王采取了一些非常措施以筹措资金，但是唯有关税包税人可以指望能够为国王提供借款（D. Thomas 1983, pp.121—122）。

作为对土地绅士的收入进行征税的手段，议会税越来越难以为继，因此，17 世纪早期，国王转而采取其他措施汲取土地绅士的财富，这些措施包括出售荣誉和爵位，新设的准男爵专门卖给富裕绅士（L.Stone 1965, p.91）。授爵数量之多，前所未有，其中的绝大部分爵位要花费大笔费用购买。对于那些不愿购买爵位的绅士，查理一世则施以罚款（L.Stone 1972, p.122）。国王开始重新盘算旧有林地的所有权，例如，1634 年，国王发布特别敕令宣称，埃塞克斯郡三分之二的面积曾是皇家林地，因此现在的土地所有者的所有权是有争议的，国王要求这些土地所有者支付土地现值的 20%作为补偿（W.Hunt 1983, pp.267—268）。洛金汉林区的边界扩展了 6 英里到 60 英里，这使得韦斯特莫兰和索尔兹伯里的许多伯爵将面临罚款（Hirst 1986, p.173）。国王还敲诈商会和伦敦市，宣称他们的皇家许可证无效或已过期，如果要重新获得特许权，就需要交纳费用（L.Stone 1965, 1972; R.Ashton 1961）。对于许多行业的商人来说，只有获得皇家专卖许可证才能从事有关的贸易活动。如前所述，国王还致力于在利益共享的基础上圈占沼泽地和林地，并致力于将这些土地商业化。17 世纪

30 年代，斯图亚特王朝的国王们极大地强化了船税的征收，在都铎王朝时期，只有在战时为了支持海军才对港口城镇征收少量的船税，查理一世将船税扩展成年度税收，全国所有地方均须按照土地额缴付。

伊丽莎白一世当政时，即使是在和平时期，也以战争准备这种苍白无力的借口征收议会税，由此，她成功地维持了与西班牙的战争。伊丽莎白一世还大幅度减少王室开支，极大地强化了关税征收，这些措施使得她能够在 16 世纪 70 年代筹措到一笔军事费用，足以应付与西班牙的战争。假如人口增长和通货膨胀能够在 1600 年终止，也许英国的税收体制就能得以重建，债务就能减少，也就能避免财政危机。但是，从 1600 年到 1640 年，英国人口增长了 25%，居民从 400 万增加到 500 万，伦敦市的人口翻了一番，从 20 万增加到 40 万，粮食价格也在持续上涨，到该世纪 30 年代，粮食价格已经达到 16 世纪 80 年代的 2 倍（Wrigley and Schofield 1981；Finlay 1981a；Hoskins 1964，1968）。因而，斯图亚特王朝国王们的开支日渐增多，与此同时，皇家税收收入的实际价值在持续减少。因此，尽管 17 世纪 30 年代查理一世的名义收入（包括船税）比 16 世纪 60 年代伊丽莎白一世时期高出近 150%，但是，其实际收入仅仅增加了 10%（Mann 1988，p.82），查理一世就要用这样的财政收入来治理英国，而此时英国的人口却比伊丽莎白一世时期增加了三分之二，渴望酬赏的绅士数量增至 3 倍，因此，查理一世实际支出的增加远远多于实际收入的增加。

到 17 世纪 30 年代，尽管采取了征收船税、林业税金、出售公职和爵位这些权宜措施，但是查理一世的财政仍然支离破碎、捉襟见肘，王室土地几乎出售殆尽，为了获得补贴税而争取议会合作以便征收所带来的麻烦几乎已经不值得。尽管债务沉重，但只要处于和平时期，国王就会尽力维护君主制，然而代价却是高昂的。到 17 世纪 30 年代，国王尚未偿还的债务达到 100 多万英镑，只有继续举借新债才能支付这些债务利息，也只有指望未来的财政收入来偿还既有的债务。到了 17 世纪 30 年代后期，国王的一般财政收入中有一半已成为现有债务的抵押物，信贷资源越来越难以为继。因此，17 世纪 30 年代，要平衡预算"确属自欺欺人"，唯有耗尽国王的信贷资源弭平和平时期的日常开支，才能平衡预算（R.Ashton

1960，p.43)。任何一笔额外开支都将立即招致财政灾难。

国王的财政困境并不局限于英格兰，而且扩展到了苏格兰和爱尔兰。斯图亚特王朝的君主们曾经试图在英格兰增加财政收入，却招致英格兰人对自身的自由和财产的严重关切，与此相似的是，英王在苏格兰和爱尔兰所采取的各种措施都遭到人们的警觉。由于苏格兰人主要是长老派教徒，而爱尔兰人主要是天主教徒，他们都担心伦敦的圣公会教徒国王图谋掠夺这两个非圣公会教派的小王国(Russell 1987)。

在苏格兰，查理一世接管了原本属于贵族的封建地租，并修改了公职的任职条件，要求这些人给国王更多的利益，他颁布了皇家专卖政策，废除了爱丁堡市议会的选举，最为触犯众怒的是，他还废除了贵族们的土地所有权(他承诺，只要缴付给国王一定比例的收益，就可以重新获得土地所有权)，与此同时，查理一世还试图根据英格兰的做法推行宗教一致化，强行要求苏格兰牧师们使用一种新的祈祷书，而在苏格兰内部以及英格兰与苏格兰之间，宗教向来就是紧张关系的源头。查理一世从伦敦发号施令，采取的这些宗教强制和经济掠夺措施，却消解了苏格兰贵族与牧师之间的紧张关系，使得他们团结一致反对国王。恰如史蒂文森(Stevenson 1973，pp.52—53)指出的那样：

> 17世纪苏格兰发生的所有事情表明，如果仅仅只是宗教问题，只是牧师及其追随者的问题，就绝不会导致革命……废除[土地]所有权这件事……业已被证明是关键因素，这件事使得苏格兰贵族们确信，他们以前的做法是非常盲目的……由于宗教不满或者其他社会不满而导致的起义，只有获得贵族的支持，才能具备动摇国王统治的能力。如果苏格兰贵族仍然忠于国王，那么，牧师及其追随者们对于查理一世宗教措施的不满，只会造成动乱和暴乱，绝不会导致后来发生的革命。

查理一世强化经济控制和宗教控制的那些做法，使得苏格兰人团结起来，矢志反抗英格兰国王的政策。

类似的措施也招致爱尔兰人的激烈反抗。詹姆士一世时期，对于英国国库来说，爱尔兰是个纯粹的负担，但是到了17世纪30年代，查理一世再也不能忍受这种情况继续下去。国王试图在爱尔兰投资于新教徒的拓殖和种植园，以此聚敛更多的资金，而爱尔兰总督斯特拉福德

(Strafford)也强化了集权化管理体制。然而，斯特拉福德拓展国王财源、强化国王权威的那些措施，却疏远了所有的利害关系人，包括激进的民族主义者和保守的地主(Russell 1988)。

查理一世试图教训一下苏格兰人，但是，他的军队薪水少，军纪涣散，没有什么热情去战斗，这支军队并没能够在苏格兰重建国王的权威，当苏格兰军队进入英格兰并要求国王赔偿时，查理一世既不能拒绝也不能答应(Stevenson 1973)。查理一世的贷款信用已经耗尽，无法筹集资金，他要求召开英格兰议会，但只招致议员们对其行为的抨击，并没有得到任何帮助。最后，查理一世与国会及苏格兰人达成了临时的、屈辱性的和解，即使如此，他也未获安宁。苏格兰人曾经警告爱尔兰人要警惕新教徒的宗教殖民，1641 年，爱尔兰人起而宣称自己拥有宗教自由，并称将不再允许新教徒建立种植园。爱尔兰人不认可英格兰议会，这使得爱尔兰人和英国国王之间再次处于敌对状态，并最终导致内战爆发。因此，查理一世试图把他在英格兰的那些措施推行到整个大不列颠，以此解决财政困难的做法，是英国大起义的主要原因。

苏格兰人起义只是英国君主制崩溃的诱因，财政危机才是根本原因。国王没有资源以给付军队薪水、满足支持者的酬赏要求，国王的财产和信用损耗殆尽，这导致国王的政策招致广泛的反对，使得国王的境况岌岌可危。“17 世纪里，没有任何一个国家能够无限期地避免战争，即便[查理一世]能够免遭苏格兰起义造成的创伤，与任何一个地区进行的首场战争都将使这个满目疮痍的帝国大厦土崩瓦解”(Woolrych 1980，p.240)。

因此，1640 年的财政危机并不是由于几十年间的贸易衰退或者粮食歉收造成的短期问题，也不是由于绅士们反对落后的封建国王指定的各项政策所造成的。在一个富裕的君主国里，短期开支往往能够通过借贷或者出售王室资产而得到平准。1640 年前的几十年里，国王也确实致力于修正税收体制、强化税收征集、将其剩余地产商业化、通过颁发许可证和皇家专卖证参与到国内外贸易活动中有利可图的那些领域。1640 年的英国危机具有革命性意义，因为其根源在于，英国整体财政结构的更新未能跟上一个半世纪通货膨胀的步伐，在此期间，国王的财产和信用已经被压榨得所剩无几。17 世纪 30 年代里，除非改变全部议会税收的性质，否则即使查理一世能够拿到他想要的议会税收收入,他也无法解决财政困难问题。依据土地财产原值征税并不能提供足够的资金,必须根据绅士们的即时收入情况大幅度提高税率,但是,这不可能靠绅士们自觉自愿,也并非轻而易举就能实现。到 17 世纪,通货膨胀已经严重损坏了旧体制。现在已经到了关键时刻,斯图亚特王朝若要获得财政支付能力,唯有付出政治危机的代价。

早期现代国家的财政压力模型

在一个简单的时间序列模型里,我们可以评估短期经济因素和长期经济因素的影响,根据这个模型,我们可以分析,在一个税收体制相对缺乏弹性的国家里,国家财政收入与通货膨胀之间的因应关系。短期经济问题,比如粮食歉收,在英国历史中曾经频繁发生,这种短期经济问题会导致物价暴涨,招致民众更多更强烈的抗议,类似的问题是,短期贸易下降可能会损害国王增加收入的能力。但是我的看法是,相较物价长期以超过财政收入增幅的增速持续上涨而言,上述影响的重要性要小得多。

对于任何一个早期现代国家来说,主要的开支是战争经费,而能够免于战争的时间毕竟为数不多。因此,假如财政收入难以增加的时候物价却在上涨,就无法避免越来越大的财政压力,我们可以用公式来表达长期持续通货膨胀的影响,以此解释这种关系,如下所示:

基期之后第 n 个十年期间的长期物价压力:

$$\prod_{i=0}^{n} e^{k(x_i - \mathrm{B})}$$

公式中的 x 表示某一个基期之后第 i 个十年期间的通货膨胀率,k 是一个正数,B 表示的是:在不侵犯精英特权或者不开征新税的条件下可以增加经常性财政收入的最大通货膨胀率。

在这个变量公式中,如果 x_i(通货膨胀率)大于 B(“可控”最大通货膨胀率),那么,(x_i − B)即为正值,通货膨胀率的影响将以指数值增加,这就是说,起初财政压力的增加十分缓慢,但此后将越来越严重。然而,如果通货膨胀率小于可控的极限值 B,那么,(x_i − B)即为负值,财政状况将迅速改善。

这里,必须考虑另外两个因素,其一,在英格兰并未卷入战争的几十年里，财政压力大为减轻，这种和平红利可以用一个虚拟变量来表示，英格兰处于和平时期的几十年，用变量值 1 来表示，反之，处于战争之中，则以 0 来表示。[8]其二，长期物价变化和短期物价变化的影响可能是交互作用的，这就是说，纵然短时期内物价猛涨，但是如果长期物价压力较低，那么短期物价猛涨的影响可能很小，然而，如果长期物价压力很高，那么，这种短期物价猛涨就会产生关键影响。因此，为了表示出这些综合效应，我们就需要在上述模型中增加一个交互值。

图 2.2 表示的就是 1500 年至 1750 年间英国国王的财政模型。为了评估这个模型，检验它是否准确表达了国家财政因应通货膨胀的模式，我们还需要测度国家的财政压力。然而不幸的是，如果像对现代国家那样通过国内文献来研究，那么，测度前现代国家的财政压力就显得特别困难。国家存续的关键是充分的信用，而信用能力的文献记载却是不准确的，比如，利率就是受到人为操控的，这样做，可以使一个债务累累的国王不必付出高额利息，又可以迫使包税人或者其他贷款人按照特殊的利率贷款给国家。政府还可以借口作为旧债高额利息的补偿，迫使债权人降低新贷款的利率，从而逃避责任。诸如此类的种种措施表明，单单利率或者收入这些数字并不能明确表示财政困难的程度。实际上，一个国家的财政困难程度较少反映在它所支付的利率上，而较多地反映在它为了获得资金或逃避责任而不得不承受的政治风险上。

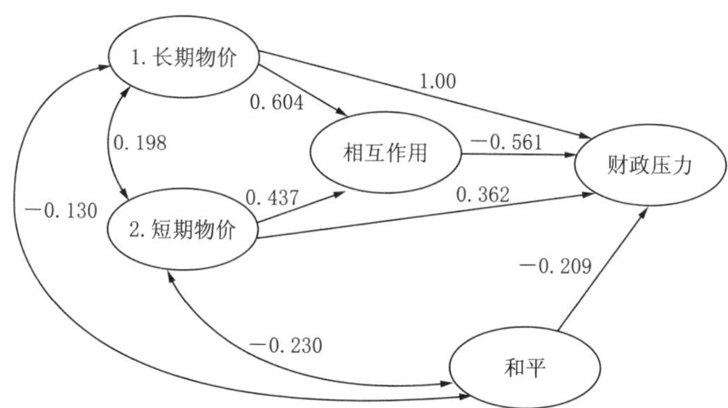

图 2.2　1500—1750 年间的物价与国家财政压力

注：$R^2 = 0.716$。

然而,这些问题也启发我们可以找到一个解决办法,通过分析一个国家是否采取这些迫不得已的措施获得它所需要的资源,我们可以粗略地确定这个国家财政压力的程度。实际上,可以用一个规则模式来表示都铎王朝和斯图亚特王朝提高财政收入的各种措施的演进过程,这个渐进模式构成了测量财政压力的格特曼量表。

我们可以建构一个五步骤"绝望量表",如下所示:

(1) 足够的收入和信用,无需采取特殊措施以弥补开支;

(2) 由于没有足够资金偿还短期债务,因此需要债务重组或者要求止付贷款;

(3) 既有收入和信贷长期不足以支付开支,政府以部分破产或拒付债务、出售王室资产、强制借款来弭平赤字;

(4) 相对于支出来说,收入骤减,除了采取第三步中的措施外,还为了获得财政收入而侵犯精英们的特权,或者设置新税种(比如船税等等);

(5) 全面破产,其特征是信用完全丧失,为了继续维持政府运转,国家必须告知精英们它自身的需要,并接受精英们的条件以获得资金,否则,即使一些关键责任,比如军费支出,也将无以为继。

这个财政压力升级量表描述了财政困境的类型以及由于财政问题造成的政治冲突的程度,无可否认,这是个粗略的测度量表,但是它简便易行,适合于早期现代欧洲国家:我们仅需追问,在一个特定的10年里,国家没有履行偿还短期债务的责任吗?为了满足财政需要,国家不得不重举新债、出售皇室财产、部分破产或者采取其他自我毁灭式的措施吗?国家确实不得不侵犯自己支持者(国家精英们)的特权或者不得不开征新税吗?最后,国家确实到了信用几乎耗尽的地步,乃至于无法筹措资金来偿还其最关键的债务吗?这些问题涉及政治史和经济史中许多明显的历史事件,我们可以通过分析这些历史事件是否出现来评测早期现代国家所面临的财政压力。[9]

最为重要的是,这个量表是根据财政压力的政治影响来测度财政压力的。如果有足够的税收来偿还利息,如果当前社会所接受的税收(比如补贴税等等)容易征收到,或者,如果王室的财富或土地足够偿还债务,那么,具体的债务总额或赤字总额并不重要。从政治上来看,重要的问题在于:国王的财富是否在减少,致使国王越来越依赖贷款人;目前的税收是否不够支出,致使国王不得不采取一些激怒精英的措施,比如设置重要的新税种或者提高税率,或者两者兼具,以便偿还债务。

现在,我们再转向上边的公式,来评估长期财政压力,解决这个问题,我们还得评估"可控"最大通货膨胀率 B 以及通货膨胀的效应 k。对于都铎王朝和斯图亚特王朝来说,我们可以从国王收入的增加值中估算 B,有趣的是,英国革命前以及君主制复辟后,英国国王和平时期名义收入的增长率几乎是一样的。从 1551 年到 1630 年的 80 年里,国王的名义财政收入从 17 万英镑增长到 60 万英镑,几乎增长了 250%。革命之后国会征收的新税收,使得国家收入猛然翻了一番,财政收入与物价和支出居然维持了平衡。此后,从 1660 年到 1730 年的 70 年里,英国政府和平时期的财政收入从 150 万英镑增长到 580 万英镑。增长了 280%(Palliser 1983; Ashton 1960; Coleman 1977)。(在第三章,我将转回到 1650 年后的英国财政体制)

因此,无论是革命前还是复辟后,英国政府和平时期的财政收入每年大致增长了 1.5—2 个百分点。如果财政收入的增长能够满足实际支出的增加,比如治理爱尔兰、扩大海军力量以及其他军事力量、为日益增加的信贷提供财政支持,那么君主制就会繁荣昌盛;如果这种财政收入增长被通货膨胀抵消,那么除非采取具有政治风险的权宜措施或者全面改革税收体制,否则,国王就无法增加支出和信贷以满足实际需要。

让我们思考一下 1550 年至 1750 年间经常性财政收入的增长情况,很显然,每年 0.1—0.2 个百分点的通货膨胀率不会使财政收入过度贬值,1 个百分点左右的通货膨胀率就有可能造成麻烦,因为增加的财政收入几乎会被通货膨胀全部抵消掉。都铎王朝和斯图亚特王朝时期财政状况缓慢而稳定的恶化告诉我们,我们可以把 0.5—1 个百分点的通货膨胀率 B 视为财政困难不断加剧的起点,事实上,我们可以通过一些回归分析来估算 B,因而我们可以通过上述模型来估算 B 和 k 的数值。

关于英国通货膨胀与国家财政压力之间的关系的估算结果,见图 2.2 和表 2.4。

表 2.4　1500—1759 年间英国财政压力的回归分析结果

	k 和 B 的数值[a]							
	0.5，0.5	0.5，0.7	0.25，0.7	0.75，0.5	0.5，0.1	0.5，0.1	0.5，1.2	1.5，0.7
长期物价[b]	0.952	1.00	0.873	1.08	0.779	0.976	0.836	1.02
短期物价[c]	0.416	0.362	0.470	0.307	0.553	0.281	0.234	0.228
1×2	−0.471	−0.561	−0.503	−0.633	−0.516	−0.672	−0.639	−0.604
和平	−0.177☆	−0.209	−0.201☆	−0.230	−0.189	−0.280	−0.323	−0.272
F(4/21)	12.55	13.27	11.93	11.85	5.60	7.93	4.38	6.91
R^2	0.705	0.716	0.694	0.693	0.516	0.602	0.456	0.568
D—W	1.87	1.92	1.85	1.77	1.34	1.52	1.23	1.37

a 标准回归系数；除了标有星号(☆)的数值之外，其他所有数据在 $P < 0.05$ 时都很显著；
b 长期物价 $= e^{k[\text{短期物价}-B]}$；
c 短期物价 ＝ 每十年间小麦年均价格变化的平均数。

有趣的是，长期的物价压力效应主导着其他一些因素，相比之下，甚至和平红利的影响也不太大。而且，长期效应和短期效应之间相互作用的结果是负系数，这就意味着，长期物价效应和短期物价效应的简单线性组合会高估财政压力。由于短期物价压力具有十分巨大的波动幅度，因此可以把这个结果理解为短期压力效应的修正，即，如果短期物价压力突然大幅度波动，不管是上升还是下降，它们对财政压力的整体效应将小于简单线性效应。再者，长期压力的累积效应似乎是一个关键因素。

简而言之，十分明显的是，由于不能处理好不断累积的通货膨胀压力，斯图亚特王朝财政危机不断加剧，这要归因于早期现代英国的财政体制缺乏弹性。这种观点不但道出了 1640 年危机的本质，而且也勾画出一个简单的稳态模型，可以据此模型来解释 1500 年至 1750 年整个历史时期 70%的国家财政状况每个 10 年间的变化。我认为，这个模型可以广泛应用于 1500 年至 1850 年间的欧洲各国。

英国国王在苏格兰的彻底失败使得许多英国人坚信，国王不再是正义的，也不再是有用的。因此，当 1639 年国王要求增收船税时，遭到英国人的广泛抵制，此后，国王查理一世不得不召集国会要求给予援助。

然而，查理一世用以延缓支付财政账单的那些措施——专卖许可证、出售荣誉职衔以及非由国会掌管的税收（比如船税等等）——却激怒了精英，因此，国会要求改正王室行为，以此作为获得国会支持的代价，然而，这点要求也仅仅是冲突的开端，由于查理一世倔强固执、口是心非，加剧了国会精英中本已存在的分裂。财政衰败并不是政治危机的唯一根源，而只是精英内部冲突以及精英政治不满的预兆和恶化。

人口变化的政治后果：精英

英国革命的一个显著特征是，1640 年的时候，精英们团结一致反对国王的过分行为，但是到了 1641 年至 1642 年，精英们却突然分裂成众多的全国性和地方性派系。相较伊丽莎白时代或者相较 17 世纪后期 18 世纪早期而言，精英内部冲突为何如此尖锐激烈？当然，部分原因在于查理一世政府的破产所导致的政治危机、苏格兰人的入侵、爱尔兰和伦敦以及乡村地带爆发的起义。但是，17 世纪早期，异常激烈的人事竞争和不安全感使得精英们备受折磨，从这里我们也可以找到部分原因。

许多学者曾研究过英国革命之前的社会流动，包括个人和团体的社会流动（L.Stone 1976）。然而，对社会流动泛泛的观察几乎无法解释社会流动的政治后果，我们还需要更为精细的研究。

上层人物的特权通常包括财产、权力和优先权。如果精英层级中的职衔和职位能够得以拓展，以满足一些合格的争当精英者的需要，这种拓展或者是由于精英的死亡产生了足够的职位空缺，或者是由于国家机器的扩大形成了额外的职位，如果这样，那么，新加入的精英也能够分享精英特权，而无需取代原有的精英，精英冲突就不会加剧，事实上，新精英的合作可以使整个精英集团更加强大，我们可以把这种情形称为“精英吸纳”（absorption）。与这种情形相反的是，如果现有的精英家庭面临向下流动的威胁，冲突和竞争就会加剧，我们可以把这种传统精英家庭失去精英地位的现象称为“精英循环”（turnover）。另外一个可能导致冲突加剧的根源是，向上流动使得一些新精英的财富和地位得以增加和提高，而其他众多的精英（无论新精英还是旧精英）却享受不到他们认为自己应有的特权，比如公职、荣誉或者王室恩惠，我们可以把这种“挤出效应”的现象称为“精英位移”（displacement）。因此，社会流动本身并不一定会导致冲突，重要的问题是，社会流动是否会导致“精英循环”和“精英位移”。

斯图亚特王朝早期，社会流动在社会冲突中起着重要作用，但是造成这种困境的根源却并非绅士阶层的数量和荣誉职位的扩张，而是长达几代人的人口增长、通货膨胀以及国家财政危机的共同作用所造成的日益严峻的精英循环和精英位移。

人口数量的增长

人口增长导致精英循环的途径有两个：直接的途径是家庭规模的变化；间接的途径是物价的变化。当家庭规模稳定的时候，精英家庭的子嗣可以直接继承精英职位，人口几无增长意味着，只有极少数子嗣甚至没有子嗣能够活到成年，只有极少数女童能够活到结婚年龄、需要嫁妆，也只有极少数精英家庭的子嗣是社会无法提供现成的精英继承职位的。然而，人口增长却意味着，存活的年轻子女的数量有所增加，对于父母来说，问题在于供养更多的家庭人口耗尽了资源，对于年轻人来说，针对能够保证社会地位的财产和公职的争夺日益加剧。

在英国革命前的那个世纪里，贵族的人口增殖比总人口的增长更快，贵族大家庭日益普遍（Hollingsworth 1965）。托马斯·佩顿爵士（Sir Thomas Payton）曾经描述过他那位于诺顿街的家庭，在他妹妹死后，他曾以悲怆的文字叙述道："她给我留下了七个孩子，都是小孩，我妹妹的朋友都死了，她只有把孩子交给我，我还有另一个妹妹，她有九个孩子，却成天盼望着能成为寡妇，我和妻子有八个孩子需要我们……抚养，我还有个弟弟……他和妻子有六个小孩，也几乎全靠我养活，我不得不担负起他的求职和生活。"（Everitt 1968，p.54）尽管如此令人震惊，但托马斯爵士的窘境绝非例外，因此，"[生育率提高]的一个必然结果是，无法继承职位的精英子女必然向下流动，这将导致英国上层阶级内部的竞争和分化日趋激烈"（de Vries 1976，p.11）。

就像先前讨论失地问题时我曾说过的那样，我要强调一下，人口增长对边缘群体的影响，比之对整体人口的影响要更大，在这个事例中，边缘群体就是那些年轻子嗣。一个国家的人口如果仅能维持人口简单再生产，那么就不会存在年轻人口过剩的问题。然而，即使是中等程度的人口增长率，也将导致年轻人口问题迅速扩大。

我们可以用一个简单的数例来理解这种人口效应，假设英国的绅士阶级人口以每代人10%的人口净增率增长三代人，此后又以每代人30%的人口增长率再增长三代人，然后又回到前一个增长率，让我们进一步假设，大约一半存活的年轻人口可以在商业或职业上获得成功，从而依靠自身取得绅士地位，剩余的一半年轻人口就会失去绅士地位，我们就能得出一个模式，如表2.5所示。

表2.5　不同人口增长率下绅士家庭过剩年轻人口的存活问题

代	绅士家庭人口数量（第一代绅士数量指数=100）	存活的过剩年轻人口数量（第一代指数=10）
1	100	10
2	105	10.5
3	110.25	11.0
4	115.75	34.7
5	133.1	39.9
6	153.1	45.9
7	176.1	17.6
8	184.9	18.5
9	194.1	19.4

注：第一代至第三代以及第七代至第九代的人口净增率为1.1（每一代为10%），第四代至第六代人口净增率为1.3（每一代为30%）。

请注意，尽管绅士家庭人口数量增至两倍，年轻人口数量却增至四倍多，然后又减少了50%多。换句话说，年轻人口作为边缘群体，其数量的波动比绅士阶级总人口增长率的波动要大得多。因此，相比只是简单地考虑总人口增长率的一般影响而言，人口增长率对于那些试图保持其家产完整无缺的家庭的影响，以及对那些没有财产而要寻求宫廷酬赏和教会职位的年轻绅士的影响，实际上要大得多。

然而，持续的通货膨胀却使得人口增长率的直接影响得以增强。不同的家庭由于其相对市场地位、财产状况和创业能力各不相同，因此，不断上涨的物价对这些家庭的影响也不同。尽管有人认为，高物价对穷人的打击要大于富人，然而，“在那个时代，绝大部分地主都属于一个阶级，这个阶级的社会活动涉及各种各样的消费”，所以，这个观点并不一定是正确的（J.Gould 1962，p.316）。有些地主像国王那样把土地以固定的租金长期出租，还有些地主为了维持大家庭的生活不得不出售土地以满足开支需要，这些地主可能眼睁睁地看着自己的财产缩水；其他一些地主会以不固定的租期和短期租金出租土地，或者能够从国王和其他地主那里购买土地，并把这些土地以较高的租金出租给新的佃农，这些地主就会兴旺发达起来。即便是自耕佃农，如果能够根据市场需要进行耕种，并且支付的是长期固定租金，也会逐渐富裕起来，甚至有可能购得自己的土地，并加入地主行列。这样，经过两三代之后，中小规模土地所有者既有可能累积相当规模的财富，也有可能变成一贫如洗（Palliser 1983；H.Lloyd 1968；Hoskins 1963；Bowden 1967a）。因此，1500 年至 1640 年是一个社会流动极大的历史时期，或者向上流动或者向下流动。L.斯通曾把这个历史时期描述为“越来越多的个人和家庭其向上流动和向下流动的变动超越英国历史上所有其他历史时期”。1610 年至 1630 年，土地出售总量稳步上升，达到 16 世纪 60 年代的两倍半，这种土地流转的规模“不管是中世纪后期还是随后的 17 世纪和 18 世纪，都是无法比拟的”（L.Stone 1965，pp.37—38）。

结果是，绅士阶级的构成以前所未有的速度快速变化。什罗普郡的绅士家庭从 1423 年的 48 家增加到 1623 年的 470 家；斯塔福德郡的绅士家庭从 1583 年的 200 家增加到 1660 年的 1 100 家；1603 年到 1642 年这四十年间，约克郡有超过四分之一的绅士家庭消失或被取代；1500 年前，北安普敦郡 335 个地方绅士家庭中只有四分之一的家庭居住在乡村，而 1600 年之后到 1640 年，超过三分之一的绅士家庭居住在乡村（Everitt 1968；L.Stone 1965；Mingary 1976）；1600 年，埃塞克斯郡的政治显赫家庭中只有 15%是在 1485 年之前取得家庭财产的，赫特福德郡的这个数字是 10%，诺福克郡和萨福克郡的这个数字分别是 42%和 31%（W.Hunt 1983）；1640 年，萨塞克斯郡只有一半的显赫家庭是在三代人之前定居此郡的（A.Fletcher 1975）。

1641 年，当时一位北安普顿郡的观察家曾评述道：“贵族和绅士的数量飞速增长，现在业已为数众多，特别是詹姆士国王初期之后……，伊丽莎白女王时代，一个郡只有两三个骑士，现在有六十个，还不算那些名不符实的骑士和绅士们”（引自 Everitt 1968，p.58）。对于那些依靠社会公众认可其地位继承和显赫地位而获得稳固社会关系的精英来说，贵族绅士数量的增长造成了一些根本性的问题,恰如1567年伍斯特郡戈拉夫特庄园的一份题词所说:“如果每一个人都安守本分,社会就会和平团结,所罗门说,如果每一个人都能成为贵族,就不会有安宁”(引自Palliser 1983, p.60)。

这种社会流动的总体趋向是向上流动,进入精英阶层的新家庭远多于失去精英地位的家庭。关于绅士家庭的数量,我们并没有精确的数字,只有粗略的估计:1540年有6 300个绅士家庭,1600年有16 500家,1640年有18 500家,内战后的1688年有16 400家,1760年有18 000家(L.Stone 1965, p.767; Aylmer 1961, p.331, Speck 1977, p.297)。总而言之,革命前的一个世纪里,英国绅士家庭的数量增至3倍,随后的一个世纪里,这个数字稳定下来。

当然,1540年至1640年间这种社会快速流动的模式所展现的时间表和间隔期中也有例外,比如在柴郡、肯特郡、坎伯兰郡,对于不断上涨的物价所带来的新机遇,原有的地方绅士比新绅士把握得更好(Morrill 1974; Everitt 1968),因而,作为英国各郡中最为商业化的诸郡之一的肯特郡,1600年时的绅士家庭中,在1500年时就已定居肯特郡的,其比例约为75%。

此外,对于不同的社会阶层和不同的历史时期而言,这种社会流动的速度和性质有所不同。向贵族阶层的流动主要发生在伊丽莎白女王统治前后的那些年代,16世纪30年代和40年代,在英国改革中国王所推行的出售教会财产的措施,成为许多新地主财产的主要来源,这简直就是贵族阶层的大扩张,新资源不断地从教会转移到世俗贵族和绅士手中。此后,伊丽莎白女王统治期间,女王对授爵的慎重意味着极少有人能进入更高阶层行列(Palliser 1983)。

从1540年到1600年,尽管极少有人获得贵族头衔,但绅士阶层仍有极大的扩张,在此期间,不断上涨的物价与长期租赁期间的固定租金,使得许多自耕农和小绅士能够增加财富,而不断扩大的家庭规模使得一些古老家庭的非长支系不得不寻求新财富以维持自身的绅士地位,与此同时,对于许多旧绅士家庭来说,通货膨胀以及家庭规模的扩大使得其资源越加减少,导致其不得不出售土地,并因之失去了原有的社会地位。在这几十年里，伴随社会流动而来的，是大规模的精英循环。

1600 年之后，这种社会流动模式逆转过来，向绅士阶层的流动减缓，向贵族阶层的流动增加。1600 年的时候，许多地主都能够找到愿意接受短期租赁并支付较高租金的佃农，并因之能够从持续的土地繁荣中获益（L.Stone 1965）。对于许多勤俭节约的自耕农和低阶绅士而言，提高社会地位的机遇在逐渐减少，财富开始流向那些本已有钱的人。然而，从 1603 年到 1629 年，斯图亚特王朝的君主愿意以授予荣誉和职衔来换取金钱，这就导致上流社会的大扩张：骑士、准男爵、贵族等大为增加（L.Stone 1965，p.759），但是到了 1629 年，查理一世终止出售职衔，并试图重建一个更加传统、稳定的社会阶级结构，此时，上流社会扩张的势头戛然而止（L.Stone 1972，pp.125—126）。

我们需要一些更为精确的术语来描述这些模式。对于那些新加入的精英，我们需要区分其**精英加入**和**等级提升**，这两种社会流动及其平衡都会导致冲突增加，16 世纪 30 年代和 40 年代，精英吸纳的数量极大，但是在精英加入和等级提升之间取得了平衡，也极少发生精英位移或精英循环。此后，从 1550 年到 1600 年，通货膨胀发挥了极大影响，许多新精英的快速加入并宣示自身的绅士地位，以及地位日渐下降的那些精英所发生的精英循环，打乱了各郡传统的社会结构，然而，这个时期却几乎没有发生打乱贵族阶层的等级提升。但是 1600 年之后，由于通货膨胀之利流向旧绅士而非佃农，精英加入急剧减少。这种利益流转以及詹姆士一世和查理一世早期的慷慨大方揭开了精英地位提升的盖子，并持续长约三十年之久，这就改变了上层绅士和贵族的结构，并激起了进一步向上流动的欲望。此后的 1629 年至 1640 年，新精英的地位提升事实上不复存在。

社会流动的这些变化有助于阐明斯图亚特王朝时期社会冲突为何愈益加剧。1600 年之后精英加入的减缓，意味着几乎没有进入通道以满足那些想要加入精英阶层的人，因此精英阶层之外的那些人越加焦躁不安。而且，尽管詹姆士一世时期存在着相当程度的精英地位提升，但是，伊丽莎白女王留下的财政重负，以及 1629 年后查理一世时期的财政重负意味着，相较绅士阶层人数的扩大而言，高阶职衔的提升机会越来越少：从 1540 年到 1640 年，贵族数量仅仅增加了一倍，国会议席仅仅增加了一半，而在此期间,绅士家庭数量增加至原先的三倍(A.G.R.Smith 1984, p.387; L.Stone 1965, p.758)。因此,社会上层中发生了相当多的精英位移,为了国会议席以及斯图亚特君主的酬赏金,精英们展开了激烈的争夺。

简而言之,毋庸置疑的是,1540 年至 1640 年间,社会流动程度极高。但是单凭这个事实几乎无助于我们理解社会冲突。英国革命前的那个世纪里,社会流动的模式变化很大。16 世纪 30 年代和 40 年代,由于国王把原先的教会土地拿到市场上出售,由此创造了一些新的社会机遇,多数社会流动体现为精英吸纳。此后,从 1540 年到 1600 年,通货膨胀以及家庭规模的扩大给一些精英造成了困难,而经济扩张则为许多新精英提供了机遇。如同我们下面将要讨论的那样,这种变化的结果之一就是治安委员会中快速的精英循环。然而在朝廷里,由于伊丽莎白不愿意授予爵位,这就限制了对于这种社会流动的"官方"认可,结果就使一些问题久拖不决。在金钱面前,詹姆士一世乐于承认这种社会流动,并慷慨地授予一些人新的爵位和职衔,即便如此,詹姆士一世的慷慨大方也并不能使一些求爵求官者满意。16 世纪后期绅士阶层的极大扩张以及精英之间财富的变化,使得许多人要求改变既有的社会地位。17 世纪早期,许多自耕农不满于日益上涨的租金,认为这阻碍了他们发财致富;各个阶层中的许多精英也愤愤不平,认为自己没有得到应有的酬劳和认可;许多精英也不满于那些新近崛起的绅士和贵族,这些新绅士和新贵族成功地获得了新头衔以及宫廷职位和各郡职位。

英国革命之后,社会流动急剧减少。"1580 年至 1630 年间,贵族数量曾快速增长……到了 1660 年,这种增长已经停止下来"(Hollingsworth 1965, p.32)。1660 年之后,贵族家庭和绅士家庭的数量稳定不变,新加入者仅能补充消失的旧家庭(McCahill 1981; Speck 1977; Cannon 1984)。一些地方史研究证实了这种总体稳定性:在沃里克郡,斯塔里斯(Styles 1978, pp.143—144)曾对《先驱报》于 1619 年和 1682 年至 1683 年间的采访记录进行过研究,他发现:"在先前的采访记录中,我们能发现的新的小家庭比后来的采访记录中要多得多","因此,似乎极有可能的情况是,快速的社会流动只是 16 世纪后期和 17 世纪早期的短暂现象。"(L.Stone 1965, p.161; J.Jones 1978)

这种总体稳定并不意味着土地市场交易惨淡，也并不意味着英国革命之后就不再有个人的社会流动。在林肯郡和兰开夏郡，内战之后，土地交易市场极其火爆（Blackwood 1978；Holderness 1974）。1660 年之后，贸易的扩张使得许多商人财富大增，这些商人获得了土地资产，并进入低阶绅士行列之中。许多土地，特别是伦敦附近的土地，都被分割成小块出售给大都市的律师、官员以及商人，这些人在这些小块土地上修建乡村住宅。但总的来说，似乎存在着地产集中化的趋势（Habakkuk 1979；Speck 1977；McCahill 1981；Beckett 1977；Roebuck 1980），因而，从 1660 年到 1760 年，“地产分布进一步发生了变化……尽管 1640 年之前从未发生过如此规模的变化……但是这种变化并没有催生出新的地主阶级，既有的地主阶级其内部结构也没有任何重大变动”（Mingay 1976，p.69）。

因此，我们很难把 1540 年至 1640 年间这种巨大的社会流动与“资本主义的发展”联系起来。毕竟，1550 年至 1640 年，英国的服装出口贸易停滞，还得依赖食物进口。只是到了 1660 年之后的那个世纪，英国才成为世界经济的领头羊，才成为粮食与工业制成品的主要出口国。但是在 17 世纪后期这个资本主义快速扩张的年代，社会流动规模却并不太大。1540 年至 1640 年间的快速社会流动，主要源于不断扩大的家庭规模、不断上涨的物价以及国王的财政困难所带来的沉重压力以及由此产生的一些机遇，但是到 1660 年之后，人口增长停滞，物价稳定，这些压力和机遇也就不复存在，尽管资本主义发展欣欣向荣，但是社会流动却急剧减少。实际上，最近一些关于绅士家庭的人口和财产继承模式的研究揭示出，使得大块地产得以保全的，与其说是诸如家产析分契约那样的法律条文，不如说是由于高死亡率导致的绅士家庭人口数的减少（Bonfield 1981；Clay 1981a；Roebuck 1980）。而导致越来越多的旁系继承的，并不是置办嫁妆以及养育下一代所需费用带来的沉重财产负担，而是高死亡率。L.斯通和 J.C.F.斯通（L. Stone and J.C.F.Stone 1984，pp.75—76）的研究揭示出，在北安普顿郡、赫特福德郡以及诺森伯兰郡，“在人口骤减的 1650 年至 1740 年间，大约有一半地主没有男性子嗣以继承财产”，因此，“这个时期的人口变化导致财产权逐渐集中到少数人手中”（Clay 1981a，p.38）。

沃勒斯坦（1980，p.122）认为，1660 年之后社会流动的下降是有意识的:“难道不正是1660年的妥协达成了一致意见……把16世纪那些令人不安的社会流动稳定下来?”但是,难以想象的是,统治阶层会一致同意提高自身的死亡率以及打压粮食价格——这是维护地主阶级财产价值的关键因素,恰如邦菲尔德(1981)、克莱(1981a)、瑟斯克(1967a)和明盖(1976)所揭示的那样,为了社会稳定,这些人不会这样做。沃勒斯坦的这个说法表明,他太高估了统治阶层操控长期社会变化的能力。我们无需主观臆断,而是有充分证据表明,死亡率的内生变化以及与此相关的物价变化主宰着精英的稳定性。

竞争与冲突

16世纪和17世纪早期,精英向上和向下大规模流动的直接后果是,竞争和派系活动日益严重。尽管“作为一个阶级,地主们具有牢固的根基,势力发展蒸蒸日上,但是作为个体,地主们却有高度的不安全感”(Kiernan 1980, p.119)。结果是“由于谋求精英职位的人数量不断增加,为了职位和王室恩惠而展开的竞争日趋激烈,但是经济状况和皇家政府却并不能完全满足这些人的要求”(L.Stone 1976, p.51)。

绅士精英的新成员们并不能形成一个新的经济阶级或社会阶级。这些新精英在收入来源(主要是出租地产所获得的租金)以及社会抱负和政治抱负等方面都努力融入土地精英之中。新绅士们或者那些新近获得爵位或贵族头衔的绅士,首先寻求的是他们在传统秩序中的地位能够得到认可。因此,要求任命为郡县官员的绅士为数众多,恰如A.H.史密斯(A.H.Smith 1974, p.47)所描述的诺福克郡的情形:“最显赫的绅士们为了最好的职位而相互激烈竞争,第二梯队的那些绅士则竞相排挤以提高自身的社会地位……,绅士们为了主要官职而吵吵嚷嚷……维护自身的特权:[议会]选举争夺激烈,为了争夺各郡治安长官而展开的竞争也日趋激烈;要求获得法官席位的人也为数众多,这使得治安委员会成员数量大增[或快速更替]。”M.基什兰斯基(M.Kishlansky 1986)曾揭示出,在16世纪后期以前,由于各郡很容易就能选出各自最为杰出的绅士,以便进入威斯敏斯特宫*服务,所以国会议员的选拔绝大多数是通过口头表决,但

* 英国国会所在地。——译者注

是，到了16世纪后期以及17世纪早期，社会流动和社会竞争使得地方精英的高下优劣日渐模糊，议员选举也就越加困难。在一些郡里，国会议员选举竞争打乱了传统的互惠互利及选拔模式，这种竞争之所以日趋激烈，其原因恰恰在于，这种竞争不仅仅只关系到获得公职，而且更关系到候选人的荣誉以及社会地位。

假如皇家官僚制度或者教会制度能够确保旧精英的职位、确保新精英能够进入到绅士阶层和贵族阶层，那么，精英数量的扩张也许能够很好地强化国王和精英阶层之间的联系，但是事实却并非如此。“就制度发展而言，从伊丽莎白一世早期到内战爆发前夕，英国制度相对固化”（Aylmer 1961，p.3）。新精英不断地把旧精英踢出他们原有的职位，在诺福克郡，习惯性的思想是“由于儿子可以继承父亲在治安委员会中的职位，如果没有下一代，就意味着家族的失败、命运的失败”，到了16世纪后期，“近乎一半的显赫家庭只能有一个子嗣当上法官”（A.H.Smith 1974，p.59），类似的这种新精英取代旧精英的现象也见之于皇家官僚体制中，G.E.艾尔默（G.E.Aylmer 1961）曾经对1625年至1642年间的194名官员作过样本分析，结果显示，其中的三分之一来自商人家庭、自耕农家庭或者其他非贵族家庭。更有甚者，L.斯通（1965，p.743）断言：“1640年，多数贵族之所以对国王怀有敌意，其原因在于，国王采取的许多措施都未能增加工作岗位，使之满足日益增加的需求”。

如前所述，人口增长给国家财政造成了双重打击，即物价上涨和实际支出增加，这是由于军队规模扩大、寻求恩惠的年轻人增多，因此就需要大量增加财政收入。人口增长对精英也造成了类似的双重打击。通货膨胀造成了社会流动的许多机遇，所以，精英家庭人口数量比总人口增加更快，然而，这种效应由于低死亡率的直接影响而急剧扩大：存活的年轻人越多，对于这些年轻人来说，王室酬赏就愈加重要。我先前的数理模型曾解释过，当生育率提高时，存活的年轻人人口的增长率是绅士家庭的2倍，1640年之前的一个世纪里，贵族家庭人口数增至2倍，绅士家庭则增至3倍，如果把这两种情况综合起来进行考虑，我们就会发现，17世纪早期，贵族家庭和绅士家庭年轻人口的数量必定增加了4到6倍，而这些家庭的年轻人完全依赖王室酬赏或职业化工作为生。如果我们再考虑到

4倍多的物价上涨,我们就能明白,1640年的时候,如果要为如此众多的年轻群体提供如同1540年那样水准的王室酬赏,并且是实际水准的酬赏,以1640年的英镑计算,国王就需要增加16倍至24倍的开支,请注意,仅仅只是一个世纪的时间!因此,较之仅仅考虑总人口增长的影响而言,如果我们考虑到人口变化对物价和边缘群体的影响,人口变化对王室酬赏需求有着更为巨大的影响。

有限的可耕地、有限的政府职位和宗教职位、有限的王室酬赏金,这些都导致执着于王室酬赏的那些人之间因分赃而产生的派系斗争日趋激烈(Morrill 1974; Hirst 1975; A.Fletcher 1975; A.H.Smith 1974)。一旦一个绅士家庭要求国王加官晋爵时,另一个作为竞争对手的绅士家庭立马就会求助于郡县里的贵族或者宫廷里的一个朋友以保护自己的利益。天主教徒和圣公会教徒之间的地方冲突、新绅士和旧绅士之间的地方冲突、国王在沼泽地排涝项目与林地项目上的那些合作伙伴与未能参与这些项目的那些人之间的地方冲突,所有这些人都致力于追求官职和社会影响力,结果就形成了竞争性派系,各自支持自己中意的人。(K.Sharpe 1978b; C.Roberts 1977a; W.Hunt 1983)“这样,主要议员之间的紧张关系和分裂状况也恶化了郡县内部绅士之间的关系,而地方绅士之间的争斗和吵闹也进一步加剧了朝廷里的紧张关系”(A.H.Smith 1974, p.48)。英国最为著名的分裂是“宫廷”和“乡村”之间的分裂,我们可以把这种分裂恰当地描述为派系之间的分裂——一些人紧紧依靠国王,另一些人则甚少能获得王室的任用与项目——这种分裂贯穿于所有类型的精英,并存在于各级政府之中(Russell 1979)。

尽管詹姆士一世极大地提供了王室酬赏津贴的开支,数量可能达到伊丽莎白时期的10倍,但是,就其实际价值来说,这种开支仅仅增加了1倍(L.Stone 1965, p.775)。这种开支的增加远远不能应付绅士家庭数量增至3倍时的需要以及人数增长更多的年轻人对朝廷帮助的需求。查理一世时期,国家财政困窘,这意味着王室酬赏金支出的削减,以当时英镑的名义价值来计算,仅仅是伊丽莎白时期的2倍,如果按照实际价值来计算,就更少了,但是寻求王室资助的人却数量激增。实际上,这是大规模的精英位移。因此,“各个阶层的人数都大为增加,职衔分配的明显不公逐渐对统治阶级形成沉重打击”(L.Stone 1965, p.124)。

对于英国革命中的敌对双方来说,年轻人这个问题似乎既增加了双方的人手,又使得革命更加暴力血腥。D.赫斯特(D.Hirst)曾提及:“17 世纪 40 年代和 50 年代,议会官僚制政体中年轻人数量不成比例……,这意味着至少[国王的]某些期望彻底落空了”(Hirst 1986, p.18)。然而,保皇党人那边的年轻人也同样渴求职位。埃弗里特指出:“[1642 年]情况的恶化,似乎是由于国王军队中的无地青年数量过多而造成的,这些无地青年没有财产,因而无法在乡村立足,除了参军外,他们找不到其他工作,他们几乎没有资源能维持自身的绅士地位”(Everitt 1969, p.49)。简而言之,绅士阶层中数量庞大的年轻人,国王无法为他们提供酬金或职位,这些为数众多的年轻人愿意站在声称要掌握自己未来命运的那些人一边,因而造成了那些岁月里社会的反复动荡。

如上所述,1660 年之后,社会流动急剧减少,因而,毫不奇怪的是,自此以后,地方精英之间的争斗也明显减少了。与 16 世纪后期 17 世纪早期形成鲜明对比的是,1660 年之后,治安法官的任命数量足以满足绅士的需求,实际上,地方议会中的许多议席经常空缺,因为缺乏对议员席位感兴趣的人(Rosenheim 1989)。18 世纪早期,各个地方委员会中的许多议程都显示出了党派合作的特色:“尽管政党之间有差别,但是在奥古斯都式的英国,所有的郡县精英都具有人们未曾深刻认识到的,却实际存在的一致同意、休戚与共的妥协能力”(Rosenheim 1989, p.125)。

精英内部冲突有所变化的另一个特征是民事诉讼的数量,人们可能认为,由于 1660 年之后商业迅速发展,民事诉讼肯定也会增加,然而这种认识并不符合事实,实际上,民事诉讼的数量与社会流动和社会竞争的水平是紧密相关的:“1640 年的时候,威斯敏斯特中央法院审理的案件,就人均而言,比此前或此后的任何时间都要多。但是一百年后的 1750 年,习惯法所打击的对象似乎在显著减少”(Brooks 1989, p.360)。诉讼案件的下降在绅士阶层中特别明显:从 1640 年到 1750 年,作为原告或被告而出现在皇家民事法庭的绅士,其数量的下降超过 65%。1750 年至 1830 年,社会流动再度加速,恰如我下面分析的那样,民事诉讼案件也再度增加(Brooks 1989, pp.362, 384)。因此,绅士之间的法律纷争似乎更多的是由于之前的社会流动和社会竞争的程度,而非英国商业活动的扩张。

尽管众多的社会流动研究都把关注点集中在土地精英身上,但是值得注意的是,这种模式也见诸城市精英。P.克拉克和P.斯莱克曾注意到:“17世纪后期以前显露出的迹象是,大城市中的经济精英中存在着快速的精英循环”,城市领袖之间也冲突不断。但是,此后随之而来的是“开始分享稳定的财政收益”,一个由稳定的城市寡头集团统治的历史时期开始了(P.Clark and P.Slack 1976, p.118)。

沃勒斯坦把17世纪英国精英的内部冲突归因为:“16世纪的经济扩张,使得官僚集团作为一个阶级得以闪亮登场,这个官僚集团与统治阶级的关系还不确定。”(1980, p.121)尽管我们不会接受所谓的一个独特的、新兴的“资产阶级”这种说法,但是,我们也认为,不断上涨的物价和不断扩大的获利机遇,创造了一种新的社会形势,在这个新的社会形势下,各个郡县中那些传统的显赫家庭其支配地位逐渐变得“不确定”起来。不断增加的向上社会流动和向下社会流动意味着,公职特权和郡县控制特权不再是安全可靠的了,相反的,由于渴望进入精英阶层的人数不断增加,对优先权的争夺日益激烈。朝廷官员、由雄心勃勃的自耕农上升而来的乡村绅士、国内贸易商人以及外贸商人,都纷纷要求获得认可、得到擢拔,而这些人又都四分五裂、相互争斗。此外,我们同意L.赫克伯格(L.Hochberg 1984)的看法,他认为,在那些最为商业化的郡里,反对国王的势力最为强大,这些郡主要是东南部各郡以及有海岸或河流联结主要商道的那些地区。毕竟,正是这些地方为自耕农和绅士提供了极大的机遇,使他们能够从不断上涨的物价中获益,并实现自身的社会流动;这些地方也有着英国数量最多的绅士,这些绅士认为自己的地位是靠自身的努力获得的,他们对保卫自身财产免遭国王侵夺的兴趣要超过支持传统权威。

不过,关键的问题是,为什么16世纪和17世纪早期会出现物价上涨和经济扩张,从而为那场非同寻常的社会流动提供了机遇。1650年至1750年间英国在世界经济中的作用,比1550年至1650年间有着极其重大的提升,1750年,英国出口额是1650年的3倍,英国在世界贸易中占据主导地位,而1550年至1650年间,英国的出口贸易停滞不前,英国慢慢地从西班牙和荷兰的阴影中走出来。然而1650年至1750年间，英国的社会流动并不太大。1550年至1750年间英国汹涌澎湃的社会流动，其基础是不断上涨的物价所带来的许多机遇，而物价上涨并不取决于国际贸易[进口金银，特别是1650年之后东印度公司的海外贸易，给英国带来了前所未有、数量极大的贵重金属(Chaudhuri 1968)]，而是取决于英国人口的扩张。人口变化又取决于死亡率的外生变化，这种死亡率的外生变化极有可能是由于传染病发病率的变化所引起的。因此，如果我们认为，英国革命中，精英的内部冲突是由于不断发展的社会流动造成的，这种社会流动导致精英之间为了地位和名望而展开竞争，那么，显而易见的是，自发的人口变化就为此提供了关键的杠杆，撬动了土地占有和精英名望的传统模式。

的确，社会流动模式并不能使我们对特定个人的忠诚问题作出精确分析。尽管有些研究业已揭示一些些微迹象，相较保皇党人而言，国会支持者之中更多的是“新精英”，然而，试图从其阶级背景来探究特定个人的忠诚问题，这样的研究绝大多数以失败告终(Antler 1972; R.Ashton 1978, p.80)。其实，我们可以学学物理学家，他们虽然不能描绘出单个粒子在气体中精确的运动轨迹，但是，只要知道一束粒子的温度，他们就可以推断出这束粒子的总体运动状况。历史学家或者社会学家也可以在坚实的基础上来描述群体行为，关于这一点，人口和物价发生巨大变化之后精英的重组，似乎对精英**整体**日渐增加的不安全感以及精英分裂都有影响。简而言之，恰如不断上升的温度加快了气体的运动一样，不断加快的精英循环和精英位移促使精英们四分五裂，碎化为众多的小集团，这些小集团对于一场严重的政治危机并不能作出一致的回应。

1640年，当国王承认破产并向国会寻求帮助时，对国王的种种态度就反映出此前几十年间各自的不同经历，尽管国王的外交政策、对林地罚金的操控、出售职衔以及征收船税都招致普遍反对，但是精英的团结并没有形成牢固的基石。精英之间并不和谐，竞争气氛与竞争性利益冲突逐渐蔓延开来(Kishlansky 1977; A.Fletcher 1981)。

苏格兰人的入侵、国王的破产以及广泛的动乱，形成了一场政治危机，但是，比之亨利八世与教皇的冲突、詹姆士二世出逃以及1688年威廉三世的入侵这些事件所导致的危机,这场政治危机并非更加严重。但是,唯独17世纪40年代的这场国家危机导致了内战。在精英们形成一个共识的过程中,17世纪40年代非常独特,这个共识关涉的是,这场危机应该如何管理、由谁管理才不至于发生和扩大。英国没有成文宪法,也缺乏完备的官僚制,因而完全依赖这种共识来维持国家的存续。面对苏格兰军队的入侵、伦敦人民的揭竿而起、爱尔兰人的起而反抗所造成的种种严重问题,精英内部的四分五裂导致了竞争性政治,致使政府瘫痪(Kishlansky 1977)。因此,虽然满心不情愿,但是,若要快刀斩乱麻地解决精英争斗,借助于公开冲突业已无可避免。

17世纪40年代,地方冲突进一步促使精英的全国性分裂,“保皇党人与议会主义者之间的分裂……为在新旗帜下继续进行旧战役提供了机遇”(Howell 1982, p.76)。在各个郡,“那些竞相声称自己拥有优先权的绅士,都把这种公开冲突视为检验力量的理想时机”(Morrill 1974, p.34; Everitt 1973; H.Lloyd 1968; A.Fletcher 1983),这种情况与1688年形成鲜明对比,1688年的时候,物价相对稳定、家庭相对稳定、社会相对稳定的情况业已持续了一代人,精英们已经能够以更高程度的目标一致性来面对一场类似的政治危机,而这种高度的目标一致性在17世纪40年代并不存在。

我们希望能够找到一种办法,来测度精英之间对抗和竞争的程度,这种测量办法不必过度依赖宏观经济通常使用的两个指标:社会流动和土地出售。这种办法有助于我们查明从17世纪早期到晚期精英内部冲突和争斗的程度是否有所变化,因此,让我们首先来分析一下作为精英后备库的一个主要场所:大学与伦敦四大律师学院。

大学的扩张:精英社会流动与社会竞争的指针

都铎王朝和斯图亚特王朝时期的英国,各个层面的教育事业都有所扩张,这是因为印刷出版业不断发展,城市读者不断增加,这就形成了一个大众文化市场(Levy 1982)。尽管总体识字率的不断提高是社会长期发展的趋势之一,但是只有高等教育才能作为文化兴衰的独特标志。1540年至1630年,牛津大学、剑桥大学以及伦敦四大律师学院(习惯法高级人才的培养中心)的年度招生增加了400%(L.Stone 1974; Prest

1972)。然而,英国革命之后,招生数逐渐减少,1750 年,牛津大学和剑桥大学的招生数比 17 世纪 30 年代下降了 50%(L.Stone 1974; Prest 1972; Knafla 1972; Lemmings 1985)。

显然,这种招生数的变化并不仅仅是人口总数变化的结果:1630 年以前,大学招生的增长远快于总人口的增长,然而 1630 年之后,招生数急剧下滑,人口总数却没有多大变化。柯林斯认为,大学扩招意味着“证书危机”,追求学位的人数增长超过了专业人才所能找到的就业机会(1981)。实际上,人们普遍认为,大学“为太少的职位准备了太多的人才”(Curtis 1962, p.27)。但是,人们很容易把大学招生的盛衰理解为都铎王朝后期和斯图亚特王朝早期精英们高度的社会流动和职位竞争的结果。尽管对于一部分大学学生来说,获得学位是一个重要目标,因为这关系到将来所从事的律师职业或者教会职业,但更多的学生寻求的是一份“文化证书”,以便融入精英阶层,使其举止优雅以便社会认可其绅士地位(Kearney 1970)。

大学扩招有两个主要生源,扩招生源中增幅最大的是贵族、准男爵和骑士的年轻子嗣,从 1580 年到 1639 年,这些年轻子嗣的数量增至 4 倍,这也反映出精英家庭后代的高成活率。对于这些青年人来说,大学教育为他们将来谋求有利可图的朝廷职位和教会职位、维护自身的社会地位提供了希望。然而,扩招生源中数量增加最多的却是约曼、商人、缙绅的年轻子嗣,这些年轻人试图提高或巩固他们家庭的社会地位(L.Stone 1974)。1577 年,威廉・哈里森(William Harrison)曾注意到,许多自耕农“购买那些生活奢靡的绅士的土地,他们常常把儿子送往……大学,以及伦敦四大律师学院,……试图通过这些办法把他们那些不成器的儿子变成绅士”(Palliser 1983, p.90)。

因此,大学教育变成了法宝,在一个社会流动加快、竞争加剧的时代,对优先权的主张常常导致激烈竞争,这时,大学教育就成为巩固社会地位的法宝。到 17 世纪 30 年代,大学教育在绅士阶层中近乎普及:根据 J.H.格里森(J.H.Gleason)的调查,1562 年,六个郡的治安法官中接受过大学教育或者伦敦四大律师学院教育的,不足一半,到 1636 年,接受过这些教育的已达 84%。

然而,英国革命之后,当社会流动逐渐停滞的时候,对文化证书的需求逐渐减少。当儿子成为家庭财产唯一继承人的时候,当家庭地位不再遭遇新来者竞争的时候,对大学教育的需求也就急剧减少,家庭教师以及一趟欧洲旅行就足以满足教育需求(Stone and Stone 1984, pp.264—266)。当各郡统治阶层稳定不变、他们的社会地位高枕无忧的时候,正规的证书也就没有多少价值了。因此,N.兰多(N.Landau)曾发现,与1640年前的模式正相反,1679年至1761年间,肯特郡的治安法官中只有四分之一到三分之一曾接受过大学教育或者伦敦四大律师学院教育(N.Landau 1984, pp.378—379)。

因此,16世纪后期和17世纪前期,显见于大学教育之中的证书需求以及大学招生的盛衰,就成为衡量精英竞争程度的一个有益的指针。

贫民、清教徒与"中产阶级"

英国革命的两个因素:王室财政危机、精英之间急剧增强的竞争感与愤愤不平。然而,第三个、同时也是一个关键的因素是,英国存在着为数众多的商人、技工、学徒以及工人,这些人构成了"中产阶级",这个流动的群体是国会领袖可以集结起来用于对抗国王及其伦敦盟友的一支力量,这个群体首次登台亮相是在伦敦以及各个乡村举行的自发游行示威。一部分精英把这种游行示威视为社会秩序的威胁,因此要求国王这个传统秩序的最终保卫者采取铁腕手段。萨维尔(Saville)勋爵看到局势微妙,因而强烈要求国王采取妥协措施:"我不愿意看到……国会大规模削弱[国王]的权力,从而让民众来统治我们这些人"(引自 Morrill 1976, p.36)。因此,民众的骚乱倒是帮了国王一个忙,使国王能够在1642年吸引一批保皇党人,而这是1640年时所没有的。但是,另一部分精英却把民众动乱视为一个机遇,以乘机恐吓国王屈从于他们提出的关于减税、大臣的选用、宗教政策和外交政策的一些要求(Hexter 1978; W.Hunt 1983)。所以,不管是被看作威胁还是资源,高度的社会动员潜力,特别是伦敦的社会动员潜力,是英国革命得以发生的一个关键因素(Manning 1976; Pearl 1961; Lindley 1982; A.Fletcher 1981)。

当然,英国革命还有第四个因素,这就是政治上激进的清教主义。起初，清教主义是作为英国国教内部的一种和平改革运动而出现的。伊丽莎白女王时代，一些重要的主教都是清教徒，到了詹姆士一世时期，清教徒牧师宣扬服从国王是一个最重要的美德（Woolrych 1968；Richardson 1973；A.Fletcher 1975，W.Hunt 1983；Kenyon 1978；P.Clark 1977；McGiffert 1980）。但是到了17世纪20年代和30年代，清教却日益转向政治激进主义。为什么会产生这种变化呢？这种激进主义的清教为什么会吸引如此众多的中产阶级和精英呢？

贫民与示范效应

贫民在英国革命中除了充当旁观者外，并不扮演任何角色。然而这并不意味着，贫民对于解读英国革命就是无足轻重的。从《济贫法》到清教牧师的布道，都显示出，16世纪晚期和17世纪早期，英国的精英对于贫困问题越来越关心。为了理解这种关心何以如此，我们需要注意的是，伴随着英国人口的大规模扩张，贫困的本质发生了重大变化。

16世纪早期，英国的贫困问题几乎不为人知。穷人逐渐分为一些相应的类型：老年人、精神障碍者和肢体残疾者、寡妇及其家庭。工作年龄段的青年男性、成年男性家长健在的家庭都不属于穷人。然而，在16世纪英国的发展过程中，这种情形却产生了变化。由于土地供给和就业岗位不能跟上人口增长的步伐，为数众多的男子及其家庭就无法维持贫困救济线以上的生活（Pound 1971）。这些人的数量不断增加，这在许多关于16世纪晚期17世纪早期的迁徙研究中都有所记载，这些迁徙问题的研究揭示出，居家迁徙的数量有着令人震惊的增长（Slack 1974；Beier 1974；Kent 1981），同时，在各个地方来回游荡以寻找工作的青年男子，其数量也有巨大增加。16世纪和17世纪的许多文献批评不断扩张的军队是“强横的乞丐”、“无人约束的人”（Hill 1972，1975）。科尔曼曾说道：“流氓无赖、游手好闲之徒以及小偷窃贼数量大增，民怨沸腾，1573年……众议院证实，经济发展未能为不断增长的人口提供充分的就业岗位”（1977，pp.18—19）。

这些人造成的问题远不止偷盗和乞讨，当然偷盗和乞讨现象也在快速增加（J.Sharpe 1982；W.Hunt 1983）。16世纪晚期和17世纪早期，粮食暴动的发生频次不断增加，精英们感觉到，这是对社会秩序的一种威胁

(Walter 1980; Walter and Wrightson 1976; Hill 1972)。16世纪晚期《济贫法》颁布实施,就是为了抑制这个问题,该法通过对郡县征税以救济穷人,这就意味着,随着贫困问题不断加剧,对地方社区的征税也就不断加大。更加严重的是,16世纪70年代之后服装出口贸易停滞,17世纪早期人口不断增长,通货膨胀日趋严重,服装出口贸易的下降更趋恶化,这时,对肢体健全的穷人进行的救济所占的份额,使得“单个教区实在是无法面对,更不用说解决问题了”(Walter 1980, p.73)。例如,17世纪头10年到30年代,在埃塞克斯郡的许多教区里,穷人所占的比例(需要对纳税人征税以筹集给予这些贫困者的救济金)增至2到3倍(W.Hunt 1983, p.236)。

因此,穷人造成的问题是社会动荡日益严重、救济成本越来越高。在中产阶级和精英看来,贫困问题的极大加剧是个令人讨厌的麻烦事,而在他们的社会中,游行示威也是极其错误的。这些问题都需要社会改革来开出药方,以保障财产权和社会秩序。清教就给出了这样一个药方,并因而吸引了中产阶级:小工厂厂主、服装商、农场主和自耕农,以及受到社会动乱威胁最大的那些地方的地主。因此,贫困问题的加剧在革命条件的成熟中扮演了关键角色,之所以这样说,并不是因为穷人都是清教徒或革命者,而是因为贫困者的“示范效应”:流浪者不断增加、骚乱和粮食暴动、对穷人救济的成本不断上升,这些都促使各个阶级的许多群体翘首以盼伟大秩序和社会改革的药方。当国王的权威衰落的时候,这种共同点就成为人员广泛的变革同盟的基石,他们松散地集结在清教周围,反对英国国教会和英国国王。

再者,就像国王的财政困难问题一样,我并不认为1540年至1640年人民的生活困难是以直线方式发展的。确实,曾经有过一些年份实际工资增加缓慢,比如16世纪60年代,也确曾有过特别严峻的一些年份,比如16世纪90年代,当时严重的歉收造成了巨大的困难。但是对于政治危机而言,重要的问题并非实际工资水平或者贫困。社会动员只有和国家财政压力、精英反叛国王结合起来,才能发挥重要作用,此后,重大的公众行动才有机遇,才能发挥引领作用。

从1500年到17世纪30年代,实际工资水平逐渐下降,但是,工人的生活困窘并不具有政治危险性，直到1600年之后，工人的生活困窘与三个不断加速发展的关键趋势结合起来，政治危险才逐渐出现。其一，1600年之前，土地租金的上涨大大落后于物价上涨，这使得自耕农和自由佃农能够从通货膨胀中获利，但是此后，地主们就极快地提高了地租，因而，农民中的不满情绪开始上升，并因之增强了制造业从业者的不满。实际上，在许多地方，那些心怀不满的人都是完全一样的人，都是既涉足农业又涉足制造业的那些人，他们根据季节和家庭规模交替从事这两种行业。其二，1600年之后，精英的利益竞争以及对于外交政策和税收政策的冲突开始与精英和宗教权威及宗教典礼的冲突交织起来。精英对教会的不满成为凝聚下列群体的共同点：遭受朝廷侵害的精英、遭受朝廷支持的地主侵害的斯夸特和工匠（这些地主试图圈占林地和沼泽地）、遭受不断增加的税收和皇家专卖证侵害的城市技工与商人。其三，城市的发展，尤其是自由民的增多，加上不断加剧的精英竞争，动摇着城市政府的寡头统治。精英呼吁公众的支持逐渐成为一些中心城市日常政治的一大部分内容，比如诺里奇市（J.Evans 1979），也为伦敦的市民起义准备好了条件（Pearl 1961）。

为了理解17世纪30年代这三个各不相同的关键趋势是如何交织起来、从而形成了跨阶级的反对现政权的重大力量，让我们深入分析一下清教的信仰。

清教的思想体系及其吸引力

清教是一个误导性的标签。我们现在会称之为“清教徒”的那些最为杰出的领袖之中，有许多人拒绝接受这个名称，早在17世纪20年代，约翰·皮姆（John Pym）就拒不接受“清教”名称，认为这个名称有误导性含义，会被人理解为热诚的新教徒（A.Fletcher 1981）。国王使用这个名称给其敌人贴上标签，以暗示他们都是离经叛道的极端主义者（Russell 1979），因此，恰如露西·哈钦森（Lucy Hutchinson）在其回忆录中所说，“如果要让一个人感到痛心，让他在王国里名誉扫地……或者对一个人实行不公正的压迫……他是一个清教徒；……而如果人们认为他是清教徒，那么，他就是国王及其王国政府的敌人……如此错误的逻辑就连懵懂幼童都会使用”（引自 Lamont and Oldfield 1975）。我们现在所说的

“清教”在过去曾被广泛理解为“世俗的圣公会”或者“热诚的新教主义”(M.Schwarz 1982)。

“热诚的新教主义”起初是作为英国教会内部的一个改革运动而产生的，起初并不反对国王。伊丽莎白曾任命过许多改革派主教，这些世俗布道者宣扬：“保护传统的社会制度和政治制度……保护传统价值观”(L.Stone 1972, p.102)。作为最知名的改革派牧师之一，威廉·珀金斯(William Perkins)曾于1612年说道：“因此，上帝赋予国王权力，给予国王合法的代理权、权力和权威，不仅要宣示和执行上帝的法律，而且要为……他们的人民判定和实施国王自己的良法和益法”(引自 Woolrych 1968, p.91)。诸如托马斯·亚当斯(Thomas Adams)、罗伯特·博尔顿(Robert Bolton)、约翰·道曼(John Dowmane)这些清教牧师也同样能言善辩，并且热衷于保护国王的权威。科林森(Patrick Collinson)指出，伊丽莎白时期的清教是一个保守的改革运动，得到各个地方当权人物的保护和支持。17世纪30年代之后，国王的政策遭到抨击，但是，遭到挑战的是权力的滥用，而非权力本身(1982)。恰如K.沙普(K.Sharpe)所言：“17世纪20年代以前，革命的清教主义还是一个十来岁的孩童”(1978a, p.23)。

宗教改革的热潮之所以出现，部分原因在于教会自身未能应对好人口增长和通货膨胀的挑战。在许多教区里，教会“收到的赞助金……支付给[牧师]的薪水相比一个世纪前要少得可怜”(Hirst 1986, p.63)。因此，许多牧师的生活并不比一个工人的日常生活水平高。此外，分散的教区，比如萨塞克斯郡和肯特郡的教区，以及迅速发展的市镇，都意味着，那些为了应对16世纪的社区需要而建设的教区教堂和教区组织，在迅速发展的社区面前，几乎应接不暇。因此，这些教堂和教区组织无法满足教众的需要，实际上，“在那些敏感的岁月里，教会对于许多民众几乎无能为力”(Hirst 1986, p.62)。当社会动荡日渐增多时，既有的教会对基层民众的影响力却在逐渐下降。因此，民众只得转向那些有望治愈其社会病症的思想观念。

对中产阶级和众多精英具有吸引力的思想观念是“克制文化”，面对不断扩大的贫困和流浪、盗窃和社会动乱这些问题，清教牧师要求信众节欲、自我克制、心怀热忱，以此追求道德正义。这种“清教伦理”与资本主义关系不大。

> 如果说，资本主义精神包括不断追求财富积累、愿意冒险追求高额利润，那么，牧师们在其权限内所做的所有事情都在抑制这种精神……，清教乌托邦看起来与资本主义相距甚远……资本主义要求……绝大部分家庭要依靠雇佣劳动来维持生活，[清教牧师]对此予以明确反对。他们的社会理想与托马斯·杰斐逊非常接近……一个神圣的共同体应当是由许多独立的生产者组成的社会——就像马萨诸塞州那样。勤劳的工人应当拥有一定数量的财产……应当没有剥削存在，因为……高利贷和压迫，就像巫术和偶像崇拜一样，在上帝的子民中是没有位置的。(W.Hunt 1983，pp.127—128，138—139)

对清教徒来说，可以把人分为两类：穷人和独立的有产者，穷人缺乏收入来源，独立的有产者拥有一定的财产。危险的事情是，由于懒惰或者挥霍浪费，或者极端堕落，第二类人跌入第一类人之中。不幸的是，谴责酗酒是魔鬼干的事情、要求勤奋节俭这类说教，并不能解决当下的种种社会问题——也就是说，人太多而土地和工作岗位太少。17 世纪 20 年代和 30 年代，随着失业率的上升、工资的持续下降、社会动乱的日渐增多，热忱的清教徒们看到，他们正在与一个强大的对手作斗争，因此，必须找到替罪羊，为持续恶化的经济秩序和社会秩序顶罪。

替罪羊倒是很容易找到，“但是对于那个时代的清教徒绅士们来说，困难的问题是勾画出一个威胁，这个威胁不能有一丁点意思指向那个天主教野兽[罗马教皇]。英国人又普遍认为，英国人的权利受到宪法的充分保护……，因此，这个构想出来的威胁必须是源于宪法之外的。那么，除了把那个国王说成基督敌人之外，还能到哪里去找呢?”(W.Hunt 1983，p.202)如果穷人继续不断增加、不守规矩，如果社会制度不稳，如果国王行将破产，魔鬼就会跑出来兴风作浪。又因为王国的财富最终得依靠国王及其国家政策，因此，现在的问题必定源于国王的政策错误、特别是与教皇打交道时的轻率政策。国王那个天主教徒王后，国王出售荣誉和公职、操控皇家专卖证和税收所反映出来的宫廷腐败，特别是宫廷领导的用以恢复圣公会重大典礼和主教权威的阿米尼乌斯运动，这些举措都等于打教皇的耳光，说明国王已经站到英国的敌人一边。假如国王有偿债能力,假如经济运行良好,假如社会秩序稳定,那么,也许威廉·罗德(William Laud)的教会改革就会备受称赞,夸赞他的改革措施增强了教会的权威和威信。但是,事实正相反,罗德的改革措施与天主教会的类同之处,使其饱受嘲笑,人们指责这是天主教徒阴谋的一部分,是造成英国财政问题和社会问题的原因。

要理解清教为何会对革命者产生吸引力,重要的问题是,要认识到清教是一个改革运动——反对腐败、天主教教义以及教皇制度,清教提出这些观点作为医治国家病症的万能药方。因此,“绝大多数国会议员有固执的反天主教思想”(Morrill 1976, p.15)。约翰·皮姆(John Pym)本人认为自己既反对教皇也反对英国国王(Russell 1979; A.Fletcher 1981; Clifton 1973)。就英国全国来看,清教徒牧师“把敌意从原先直接指向所有富人改变为指向上层阶级中的一部分人,这些人固守旧的宗教教义,或者明目张胆地忠于国王……天主教,并推而广之,把所有保皇党人定为所有困难的替罪羊,否则英国的男女老少就无法理解。[因此,比如]纺织工人就谴责是天主教造成了服装出口危机”(W.Hunt 1983, p.309),实际上,服装出口危机的原因在于对食物的过度需求以及对工作岗位的过度竞争,对食物的过度需求会降低服装产品以及纺织工人工资的相对价值,对工作岗位的过度竞争会降低就业工资水平。在动员绅士以及中产阶级以支持国会的过程中,对“天主教阴谋”的恐惧是一个关键因素(Hibbard 1983)。因此,革命的清教主义应该被更为准确地描述为一个混合体,它结合了英国的新教民族主义、对英国人的传统生活方式和经济智慧的保卫、对国王触犯天主教会的所有政策的抨击,它绝非纯粹的宗教现象。革命的清教主义从当时的财政问题和社会问题中抓住了改革的关键问题。

当然,国王对这些问题并非无动于衷。17 世纪 30 年代,查理一世所采取的许多政策在应对社会失序方面已经取得某些成功,特别是 1631 年枢密院颁布的内容详尽的《指示条款》,激励了地方治安法官更加用心去保障食物供给、控制流浪现象、管好贫困救济。但是,皇家政府从未能够完全执行这些政策,因为“执政精英开始分裂……,倡导[朝廷要有]效率、节俭和克制的一些新生代鼓吹者与那些随便的、惯常贪腐的老官僚争斗不休……,在枢密院里,新教徒与天主教徒和秘密天主教徒争斗不休……,英国圣公会也分裂了，[还有]许多世俗廷臣和世俗官员受到猜忌，在进行世俗管理和执行世俗政策时遭受到主教们越来越多的干预”(L.Stone 1972, p.127)。最为重要的是，国王所要应对的是一个根深蒂固的结构性问题：不断增长的人口和经济发展之间的平衡问题，因为经济发展未能以人口增速那样同样的增幅提高粮食产量、增加工作机会。因此，朝廷的花言巧语并不能阻止实际工资的下降以及连年的粮食缺口。相反的，社会问题正成为政策分歧的根本问题，导致朝廷的分裂与地方精英的分裂。

革命的清教主义缘起于公众普遍感受到的社会问题，这一点在英国君主制复辟之后清教的命运中明显反映出来，君主制复辟之后，英国人口保持稳定，致使物价稳定、实际工资上升、社会动员急剧减少。M.沃尔泽(M.Walzer)曾注意到：

> 清教的思想意识是对现实问题的反应……，是应对个人问题和社会问题的实践尝试。君主制复辟之后的那些年代里，英国政治中激进圣徒消失无踪，这意味着……这些个人问题和社会问题仅局限于国家崩溃时期……在危机和社会大动荡中，[激进的]加尔文主义得以产生和发展，随着危机和社会大动荡的条件不复存在，加尔文主义这个作为危机和社会大动荡不可或缺的创造性力量也就无法存在……，复辟之后，加尔文主义的精力转向内身，它的政治抱负也被人们遗忘，圣徒让位于非英国国教徒(1974, pp.300, 312, 316)。

但是，在17世纪早期，清教的吸引力超越了阶级界线。

英国革命中的公众因素：社会变化与清教同盟

17世纪早期，英国乡村的许多土地都租给了大佃农，他们密切监视雇佣劳工进行耕作。英国中部地区的绝大部分属于这种情况，在这些地方里，农民起义的可能性极低。因此，如前所述，16世纪晚期和17世纪早期，社会动乱的主要发起者并非定居的农民，而是农村中的工匠、沼泽地和林地边缘社区的斯夸特以及城市市民，特别是伦敦市民。

最近，昂德当与A.休斯(A.Hughes 1987)提出了一些证据，这些证据证明，英国某些地区的生态条件与该地区对国会的支持程度有关。他们发现，在沃里克郡、萨默赛特郡和德比郡，尽管绝大部分绅士属于中立主义者或者保皇党人，但是，纺织工人、自由佃农以及市民都支持国会，这就使得支持国会的少数派绅士能够控制这些郡（A.Hughes 1987，p.151）。在所有这些郡里，尽管广大农业区极为忠诚于保皇党人的事业，但是，林区、沼泽区、木材产区和畜牧业地区的工薪者和寮屋民众都强烈支持国会党人绅士。

恰恰是这些林区、沼泽区、木材产区和畜牧业地区以及纺织业地区和市镇，在物价变化中遭受到的损失最大，物价变化导致食物价格相对于工资和工业产品价格的相对上涨。也恰恰是这些地区，接收了来自定居区的大量移民，这些地区也就更为动荡不安，在粮食歉收的年份，这些地区常常爆发粮食骚乱。再者，1642 年，也正是“沼泽区和林区又再次爆发[骚乱]，……到 1642 年，东部各郡的一些地方事实上已经处于造反状态”（Underdown 1985，p.136）。

昂德当进一步分析道，恰恰是在那些教会和绅士的影响逐步衰落的地方、那些生活水平受到冲击而下降的地方、那些犯罪率快速上升的地方，中产阶级最有可能受到清教文化的吸引。显然，这种情况反映出人口增长和通货膨胀对于不同社区民众的影响有所不同。在市镇、纺织区、林区和沼泽区，恰恰生活着那些对于人口变化和物价变化的应对能力最脆弱、因而处境最为不利的群体。正是这些地区的中产阶级民众，最愿意追随国会领袖反对国王与英国国教圣公会。

如果我们想要弄清楚，作为少数派的国会党人绅士是如何能够坚持反对国王，并最终击败国王的，这个国王当时仍然得到许多郡领袖的衷心支持，那么，我们就不能低估**联盟**的力量，这个联盟是在截然不同的社会群体之间建立起来的：中产阶级和国会党人。这个联盟并不反映他们之间有多少共同利益，更多的是反映了在一个共同目标之上的不同利益的联合。

对于国会党人绅士而言，主要的利益在于重建国王与议会之间统治权力的平衡，这种权力平衡应该尊重私有财产、限制王室特权的使用、保护新教免遭腐化堕落以及教皇的控制。对于市镇、纺织区、林区和沼泽区的中产阶级而言，主要的利益在于能够得到便宜的面包、稳定的就业机会、政府各部门能够关注他们的问题并帮助维持社区秩序使其免于紧张状态、减轻税收负担，另外，在林区和沼泽区，国王及其盟友应当停止征收斯夸特的土地然后将其商业化。但是，对于这两种不同的群体来说，达成这些目标的途径却是一致的：惩罚国王、保护国会。

总而言之，如果我们孤立地看待英国革命的各个因素，我们就不可能理解这场革命。革命的根本特征是社会秩序的全面崩溃，从而导致冲突以及新的社会力量同盟。国王与精英就财政问题产生的冲突与精英分裂是交织在一起的，而精英分裂又是与社会不满交织在一起的。结果是，民众的拥护又加剧了精英分裂，使得国会党人能够发起一场反对国王的战争。

社会动员潜力的测量：实际工资、年龄结构与城市化

如前所述，精英之间的竞争反映于大学教育经历的流行以及大学的扩招。但是，如果精英的社会流动和地位竞争能够用大学扩招来粗略地估算，那么，我们如何估计总体的政治动员潜力呢？

社会失序的关键因素在于粮食价格的上涨，这反映出实际工资的下降。如前面分析的那样，1500 年至 1750 年间，粮食价格和实际工资的变化与英国的人口变化紧密关联，到 17 世纪 40 年代，实际工资水平跌落到 1300 年之后的最低点，相较 16 世纪早期下降了 50%。然而，对于资本主义来说，实际工资的下降并不见得是什么好事。制成品相对价值也在下降，再加上 16 世纪晚期 17 世纪早期布匹市场的萎靡，这些都意味着获利的机会越来越少。此外，工资的下降并不局限于按日计酬的临时工，技工的工资也在下降(Phelps Brown and Hopkins 1962b)，而技工的工资一般来说是临时工的 3 倍。简而言之，技工、工匠、店主以及商人都面临着同样的问题：食物价格的上涨远远快于劳动力价值以及劳动产品价值的上涨。

这些社会不满所造成的政治后果由于资本规模的扩大而急剧放大。从 1500 年到 1640 年，伦敦人口增至 8 倍，从 5 万人增至 40 万人，如果粮食供给充足、就业机会充分，这种人口增长并不会造成什么麻烦，但是伦敦的人口增长需要英国东南部提供粮食，这会加剧粮食短缺，导致要求停止运粮的暴乱不断扩散。“粮食暴乱遍及诺福克郡、埃塞克斯郡、肯特郡、萨塞克斯郡、赫特福德郡、汉普郡以及泰晤士河谷地带，之所以如此，都源

于人们担忧地方的食物会被汲取出来以满足大都市的需要。在其他地方,城市需求在动乱的产生中都起着类似的作用……,布里斯托尔的需求就是格洛斯特郡、威尔特郡以及萨默塞特郡那些骚乱的原因”(Walter and Wrightson 1976, p.27)。

最近一些研究革命的理论家常常强调农民在重大社会革命中的作用,而市民的集体行动却被忽略了(Skocpol 1979; Wolf 1969)。因此,有一些学者就指出市民群体在现代革命中的关键作用,比如在俄国、伊朗、尼加拉瓜和古巴所发生的现代革命中市民的作用,以此来修正过去的农民中心论观点(Bonnell 1983; Gugler 1982; Dix 1983)。然而,不光是过去的理论,就是我们现在的理论也甚少有关注早期城市起义的。1640年至1642年间伦敦的集体事件、1848年柏林和维也纳的集体事件,作为国家崩溃的推动性力量,与农民起义同样重要。在现代早期的革命和现代革命中,中心城市发生的大规模集中化社会动员值得我们仔细研究。当人口增长而经济资源和国家资源十分有限时,城市就是个极端危险的爆炸物,这是因为,当实际工资下降、城市治安管理难以跟上城市扩张的需要的时候,市民群体的社会动员潜力最有可能变成现实力量。

17世纪中叶的伦敦,经济困难,由于城市人口的快速扩张远超出法制和治安管理的改进,导致城市管理几近瘫痪,这就造成社会失序的极大可能性。济贫税的提高、强征税收、国王侵夺行会财产及对专卖的限制、产品相对价值的降低,这些都使中产商人、店主和技工们愤怒不已。这些群体要求进行社会改革和政治改革,并得到这个城市的学徒和工匠们的广泛支持,据说,在一份要求废除主教制度的请愿书上签名的学徒超过了3万,成群的学徒还聚集在国会周围,威胁国王,不断攻击主教(Manning 1976; Pearl 1961; S.Smith 1973)。早期的清教教派“从居住在[伦敦]郊区的、经济上受压迫的小商人和店主中获得了大批支持者”(P.Clark and P.Slack 1976, p.72)。

除了社会不满之外,还存在着一个问题,市长和市议员们几乎无法维持对城市的控制,如同B.曼宁(B.Manning)所说,到17世纪30年代,“伦敦人口增长得实在太快了,对于伦敦的统治机器来说,它能够使用的暴力镇压力量已经不能轻松地掌控市民、维持秩序了”(1976, p.71)。1641年12月，当国会与国王发生冲突、大批市民明确表达支持国会时，伦敦市长急匆匆地跑到王宫，告诉国王“学徒们以及其他下等人”正准备发起暴动，并威胁要占领伦敦塔，市长说他对这些事情无法控制(Manning 1976, pp.76—79)。结果，国王及其家庭被迫逃离伦敦，主教们也都离开国会，他们担心会遭到伦敦市民的迫害和攻击。

K.林德利(K.Lindley)指出，1641年至1642年，伦敦发生的“社会动员规模空前”(1986, pp.118—119)。V.珀尔(V.Pearl)认为，“通过反复的请愿、游行示威、清教布道以及长期的小酒馆俱乐部，[伦敦民众]发起了一场巨大的社会运动，为皮姆战胜英国国王作出了重大贡献，而这种贡献却被历史学家们低估了。”(1961, p.236)其实，低估伦敦民众作用的不光是那个时代的人。平民领袖理查德·巴克斯特(Richard Baxter)注意到，“在国王和国会动用军队之前，战争已经在伦敦街道上打响了”(引自Hirst 1986, p.212)。

压低了实际工资、提高了粮食价格的相对价格变化，以及伦敦的人口暴增，都是英国人口增长的直接后果。另外，人口变化的另一个维度是青年人口的增长，这是人口增长方式的直接产物，青年人口的增长对于社会动员也有极大作用。

许多文献都曾研究过青年在激进政治运动中所起的作用(Moller 1968; Gillis 1974; Eisenstadt 1963; Cohn and Markides 1977; Esler 1972; K.Davis 1971)，这类研究的一个基本结论：“对于理解反政府运动而言，关键的一个问题在于，这些运动中的青年人比例极大……，在过去几个世纪里，许多国家所发生的起义的最重要的一个特征是，青年在这些起义中发挥了显著作用”(Cohn and Markides 1977, p.462)。考虑到青年的领导作用，人口年龄结构的微小变化对社会动员都会有明显影响。

请注意，即便是在社会普遍不满的年代，人们是否参加游行示威和反对运动，在某种程度上取决于这些人觉得这些反对运动能得到多大程度的支持。在那些愤愤不平者之中，那些胆小怕事的人只会参加那些似乎支持者众多而且有成功希望的反对运动，而那些胆大勇敢者可能会参加那些规模仍然较小的反对运动。因此，胆大者起领导作用，胆小者追随其后，结果取决于那些胆大者在数量上是否胜过胆小者。恰如托洛茨基在分析俄国革命时所说："不同的社会阶级参加革命的意愿和情绪有所不同，这需要在革命行动中加以解决。先进阶级要引导他们，使他们不再摇摆犹豫，以孤立反动派。大多数人并不会自动参加革命，而要靠说服争取"(1932, pp.177—178)。如果说青年人比老年人更勇敢大胆的话，那么当青年人口超过老年人口时，在社会动员行为中，人口整体的集体行为就会有所变化。

为了简要说明这种效应，让我们设想一下，假设有一群人，其中 25 岁以上的人不可能参加反政府运动，而不足人口四分之一的 15 岁以上的年轻人支持这种反政府运动，我们进一步设定，除非 15 岁以上所有年龄段的人口中超过一半的人参加了反政府运动，否则 35 岁以上的人就不会参加。假定 15 岁以上人口的年龄结构分布如下：

年龄		
	16—25	25%
	26—35	20%
	>35	55%

现在，我们就有了一个稳定分布：即使 25 岁以上人口中绝大多数参加了反政府运动，这种反政府运动仍然不可能发展壮大到涵盖所有的人口。

但是，即便年龄结构有轻微变化，比如如下所示：

年龄		
	16—25	30%
	26—35	25%
	>35	45%

那么，以前那个只有 25 岁以上的人群全心全意支持的反政府运动，现在也能够吸引 26 岁至 35 岁的人群，这种人数的增加还将导致反政府运动能够吸引 35 岁以上的人群，因为，现在支持者的人数已经足以超过那个老年人将会参加反政府运动的临界点。在后面这种情况下，不稳定分布就会出现：如果反政府运动在 25 岁以上的人群中迅速发展壮大，它

就能够吸引绝大部分人口。尽管这种概述是高度简化的，但是它说明了，假定青年人有参加反政府运动的高度倾向性，那么，年龄结构的变化将会影响整个人口的行为变化。[10]

因此，17 世纪 30 年代，英国人口的高度年轻化极有可能增强了社会动员潜力。引人注目的是，16 世纪晚期和 17 世纪早期，英国人口中 10—29 岁年龄段的人口所占的比例等同于，甚至超过 30 岁以上的全部人口，但是到了 17 世纪 90 年代，10—29 岁人口急剧下降，比 30 岁以上人口少 20%。而且，17 世纪 30 年代 26—35 岁年龄段的人口在 1500 年至 1750 年期间是数量最多的。[11]

在议会里，绝大部分议席都由贵族子弟占据，17 世纪 30 年代，议会长期休会，这意味着，最希望 20 年代的斗争再次发生的是一些年长的议员，一般而言，议会里的这些反对派比国王的支持者要年长一些。但是，郡县乡村的情况则大不相同，特别是伦敦的情况更为不同。在这些地方，“激进主义者都来自青年一代”。当时的一些人，比如托马斯·爱德华兹(Thomas Edwards)、威廉·戴尔(William Dell)、理查德·巴克斯特(Richard Baxter)，他们都曾谈到，年轻人最容易受到一些信仰和新观念的吸引，爱德华兹强调指出，“正是‘许多年轻人和乡下姑娘这些人宣扬普遍救赎论’”(引自 Hill 1972, p.152)，巴克斯特曾评述道：“这些缺乏经验的年轻教众，急躁任性，轻率鲁莽，这迫使许多议会议员和部长大臣重新省视自身，以跟上这些性急鲁莽的年轻人的步伐”(引自 W.Hunt 1983, p.289)。希尔补充道：“民主派的领袖们……当内战结束时他们都不足 30 岁……，[这个时期]那些波澜壮阔的篇章都出自这些年轻人之手……，这是一个年轻人的世界”(1972, p.296)。S.史密斯(S.Smith 1973, 1979)和 J.E.法内尔(J.E.Farnell 1977)也十分重视青年在英国革命中的作用。

当然，我并不是说，仅仅伦敦的人口增长与人口的年轻化就会导致激进主义的产生。许多大城市的人口也是年轻化的，但是政治却相当稳定。实际上，如果青年人口的实际工资高于社会平均工资，那么，城市的扩张以及青年人口就可能成为社会稳定的有利因素，这是因为，城市的扩张能吸引许多家庭迁居到经济条件更好的城市，青年人口也能在有利的条件下进入劳动力市场。然而，如果实际工资急剧下降，那么，资本规模加上青年人口就会增加社会动员潜力。这种复杂的关系可以用一个数学公式来表示，假设社会动员潜力主要取决于实际工资水平与城市人口扩张、年龄结构的或正或负的交互作用，我们就可以估算出社会动员潜力(MMP)，如下所示：

社会动员潜力＝(平均实际工资／实际工资)
＋([平均实际工资／实际工资]－1)
×(城市人口增长)×(年龄结构)

第一行指的是，在研究基期内(在这个案例中指的是1500年至1750年)一个特定的10年里，实际工资与平均工资的比率，根据这个模型，当实际工资等于或接近于平均工资时，第一行这个数值约等于1。当实际工资远低于平均工资时，这个数值就会急剧上升，从而使社会动员潜力的数值上升；相反的，当实际工资高于平均工资时，这个数值就会急剧下降。

第二行是对交互作用的修正。如果青年实际工资高于社会平均工资，修正值即为负值，此时，城市化和青年人口的增长会使社会动员潜力数值减少。然而，如果实际工资低于平均工资，修正值即为正值，此时，城市人口扩张和青年人口的增长会加剧实际工资下降的压力。年龄结构的测度指的是10—29岁年龄段人口与30岁以上人口的比率，城市人口增长的测度用的是伦敦长期人口增长的加权测度。然而，城市人口增长对于政治动员潜力的影响这个问题向来就有许多争论，因此，后一种测度方法需要加以简要解释。

对早期现代法国的研究(Lodhi and Tilly 1973; Rule and Tilly 1972)已经揭示出，城市人口的短期增长率并不能完全作为政治波动的晴雨表，造成城市动荡的并不仅仅是新涌入城市的移民，更为重要的问题是，许多个体集中到了一个有助于集体行动的结构场景之中(Kelley and Galle 1984)。我认为，并不只有城市会加速集体行动，相反，重要的问题是国家行政管理机构(警察，还有实物分配、审查制度以及通过提供服务达成的非正式政治一体化)应对城市人群集体行动潜力的相对能力。

不幸的是，对于早期现代国家来说，衡量行政控制水平实在是太难了，我们所知道的是，到1640年（就像伦敦市长向国王抱怨的那样）伦敦已经不是它的行政机器所能掌控的了。我们研究的是早期现代国家，为此，我们可以粗略地认为，城市的长期人口增长率越高，行政机构就越难以应对，因此动员潜力就会增大。所以，城市人口增长对社会动员的影响不能用短期人口增长来评估，而应该用长期人口增长的累积结果来评估。对于一个既定的10年来说，我选择的是在此10年间与之前的十年间以及再之前的10年间伦敦人口增长的加权平均值，作为人口增长的指数，因此，在上述社会动员潜力的公式中，第 i 个10年的“城市人口增长”就等于：

$$0.5(\text{伦敦}_{i,\,j-1})+0.33(\text{伦敦}_{i,\,j-2})+0.17(\text{伦敦}_{i,\,j-3})$$

这里，$\text{伦敦}_{i,\,j}$ 指的是第 i 个10年与第 j 个10年伦敦人口的比率。[12]

这个“社会动员模型”符合这样一种情况，如果平均工资等于人们已经习惯了的“生活工资”，那么，无论何时，只要实际工资高于这个水平，社会动员潜力就比较低，而且相当稳定。但是，如果实际工资低于这个水平，那么社会不满就会加剧，动员潜力就会迅速增加。这个模型认为，实际工资的变化反映了粮食价格以及工作机会的变化，这后两者是食物暴乱以及城市工匠抗议浪潮的重要原因，同时，这个模型也断定，国家行政管理机构在自我调整以适应城市规模变化这方面进展缓慢。对于解释前工业经济和政治，比如现代早期的英国来说，这个模型似乎是一个很好的起点。

必须再次强调，这个评估模型并非测度暴力的，而是测度大众社会动员潜力的。这种潜力不可能突然演变成广泛的社会冲突，除非国家崩溃的其他条件也同时出现——明显的国家衰落与精英反叛——从而导致社会动员和集体行动。因此，在解释国家崩溃时，我们必须考虑到国家、精英和社会动员潜力的综合作用。

英国革命存在社会原因吗？

新马克思主义学者认为，英国革命的社会原因在于农业资本主义和海外商业资本主义的发展所造成的社会变化。然而,这种观点难以证实。17 世纪中叶,实际上精英阶层中的许多人包括国王本人都卷入到商业开拓之中,利用他们的土地或者从商业贸易中获利。农村的社会冲突主要是手工工匠抗议粮食短缺、物价高涨以及耕地的扩张,而不是自耕农抗议非法的圈地活动。再者,17 世纪早期的圈地运动,更多的是体现了国王与绅士之间的合作,甚少有冲突发生。最后,16 世纪 70 年代之后,海外贸易停滞,一些最大的海外贸易商都继续支持国王,作为国王给予皇家专卖权的回报。1500 年之后,英国的经济发展越来越趋向于商业化和资本主义化,但是,商业和资本主义的发展与国家崩溃之间并不存在因果联系。辉格派历史学家们认为,是宪法斗争和宗教斗争激起了英国革命,但是,他们未能充分阐明这种斗争存在长期社会原因,正是这些长期社会原因预示着 17 世纪中叶英国社会公开冲突的爆发,他们也未能解释清楚,为何那些年代里特别有可能发生国家财政危机和民众起义。有鉴于此,最近以来的一些修正主义历史学家认为,英国革命并不存在任何长期的社会原因,这场革命纯粹是查理一世的决策错误和管理不善的产物。

然而,上述所有这些学者都没有深入地分析英国的经济制度、财政制度和社会制度未能及时调整以应对 1500 年至 1640 年持续的人口增长这个问题与国家崩溃原因之间的关系。国家财政、精英阶层的稳定、民众的就业这些问题都受到人口增长以及随之而来的通货膨胀的负面影响。这种关系如图 2.3 所示。

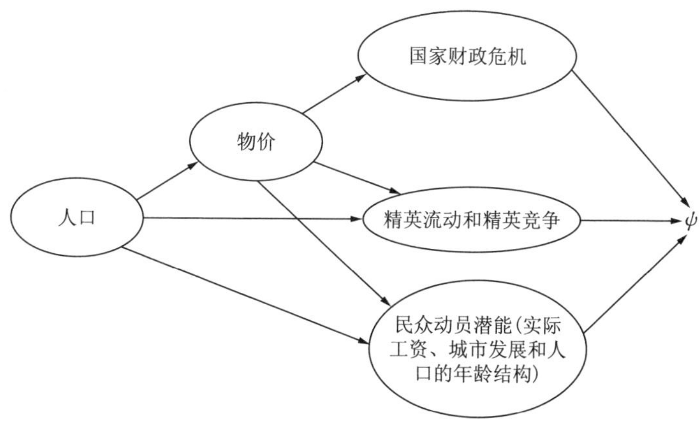

图 2.3　早期现代英国的政治人口统计学:基本关系

为了测量国家财政、精英稳定性和民众就业这三个方面的变化，我提出了一些方法，关于国家财政压力，我使用的是一个简略量表，关于精英流动和地位竞争，我使用大学招生作为其指示器，我建构了一个关于社会动员潜力的综合评估体系。这三个指数（作为标准Z值Z形曲线）如图2.4所示。显然，每一组数值在17世纪早期时都要高于之前或之后时期的数值，然而，这些变化并非明显的等比变化。

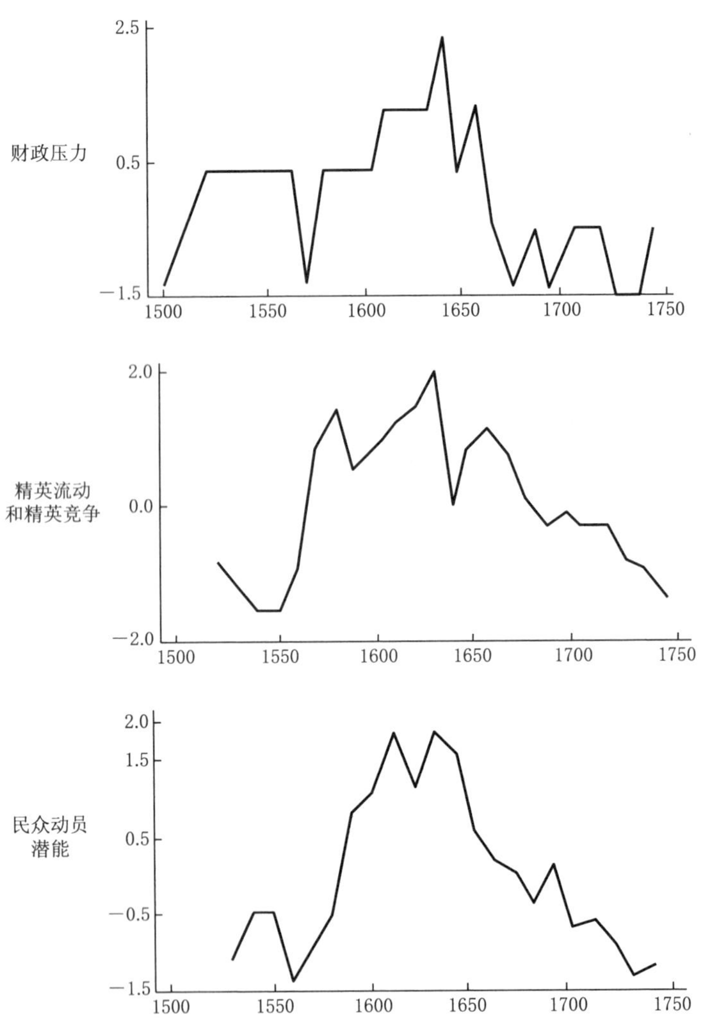

图2.4　1500—1750年间英国财政压力、社会流动/社会竞争以及MMP：Z形曲线图

不管怎样，导致国家崩溃的关键因素并非因为这三个指数中的一个指数很高，毕竟，当国家破产、精英分裂与社会动乱分别发生时，国家可以与之较量，从而得以存续。我的看法是，17 世纪中叶时，这三个指数之高是一个例外情况，这是由于之前一个半世纪的人口增长产生的强大推动力所造成的，结果形成了一种综合压力，导致了国家权力的崩溃。就一个因果模型而言，这种综合压力体现为一种交互效应。所以，如果我提出的革命起源模型是正确的，我们就会发现，这个交互效应的结果：

$$\Psi = \text{财政压力} \times \text{社会动员} / \text{社会竞争} \times \text{社会动员潜力}$$

这种交互效应在 17 世纪中叶时达到最大值，尽管这种交互效应在 16 世纪和 18 世纪都有类似的增加，但与 17 世纪中叶不能相提并论。我用希腊字母 Ψ 来命名这种效应，表示“政治压力指数”，这个指数首字母缩写为“psi”。

1520 年至 1750 年间政治压力函数的作用过程请见图 2.5。这种效应十分明显地把 17 世纪早期这个危机和革命的高峰期与早期现代英国史上的其他时期区分开来。[13]

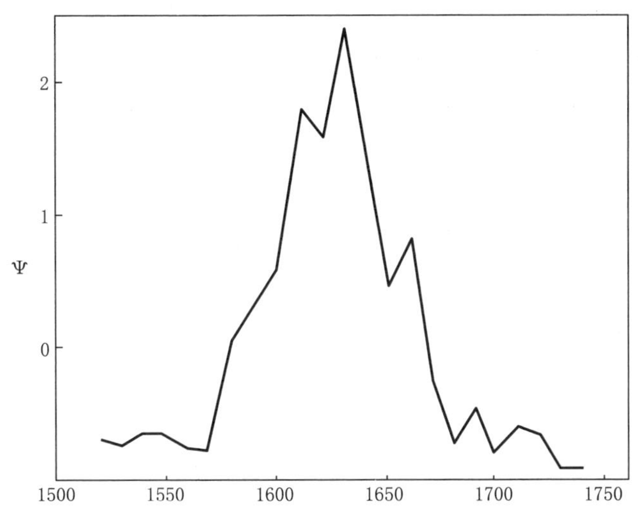

图 2.5　1520—1749 年间英国的危机压力(psi)

这种数据分析清楚地表明，17 世纪早期的英国具有独特的社会特征，这种独特性恰恰就源于各种因素的交互作用。不管查理一世如何愚蠢，17 世纪早期与之前和之后的历史时期的差异绝不仅仅存在于皇家政府的政策范围内。当时的宪法斗争和宗教冲突，其基础性原因在于财政恶化、精英流动和精英竞争的加剧以及实际工资下降这些因素的综合作用，而这些都是由人口增长造成的。英国各种社会病的并发在 17 世纪中间 30 年里达到顶峰，在早期现代英国史上是绝无仅有的。英国革命部分是宗教冲突、部分是宪法冲突、部分是经济冲突。上述分析中，一个毋庸置疑的事实是，这些冲突一起发生，恰恰在英国社会承受着特别沉重的社会压力和经济压力时，这些冲突达到了致命的剧烈程度，这些压力则可以用“政治压力指数”函数式来界定和测度。这个“政治压力指数”函数十分明显地把 17 世纪中叶与之前之后的历史时期区分开来，这是一个特别易于造成国家崩溃的历史时期。因此，对于那些坚称 1640 年英国的国家崩溃发生于一种“寻常”情形下，并不存在长期社会变化和经济变化影响的学者来说，就要承担起沉重的论证负担。

当然，英国的冲突在继续上升。1688 年，当日益觉醒的绅士们怀疑国王想成为天主教徒并图谋实施专制暴政时，许多相同的问题再次出现。但是，在民众起义面前，精英们并未四分五裂，通过和平变更统治者，社会秩序得以维持（Prall 1972；J.Jones 1978）。这一次，危机得到遏制，这至少有部分原因在于英国社会更为和平稳定，此后也更为如此：到 1688 年为止，英国已经历了一代人的时间，在此期间，社会流动和城市人口增长急剧下降、物价稳定、实际工资不断提高。18 世纪早期，对于国家政策的政党冲突仍在继续分裂着英国（Colley 1982），但在各个郡县以及市镇，稳定的寡头统治日益取代了 17 世纪的争斗不休，与此同时，实际工资不断提高，先前的困窘局面渐行渐远（Plumb 1967；Clark and Slack 1976）。

英国革命源于资本主义的发展吗？

甫一读完前述分析，有坚定的批评者就会说道：“你这里提出的所有结论与[新马克思主义]理论并不矛盾，事实上，沃勒斯坦、摩尔、安德森他们只需用‘农业商业化’替代图 2.3（假定我的看法是合理的，即这两者之间是有关联的）中的‘人口’，就能轻易得出这些结论。模型得出的所有结论都源于农业商业化，所以，这个人口结构模型对政治危机压力的估测结果与新马克思主义模型是一致的。”这是一个严肃的指责，值得认真对待。因此，让我审查一下我所提出的模型和观点，以便理清我究竟只是提出了一个似是而非的、关于英国革命的新马克思主义解释模型的替代品，还是在某种意义上是对新马克思主义理论的反驳。

所有的新马克思主义解释模型都认为，英国革命是资本主义的胜利，在英国社会背景中，这种胜利可以理解为农业商业化的胜利。英国革命实际上根源于农业商业化发展的反对者和支持者之间的冲突，后者最终成为胜利者。因此，对于所有的新马克思主义理论来说，根本的观点是，英国革命之后，农业商业化的发展比革命前更为迅速，或者至少以革命前同样的速度发展。关于农业商业化的各种参数，新马克思主义理论从1660年之后英国社会的稳定发展或加速发展的轨迹中寻找。

但是，我们能够注意到，与英国革命关联紧密的许多变量——物价、社会流动和社会竞争、社会动员潜力——在英国革命之后这些变量却呈现出剧烈的相反的发展趋势。英国革命前，物价不断上涨，社会流动以及土地流转十分普遍，城市人口快速增长，实际工资不断下降。但是1660年之后，物价逐渐下跌，进入贵族阶层和绅士阶层的人数迅速减少，城市人口增长率下降，实际工资逐步上升。如果是农业商业化导致了革命前的各种发展趋势，那么，1660年之后农业商业化的继续发展或更快发展又如何能够导致这些关键变量那完全相反的发展趋势呢？

人口变化之所以能够有效地解释1500年至1750年间的物价变化、社会流动、城市扩张和实际工资，原因在于，1650年之前人口增长迅速，而此后的人口增长率则降到几乎为零。因此，人口增长与农业商业化这两者的演变路径并不相同，在任何一个解释模型中，若用后者替代前者，就不可能得出相同的结论。人口增长作为国家崩溃的关键因素，其变化路径是周期式的。当然，农业商业化和海外贸易的发展的确是经济发展的重要因素，但是它们与人口增长的演变路径大不相同，1650年之后，农业商业化和海外贸易加速发展，与此同时，人口和物价的变化则呈现相反的趋势。

这种发展趋势上的差异再次证实了我们先前的论断，即人口变化在很大程度上是自发的。英国革命之后，英国的海外贸易，特别是与亚洲和美洲的海外贸易急剧扩张，圈地运动的发展速度加快，农业商业化也在不断发展。人们通常认为，这些发展趋势证实了英国革命是资本主义的胜利。但是，尽管经济发展在加快，人口增长却十分缓慢，物价也相对稳定，城市化速度在下降，社会流动实际上停滞了。从许多方面来看，资本主义都有跳跃式的发展，但是，与早期现代英国那些具有重大政治意义的社会发展趋势和经济发展趋势具有紧密联系的，并非资本主义的发展，而是人口的变化。因此，在分析英国革命中国家崩溃的长期性社会原因时，我们必须把人口变化（而不是资本主义的发展）所产生的种种后果置于中心位置。

英国革命不可避免吗？

确实，我们应该要问前面所提出的数学模型意味着什么。17 世纪 30 年代时政治压力指数的上升意味着革命不可避免吗？查理一世对于保护自己的王位无能为力吗？再者，因为我所提出的许多先决条件——财政困难、高度的社会流动以及社会不满——在英国历史上曾反复出现过，实际上，1550 年至 1650 年的历朝历代多少都存在这些先决条件，那么，人们就会问，为何英国革命单单发生于 17 世纪 30 年代而不是更早的时间？又则，查理一世只是赶上了长期社会生态变化所造成的最坏的时刻，这些社会生态变化会造成许多问题但并不必然会导致一场严重的危机？简而言之，人口统计学/社会结构模型能够准确地解释多少问题？

历史解释问题

有大量的文献探究过历史解释问题，这里，我就不再深入分析这些争论了，我可以明确提出我对于历史解释方法的看法。

举个例子，请考虑一下下面这个情形：有一个人，名叫约翰，在其公寓里失足摔倒，胳膊撞在了桌子上，他受伤了。看到这件事情的后果，我们怎样解释？

如果我们试图解释其最终结果——为何约翰会撞伤胳膊——我们就要考虑到许多细节：约翰为何未能躲开桌子，为什么那张桌子恰好在那个地方，为什么那张桌子坚硬到足以给人造成伤害却又没有护罩，如此等等。但是，我们可以回溯一下，就问一个简单的问题：约翰为何跌倒？

我们可能会猜想,约翰是个笨手笨脚的人。但是,假定我们注意到约翰房间里的其他人也在同一时间里摔倒,然后,我们就会猜想约翰的房间里发生了爆炸,或者是附近的火车脱轨撞上了约翰的房间。但是,假如我们通过检查房间、走访约翰的邻居,发现并无证据证明这些事情的发生,那么,我们还得问,为何约翰与房间的其他人都在同一时间里摔倒。

假定我们又注意到其他楼房里的人也摔倒了,我们就会说:哎呀!这是一场地震。然后,我们就会验证一些假说:高楼层里摔倒的人是否比低楼层要多?楼房地基周围是否有残垣断壁?楼上是否有东西坠落下来?如果我们找到了这些支持证据,我们就会自信地说,约翰之所以会摔倒,是因为那里发生了地震。

让我们仔细审视一下这种解释。即便有地震,约翰的摔倒就是不可避免的?不。如果约翰极其敏捷,他也许不会摔倒。如果房间里的陈设有所不同,或者约翰比较灵活,那么约翰可能会摔倒但不至于摔伤胳膊。这种"解释"有何启发?

当我们用"这里发生了地震"来解释约翰摔伤时,我们的意思是,在这种情况下,我们会预想绝大多数人理所当然地会失去平衡而摔倒。当然,对于这种解释来说,在地震情况下所有人都会摔倒并无理论价值。重要的是,绝大多数人是否会摔倒。实际上,如果有人在地震中并未摔倒,我们就会寻找证据以证明其具有出色的平衡能力或者极佳的运气。

因此,仅仅知道地震的发生并不能使我们作出确定性的预测,但是可以让我们在两种事实描述中作出判断:(1)约翰是在正常情况下做出行为的,所以,他的摔倒极有可能源于笨拙或者偶然;(2)约翰是在极其艰难的情况下做出行为的,所以,他的摔倒极有可能是由那些使其无法保持身体平衡的事情造成的。对于我们绝大多数人来说,正是由于我们能够在这两种描述中作出判断,我们才能够解释约翰为何会摔倒。

当然,如果我们想要解释清楚,即便发生了地震,约翰摔伤的为何是胳膊而不是身体上的其他部位,或者,他要如何做才不至于摔伤,那么,我们就得面对关于约翰的运动能力以及房间陈设的争论。这种争论对于所要解释的问题是有关系的,但是,知道地震的发生有助于我们更好地理解约翰为何摔倒、为何会在特定的时间摔倒(与其邻居一起摔倒)。

关于英国革命的人口统计学/社会结构解释恰如辨识导致查理一世垮台的那场“地震”。当然，查理一世的垮台并非不可避免。他的行为是在极其艰难的状况下做出的，政治压力模型就揭示了这些充满压力的状况。因此，不能说是查理一世的行为导致了当时的危机，这场危机当然与查理一世治国政策所造成的争议有关，也与查理一世所面临的 1639 年至 1642 年间的特定历史条件有关。十分清楚的是，人们不必为了提出一个关于“为何发生革命”的有用解释模式而提出一个“革命为何必然发生”的解释模式。只要揭示出，当时的历史条件已经发展到那种程度，除非具有与众不同的能力，否则危机就难以避免，这就足够了。如果我们能够在欧亚各国中普遍发现这些历史条件，那么，这些历史条件就是有用的，不但可以解释查理一世为何垮台，而且可以解释为何查理一世与其他君主在同一历史时期里垮台。

因此，政治压力曲线就像一个地震仪，它能够测量一个社会其地基的震动状况。尽管这种震动会提高地上建筑倒塌的可能性，但是并不必然会导致地上建筑的倒塌，也不足以使我们精确地预测将要发生的事情。

另外，我们还得问，因为政治压力曲线是从几十年来发展出来的各种广泛的社会生态因素中推导出来的，那么，为何政治压力曲线在 17 世纪 30 年代和 40 年代达到峰值，使得社会极其不稳定？

英国社会与制度拒斥

我们经常谈到人口压力，但是，这种压力压在何处？社会不是一个大篮子，人满为患，然后破裂。社会包括一系列复杂的制度体系，用以协调社会再生产与利益分配、约束个人和家庭。当社会生态变化打乱了这些制度的制度能力时，它就会发挥作用。

在早期现代英国的制度体系中，关键性的制度有：支撑国王统治的税收制度，规范地方权威以及家庭关系的等级制度，提供就业和收入的土地市场和劳动力市场。如果这些制度同时失效，社会就真的要战栗摇撼了。这些制度应该如何应对社会生态变化呢？

我们业已注意到，由于人口增长快于经济增长，土地和劳动力市场就无法维持稳定平衡，结果是物价上升，这种情况在 16 世纪早期显而易见。随后就会出现国家财政困窘、精英流动和竞争以及社会不满。那么，这些压力为何会经过很长时间才累积到导致危机发生的水平?

个中原因在于,英国的制度具有一定的压力应对能力,政治压力指数测量的并不是原生的社会生态压力——人口与物价的变化——它测量的是制度张力,这种制度张力见之于政治行为、社会行为和经济行为。

因此,在物价上涨的情况下,通过出售资产,国王仍然能够维持一段时间。只有当国王的土地几乎出售殆尽、继续举债却又没有质押物时,财政压力才会急剧恶化。恰如17世纪早期的那种情况,正是在这种情况下,才必须要有财政创新措施,因此就有了出售公职、专卖权以及征收船税。我们不能仅仅根据国王尚有能力支付即期债务来评估国王的财政健康状况,问题在于,国王还有什么储备能够应付国家必然面临的应急开支,国王还有何种信用以便继续举债。

修正主义学者指出,17世纪30年代,英国财政危机并不一定必然会发生,因为船税的征收起初很顺利,足够国王偿还债务,如果有战事发生,比如苏格兰战争,议会就应该提供所需资金。但是,这种说法忽略了三个事实。其一,国王偿还的债务中有很大一部分是以未来财政收入作为担保而举借的资金。国王已经几无储备资源或信用来支付任何一笔大的开支,这种情况恰恰就因为,几十年来国王要弭平不断增加的开支与不敷所需的财政收入之间的差距,已经耗尽了所有资源。如果国王没有能够从土地出售中筹措到数百万英镑的资金,财政危机可能就会来得更早。其二,船税的征税是因为要将其用于一个特别的目的——皇家海军十分需要重新整备。一旦纳税人判断船税流向别处,用于那种不受民众欢迎的事项,比如用之于国王结束苏格兰战争,那么纳税人就会拒绝交税。其三,议会提供战争税收资金的意愿取决于议会精英的团结以及它们对国王的忠诚。由于专断的财政汲取政策以及不能满足精英的酬赏需求,国王已经好几十年难以从议会获得新的财政收入,并且惹怒了王室支持者。如果认为议会已经足额提供给国王所需的资金,是因为按照传统惯例应该这样做,那么,这种看法就忽视了精英阶层的重大变化、由于同样的压力所导致的国王财政困窘的变化。

政治压力指数模型中的财政成分,测量的是这些制度张力对于国王的压力。当国王被迫举债时,这种成分就会轻微上升。当国王被迫依赖出售土地、操控货币，或者因为经常性财政收入和借债不足以偿还账单时不得不再举新债时，这种成分就会快速上升，16 世纪后期之后，国王就经常面临这种情形。国王采取的一些行动直接触犯了精英的传统权利或特权，比如侵犯了公司权利、蔑视个人的社会地位，国王还不定期地征收新税，此时，财政在政治压力中的成分就会进一步上升。当国王发现自己已经破产、除了呼吁精英伸出援手之外别无他法的时候，财政在政治压力中的分量就达到了顶点。

物价膨胀、军费支出和资助支出不断增加，这些问题由于人口增长而进一步加剧，而这些问题施加于相对固定的传统税源之上，致使国家财政日趋恶化。但是，国家财政的恶化速度取决于国王掌握的经济资源和政治资源。因此，政治压力测度中对财政困难的测量更多的是涉及**政治**措施的，只有少数是涉及财政措施的：国王拥有多少财产和税源、国王与精英的合作达到多大程度，才能使国王足以应付其开支？在这个意义上，斯图亚特王朝的境况远比都铎王朝糟糕，而查理一世的境遇比詹姆士一世更糟糕。

当然，精英的合作与财政状况是相互作用的，所以说，政治压力指数是一种**交互作用**的测度。如果精英们一致支持国王，那么即使国王破产也不会导致国家崩溃，因为精英们可以采取改革措施以改善国王的财政状况，就像复辟之后的英国议会为查理二世所做的那样。因此孤立地谈论查理一世的财政状况是没有任何意义的。由于老年津贴、十五分之一税和什一税税收已经减少至先前价值的一小部分，查理一世的财政就主要取决于精英的合作程度：投票赞成大幅度提高老年补贴税，或者设立新税种。因此，关键的问题是，17 世纪 30 年代，精英们为何比 16 世纪 80 年代时更加难以驾驭。

许多历史学家指出，当 16 世纪 40 年代亨利八世出售教会土地给那些急切的购买者时，英国社会流动的数量急剧上升。但是，我已经反复说过，单单社会流动数量本身并不重要。16 世纪中叶精英数量的增加绝大多数都体现为精英吸纳，新精英是由于购买了教会土地而进入精英阶层的，他们对旧精英并不构成威胁。真正的挑战源自 1540 年至 1640 年间的长期通货膨胀，在这三代人的时间里，有些人饱受通货膨胀之害，失去了土地和社会影响力，还有些新贵和绅士则从通货膨胀中收获颇丰，他们试图扩大土地占有和社会影响力，这样就造成了精英循环和精英位移。

问题并不仅仅在于大量的新贵，因为无论是16世纪40年代还是17世纪40年代都有大量的新贵。问题在于，到了1600年，在各个层级的精英中，谋求精英职位的人数与既有的精英职位之间的不平衡愈益扩大，这种情况显见于各郡法官的更换急剧加快、对法官职位和议员席位优先权的争夺日趋激烈、人们越来越注重获得法律证书或大学文凭以利职位竞争。曾几何时，有人曾认为，通过广泛施于公职和爵位的恩惠，詹姆士一世出售公职应该已经解决了一些社会问题。假如出售的公职只是给予了新贵，既没有威胁旧精英的特权，也没有忽视一些人使其愤愤不满，那么，出售公职确实应该能解决一些社会问题。但是，恰如我们看到的那样，实际情况却是产生了两种导致压力增加的情形。国王的出售公职及其酬赏分配造成了一个宫廷小集团的产生，他们与地方"乡村绅士"冲突不断，这些乡村绅士感到了威胁，害怕丧失影响力。另外，对于那些成百上千的大学毕业生来说，出售公职对于他们没有任何关系，他们因而感到前途渺茫，并逐渐转向了激进政治。

再者，政治压力指数测量的并不是社会动员的规模，而是对于精英职位的竞争压力。这种竞争压力的测量，主要是通过研究大学招生来进行的，而不是研究精英的数量或者精英最近的晋升。欧洲的早期现代史是一个资格危机时期，精英们为了稀缺的职位而展开竞争，并寻求一些竞争优势，这种尖锐的情况在17世纪早期的英国特别明显。

政治压力指数的最后一个构成成分叫作"社会动员潜力"，因为大众不满只是社会失序的潜在根源。只有当中央政府权威遭到削弱或者民众受到精英的鼓动时，民众才能成为一个有效的政治行动者，社会动员才能逐渐扩展。有些研究英国革命的历史学家低估了大众行动的影响，他们认为，伦敦民众是受到了议会的鼓动才展开行动的，而且哄抢食物的那些暴乱者对精英并不构成重大威胁。这与法国形成了鲜明的对比，在法国大革命中，巴黎群众或者乡村农民被这些历史学家们视为自发行动者，而且是强有力的行动者。

但是，这是一种错误的对比。如同我们将在下一章中所讨论的那样，法国农民和巴黎市民的行动依赖于愤愤不满的精英的鼓动以及国王权威的衰落,其程度丝毫不亚于英国。无疑,法国的农村组织、法国地主对于国王保护的依赖,意味着在国家危机期间,农民和地主的对抗更为尖锐。但是,恰如昂德当对俱乐部会员的研究所揭示的那样,人们不应该低估英国自耕农自发行动的能力(1981)。在英国的许多郡里,正是中产阶级——自耕农、小服装商以及手工工匠——对议会的忠诚促使那些持不同政见的精英站在议会一边。埃塞克斯郡那些攻击天主教精英的群众、袭扰主教并使国王担忧自身安全的那些伦敦暴徒,也并非无足轻重。

这些人的动机主要源自工作岗位短缺以及实际工资的下降,这是由于传统经济未能为不断增长的人口提供足够的工作岗位。对于那些议会支持者来说,贫困是一个间接的威胁,其影响不容低估。不断加深的贫困和社会失序、不断上涨的贫困率,这些都促使那些忠厚老实的手工工匠、小商人以及独立的自耕农试图谋求人身安全,他们要么寄希望于一场神圣的社会改革,要么就惩罚那个已经统治了十几年的国王。无论哪种途径,中产阶级都日益同情和支持议会而不是国王。但是,根本原因在于经济发展未能吸纳不断增长的人口。因此,政治压力指数测量的并不仅仅只是社会生态的变化,而且还有经济发展应对这种变化的能力,这种能力在政治压力指数测量模型中表现为经济发展支撑实际工资水平的能力。在政治压力指数测量模型中,诸如人口的年轻化和城市人口的集中化这些因素,随着时间的推移,其政治影响日渐增加。另外,除非精英的现状和国家的情形有利于民众动员行动,否则这种大规模的社会动员潜力几乎为零。因此,社会动员潜力这个政治压力指数的构成因素,应该被视为国家危机可能性交互测度中的一部分。

造成17世纪30年代极端困难局面的原因是,那个时候,由于饱受16世纪20年代以来沉重的社会生态压力,英国的许多制度已经陷于瘫痪。工资已经下降到新的低谷,这甚至使得那些敬畏上帝的工人以及中低收入阶级都惶恐不安,他们担心越来越贫穷;职业岗位的竞争不仅使得一代有教养的人几乎没有希望进入皇家政府和教会机构,而且导致各个郡县的新贵为了优先权而展开激烈的竞争;国王寻求新的财源,这也使得这些新财源越来越不受那个倔强的议会的控制。

尽管人们能够找到一些有助于减轻其中单个因素负面影响的措施,但是,要想出查理一世应对所有这些因素的措施,却是极其困难的。当物价不断上涨、王室土地几乎出售一空、精英们又不予合作的时候,查理一世怎样才能提高财政收入?当精英的数量如此众多却又四分五裂、给予一个精英家庭以王室恩惠却又将得罪另外两个精英家庭的时候,查理一世如何才能赢得精英的合作?在那极其艰难的时刻,如果精英们不团结一致真心维护国王的权威,查理一世又如何能够控制社会动乱呢?

在当时英国的经济发展和社会制度背景下,人口增长导致的灾难性后果是,它同时造成了许多互相关联而又相互强化的困境。如果查理一世拥有的土地少一些,或者,如果詹姆士一世未能扩大议会议席以及各郡法官的数量以调节16世纪时的社会流动,那么这场危机可能早就来临了。如果查理一世能够提早10年结束战争,那么这场危机可能就会晚来一些。政治压力指数曲线告诉我们,17世纪早期,英国的制度体系应对社会生态变化的能力急剧下降。英国的政治基础已然摇摇欲坠。查理一世垮台的细节问题——他在内战中战败并最终被绞死——在很大程度上反映出17世纪40年代当危机发生时各种政治角色的资源状况以及英国的“家具安排”。但是,造成查理一世难于决策并使其每一项政策都充满危险的那个终极力量,来自英国的制度体系未能应对好此前一个世纪的人口扩张。

历史学家们在探寻那些导致人民走向革命的因素时,往往会忽视革命危机背后的一些长期因素。这些历史学家发现,没有人会有意识地谋求革命,因此,他们就相当自信地断言,革命并不存在长期因素(J.Clark 1986, pp.70—71)。但是,我们要探寻的并不是把人民抛入革命的那些社会变化,因为17世纪横贯欧亚的危机浪潮都不是当时的行动者们追求的目标。人们虽然承认有变革的必要,但往往并不愿意变革,他们常常试图延缓变革或者避免变革的发生。危机之所以出现,并非因为人们盼望危机,而是因为一些长期社会变化因素已经使得现存政治制度难以为继。此后,围绕着谁应该为局势恶化负责、如何收拾残局这些问题,冲突和争执就会产生。因此,17世纪英国危机的关键问题,并不在于究竟是什么原因使得人们盼望变革,而在于究竟是什么原因导致了那些保守的人无法维持现状、从而迫使人们不得不变革。

常常被人们忽视的一个问题是，尽管没有人想要革命，但是，同样也没有人想要维持17世纪早期那种社会现状：即便是在和平时期，为了自我维持，国王也不得不撇开议会寻找募集资金的各种办法；由于精英数量不断增加，而这些精英都你争我夺地试图在一个极不稳定的社会地位结构与利益网络中寻找一席之地，由此，朝廷和各郡中的许多小集团之间的紧张关系不断加剧；贫困、失业、流浪、犯罪等问题日益严重。解决这些问题需要国王与精英之间紧密合作，以改变政府财政制度、精英吸纳制度以及经济组织制度。

但是，在既有的资源条件下，并不存在一个使各方均能获益的解决方案。实际开支不断增加、总人口增至2倍、绅士数量增至3倍，再加上物价上涨5倍，鉴于这些情况，要为不断增加的财政负担找到相应的实际财政资源，就需要把国王的财政收入增至10倍，这是保守的绅士们很难想象的，他们也是不会同意的。与此同时，经济发展未能应对好人口增长，这意味着贫困和流浪的管控问题成为治安法官们颇为挠头的事情，也成为地方政府和中央政府争吵不休的一个焦点问题，双方争吵所涉及的问题包括谁应该为不断增加的社会负担以及愈益明显的传统社会秩序的失序负责。

英国革命是不可避免的吗？不，当然不是，就其所有的细节而言都不是。但是，17世纪的第二个四分之一时期，相较该世纪其他时期而言，却极有可能发生某种形式的危机，这是因为，在这些年里，人口扩张已经极大地摇撼了英国的经济、社会和政治生活。假如查理一世的行为有所不同的话，他也许能够保住自己的脑袋，甚至有可能保住王冠，但是，查理一世是在爆炸性的社会环境中执政的，任何一丝错误举动或者偶然事件都会导致国家崩溃。

另外，如同我们在上面的例子中所说的那样，如果我们分析一下邻居身上发生的事情，那么，判断地震的发生是一件十分容易的事情。因此，让我们分析一下17世纪英国的两个邻居——法国和西班牙，看看是否存在地震那样的震撼性力量。

第三节 比较:17 世纪的法国和西班牙

就大概内容而言,上面讨论的长期社会变化是研究英国革命的历史学家们所熟知的。当然,这些一般化的发展趋势并不能解释清楚那些为后人所知的英国革命的许多细节问题。要解释清楚这些细节问题,就需要细致分析各个竞争性派系以及各个派系所拥有的资源,还需要细致分析 1642 年之后的那些事件,包括绅士阶层的分化组合、查理一世的政策、奥利弗·克伦威尔的政策、战争的危害。因此,一些英国历史学家常常略过这些一般化社会发展趋势,他们的分析常常关注英国的一些独特因素:权力从贵族向绅士转移、由宪法和普通法得以巩固的议会权力的增强、都铎/斯图亚特王朝时期英国国家权力的衰落、清教的发展(Hexter 1978; L.Stone 1972; Aylmer 1965; R.Ashton 1978)。但是,英国革命只是 17 世纪中叶许多政治危机中的一个。如果我们想分辨出英国革命的独特之处、在一个普遍的历史进程中一个国家的独特性,我们就必须分析这个我们已经讨论过的普遍历史进程——人口变化及其经济、社会和政治后果——在何种程度上影响着欧洲各国。

比照事例

法国和西班牙提供了一组有趣的比较和对照。17 世纪 40 年代和 50 年代的法国,贵族反叛、农民起义、巴黎起义,这些就是众所周知的福隆德运动,福隆德运动迫使法国国王逃离首都巴黎,并使得国王在法国乡村威信扫地。直至 60 年代,国王政府的权威才得以恢复。在同样的这些年代里,西班牙也经历了另一种形式的国家崩溃,但是西班牙的国家崩溃却具有明显的独特性。17 世纪,西班牙君主专制政体的根基是位于伊比利亚半岛中心地带的卡斯提尔王国,但是,西班牙国王也统治着葡萄牙、加泰罗尼亚以及意大利南部的那不勒斯王国和西西里王国。17 世纪 40 年代,西班牙君主政府遭遇破产,加泰罗尼亚、那不勒斯和西西里等省份爆发起义,葡萄牙爆发了分离主义政变。然而,西班牙的独特性在于,其核心区域卡斯提尔一直处于和平状态。在“17世纪的危机”中,卡斯提尔的精英们并未加入那些反对国王的起义,西班牙也没有发生把宫廷逐出首都马德里的城市暴动。西班牙国家权力的崩溃主要发生在边缘地带。那么,我们那个国家崩溃模型能够解释这种现象吗?

福隆德运动

福隆德运动曾经被视为英国革命的缩小版,之所以如此,是因为法国的资本主义发展更为平缓,资产阶级也更为软弱。旧制度时期的法国曾被认为是一个前资本主义大国、一个相对落后的农业国(Porchnev 1963; Wallerstein 1974, p.297),但是,法国也经历了英国那样的财富变化和人口变化:大农场(特别是法国的北部和东部)逐渐商业化、农民土地日益减少、无地的工薪者不断增加。这些情况的原因与英国基本相同:人口增长和通货膨胀导致许多小地主负债累累,他们不得不把土地出售给大地主(Jacquart 1974a; Le Roy Ladurie 1974a; Briggs 1977; J. Cooper 1978)。[14] 自耕农为何起而反抗地主这个问题也依然没有解释清楚,这是因为,恰如英国一样,17世纪法国的商业化土地对于其佃农仍然保有相当的政治权力和司法权力,农民自发起义的可能性相当小。在一些资本主义农业区,地主和佃农的利益对立最为严重,但是这些地方的农村却相对比较安宁,几乎没有爆发农民起义。法国西部和南部那些商业发展迟缓的地方,大多数农村实行分成租佃制,经常闹饥荒,这些地方的地主和佃农在反对国王征收苛捐杂税上具有共同利益,恰恰是这些地方爆发了许多大规模农民起义(Brustein 1986)。因此,福隆德运动的关键问题是,17世纪中叶,地主和农民、国家官员和城市居民为何几乎同时卷入与国王的尖锐冲突之中。关注人口变化及其对于法国制度体系的影响,有助于我们分析这些冲突。

1500年至1650年,法国的人口增长尽管不如英国快,但也十分迅猛。法国人口从1500年的大约1 200万或1 300万增加到17世纪中叶的大约2 000万(Coleman 1977, p.27; Goubert 1967, 1973a, pp.32—33)。英国16世纪和17世纪发生的那些社会变化同样也见之于法国:粮食价格上涨7倍,过剩的农村人口群集巴黎,使得1550年到1650年巴黎人口每10年的增长超过 15%,法国的实际工资急剧下降(Braudel and Labrousse 1970—1980; Baulant 1972; de Vries 1976)。

法国人口增长和物价通胀的社会后果和政治后果也与英国类似。法国国王的税收体制,包括由各个省征收的税收、直接税和间接税,这种税收体制是在物价相对稳定的 15 世纪草草制定的,在日益增加的战争经费面前,这种税收体制已经远远不能满足需要(Bonney 1978a, 1981; D.Parker 1983)。作为国王收入主要来源的土地税和地租税,是以固定的金额定期征收的,随着物价上涨,这些税收的实际价值已经大为降低。在许多年份里,"税收不能跟上物价上涨,明显落在后面"(Le Roy Ladurie 1974a, p. 121; Mousnier 1970a)。在 A. D. 卢布林斯卡娅(A. D. Lublinskaya)1968 年编纂的预算账目中,可以明显看出法国君主存在的问题:从 1607 年到 1622 年,开支从 3 000 万里弗尔增加到 5 000 万里弗尔,在此期间,直接税收入始终维持在 1 130 万里弗尔(也许还要少些,因为到 1622 年为止,欠税达到 160 万里弗尔)(1968)。因此,法国国王也不得不采取曾经激怒了英国精英、并耗尽了查理一世信用的那些相同的措施:"由于不断地出售土地、以土地做贷款抵押物,法国国王……越来越穷"(Pennington 1970, p.264)。强制借款、官员腐败——甚至出售公职换取现金,都达到了无与伦比的程度。另外,精英特权和精英的投资也受到国王专横的操控,以使国王能够从中谋利,比如一种叫作"波莱特"的保证金(官员付给国王的一项费用,用以保证该公职归该官员家庭所有)以及统一公债(政府公债的一种形式)(Pennington 1970, p.264; Mousnier 1970a; Kimmel 1988)。但是,这些措施仍嫌不够:17 世纪 30 年代,税率提高到前所未有的程度,这就进一步加重了农村地区的负担,这些农村地区的资源本来就已经被过多的人口损耗殆尽,结果,许多省份爆发了抗税起义(Mousnier 1970a; Briggs 1977; Le Roy Ladurie 1974a)。另外,税收的急剧增加使得社会不满日渐加剧,国库收入的增加却寥寥无几,这是因为,在负担沉重的农村,增加的那些税收几乎无法征集上来(Bonney 1978a, p.173; D.Parker 1983, pp.64—65)。因此,国王发现,自己行将破产,为了继续维持下去,国王只得向银行家们贷款。

通货膨胀也给贵族们造成了许多问题,因为许多贵族"几乎没有办法进行调整以应对通货膨胀”(Goubert 1973a, p.129)。“对于按照实物而非固定金额支付宗主费或领主费的那些人来说,他们并没有任何补救措施来应对通货膨胀”(Briggs 1977, p.8; M.Bloch 1966, pp.122—124),许多贵族“被迫依靠出售部分祖传财产以维持生活”,这些财产中有许多被商人和银行家购得。另外,不断扩大的家庭规模常常导致“家庭财产在一代一代后裔中的分割与再分割”(Bitton 1969, p.64)。

通货膨胀给一部分人造成了沉重压力,却给另一部分人带来了获利的机会,商人、租佃农场主、富农以及许多银行家利用贵族和国王的贫困境遇获得了土地、头衔和社会地位。因此,如同英国一样,16 世纪的法国是一个精英社会流动极为频繁的历史时期。D.毕顿(D.Bitton)曾注意到:“16 世纪晚期和 17 世纪早期,[由于]阶级阶层之间的渗透率过高,[社会竞争]问题极其尖锐”(1969, pp.2—3, 100)。如同英国一样,作为一个阶级整体,地主的社会地位是牢固的,但是,地主阶级内部的分裂和竞争却愈益恶化。公职“成为激烈竞争的目标,他们为了得到工作而竞相争抢公职”(Briggs 1977, p.67)。就像英国一样,贵族和小地主们是忠诚于国王还是忠诚于反国王势力,这取决于下面两个因素中起决定作用的那一个因素:其一是他们可以从国王的失势中获取经济利益,其二是他们害怕社会动乱(Mousnier 1979; Coveney 1977)。

当时朝廷中的传统贵族被第三等级的一些人取代,这明显反映出法国的精英位移和精英循环。国王一方面要增加财政收入,一方面又要抑制传统贵族的势力,这就导致了一个新阶层的出现——穿袍贵族,16 世纪晚期,法国国王大概出售了 5 万个公职。穿袍贵族与传统贵族并非同时都在发展,在法国一些最高委员会中,穿袍贵族不断取代传统贵族:1624 年,法国国家委员会 30 名成员中有 24 名是穿袍贵族。前曾述及,“波莱特”这种保证金的收取使得许多公职成为世袭财产,确实,“法国资产阶级通过贪污腐败冉冉崛起,开始统治法国”(Kamen 1971, p.179)。旧贵族曾抱怨他们受到的伤害:“这些伤害都是那些通过买官而得以成为贵族的人造成的……[他们]以前拥有的职位被这些人抢走了,这导致他们落入到那些没有出身、没有荣誉、没有能力的人的手中”(Kamen 1971, p.162)。到 17 世纪早期,出售公职已经使得国王无法继续控制行政官僚和司法官员,因此,国王就任命一批叫作监督官的新官员来监视各级官员,饱受攻击的“波莱特”也被取消了。此后,国王发现自己既遭到穿袍贵族的反对,又遭到传统贵族的反对,穿袍贵族认为国王侵犯了他们的特权,而传统贵族则认为国王过于偏向穿袍贵族。

传统贵族和新的官僚贵族的敌对,由于民众起义的威胁而显得更加可怕,实际上,“正是由于政治冲突轻而易举地引发了巴黎民众起义以及乡村起义,使得法国几近无政府状态”(Pennington 1970, p.224)。农民起义反映出,法国对不断增长的人口增加税收以提高财政收入,而即使要养活这些不断增长的人口都显得更为困难:“17 世纪中叶……农民起义频繁发生,这是食物短缺造成的”(de Vries 1976, pp.162—163)。由于劳动力的增长远远快于就业岗位的增加,因此实际工资也在下降,“16 世纪末一个建筑工匠的日工资能够买到的东西比 15 世纪下半叶要少一半”(Phelps Brown and Hopkins 1957, p.292)。失地农民纷纷涌向城市,所需慈善救济数量暴增,而且,“流浪和乞讨人员的数量也有巨大增长”(Briggs 1977, p.7)。恰如英国一样,民众生活的艰辛并非仅仅只会造成大规模群众起义的潜在可能性,人们普遍感觉到生活越来越困难,资金压力越来越大,这种广泛的社会认知也促使精英们认识到,法国需要一场剧烈的变革;“17 世纪早期的法国充满着……要求国内改革的……强大的社会思潮”(Elliott 1984, p.65)。

因此,导致法国国家崩溃的那些因素与英国是十分相似的:国家财政危机,极其剧烈的精英流动和精英竞争,高度的社会动员潜力,尤其是巴黎所具有的高度的民众动员潜力,这些因素都是由于一个前工业化的农业社会里发生的人口增长所造成的张力而引起的。因此,那个时代的国家危机反映出各国的人口发展趋势十分相似,各国也都面临着相似的制约因素。

然而,英国和法国发生的冲突所展现的形式和后果大不相同,这反映出英王和法王所拥有的资源也大为不同。英国都铎王朝的君主们尽管没有一支常备军,也没有一支庞大的官僚队伍,却已经削减了一些大领主的权力。自亨利八世时期之后,都铎王朝的君主们就一直依靠乡村绅士、议会和伦敦民众的支持来维持统治,但是当那些财政权宜措施和行政权宜措施逐渐削弱了伦敦民众对国王的信心并招致议会攻击时，英国国王就几乎没有什么支持者可以依靠了。另外，激进的新教披上了民族主义的外衣，以此来吸引那些疑虑重重的天主教徒行政官员。因此，除了那些心不甘情不愿的保守主义者之外，查理一世几乎别无选择，这些保守主义者感觉到，相较激进的议会党人呼吁人民起义来说，保卫一个令人讨厌的国王更为可取。但是在法国，许多大贵族——公爵和王公们——仍然保有独立权力，他们对城市官僚精英的不满正可以为法王所用。尽管清教也是对国家稳定的严重威胁，但是它并未提出一种民族主义理念以引领国家前进。因此，与英国不同的是，法国并不具有形成反国王的民族主义超阶级联盟的强大社会基础。法国国王可以驾轻就熟地操控王公、官员、民众之间的联合和分裂，通过声东击西、以退为进等方法保存自己，并最终取胜（Coveney 1977；Mousnier 1970a；D.Parker 1983；Zagorin 1982）。

17 世纪英国和法国的危机导致政府崩溃，其原因在于制度体系未能处理好极为严重的社会张力和经济张力，随后的一些社会斗争进一步强化了先前的政治发展趋势：英国国王虽然能够控制住各部大臣，但是并不能控制财源，因此英王要求议会和地方绅士予以合作，以维持统治；法国国王拥有一支常备军，还有一套税收体制，这使得法王能够实施政令维持统治，但是，由于穿袍贵族和骑士的利益、影响力和特权充斥于军政、民政以及司法机关，因此法王的政策受到很大制约。

这种观点有助于我们理解英国和法国那几乎同时发生的危机及其不同的结果。17 世纪中叶，这两个国家已经经历了长期的危机，这些危机是由人所共知的人口压力及其之于农业国度的后果所造成的，因此这两个国家都发生了国家崩溃。但是，冲突之前就已存在的政治联合以及这两个国家政治冲突的不同本质，导致危机之后的国家重建措施有所不同。英国革命之后，人口变化和社会变化的根本趋势发生逆转，社会冲突和财政危机没有达到 17 世纪 40 年代的程度，尽管如此，英国革命并未解决英国政治中的两个关键问题：英国国教圣公会的地位问题以及王权与教会之间的关系问题。因此，17 世纪 80 年代，英国又陷入斗争之中，斗争涉及的问题包括宗教宽容以及天主教徒继承王位的可能性。1688 年到 1689 年，英国终于找到了解决这些问题的办法。不去圣公会教堂而在家里做礼拜得到允许,但是国王和圣公会之间应该建立紧密联系,王位继承办法中即便有轻微变化也应得到圣公会的认可。因此,恰如詹姆士二世党人起义所示,英国王位继承问题的斗争并没有很快结束(J.Clark 1985, 1986),尽管如此,对个人信仰的宽容与公共正统教会并存的模式已经建立起来。在取得这种成果的过程中、在与威廉国王和玛丽女王的合作过程中,英国议会都发挥了关键作用,这有助于英国议会在英国政治中确立持久的重要地位。

法国与英国则大不相同,福隆德运动结束之后,法王立即对个人和社会公众强化严格的正统信仰,路易十四很快就在法国重新建立了一个王室恩赏体系和皇家官僚体系,借以把那些忠于国王的人集结起来(Kettering 1986)。新教徒被抨击为叛乱分子,那个曾经确立了宗教宽容政策的《南特敕令》,到 17 世纪 70 年代被法王宣称为:"在许多方面都已过时"(D.Parker 1983, p.56),于 1685 年被正式撤销。

后面我将会分析这些事件。这里我只是提一下,如果人们只是把英国和法国的这两场危机视为为了资本主义发展而开展的斗争、它们之间的差别仅仅在于冲突的程度不同,如果这样,那么就很难理解这两场几乎同时发生的危机,也很难理解这两场危机那极为不同的结果。如果人们只是简单地把这两场危机归因于统治者的政策错误,那么就无法解释它们之间的时间一致性,也无法解释两场危机之间的许多相似性:由于通货膨胀的破坏,尽管税收大增,但是政府仍然陷于破产;快速的社会流动和精英数量的扩张导致了精英位移以及精英内部的尖锐分歧;社会暴动特别是城市暴动层出不穷。相反的,如果人们把这两场危机视为是对种种长期压力的反应,这些压力会作用于各种不同的政治群体和文化群体,如果这样看待这两场危机的话,就能够理解其中的许多问题。特别要注意的是,自从亨利四世皈依天主教之后,对于王位继承问题,法国国王与法国天主教会之间并未出现任何冲突,这就意味着,法国可以在路易十四拥有一批坚定支持者的社会基础上进行国家重建。《南特敕令》的撤销、法国以及各省三级会议的解散,这些都使得人们自然而然地把法国国王视为国家统一的源泉。但是英国则不同,英国的社会冲突在继续,这就需要妥协,1688 年至 1689 年,这种妥协最终被制度化。捍卫这种妥协成果的需要促使英国议会也制度化了、宗教宽容也最终确立下来。这些都将产生极为深远的影响。

西班牙哈布斯堡王朝边远地区的起义

17世纪时期的西班牙与英国或法国均有所不同。与英法相似的是，16世纪早期，西班牙也曾经历了强劲的人口增长，使得中世纪后期减少的人口得以恢复。但是到了16世纪晚期，西班牙的人口增长逐渐放缓，随后，随着瘟疫的巨大破坏，西班牙的人口增长突然逆转。有充分证据证明，自16世纪80年代开始，西班牙的生育率开始下降，人口增长停滞。1596年，一场严重的传染病袭击了西班牙，1610年之后，驱逐摩尔人（以前的穆斯林，主要居住在格拉纳达）使西班牙人口进一步减少。因此，当英国和法国的人口增长一直持续到17世纪的时候，西班牙的人口却在下降。在西班牙哈布斯堡王朝的中心卡斯提尔王国，1590年左右其人口达到670万，此后就一直下降，到1665年降至500万。只有加泰罗尼亚地区未受传染病侵袭，人口在持续增长（Lynch 1981，2：135—136；Nadal 1984，p.17；Kamen 1983，pp.98，222—224；Ringrose 1983）。

西班牙这种人口变化趋势的结果是其物价和工资的变动与英法两国有所不同。16世纪90年代以前，人口增长以及农业萧条导致商品价格持续上涨，但是当人口增长停滞以后，物价（以银价计算）开始稳定，并一直持续到1650年（Elliott 1963a，p.186；Lynch 1981，1：372；Kamen 1983，p.276）。因此，卡斯提尔物价通胀的终止要比欧洲西北各国早得多。另外，由于劳动力增长缓慢，西班牙工人的实际工资从未像英法那样急剧下降过："1500年到1650年间，西班牙的物价和工资几乎没有变化，这个时期里，西班牙工人的工资几乎与物价保持同样变化"（Mauro and Parker 1977，p.56；Lynch 1981）；西班牙工人的实际工资水平是英法两国工人的好几倍（Defourneaux 1970，p.23）。

类似的，西班牙城市的人口增长也从未达到英法那样的程度，这个时期西班牙城市人口的净增长率极其微小。1500年到1590年间，尽管许多城镇的总人口增加了一倍，但是随后却开始减少，1650年，西班牙许多城镇的人口都少于一个世纪之前。马德里的人口有所增长，但是其代价是托雷多的人口有所减少;1600 年至 1650 年,塞维利亚的人口减少了三分之一(de Vries 1984; Ringrose 1983)。

西班牙贵族的情况也与英法不同。人口增长、通货膨胀以及新世界帝国的建立,产生了许多获利机会,中产阶级逐渐扩大,这些中产阶级家庭都把子孙送到大学接受教育,并试图获得公职和贵族地位,不管是通过出钱购买还是教育投资。因此,16 世纪和 17 世纪,西班牙的贵族阶层有所扩大,特别是低阶贵族的数量增加更多(Lynch 1981, 2:143)。但是,与英法不同的是,西班牙贵族阶层的扩大,几乎没有向下流动的现象,而且,卡斯提尔旧精英与新精英能够获得的公职和特权都有所增加。因此,西班牙精英的扩大所采取的形式是精英吸纳,并没有出现精英循环,也没有出现对于国王的敌意。17 世纪,“西班牙的贵族统治政权依然掌握在 14 世纪以来的那些家庭手里”(Jago 1979, p.61)。

西班牙没有发生精英循环,部分原因在于保护贵族的皇家政策;但是这同样反映出,自 16 世纪 90 年代物价上涨结束之后,死亡率上升,这意味着家庭规模变小,向下流动的年轻子弟也微乎其微,也反映出中产阶级的机遇有所减少,中产阶级的人数扩张有所下降。

与英国不同,西班牙的地主阶级为夺取乡村控制权的斗争并没有很大的增加,西班牙的农业体制保护麦斯塔的利益,保护贵族控制的羊毛垄断,也保护大地主的利益(Dominguez Ortiz 1971)。英王亨利八世出售教会土地和王室土地。使得绅士们占有的土地急剧增加,但是,16 世纪西班牙国王出售的土地则要少得多,“这使得卡斯提尔的土地占有格局基本上没有变化”(Mantelli 1984, p.204)。因此,进入贵族阶层的主要是城市商人和法律专业人士,这些人被允许加入市政委员会,他们只是对贵族阶层的补充而不是取代原有的贵族,主要的公职仍然掌握在旧贵族家庭手里(Pike 1972; Phillips 1978)。与法国不同的是,当法国国王出售公职的时候,西班牙出售的公职数量极少:“就全国层面来看,西班牙的贪污腐败并未产生严重影响,不用担心下层阶级人士担任重要公职之后就会颠覆社会秩序和政治秩序”(Kamen 1980, p.35; I.Thompson 1979)。另外,由于公职和特权受到保护并有所扩张,贵族头衔的增加“对西班牙社会几乎没有任何负面影响……只要旧贵族的特权未受损害,他们似乎已经接受了新贵族”(Kamen 1980, pp.250—251)。西班牙帝国的扩张也为新贵族开创了一些出路,从而解决了竞争问题:“意大利的新贵族可以显示自己的社会地位,不会触犯西班牙人认可的、优先权随时间而来的规则”(Kamen 1980, p.251)。

因此,西班牙并未发生社会流动,这一点很容易理解,但是同样重要的是,我们应该注意到卡斯提尔王国社会流动的机会也比英法要少得多,而且这微小的机会所延续的时间也要短得多。卡斯提尔王国的贵族们有两道屏障可以保护他们规避通货膨胀的损害,其一,绝大多数土地都是短期出租,因此可以根据通货膨胀的情况逐步调整租金(Jago 1979, p.69; Lynch 1981, 1:134; Kiernan 1980)。其二,法律规定,贵族的财产只能遗传(Mayorazgo)不能出售(Kamen 1980);因此,贵族只能通过抵押(Censos)借款获得资金,而不会损失本金。所以,“英国那种土地资产快速转移的现象在西班牙并未出现”(Kiernan 1980, p.118)。

卡斯提尔王国的贵族们遭遇的问题:负债和现金流问题、到 17 世纪早期越来越需要依靠皇家公职和资助金来增加收入。但是,西班牙国王逐步增加了对贵族的支持,与此同时,来自社会下层的竞争逐渐消失。1590 年至 1650 年,由于人口增长停滞以及人口减少,贵族们的地租收入也减少了,但是与此同时,由于地租以及市场的萎靡,中等财产者遭受的损失更大,许多地区的中产阶级数量急剧减少(Dominguez Ortiz 1971)。1600 年之后,由于没有中产阶级扩张的威胁,绝大多数贵族都能保住自己的社会地位;在 17 世纪里,所有重要的宫廷职位又重新回到传统贵族手里(Kiernan 1980)。甚至教育体制也在助长这种发展趋势。尽管西班牙的大学在 16 世纪里曾有极大的扩张,但是到了 1580 年,其招生数量就已达到最高峰,这反映出寻求文凭者的数量扩张开始终结(Kagan 1974)。到 1640 年,大学招生数下降了三分之一,名牌大学的招生都留给了贵族子弟。“西班牙的高等教育已经成为贵族阶级永久占据贵族政权中重要的社会位置和政治位置的强有力的工具”(Lynch 1981, 2:141)。

简而言之,与同时代的英国和法国相比,卡斯提尔王国的贵族们在 17 世纪早期所遭遇的竞争远远小于英法贵族。由于受到有利的土地环境(限定继承与短期出租)的保护,卡斯提尔的贵族们控制了大学、教会以及宫廷的许多职位，1600 年之后，贵族们面对的社会环境是物价稳定以及经济发展停滞，这就阻断了新贵族的崛起机会，高死亡率意味着贵族内部的财产竞争和职位竞争也大为减少（Jago 1979；Nader 1977，Kamen 1971，1980）。如前所述，1650 年之后英国也曾出现过这种相同的人口和经济发展趋势，这些发展趋势对于英国精英也曾产生了类似的结果，并导致贵族数量的紧缩。如果我们能够认识到这些发展趋势出现在西班牙要比英国早半个世纪，那么，我们就更好地理解 17 世纪西班牙贵族的紧缩。

因此，从 1590 年到 1640 年，在卡斯提尔王国，政治压力指数模型里造成政治压力的各种因素：国家财政困窘、精英循环和精英竞争、社会动员潜力（不断下降的实际工资、城市化、年龄结构），除了第一个因素之外，其他两个因素的变化都相当平缓。

当然，由于西班牙国王的农业税收导致农业萎靡，西班牙不得不从世界市场购买粮食（以及军队给养），而世界市场上的物价在 1640 年以前一直在不断上涨，因此西班牙的战争开支急剧增加。尽管如此，西班牙国王也并未侵犯卡斯提尔精英的特权或财产以增加资金，国王寻求这些精英能够给予更多的帮助，作出更多的贡献，并给予精英以权力和职位作为回报。尽管西班牙国王也出售一些公职并提高了土地税，以此从卡斯提尔王国的平民那里征集更多的财政收入，但是与法国不同，西班牙税收的增加并没有超过生活成本的上涨（Kamen 1980，p.200）。但是，到了 17 世纪 40 年代，当这些权宜措施还不能满足财政需要的时候，西班牙国王就转向了自己所拥有的加泰罗尼亚、意大利和西西里来增加财政收入，在这些地方，国王增加财政收入的需求就落到了卡斯提尔王国之外的这些地方，而这些地方就其人口构成和社会状况而言都与卡斯提尔王国大不相同。

16 世纪和 17 世纪早期，加泰罗尼亚、那不勒斯和西西里的人口增长都高于卡斯提尔：加泰罗尼亚的人口从 1550 年的 30 万增长到 1640 年的大约 50 万，而加泰罗尼亚首府巴塞罗那的人口则增加了一倍（Vicens-Vivens 1969；de Vries 1984）。那不勒斯和西西里王国的人口从 1500 年的 187 万增加到 1600 年的 300 多万，那不勒斯市和巴勒莫市的人口增加至几近 3 倍，前者的人口从 1500 年的 125 000 人增加至 1647 年的 35 万，后者的人口从1500年的48 000人增加至1625年的135 000人(Cowie 1977，p.28；Chandler and Fox 1974，p.89；Felloni 1977，pp.2—3)。这些地区的实际工资都有所下降，食物短缺和粮食暴乱更为严重。

此外，上述这些地区的精英所遭遇的经历也不同于卡斯提尔。就购买贵族头衔显示出的社会流动规模来看，加泰罗尼亚甚至高于卡斯提尔(Amelang 1982)。但是在任命西班牙帝国官员时，卡斯提尔贵族具有优先权，这意味着其他地方精英的雄心壮志遭到了遏阻。在加泰罗尼亚地区，“没有足够的职位可供分配，[因此]一旦出现罕见的职位空缺，就会在贵族家庭之间引起激烈争夺”(Lynch 1981，1:213)。因此，恰如英国一样，西班牙国王希望在加泰罗尼亚精英那里获得更多的财政收入，然而这些精英却愤愤不平地抱怨公职职位不能满足日益扩大的精英阶层的需要。也像英国一样，有些精英乐于利用民众不满，特别是人满为患的城市民众的不满，以迫使国王作出让步(Elliott 1963b，1970)。类似的，当西班牙国王对卡斯提尔精英宠爱有加的时候，“西班牙在那不勒斯征收的税收却十分繁重……这激怒了有产者，把他们推向了反叛”(Kamen 1971，p.327；Stradling 1981)。

简而言之，当我们分析西班牙君主制国家的时候，我们就会发现，西班牙的人口条件和皇家政府精英政策的种种不同特点，使得国家崩溃的那些关键因素在西班牙各个不同的地区有着极为不同的表现。在卡斯提尔，除了国家财政压力之外，其他因素都显得比较轻微，即便是国家财政压力通常会导致的那种结果——侵犯精英的财产和特权——在这个地区也并未出现，西班牙国王从卡斯提尔之外的其他地方寻找资金。但是，在加泰罗尼亚、那不勒斯和西西里，特别是在加泰罗尼亚，国家崩溃的所有条件均已具备:倍感财政困窘的国王提高了财政汲取率；贵族数量增长迅速，一部分新贵族取代了旧贵族的特权；城市人满为患，实际工资逐步下降。因此，不足为奇的是，1640年，“西班牙君主国的心脏地区卡斯提尔依然稳定如初……法国的起义发生于中心地带，而西班牙则发生于边缘地带”(Elliott 1970，p.109)。

17世纪50年代，卡斯提尔部分地区的一些城市曾发生过城市暴乱，但是，这些城市暴乱主要是源于国王操控货币，而不是因为长期的工资下降。此外,17 世纪 40 年代,对战争感到厌烦的一些贵族曾密谋推翻国王(Stradling 1981),但是这些颠覆行动并没有获得广泛的支持。17 世纪,卡斯提尔王国从未遭遇过曾威胁着英法君主政治的那些同时发生的精英反叛和民众起义,这主要是因为卡斯提尔从未遭遇过同时发生的精英位移和精英循环、快速的城市化、普遍的工资下降。人口和经济发展趋势上的种种差异对于各个国家的政治健康产生了极为不同的结果。

恰如英法一样,西班牙国家危机的表现形式也影响着随后的国家重建模式。在镇压了加泰罗尼亚、那不勒斯和西西里的起义之后,西班牙国王优先考虑的事情是确保对于卡斯提尔君主的忠诚,因此中央集权得以强化。如同法国一样,1660 年之后,西班牙君主政府和西班牙教会团结一致,强制推行公共一致性和个人一致性,但是西班牙哈布斯堡王朝通过异端审判强制推行公私一致性的力度比法国更大。另外,西班牙的人口下降开始得比较早、数量比较大,这就阻碍了城市人口的增长,使地方市场萎缩,社会流动减缓,也使得贵族们能够牢固地占据自己的职位,这些都意味着,当西班牙进入 17 世纪晚期时,相较其北方邻居来说,西班牙的经济更为疲弱,贵族的控制能力更强。1660 年之后,西班牙的经济开始复苏,西班牙紧紧地控制着它在新世界以及地中海地区的领地。但是,西班牙的政治变成了贵族之间的游戏,这种游戏比起商业冒险事业来说,更具挑战性,回报也更为丰厚。由于西班牙贵族控制了绝大部分资本,由于这些资本主要用于寻求政治优势,因此推动经济更快发展的许多机遇消失不见了。1660 年之后,西班牙的人口得以恢复,但是,随后的经济增长只是经济复苏,并非经济发展。西班牙依然是一个主要的欧洲强权,但是,高度的中央集权、残酷的宗教控制,再加上贵族统治,这些都导致政治沸腾、经济疲软,最终毁灭了西班牙的霸权。

现在,让我们把目光转向一个世纪之后,思索一下有关法国大革命的种种问题。然后,在探究早期现代欧洲人口增长和政治危机总体模式的时候,我们还得回到本章所分析的那些事情。

注 释

1. 这也是希尔(Hill 1975, 1980)最近的研究著作所采取的指导思想。

2. 每30年出生一代人口这种粗略的估计是这样计算的:里格利和斯科菲尔德根据家庭构成的资料得出,17世纪时,英国男子初婚的平均年龄是28岁。弗林(Flinn 1981, p.112)曾提及,从结婚到第一个子女出生的平均间隔期刚好超过一年,第二个子女出生是在第一个子女出生之后的两年多一点,假定新生儿中的一半是男性,那么,第一个男孩出生时,父亲的平均年龄是30岁。

3. 自耕佃农们发现,他们对绅士阶层的忠诚备受日益上涨的租金的困扰,但是这个问题是一个利益共享的问题,而不是土地征收问题,霍斯金斯(Hoskins 1953)曾描述了1600年之后小农的繁荣。

4. 对这些变量函数进行回归分析可以使我们直接观察到变量变化的效应(Wonna Cott and Wonnacott 1979)。人口数据是10年间的平均数,援引自里格利和斯科菲尔德(1981)的研究;伦敦人口十年期数据是根据德沃利斯(de Vries 1984)的研究而估算出来的。

5. M.维纳(M.Weiner 1971)、麦克尼尔(1977)和N.乔克里(N.Choucri 1984)是少数例外。

6. 用这些不同的指数,可以对文中的阐述进行验证。用谷物、面包以及市场上的各种消费品这些物价指数,与用小麦价格指数进行回归分析得出的结果实际上是一样的。物价变化的线性模式与"加速变化模式"造成的结果并无太大差异——人口增长系数为2.76(前者得出的结果是2.24)、每10年里物价下降4.5%——但是"加速变化模式"更加契合数据。这种加速变化反映了1650—1750年农业生产的进步(Kerridge 1967);我们有理由认为,在整个18世纪里,农业的进步是很缓慢的(Deane and Cole 1969; Allen and O'Grada 1988; Jack Son 1985)。

7. 工资数据指的是英国南部建筑工人10年间的平均实际工资,援引自E.H.菲尔普斯·布朗和S.霍普金斯(E.H.Phelps Brown and S.Hopkins 1962b),戈德斯通进行了修正(1985)。这些估算与R.李(R.Lee 1980)的研究结果高度一致,他所使用的1540—1800年期间的数据与我的略有不同。李发现,人口增长1%,工资就将下降2.2%(我得出的结果是1.8%),在工资水平不下降的情况下,人口增长的"吸纳率"为10年吸纳4%(我得出是3.3%)。

8. 持续和平时间在8年或8年以上的10年期有:16世纪最初10年、16世纪70年代、17世纪头10年、17世纪80年代、18世纪20年代与30年代。

9. 我对英国财政压力变化的评估,其根据是F.迪茨(F.Dietz 1964)、P.G.M.迪克森(P.G.M.Dickson 1967)、W.肯尼迪(W.Kennedy 1913)进行的财政史研究。

10. 参见M.格兰诺维特(M.Granovetter 1978)关于临界行为的详细分析模型。

11. 这个发现以及本章使用的年龄段比例数据,是从社会科学研究委员会英国剑桥大学人口史与社会结构研究组里格利和斯科菲尔德编辑而尚未出版的、关于1541年后英国人口的年龄结构的相关资料中计算出来的。

12. 伦敦的人口增长率相当稳定,因此,进一步向前一些年扩展人口增长的测度范围对于这里的计算结果并无影响。如果人口增长几乎毫无规律,那么就有必要使用更为平滑的测度模式。

13. 这个曲线图应该做些微调,因为数据资料中有一个小问题:17世纪40年代,查理一世曾把牛津镇作为司令部,结果使得牛津大学的招生数骤降,如果仅仅用剑桥大学的招生数代表40年代的大学招生,那么政治压力指数的最高值应该在40年代,而不是30年代。

14. 沃勒斯坦认为,这个时期英国和法国北部土地占有的变化趋势是相似的(1980, p.90),然而,罗伯特·布伦纳(Robert Brenner 1976)却认为两者之间有所不同,法国的小农阶级得以存续,英国的小农阶级却消失了。如果我们能够注意到私人土地和公共土地的差别以及地区间差别,那么,这两个人的观点都是正确的。法国北部的情况与英国大致相同,也有许多大农场,在这两个地方,非小农占有地几乎占全部土地的70%(J.Cooper 1978, p.23)。但是,尽管法国北部平原的小农失去了私人土地,村庄的公共用地却一直保存到18世纪。因此,贫困的农民可以出劳力,在领主的领地上耕作,从而留在农业领域。英国中部平原地区的公共用地也占有重要地位,也同样一直延续到18世纪,但是,在实施议会圈地法令的1770—1815年之前,英国这些地区的小农就消失了(M.Turner 1980; Everitt 1967b; W.Hunt 1983)。英国的许多地方,特别是英国东南部,早在16世纪,土地就是“个别持有”的(比如,每块私人占有地都有树篱或围栏加以区分),牧场的所有权也属于私人而非村社公共所有(Yelling 1977; Kerridge 1967)。在英国的这些地方,小土地所有者一旦失去自己的土地,也就失去了生活来源,除了迁移或者成为手工工人或雇佣劳动力以外别无他法。英国和法国北部的人口增长导致小农失去了自己的土地,为商业冒险家们创造了许多机遇(在法国,这些人往往都是投资于土地的资本家或贪赃枉法的官员);在这两个国家里,拥有村社公用地的那些地方直到18世纪晚期还保持着公用地的完整。两国之间的区别在于,英国那些拥有村社公用地的地方其地理面积相当有限,而法国北部则要普遍得多。因此,法国北部的农民继续与商业化农场纠缠不休,而英国的贫困农民则大多数已经移居或者成为雇佣劳动力。这样分析并不是要否认这种微小的差别对于长期的农业发展进步、对于那些拥有普遍权利的村民们呼吁要限制商业化农场中的耕作技术发明和土地轮作所具有的巨大含义(P.Hoffman 1988)。但是,这种差别的出现,并非是由于英国的许多地方从来就没有这种村社公用地,也不是由于法国北部的农民拥有更多的家庭财产,也不是因为法国北部没有商业化的农场和中产阶级。

第三章
早期现代欧洲的国家崩溃：法国大革命

专家们一再忽视了人口压力在旧制度危机中可能起到的重大作用。

——雅克·迪帕基耶(Jacques Dupâquier)

第一节　理论争议、人口和经济发展趋势

解析法国大革命

自从1789年法国大革命爆发以来，它已经成为政治变革研究中争论的中心问题，有人认为法国大革命是值得仿效的榜样，也有人认为它是应该避免的危险。1789年，法国为何崩溃？政治学者期望着能够得到一种解释，然而不幸的是，迄今为止，历史学家们也没有给出任何明确的答案。

多年以来，主流的解释是，法国大革命源于社会危机(Mathiez 1928；Mazauric 1970；Soboul 1975；Godechot 1970；Kaplow 1965)。法国经济的长期变化，致使资本主义实践和资本主义企业的重要性不断提高，并新生出一批独特的资产阶级企业家，这种经济变化与依旧未变的政治制度和等级制度产生了冲突。但是，经过几十年来的严厉批判，所谓“资产阶级革命”的证据已经陆续倒塌(Chaussinaud-Nogaret 1975；Cobban 1964，1967；Doyle 1972；Eisenstein 1968；Forster 1963，1971，1976；Furet 1971，1981；Furet and Richet 1970；Root 1982，1987；G.Taylor 1964，

1972a, 1972b)。最近,贝伦斯(C.B.Behrens 1985, p.9)评述道:“事实上,现在看来,对于法国大革命而言,并不存在任何重大的长期社会变化原因”。K.M.贝克(K.M.Baker 1987b, xi)赞同贝伦斯的观点,他指出,对于所谓的资产阶级革命,“由来已久的长期历史变化原因论解释已经破产了”。

一些学者就此指出(G.Taylor 1972b; Doyle 1980):“推动法国走向革命的几乎都是政治性力量,并不存在根本性的社会危机”(Doyle 1980, p.158)。菲雷的观点是最受敬佩的对于法国大革命的现代综合解释(Doyle 1989; Schama 1989; Furet 1981),他提出,法国大革命在某种程度上纯属偶然事件,其原因在于“一些偶然事件的集中爆发,它确实是偶然情况”(Furet 1981, p.25)。

因此,在对法国大革命和英国革命的编史研究中,有着明显相似的发展趋势。在关于这两场革命的各种理论解释里,经过几十年的学术批评,那些着重于从长期社会变化,特别是从资本主义和资本家集团崛起的角度进行的理论解释,已经逐渐消亡。结果,新一代修正主义学者不再用任何一种长期经济变化因素来解释这些革命,他们采用的替代解释立足于短期政治冲突和所谓法国和英国政治制度的独特结构。研究这两场革命的历史学家们,业已抛弃了那个曾被普遍接受的一体化解释框架,他们现在赞成那些更加强调特殊性和偶然性的阐释。摒弃马克思主义解释模式,意味着学者们更加忠实于事实证据,但付出的代价是,取而代之所形成的那些理论分析使得各个民族国家的历史相互孤立起来,并出现了一些对于偶然性的奇异幻想。

社会学家斯考切波(1979)根据国际政治和国内政治对革命作出了一个清晰的阐述。她认为,法国大革命源于法国在维持战争经费方面无力应对英国的竞争,这根源于法国落后的前资本主义经济。当国王试图提高税收时,就会与那些抵制增税的顽固的政治精英们僵持不下,随之而来的危机,促使法国那些本已不稳定的农村社区中被抑制的不满情绪趋于表面化,然后,农村暴动就会把政治危机推向社会革命。斯考切波的阐述并非基于“资产阶级的崛起”,而是基于法国较之其主要国际对手的衰落,这种国际压力,再加上法国精英们由于占据了各级法院和各级官职中的重要职位而具有的阻止改革的能力，以及法国农民基于农村公社式的不完全自治的农村组织而具有的利用政治危机的能力，就此把法国推向了革命。

斯考切波的研究著作是重建社会学阐释的有力尝试，它关注的是法国制度的某些方面，比如，国家面对国际压力时的软弱无力以及农民的关键作用，这些方面的问题也存在于其他社会革命事例之中，比如 1917 年的俄国和 1911 年至 1949 年的中国。然而，斯考切波的解释并未把法国大革命置于欧洲国家崩溃的历史背景之中，斯考切波的研究目的，不仅仅是要解释法国为何会产生政治危机，而且还要解释法国为何会发生社会革命。由于法国是早期现代欧洲国家里唯一发生社会革命的国家，斯考切波要解释的也不仅仅是国家崩溃问题，因此，斯考切波的研究目的导致她强调的是，法国的国家结构和农村结构与其他国家有何不同，她加以比较研究的并非法国大革命与早期现代国家崩溃的其他事例，而是把法国大革命与 20 世纪那些刚开始重工业化的国家发生的社会革命进行对比分析。

斯考切波指出，在早期现代欧洲国家，1789 年的法国具有两个相互联系、独一无二的因素：(1)整体上足够强大的地主阶级，他们足以阻止中央政府增加税收，但是与此同时，在财产权的保障方面，各地的地主阶级又十分软弱无力，必须依赖中央政府来保障财产权；(2)拥有不完全自治村社组织的农民阶级，这种组织使得农民能够采取集体行动对抗地主。因此，使这些敌对阶级处于平衡状态的国家一旦崩溃，就会产生社会动乱和社会革命。斯考切波的重大贡献是她论述了：在早期现代欧洲国家中，是什么因素使得法国成为独一无二的国家；为何说法国大革命与后来发生在俄国和中国的社会主义革命具有某些共同点。

但是，如果我们问法国为何崩溃于 1789 年，斯考切波的分析远不能让我们满意，她的分析中有些方面需要加以修正，有些空白则需要加以补充。如同后面我们要讨论的那样，就制造业规模和商业规模而言，法国并不比英国“落后”，1789 年，法国的贸易和工业产出比英国要多，而且，导致财政危机的，并不是战争费用的增加以及法国无力支付战争费用。按实值计算，美国独立战争是 18 世纪法国卷入的花费最少的战争。因此，我们需要另找原因才能解释清楚:为何法国能够顺利度过 1689 年至 1714 年遭受战争失败的 25 年,也能顺利度过 1756 年至 1763 年遭受战争失败的 7 年,然而此后,尽管比以前更加富足,却由于 1778 年至 1783 年这 6 年的战争失败而轰然倒塌,而这 6 年的战争只是 1763 年至 1789 年 26 年和平期间的一段插曲。此外,法国精英的内部冲突十分激烈,这些激烈的冲突导致法国三级会议以失败而告终,致使法国走向革命,对于这些问题,斯考切波的解释并没有告诉我们任何东西。最后,斯考切波重视农村暴动,这使她低估了巴黎动乱的重要性,而巴黎为国民议会提供了关键支持。

1789 年法国的国家崩溃包含许多因素:国家财政危机、精英起义以及激烈的精英内部冲突、城市和农村暴动。我们已经知道,上述这些因素也曾出现于一个半世纪之前的英国革命以及法国福隆德运动(尽管,只是到了 1789 年,由于法国地方地主们在对抗农民时软弱无力,农民暴动才能成功地挑战精英特权)。斯考切波的解释以及修正主义学者提出的特殊性解释都没有阐明,为何这些特定的因素都曾出现**在所有的三个革命事例之中**。另外,我们已经注意到,法国大革命是 1770 年至 1850 年间国家崩溃浪潮的一部分,这次国家崩溃浪潮横贯所有欧洲国家,乃至俄国和中国。斯考切波和修正主义学者都没有注意到(也就更没有做出多少解释),在早期现代历史的某些时期里,国家崩溃是普遍现象。因此,对于现代早期国家周期性全面失败、法国大革命在这种模式中的地位,这些学者并没有作出任何指导性分析。

在本章中,我认为,1789 年法国的国家崩溃,根源于产生 17 世纪危机的那些同样的原因,就是说,1660 年至 1700 年人口下降,这期间社会稳定,此后的 18 世纪,人口再度增长,由于法国的经济、税收体制以及精英进入机制无法应对持续的人口增长,法国再次陷入危机之中。

当然,法国历史学家们早就意识到 18 世纪的人口增长,事实上,许多法国历史学家,比如索布尔(A.Soboul 1977a, p.35)和 E.拉布鲁斯(E. Labrousse 1958)已经把人口增长视为给旧制度国家造成沉重压力的一个因素,尽管如此,这些学者关注的只是人口增长对于工人阶级和农民阶级生活水准的影响,他们并未注意到人口变化对于国家和精英的影响。如同我们在分析英国革命时所看到的那样，相较人口增长对于工人阶级和农民阶级的影响而言，人口增长对国家和精英的影响是更为重要的国家崩溃原因。

在本章，我的研究目的是要解释：18 世纪末，法国的政治冲突为何特别剧烈、法国国家机器为何特别软弱无力。通过集中研究人口变化对于法国的多种影响，我建构了一个与政治和经济有关的法国政治危机的解释模式，但并不采纳“马克思主义理论”或者“资本主义理论”中关于法国大革命的长期社会变化原因论。相反的，通过论证革命与人口和物价变化这些周期性因素之间的关系，我希望复原革命与长期经济发展之间真正的内在联系，也希望把法国大革命牢牢地置于 17 世纪和 18 世纪末以及 19 世纪初国家崩溃浪潮的历史背景之中。

这里，有两点是非常重要的，其一，这种观点只是用于解释旧制度国家的国家崩溃或国家“危机”。如果有人把“法国大革命”看作 1791 年至 1815 年的一系列主要事件，即，争夺统治权的斗争、雅各宾派的领导、恐怖统治、拿破仑的崛起等一系列事件，那么，这种革命并不是这里所要分析的革命。我将在第五章里对这些事件作简要分析。这里，我要清楚地说明，人们必须认真分析，把旧制度崩溃的内情（通常被认为是由于革命而造成的那些问题），与旧制度旁落之后革命展开（即 1789 年之后）的那些详情区分开来。用以解释旧制度崩溃的那些因素，往往不足以解释权利斗争和国家重建过程中的那些事情。

其二，我们说，法国大革命植根于 1770 年至 1860 年影响所有欧洲国家的那些长期社会变化，并不等于说这些社会变化的影响对各个国家都是一样的。恰如我在对英国革命和法国福隆德运动作对比研究时指出的那样，长期社会变化的影响，总是随着这些社会变化得以产生的特定社会结构和政治结构而有所不同。1660 年至 1730 年，英国和普鲁士都经历了政治制度和经济结构的重大转型，因此，这两个国家都以各自不同的方式应对 18 世纪和 19 世纪的人口压力。如下文所示，路易十四的法国，尽管其经济结构和政治结构有所改变，但并未完全除旧布新，因此，路易十四的继承人遭遇了类似 17 世纪发生的财政危机、精英内部冲突和社会动荡。

如果您愿意，请想象一下一块平地上的许多建筑物，这些建筑物有些很高，其他的则又矮又重；有些建筑物脆弱不堪，有些则坚固结实。地震压力逐渐累积，缓慢地改变着地表，我们看不见逐渐增加的压力，只能看到随后发生的地震，所有的建筑物都要受到地震冲击力的影响，但是，每栋建筑物的结局却因其结构不同而不同，有些建筑物会倒塌，有些则虽有裂缝但依然能够挺立不倒。如果要问有些建筑物为何倒塌这个问题，争论究竟是地震压力变化还是建筑物的脆弱造成建筑物倒塌，这是徒劳无功的，合适的解答是这两个原因的结合，即地震压力对建筑物的影响和建筑物结构的脆弱，共同导致了建筑物倒塌。如果我们想知道这些建筑物为何在特定时间倒塌，我们就应该关注地震压力的盛衰起伏；如果我们想知道为何只有那些建筑物倒塌，我们就应该关注这些建筑物对于地震压力的结构脆弱性。

在我看来，国家制度体系恰似平地上的一群建筑物，人口压力恰如那个改变那些建筑物得以建筑其上的地表形态的地震压力。1500 年到 1660 年间、1730 年到 1860 年间，人口增长横贯欧亚国家，造成了“地震压力”，削弱了所有国家的国家基础，这就解释了国家崩溃的共时性。但是，如果我们想知道为何有些国家崩溃了、有些国家则只有震荡而已，我们就需要分析这些国家的结构脆弱性。

把这个比喻说得清楚一些，经过 17 世纪的冲击之后，英国沿着一条崭新的、更具灵活性的路径重建国家，部分归因于相当独特和偶然的那些历史事件，英王朝转而开始保护新教徒的财产继承权，先是长期国会、后是威廉三世，分别对税收制度进行了改革。如同 M.基什兰斯基（M. Kishlansky 1986）揭示的那样，精英冲突得以解决。1688 年议会“选举”之后，原先那种近似承认各郡有些家族是首要家族，并因而导致争夺社会优先权和个人声望的争斗的体制，已经让位于议会“选举”，在这种选举体制下，精英们不再基于个人声望，而是基于政策立场展开竞争。承认有向竞争对手妥协的必要性的政党政治，取代了原先那种必须消除所有不同意见的一元化领导体制。尽管君主制、英国国教、贵族特权和财富都得以保留，但是在一些重要的环节方面，18 世纪晚期和 19 世纪早期的英国相比以前的斯图亚特王朝已经大不相同。

相比之下，福隆德运动之后，法王路易十四主要通过增加新的管理层级重建法国，但是基本的税收体制和精英招录机制没有任何改变。因此，18 世纪英国政治的建筑师们构建了一种貌似传统，但却是基于新基石之上的政治结构，而路易十四和他的大臣们建造的是一栋宏伟的巴洛克建筑，然而其陈旧脆弱的基础丝毫未变。因此，毫无疑问，当 18 世纪人口增长压力再度降临时，英国就能够经受得住这种压力，而法国则崩溃了。

本章探讨了 1660 年至 1789 年间法国的经济结构、政治结构和社会结构，着眼于这些结构面对人口压力时是如何脆弱不堪的。然而，让我们首先分析一下这个时期人口压力的变化起伏，以及它对于物价和收入的影响。

1650 年至 1789 年法国的人口和物价

人口变化模式

三十年前，我们关于 17 世纪和 18 世纪法国人口史的知识开始走出黑暗时代。那时候，对于人口或者产出，我们并不比同代人多知道多少，我们绝大多数的知识正是基于这些估计之上的。我们确实知道 G.勒菲弗(G.Lefebvre)曾对法国北部省做过开创性的区域研究[1972(1924)]，还有拉布鲁斯[E.Labrousse 1984(1933)]那部至今仍堪为物价史研究典范的著作，但是，对这些丰富资料的解读却各不相同。直到那时的最后几年里，更为可靠的人口估计才出现于一些对教区记录的细致研究著作之中，进行这种辛勤研究的有 L.亨利和 Y.布拉约(L.Henry and Y.Blayo 1975)、迪帕基耶(Dupâquier 1970)，以及他们在法国国家人口研究所的同事们。勒菲弗的研究得到大量区域性研究著作的补充，这些著作的作者包括：P.古贝尔(P.Goubert 1960)、E.勒鲁瓦・拉迪里(E.Le Roy Ladurie 1974a)、R.巴莱勒(R.Baehrel 1961)、J.雅卡尔(J.Jacquart 1974a)、P.布瓦(P.Bois 1960)。

我们已经注意到，从 1500 年到大约 1650 年间，法国人口显著增长，学者们普遍认为，此后的 50 年或 60 年里，法国人口增长停止，甚至有所下降。拉迪里把 17 世纪法国的人口高峰定在 1636 年，他认为法国人口“在 1636 年比 1711 年至少多 10%到 12%”(1987，pp.267—268)。J.-N.比拉邦和N.博纳伊(J.-N.Biraben and N.Bonneuil 1986, p.950)研究了科镇的11个教区,他们发现,1639年那里的人口达到顶峰,比1700年多17%,此后直到1660年间人口缓慢下降,1660年之后人口急剧下降。迪帕基耶提到,1635年到1665年间,在兰斯市、勒泰勒市和罗莫朗坦市等税区,人口减少了30%甚至更多(17世纪60年代是高死亡率的年代),此后,人口恢复十分缓慢,到1700年,这些税区的人口还比17世纪高峰时少15%—20%(1979, p.9)。尽管如此,也有证据显示,在法国的几个地区,人口增长一直持续到17世纪60年代。N.勒迈特(N.Lemaître)发现,在于塞勒和利穆赞,从1630年到1670年,在人口急剧下降之前,新生儿洗礼数量依然很高(1978, p.38)。拉迪里曾提及,在朗格多克省,人口增长一直持续到1680年。R.巴莱勒(R.Baehrel)发现,在普罗旺斯,人口很可能在1690年才增至高峰,此后一直到1735年,人口一直下降(1961, pp.235—236)。类似的,A.莫利尼耶(A.Molinier)发现,在维瓦莱,家庭户数到1693年达到最多,此后到18世纪30年代持续减少(1985, p.233)。比拉邦和D.布朗谢(D.Blanchet)发现,在圣但尼和欧贝维利耶,1648年之前新生儿洗礼数量一直在增长,此后逐渐下降(1982, p.1116)。迪帕基耶提到,在卡昂和纳沙泰尔附近地区,1665年的人口数多于1636年(1979, p.9)。古贝尔注意到,博韦市的人口从1636年到1647年一直在持续增长,布列塔尼的新生儿洗礼数和结婚数在1670年前一直保持高增长率(1967, p.173; 1970b, p.32)。因此,法国各地的人口增长是在不同时间里开始减缓的。尽管如此,我们仍然可以确信,法国人口增长率的高点是在17世纪30年代。在人口增长期结束之前,这种高增长率在有些地方持续到(甚或些许提高)40年代,极少数地方甚至持续到70年代甚或90年代。法国总人口极有可能在17世纪中叶达到高峰,比1700年的人口多10%—20%。

人们曾一度认为,路易十四统治期间,法国人口一直处于萎缩状态,然而,现在有充分的证据证明,法国人口在17世纪90年代早期跌入谷底,随后开始上扬。D.勒博多(D.Rebaudo)用证据揭示出,1695年之后,法国全国的洗礼数量全面增长,死亡人数下降,他估计,从1670年到1695年,法国人口有所下降,此后则稳定增长(1979)。T.舍尔佩尔(T.Scheaper)对当时的物价和工业产出进行过研究，他举出了一些证据，显示出1690年到1715年间法国经济稳定增长(1980)。迪帕基耶对法国人口(在现今的法国疆界内)的估算肯定了法国经济的这种发展趋势，他提出，法国人口从1700年的2 150万增加到1715年的2 250万(1979, pp.34—35)。

拉迪里估计，17世纪中叶高峰期的法国人口比1711年多出10%至12%(1987)，迪帕基耶则估计，高峰期时法国人口比1700年多15%，他们对于1640年左右到1660年左右法国人口总数的估计是一致的，都是2 470万(在现今法国疆域内)。此后，在人口恢复增长之前，法国人口极有可能逐渐下降，17世纪60年代早期曾经有过大幅下降。到1695年左右，法国人口降至2 000万到2 100万之间。迪帕基耶根据法国国家人口研究所进行的教区研究的有关资料，进行代际人口估算，根据迪帕基耶的估算(1979, pp.34—35, 37, 81)，1740年法国总人口达到2 460万，此后，到1790年又达到2 810万。因此，如同英国一样，从1640年左右到1740年左右，法国净增人口几乎为零。1660年到1695年，法国人口数跌入极低值2 000万至2 100万，比1640年前后至1740年间的平均值低20%。根据这些估计而绘出的法国人口曲线图可以参见图3.1。[1]

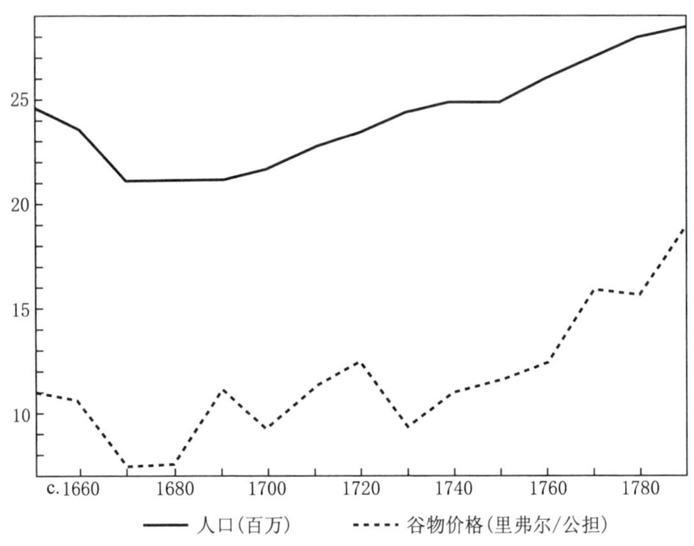

图3.1　1650—1790年间法国的人口和物价

18 世纪法国的人口增长是比较快的，但是在各个年代和各个地方并非均衡分布。1700 年到 1730 年，人口增长强劲，随后二十年里人口增长明显放缓，然后，1750 年至 1790 年间，人口增长再度复苏并加速增长。从 1700 年到 1800 年，欧洲人口增长了 30%多一点，这对于欧洲标准而言并没有什么异乎寻常的，英国、德国，甚至俄罗斯的人口增长更快。但是，法国已经成为欧洲大国中人口密度最大的国家（Dupâquier 1970，p.156），而且，在法国走向 17 世纪早期人口顶峰的过程中，从 17 世纪 30 年代到 60 年代，随之而来的是十年一次的严重通胀和饥馑危机。因此，对法国而言，随着其人口增长到（并随后超过）17 世纪的人口高峰，法国的人口增长达到前所未见的危险程度。

更要紧的是，法国的人口增长集中于那些人口密度最大的地区。在布列塔尼以及一些西部省份，人口只有轻微增长，从 1750 年到 1790 年，这些地方可能只增长了 1%至 8%，而法国全国人口增长了 15%，因此，法国的人口增长主要集中于北部省份和地中海沿岸地区（Dupâquier 1978，p.236；Le Goff 1981，pp.11—12）。Y.勒穆瓦涅（Y.Lemoigne 1965）认为，18 世纪里阿尔萨斯的人口增长了 100%，R.R.帕尔梅（R.R.Palmer 1977）指出，1750 年之后，北部省的人口大致也增长了 100%，朗格多克的人口也有极大增长，G.弗雷什（G.Frêche）认为 18 世纪图卢兹附近的人口增长了 50%至 60%。之所以如是，并非因为北部和南部的人口繁殖更快，而西部就没有人口繁殖，反之，这种人口增长分布模式，极有可能反映出，人口从贫困地区移居到东北部和南部富裕地区，因为人们都要寻找生计（1974，p.311）。J.德瓦尔德（J.Dewald）研究过上诺曼底省的同村婚姻模式，他指出，在他的研究样本中，男女双方均来自同一村庄的夫妻，其婚姻破裂的比例从 1685 年至 1694 年间的 73%下降到 1780 年至 1789 年间的 49.5%（1987，p.46）。

人口变化不仅仅包含人口增长。由于新一代人口要多于上一代，人口变得更加年轻化。1700 年，10 岁到 29 岁年龄段人口与 30 岁以上（含 30 岁）人口的比例不超过 6∶10，所以，成年人对于年轻人的优势地位是显而易见的，到了 1750 年，这个比例上升到了 8.6∶10，在该世纪余下的几十年里，这个比率稳定在近 8∶10，因此，18 世纪晚期较之 17 世纪晚期,年轻人数量相对于年长者数量增加了近一半。[2]

人口除了越发年轻化之外,也更加城市化。迪帕基耶估计(1978, p.245),从1740年至1749年间到1780年至1789年间,小城镇人口增长了24%,中等城镇人口增长了20%,大城市则增长了38%,而农村人口只增长了8%,从1700年到1790年,巴黎人口从53万增加到70万,即增加了30%多,里昂人口从97 000增加到15万,即增加了50%多(Dupâquier 1979, pp.40, 91—92)。1715年至1790年间图卢兹人口增加大约50%(Frêche 1973, p.268),1697年至1789年间斯特拉斯堡人口增长100%(Lemoigne 1965),1730年至1780年,特鲁瓦和兰斯的人口增长50%(L.Hunt 1978, p.10)。恰如索布尔指出的,“18世纪是城市人口大扩张的年代”(1977a, p.33)。

法国人口为何增长?人口增长,可能是移民、高生育率或者低死亡率的结果。1700年至1750年,英国人口略有增长,这源于死亡率的日渐下降,此后,由于女性婚龄明显提前,导致生育率提高,英国人口增长明显加快(Wrigley 1983)。婚龄提前很可能反映出就业机会有所增加,人们往往就会提早结婚(Goldstone 1986a)。然而,法国的情况则有所不同,迪帕基耶(1978, 1979)指出,18世纪,法国女性婚龄推迟,然而结婚率和婚内生育率都保持稳定甚或有所下降。因此,没有证据证明,法国的人口增长是高生育率的结果,而且,由于法国周边国家几乎没有人移居法国,因而几乎可以肯定,法国的人口增长是由低死亡率造成的。

迪帕基耶(1978, p.240)曾提及,巴黎盆地婴幼儿死亡率的有关数据显示出,1720年之后,这种死亡率有所下降,这恰好可以说明法国18世纪的人口增长,他还说道:“18世纪后50年里法国成年人死亡率并未上升”(1970, p.162),我们对这些情况并应该不感到奇怪。恰如16世纪的英国一样,现代早期人口变化的典型模式是,死亡率的变化主要影响的是年轻人口。现代早期的人口增长致使人口显著年轻化,其原因就在于:不断提高的成活率推动着人口增长。

繁荣还是衰退?

与17世纪后期相比,18世纪的法国到底是“富裕”还是“贫困”?这个问题一直备受争议。17世纪后期法国人口减少,这使一些历史学家认为,路易十四统治时期是一个苦难时期,其突出的标志是 1661 年至 1662 年间以及 1693 年至 1694 年间法国极其严重的死亡率(Mandrou 1978; Meuvret 1971)。继托克维尔[1955(1856)]之后,A.马蒂耶(A. Mathiez)也断言,由于法国人口在 18 世纪有所增长,因此,18 世纪的法国必然是繁荣兴旺的。[3] 最近,W.杜瓦勒(W.Doyle)指出:"确凿的事实是,从 18 世纪初到……1789 年,法国人口有所增长,这意味着法国有能力满足不断增长的需求。"然而,这些看法都是基于一个假设之上的,这就是,死亡率反映了总体的生活水平,但是现在我们知道,对于早期现代欧洲国家而言,这种假设是错误的。

F.勒布伦(F.Lebrun)、J.-P.普苏(J.-P.Poussou)、S.C.沃特金斯和 J.门肯(S.C.Watkins and J.Mencken)等人,曾对现代早期欧洲国家饥荒的短期效应问题进行过研究,他们的研究证明人口恢复是很快的,那些死去的人往往是体弱者或年迈者,他们都可能在几年内死亡,而死亡的儿童会很快得到补足,因为失去孩子的母亲们又会再次生育。因此,饥荒之后,死亡率往往会得到补偿,生育率会有所上升。也许有人会说,现代早期欧洲的粮食歉收会导致大量的死亡,使死亡率达到顶峰,但是,这却不会提高长期死亡率。如同 D.R.韦尔(D.R.Weir)所说:"近年来越来越多的人口证据已经充分证明"了"物质匮乏不可能是长期人口变化的首要推动力"(1989b, p.202)。

相反的,长期死亡率似乎更多地受到流行病的影响(Livi-Bacci 1989; Dupâquier 1989)。在上一章对英国革命的分析中,我们已经说过,用实际工资水平测度的经济福利与死亡率水平之间,似乎甚少或者根本就没有什么关系。勒布伦和普苏(1980)也同样指出,法国的死亡率周期与粮食歉收和高食物价格之间几乎没有什么关系,这与以前的看法大为不同。1660 年之后,瘟疫再次席卷许多欧洲国家,并发天花和伤寒,这些疾病推升了法国及其他欧洲国家的死亡率,特别是年轻人的死亡率,直至 1700 年之后,死亡率才开始下降。

17 世纪 60 年代和 90 年代出现了严重的食物危机,同时,60 年代至 90 年代间死亡率很高,这就导致一些历史学家断言,高死亡率反映出普遍贫困的经济状况。但是,事实上,这 30 年间的一个突出特征是农产品价格低而且稳定。17世纪中叶，1630年至1631年、1648年至1653年、1661年至1662年，都发生了严重的食物危机（Briggs 1977，p.38），在该世纪随后时期里，1662年至1670年间，仅有两次食物危机，分别出现于1694年至1699年以及1709年至1710年，当时恶劣的气候给欧洲国家造成了重重困难（Briggs 1977，p.38；Meuvret 1971，p.88）。但是，在旧制度末期，1770年至1775年、1778年至1779年、1781年至1782年、1785年至1786年、1788年至1789年（Sutherland 1986，p.55），都出现了食物危机。因此，当人口数量相对较高且不断增长时，食物危机是普遍现象。当人口增长停滞时，谷物价格往往较低，食物危机也极为少见。

实际工资的变化趋势也告诉我们类似的道理。如果我们把Y.迪朗（Y.Durand 1966）通过研究得出的巴黎建筑工人工资序列表与当时的小麦价格进行比较的话，我们就会发现，从17世纪50年代到80年代，工人工资的食物购买力增加了近50%，但是，在此期间，死亡率依然很高。类似的统计研究还揭示出，高死亡率、人口增长停滞的1670年至1689年间的实际工资，比低死亡率、人口快速增长的1770年至1789年间高出37%。看来，如同英国一样，死亡率与生活水平似乎没有什么关系。

因此，我们不能认可这种观点：17世纪后期死亡率高，18世纪死亡率低，就意味着18世纪比17世纪后期更为繁荣。很显然，影响人口增长的长期死亡率是疾病侵害能力变化的结果。疾病对富人和穷人、城市人和农村人一视同仁，在人们对环境卫生一无所知的那个时代，疾病面前无贫富。但是，如果我们不用死亡率来进行探讨，我们又如何能够回答这个问题：旧制度末期的法国比路易十四时期是变富了还是变穷了？

关于18世纪法国的经济产出，我们只有粗枝大叶的了解，但是，最近一些研究成果极大地改变了这种情况，比如，M.莫里诺（M.Morineau 1970a）对经济产量的研究，拉迪里和J.古瓦（E.Le Roy Ladurie and J.Goy 1982）对十一税档案进行的研究，另外，拉布鲁斯对物价进行的艰辛研究也揭示出很多知识。

然而，首先要明确指出的是，任何一种断言法国繁荣的笼统说法都是误导。这是因为，显而易见的是，18世纪里，法国经济各领域的增长率极不相同，有些经济领域比较繁荣，有些则较为萧条，另外，收入分配和再分配的不公,导致有些人富裕有些人贫穷。在下面的分析中,我对法国的经济增长进行了评估。但是,我们首先要记住,在经济增长过程中,有些人攫取了巨额财富,其他很多人则与经济增长无缘,甚至失去了基本生活保障。因此,要对法国经济变化的社会结果和政治结果进行恰当的评价,就需要在注意其总体经济增长的同时,也关注其经济发展的部门差异与收入分配情况。

有些学者曾经提出过对18世纪法国农业增长的乐观评估(例如,Toutain 1961),但是现在已不再为人们接受。法国确有一些地区农业有所发展:北部省的农业产量堪比英国最好的地方,康布雷齐市的十一税档案记录显示,其农业产出在一个世纪里增长了50%(Neveux 1980),上诺曼底大区的有关资料也显示出该地区的农业技术和农业产量有相当大的提高(Le Roy Ladurie and Goy 1982, p.176)。但是,上述地区只是例外,18世纪法国的大部分地区,其农业产量只是略有增长。勒穆瓦涅(Lemoigne)的研究显示,1750年之后,斯特拉斯堡附近地区的谷物产量并不能跟上城市扩张的步伐(1965);类似的是,弗雷什也揭示出,图卢兹附近地区的谷物产量仅仅增长了5%—15%,远远落后于人口增长幅度(Frêche 1974, p.311)。在普罗旺斯和维瓦莱,尽管人口增长很多,但是18世纪后期的谷物产量却少于17世纪后期(Baehrel 1961, p.91; Molinier 1985, p.190)。在此期间,法国没有增加多少新垦土地,也就没有由此而来的产量增加,据拉布鲁斯估算,从1730年到1789年,法国新垦土地不到原有土地的4%(Labrousse 1970b, pp.429—430)。拉迪里和古瓦根据法国全国的十一税资料认为,18世纪法国的谷物产量仅增长了20%(1982, pp.175—176)。

1730年至1739年期间到1780年至1789年期间,农地价格、不包括十一税的农地税上涨了120%—150%,你可能认为这意味着农业产量有重大飞跃(Labrousse 1970b, pp.455—459),但是,这种价格上涨很大程度上是通货膨胀造成的,因为法国国内的农产品价格仅上涨了近70%(Labrouse 1984)。再者,我们知道,在此期间,土地租金上涨了100%,所以显而易见的是,农地价格的涨幅要高于农地回报的涨幅(Labrousse 1984, 2:379),农地价格上涨只能告诉我们土地已经相对稀缺,而非产出有所提高。

拉迪里和古瓦提出，假如法国以原有的生活水平养活全体国民，那么，由于1700年至1789年间法国人口增长了30%，因此法国农业的实际产量也必须增长这么多（1982, p.176），但是由于谷物产量只增长了20%，因此，他们断定，其余部分的产量增长来自玉米、土豆、稻米、板栗、葡萄酒、橄榄油、豆类和饲料作物。但是，这似乎不可能，单靠数字并不能说明任何问题。假如谷物占全部农业产量的60%，增长率为20%，那么，即使农业总产量只增长30%，其他所有农产品产量就必须增长45%，甚或要两倍于谷物产量增长率。但是，豆类和干草价格与谷物价格一样快速上涨，甚至涨得更快，这种情况很难说明豆类和干草比谷物更为丰富。葡萄酒的价格相对于谷物而言有所下降，这说明葡萄酒产量有显著增加，但是也可能反映了需求变化，因为当谷物和豆类变得更为稀缺、更为昂贵的时候，葡萄酒人均消费量就会下降。在法国地中海沿岸，橄榄油是一种重要商品，就像中央高原地区的板栗和西南部地区的玉米一样，但是，这些都不是中央高原地区和西北地区（这些地区的人口增长呈集中化趋势）居民的主食，因此，这些农产品并不能弥补谷物的匮乏。也许最具有说服力的是，我们业已提到，1770年至1789年的实际工资比1670年至1689年低37%，因此，相较18世纪初而言，18世纪末期绝大部分法国人的人均消费量要少得多，有鉴于此，我们没有理由草率地认为食物消费总量和总产量跟上了人口增长的步伐。

认为食物生产必须跟上人口增长的这种论断，也可能源于这种假定：路易十四治下的法国农民已经悲惨无助、贫困交加。所以，人均食物产量一旦下降，就将导致大范围的饥馑，而这种情况在18世纪的法国并不明显。事实上，这种观点所依赖的前提是错误的，这是因为，17世纪末期的法国，农民相对富足，工人实际工资相对较高，因此就有一定的生活水准下降空间，而不至于马上产生饥荒。在其对18世纪法国贫困问题进行的杰出研究著作中，O.H.赫夫顿（O.H.Hufton）指出，路网的改善和国家对救济金的管理，意味着食物短缺的负担业已得到更为平均的分配，因此，以前一个地方的食物短缺意味着相当一部分人忍饥挨饿，而在18世纪，大部分人都能生存下来，只是长期营养不良（1974）。因此，免遭瘟疫和饥馑并不会提高生活水平,实际上正相反,恰如赫夫顿指出的那样,18 世纪的低死亡率只是"制造了比以前更多的穷人"(1974, p.15)。

表 3.1 列举了拉布鲁斯关于各种商品价格上涨的数据,引自一份全国性数据。第一列给出了 1780 年至 1789 年间与 1730 年至 1739 年间的价格比(1984)。[4] 例如,小麦价格上涨了 67%,豆类上涨了 61%,干草上涨了 78%。[5] 其余三列标示的是,相对于 1730 年至 1739 年期间而言,一单位小麦以及源于劳动力和土地的收入的购买力。因此,比之 1730 年至 1739 年,1780 年至 1789 年间,一单位小麦能够多买 3.7%的豆类,但要少买 6.2%的干草。第二列标示的是各种商品对于小麦的相对价格,由此列可以判断出,18 世纪 80 年代与 30 年代相比,除了葡萄酒之外,绝大多数农产品产量相对于小麦而言似乎都不算更为丰富。羊毛与小麦相比更加便宜了,但是亚麻更贵了。整体来看,没有证据表明非谷类农产品的产量增幅是谷类作物产量增幅的两倍多。

表 3.1 1730—1789 年间法国的物价

	1730—1739 年至 1780—1789 年价格增幅百分比	与 1730—1739 年相比,1780—1789 年的相对购买力(百分比)		
		小 麦	劳动力	租 金
小 麦	0.67	100.0	75.4	118.6
豆 类	0.61	103.7	78.3	123.0
干 草	0.78	93.8	70.8	111.2
肉 类	0.59	105.0	79.2	124.5
葡萄酒	0.12	149.1	112.5	176.8
油 脂	0.55	107.7	81.3	127.7
铁	0.32	126.5	95.5	150.0
羊 毛	0.47	113.6	85.7	134.7
亚 麻	0.94	86.1	64.9	102.1
木 材	0.73	96.5	72.8	114.5
亚麻服装	0.33	125.6	94.7	148.9
毛织品	0.24	134.7	101.6	159.7
土地(租金)	0.98	84.3	63.6	100.0
劳动力(工资)	0.26	132.5	100.0	157.1

总而言之，18 世纪里，法国的谷类产量增加了大约 20%，其他食用作物和饲料作物——豆类和干草——并没有变得更为丰富。因此，我对农产品增长率的基本估计是 20%。有人持有一种更为乐观的观点，他们认为非谷类作物的产量比谷类增长更快(可能与葡萄酒一样)，因此就把农产品增长率估计为 25%。但是，有明显的证据可以证明，最重要的一些农作物——谷类、豆类和饲料作物——其增长率仅及人口增长率的三分之二。

表 3.1 显示了 1650 年至 1789 年间随着人口的变化小麦价格的变动趋势，如同我们在第二章所见，这两者之间关联紧密，这意味着，在一个相对缺乏弹性的农业社会里，人口变化——包括刺激需求增长的人口总体增长以及加快货币流通速度的城市化，和食物价格之间存在着密切关系。

这些价格变化不能简单地归因于货币供给的变化。J.赖利(J.Riley)和 J.麦卡斯克(J.McCusker)1983 年的著作以及赖利 1984 年的著作都揭示出，1650 年至 1788 年间，法国的物价变动与货币存量之间几无对应关系，他们指出，在此期间，“物价稳定时，货币存量增长最快，而当物价上涨时，货币存量增长却最慢”(Riley and McCusker 1983, p.275)。看来，恰如英国一样，由于人口变化而造成的需求变化，才最能说明物价的变化。

为了更加精确地评估物价和人口变化之间的关系，重复一下第二章中运用数据资料来进行评估的做法是有益的。鉴于霍斯金斯(Hoskins 1964)研究英国时所用的方式，我设计出了法国的“收成指数”，这种指数是从一个既定 10 年间的小麦平均价格与以此 10 年期为中心期的前后 30 年间的小麦平均价格之间的差额推导出来的。如果 10 年期小麦平均价格在 30 年期小麦平均价格基础上浮动 5%以内，那么，收成指数即为 0，如果 10 年期小麦平均价格的浮动超出了 5%，那么，在 30 年期小麦平均价格基础上，每 5 个百分点的上下浮动，就要增加(或减少)一个百分点的收成指数。例如，17 世纪 90 年代的小麦平均价格比 1680 年至 1709 年间高出 20%，则，此 10 年期的收成指数即为 4；18 世纪 30 年代的小麦平均价格比 1720 年至 1749 年间的小麦平均价格下降 14%，则，此 10 年期的收成指数为 - 2。由于 1650 年至 1789 年间的人口变动与收成指数之间几乎没有什么关系(r = .045)，因此，这个指数就能提供一条路径，用以区分由于收成变动而造成的短期价格变化和由于人口变动而造成的长期物价变化。

表 3.2 揭示出,只需依靠人口变化和收成指数,我们就能够解释清楚 1650 年至 1789 年间 93%的 10 年期小麦平均价格变动,(单单依靠收成指数,仅能说明不足 20%的 10 年期小麦价格变动。)在分析英国的情况时,若要解释英国农业的发展导致了物价的下降,也必须考虑时间向度(t)。事实上,英国紧紧地跟上了时代发展的潮流,这就可以解释 1750 年前英国农业的快速发展。但是就法国的物价问题而言,在方程式中加入一项表示时间趋向的因数项,不管是单项式还是多项式,对于这个模型的解释效力都没有任何影响。而且,时间因数项在统计计算上并无显著影响。因此,表 3.2 中并没有时间系数,这是因为,在法国旧制度崩溃之前,并未出现农产品价格下降的趋势。这也证实了拉迪里(1974a)的观点:旧制度下的法国农业存在着一个“历史限制”或一个无法突破的界限。

表 3.2 1650—1789 年间法国物价与工资的回归分析

	回归系数[a]	
变量	ln(物价)	ln(工资)
In(人口)	1.94	−0.86
收成	0.058 5	−0.035
常数	—3.72	7.26
Rho	0.605	0.466
R^2	0.928	0.770

a 所有回归系数在 P<0.05 时非常显著;GLS 作了修正。

除了农业发展的影响之外,法国的粮食价格也像英国一样随着人口变化而变化。在这两个国家里,如果不考虑农业收成变化和长期的发展因素,那么,人口每增长 1%,物价就会上涨大约 2%(英国为 2.24%,法国为 1.94%,考虑到数据资料的偏差问题,这种差异并不显著)。

尽管法国的农业发展落后于人口增长,但是其工商业的发展却并非如此,而是相当繁荣。如表 3.1 所示,亚麻服装、羊毛服装和铁制品等工业产品价格相对于小麦价格而言变得更加便宜,相比工资来说,这些产品的价格并未上涨。尽管这些工业产品的原材料,比如亚麻和木材(制造木炭用)的价格越来越贵,但是工业产品的价格却在下降。看起来,工业产品的出口似乎很顺利,以满足市场需求。而工业产品需求的增长肯定远远超过了人口的增长,这是因为,城市人口的快速增长意味着,为了制造建筑房屋所需的钉子,对铁的需求越来越多,比之农村居民来说,城市人口也需要更多更好的衣服。T.马尔科维奇(T. Markovitch)估计,1716 年至 1718 年期间到 1785 年至 1787 年期间,法国毛织品半成品的总量增长了 40%,根据急剧增加的需求和相对不变的成本(按实际工资估算)来看,这种增长是合情合理的(1976, pp.458—459)。成品毛织品的总量增长得更快:1716 年至 1718 年期间到 1785 年至 1787 年期间增长了 76%。因此,法国的出口不仅总量有所增长,而且出口的产品也在向高附加值产品转移。拉布鲁斯估算,从 17 世纪 30 年代到 50 年代,鲁昂生产的亚麻制品增长了 66%,然而,拉布鲁斯也发现,由于 17 世纪 80 年代的衰退,1740 年到 1780 年,鲁昂亚麻制品的增长率为零;这个问题我们后面再来分析(1970d, p.548)。

在拉布鲁斯统计的各种工业产品价格序列中,毛织品的价格上涨幅度最小,这意味着其他工业产品相对于需求而言增长得并不快。比较特别的是制造蜡烛用的油脂的价格上涨较快。P.利昂(P.Léon)认为,18 世纪法国的金属制品出口增长了 200%(1970, p.517),J.马尔切夫斯基(J.Marczwski)对法国工业产品生产增长的乐观估计也类似于这个增幅(1961, p.371)。但是,这些都是粗略的估计,可能会有所夸大,就如我们前面根据什一税收入对法国农业生产所做的估计一样。根据马尔科维奇对法国毛纺织工业的详细研究,鉴于我们有充分证据证明毛织品的价格比其他大多数工业产品的价格下降得要快得多,因此比较谨慎的做法是把毛织品的出口总量作为其他工业产品生产增长的最高限度(1976)。因此,对 18 世纪法国工业产品生产增幅的合理估计是 80%。这是法国农业生产增幅的 3 倍,是人口增长率的 2 倍多。

在表 3.1 的工资回归分析中,还有一些证据可以证明这个工业生产增长率。1500 年至 1749 年,英国人口每增长 1%,实际工资就会下降 1.78%。1650 年至 1789 年,尽管法国的人口增长也给劳动力市场造成了沉重负担,但是对工资下降的影响只及英国的一半:法国人口每增长 1%,

实际工资仅下降0.86%。这种差别反映出，英国实际工资的下降主要发生在英国革命前的几十年间，当时工业的发展比较缓慢，因此不能吸纳由农业挤出的过剩人口。然而在法国，实际工资的下降发生在较后的一个时期：1650年至1789年；此时这个时期已快结束，当人口快速增长之时，工业已有相当程度的发展。因此法国的许多“过剩”人口可以为制造业吸纳（尽管吸纳得并不够）。

除了农业和制造业以外，18世纪法国还从贸易中获得了巨大利益。法国的贸易总额可以从关税档案中保存的充分的数据资料来计算，包括外贸和内贸在内（Leon 1970，p.502；Crouzet 1970），以时价计算，法国贸易总额从2.15亿里弗尔增长到10.62亿里弗尔，增长400%，即使考虑到通货膨胀，1700年至1709年期间到1780年至1789年期间，法国小麦价格上涨了大约69%，法国的贸易增长也是十分显著的。按实际价值计算，法国的贸易总额仍有196%的增长。

各个经济部门对法国出口总值的贡献分别是多少呢？对于1789年法国出口总值中农产品所占的比例，其估算值从57%（Marczew Ski 1965）到73%（Perroux 1955）不等。迪珀（Dupeaux）坚持认为，直至1830年，法国出口总值中农产品所占份额为75%（1976，p.105）！马泽维斯基的估计值要低得多。关于1789年左右法国总人口农业人口的比例，有人估计为75%—80%（O'Brien and Keyder 1978，p.94；Mayer 1953，p.91）。这样的话，剩余20%人口的生产率必须达到农业人口生产率的3倍，才能补足43%的生产总值。与这种估算不同的是，F.佩鲁（F.Perroux）估计，制造业生产率与农业生产率的比值应该是1.5∶1才更为合理。实际上，这也是P.奥布莱恩和Ç.凯德尔（P.O'Brien and Ç.Keyder 1978）估算的结果。因此，我将采纳佩鲁的估算结果。

据J.赖利（Riley 1986，p.21）测算，海内外贸易使得法国的国内产出多增长了6%。当然，这些测算都不包括服务业，因为服务业很难测算。S.C.马萨（S.C.Maza 1983，p.81）揭示出，巴黎女佣的工资比一般行业的工资上涨要快得多，这就显示出服务业的快速扩张。但一般而言，对于服务业产出，早期现代国家的政府无法征税。因此，对于分析经济发展的政治影响来说，我们可以集中关注贸易和物质产品的生产。

如果我们认定，上面所说的农业、工业和贸易的增长率分别是25%、80%和196%，也认可佩鲁关于1789年法国工业生产率和农业生产率的比值，我们就可以测算出，按照实际价值计算，1700年至1789年，法国经济的总体增长率为36.3%。（由于后期一段时间里物价上涨缓慢，我把小麦价格的上涨幅度压缩到69%，工业产品价格的上涨幅度压低为47.2%，我把所有商品的名义价格转换为等量蒲式耳的小麦价格。这些国内生产总值的估算参见表3.3，我在附录中对此进行了详尽的分析。）因此，我们可以断定，1789年时的法国比1700年时更为富裕。即便考虑到人口增长因素，法国人均实际产出至少也增长了4.3%。

但是，1789年时绝大多数法国人的生活并不比以前好多少，这是由于分配的极度不公造成的。当时约有4/5的法国人以农业为生，而农业人均产出在一个世纪的时间里下降了4.3%，与此相反的是，其余1/5的法国人以工商业为生，而工商业人均实际产出增长了几乎30%。还有一些人在海港城镇从事殖民地贸易，而殖民地贸易人均产出的增加幅度更大。对于作为工商业和制造业中心的城市来说，18世纪，特别是18世纪末期经济衰退之前的这个时期，是一个经济日趋繁荣、财富不断增长的时期。当然，工商业繁荣也使得财富进一步集中到商人、店主、地主和专业人员手中，这些人占据了从市场扩张中获利的有利职位。起初，由于就业机会的扩大，城市工薪者还可以从市场扩张中分一杯羹，但是他们渐渐发现，由于食物价格的上涨，他们工资的实际价值在逐渐降低。

对于这个问题，兰德斯认为是早期现代经济的发展不平衡所造成的(1950)。起初，人口增长和制造业扩张意味着所有人均可受益。制造业工人的增加促使食物价格上涨，而这将增加农业从业者的收入，使他们可以购买更多的工业产品，由此，制造业部门就可以雇佣更多的工人，吸纳劳动力市场的过剩劳力。这个时期是一个物价上涨和经济增长同步进行的时期。然而，如果农业产出持续不足，食物价格就会不断上涨，终将使得工人减少工业产品消费以养活全家，由于消费需求下降，工业就会陷入衰退。

赫夫顿(Hufton 1980, p.323)认为，18世纪60年代是“法国经济增长的关键转折点……，自此以后，法国的许多地方似乎都出现了人口和供给的明显失衡”。S.L.卡普兰(S.L. Kaplan 1976, 2:489)则认为,18 世纪 70 年代,粮食歉收以及急剧上涨的食物价格导致了“购买力的严重下降,城乡的广泛失业,工资的下降,严重的负债,影响到小工人和大银行家的极为严重的企业倒闭潮,工业衰退”。

我将在下文中分析这些发展趋势是如何影响法国各个社会主体的:国家、精英、城市工人以及农民。然而,我的主要观点已经十分清楚。18 世纪的法国正变得越来越富裕,但是,法国的经济发展是一种不平衡发展,这种发展是难以为继的。法国的农业发展未能跟上人口增长的步伐,这就意味着法国的经济扩张是建立在一种脆弱的基础之上的。由于食物短缺导致物价不断上涨,法国人口的剩余购买力遭到削弱,这就会导致工商业衰退。而且,法国依然依赖土地税获得财政收入,尽管消费税和贸易税有所提高,但是法国未能从不断增长的工商业产值中获得充分的财政收入。由于主要依赖农业土地税,法国国王发现,支撑自己财政收入的经济基础越发脆弱、越发困顿。因此,国王越来越依赖于从富有的银行家那里短期借贷以解财政之需,一旦银行家们遭受经济衰退的重创,法国国王也就陷入危机之中。所以,不平衡的经济发展具有十分严重而又难以预见的后果。

在下一部分里,我主要分析的是,路易十四统治时期法国的财政、精英和民众对于人口和物价变化趋势的反应,然后,我将用 1700 年至 1789 年间的一些详尽资料来分析这些反应,以揭示出这些反应是如何加剧法国旧制度的危机的。

路易十四统治下的法国

对于路易十四的统治,历史学家们的观点有着尖锐分歧。如前所述,许多历史学家把人口下降、小麦价格的下降以及 17 世纪 90 年代和 1709 年至 1710 年间的饥荒视为路易十四(1643—1715)耗尽了法国财力、使得法国贫困的证据。但是有些观察家完全不同意这种观点,H.沃邦(H. Vauban)以及后来的弗朗西斯・德・伏尔泰(François de Voltaire)认为,1660 年至 1689 年间的法国比 18 世纪晚期的法国更为富裕(Jacquart 1974b, p.180; Le Roy Ladurie 1974a, p.235)。

我们知道,一个人的观点取决于其在经济体制中的位置。对于绝大多数法国人,一个关键的事实是,法国人均农业产出比18世纪晚期要高出大约4%,也许更为重要的是,如果我们关注谷物产出,我们就会发现,1700年法国人均谷物产出比1789年高出9%。结果,1660年至1700年间法国的小麦价格比人口高增长的任何一个时期(即17世纪早期和18世纪晚期)都要低,不管是用里弗尔计算,还是用银价计算,1670年至1689年法国的小麦价格都仅及17世纪50年代和60年代的大约三分之二。17世纪90年代和1709年至1710年的粮食歉收致使价格上涨,即便如此,1709年至1710年间法国的小麦价格也比17世纪60年代低20%(Baulant 1972, pp. 40—41; Silver Conversion from Goubert 1973a, p.75)。对于1662年之后的数十年,古贝尔(P.Goubert 1970c, p.337)曾描述到“人们已经习惯于十分低廉的食物价格”。

低廉的物价特别有利于法国社会中处于对立两端的两种人:国王、小农和工人。大地主收入的下降使得他们越发依赖于国王,以获得财富和职位。因此,路易十四专制政权的三个支柱:皇家开支、贵族对国王的依赖、安分守己的小农,由于17世纪晚期人口变化所造成的有利物价而得以巩固。

国王发现,17世纪70年代和80年代里,一定量的税收收入能够买到的粮食比60年代要多出50%! 这种额外收益使得路易十四及其大臣们无需大幅提高直接税就能够建立一个巨大的荫庇网以及一支欧洲最大的军队。W.贝克(W.Beik 1985, pp.144—145)指出,“毋庸置疑,1633年至1690年间,尽管税收收入波动极大,但是朗格多克地区的税收收入并没有增加那么多。1600年至1710年间税收收入增幅极大,但是1632年之后,不管是黎塞留(Richelieu)还是马扎林(Mazarin)或是路易十四,除非有重大的紧急事件发生,否则他们都无法大幅增加财政收入”。R.J.波尼(R.J.Bonney 1978a, p.173)曾研究过法国王室财政收入文献,他发现,以里弗尔征收的租税在1644年达到最大值,据他估算,从1660年到1690年,租税收入从1665年的4 000万里弗尔减少到大约3 000万里弗尔。

另外,到17世纪90年代,这些税收收入已无法满足路易十四的需要,1689年至1714年间,法国陷入一场几乎不间断的战争之中。1695年至1698年间以及1701年,法国曾征收过人头税,1710年,法国曾征收过什一税,此外,法王还从银行家那里大量借款,并且出售公职,提高直接税——盐税、关税和消费税。1715年,国王负债已达20亿里弗尔,而他的经常性财政收入每年只有1.2亿里弗尔,因此,破产是在所难免的(Mousnier 1951, pp.3—4; Briggs 1977, pp.218—220)。但是,国王破产并不是什么奇怪的事情,因为早期现代君主制国家的财政破产是一个普遍事件,更为引人注目的事情是,在历经25年的战争期间,法国的官僚和军队规模都有极大的扩张,在此情形下,法王路易十四居然并未破产。相反的情况是,路易十六时期的战争规模并不算大,而且海外战争也获胜了,此后又经历了将近20年的和平,但是路易十六却破产了。显而易见,路易十四时期法国承受战争开支的能力要更大一些,这种承受能力主要源于低廉的粮食和农民的相对富裕所带来的额外收益。

17世纪晚期,小农和工匠的生活也不错。恰如拉迪里(1978, p.261)所指出的那样,这是"一个对小农来说还不太糟糕的时代"。农民主要关心的是获得土地,随着法国人口从17世纪中叶顶峰时期下降了大约20%,土地变得充裕了。地主们一再降低地租:比如蒙彼利埃,从1650年至1669年期间到1670年至1689年期间,以银价计算,地租下降了15%,18世纪早期又下降了50%(Morineau 1977, 182; Jacquart 1975; Goubert 1970c, 338—342)。总人口的减少也意味着家庭规模变小,因此,曾经造成农民贫困化的财产分割问题"到科尔贝(Colbert)* 时期终于几近消失"(Le Roy Ladurie 1974a, p.257)。对于那些依靠挣工资养活家庭的人来说,人口的下降使得劳动力市场越发紧张,因此,1670年到1700年间(除了17世纪90年代早期收成不好时期)的实际工资比17世纪50年代提高了几近40%。

小麦价格的下降也没有伤害大多数小农,这些小农依靠家庭种植的谷物以及从劳动力市场挣取的现金来养家糊口。另外,这些小农还可以从葡萄种植中挣得较多的现金收入。17世纪晚期,法国的葡萄酒酿造迅速发展壮大起来,这是因为较高的实际工资收入极大地刺激了葡萄酒的

---

* 路易十四的财政大臣。——译者注

市场需求,使之成为日常消费品。17 世纪中叶到晚期,葡萄酒价格上涨了 50%,葡萄种植遍及法国各地(Goubert 1973a, pp.73—74; de Vrie 1976, p.67)。

我们可以把 17 世纪晚期法国农民的境遇归结如下:土地租金较为低廉,可以从葡萄种植中获取较为丰厚的现金收入,而葡萄的价值正逐步上升,国家收取的租税相对稳定,劳动者的实际工资逐步提高,因此,毫不奇怪的是,“1675 年之后……,确实还存在着大量的骚乱和小规模的地方起义,但总的来说,这些骚乱和起义都不严重……,1675 年的起义可以说是规模最大的一次社会运动和政治运动”(Mousnier 1970b, p.115)。拉迪里(1974b, p.7)也曾评述过 1675 年之后法国农民起义的消失“引人注目”,而农民起义从 1548 年到 1675 年期间“几乎是周期性爆发的”。然而,如果考虑到有利的人口和物价形势,这个新的社会安定期也就并不奇怪了,它只是市场力量的反应,而当时的市场是不利于地主有利于农民的。

面对劳动力成本的上升、谷物价格的不断下降,地主受到沉重打击。一些中小地主破产,其土地被富有的贵族买去,这些贵族从低物价中获益,并以极低的价格收购土地。因此,这个时期,有些土地就集中到了一些非常富有的人手里(M.Bloch 1966, pp.139—142; Le Roy La durie 1974a)。但对于大多数地主来说,这个时期他们主要指望的是国家而不是土地来增加他们的财富。因而,路易十四发现,黎塞留和马扎林时期那些凶狠好斗的地方贵族,此时倒是乐颠颠地接受了安排给他们的公职,以此换取养老金和皇家恩赏。恰如 A.科班(A.Cobban 1957, 1:14)所评述的那样,“路易十四无需强制那些日渐没落的贵族,也没有用高价收买他们,比如永久免除他们的税收负担、给他们好差事和养老金,以此来保证王室税收收入”。

然而,由于精英内部竞争的减少,地主们仍然有一线希望。1650 年前的数十年间,不断上涨的物价使得一些中产者集聚了更多的财富,他们就用这些财富来买通精英之路。因而,市政当局和法院的低阶职位发生了大量的精英循环,贵族阶层中也出现了大量的新贵族(M.Bloch 1966, p.125)。但是 1650 年之后,由于商业利益而带来的地位上升机会不断减少,因此社会流动的概率也就急剧下降。“17 世纪前期,精英数量增加了很多，但是自此以后，精英的变化主要是内部特权群体之间的变化”（Briggs 1977，p.153）。J.H.M.塞尔蒙（J.H.M.Salmon 1981，p.255）指出，从1653年到1673年，巴黎高等法院的新任成员中66%都是老成员的子弟。贝克（1985，p.91）也指出，朗格多克省皇家官员流转的“混乱年代”“到1660年就基本终止了”。1661年到1681年，进入图卢兹高等法院的新成员数量极少；贝克认为（1985，p.93），“同样一些人统治了这么长的时间，这可以归因于路易十四统治的稳定性和规则性”。这种“社会稳定”最主要的原因是新的人口形势和经济形势。

因此，路易十四之所以能成功地建立起专制统治，主要得力于有利的经济形势。他并未在多大程度上重建法国，而只是简单的扩张。路易十四的财政基础依旧是土地税这种直接税，辅之以间接税和借贷。精英晋升的基础依旧是家庭关系和皇家恩典。路易十四通过豁免税收、给予养老金和特权来换取精英的忠诚。路易十四之所以付得起这些钱，是因为他赖以征集土地税的那些农民比起17世纪或18世纪的其他任何时间都要富裕一些。由于土地收入的减少，精英们只得指望国家给予帮衬，因此国王换取精英忠诚的代价也就相对便宜一些。更为有利的是，高死亡率意味着精英家庭的成员数量并未增多，不断下降的物价意味着寻求进入精英阶层的富裕家庭的数量也极少，因而，国王需要换取其忠诚的精英集团的规模也就十分稳定。

然而，如果人口增长率超过生产率的增长，致使农民的人均纳税能力降低；如果粮食匮乏造成物价上涨，致使既有的税收只能给国家提供更少的实际财政收入；如果物价上涨和土地稀缺使得地主们提高地租并变得更为富裕、更独立于国家，因此地主就无需如此依赖于皇室恩典，这样的话，将会发生什么呢？再者，如果市场的扩张和实际工资的下降使得制造商们和城市专业人员越来越富裕，那么追求精英地位的人就会越来越多；如果这些数量越来越多的新富者的志向与路易十四为了换取贵族的忠诚而许诺给予贵族的特权发生冲突的话，又会发生什么呢？又者，人口增长和土地稀缺会导致地租上涨，同时又会造成越来越多、越来越穷的城市人口，从而会造成民众生活水平的下降，也会造成农民和地主之间的冲突越来越多，如果这样的话，又会发生什么呢？

不久之后,路易十四的继承人就会面临这些问题。

第二节 1700 年至 1789 年间法国专制政体的发展危机

法国的财政

迄今为止,由于缺乏官方财政文献,任何一项关于 18 世纪法国财政问题的研究都困难重重。然而,当时的一些大臣们私下里密切关注国家财政,一些外国观察家也是如此。通过研究这些私人文献和外交文献,J.赖利(1986, 1987)和莫里诺(1980)业已重建了 18 世纪许多时间段里法国的财政收支账目。

法国王室的财政收入包括经常性财政收入和“特别收入”,前者得自税收,后者得自出售公职和皇家资产以及借贷。18 世纪里,法国的土地直接税主要是租税,也包括人头税、什一税和百分之五税。[6] 后两种税收本来是想对所有人的收入征收的比例税,但是在实践中却变成了租税的额外附加。由于什一税是教会的主要收入,牧师的“年礼”也是一项主要的土地税。18 世纪里。这些直接税,以及其他得自皇家领地和皇家林地的土地税,占国王经常收入的一半以上(Morineau 1980, p.314)。[7] 国王的其他经常性收入还有对贸易征收的关税以及对消费品征收的消费税,包括盐税。关税和消费税通常都被国王分包出去,包税人要付给国王双方预先定好的税款,这笔税款是以估计的税收收入减去征税成本和包税人的利润而得出的。尽管包税制这种安排使国库净收入有所减少,但是它能为国王提供经常性的、可以预期的财政收入,而把纳税信息收集和征税的负担交给了私人银行家。(这种包税制同时也把公众对间接税的不满从国王转移到了银行家们身上,民众怒骂银行家从公共财产中大发横财。)18 世纪的头十年里,国王每年的经常财政收入约为 1.2 亿里弗尔(Briggs 1977, p.218; Forbonnias 1758, 4:167, 397)。

然而这些收入在战争年代并不能满足需要,因此,国王只好求助于特别的或不定期的收入:出售公职、预支将来年份的经常财政收入,更主要的是依靠长期贷款。战争年代,这些特别收入会大大超过经常收入。因此,王室的财政安全取决于国王在需要借款时的借贷能力。这也就意味着,国王的经常性财政收入不但要足以支付日常开支:发放薪水、支付王室开支、支付军费和外交费用、支付养老抚恤金、支付征税费用、支付地方司法官员和行政官员薪水,同时在和平时期还要有财政盈余以支付战争债务的利息。因此,在战争期间,国王的借贷和开支要多于经常收入,而在和平时期,国王要靠经常收入和日常开支之间的差额来偿还贷款本息。

这个过程可能由于两种情况而被打断。如果战争连绵不绝,致使债务连年增加,那么,经常收入和日常开支之间的盈余终将不足以偿还贷款本息,国王的财政就会破产,这种情况就发生在了路易十四身上,当时,从1689年到1714年期间战争几乎从未间断。第二种情况是,如果和平时期经常性财政收入不够日常开支,就没有余钱来偿还债务本息,那么由于没有足够的资金偿还贷款,财政也会破产,这种情况发生在1787年至1789年间的卡洛纳(Calonne)和路易十六身上。

1787年至1789年法国惊人的财政危机

对于1787年至1789年间的财政危机,当时的一些人就深感震惊,即使在今天,对于这场危机是如何发生发展的这个问题,历史学家们仍然大为不解,对于这场危机为何会触发政治风暴也深感困惑。有些研究经济史的专家,比如D.R.韦尔(D.R.Weir 1989a)和E.怀特(E.White 1989),他们曾指出,相对于王室收入和法国经济产出而言,1789年路易十六的债务并不多,相较路易十四的债务来说,路易十六的债务也要少一些,路易十四时期的1714年,法国财政还曾破产过。然而路易十四时期的财政破产并未引起改革君主制的呼声。因此韦尔和怀特认为,债务本身并非实质问题,毋宁说是路易十六与债权人关系中的一些政治因素使得国王不得不于1787年承认财政破产,从而激起了社会动荡。

然而,仅仅靠1789年与1714年法国国王的债务总额的对比,是无法解释1789年时路易十六的财政困境的。毕竟,财政破产并不取决于债务规模,而取决于偿债能力。1787年至1789年间一个重要的问题是,尽管财政收入比以往都要多,但是法国国王缺乏足够的财政收入以偿还债务。

当时的一些人就认为，法国的税收体制是不合理的，他们认为法国的税率并不算太低，因此，法国国王竟然无力偿还债务，这着实令人震惊、令人费解，也使得法国精英们惊慌失措。卡洛纳曾把国王的财政窘境告知贵族院的一些成员，但是他们几乎不相信国王的收支账户情况，也不认为法国需要采取实施卡洛纳建议的那种根本性改革（Doyle 1989, pp.71—74）。相反的，这些贵族认为，若要宣告财政破产以及增收新税，就需要征询三级会议国民代表们的意见。法国的财政危机之所以会导致一场政治风暴，并非因为债务问题异常严峻，而是因为大多数法国人难以理解国王为何无力偿还债务。

不光那个时代的许多人难以理解国王为何无力偿债，许多现代历史学家同样如此，这源于他们未理解前述财政破产的两种路径。法国的精英们意识到，如果他们的国家长期陷入代价高昂的战争之中，就像路易十四统治时期的1689年至1714年那样，就有可能耗尽财力、陷入财政破产的境地。因此，当时的一些人就已知道，1714年法国之所以会财政破产，原因在于路易十四发动的那些战争，在随之而来的金融动荡中：1716年的审判会议、1716年至1725年间的货币贬值、约翰·劳（John Law）经济平抑措施的失败，银行家和纳税人都遭受了损失，这些损失都是难以避免的，但它加剧了战争投机和金融投机。国王的政策可能是灾难性的，但是，关于法国财政危机的原因，我们还需要从普遍性角度加以理解。

与此相对的是，1787年至1789年的法国财政危机似乎无法理解。法国处于和平时期并非始于1783年，除了1763年之后的六年战争，此后的其他时间法国都无战事。许多法国精英目睹了法国工商业的极大扩张，也看到了法国农民所承担的沉重税负，因此他们就会认为，由于法国越加富裕，税收应该能够提供足够的财政收入，国王偿还债务应该是轻而易举的。但是法国精英们没有意识到，税收收入的增长并没有与工商业的增长保持一致，法国税收依旧框定在停滞的农业之上；他们也没有意识到，通货膨胀已经极大地降低了税收的实际价值，人口增长和日益加剧的社会流动已经极大地增加了国王的日常开支：贫困救济、行政管理和法律实施、荫庇费和养老抚恤金，因此，日常财政收支已无盈余，国王的偿债能力急剧降低。下文中我将详细分析这些事情。关键的事实是，1787年法国国王之所以陷入财政破产，并非因为花费巨大的长期战争，而是由于日常财政盈余的减少，这是当时大多数法国精英不能理解的。

我们也要注意到，18 世纪法国国王的财政收支账目记录是不对社会公开的。因此，人们只能基于间接情况来判断国王的财政情况和信贷能力：国家是处在和平时期还是战争时期、经济是否有所增长、国王花钱是否慷慨大方。因此，尽管存在种种财政问题，法国财政大臣还得努力维持表象。1763 年之后，法国国王仍然在重大典礼和养老抚恤金上大手大脚地花钱，对于借款所付的利息也很慷慨，并且让法国公众确信，通过发行公债就完全能毫不费力地资助美国的独立战争。鉴于 18 世纪晚期法国那种光鲜的社会情况：自 1763 年之后的长期和平，中间只有 1778 年至 1783 年间卷入了美国独立战争，其费用获得也没费多大力气；法国的经济规模更大了，商业和制造业有了极大的发展；法国国王对朋友和贷款人似乎都很大方，这些情况都让人自然而然地认为，法国国王的财政情况十分健康。

因此，当卡洛纳宣称财政即将破产、财政体制必须作重大调整时，许多人都深感震惊，也无法相信。这还因为，路易十六的前任财政总监内克尔（Necker）曾于 1781 年公布一份财政收支报告，该报告显示，国王的财政情况良好。1787 年时财政宣布破产是许多人没有想到的，也是他们根据常理所无法理解的，因而许多人认为，大规模的贪污腐败、玩忽职守，以及国王或者卡洛纳的不负责任，都是造成财政破产的原因。我们要认识到，1789 年时法国的财政情况根据通常标准来看是良好的，只有这样，我们才能理解当时的法国人为何深信内克尔的财政报告、卡洛纳和内克尔的财政报告为何相左、贵族院为何要求检查财政收支记录。因此当国王政府宣布每年的经常性项目收支赤字超过 1 亿里弗尔时，法国舆论一片哗然（R.Harris 1979，1986；Cruder 1984a）。

事实上，为了解开法国财政危机的根源，我们需要分析一下法国的人口增长、通货膨胀与法国财政体制之间的关系，看看这种关系是如何迥异于 1789 年时的其他国家的。

法国财政的转折点似乎源自 18 世纪 60 年代。“七年战争”之前，法国有足够的财政收入，和平时期会有财政盈余以偿还债务。18 世纪 60 年代之后，“由于用于国防、民政管理和宫廷的政府必须开支无法减少，又由于债务负担过于沉重，因此财政部门不得不每年都到资本市场上大举借款。和平时期的财政赤字还在延续……经常性财政收入再也无法满足开支需求”(Riley 1986, p.232)。这种两难困境是十分明显的，参见图 3.2。但是，若要理解这种困境，我们就需要进一步探究下列问题：法国究竟有多富裕、它的税负究竟有多大？相对于法国的资源状况来说，“七年战争”和美国独立战争给法国造成的财政负担究竟有多少？为什么法国的税收无法解决沉重的债务负担？

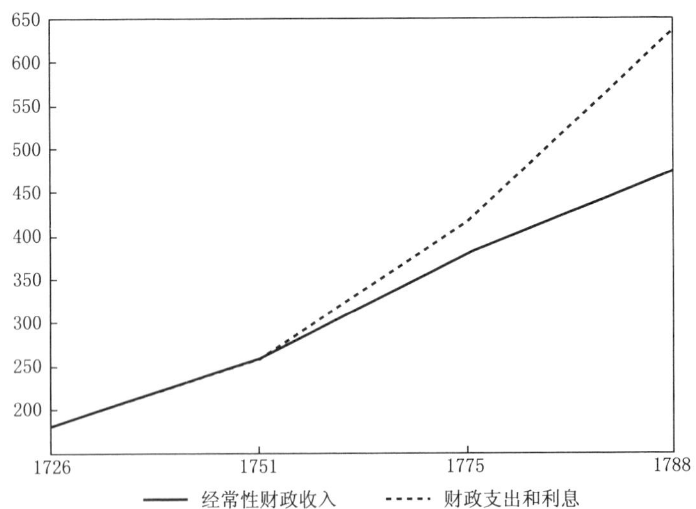

图 3.2　1726—1788 年间法国的财政收入和财政支出

注：财政收入和财政支出的单位是 100 万里弗尔。

法国的收入和税收

法国当然有足够的财富解决其债务负担，美国独立战争也并未给法国造成特别沉重的灾难：事实上这场战争花费的皇家财政收入比起“七年战争”或奥地利王位继承战争花费的都要少(Morineau 1980, p.325)。造成财政困境的并非法国缺乏足够的财富，而是法国的税收体制，这种税收体制使得法国的财政收入落在最为薄弱的经济部门身上。

表 3.3 和表 3.4 概括了法国和英国(包括威尔士)的国民收入和税收的相关数据。表中各项数据都以当时的里弗尔或英镑来计算，然后，根据当时的国内平均价格换算为等量蒲式耳的小麦，以便加以比较。[8] 我把总

生产值划分为农业部门和工商业部门。此外,我把税收分为直接税和间接税,直接税指的是对农业部门的税收,间接税中最主要的是关税和消费税,来自工商业。但是有些间接税是由农民缴付的,特别是法国的盐税。因此,表3.3可能低估了法国农业部门的税收负担。

表3.3 1700—1789年间法国的经济增长

	总产值		农业总产值		工商业总产值	
	里弗尔	蒲式耳小麦	里弗尔	蒲式耳小麦	里弗尔	蒲式耳小麦
国民生产总值						
1700年	24亿	7.16亿	18亿	5.35亿	6亿	1.8亿
1726年	28亿	8.07亿	20亿	5.82亿	8亿	2.25亿
1751年	38亿	8.95亿	26亿	6.26亿	11亿	2.69亿
1775年	54亿	9.62亿	37亿	6.66亿	17亿	3.02亿
1789年	54亿	9.75亿	37亿	6.76亿	17亿	3.06亿
增长率%	130.3	36.3	111.4	25.0	186.7	69.6
人均国民生产总值						
1700年	109.44	33.29	81.86	24.90	27.58	8.39
1726年	117.02	34.05	84.34	24.54	32.68	9.51
1751年	152.92	36.38	107.00	25.45	45.92	10.92
1775年	200.74	35.62	137.78	24.44	62.96	11.17
1789年	192.88	34.71	132.38	23.83	60.50	10.89
增长率%	76.20	36.3	61.70	25.0	119.30	29.80
皇家税收收入						
1700年	1.19亿	3 620万	5 500万	1 600万	6 400万	1 950万
1726年	1.81亿	5 270万	8 900万	2 580万	9 200万	2 690万
1751年	2.59亿	6 150万	1.37亿	3 260万	1.21亿	2 890万
1775年	3.77亿	6 690万	1.89亿	3 350万	1.89亿	3 350万
1789年	4.72亿	8 490万	2.36亿	4 250万	2.36亿	4 250万
增长率%	296.64	134.66	331.13	155.07	267.26	117.28
税收占国民生产总值的百分比						
1700年	5.06	5.06	3.11	3.11	10.84	10.84
1726年	6.53	6.53	4.44	4.44	11.92	11.92
1751年	6.87	6.87	5.20	5.20	10.76	10.76
1775年	6.96	6.96	5.07	5.07	11.09	11.09
1789年	8.71	8.71	6.34	6.34	13.88	13.88
增长率%	72.19	72.19	103.97	103.97	28.11	28.11

续表

	总产值		农业总产值		工商业总产值	
	里弗尔	蒲式耳小麦	里弗尔	蒲式耳小麦	里弗尔	蒲式耳小麦
人均缴纳税收						
1700年	5.53	1.68	2.25	0.77	2.99	0.91
1726年	7.64	2.22	3.74	1.09	3.89	1.13
1751年	10.51	2.50	5.57	1.32	4.94	1.17
1775年	13.97	2.48	6.99	1.24	6.99	1.24
1789年	16.80	3.02	8.40	1.51	8.40	1.51
增长率%	203.48	79.54	229.87	95.16	181.00	66.24

表3.4　1700—1789年间英国的经济增长

	总产值		农业总产值		工商业总产值	
	英镑	蒲式耳小麦	英镑	蒲式耳小麦	英镑	蒲式耳小麦
国民生产总值						
1700年	3 650万	1.67亿	2 000万	9 170万	1 650万	7 570万
1789年	9 040万	2.98亿	4 060万	1.34亿	4 980万	1.64亿
增长率%	150.4	80.2	103.0	46.1	201.8	117.1
人均国民生产总值						
1700年	7.26	33.29	3.98	18.24	3.28	15.05
1789年	11.95	39.43	5.31	17.52	6.51	21.48
增长率%	64.60	18.50	33.50	−4.00	98.50	42.80
皇家税收收入						
1700年	434万	1 990万	148万	679万	286万	1 310万
1789年	1 700万	5 620万	299万	987万	1 400万	4 630万
增长率%	291.67	181.79	102.03	45.35	390.35	252.79
税收占国民生产总值的百分比						
1700年	11.90	11.90	7.40	7.40	17.33	17.33
1789年	18.61	18.61	7.36	7.36	28.16	28.16
增长率%	56.42	56.41	−0.48	−0.48	62.47	62.47
人均缴纳税收						
1700年	0.86	3.96	0.29	1.35	0.57	2.61
1789年	2.22	7.34	0.39	1.29	1.83	6.05
增长率%	157.53	85.28	32.84	−4.43	222.41	131.97

就国民生产总值而言，法国是一个特别富裕的国家，1789年，法国的

总产值（不包括服务业）相当于 9.75 亿蒲式耳小麦，而英国还不到 3 亿蒲式耳小麦。但就人均产值而言，英国要略高一些，1789 年英国的人均实际收入比法国要高 13.5%。这反映出英国的增长速度更快，1700 年至 1789 年，英国的人均实际产值增长了 18.5%，法国只增长了 4.3%。

奇怪的是，英国的优势并不在于其农业。英国的农业产出确实比法国增长得要快一些，1700 年至 1789 年，英国农业增长率为 46%，法国为 25%。但是英国的人口增长率也同样比法国高，所以就人均而言，其间英国和法国的人均农业产出都下降了 4%左右。

至于贸易产出和工业产出，法国几乎是英国的 2 倍（换算成等值的小麦，法国为 3.06 亿蒲式耳，英国为 1.64 亿蒲式耳），1700 年至 1789 年，法国的出口收入也比英国多（换算成等值的小麦，法国出口总值为 1.26 亿蒲式耳，英国为 8 800 万蒲式耳）。此外，法国人均工业产值的增长率将近 30%，这也是相当可观的，尽管英国的人均工业产值增长率更高一些，达到 43%。

那么，虽然法国和英国的人均农业产值相差无几，而且法国的工业产值也相当可观，但是为什么法国似乎比英国贫穷？其中的推动力量在于英法两国经济中的农业与工商业的比重有所不同。1700 年，英国的总产值中工业和商业已经占到 45%，而法国只有 25%。尽管英法两国的人均工业增长都很快，但是由于英国农业落后，因而，自世纪之初英国的经济增长中“高增长”经济部门所占的比例更大，因此英国经济的人均增长率也就更高。束缚法国经济发展的并非法国农业和工业表现不佳，而是农业经济部门所占的比重更大。低增长（人均）经济部门的比重过大拖累了法国经济的整体增长率。

关于 18 世纪英法两国的相对富裕及其经济增长率，有着丰富的研究文献（Ruttan 1978；O’Brien and Keyder 1978；Matthias and O’Brien 1976）。P.奥布莱恩（P.O’Brien）和 Ç.凯德尔（Ç.Keyder）认为，由于法国农业和工业的人均增长率与英国相当，因此法国的经济增长并不逊色于英国。但是，这个观点忽视了农业和工业在英法两国经济中的不同比例所起到的重大影响，法国在整体增长率上之所以落后于英国，恰恰是因为法国经济仍然紧密依赖于农业。

法国经济增长率稍逊于英国，难道这就意味着法国税金征集比英国少吗？事实上，18世纪英法两国的人均税负增长率几乎相同：英国人均缴纳税收的实际价值增长了85%，法国为79%多一点。1789年，英国的税率确实比法国要高，英法两国税收占总产出的比例为18.6%和8.71%，人均缴纳税收分别为7.34蒲式耳小麦和3.02蒲式耳小麦。但是，英国的税负较高并非因为英国的税率在18世纪里增长更快，而是因为1700年时英国的税率就要高一些。那么，为什么法国的税收负担似乎更为沉重、似乎再也不能增加了呢？为什么法国不能把税收提高到英国那样的水平（约占国民生产总值的20%），从而解决财政困难呢？

要找出问题的答案，我们还得要对英法两国的经济部门进行分析。1700年至1789年，由于人口激增，英国人均农业产出下降了4%，但是，相对于英国的总人口，英国的土地直接税也下降了大约4.4%。因此，1700年到1789年英国税收总收入中有90%来自间接税的增加，到1789年，英国间接税收入已经占到工商业产值的28%。而法国税收收入的分布则大为不同，1700年到1789年法国财政收入中来自间接税的不足50%，1789年法国间接税收入占工商业总产值不足14%，50%多的财政收入来自直接税，而直接税则主要来自农业。我们再换一种办法比较一下英法两国，对于1789年的每个英国男人和女人来说，英国农业产出比1700年下降了4%，但是英国农业部门缴纳的实际税收也下降了4.4%；对于1789年的每个法国男人和女人来说，法国的农业产出比1700年下降了4.3%，但是法国农业部门缴纳的税收占法国实际税收收入的比例却超过95%！因此，尽管英国人人均缴纳的税收比法国人多，但是，相比英国来说，1789年法国的农业部门（也即农民）却税负过重，这极有可能是正确的。

法国能够像英国那样通过间接税得到更多的财政收入以减轻农业的负担吗？1700年至1789年，法国皇家税收收入增加值等于4 900万蒲式耳小麦，在此期间，法国工商业总产值的增加值等于1.26亿蒲式耳小麦。因此，仅占工商业总产值增加值2/5的法国间接税需只要再增加4 900万蒲式耳小麦，农业税收就无需任何增加。事实上英国就是这样做的，当时英国工商业总产值增加值等于8 800万蒲式耳小麦，缴纳的税收有3 300

万蒲式耳小麦。我们再换一个方法看看这个问题,请注意,每年 1.12 亿里弗尔的财政赤字已经让卡洛纳呼吁贵族院考虑进行重大的税收改革,与此同时,法国间接税收入为 2.36 亿里弗尔,仅占工商业总产值的 13.9%,如果法国工商业税负能够提高到英国那样的水平,即占工商业总产值的 28%,那么法国财政收入将再增加 2.43 亿里弗尔,这足以解决法国的预算问题,并且会略有财政盈余。

具有讽刺意味的是,18 世纪法国盛行重农主义思想,这种思想强调农业是所有财富的源泉,这种思想的盛行削弱了法国的财政体制。如果法国国王能够提高商业和制造业税收,他就能够解决财政问题,工商业的快速增长也足以支撑国王所需的税收。因此,有人说(比如斯考切波 1979),因为英国是更为先进的资本主义国家,所以法国就承受不起与英国的战争,这种说法是不正确的。尽管法国工业在国民经济中所占的比例要小一些,但是 1789 年法国工业的规模几乎是英国的两倍。如果法国工业的税率与英国一样,那么法国国王就能够避免 1787 年至 1789 年的财政危机。但是法国的税收体制是基于土地税基础之上的。卡洛纳的那些财政改革方案中,绝大多数税收改革方案从 1763 年到 1789 年一直处于商讨之中,即便是这些财政改革方案,也是以土地税的统一为核心的。然而,提高土地税并不能解决问题。法国农业的税收几乎与英国的农业税率相同(法国为 6.3%,英国为 7.3%),而且前几十年里法国的人均农业税收已经增加 95%,在此期间人均土地产出却下降了。统一土地税也许能消除许多不公正,但不能解决法国财政的根本问题。法国财政的根本问题是,当人口增长导致土地人均产出下降时,法国财政收入过度依赖土地税收。

人们往往会把法国与英国进行比较,值得注意的是,C.B.贝伦斯(C.B.Behrens, 1985)曾把法国与另一个大陆君主国普鲁士进行比较研究。普鲁士并不比法国富裕,也不是比法国先进的资本主义国家,但是,尽管普鲁士在 18 世纪历经多次战争,却并未遭受财政破产,原因是,普鲁士比法国至少有一个优势:“三十年战争”破坏之后普鲁士数量极大的无主地。这些无主地中多数为普鲁士国王占有,弗里德里希把这些土地出租给农民耕种,所获财政收入占普鲁士国王年度收入的近 35%(Behrens 1985, pp.79, 123—125)。无主地为普鲁士提供了如同英国大工业部门为英国提供的那种安全阀门——用一种卓有成效的方法把日益增加的人口利用起来,提高国家的财政收入。

因此,仅仅把法国与英国作比较,这会误解法国面临的中心问题。法国的中心问题并非"落后的资本主义发展",相反的,法国的中心问题是法国税收体制与经济结构之间的不匹配。英国农业部门的人均产出也在下降,但是英国从不断增长的工业部门中征集了更多的税收;普鲁士的农业不断发展,相对于其人口而言,普鲁士有着丰富的土地储备,弗里德里希鼓励农民开垦耕种这些土地,并因此能够征集到更多的财政收入。法国农业部门的人均产出也在下降,可是法国的税收体制仍然严重依赖农业部门来提高国家财政收入。我在前面曾经强调过,问题并不仅仅在于人口增长本身,而在于人口增长与特定的结构状况之间的冲突:土地和技术有限使得农业人均产出下降、财政体制却过度依赖土地税收。这种冲突最终使得 18 世纪的法国陷入经济衰退和国家破产。

不断增加的债务与停滞的财政收入

路易十四死后,留下了相对于王室收入而言可谓巨额的债务,这些债务比"七年战争"或者美国独立战争之后法国面临的债务都要多(Riley 1986, p.180; Bosher 1970, pp.23—24)。单靠法国现有的财政收入是无法偿还这些债务的。因此,法国通过三种措施来减轻债务。第一个措施,也是效果最差的措施,是 1716 年举行的审判会议。这个特别法庭宣称要惩罚银行家们的巧取豪夺,并且要求银行家们缴付一笔相当可观的款项给国王。然而,实际上这个特别法庭仅仅募集到 2.2 亿里弗尔,仅相当于当时国王债务总额的 10%(Bosher 1970, p.10; Briggs 1977, p.66)。第二个措施,根据劳的计划,国王的债务被转变成了一种投机商品——债券,由于债券市场的崩溃,这些债务的实际价值降低了一半,其收益率也降低到国王能够偿付的水平。第三个措施是通过降低金银货币的金属含量来使货币贬值。此外,从 1700 年到 1726 年,法国的税率提高了 50%,其中直接税的提高最快。上述这些措施使得法国的财政收支达到了平衡(Riley 1986, p.100)。然而,这些措施对于增强法国的税收体制毫无益处,恰如科班(1964, p.56)所说,"这位伟大的国王[路易十四]赋予法国一个现代政体,却保留了一个半中世纪式的财政体制”。

18 世纪 30 年代到 80 年代,法国的小麦价格上涨了将近 70%(Labrousse 1970e, p.9)。与 1730 年至 1739 年期间相比,40 年代法国的物价高出 18%,50 年代高出 23%,60 年代高出 32%,70 年代高出 70%。在经历了路易十四时期长期的低物价之后,人们期望着,尽管战时或歉收时期物价会有所上涨,但是此后就会回落到“正常水平”。然而,18 世纪,法国的物价却并非如此。农业生产要素的短缺推动着土地价格和谷物价格稳步上涨。相对于不断上涨的物价来说,劳动力工资和工业产品价格不断降低。如同 J.赖利(1986, p.31)所说,在 18 世纪,法国人民“始终盼望着通货膨胀能够低于他们实际面对的通胀水平”。

通货膨胀给法国国王造成许多问题,而这些问题是英国没有的。英国由于人口增长率较低,农业产出提高较快,因此物价相对稳定;事实上,18 世纪最初 10 年到 40 年代,英国的谷物价格稳步下降,50 年代英国谷物价格仅比世纪之初的头 10 年高出 5%(Hoskins 1968)。恰如前文所说,从 60 年代开始,英国的生育率急剧上升,人口也开始急剧增加,农业进步的速度开始降低。但是到 60 年代这个时候,英国已经充分利用 18 世纪前期几十年长期的物价稳定,把公共债务转化为债券,即“无限期国债”,年利率低到仅有 3%(Dickson 1967)。

而法国由于通货膨胀的影响,不得不支付更高的利率。此外,法国的借款方式比较糟糕。法国在 18 世纪借贷的债务中大多数是采取“终身年金”和“联合养老保险”(G.Taylor 1962)的方式,这些方式都是“生命赌博”方式(Alter and Riley 1986)。债务购买人交给法国政府一笔钱,作为回报,政府允诺每年给予购买人(或者债务购买人指定的其他个人)一笔款项以维持生活。如果债务购买人(或指定受益人)活得足够长久,他或她就能够从借款中获利,也许获利还相当大。如果债务购买人年纪轻轻就去世了,政府就有赚头。政府会估算预期寿命,并根据预期寿命调整每年支付的生活金,这种预期,就好像赌场里的一家人,他们终究会提前出局。

不幸的是,法国当局并不是高明的人口学家。由于 18 世纪法国人口死亡率的下降,债务购买人的获利越来越多,这就使得借贷的实际成本不断增加。由于这种借款方式无利可图，英国政府和荷兰政府逐步减少这类借款（Riley 1986，p.173）。但是法国却继续依赖这类借款，因此支付的实际利率也比其邻居们高得多。因而，法国就遭到双重惩罚：由于通货膨胀率较高，法国不得不支付更高的名义利率；又由于法国固守“终身年金”，而且法国死亡率又在下降，法国付出的借款利息比预估的或必须支付的利息要高。实际上，18 世纪后半叶法国的“联合养老保险”支付给投资者的年利息差不多是英国养老金的两倍（Weir 1989a，p.113）。

由于法国支付的借款利率比市场利率高，因此国外资金蜂拥而入，法国当局却误以为这是外界对法国财政安全仍有信心的证据，法国政府没有意识到它正为所借的资金付出高昂的利息。不幸的是，由于 18 世纪初期法国能够轻而易举地借款，这就促使法国政府继续依赖借贷而不是税收，来满足政府支出。

我们已经知道法国的借贷成本为何如此之高了，而法国国王的其他开支也在稳步增加。只有宫廷开支是个例外，由于大臣们的改革，1726 年至 1788 年法国宫廷的开支仅增加了 35%，远低于通货膨胀。但是其他日常开支可不是如此轻易就能降低的，因为这些日常开支代表的是关键的政治责任和军事责任。从 1726 年到 1788 年，养老金支出增加 327%，外交和外事服务支出增加 235%，由于国王政府代行地方职责以及贫困的增加，公共事业和慈善开支增加 1 560%。18 世纪 70 年代风起云涌的粮食暴动之后，强制恢复秩序已经由偶然转为经常，保护关键商路的需要也使得和平时期的军事开支越来越多：1726 年至 1788 年，陆海军常备军的军费增加了 144%。短期借贷费用、专业服务费以及支付给银行家的报酬也急剧增加。所有这些开支加起来，法国的日常开支，不包括借贷服务费在内，增加了 207%。这反映出政府的实际成本增加了 21%，经由 70% 的通货膨胀而得以放大（Morineau 1980，pp.312—314）。

207%这个数字是法国君主制政体在和平时期的增加额。但是要偿还这些不断上涨的费用，再加上战争经费造成的不断增加的债务，法国的经常性财政收入就得有更大幅度的增加。这是因为，如果经常性财政收入的增长落后于和平时期的日常开支，那么债务就无法偿还。这就意味着国王不能继续借贷。然而，1726 年至 1788 年，实际上法国经常性财政收入的增长仅有161%，远低于和平时期日常开支的增加。

因此，根据当时的财政收入，国王能够承受的债务在逐渐减少。国王能够承受的债务与其不得不支付的战争经费之间的差额就得由更多的借债来补充。在路易十六统治的最后十年里，为了偿还将要到期的贷款，他不得不再次举债，这就意味着国王背上了无法长久维系的债务金字塔。从1775年到1788年，日常行政管理和债务借还这两项费用很快就超过了经常性财政收入的增加额，其中的差额参见图3.2，这种差额促使国王的大臣们寻求激进变革。

为什么法国国王不能有效地增加税收收入以满足日渐增加的开支？我们知道，英国通过提高工业部门的间接税来增加税收，如果法国也这样做，就能够从规模较大的法国工业中征收到足够的资金以消除预算赤字。所以，法国的财政问题很大程度上是由于国王继续依赖农业税收，而不是工业税收造成的，当时法国农业增长缓慢，工业却迅速扩张，因此法国工业能够轻而易举地提供一大笔税收资金。

商业特权问题

许多历史学家指出，法国财政之所以会不明智地依赖于农业税收，原因在于特权问题。但是这种特权并非我们通常会联想到的法国旧制度下的那种特权，即，这种特权并非贵族阶级的那种特权。由于绝大部分贵族从其土地和农业上获得收入，这些收入已经被征收过重税，因此提高贵族收入的税收仅仅能够使得税收体制更显公平，却不会大幅度增加财政收入。要大幅增加财政收入，就需要把大量的农业税收转到城市，因为绝大部分工商业利润都集中在城市。

但是，恰如贝伦斯（Beherens 1962）指出的那样，旧制度下的特权并非贵族的垄断权。法国许多主要的城市，包括巴黎在内，都享有完全豁免租税的特权。此外，法国的其他许多城镇通过每年上交固定的款项而获得了租税豁免权（Temple 1975，pp.75—76）。在这种财政体制下，若要提高财政收入，就需要改变这些城市的体制，这正是泰雷（Terray）和莫普（Maupeou）改革首先想做的事情。由于地主们缴纳过农业税收——直接缴纳土地税或者间接收取较低的地租而由佃户缴纳土地税——法国国王对地主的沉重征税已经与英国一样了。法国社会中纳税比英国同行们要少的那些人是店主、职业人士、商人和工厂主、手工工匠和城市的一般消费者。简而言之,实际上正是这种集体特权削弱了法国财政,而这种特权属于商业特权。

1726 年至 1750 年,主要来自农业的直接税按照人均缴纳的实际值计算增加了 70%多。法国国王并未打算再为其他阶级阶层而大幅度增加农业税收,这个决定是合乎逻辑的,因为法国农业人均产出到 1750 年可能才达到顶点,而且,从 1700 年到 1750 年,人均缴纳直接税的实际增加值已经达到农业人均产出实际增加值的百分之百。农业直接税再有任何增加都将降低农业的实际收入。法国当局明显意识到,农业税收几乎已经达到合理的限度,此后的半个世纪里,当局显然不愿意再增加农业直接税以弥平通货膨胀。

那么,比较理想的状况是,法国国王能够降低农业直接税来减轻农业税收负担,并增加城市经济体的税收。但是这不可能通过命令来实施。城市(以及其他特权团体)已经在公职、特许权以及社会地位这些享有直接税豁免权的事项上投入了大笔资金,直接税的急剧减小将使得这些特权急剧贬值。由于这些特权被视为一种私人财产(Bossenga 1986; Bien 1987),因此任何单方面的行动都相当于掠夺财产,一言以蔽之,就是专制暴政。当我们分析旧制度下法国的税收体制时,我们就会明白,尽管如此困难,法国国王为何还要试图改变城市体制。

我们在上一章探讨斯图亚特王朝的财政问题时曾经指出,在土地有限以及生产率有限的情况下,土地税是很难随着人口增长而增长的。随着人口的增长,农民的土地就得再分,这使得依靠土地养活一家人更为困难。勉强维生的农民难以为继,因此越来越多的农民失去了土地,或者不得不租种土地。但是,那些拥有超过维持家庭生活所需土地的地主却能够从不断上涨的谷物价格中获利。最终,地租也会上涨。因此,财富就会两极分化,一方面是独立的小家庭农户被大地主取代,另一方面是无地农民越来越多。无地农民试图在城市和农村的工业经济中寻找工作,这些人数量的增长远超过总人口的增长。下述情形对土地税而言是不利的:富人由于取得税收豁免权或者通过影响评税员从而能够逃税,而无地农民却无法缴纳土地税。因此,绝大部分税收就落到了那些苦苦挣扎着维持家庭农庄的农民身上，这些农民还得面临家庭人口的增加以及越来越高的地租，与此同时，地主的获利越来越多，城市经济和农村工业不断增长，而它们却能够逃避税收重负。因此，当时法国既有的税收体制变得越来越不公平，也越来越脱离国民经济的实际财源。

我们注意到，斯图亚特王朝时期，主要的土地税、津贴税，按实际价值计算有很大的下降，这使得国王必然转而要求议会增加补助金，而且即使有这些补助金也无法满足开支需要。由于不断向议会要求补助金招致议会抱怨以及对于国王政策的争议，查理一世转而取消城市特许权、签署许多专卖许可证、未经议会同意征税和增税（吨税、磅税和船税）。这些措施使查理一世被人称为自由的敌人，而这些措施也并未给他带来足够的财政收入以减少越来越多的债务，最终也未能避免财政危机。解决财政困境需要完全彻底地改革财政体制，在改革后的财政体制里，土地税不仅应当调整到能够反映实际收入水平，而且其在财政收入中的份额应当很少。这样，战争经费就可以通过借贷来解决，借款则可以用间接税大幅增加后获得的日常财政收入来偿还。

18 世纪法国的税收和政府政策与英国十分相似。租税曾是 17 世纪法国国王财政收入的主要来源，但是到了 18 世纪，由于通货膨胀的影响，租税收入已经遭到严重损害。法国国王认识到了租税的政治影响以及估税存在的问题，因此允许“在民众收入和财富不断增长的同时保持租税稳定不变”。从 18 世纪 20 年代到 1775 年，租税带来的名义财政收入没有任何变化，租税收入仅占财政总收入的 15%（Morineau 1980，p.321）。

波旁王朝增加了一些新税收以弥补财政缺口，其中主要的一项是个人收入所得税，这项税收的用意是对所有国民的收入征收一定的比例税，类似于英国的津贴税。但是，也与英国的津贴税一样，收入所得税要靠纳税人上报收入情况，然后根据收入纳税。因此，许多具有社会影响力的人可以通过少报瞒报来逃避此项税收。D.萨瑟兰（D.Sutherland 1986，p.21）曾经指出：“皇族应当缴纳 240 万里弗尔的所得税，但是实际上仅仅缴纳了 188 000 里弗尔。”1750 年，法国的个人收入所得税，或曰二十分之一税，应当征集到 1.9 亿里弗尔，然而实际上仅仅征收到 2 700 万里弗尔。显然，收入所得税并未成为真正的比例税。法国当局也不可能指望征收到全部的收入税，他们的目标是尽可能弥补通货膨胀对租税的影响，法国当局实现了这个目标。尽管有通货膨胀，1750 年法国直接税实际收入仍比 1726 年增长了约 20%。

然而不幸的是，此后法国的财政收入就达到了极限。A.盖里（A.Guéry 1978，p.229）认为，实际上，法国国王的实际财政收入在 18 世纪 40 年代就达到了最大值，此后到 70 年代一直在不断减少，直到 80 年代才恢复到先前的水平。J.赖利（1987，p.227）也看到了类似的情况，他指出，从 18 世纪 30 年代后期到 60 年代，法国国王的实际财政收入并没有长期增长。莫里诺（1980）的研究数据仅包括经常性财政收入，这些数据揭示出，尽管法国的实际财政收入从 1775 年到 1789 年间有 27%的较大增长，但是从 1751 年到 1775 年，仅仅略有增长（10%）。

法国财政收入的停滞不前有两个原因。

其一，通货膨胀意味着国王难以增加财政收入。由于人口增长和通货膨胀，收入所得税和租税一样都无法增加财政收入，这是因为，人们认定，一旦纳税额确定下来，政府就无权改变（B.Stone 1986，p.154）。因此，18 世纪 80 年代法国个人收入所得税征收所得的里弗尔总数与 50 年代是一样的，但是这些税收的实际价值却减少了 36%（Riley 1986，p.51），因此，仅仅为了保持实际财政收入不减少，法国政府就不得不要求征收第二次甚至第三次收入所得税。从 1751 年到 1775 年，就名义价值来看，法国皇家税收增加了几乎 50%，却招致无穷无尽的抱怨。但是，这些税收仅仅能够为国王增加 10%的实际收入，对于 18 世纪法国国王从事的战争与国家行政管理所造成的日益增加的成本来说，这些税收显然是不够的。

其二，税负的分布与财富的分布不相一致。尽管法国城市的商业经济和工业经济蓬勃发展，但是“收入所得税……并未能有效地涵盖城市的工商业财富，因为政府从一开始就没有打算招致城市的敌意，这种敌意很可能由于认真调查城市人群的收入和利润而产生”（Temple 1975，p.76）。因此，由于城市工商业收入的低报，城市的收入所得税比农村更易于逃避，农村的土地收入是既定的，这种收入在某种程度上反映于租税记录之中（Behrens 1985，p.167）。另外，就租税而言，“贵族们很快就找到许多办法来购买租税豁免权……因此缴纳新增税收的义务就落到了农民身上……新增税收实际上就变成了租税的额外附加”(Root 1987, p.25)。

法国所有的重要城镇以及许多小城镇都有免纳租税的特权(Behrens 1985, p.74; Temple 1975)。国王从城市征集更多财政收入的主要办法是出售市政公职，不仅包括出售市长和市议员这些公职，还包括出售那些掌管卖酒、卖猪肉、卖鱼或者监督这些交易的公职。尽管出售公职为国王带来了很多财政收入，但这并非改善国王财政的有效办法。出售一个公职会获得一定的资金，但是此后国王每年都要支付薪水、支付给官员应得的公务费用和酬劳。因此，出售公职更像借款而不像税收，因为出售公职就相当于国王获得的现金收入将来还是要偿还的，或者要让渡未来的行政收入作为回报。因此，出售公职只能使长期的经常性项目收支状况越来越糟糕，而不是越来越好，它并不像是对城市工商业财富征收的真实税收。此外，出售市政公职和司法公职使得这些官员掌握了许多特权，而将来为了减少特权，却必须取得这些人的合作。当时对国王的支持是增加了，但是一旦需要改革，支持国王改革的势力却减少了。

应该注意到，18 世纪后期，城市本身的财政问题也越来越严重。到 18 世纪 90 年代，许多城市都背负着巨额债务，这就需要城市税收改革(Bossenga 1987)。再者，问题并不在于财源不足，而在于财政评定体制的落后。18 世纪里，城市不得不面对两种日益增加的开支：其一，城市发展需要增加行政费和服务费支出；其二，城市要借贷来维持自身开支，还要借款给国王，而国王的借款需求急剧增加(Bien 1987)。城市财政收入的主要来源是消费税，即(城市)进口商品消费税，但是消费税这种税收体制既不公平又缺乏弹性，它基本上就是对消费品征收的税收，因此是一种极其落后的税收。另外，对于皇家税收，富有的城市市民可以获得特权和豁免权。官员以及富有影响力的市民可以投机取巧地把一些商品(比如自家葡萄园出产的葡萄酒)运进城市销售，从而逃避消费税。因此，就法国全国来看，绝大部分财政收入并非由最富有的那些人缴纳的，而是由中产阶级和贫穷的劳动者缴纳的，这些人是肉类、葡萄酒、牛油以及其他商品的消费者，他们要缴纳消费税。因此，皇家政府所能掌控的城市税源并不大；相反的，政府要想从城市中征收到更多的财政收入，它就难免会卷进城市官员和市民之间围绕城市债务和城市税收而产生的争斗之中。

很难估计法国城市的财富总量,这是因为,18 世纪法国城市的富人和穷人都在不断增长。但是我们确实知道,城市的人均纳税额似乎并不能反映出法国城市的财富总量。前面(表 3.3)我们曾经估算过,就法国全国来看,1789 年法国人均缴纳皇家税收为 16.8 里弗尔。G.博辛加(G. Bossenga 1987, p.124)曾分析过法国皇家政府在城市征税的情况,他指出,法国许多城市的人均纳税额都不高于法国全国的人均纳税额,有些还低于全国人均纳税额。有一些小城镇,比如罗克鲁瓦和佛赖歇,人均纳税低到只有 3 至 5 里弗尔。马赛这个快速发展的商业中心,其纳税额大约仅相当于全国平均水平,人均纳税 17.2 里弗尔。一些大城市,比如奥尔良、里尔和里昂,其人均纳税额高出全国平均数的 50%,人均纳税 24 至 29 里弗尔。但是,就平均财富来看,难道我们能够相信这些城市仅比法国农村居民高 50%吗?唯独巴黎的人均纳税额似乎比全国平均数高不少,1789 年巴黎人均纳税额超过 50 里弗尔,但即便如此,巴黎的人均纳税额也不足全国人均税负的 3 倍。除非我们相信巴黎——虽然巴黎的财富集中在贵族和资产阶级手中,但它也有众多的熟练工人和零售商——的人均财富不到法国全国人均财富的 3 倍,否则巴黎也同样课税太低。

“七年战争”的战争经费几乎全靠借款维持,战争结束之后,法国国王试图改革城市体制,以便提高从城市中征集到更多财政收入的可能性。国王宣布现有的城市公职全部作废,现任官员将得到补偿。随后,国王计划建立一种新的市政和司法体制,该体制主要依靠选举出来的社会名流,这些社会名流在制造业和专门行业中所起的作用比贵族和牧师大得多,国王希望这些社会名流支持皇家财政收入的征集(Mousnier 1979, 1:598—604)。但是,要找到适合担任新公职的人选却十分困难,而且,国王对金钱的渴望使得贪污腐败再度盛行。因此,这些改革于 1771 年被废止。

国王为增加税收而采取的根本举措、特别是提高**收入所得税**的举措,也遭到坚决抵制。这些抵制主要集中在各省高等法院中。因此,1771 年国王的大臣莫普就直接取代了高等法院的职责,国王大幅度削弱高等法院的权威,并清洗其成员(Echeverria 1985, pp.16—18),新的法庭成立了,取代了原高等法院的工作。与此同时,财政大臣泰雷搁置了大部分战争债务、推迟偿还短期债务、降低养老金利息,并从银行家那里获取了一些资金(Doyle 1980, p.47; Bosher 1970, p.27)。这些措施并未使财政收支恢复平衡,但确实成功地增加了财政收入、减少了年度赤字。到 1774 年,“虽然财政并非完全健康,但是皇家政府确实获得了一线生机”(Echeverria 1985, p.20)。

当然,这个财政新政极不受欢迎。许多旧时的高等法院成员愤愤不平,反对压制他们的职位和权威。群众把面包价格太高归咎于国王,精英们害怕国王会大规模侵夺他们的公职和特权,因而抗议解散高等法院,并称国王“专制独裁”。当路易十五于 1774 年去世时,他已成为法国历史上最不受欢迎的国王之一,他的大臣莫普和泰雷孤立无助。路易十六登基后立即解散了改革派内阁,并否定了他们的改革政策。如果改革政策能够成功的话,城市税收就有可能提高,一个强健的财政体制就有可能建立起来。但是,这些改革措施招致了抗议“专制暴政”的暴风骤雨,最终导致改革的退缩。法国的财政体制依旧束缚在土地之上,而且严重失衡。

因此,当法国卷入美国独立战争之时,其财政体制与 1700 年时基本相同。但此时法国农业的人均产出却下降了。由于无法增加税收收入——增加农业税收在经济上是不可能的、增加制造业税收在政治上又是不可能的——法国国王只好靠借债来筹措战争经费。

法国国王财政政策的缘由应该很清楚了。直接税的增加往往都落在土地上,并非落在大地主身上,而是主要落在中农身上。由于 1750 年之后法国人均实际土地产出有所下降,农民越来越难以承受税收重负。由于无法增加实际财政收入,国王转而依靠借债。不幸的是,国王支付的贷款利息也很高,而且国王的实际支出不断增加,因此,国王的债务也就不断增加。

财政亏空、经济衰退与财政崩溃

法国花费在美国独立战争上的经费并非异常高昂。据莫里诺估算,法国花费在这场战争上的经费为 13 亿里弗尔,而花费在“七年战争”上的经费是 18 亿里弗尔,花费在奥地利王位继承战争上的经费是 12 亿里弗尔。(Morineau 1980, p.325)按实际价值(即等量的蒲式耳小麦)计算,美国独立战争是法国在18世纪里开支最少的一场战争，仅相当于“七年战争”的一半。从整体来看，1776年至1789年的法国要比前几场战争时的法国富裕一些，因此支付这笔经费应该并非不可能。然而，这笔费用并非是要由“法国”支付的，而是要由法国国王支付的，可是国王的收入严重依赖于农业税收，从人均产值来看，农业却是国民经济中最穷的部门。

经历了18世纪70年代的粮食歉收、70年代晚期80年代早期的战争岁月之后，国王希望物价能回落到较低的水平，这样的话日常开支就会减少，就会有余额偿还债务本息。但是由于人口增长对资源造成的长期压力，物价持续走高，1786年至1787年的物价比1779年至1780年时高出15%。(Labrousse 1970e, p.9)因此，并未出现“和平红利”。相反的，1775年到1788年，国王的日常开支，不包括债务利息，从2.57亿里弗尔增加到3.72亿里弗尔。(Morineau 1980, p.315)增加的开支中有一半是由于通货膨胀、由于慈善和贫困救济(后一项费用从540万里弗尔剧增到3 300万里弗尔)所产生的。而这些因素都是由人口增长超过经济增长而直接造成的。增加的开支中的另一半是来自庞大的陆海军常备军的军费、来自国王要支付给银行家们以及其他帮助国王的人以高额费用和各种各样的索取。[前者所需部分源于日益增长的流动和地方的无序(R.Schwartz 1988)]日常开支的增加值中仅有10%来自养老抚恤金的增加，宫廷开支没有任何增加。1775年到1788年，国王支付的日常开支增加了1.15亿里弗尔。与此同时，为支持美国独立战争所借的债务，国王需要每年支付1.07亿里弗尔的贷款利息，然而，直接税收入仅增加1 300万里弗尔。

1775年到1788年，法国国王每年能够从国内增收的财政收入和其他收入为9 000万里弗尔。(Morineau 1980, p.315)假如日常开支不变，这笔增加的收入将使国王能够应付美国独立战争债务。但是实际上，由于日常开支的增加，这笔增加的收入就被消耗了，根本没有余额应付债务。到1788年，日常开支加上债务利息超过经常性财政收入的幅度达到前所未有的程度，超支1亿里弗尔。(Morineau 1980, pp.314—316)因此，卡洛纳没有别的选择，只能继续举借新债以支付债务利息和日常开支。

巴黎高等法院激烈反对和平时期借债规模的扩大，在此期间曾写给国王 17 封劝谏信。（Doyle 1970，p.445）该法院深感困惑于战争已经结束然而国王还在继续举借新债，并且指责“财政开支去向不明、混乱不堪”（R.Harris 1986，pp.60—63）。

我们曾经指出，法国群众感觉 18 世纪 80 年代国王的财政状况应该有所改善。美国独立战争结束于 1783 年，政府债务已经得到定期资助。法国政府的收支账目当然是秘密的，然而国王的大臣们，其中特别是内克尔，不断维护着法国财政的健康形象，以激励借款人信任国王。因此，当卡洛纳宣布法国的财政赤字十分巨大，因此必须增加新税收的时候，舆论一片哗然、深感震惊。精英们当然知道既有的税收体制是不公平的，但是他们没有意识到，也很难相信这个税收体制不能满足法定的皇家政府开支。因此，当卡洛纳获得了贵族院的支持、试图增加新税的时候，精英们根本不相信他的陈述，并且要求在同意征收新税之前先要检查收支账目。（Gruder 1984a）

对国王财政的最后一个打击是 18 世纪 70 年代和 80 年代的经济衰退。J.赖利坚信，1770 年之后，法国经济的实际产出就已经停止增长（Riley 1987，p.237）。实际上，自此以后，食物匮乏越加严重，小麦价格急剧上升。如果 J.赖利关于法国实际产出停滞的说法是正确的，那么，从 1770 年到 1790 年，持续的人口增长将使人均实际收入下降 6%。这与实际工资的下降是一致的，1770 年到 1789 年间的实际工资比 1750 年到 1769 年间低 15%。实际收入的下降导致生活必需品需求的下降。葡萄酒的价格降低到了灾难性的水平，所有领域的经济活动都在萎缩。（Labrousse 1958，p.70；1970d）

经济衰退使得贷款给国王的几个大银行家破产。（Bosher 1970，p.190）18 世纪 80 年代，法国国王需要不断借款以维持眼前的开支以及支付贷款利息，在这种情形下，这些银行家的破产就是敲响了国王财政破产的丧钟。这些银行家曾是国王维持日常开支的最后借款人。（Bosher 1970，pp.96—97）由于卡洛纳无力说服那些政要名人赞同开征新税，由于他不断要求巴黎高等法院给予新贷款，从而招致人们对国王信用的怀疑，国王越来越难以找到新的长期贷款。因此国王只得寄希望于短期贷款和银行家们的支持，由于这些办法无法奏效，国王根本不可能平衡日常收支。国王别无选择，只能向要求改革的势力让步，因此，国王召回内克尔，要求他主持召集三级会议。

总而言之，人们不能把1787年至1789年法国的财政危机归咎于法国花费在美国独立战争上的大笔开支，也不能说法国经济太过贫穷、太过落后，无力支付这些开支。当时，法国的工商业增长强劲，只有农业人均产出有所下降。法国国王的财政问题主要源自法国财政过度依赖于日渐衰落的经济部门。严重的歉收和高昂的食物价格导致了18世纪70年代和80年代的经济衰退，但是法国此前也曾有过经济衰退。这次的经济衰退之所以导致财政危机，只是因为法国政府已经严重依赖借贷度日、法国政府的信用已经极其脆弱，因此，一些银行家的破产就足以使其财政崩溃。

法国并非因为国家贫困才严重依赖于借债或者无力偿还债务的。在18世纪，法国的经济总产出增加了36%，人均产出实际增加4.3%。问题在于，尽管工商业的增幅几乎是农业的3倍，但是国王对工商业征收的税率仅仅提高了不足30%。与之形成鲜明对照的是，在此期间，尽管英国农业人均产出的下降幅度与法国相似，但是，英国却把工商业税率提高了60%多，并因而能够偿还贷款。

同时，法国依旧过度依赖于直接税，而直接税中最主要的是土地税。这些直接税并不能很好地回应18世纪由于人口变化而产生的经济形势的变化：高涨的物价、日趋扩张的城市和制造业、人均产出有所下降的农业。由于过度依赖直接税，法国政府不得不依靠举债度日。为了能借到钱，法国政府给出了优厚的贷款利息，但是，面对日渐萎缩的财政收入，法国政府很快就发现它无法快速提高财政收入以偿还债务。人口增长推动物价上涨，农业与税收体制发生冲突，这种税收体制由于“商业特权”的阻碍，直接税从工商业部门转移到了土地身上，此时，财政危机就出现了。

改革遭到抵制

国王和一些重要的政治家确实曾试图改善财政状况。实际上从18世纪60年代开始，就曾出现过一系列改革呼声，也曾试图重组管理体制和财政体制。但是这些措施都遭到精英的抵制,特别是巴黎精英和各省高等法院的抵制,因而没有成功。

之所以如此,部分原因在于当时的许多人并不理解财政困境的缘由所在。法国一些重要的精英都集中在巴黎,他们看到自己身边那蓬勃发展的城市经济,并据此相信法国越来越富裕。他们也确实看到了农民的贫困,但是他们困惑不解的是,在一个富饶丰足的国度里,农民怎么能缺乏食物。这些精英并未意识到,人口增长使得许多农民拥挤在小块土地上,许多农民无法养家糊口,人口增长也使得失地农民不断增加、实际工资不断下降,实际工资的下降使得三分之一人口的收入有所减少。人口增长曾被认为是好事情,并没有被认为是失地、失业或通货膨胀的根源。(Fox-Genovese 1976)

当然每一个人都意识到了通货膨胀的存在,但是他们并没有认识到通货膨胀是由人口增长造成的。相反的,他们把粮食价格的上涨归咎于投机倒把。法国人认为政府纵容粮食投机商,这种看法起码有一点似乎有些道理。18 世纪 60 年代,由于受到重农主义思想的影响,路易十五放开粮食交易,不再实行政府管制,目的是降低粮食价格,通过鼓励自由市场贸易使得粮食从充裕地区流向匮乏地区。如果法国的粮食总产量有所盈余的话,那么自由市场贸易就有可能实现这个目标。但是,路易十五命运不济,当他接受自由市场观点的时候,法国人口增长和农业的滑坡使得法国进入了粮食稀缺状态。由于农业负担日益加重,农业产量不足日趋普遍、日益广泛、日益严重。1770 年至 1789 年,只有三个年头粮食产量是充足的。(Doyle 1989, p.14)结果,市场的自由调节意味着,当粮食短缺的时候,物价就会毫无约束地不断上涨。1767 年至 1770 年间法国出现了自 1709 年至 1710 年之后最为严重的粮食短缺,食物骚乱遍及法国各地。1769 年,泰雷恢复了粮食的政府管制。1774 年,杜尔哥(Turgot)再次放开了政府管制,但是随之而来的是物价的再次高涨、民众的极度不满。杜尔哥失去民心之后,内克尔于 1776 年再度恢复了粮食政府管制。但是,1787 年,恰恰在又一次粮食歉收导致物价猛涨之前,卡洛纳又废止了粮食政府管制。自由市场实验最终失败了,但是,这个实验持续的时间太长了,足以让法国民众认定国王应该为高物价负责。(Kaplan 1976)

由于人们把物价上涨归咎于投机商和皇家政府的管理不善，所以每当物价上涨有人提出要提高税收的时候，这种主张总是得不到支持。实际上，这种主张也受到各省高等法院的强烈反对，各省高等法院“对国家财政有着静止不变的看法”(B.Stone 1986，p.154)。1787 年，鲁昂高等法院在一份公告中陈述到，认为“税收必须随着纳税人收入的提高而逐步提高”的观点是“错误的”，这份公告还认为“应该公开说明，那种认为国家债务应该随着纳税人财产的增加而增加，而不用通过认购和节约分期偿还的观点是错误而又不明智的”。(B.Stone 1986，p.154)其他各省高等法院也曾表达过类似的主张。

许多改革方案，包括卡洛纳提交给“名士会议”的改革方案，都强调要削减特权，以统一的土地税代替租税，这些改革方案也普遍认识到了地区之间以及不同阶级纳税人之间的不公平。难办的事情在于，各省高等法院拒不接受国王关于公正重组直接税的主张。巴黎高等法院坚持认为“法国君主政体的宪法原则在于，[新增]税收必须得到纳税人的同意”。(B.Stone 1986，p.89)国王可以提高租税税额，但是，恰如我们曾经指出的那样，这只会增加那些最贫穷的租税纳税人的负担，这些人也已贫困潦倒。因此，当时法国所需要的是新税收或者新的税收体制。当然巴黎高等法院的这个观点也是正确的：未经各省高等法院和三级会议的同意，国王无权擅自增设新税。

法国国王试图解决其财政问题，导致其与各省高等法院之间发生了一系列冲突。18 世纪 60 年代，各省高等法院监控粮食贸易的职责由于自由市场政策而有所削弱。当物价上涨之时，高等法院要捍卫人民以合理价格获得面包的权利。如前所述，“七年战争”之后，各省高等法院反对继续征收收入税，而且，各省高等法院以保护地方消费者和各省自由的名义，坚决抵制莫普提出的集权化和全国一致化的改革方案。多伊尔曾提到国王与波尔多高等法院之间的一个突出的冲突事件，为了提高皇家领地的财政收入，1791 年国王宣称，杰伦特河、多尔多涅河以及梅多克海岸的所有冲积地“似乎都被从皇家领地中非法夺走了”，国王要求业主出示地契，否则就得把这些土地交还给国王，然后再由国王把这些土地出租给他们耕种。这种手段让人想起了英国国王查理一世，他也曾宣称埃塞克斯郡三分之一的土地被人从皇家林地中“非法夺走”，以此来提高财政收入。同样的，法国国王的这个办法也没有成功。波尔多高等法院成员激烈抗议国王的行径，国王把他们召集到凡尔赛宫，在凡尔赛宫，国王作出了大幅让步，同意给予所有私人土地所有者，而不仅仅是河流航道下的土地所有者以私人财产权。这个事件只是众多小事件中的一个，在这些事件中，国王看似要专横地威胁到臣民的财产权，而高等法院则似乎是作为法律、传统、自由和财产的捍卫者，起而拯救臣民。各省高等法院多次抗议国王采取的税收、收费、改革和贷款措施，所有这些抗议都发出了抵抗“专制暴政”的呼声，因此，所有这些抗议的目标“都并非是要反对把当下的社会拉回到路易十四时代，而是要保卫当时的法国社会，这个社会正受到财政饥渴的政府不断增强的侵夺威胁”。(Doyle 1972，p.104)

到了 18 世纪 80 年代，各省高等法院对于国王借款越来越犹豫不决，国王在和平时期的借款数额不断增多，这只会招致人们批评国王对财政不负责任。1787 年到 1788 年，当卡洛纳宣布财政赤字已经超过 1 亿里弗尔、必须新增税收的时候，高等法院拒绝签署任何一项未经三级会议通过的税收方案，从而继续扮演着自由和传统宪法保卫者的角色。(Doyle 1974，p.268；B.Stone 1986，p.89)卡洛纳试图越过这道障碍，转而召集“名士会议”，要求他们赞成新增税收，但是这些人也同样“对披露的财政需求深感震惊”，并拒绝取代三级会议实施新税。(Gruder 1984a，p.326)由于一些大银行家的破产，形势已经刻不容缓，卡洛纳转而计划提前召开三级会议。

然而，如同斯图亚特王朝时期的英国一样，财政危机仅仅是政治崩溃的一部分。国王试图减轻财政压力措施，不仅无法避免财政破产，而且激怒了法国精英，在此情形下，召开三级会议是一个危险的举措。而且，关于危机之后法国政治如何重塑这个问题，法国精英内部分歧很大。

精英的竞争与冲突

毫无疑问，1789 年法国君主政体崩溃之后，法国精英严重分裂。事实上，法国财政危机转变为总体政治秩序危机的关键时刻，也是三级会议崩溃的时刻。召开三级会议，是要票决改革措施，这些改革措施对于恢复君主制的效能是必要的。但是，大部分第三等级议员，以及一些分离出去的贵族和牧师，面对国王的压力，他们宣称三级会议是“国民大会”，并宣称他们享有行政权。

这件事情的结果在许多方面都与1640年之后的英国类似。当时之所以召开英国议会，是要议会为国王提供财政支持，但是由于对国王的压力深感愤怒，大部分下院议员以及一部分上院议员宣称他们享有行政权，特别是享有军事控制权。

在法国和英国这两个事例中，这些分歧并不是由于对财政问题的不同意见而产生的。在英国，长期议会经过深思熟虑之后，对限制辱骂国王这个问题达成了高度统一，但是，当国王抵制议会并试图逮捕一些议会领袖的时候，这种意见统一就开始瓦解了。此时，以前数十年间被压制的社会冲突和宗教冲突逐渐表面化，这些冲突的表面化由于下列因素而得以增强：向下流动的年轻贵族子弟那些未曾实现的抱负，屈就的清教徒大臣们那些雄心壮志，伦敦小店主和学徒们的抗议，对爱尔兰社会秩序日趋失控的担忧，尤其重要的是，郡县精英家庭围绕地方权力和社会优先地位而展开的竞争，导致这些家庭分裂为“宫廷派”和“乡村派”。相对于日益紧迫的财政问题来说，这些冲突变得越来越重要。不久之后，财政问题就已经完全让位于更为宽广的问题：改革的支持者在挑战国王权威方面究竟敢走多远。类似的，在法国，从三级会议一些代表的会议记录中可以看出，代表们对于限制辱骂特权以及改革财政体制达成了相当的一致意见，但是，当三级会议开会并自我组织会议之后，财政问题也很快就被植根于此前数十年间社会冲突中的一些根本问题所掩盖，这在法国就特别意味着要给予贵族阶层以大大超过社会其他群体的特殊社会地位和特殊权威。

因此，无论是英国还是法国，原先的社会危机都因为与严峻的财政问题无关的一些主张和冲突而逐步扩大。这些主张和冲突引发了关于传统教会和传统国家的未来这类根本性问题。英国和法国的国民会议表面上都是为了解决财政问题而召开的，都受到国王要求不得挑战皇家权威的压力，围绕着传统秩序是应该得到某种程度的强化还是应该另择他途不受国王影响重新再造这个问题，英法两国的国民会议很快就四分五裂。在英法两国的危机中，两国的精英们对于传统权威和社会结构的认可与依附程度有着相当大的不同，因此，解释这些不同之处对于理解英法两国的政治崩溃是必不可少的。

关于政治危机之前的数十年间里社会流动在法国革命和英国革命中的作用，学者们曾作过大量的论述。历史学家们曾认真考虑过两种基本的假说，目前的共识是这两种假说都不正确。第一种观点关注的是个人在各个阶级阶层之间的社会流动的容易程度和数量规模，这种观点认为，18 世纪的英国社会之所以相对稳定，其原因在于社会流动较为容易，而 1789 年的法国之所以产生了各种冲突，其原因在于法国的社会结构僵化导致压力不断累积。在这种观点看来，高度的社会流动促使社会稳定，低度的社会流动导致冲突和危机。第二种观点是"社会学的"或"马克思主义的"解释，这种观点认为，个人并不能自由穿越阶级界线，社会流动是一个社会阶级相对于另一个社会阶级而言其相对财富和社会地位有所提高的结果。这种观点把英国革命描述为"绅士阶层的崛起"，把法国革命描绘成"资产阶级的崛起"。

现在我们知道，事实上，1640 年前英国的社会流动规模比 17 世纪晚期和 18 世纪早期都要大得多。如第二章所述，17 世纪晚期和 18 世纪早期，贵族的财产有了极大提高，而贵族绅士的数量几乎未变。1650 年之后英国的职业人士和商人获得了许多财富，但是恰如斯通等人揭示的那样，几乎没有证据能够表明这些财富已经转变成了政治权力和在各个郡县的优越地位。（L.Stone and J.C.F.Stone 1984）此外，如同我们后面将要讨论的那样，现在人们认为，在 18 世纪的法国，通过购买那些能够被授予贵族爵位的公职，第三等级进入贵族阶级是很容易的，也确实有大量第三等级的人以如此方式进入了贵族阶级。因此，第一种观点完全不符合事实证据：危机不断累积期间的社会流动数量比随后的社会稳定期间更多，特别值得注意的是，在 18 世纪，法国的社会流动比英国多。

马克思主义解释或社会学解释也摇摇欲坠，这是因为，无论是在英国还是在法国，要识别出一个整体上与其他精英有着不同经济关系和不同命运的独特的"不断崛起的绅士阶级"或者"资产阶级"，这是根本不可能的。在英国，17 世纪和 18 世纪的贵族领主如同 16 世纪一样依旧保持着对绅士阶级的优势地位，而且贵族和绅士们都同样涉足工业和商业化农业。在法国，富裕贵族和富裕平民的经济资源几无二致，他们都大规模投资于土地、大型工商业、政府职位和政府债券。(G.Taylor 1964，p.1972b)的确，商业和制造业的发展以及商业化农业中不断增加的机遇，都为许多个人提供了地位上升的资源，但是，这些人通常都会在地方绅士阶层占据一席之地，他们也许能得到贵族封号(英国)或者得到能授爵的公职(法国)，并因而从他们原先出身的阶级阶层中"脱颖而出"。因此，工商业的扩张促进了许多个人的社会流动，但这种资源是所有社会群体中的个人都可以凭借自身优势加以利用的，并非任何一个阶级独有的资源，因此工商业的扩张并不会"提升"一个阶级相对于其他阶级的社会地位。

这两种观点的失败使得一些人断言，在国家崩溃的这些事例中，对精英冲突进行任何"社会学解释"都是不可行的。但是这种论断是站不住脚的。我们在讨论英国革命时已经知道，如果我们能够超越简单化的"社会流动"概念，将其细分为"精英循环和精英位移"这些更为具体的概念，我们就能够取得很大的研究进展。这就是说，精英扩张本身并不是问题所在。当精英职位合格竞争者的数量快速增加并大大超过传统贵族占有的特权职位时，围绕着对传统秩序的忠诚，精英就会分裂并分化为各个派系集团，精英之间的冲突就极有可能会不断扩大。在此情形下，社会流动往往就意味着有些家庭获得的精英职位是以其他曾长期占据这些职位的精英家庭为代价的。这种同时发生的向上流动和向下流动就是"精英循环"。此外，还有一些精英家庭觉得自己有权在精英特权职位中占有一席之地，却被排挤出这些职位，这些精英家庭的地位就被其他竞争者"移置"了。

在人口不断增长、财政日趋严峻的情况下，"精英循环和精英位移"的情形——精英职位竞争者数量的增加超过精英职位的增加——就很有可能不断增加。在人口增长停滞的情况下——此时精英家庭往往只会有一个子弟成活，甚至没有子嗣，那么精英职位就会出现"空缺"——上述社会流动就几乎不可能发生。

在上一章中，我们也已知道，对英国绅士之间冲突的这种社会学解释有助于理解17世纪早期英国郡县绅士的争斗为何特别激烈。在英国,社会权力和优先地位的实现,采取的形式是被任命为郡县法庭的法官、充任议会议员、被皇家政府任命为教会官员和国家官员。随着乡村富裕家庭不断增多,国王就被许多法官职位和朝廷官员职位的请求所包围。议会议员数量已经有所增加,但是,由于既有的社会结构被许多地方新贵家庭打乱,擢拔竞争日趋白热化。职位及荣誉的竞争导致荫庇网的竞争,精英们逐步分裂为宫廷派和乡村派。不久之后,精英分裂又促使保皇党人和议会党人于1640年之后决裂。

在旧制度下的法国,社会权力和优先地位的实现方式有所不同。法国"贵族"的法定地位远比英国贵族重要,而地方权力则无足轻重。因此,法国精英的分裂主要是围绕着贵族问题而发生的,而英国精英的分裂则主要是围绕郡县领导权而发生的。然而,英法两国精英冲突的基本过程却是一样的:精英职位竞争者越来越多,而精英职位的扩大则远远落后于职位需求。

在下文第一部分里,我提出,相较简单化的"低度社会流动导致冲突"观点、相较基于不同社会阶级所具有的不同命运而展开的马克思主义解释,致力于分析社会流动中的"精英循环和精英位移",能够更好地解释旧制度法国的精英冲突。

精英的扩张

拉迪里告诉我们,1650年之后法国"社会流动的停滞"是可以理解的。这种社会流动的停滞主要归因于粮食价格的下降。(1987, p.333)他还指出,有一项关于巴黎南部小农的研究,此项研究证实"在路易十四统治的前半期[1661年至1688年],没有一例向上流动的事例,而在1500年左右的文艺复兴时期,这样的事例有很多,当时,农民不需要任何一丁点的运气以及条件优厚的永久土地租赁,就能富裕起来。"他进一步补充道:"在富凯和科尔贝时期,即便是那些大农场主也不会费尽心思往上爬,在首都巴黎附近,大农场主不再维持他们对城镇、商业和公职的信托,而这是他们在16世纪和17世纪的先辈千方百计想做的事情……1650年之后……巴黎大区的富裕农场主家庭一如既往,他们的地位既未上升也未下降"。

随着18世纪物价的再次上涨，随着城镇、工业和商业的扩张，上述情形有了极大变化。“在需求不断增加、物价不断上涨的年代里，起码在1730年至1770年间，但凡有一点生意头脑的人都能增加一些财富”。（C. Lucas 1973，p.108）商人可以利用工商业的扩张速度远超其他经济部门的机遇增加财富，商业化的租佃农场主可以利用1770年之前物价上涨幅度远超租金上涨幅度的机遇获得财富。文献中载有许多社会流动的案例，包括许多商人家庭和富裕农民家庭，他们在三代人的时间里上升到贵族阶层。（Forster 1981；Chaussinand-Nogaret 1985，pp.32，37—38）G.肖锡南—诺格雷（G.Chaussinand-Nogaret）估计，18世纪法国至少有6 500个家庭经由官方或皇室恩惠而获得贵族封号。（1985，pp.28—30）依据这种估计，这些新册封的贵族占1789年法国总数大约为25 000个贵族家庭的四分之一到三分之一。V.R.格鲁德（V.R.Gruder）估计，从1715年到1789年，贵族数量（包括贵族家庭的年轻成员，如果他们的父亲享有世袭贵族的权利，这些年轻贵族子弟就会袭取贵族封号）从19万人增加到40万人。（V.R.Gruder 1968，p.177）因此，贵族人口数量增加了一倍多，而法国总人口增加了不足四分之一。结果，贵族在总人口中的比例提高了四分之三，从占总人口的0.84%增至1.42%。这就意味着，1715年时，每1 000个不是贵族的纳税人，对应的只有8个享有税收豁免权的贵族，这些贵族还要寻求皇家的赏赐；但是到了1789年，1 000个不是贵族的纳税人，对应的就有14个享有税收豁免权、寻求皇家恩赏的贵族。

贵族数量的增长源于贵族阶层吸收了第三等级中那些最成功的人士。M.屈贝尔斯（M.Cubells）指出，册封贵族“扮演了给资产阶级斩首的角色”。由于法国并不禁止（普鲁士也是如此）平民取得土地，甚至并不禁止平民取得领主权，平民就兴致勃勃地做了起来。一些社会历史学家们曾写道：“资产阶级以前所未有的规模进入贵族之中。”确实，新贵族的数量令人印象深刻，但是并非前所未有，16世纪里，法国也曾出现过一段时期的大规模社会流动，恰如C.卢卡斯（C.Lucas 1973，p.97）注意到的那样，“贵族们纷纷抱怨他们地位的下降，这种情形恰似18世纪80年代或者16世纪80年代”。另外，J.舒利姆（J.Shulim）曾指出，“看起来显而易见的是，18 世纪里，第三等级成员进入第二等级［即贵族］是比较容易的、比较快速的，也是连续不断的”。（1981，p.367）

进入贵族阶层的主要途径是购买能够授爵的公职。法国曾经允诺，一个家庭如果两到三代人都能够占据一个职位，就能获得贵族封号，内克尔估计，到旧制度末期，有 4 000 个这样可以授爵的职位落到了那些出价要求马上获得世袭贵族封号的家庭手里。（Barber 1955，p.109）

尽管这种职位的数量很大，然而希望购买这些职位的人的数量增加却更快。“人口增长使得底层精英提升社会地位的压力越来越大”，而且，“看起来……在法院和行政机构之间转换职业以提升社会地位的管道似乎越来越狭窄了”。（C.Lucas 1973，p.108）R.穆斯尼耶评述道：“到 18 世纪末期，律师已经没有任何希望能成为地方法官，律师太多了，许多律师穷困潦倒”。（1979，2:344）18 世纪 60 年代，许多公职的标价不断上涨，已经超出了寻求晋升的地方律师和公证员能承受的范围，获得军队里一个团指挥官的职位所需的花费已经超出了希望通过军事生涯获得晋升的绝大多数地方贵族的承受范围。多伊尔指出，18 世纪 80 年代，曾一度出现过四千多人争夺巴黎 113 个公证员岗位的事情。（1984，p.858）各省高等法院成员们试图把这些职位传给家庭成员，他们不愿意把这些职位拿出来公开竞选。即便是“那些商人或银行家，他们通过银行业、制造业或殖民地贸易而富裕起来，18 世纪 50 年代之后，他们也不再指望能为自己或其子女购买到世袭的行政职位或军事职位”（Rudé 1980，p.72）。

因此，一些遭受挫折的有社会进取心的人呼吁“才尽其职”，这“并不是呼吁一个新时代，而是要求回到 18 世纪 30 年代和 40 年代”。（C.Lucas 1973，p.118）法国的贵族阶层是开放准入的，但是，恰如菲雷总结的那样，“贵族阶层的准入如果放得太开，就无法保持社会秩序的内聚力，如果放得太窄，又无法适应当时的社会繁荣”。（1981，p.108）

职位稀缺的一个征兆是其价格的不断上升。“国家公职人员不能随心所欲地扩大，随着资本的积累和文化的越加民主化，各个社会群体那些不断累积的雄心壮志就会遭遇到数字限制这个问题，人们的愿望尚不及实现的时候，饱和点就已经到来”。（Chaussinand-Nogaret 1985，p.129）需求增加、供给有限，这就意味着公职的价格如同土地价格一样，在 1700

年至1789年期间上涨了2倍甚至3倍，这种公职价格的上涨幅度“远远超过基本商品的上涨幅度”。(Doyle 1984, p.155)

我们曾经提到，18世纪法国一些省的高等法院实际上已经把外部人拒之门外，这种封闭性使得这些省份的公职在转手时其价格有所下降。因此有些学者断言，人们对公共职位的渴求有所降低。(例如，B.Stone 1986, p.57)但是，在系统地研究了法院职位和市政职位价格的基础上，多伊尔发现，1710年至1790年，这些职位的价格普遍上涨了300%到600%，诸如波尔多这样的富裕城市，公职价格的上涨幅度还要大一些，上涨了近乎10倍。而且直到旧制度末期，公职价格一直在持续上涨。(1984, p.843)多伊尔指出，1789年之前的20年间里，艾克斯市一个法院顾问职位的价格上涨了30%多；在波尔多市，从1740年到1780年，一个王室秘书职位，若想立即获得世袭贵族封号的话，此职位的价格上涨了100%多，而一个上诉法院法官职位的价格上涨了70%多。(1974, p.28)

这种晋升通道的“关闭”使得有些历史学家谴责旧制度法国采取封建主义反动措施来阻止社会流动。(Hampson 1963, pp.10—11; Lefebvre 1947, p.15)实际上，当时法国各个地方晋升通道关闭的程度大不相同。18世纪末期，法国各省高等法院对外部人关闭的程度可能是最高的。18世纪60年代，道尔芬(Dauphine)、普罗旺斯、雷恩等省会城市的高等法院已经完全对外部人关闭，雷恩省的绝大部分世袭领地依旧掌握在那些贵族世家手中(Barber 1955, p.113; Meyer 1978, p.305)，然而，佩皮尼昂、梅斯、波城、杜埃、波尔多、第戎、贝桑松、鲁昂等省会城市的高等法院依旧招录了相当数量的平民(Egret 1968, pp.44—46; Shapiro and Dawson 1972, p.172)，南锡、格勒诺布尔、艾克斯、图卢兹等省会城市的高等法院以及法国最重要的城市巴黎的高等法院都已对平民关闭了进入通道，但是一些新晋贵族仍可进入。在巴黎，“17世纪和18世纪里，如果宣称自己享有贵族地位，十有八九都会奏效”(B.Stone 1986, p.30)。

在法国皇家政府的其他部门里，晋升机会依旧存在。格鲁德曾指出，18世纪中叶时，尽管所有的皇家监督官都是贵族，但是其中的新贵族比1714年时要多，到路易十六时期就更多了。她还指出，路易十六统治时期，所有的皇家监督官中有一半来自那些通过购买王室秘书公职而获得贵族封号的家庭。（1968，p.222）D.比安（D.Bien）指出，这种特殊的职位几乎全被平民家庭买走，他还指出，在保留至今的购买记录中，在所有的购买事例里，各省的购买者都是平民，而巴黎的266名购买者中有261位平民，这些平民包括商人的儿子、市政官员的儿子、职业人士的儿子以及富裕农场主的儿子。（1978，p.155）在皇家政府的最高层级里，大臣职位依旧对有才能者开放，“18世纪后期法国大臣职位并未封闭，其向社会各阶层开放的广度要大于17世纪后期”。（Doyle 1972，p.108）即便是在军队里，出身于平民家庭的陆军元帅和陆军中将的比例也从1750年的1.7%提高到1781年至1789年间的7.9%。

因此，当时的法国存在着相当程度的社会流动，社会流动会满足业已获得财富并因而寻求社会认可以及更高社会地位的那些人的雄心壮志。但是职位太少了，跟不上职位需求的增长，因此就出现了相当多的精英位移。恰如肖锡南—诺格雷指出的那样，对于那些躁动不安的历史久远的贵族家庭来说，这些精英职位的增加是足够了，但是中产阶级“想要的精英职位如同潮浪”。有证据表明确曾出现了精英位移，那么，也有证据表明当时的法国出现了向下流动，即我们所说的精英循环吗？（1985，p.129）

财富分化

不断上涨的物价以及不断扩大的市场创造了许多获利机遇，但是并非所有人都能平等地利用这些机遇。许多贵族和平民（许多平民或其子弟成为了贵族）利用这种社会变动获得了更多的财富，但是其他贵族和平民则被抛在了后面。农民和牧师的情况与贵族和平民基本相同。至于法国军队，由于受到不断上涨的物价的冲击，由于新旧贵族纷纷要求得到军队职位，由于必须采用新的职业标准、技术标准和工程标准，军队内部逐渐分裂。人口增长和物价通胀往往意味着有些人越来越富有、更多的人则越来越贫穷，因此，旧制度法国的各个社会集团和职业集团中的财富分化日益加剧。

贵族

“如果我们要严肃地考虑他们的那些要求，并且给予他们所要的那些特权的话，就必须为他们专门制定一整套特殊的法律，而且，还得在这个世界上专门为他们建立一个特殊的国家、在天国那边为他们划定一个特定的乐园，这是因为这些小国的贵族绅士们十分傲慢，与他们和平共处是不可能的。他们是凶残的野兽……他们是这个世界上最强横最傲慢的人”。但是，这段话的作者“并没有把这些贵族绅士们视为永远的压迫者，也并未认为除了流血起义之外就别无他法避免这些贵族绅士们的横征暴敛。非也……贵族只是一种纸糊的怪物，极其贫困、愚昧、无能，他们的时代行将就木，他们依恋着那些空洞的荣耀和可笑的头衔，实际上虚弱无力，只能等待着被扫出历史道路”。法学家卢瓦索(Loyseau)抒发的这些感怀并非写于旧制度末期，而是写于 1613 年。(引自 Huppert 1977, pp.10, 33)卢瓦索书写这些感怀的时候，正是又一个相似的快速社会流动、精英循环和精英位移时期，我们时常会把卢瓦索抒发的这些感怀与 18 世纪联系起来。在这两个历史时期里，第三等级中那些雄心勃勃的人试图毁坏传统贵族的名声，这些贵族看不起第三等级的这些人，并与他们争夺各种公职。然而，路易十六时期的贵族并没有比路易十三时期更为行将就木。

可是，路易十六时期的贵族急剧分化。法学家卢瓦索那些职业后辈、各省高等法院成员以及皇家法庭成员，到 18 世纪后期几乎全都得到了贵族封号，这些人都以自己的贵族身份为荣。而且，他们(以及凡尔赛宫廷贵族)都以自己文雅的举止、优雅的交谈、对世界的了解以及为国王服务而感到荣耀。他们都看不起粗俗而又贫穷的乡村贵族，这些乡村贵族唯一的荣耀就是他们的出身，而且，这些乡村贵族所依恋的那些贵族表征，比如当他们耕种自己那一小块土地的时候也会随身带着佩剑，这被认为实在是有些滑稽可笑。稳重的法官们甚至看不起军事贵族的那些骑士品德，骑士们的赌博、酗酒、决斗已不再被认为是“高尚生活”的表征。(Huppert 1977, p.87)反过来，军事贵族和乡村贵族对这些获得贵族封号的金融资本家们嗤之以鼻，他们认定，这些“暴发户”的贪婪正在毁灭法国。(Cobban 1964, p.55; Behrens 1985, p.170)

贵族间这种观念和行为的分歧反映了经济上的分化。宫廷贵族和高等法院贵族远比普通贵族富有。1790 年，波尔多高等法院绝大多数成员的年总收入达到 8 000 至 16 000 里弗尔，有一些甚至超过 30 000 里弗尔。

(Doyle 1974, p.53)与此相对的是,据肖锡南—诺格雷对法国13个财政区贵族收入所做的样本分析,40%贵族的年收入介于1 000至4 000里弗尔之间,另有20%的贵族其年收入不足1 000里弗尔。(1985, pp.52—53)博韦市位于巴黎北部,是法国农业区一个相对富裕的核心城市,在这里,"109个贵族中,有70个……年收入不超过1 000至2 000里弗尔,其中23个甚至不足500里弗尔——每天只有27索尔,比乡村牧师都要少"。(Mousnier 1979, 1:48)贵族之间的贫穷与富有,无不反映出贵族之间投资能力的高下、家庭规模的大小以及运气的差异。

许多贵族充分利用各种机遇,投资于矿产、商贸以及制造业。1789年,昂赞矿厂雇用了4 000名工人,勒克勒斯(Le Creusé)铸造厂是一个大领主开办的(Chaussinand-Nogaret 1975, pp.275—276; Mousnier 1979, 1:89),贵族们也投资于船舶制造、批发贸易公司,组建银行辛迪加,并在巴黎股票交易所大做投机买卖。(G.Taylor 1962)一些大型贸易公司——北方商贸公司、法属圭亚那公司、法国东印度公司——都是贵族开办的。肖锡南—诺格雷认为,商业资本主义中那些最具现代化特质的内容,特别是银行、海外贸易、采矿和冶金,这些行业中贵族掌握的多而资产阶级掌握的少。(1975, p.274)

在这个粮食价格不断上涨的时期,有些贵族也能从土地中获取利益。(Forster 1970; Fiette 1982)但是,起初只有那些直接利用自己的土地或能够用实物交税的贵族才能获利,那些主要靠地租获取收入的贵族在这段时期的大部分时间里都在变穷,这是因为他们的土地往往收取固定的地租、以9年甚至几十年固定租期出租的,而地租要跟得上物价上涨却需要很长一段时间。(Goubert 1973a, p.129)与前十年相比,18世纪40年代的地租上涨了4.7%,而这期间物价上涨了18%;18世纪50年代和60年代地租上涨比物价快,但是仍然没有达到30年代的实际价值。因此在这几十年里,土地的利润主要流向了租佃农而没有流向地主。(Labrousse 1984, 2:379)只是到了1770年之后,地租才大幅度上涨,这些实际增加的地租收益才使得中产阶级或者新获贵族封号的那些地主的收入有所增加,这些地主们在前几十年里因地租上涨赶不上物价而蒙受了损失。(Huppert 1977, pp.112—114)

由于地租的变化极其缓慢,但是粮食价格却不断上涨、实际工资不断下降,因此从土地中获利的主要途径是掌控那些可以自己雇用劳力来耕种的土地。(Mousnier 1979, 1:184)所以,在18世纪的法国,领主们都试图扩大自己的专领土地,他们常常试图通过分割来侵吞一部分村社公用地。领主们还试图限制农民使用林地,因为随着木柴价格的上涨,林地已经成为领主财产中最有利可图的一部分。对于领主贵族来说,直接雇用劳力来耕种的领地越多,其收入中来自市场产品交易的也就越多,领主费在贵族的收入中只占很少一部分。(Forster 1971, p.38)然而,如果绝大部分领地都已经出租,地主们就试图通过提高领主费来弥补地租损失,而领主费要么早就被折算成现金收费,要么就被放弃了,但地主们还强迫佃户以实物缴纳领主费,这比收取现金得到的收益要多得多。(Milward and Saul 1973, pp.49, 257; Gillis 1970, p.38)在这些情形下,领主费收入可以占到领主收入的一半,甚至更多。(Mousnier 1979, 1:186—188)一部分贵族试图分割公用地、加紧控制林地、收取领主费这些措施,曾被人贴上"封建式的反动措施"这种标签。但是,这种行为本身根本就不是"封建式"的,这些措施的目的仅仅是要适应新的市场机遇以及物价的变化,而物价变化使得原定租金的相对价值有所减少。18世纪晚期,当英国粮食和木材价格不断上涨时,英国地主也曾采取过这些措施——侵占公共土地、强化了禁止采伐林木的规定。(Snell 1985, pp.174—180)

尽管有些法国贵族能够扩大专有领地并提高其收入,但是其他一些贵族家庭却由于租金滞后以及家庭人口越来越多而日渐困窘。低死亡率意味着成活下来的儿童越来越多,这种负担并非平均分布。那些地少收入少而孩子多的家庭很快就会发现其后代正在走向贫困。恰如赫夫顿指出的那样,"如果家里有更多的孩子顺利成活,大家庭的父亲如果想为自己的名声保存一些财富的话,就得付出更多的努力。不管家庭如何富有,孩子太多实在是好坏参半的事情。想在教会、军队里找个职位,或者次一点,在海军、法院里找个职位,[年轻子弟]就得依赖父母的能力。"(1967, p.50)穆斯尼耶指出:"无论在哪个地方,要想确保家庭有一个稳固的经济基础……就必须把绝大部分家庭财产遗传给长子,其他诸子能得到一小部分财产就该满足了,他们往往只能一辈子单身,也只能得到普普通通的工作,并且早早就退休了,通常都在乡下退休,很可能正是这些贵族子弟让贵族背上了贫穷的名声”。(1979,1:167)有些省份通过立法规定家庭财产的分割办法,在这些省份里,家庭规模扩大就意味着家庭财富很快会分散开来。勒内·德夏多布里昂(René de Chateaubriand)曾描述过他家家道衰落的过程,他写道:“由于地方法律无法避免的影响,家里越来越贫穷了”。根据布列塔尼地区的风俗习惯,长子继承家庭财产的三分之二,其他诸子均分剩下的三分之一家庭财产。随着土地在孙子辈中进一步分割,他们的子嗣“可能只会得到一只鸽子、一只兔子、一个鸭塘、一只猎狗,尽管如此,他们仍然是高贵的骑士和尊贵的贵族,虽然他们可能只有一个鸽窝、一个蛙洞、一个兔穴”。(引自 Kaplow 1965,p.47)

在人口增长停滞时期,每一代人中存活的成年男性数量几乎没有变化,这时,孩子过多的家庭有可能找到女继承人和寡妇以平抑财产分割。一些贫穷的贵族家庭常常把一个儿子寄养到一个富有的贵族家里。但是当人口增长的时候,每一代人中成活的子嗣要比上一代多出大约10%—15%,财政压力就会不断加剧。而且,由于某些家庭的财政压力远大于其他家庭,因此有些家庭越加衰败,而有些则越加富有,但是从总数上看,后者远少于前者。在18世纪的法国,贫困贵族家庭的破产是十分普遍的现象,由于贫困贵族的数量太多,以至于当时的人认为绝大多数贵族都很贫穷。(Hufton 1967,p.53;Mousnier 1979,1:92)此外,穆斯尼耶指出,贫困贵族把孩子寄养到富有家庭的机遇越来越少,因此传统的荫庇网和忠诚网开始瓦解。(1982)

家庭规模的扩大也加剧了社会冲突。按照传统习惯,贫穷的贵族家庭可以在军队和教会里为子女找到工作职位,还可以得到皇家政府的优先任用。但是,随着平民和新贵族加入这些职位的争夺行列,贵族们“遇到了竞争,这些人除了没有贵族封号之外,在现实生活的各个方面都与贵族别无二致”。(C.Lucas 1973,p.119)因此,当旧贵族迫切需要这些职位时,他们却越来越难于获得按照传统习惯应该由其优先享有的职位。赫夫顿指出,18世纪末期,“由于土地成本不断增加、家庭规模不断扩大,这些贵族想为子女找到土地和家庭之外的收入,因此贵族们越来越加强保卫对于这些职位的垄断”。(Hufton 1967,p.50)

由于通货膨胀使得地租的实际价值不断下降、家庭人口增加导致遗产分割和日趋贫困的子嗣，因此，有些贵族家庭就会向下流动，这就会与向上流动的新贵族家庭发生尖锐冲突，这些向上流动的家庭试图根据其新社会地位寻找联姻对象和工作职位。“贵族”作为一种个人品德，人们曾将其与荣誉和服务联系起来，但是在18世纪（也见于16世纪），旧贵族家庭强调的是，贵族是一种教养、高贵的出身，或者是“军事美德”，这些都不是平民出身的人通过购买贵族头衔就能获得的。（Schalk 1976；C. Lucas 1973）上嫁婚姻可以维护社会地位的差别，所谓上嫁婚姻，就是妇女（带有一笔嫁妆）可以嫁入更高社会等级的家庭，但是男性却没有这种机遇。（Mousnier 1979，1:73）因此，“在巴黎，富裕平民家庭出身的女性可能会嫁给一位公爵，并因而能够出入宫廷；但是在各省里，平民家庭出身的男子，无论其多么富有，都很难娶到一个家道中落的侯爵的女儿”。（Barber 1955，pp.99—105）

最重要的是，法国长期以来一直坚持认为，军队和教会中的某些职位只能给予那些贵族世家，这种观念导致1781年《国防部条例》的出台，该条例对军队指挥职位加以限定，只给予那些有着三代贵族血统的贵族子弟，并且在军校中为贵族子弟保留一定名额。另外，在选派各省三级会议代表和法国三级会议代表这个问题上，向下流动的乡村贵族和向上流动的册封贵族之间的分裂也开始表面化，我们在下文中将对此进行分析。

资产阶级

“总的来说，资产阶级接受他们身处的社会地位结构，他们试图通过既有的社会流动管道来提高自身的社会地位”。（Barber 1955，p.12）不幸的是，到了18世纪，这些管道越来越狭窄，许多资产阶级分子试图获得更高层级的职业，却都遇到挫折而灰心失望。

“资产阶级”这个术语并没有精确的定义，这是由于，在君主政治期间，随着国王授予各个不同的城市以不同的特权，这个术语的法律意义有着极大变化。然而到18世纪，这个术语指的是大城市里任何一位纳税的公民，因为纳税，因此也就享有城市所具有的特权。因而这个术语排除了不纳税的穷人，但是包含了职业人士、工商业人士、官员以及居住在该城市的地主。这些人的收入来源与贵族大致相同：土地、债券和公职,他们往往要比乡村贵族富有。(G.Taylor 1964)此外,资产阶级的特权也是相当可观的:免纳租税、免纳封地税、免纳军队驻防费以及免于徭役。因此人们都赞同福斯特的看法:“并不存在‘贵族阶级’,只存在‘贵族特权’”,在这些特权中,有许多特权是资产阶级也享有的。(1980, p.183)

但是随着经济形势的变化,恰如贵族的内部分裂一样,资产阶级也在分裂之中。一些海港城市以及巴黎和里昂这种大工业中心的大批发商,他们的财富从几十万里弗尔猛增到几百万里弗尔,他们与地方城市里的医生、律师、小零售商、小官员几乎没有什么共同之处。(Barber 1955, pp.28—29)财富的差异导致社会流动的差异,富有的资产者可以出高价来购买那些可以授爵的公职,这种出价超出了普通官员的承受能力。因此,那些希望进入更高级别法庭以及更高级别皇家政府机构工作的律师和公证员,会发现自己的机会被从事殖民地贸易的商人和一些银行家的子弟夺走了。(Doyle 1980, p.135)科班曾评述道:“随着商业阶层与金融阶层的崛起,贪污腐败的官僚阶级似乎日趋衰落。结果,上升群体和衰落群体之间必然发生冲突,双方之间争夺城镇控制权的斗争特别激烈”。(1964, p.59)

旧制度法国的最后几十年里,在经历了好几轮尝试性的市政职位改革和法院改革之后,城镇的行政管理混乱不堪。“大革命前夕,这个国家已经处于彻底的混乱状态”。在某些城镇,一些新任官员负责市政管理,而在另一些城镇,新的公职职位按价出售并与旧职位并存,改革之前的行政管理体制再度恢复。“但是在其他大多数城镇,[新的公职职位]既没有人买也没有归并到[旧职位]”。在这些城镇,由国王委派的皇家监督官任命市政官员。(Mousnier 1979, 1:604)

不停的改革已经贬抑了许多原政府部门,而晋升通道的阻塞使得职位提升几无可能。家财丰盈的工商业资本家和金融资本家可以用高价来获得提升,城镇的政府职位又越来越多地掌握在皇家任命的官员手里,因此,律师们、公证员们以及城镇的小官员十分恼火,他们对没有晋升机会感到愤怒,对教育的贬值和职业投资的贬值感到愤怒。但是,相对于资产阶级与贵族之间的冲突而言、相对于资产阶级整体上缺乏机遇而言,资产阶级的内部冲突更容易激起这种愤怒。G.夏皮罗(G.Shapiro)和 P.道森(P.Dawson)曾研究过 1789 年三级会议代表选举前夕一些第三等级代表联署的《意见书》,他们发现,那些最为积极地要求平等权利的激进分子,恰恰都来自那些有着最多机会可以通过购买授爵公职而实现社会流动的城镇。显然,导致大规模激进主义的,并非下层资产阶级整体上丧失了提升社会地位的机遇,而是下层资产阶级的机遇远少于上层资产阶级。(1972, p.170)恰如多伊尔所言:"法国大革命前夕,如同贵族阶级一样,资产阶级中的富有者和(相对)贫穷者之间也已出现裂痕"。(1980, p.135)

牧师

教会也从物价通胀中获得大量收入,这是因为教会的大部分收入来自对农产品征收的什一税。然而在 18 世纪的法国,什一税声名狼藉,因为尽管什一税实际价值有所增加,但是农民看到的是教士依旧贫困不堪。(Gagnol 1974, p.176)个中缘由在于,教会的什一税是由各个教堂和教区征收的,而教士的收入取决于圣俸和现金薪水。

那些最富裕的修道院和修会的主教和修道院院长们几乎都是贵族,他们的收入很高,过着富裕的生活,而普通牧师几乎都是平民,这些人的收入取决于各自的职位。在昂热市,教士的年收入介于不足 400 里弗尔到 3 000 多里弗尔之间(McManners 1960, p.139);与此相似的是,在多芬纳市,教士的年收入介于不足 300 里弗尔到 2 600 里弗尔之间。(Tackett 1977, p.119)教士的收入差距源自各个教区发放的圣俸有所不同。

在这种体制中,普通教士受到多方面的伤害。其一,如同 J.麦克曼内斯(J.McManners)所说,职位晋升已经"像赌博一样十分微茫"。(1960, p.139)决定职位晋升的并非个人美德,而是上司的个人好恶,此外,由于各个教区之间的收入大不相同,因此如果能得到新的职位任命,可能就意味着收入会提高十倍,或者至少也会有大幅度的增加。1789 年,昂热市的一位教士直言不讳地写道:"难道你不认为在什一税和收入方面所有的教士都该一律平等吗?"(引自 McManners 1960, p.139)

其二,许多教士无力应对物价通胀的影响。在法国西部的许多地方,在布列塔尼、下诺曼底、南特、上曼恩等地,牧师们通常都有一些土地,其中 20%—40%的牧师的年收入超过 2 000 里弗尔。但是在法国东北部地区，教士们要贫穷得多，60%—80%教士的年收入不足 1 200 里弗尔。(Tackett 1984，p.666)法国南方的许多地方(即便不是绝大多数地方)，教士们拿不到圣俸，生活几乎全部依靠固定的现金薪水。“1740 年之后，随着物价不断上涨，所有依靠薪水生活的教士都发现自己的收入已经大为缩水”。(Tackett 1977，pp.126—127)根据 1769 年与 1786 年的两次皇家法令，教士的收入已经提高了两次，这使得教士的收入能够与物价变化保持一致。但是，在这两次提高薪水的间隔期里，教士的实际收入有所下降。

其三，靠固定薪水生活的教士亲眼看到，掌管什一税的那些教士往往都是离乡地主，这些人不但能从税收中获利，而且自身还能逃税。牧师是免纳租税的，但是要缴纳人头税和二十分之一税。但是这些税收负担并不是平均分摊的。麦克曼内斯指出，在昂热，“高阶教士往往低报纳税额，[而]教区普通牧师为此却需要多缴纳 50 多万里弗尔”。(1960，p.223)T.塔克特(T.Tackett)注意到，多芬纳市也一样，教会会高报普通教士的薪水，低报那些高阶教士和什一税掌管者的土地收入。(1977，p.237)法国东北部地区也是如此，高阶教士以牺牲普通教士的利益为代价，通过低报应纳税额来自我牟利。(Tacket 1984，p.666)

因此，毫不奇怪的是，普通教士对此感到十分愤恨。自 18 世纪 60 年代之后，普通教士开始表达教会合理化改革的迫切愿望，他们要求废除修道院和修会的特权，要求乡村牧师和精英牧师之间享有更大程度的平等权利。(McManners 1960，pp.220—222；Tackett 1977，p.231)1789 年，在选拔出来派往法国三级会议的 296 名教士代表中，有 208 名普通教士，因此，这些普通教士的愤愤不满最终产生了重大影响。

我们已经指出，总的来说，在物价上涨时期，土地收入是最难评估的，而且土地收入往往会逃脱正当税收，而那些依靠固定薪水生活的人却会受到损害。在 18 世纪的法国，教士分为两个集团：一个是可以从什一税和圣俸中获得大量土地收入的教士集团，另一个是很少甚至没有圣俸、主要依靠固定薪水生活的教士集团。因此，这种总体发展进程具有促使法国教会的制度结构逐渐两极化的效应，并且使得高级教士和低级教士之间产生了尖锐分歧。

军队

军队是法国社会的缩影，实际上，在旧制度的法国，没有任何一个机构像军队这样十分鲜明地展现出不同精英团体之间的激烈竞争。

军队是传统贵族优先选择的职业，也是穷乡僻壤中无法以土地谋生的那些贵族绅士们的避难所。A.科尔维西耶（A.Corvisier）估计，20%—25%的法国贵族都有从军经历。军队中所有的将军都是贵族，能提升到将军的平民也都获得了贵族封号。（1979，p.102）

1763 年法国在“七年战争”中战败以后，法国军队进行了一系列改革，军队改革的目的是提高军队的职业化水平和作战效能。在战争期间得到晋升的指挥官被鼓励留在军队里，炮兵部队主要征召的是那些具有工程学知识的技能型军官，这些措施提高了平民在军官队伍中的作用，到 1789 年，近 20%的军官是平民出身（Barber 1955，p.120）。

虽然军官中平民出身的人有所增加，但这并不意味着军队已经成为社会流动的一条路径，实际情况正相反。国王已经不可能再支付薪水给那些不能解决自己的养老金和装备费用的高级军官，因此，上校及上校以上的军官职位实际上已经把那些贫穷的有志之士拒之门外，不管他们是贵族出身还是平民出身。（Barber 1955，p.118；Corvisier 1979，pp.163—164）此外，为了节约成本，连队数量也有所减少，1776 年，法国不再允许用金钱购买军官职位，这些措施使得上尉级军官的数量有所减少，而上尉级军官是法国各省贵族钟爱的军队职衔。根据军功晋升军官以及禁止买卖军职这些措施激怒了那些富裕贵族和新贵族，这些人不可能再为自己或其子孙买到军队职位。（S.Scott 1978，p.27）因此，军队中的高级军官已经变成一个封闭的团体，他们都是一些老资历的军官，其中有些人起自下层军官，新提拔的高级军官都来自一些最富裕的贵族家庭以及在“七年战争”之后的十年里买到军队职位的那些新贵族家庭。

因此，军队的进入起点逐渐降低到连队及以下级别的军官，即使这些低阶职位，竞争也越来越激烈。“由于无法成为高级军官，小贵族们满怀愤懑，越加反对富裕平民成为连级军官”。（Corvisier 1979，p.169）眼见贵族们满腹牢骚以及他们明显的贫穷，国王只好给那些想参军的贵族世家子弟保留一些特殊名额，如前所述，国王不仅在军校中为这些贵族子弟保留一些名额,而且,国王还在1781年颁布敕令,规定所有的新任军官必须来自三代世袭的贵族家庭。(Shulim 1981, p.367)即便有这些保护措施,地方贵族的前途依然有限。团级军官(上校)以及更高级别的军官全部被富裕宫廷贵族垄断,较为贫穷的贵族子弟只能成为上尉、少校和中校级军官。(S.Scott 1978, p.22)

平民的境遇更为糟糕。1763年至1776年间,已经取得授爵职位的富裕银行家和批发商还有希望通过财富和社会关系为自己或子弟取得上尉级甚至上校级军职,即便是中等财产的商人也有希望为子弟谋取一份中尉级别的军职。但是现在这些希望不复存在,而且,即便是那些已经成为军官的人也会发现官职晋升十分困难,“年轻有为的中产阶级子弟只好甘做下级军官以及那些无衔军职”。(Corvisier 1979, p.169)

这些军队调整措施的最终结果是,“不断加剧的竞争以及日渐减少的晋升机会,只会加剧军官之间的争斗,[因此]尽管军队本是独一无二的组织、执行独一无二的职能,现在却反映了整个法国社会的分裂”。(S.Scott 1978, pp.22, 207)高级军官主要是宫廷贵族,包括那些来自银行家家庭的新获贵族封号的“账房上校”,这些人通过宫廷关系得到这些职位。中下级军官主要是地方贵族,他们对上司满怀怨恨,并痛恨那些限制自己晋升的措施。无衔军官都来自资产阶级家庭以及其他社会阶层,这些底层军官怨恨1781年的国王敕令,该敕令断送了他们的职业追求。事实上,这些竞争确实“反映了整个法国社会的分裂”,它们体现了向下流动的地方贵族与宫廷贵族之间的冲突,地方贵族的土地租金收入滞后于通货膨胀,他们有不少孩子无法养活,宫廷贵族把持着军队中的将军职位。这些竞争也体现了那些富裕的资产阶级家庭与行将进入资产阶级的家庭或新贵族家庭之间的冲突,那些富裕的资产阶级家庭在18世纪中叶的数十年间就已经取得家庭财富,因此他们能够买到那些可以授爵的公职,并且因为能够为一些家庭成员谋得军队职位而赢得社会声望,而那些行将进入资产阶级的家庭或新贵族家庭却发现他们的子弟已经无法成为军官。这种冲突是由国王的那些节约成本的措施而引发的,这些措施使得晋升机会进一步减少,而且,由于国王的财政困窘,这种冲突愈演愈烈。人口膨胀的双重效应以及随之而来的物价通胀,导致精英职位谋求者的数量急剧增加，又造成国王的财政困窘，由此导致皇家军队军官的内部分裂。

派系与分裂

因此，到旧制度末期，法国社会的精英发生了水平分裂和垂直分裂。水平分裂指的是享有不同程度特权的社会群体之间的分裂，即贵族、教士和资产阶级之间的分裂。更为重要的是垂直分裂，这种分裂是由于财富和机遇的不同而造成的。对于每一个特权群体内部的上层阶层——宫廷贵族、主教、富裕银行家和批发商来说，法国社会对他们是人尽其才的，对其回报也是很慷慨的。但是，对于每个群体内部的下层阶层——地方贵族、普通教士、律师、公证员、零售商和小官员来说，法国社会似乎忽视了他们的才能，对他们的回报是歧视性的、不公正的，并且阻碍了他们以后的成功道路。然而，恰恰是下层阶层，其人口为数众多，而且在选派三级会议代表的过程中起着决定作用。

1787 年至 1789 年间，在有关三级会议代表遴选问题的一系列争论中，每个群体的内部冲突勃然而发。在各省选举省级三级会议代表时，许多地方贵族坚称自己享有特殊地位，并且认为新封贵族并不属于贵族阶层。在布列塔尼大区，来自雷恩和南特的城市中产贵族试图与第三等级中的杰出人士建立联盟，然而，“蜂拥而入布列塔尼首府的那些贫穷而又心胸狭窄的乡绅们并不打算放弃哪怕一丁点特权，[相反的，他们]公开表示他们不会妥协，并且公开表达了他们对那些出手阔绰的资产阶级分子的厌恶”。(Egret 1965a，p.143)在弗朗什孔泰大区，一些贵族世家试图把家世不足百年或者不足四代人的那些贵族排挤出省级三级会议的贵族会议，因而，近 85%的贵族不能参加这种贵族会议。在阿图瓦地区，贵族们把第二等级(贵族)限定为那些世袭六代且有领主权的贵族，因之将 75%的贵族排除在外。(Doyle 1980，p.120)在普罗旺斯地区，第二等级被限定为拥有领地(采邑)的那些贵族，因此，艾克斯高等法院中 50%的成员都被排除在贵族之外。此后在颠覆各省三级会议权威的过程中，那些被排斥在贵族阶层之外的贵族转而与市政官员以及省三级会议的领导成员建立起政治联盟。(Egret 1965b，p.158)

全国三级会议代表选举过程中的麻烦丝毫不亚于省级三级会议代表的选举。不管是什么地方，贵族代表选举人会议的召集人都只能是那些世袭贵族,因此就把好几千新封贵族排斥在外:“出身于富有而且雄心勃勃的家庭的那些人,他们花了很多钱才脱离第三等级,现在却发现自己又被人粗暴地推回到第三等级”。(Doyle 1980, p.152)面对各个地方存在的贵族等级问题,内克尔宣布,所有的世袭贵族,不管其贵族家世多久,都有选举三级会议贵族代表的一票投票权。但是在一些地区,内克尔的这个决定却导致一些人脱离旧贵族而自立派系,这些人选出自己的三级会议代表,并且要求全国三级会议在他们选出的代表与其他贵族选出的代表之间作出抉择。

然而总的来说,“贵族选举是大多数沉默寡言的贵族的胜利,这些贵族是地方贵族、穷贵族,他们稍稍不善辞令,缺乏政治经验,但是,他们决定利用这前所未见的机遇,表达他们对以前曾侵夺他们的[领导]角色的那些人的否定”(Doyle 1980, p.153),换言之,第二等级代表中占压倒性多数的,恰恰是那些此前几十年间向下流动的贵族,他们倾向于要求增强他们的领导地位以及社会特权。肖锡南—诺格雷认为,三级会议的贵族代表远比全体贵族保守,这是因为这些代表“几乎全部属于军事阶层,他们之所以被选为代表,主要不是源于他们的观点,而是源于他们的制服”。(1985, p.172)

贵族阶级中社会地位不断下降的这些人在第三等级代表选举中遇到了自己的同道,因为在第三等级代表选举中“非商业资产阶级、职业人士和私人资本家取得了压倒性胜利”。(Doyle 1980, p.155)80%的第三等级代表是律师、公证员和公职人员,四分之三的第三等级代表来自中等城镇,这些代表恰恰是最担心社会流动管道堵塞的那些资产阶级成员,也是最忧虑贵族的主张和贵族特权的那些人。(Sutherland 1986, p.40)这些代表抱怨到,与第二等级代表相比,第三等级代表的装束有失身份,而且,他们认为,当国王来到三级会议时,如果第二等级代表不跪,那么也不能要求第三等级代表下跪。(Harris 1986, pp.454—456)

如前所述,在第一等级代表的选举中,普通教士取得了压倒性胜利。

这些情况表明,法国三级会议有可能陷入分裂,因为三级会议正好把各个社会等级中对社会现状最为不满的那些派系集中到了一起,这些派系群体都不满于现存的社会结构和政治结构,但是,至于应该采取什么方法改变现状，这些派系群体的意见却极为不同。第三等级代表与教士们联合起来反对贵族代表，显然，这种联合是惺惺相惜的联合，这是由于这两个群体都感到他们受到了特权阶级的伤害。一些显赫的宫廷贵族愿意联合第三等级代表来寻找一种更为合理的精英主导型社会秩序，但是第二等级代表却普遍拒绝与第三等级代表采取共同行动，也不愿意放弃任何特权，这种情况反映出，地方贵族认为，他们绝不能再像前几十年在军队和皇家政府机构里被迫作出让步那样再次退缩，他们决心防止自身社会地位的下降，他们不愿意公开放弃他们的领导角色。

各个派系团体的这些阴谋诡计，导致的结果是，国民大会中的第三等级代表、绝大多数第一等级代表以及第二等级中的少数领导成员联合起来自立门户，留下的三级会议残余人员主要是保守的地方贵族，这种情况反映了法国精英的根本性社会分裂。但是，这种分裂并非“贵族”与“非贵族”之间的分裂，毋宁说是成功的贵族与不成功的贵族之间的分裂、成功的资产阶级分子与不成功的资产阶级分子之间的分裂。三级会议给各个群体中那些不太成功的人士提供了一次登上全国性舞台的机会，因此每个群体都试图藉此改变自身的命运。但是，要同时改善为数众多的小资产阶级（他们会要求建立一个更加精英化的社会）和小贵族（他们会要求为世袭贵族采取更大规模的“积极行动”）的境况，这却是根本不可能的，因此，这些群体之间建立联合阵线的希望微乎其微。

对于法国国王来说，不幸的是，在三级会议行将分裂的时候，军队也已分裂，这两者内部分裂的原因完全相同。1789 年三级会议召开时，一些高级军官在休假，还有一些则参加了三级会议，留下的军队指挥官是那些富裕的军官以及各省军队中的少校和中校。因此，“当军纪快速涣散的时候，那些最有兴趣维持军纪的军官们却离开了他们的部下，而留下来负责指挥军队的，却往往是最不愿意采取严厉措施维护社会制度的那些军官，长期以来，这种社会制度已经严重伤害了这些军官”。（S.Scott 1978，p.83）

在讨论英国革命的时候，我们曾指出，在长期议会的精英们开始分裂之后的二十年里，一连串的分裂和冲突随之而来，这些分裂和冲突反映了精英之间的多重分裂。与此相同的一连串分裂也在法国发生了，三级会议分裂之后，紧随而来的是革命党人的内部分裂。1792 年之后，联邦主义者起而反对雅各宾派的统治，他们大多来自上层资产阶级。（Edmonds 1983，p.29）恰如 L.亨特所言："相比图卢兹的共和党人来说，波尔多的温和派与亚眠的保皇党人同样是'资产阶级'，也许更像'资产阶级'"。（1983，p.29）一方面，小职员和小官员们控制了国民大会，他们从中央政府的扩张以及革命造成的制度漏洞中获利最多；另一方面，大企业主和商业资本家迫切需要的是恢复地方秩序，他们对来自巴黎的干涉、战争经费、商业萧条、精神亢奋的联邦主义者、波拿巴主义者甚至保皇党人都感到不满。小职员和小官员与大企业主和商业资本家之间逐渐分道扬镳。法国的西部和南部地区，小商人与手工工匠们，特别是律师和市政官员们，这些人最具影响力，对于这些人来说，一贫如洗的穷人和富有的贵族对他们都没有什么威胁，因此这些地方依旧倾向于共和政体。但是在法国北部地区、东部地区以及朗格多克地区这些较为富裕地区的一些大城市里，为数众多的富裕贵族面临着穷人和中产阶级激进分子们越来越严重的威胁，这些地区渴望建立一个"有秩序的共和国"，右翼思想开始出现。（L.Hunt 1984，pp.143—146）法国革命中的连续冲突并不仅仅只是"资产阶级"与"贵族"之间的冲突，也并不仅仅只是"革命"与"反革命"之间的斗争，这些冲突体现了精英内部，尤其是资产阶级内部长期存在的分歧。

青年人与证书热

在我们结束对法国精英的分析之前，同样值得注意的是精英竞争与精英冲突的另外两个层面。其一，人口年龄结构变化的结果是青年人越来越多，这些青年人需要工作岗位，也在不断寻找工作岗位。许多历史学家注意到，旧制度行将崩溃之前，不断增加的青年人群使得法国社会产生了激进主义思潮，他们对现存的传统社会制度感到不满。其二，如同 17 世纪一样，精英职位的竞争导致法国社会出现了证书热。

林恩・亨特（Lynn Hunt）曾评述道，由于青年人的影响以及青年领袖的边缘化，法国大革命中的激进主义愈演愈烈，尤其是在 1793 年至 1794 年间，一些极不寻常的青年人大权在握，激进主义的发展更为迅猛。（1984，p.217）汉普森（Hampson）也曾评述过，在阿拉斯省三级会议中，

“聪明睿智而又富有经验的成年人”与“急躁鲁莽的青年人”之间出现了分裂，这些青年代表选派了一个激进的代表团参加全国三级会议。(1978，p.85)迈耶(Mayer)指出，在雷恩市，青年人在支持高等法院抵制国王压力的过程中发挥了关键作用，这些青年人与一些青年贵族和法律学生联合起来共同反对皇家政府官员。(1978，p.283)埃格雷(Egret)指出，人们普遍忽视了一个问题，这就是，18 世纪晚期，各省高等法院成员的最低年龄限制是 25 岁，而当时的人们普遍承认这些青年人的“父亲们都在焦急地为其子女找工作”。(1968，pp.47—48)在巴黎和第戎，35 岁以下的成员占高等法院多数，而且，“当时的许多回忆录都竞相认为，在 1787 年和 1788 年[巴黎高等法院]的数次辩论中，占多数的青年成员有着决定性影响。巴黎上诉法院首任主席痛惜‘这些青年人草率鲁莽的行为’”。(Egret 1968，p.47)萨瑟兰(Sutherland)告诉我们，法国三级会议中的自由主义分子主要是年轻人。(1986，p.41)

我们曾经提及，1640 年之后英国革命的数年间，一些相对年轻的革命领袖占据了主要领导岗位，由此导致激进主义的出现。总的来说，这些青年领袖肯定会发挥很大作用，这是因为，当英国政治危机爆发的时候，英国人口中的青年人已经大大超过成年人。就此而言，法国大革命与 17 世纪英国发生的那些事件极为相似，这是因为，1740 年之后的数十年里，就法国人口的年龄结构来看，青年人口(10—30 岁)已经超过成年人口。

我们也曾经指出，16 世纪晚期和 17 世纪早期，无论是英国还是其他欧洲国家，高等教育的扩张都远远超前于人口的增长。我们把这种现象解释为“证书危机”，精英循环和精英位移逐渐加剧，精英职位竞争越来越激烈，这极大地提高了对教育证书的需求。

旧制度的法国也出现了同样的现象。想要进入皇家机构的高官显贵行列并能够获得提升，最重要的证书是法律学位证书。绝大多数皇家监督官都接受过法律专业训练(Gruder 1968，p.18)，三级会议代表中的大多数第三等级代表也是如此(Sutherland 1986，p.40)。英国青年人口的扩张以及职位竞争的加剧致使英国大学为太少的职位培养了太多的毕业生，结果，英国出现了一些雄心勃勃却被边缘化的传教士和律师，与英国一样，法国大学也培养了太多的律师。“在一个世纪的时间里，法国政府官员曾多次表达过对教育扩张的担忧”(Lefebvre 1977, p.48),这种担忧是有道理的,因为大学制造了一大批毕业生,导致“律师太多了,没有那么多工作岗位”。(Doyle 1980, p.134)

法国高等教育的需求变化与社会流动密切相关。16 世纪和 17 世纪早期,法国的社会流动规模很大,结果,到处都在抱怨毕业生太多。R.沙尔捷(R.Chartier)曾提及,黎赫留在遗嘱中曾抱怨过毕业生过剩的负面影响,黎赫留认为毕业生过剩会破坏社会秩序。(1982)沙尔捷进一步指出,在此期间,“就连许多教科书都在抨击大学太多了,并且悲叹学生太多所带来的问题”。(1982, p.395)1660 年之后,法国的人口增长和物价通胀逐渐停滞,社会流动随之下降,证书需求也在下降。从 17 世纪 80 年代到 18 世纪头 10 年,法国一些著名大学(巴黎、奥尔良、第戎、卡昂、布尔日、亚维农、蓬塔穆松、普瓦捷、图卢兹)法律专业的入学录取率下降了三分之一。但是从 18 世纪 30 年代开始,随着社会流动再次上升,这些大学的入学录取率急剧提高,从 18 世纪 30 年代到 80 年代,大学入学录取率提高了 77%,然而在此期间,法国人口仅仅增长了 16%。(Kagan 1975)因此,与 17 世纪英国和法国的高等教育需求一样,18 世纪法国的高等教育需求也是精英职位竞争的结果与反映。

到 1789 年,历经三代人的人口扩张和物价通胀,旧制度法国的各个社会群体和职业群体中都出现了广泛的精英循环和精英位移。这些现象导致许多分裂和冲突,削弱了教会和军队,激怒了城市资产阶级、职业资产阶级以及地方贵族,并且造成三级会议的分裂。这些事情加上财政危机,就足以造成一场重大政治危机。而且,下层阶级的行动使得这场危机进一步扩大。

人口、贫困与社会动乱

法国历史学家早就注意到,人口增长使得农民阶级和工人阶级的生活越来越困苦。但是如果仅仅关注人口增长这个问题,那就只能解释这个时期人口变化的一个方面,这是因为,法国人口不仅越来越多,而且还变得越加年轻化和城市化。这三个趋势,加之农业经济增长跟不上人口增长幅度,就会增加大众在遇到政治机遇时采取集体行动的可能性。

此外，法国人口涉及各个社会群体，农民与市民之间有着显著差异，北部、西部、中部与地中海沿岸地区的农民之间也明显不同，因此，人口变化的影响也就因地而异，人口增长所导致的各个群体间的社会冲突也大不相同。

斯考切波与革命危机的成因：社会结构与推动力量

关于这个问题，有必要区分一下本文的分析方法与斯考切波在《国家与社会革命》(1979年)中使用的方法。斯考切波认为，法国大革命是国家危机和农村危机这两个因素的产物，这两个因素的起因各不相同：国家危机源于国际竞争和国家扩张的国内阻碍，农村危机源于农民的集体行动。因此斯考切波认为，法国的社会结构——精英闭锁的国家和农民团体这两者结合起来为民众的集体行动提供了社会基础——使得法国在社会革命面前脆弱不堪。

但是，依靠这些社会结构因素并不能充分解释革命问题。人们必然追问究竟是什么力量摧毁了社会结构并把潜在的结构脆弱性转化成危机。尽管斯考切波把国家间的军事竞争作为解释这个问题的关键因素，但是这仍然是不充分的，这是因为，前文曾述及，法国花费在美国独立战争上的实际费用，远远少于法国在“七年战争”或奥地利王位继承战争中支出的费用。旧制度法国曾接连不断地卷入国家间战争。我们需要找出那些推动力量，这些推动力量贯穿于18世纪，以此来解释为何法国君主制国家脆弱的社会结构会在1789年分崩离析。

斯考切波断言，法国的国家危机源于法国无力与更为先进的资本主义国家英国竞争，更为重要的是，由于精英控制的高等法院的抵制，法国无力增加税收。我完全赞同这种精英闭锁论观点，仅仅想在两个方面修正一下斯考切波的这种研究方法。其一，法国无力与英国竞争的主要原因并非法国经济比英国落后太多，也并非由于法国资本主义的发展落后于英国，真正的原因在于法国政府与法国经济之间的关系。英国主要依靠间接税，这种间接税征收的是城市财富和工商业财富；法国则主要依靠土地直接税。因此，尽管英国和法国的城市经济和工商业经济都在不断发展，但是英国政府从这种经济增长中获得的好处远远多于法国政府。其二，导致法国革命危机的并非对英战争经费，这是因为，法国花费在美国独立战争上的费用远远少于法国在18世纪里参加的其他战争。真正的麻烦是人口增长，人口增长造成通货膨胀、军队规模扩大、济贫费用增加，从而推动着国王财政支出的增加远远超过财政收入的增长，因此，到18世纪末期，法国政府已经没有足够的财政收入来偿还其贷款。简而言之，斯考切波认为，战争经费击垮了法国落后的经济，这是麻烦的源头；我却认为，18世纪法国的人口膨胀和通胀压力击垮了法国落后的税收体制（土地直接税比重过大），这才是麻烦的真正源头。法国国王与法国精英之间的冲突之所以不断激化，并非由于国王试图攫取法国经济承受不住的财政收入，而是因为，精英们已经从物价通胀中获利，并且其控制的资源越来越多，而在物价上涨中受损的国王试图增加税收。因此，斯考切波提出的结构闭锁论还是能够有效地解释究竟是什么推动力量击垮了法国的财政体制。

此外，斯考切波提出的国家结构和农村社会结构理论完全无法解释革命危机的两个关键问题：其一，为什么精英内部会四分五裂，其二，为什么巴黎市民会积极行动起来保卫国民议会和法国大革命。我们已经分析过人口增长以及随之而来的物价通胀是如何导致18世纪法国精英中的精英循环和精英位移的，这使得当时的社会环境与路易十四时期明显不同。在详细分析市民行动之前，有必要检视一下斯考切波对农民起义问题的分析，这是因为，正是农民行动这个问题，才能展现出斯考切波的社会结构论与本书观点之间的极大差异，本书观点是，社会结构论必须结合推动性力量来加以理解。

在斯考切波看来，农民的不满往往都意味着“结构性问题”，她引用了M.布洛克（M.Bloch）的观点，布洛克认为，农业社会中的农民起义与工业社会中的罢工一样，都是普遍现象，斯考切波引用这个观点的目的在于提出一个观点：农民总是有理由揭竿而起的。（1966）因此，当1789年的政治危机导致政府瘫痪的时候，有理由预计农民会起而反抗并表达他们的愤愤不满。农民需要的只是组织能力以及集体行动能力，而农村的社会结构应该能解决这些问题。那么，在斯考切波看来，若要解释1789年法国农民的行动，就必须且仅仅只需指明“标志着法国农业社会关系的那些极其相似的社会结构特征”（Skocpol 1979，p.122）。

但是这种观点并不能解释法国农民的许多重大行动。首先，农民的“起义和抗争”在法国农业社会历史中并不是均衡分布的；恰如拉迪里和穆斯尼耶注意到的那样，1675 年至 1730 年间，农民起义基本没有发生，此后却渐渐兴起并在 18 世纪逐渐加剧。（1974b）因此，农民起义显示出一种周期性模式，这种周期与人口压力和物价压力的周期高度一致。其次，法国各地农民起义的动机各不相同，方式也大不一样。例如，1789 年，布列塔尼地区的农民行动相对较弱，朗格多克地区的农民行动规模中等，而勃艮第的农民行动则最为剧烈。（P.Hunt 1983；Brustein 1986）简而言之，如果认为各个时期法国农民的社会不满始终如一、这种不满源于法国各地的农民社会结构基本相似，那么这种观点是有悖于不同历史时期、不同地方的事实证据的。

斯考切波认为法国农民的社会不满始终如一，法国各地农村具有相似的社会结构，我却认为，我们应该看到 18 世纪的法国农村受到了一些推动性力量的影响，1660 年至 1730 年间这些推动性力量的影响还很小，到 18 世纪末期逐渐增强，对法国多种多样的马赛克式农村社会结构产生了重大影响。当然，这种观点了无新意，我只是援引了法国历史学家关于农业世界的观点。但是，考虑到斯考切波著作的重大影响，我认为还是要强调一下，斯考切波有关社会结构重要作用的杰出见解，并不掩盖推动性力量与地区差异的重要作用，这是很重要的。因此，让我们来详细分析一下旧制度末期法国农村的社会情况。

土地的重负

人们常常认为，1789 年法国农民的各种行动是受到巴黎发生的那些事件的影响，特别是受到 7 月 14 日巴黎市民攻陷巴士底狱这个事件的影响，但是显而易见的是，法国农村的动乱早在 1789 年初就已初现端倪，1 月，布列塔尼地区爆发动乱，4 月，农村动乱扩散到巴黎。“因此，三级会议代表选举与三级会议召开之时，法国社会几乎到处充满着骚乱、动乱和民众焦虑”。（Doyle 1980，p.167）一旦政治危机赋予农民以机遇和动机来表达他们的不满，“1789 年的法国农民并非盲目的力量，也并非冷漠的力量，而是劳动阶级掀起的运动，他们的经验赋予他们行动意向和行动工具”。（D.Hunt 1983，p.138）

对于许多农民来说，关键的感受是土地饥渴和贫困加剧。迪帕基耶曾指出加剧农村压力的五个证据：(1)婚龄推迟，这意味着农民难以筹集到建立家庭所需的资源；(2)实际工资下降；(3)“流动人口”增加，远距离迁居者数量增加；(4)城市人口增长快于总人口增长，这意味着农村的人口迁出；(5)失业率上升。(1978，p.245)卡普兰指出，尽管18世纪的法国并未出现大规模饥荒，但是粮食短缺的发生率却越来越高，1709年至1710年、1725年至1726年、1738年至1742年、1766年至1775年以及1788年至1792年，粮食供给都出现了严重问题。(1976，1:86)因此，18世纪前期65年里，困难年份的发生率是八分之一多一点(65年中有9年苦难年份)，但是到1766年至1792年间，困难年份的发生率提高到超过二分之一(27年中有15年困难年份)。

谷物生产跟不上人口增长，这意味着“社会金字塔的基层可能正以前所未有的速度快速扩大”(Hufton 1974，p.15)，这是因为，法国的绝大多数地区，特别是人口密集的北部平原地区，人们的主食都是面包。(Lefebvre 1974，p.27)在村社公用地上养个动物可以极大地补贴家用，如果养头奶牛或养只山羊，还可以得到点牛奶或奶酪，然而这却并不能提供每天必需的面包。因此，一个家庭要么就要有足够的土地以生产出足够的谷物，要么就得用工资收入到市场上购买谷物，然而在18世纪，随着人口的不断增长，拥有足够土地的家庭越来越少，不得不到市场上购买谷物的家庭却越来越多。

罗伯特·布伦纳(Robert Brenner)认为，法国国王是保护农民的土地免遭征收的，而且我们都习惯于认为法国是个小农国家。但是这样来描绘18世纪末期的法国却并不准确。(1976)国王的确保护村社公用地以及公用地上的动物，但是国王无法保护个体农民的家庭财产不受地租上涨的侵害，无法阻止个体农民的家庭成员分割家庭财产，也无法保障个体农民不负债。(Root 1987)18世纪，法国的大多数土地都属于那些离土离乡的所有者：国王、教会、贵族地主和资产阶级地主。农民所有的那部分土地往往都被分割成小块土地，这些小块土地太小了，无法养活一家人。因此，法国农民参与农业生产的主要形式以现金租赁土地或成为雇佣劳动力，而不是独立的家庭农场。(Brustein 1986，pp.148—149) Y.勒穆瓦涅(Y.Lemoigne)曾研究过18世纪末期从乡村迁往斯特拉斯堡的移民潮，他指出："对于那些正在变成无产者的人来说，寻找工作、寻找面包已经成为当务之急"。

1770年之后地租的急剧上涨以及食物价格相对于工资的急剧上涨，使得大多数农民家庭遭到沉重打击。事实上，1789年法国各地中受到农民起义浪潮即所谓"大恐怖"的影响最为严重的那些地区，恰恰是受到无地农民和租地不足农民的影响最大的那些地区，而那些有着广大自耕农或者农民有着充分租地的地区(比如布列塔尼、朗格多克等地)，农民起义的影响微乎其微。

法国各地的贫困问题并不均衡。移民潮涌向三个地区：法国北部的巴黎附近地区，法国西部的安茹地区，法国南部的上朗格多克。(Hufton 1974, pp.74—75)因此，这些地区聚集了大量无地农民。我们在讨论17世纪英国革命时曾提到，这种长途迁徙充分证明，许多地方没有足够的土地维持农民的生计。C.费尔柴尔兹(C.Fairchilds)指出，1725年至1733年间，在普罗旺斯地区艾克斯市因乞讨而遭拘捕的人中，仅有17%来自那些与普罗旺斯不接壤的地区；到1771年至1789年间，艾克斯市接受贫困救济的人中有33%来自那些与普罗旺斯不接壤的地区。因生活困窘而长途迁徙的人急剧增加。

18世纪晚期，失地或者没有足够土地养活家人这种问题越来越普遍："以土地为生的农民中50%—90%的农民，即便只有两三个孩子，他们也无法养活家人"。(Hufton 1974, p.187)在法国某些地方，比如勃艮第北部，"村民中打零工的人占四分之三"。(Mousnier 1979, 1:269)由于没有足够的工作岗位，无地农民要么站在路边寻找工作，要么就乞讨，甚或走向犯罪。

当然，在早期现代社会中，贫困人口一直存在。但是，这种贫困是不幸者的贫困：年老者、病患者、残疾者、丧偶者、孤儿、精神病人，或者由于歉收或失业而临时困窘者。这些人是基督教慈善事业需要救助的对象，他们对社会秩序并无威胁，实际上，这些人依赖于现存社会秩序，这种社会秩序使得教会能够行使救济职能，为其提供救助，使得这些人也能感受到堪比那些虽然贫穷但身体健康的工人所能感受到的道德满足。

18 世纪，法国的困境在于，由于人口增长超过土地供给和工作岗位的增长，出现了一大批身体健全的长期失业者，这些失业者需要依赖救济才能生存。这些失业者群体并不合乎基督教慈善机构的正常救助标准，而且任何一个身体健康的工人都有可能跌落到这个群体中，因此其生活就会跌落到需要救助的残疾者和病患者那样的生活水平。18 世纪末期，长期失业者的数量不断增加，使得法国基督教会的传统救助机制不堪重负。（Fairchilds 1976，p.17）因此，这些不幸者也就成为法国的沉重负担。而且，这些长期失业者并非体弱多病，所以他们常常四处流浪，因此轻度犯罪不断增加，这对有产者是个威胁。

1768 年至 1775 年间到 1776 年至 1786 年间，朗格多克地区平均每年拘捕的乞讨者上升了 28%。（C.Jones 1982，p.145）普罗旺斯地区艾克斯市在 18 世纪 20 年代平均每年拘捕 115 名乞讨者，但是 1773 年一年就拘捕了 2 631 名乞讨者，乞讨者“充斥着每一个教堂以及每一个街角”（Fairchilds 1976，p.132）。

法国皇家政府试图解决这个问题，它大规模扩充宪兵队伍，颁布了更加严厉的敕令把乞丐和流浪者投入监狱，1764 年、1767 年及 1777 年多次颁布了新的《拘捕条例》。（R.Schwartz 1989，p.249；Engrand 1982；Fairchilds 1976，pp.149—150）但是各个地方政府，尤其是地方高等法院，都抵制这些措施，这其中的部分原因在于，他们并不希望把那些只是希望找到工作的人投入监狱，另一部分原因在于他们缺乏资源来建造并维护大规模的刑罚设施，此外，他们还指责国王应该对这个问题承担首要责任，1770 年之后，“认为财政结构种种弊端的根源在于贫困和流浪问题的这种观念再度盛行起来”。（Forrest 1981，p.17）

不幸的是，法国国王也毫无办法解决贫困问题。每个学者都谈到过这个问题，C.琼斯（C.Jones）认为，贫困问题的本质和程度的变化“可能是启蒙运动时期的法国面临的最严重的社会问题”，琼斯还认为，基督教传统慈善机构的失效以及贫困问题显而易见的经济本质属性，使得社会心理发生了变化，促使法国社会加快寻找那些更为合理、更为长效的社会问题解决办法。（1982，p.29）因此，一种观念渐渐升起，并在随后的法国大革命中发挥了重大作用，这个观念就是，所有的法国人都享有“生存权”、

国家应该保障这种生存权。(Forrest 1981, p.27)

但是,人口与资源的不平衡是长期存在的,到旧制度末期,这种不平衡越来越严重,因此,贫困问题依旧是个问题。"乞丐和流浪者仍然是农村居民忧虑和愤恨的人"。(Forrest 1981, p.13)轻度犯罪不断增加(C.Jones 1982, p.37),"流窜犯罪团伙……披着乞讨的伪装,使得奥尔良省和博斯省的许多农庄惊恐不安"。(C.Jones 1982, p.147)

社会结构的地区差异与农民行动

人口压力对法国某些地方的压力要大于其他地方。布鲁斯坦在他那篇极具启发性的论文中指出,就租佃的本质、地主与农民的关系以及农村社会结构来说,法国各地差异极大。根据布鲁斯坦的观点(1986),我们可以把法国大致分为四个部分:东北部(基本属于塞纳河盆地)、西部(布列塔尼、下诺曼底、下卢瓦尔的中央高原地区)、中部(中央高原)、南部(地中海沿岸法国南部地区)。当然,每一个地区内部,甚至每一个地区内部的各个地方内部,无论就其土地组织和村社组织来看,还是就收入分配和农业模式来看,都各有不同,都与该地区或该地方的典型模式有所不同,这就使得每个地方都具有与该地区的普遍模式有所不同的地方特色。然而,这种地区划分只是一种粗略的划分,只是为了找出各个地区之间的普遍差异,若理解了这一点,那么,这种方法对于分析农民行动的差异来说仍然是一种有效的指导性方法。

布鲁斯坦注意到,法国东北部农民反对领主的暴力行动最为激烈,中部和南部也有一些反对领主的农民暴力行动,但是并不激烈,西部则几乎没有这类行动,事实上西部明显是反对革命拥护教权的。恰如本书反复强调的那样,从上述这些地区不同的农民行动可以看出人口压力和社会结构的综合作用。

如前所述,18世纪,布列塔尼地区的人口增长比法国其他地方慢得多。C.尼埃(C.Nières)认为1700—1780年是15%的增长,(1984, p.509)尽管贵族拥有该地区大部分的土地,租地竞争几乎没有任何激化,大量土地白白浪费,主要用来放牧,其余的土地都被租佃出去(通常都以固定的实物或现金缴纳租金),每块租地可以达到4—5公顷,足以养活一家人,事实上,在西部和西南部的广大土地上,类似东北部农民那种典型的小农庄十分罕见,大农场在法国西部和西南部占绝对优势。(Moreau 1958)除了一些纺织工业区之外,雇佣劳动并不普遍,这些纺织工业区主要位于现在的萨尔特省和旺代省,家庭农场雇佣那些定居的农场工人,这些工人的报酬中大部分是实物。(Brustein 1986, p.151)在当地农民留下的记录中,几乎没有任何证据证明当地的贫困问题有所加剧,也没有证据证明当地出现了不公正的土地集中化。(Sutherland 1982, p.57, Le Goff 1981, p.151)

总的来说,法国西部地区的土地用作放牧比较普遍,封闭的家庭农场非常典型。因此,地主和农民之间几乎没有权利冲突。而且,由于各个家庭农场比较分散,各个小村庄都被封闭的土地隔离开来,因此西部地区的村社组织都以教区为单位、以教士为核心,并非建立在核心村庄基础之上,也并不以村民大会为核心,然而在法国东北部地区,以核心村庄为基础、以村民大会为核心的村社组织是广大农村的典型形式。因此毫不奇怪的是,布列塔尼和其他西部地区是1789年法国最为安静的地区。当法国大革命转向激进主义,开始攻击教会和贵族的时候,西部地区却显示出保守主义色彩,甚至反对法国大革命。土地所有者与佃农的收入有所不同,雇佣劳动力与租佃农的收入也不一样,这些差别造成了对于革命政府颁布的关于教会、农业改革以及军队招募的那些政策的不同反应。旺代(省)人和朱安党人反对革命政府的行动反映出了这种差异。(C.Tilly 1967; G.Bois 1960; Sutherland 1982)但是,这些冲突与土地的获得、租金和工资水准这些问题并不相干,这些问题是人口负担沉重、商业发展迅速的那些地区的普遍问题,因此,对于农村地主的敌视也并未达到同等程度。

普罗旺斯、朗格多克以及法国南部其他地区,连同法国中部地区,这些地区地主与农民之间的冲突比西部要多一些。西部地区农民占有土地的典型形式是租佃分成制,而在更为商业化的南部地区,小自耕农和雇佣劳动盛行,南部地区农民所有的土地占全部土地的一半到三分之二,仅有10%的农民完全没有土地。(Baehrel 1961, pp.397—400)温和的气候、多样化的土壤,又接近海边,使得南部可以种植多种多样的经济作物:橄榄、葡萄、水果、小麦等。由于南部农民一般都有自己的土地,由于南部地区的税收由农民和贵族领主共同缴纳（贵族领主那些不享有税收豁免权的财产仍然要缴纳实物租税），因此，农民和领主之间由于租金问题、土地所有权和税收问题而引发的摩擦就比较少。“法国北部许多地方领主和农民的关系充满着强烈的敌意，南部地区领主和农民的关系则没有这种敌视色彩”。（C.Jones 1982，p.38）

在多山的法国中部地区，佃租制更为盛行，贫瘠的土壤意味着经济作物较少。在中部地区，农民普遍拥有土地，例如，在于塞勒和利穆赞，60%的土地归农民和村社所有，仅有17%的家庭没有土地。（Lemaître 1978，p.95）此外，由于土地贫瘠，因此当人口增长的时候，中部地区就参与到南部商业经济之中，为南部输送移民和季节性劳动力。

尽管中部地区佃农与地主之间的冲突并不严重，但是两者之间仍然存有敌意，这是因为，该地区人口的增长与市场的活跃意味着土地稀缺和物价上涨，而这给那些家庭人口不断增加的农民造成了严重困难，这些农民试图通过租佃和购买来扩大自己的土地，同样，土地稀缺和物价上涨也给那些依靠工资生活的农民造成了严重困难。18世纪，普罗旺斯以及临近的中央高原地区人口快速增长，遗产分割引发的土地分割致使许多家庭越来越贫困。当时的一位观察家阿瑟·扬（Arthur Young）指出，许多农民之所以贫困，原因在于“他们那极小的农田还得在所有孩子中再次分割……，我不止一次看到农田被分割到了这样的程度，即便是一棵果树，即使只有十个鲈鱼那样高，也成了一个农场，而一个家庭在地方上的地位取决于其拥有的财产”[1971（1792），p.121]。

人口压力也推动着粮食价格相对于其他产品价格以及劳动力工资的不断上涨。1725年至1785年，普罗旺斯的小麦价格上涨了70%。但是工资上涨却极其缓慢，而1740年之后葡萄酒的价格不再上涨。（Baehrel 1961，pp.534，563；Labrousse，1970d，p.537）城市中那些越来越富有的资产阶级从物价上涨和市场扩张中获利甚多，他们大肆占有土地，损害小农的利益。结果，阶级对立不断恶化，佃农与领主之间并不具有普遍联系，他们之间的对立并不像农民与市民之间、富人与穷人之间的对立那样严重。恰如C.卢卡斯指出的那样，1789年法国南部地区反对领主的行动并不像其他各种地方冲突那般严重，民众起义“基本上还是为了争夺食物而引发的暴乱",但是这些暴乱"很快就演变成穷人对富人的大规模攻击"。(1978, p.7)颇似英国革命的是,保皇党人与革命党人之间的冲突根源于各种地方冲突,这些地方冲突在革命期间喷涌而出。卢卡斯认为这些冲突与希腊城邦国家的内部冲突更为相似——城市寡头和农村大地主联合起来对抗农村小自耕农以及城市和农村劳动者,而不太像法国东北部地主与农民之间的冲突。

总而言之,法国西部地区的人口压力极其轻微,西部尽管贫穷,但是其农村结构可以维持分散的家庭农场模式。而法国南部地区则面临着相当大的人口压力,包括从中部迁移而来的移民人口压力,因此,南部地区那种商业化小自耕农模式以及有限的工资—雇佣劳动农业结构备受压力,这就加剧了富人与穷人之间的冲突。这种冲突的形成反映了当地的农村结构,也预示着基于地方市场状况的一系列冲突,而争夺土地权或领主权引发的那些冲突绝不会消失。

法国东北部地区比较独特,在这里,人口快速增长,土地供给却没有变化,这里主要的农业耕作方式是现金租佃制和雇佣劳动制,这种方式使得农业人口在物价上涨和工资下降面前显得异常脆弱。因此,领主和农民之间的冲突十分严重。

在法国北部和东部的广大平原上,农业生产的主要方式是根据市场需要种植谷物。然而为了给家畜提供饲料,一些土地就不能种庄稼,东北部也有一些公共牧场,这些牧场上通常是草地,但是也有一些林地。由于牧场稀少,因此公共牧场就显得异常珍贵,农村村社会仔细进行分配。家畜也会到休耕地上吃草,也会吃收割之后留在庄稼地里的农作物残茬。有些林地被留作狩猎之用,但是也能提供木材以作燃料和建筑材料。东北部地区土地珍贵,而且自中世纪以来贵族和教士就一直处于统治地位,因此这里的农民拥有的土地份额比法国其他任何地方都要少。

东北部地区农民拥有的土地只占该地土地总量的3/10,大部分农民只有很小一块土地,以致无法养活家人。(Sée 1958, p.50; Lefebvre 1977, p.34; J.Cooper 1978, p.23)"在佛兰德斯沿海平原地带,75%的农民没有土地,凡尔赛附近村庄里70%的农民没有土地。"(Lefebvre 1977, p.34)在上诺曼底地区,"到1620年左右,农民基本上没有土地财产"。

(Dewald 1987, p.5)在勃艮第北部,大部分农民主要依靠雇佣劳动生活。(Saint-Jacob 1960)因此,大部分农民要靠两种收入维持其生活,一种是耕种一小块土地所得的收入,这小块土地是从教会地主、贵族地主和资产阶级地主那里租佃来的,另一种是到贵族或富农的农场中作为雇佣劳动力所得的收入。一般说来,东北部每一个村庄中都有少数富农,他们的自有土地加上租佃土地可以到达 100 英亩甚或还要更多些,富农的良好收入与其穷邻居们形成了鲜明对比。

恰如法国南方一样,人口增长导致家庭财产的再次分割以及租金和谷物价格的上涨。R.E.吉西(R.E.Giesey)指出,除了贵族之外,对于其他所有人来说,“巴黎的风俗习惯也影响着其他地方的习惯,根据这种习惯法,五分之四的家庭不动产要作为遗产留下来,而这些遗产要平均分割”。(1977, p.274) M.沃韦勒(M.Vovelle)曾对 1810 年至 1820 年间的博斯地区进行过样本研究,此前法国革命政府已经进行过土地再分配,沃韦勒发现,当时博斯地区一半的农场都是土地极少的小农场,这一半的小农场总共拥有的土地只占博斯地区土地总量的 7%。(1980, p.86) G.达拉斯(G.Dallas)也曾研究过 1810 年至 1820 年间的博斯地区,他发现,当地农民拥有土地的中位数是 0.99 公顷。不断上涨的谷物价格对于仍然拥有充足土地的那些人是十分有利的,他们不但能够养活家人,还可以到市场上出售剩余产品。但是到了 18 世纪晚期,这种人在东北部农民中只是极少数,大部分农民或多或少得依靠雇佣劳动所得收入来养家糊口,因而面包价格的上涨对他们伤害极大。(1982, pp.206—207)

因此,法国东北部地区与西部地区大不相同,西部地区土地租佃面积较大,无围栏放牧十分普遍,雇佣劳动较为罕见。法国东北部地区与南部地区也不相同,南部地区农民占有土地更为普遍,葡萄和橄榄种植为小自耕农增加了更多收入,邻近地区的山地牧场也可开发利用。东北部地区的主要特点是缺乏牧场草地以及土地对于农民的相对短缺,缺乏牧场草地意味着村社公用地极其匮乏,因而也就极其珍贵,土地对于农民的相对短缺意味着土地租佃面积较小、雇佣劳动十分普遍。

当时的法国人几乎都知道,尽管东北部农民在法国最为发达的农业地区劳动,但是这些农民十分贫穷。如前所述,许多人把这个问题归咎于政府的过度收税，但是我们业已知道，18 世纪租税的实际价值确实有所降低。更大的问题在于什一税和二十分之一税，资产阶级和贵族可以把这些税收中的绝大部分转嫁给农民。总的来说，18 世纪农业部门的人均直接税增加了一倍，而农业人均产出并未增加(参见表 3.8)。

此外，土地直接税并不是由大多数农民缴纳的，因为大多数农民并没有土地。这些无地农民受到食品价格上涨的影响最大，受到公用地争夺的影响也最大。

我们已经指出，1726 年到 1789 年间，巴黎地区的粮食价格上涨了 70%，而工资仅仅增加了大约 26%(Labrousse 1984，2:491)，其影响在歉收年份里尤为显著，1768 年到 1771 年、1775 年、1784 年和 1789 年，粮食歉收影响到了巴黎附近的平原地区。(Labrousse 1984，1:112)在这些歉收年份里，粮食短缺引发了骚乱，在这些骚乱中，想要购买面包的人攻击运粮队、粮库和面包店，拿走面包，并强迫店主给出一个“公平价格”，即远低于市场价的价格。(L.Tilly 1971)如前所述，由于政府对市场的作用犹豫不决，粮食短缺的政治影响进一步加剧。国王希望粮食自由市场能够刺激生产、缓解粮食短缺，因此，1768 年国王颁布了粮食自由贸易的法令。然而，反复发生的粮食危机以及大臣们的意见不一，使得粮食自由贸易法令于 1770 年被废除，1774 年又再次实施，1776 年再度废除，1787 年又再度实施。由于人口不断增长与粮食生产停滞之间的不平衡，每当粮食自由贸易的时候，物价必然上涨，因此，粮食自由贸易法令反复废立的主要影响是，人们纷纷指责政府与粮食投机商勾结起来哄抬物价。

历代观察家都认为，法国的农民问题源于法国农业的落后，法国的社会制度也背负着传统的农村村社组织和封建残余的重负。但是，近来的一些研究已经揭示出，至少对于法国东北部来说，这种观点纯属虚构。R.C.艾伦和 C.奥格拉达(R.C.Allen and C.O’Grada)重新研究了扬的资料，他们指出，1770 年前后法国东北部地区的小麦产量与同期的英国相差无几(1988)，M.莫里诺(M.Morineau)先前对英法两国粮食产量的研究也得出了相同的结论。(1970a)英国和法国东北部地区，每英亩小麦的产量大约为 22—23 蒲式耳。此外，对 18 世纪英国的敞田制和围田制的比较研究表明，敞田制并不落后，其产出与围田制不相上下，围田制更多的是作为一种改变土地使用以及提高租金的方式，而并非提高农地产出的方式。（Allen and O'Grada 1988）1650年至1750年，英国农业的发展进步主要得力于把丘陵地带的牧场变为耕地种植谷物，而不是得力于既有农地产出的提高。（Goldstone 1988）由于法国东北部地区几乎已经全部种植了谷物，因此，不能指望通过这种方法来提高谷物产量。法国南部、西部和中部的丘陵牧场地区远离市场，降雨十分稀少，因此，这些牧场并不适合变为耕地，直到19世纪铁路和新肥料的出现，才推动了这种转变。（Price 1983a）所以说，法国东北部地区的农业毫不逊色于当时任何一个地方的农业。我们不能把当时法国社会生态的失衡归咎于不合理的耕作方式或者传统障碍。[9]

农民贫困问题的核心是，在当时的技术条件下，一个国家人口的快速增长达到了农业产出的极限。由于粮食供给的增加落后于劳动力的增长，粮食价格必然上涨，劳动力工资必然下降。

在法国东北部，小农的最后避难所是村社提供的公共牧场。农民会养只猪，极少数农民会养只羊或一头奶牛，这样，农民就会攒到一小笔自我再生产的资金，在应付不时之需时可以卖掉那只家畜。由于许多农民拥有的土地急剧减少甚至没有土地，公用地使用权就成为仍有偿债能力与一贫如洗之间的微妙分界线。（Root 1987, p.111）

法国东北部地区村社公用地的重要性和商业价值不断上升，因此也成为农民和地主之间发生冲突的焦点。18世纪，一些地主宣称（或者直接侵占）对部分村社公用地拥有所有权，并把部分公用地变成耕地，以此来扩大他们占有的土地。（Gauthier 1977, pp.167—170）村民们往往难以主张对公用地的权利，而且他们也难以控告地主侵占公用地。（Root 1987, p.267）如果整个村社公用地都被分给村民，那么享有领主权的地主也可以要求得到部分公用地，这被称为“优先分拣”。实际上，无地农民是赞成这种行为的，因为他们可以得到一小块土地，因而可以改善自身的境遇。在法国大革命过程中，许多贫困农民迫切要求瓜分村社公用地（条件是以前的地主不能参与这种分配）。然而，那些景况较好、在农民中更有影响的人，为了自身的利益，要求保留村社公用地，因为他们拥有更多的家畜，在免费使用公用牧场中可以获得更多的利益，这些人得到了皇家监督官的支持，皇家监督官把村社公用地视为村社财政的基本支柱，村社的税收欠款以及修缮教堂和村社公共建筑的费用，往往都要依靠出租部分公用地所得的租金，或者要靠以公用地作抵押来获得贷款。那些把村社公用地瓜分一空的村庄难免破产，这个结局是皇家官员竭力避免的。因此，尽管朝廷中主张农业改革的人极力主张把公用地分给私人，以此来促进土地的集约使用，但是，皇家监督官们却鼓励村社反对地主侵吞公用地，而村社中的村民会议往往控制在景况较好的农民手中，这些农民为其邻居们提供就业岗位。(Root 1987, pp.180—183)蒂利曾提到一个事例，以此说明 1789 年前后这种斗争的连续性。他提到的事例是勃艮第地区的佩鲁瓦·德拉福雷斯特尔(Perroy de la Forestelle)，此人试图圈占当地的牧场和林地，以阻止村民进入这些牧场和林地，当地农民不仅成功地挫败了他的图谋，而且当大革命爆发之后，佩鲁瓦因敌视革命而遭到审判并被绞死。(1986, p.25)

围绕村社公用地而展开的斗争只是法国东北部地区各种冲突的焦点问题之一，第二个焦点问题是围绕着耕地使用权以及农产品使用权而引发的斗争。这些斗争最为明显的标志是地租的上涨。18 世纪 70 年代以前，地租涨幅一直落后于物价上涨(Goubert 1970c, pp.338—342)，但是 70 年代以后，地租就像脱膛的子弹一样。拉布鲁斯关于法国租金指数的研究揭示，18 世纪 30 年代到 60 年代，法国地租仅仅上涨了 21.6%，而大革命前的 20 年里却进一步上涨了 63%。(1984, 2:379)因此，旧制度崩溃前夕，地主们充分利用土地稀缺来尽可能多地榨取佃农的血汗。此外，一些残余的封建苛税，原先都是以实物缴纳，现在都被催逼着缴纳现金，不同的领主要求佃农缴纳的数额各不相同，这些领主的目的是从佃农那里榨取更多的谷物和家畜。这种巧取豪夺在法国东北部地区引起的激愤最大，因为东北部农民耕种的租佃土地面积最小，租佃关系最不稳定，而且东北部地区的村社公用地最为珍稀、受到的威胁也最大。

因此，旧制度最后几十年里法国不断增加的各种冲突以及农民不断加剧的苦难，都是 1789 年农民起义浪潮的预兆。当时，人们普遍把谷物短缺和高物价怪罪到国王头上，国王许诺召开三级会议来解决这些问题。18 世纪晚期，法国东北部和南部地区人口不断增长、无地农民不断增多、贫困问题不断加剧，致使犯罪率上升、抢劫盗窃增多。(Le Roy Ladurie 1974b; Agulhon 1976) 1788 年，粮食歉收，流浪者增多、充斥路途，农民们(而不是领主们)就会产生一些很自然的想法：是谁提高了土地租金、逼迫农民缴纳苛税、侵吞公用地、试图利用那些土匪强盗来干扰三级会议解决这些问题？[10]因此，那些饱受几十年间各种压力之苦的地区就涌起了一股针对领主的恐怖和暴力浪潮，出于对盗窃抢劫的担忧，农民们认为这种恐怖暴力浪潮是正当合理的。领主的文件被焚毁、领主的城堡被破坏，这促使巴黎国民大会下定决心废除领主制度。

我们应该如何理解农民在 1789 年法国大革命中的作用呢？他们确实如索布尔说的那样无意中推动了资本主义的发展吗？他们反对领主制的行为是反封建行为吗？(1976, p.437)或者如菲雷所言，如果我们把领主提高地租、逼迫农民缴纳封建苛税、侵占公用地这些行为视为他们对市场机遇作出的反应，因此领主们的行为是一种资本主义行为，那么我们就能断言“农民们对领主制的抵制很可能并不是反对贵族或‘反封建’行为，而是反对资产阶级或反对资本主义的行为”吗？(1981, p.94)如果我们希望兼采上述两种观点，那么我们可以认同拉迪里的观点，他认为，18 世纪勃艮第农民反对领主制度的行为“因为是反对资本主义的，所以是反对封建主义的”。(1974b. p.11)

然而，所有这些观点都有缺陷，因为它们都没有充分考虑到地区差异。在法国西部地区，贵族和封建势力的根基十分牢固，因此西部地区反领主制的势力最弱。也许有人会提出，正是资本主义发展的影响不断扩大，才导致人们反对封建领主制。但是，在法国南部这个已经完全商业化的地区，社会动乱却表现出各种各样的形式，极少有纯粹反对封建领主制的社会动乱。在法国东北部地区，如果仅仅考虑各种反抗和起义到底是反封建的还是反对资本主义的，那就把领主和农民之间错综复杂的关系过分简单化了，实际上领主和农民都在努力调整自己以便适应土地稀缺和劳力过剩。

我曾指出，我们应该把 18 世纪的农民起义看作社会生态危机的结果，社会生态危机对于不同的农业社会有着不同程度的影响，影响方式也各不相同。社会生态危机的原因是人口的快速增长，人口快速增长对相对不变的土地供给以及增长缓慢的农业产出造成了沉重压力。其结果是,在那些受其影响最大的地方,土地稀缺、地租上涨、工资下降。但是,尽管农业社会的所有行为主体都意识到了不断加剧的社会生态危机,但是看待这种危机的方式却不尽相同。在重农主义者以及他们在巴黎的改革派盟友看来,问题在于过度税收以及农业的低效。在农村地主看来,问题在于过度税收以及政府管理不善,这才导致物价上涨,迫使他们增加收入以便维持其生活水准。由于快速的社会流动,社会地位的竞争日益加剧,地主们对此十分恼火。在农民看来,问题不仅仅在于过度税收和政府管理不善(三级会议允诺解决这些问题),大部分原因在于地主和粮食投机商的贪婪,农民认为正是这些人收取高额的租金、杂费、什一税,并极力哄抬物价。农业社会的这些行为主体都不熟悉收益递减这一概念,农业结构、社会结构和税收结构不能有效地应对人口的快速增长,这是他们全部苦难的根源,对于这个问题,农业社会中的行为主体都缺乏必要的政治推算能力。[11]因此,每一个社会群体都固执地认为自己对于这场危机以及危机的罪魁祸首的理解是正确的。我们只有弄清各个社会群体陷入一场周期性危机的原因,才能解释各种不同的社会关系是如何突然转化为许多社会冲突的。

尽管强调这场危机是一种周期性危机,但是我并未忽视长期社会变化的作用。如同16世纪和17世纪一样,资本主义在18世纪也在迅速发展。资本主义的发展使得地主、佃农和工人对市场的依赖日渐加深,法国东北部和南部地区尤甚,西部地区略轻。在这些地区,资本主义的发展加剧了社会生态危机的影响。社会生态危机最为明显的表现是相对价格的变化——土地价格和粮食价格上涨、工资下降,因此,在那些对价格变动最为敏感的地区,社会生态危机的影响最大。但是,人们不能因此就断言资本主义发展导致社会生态危机。早在17世纪中叶的时候,商业化农场就已经挤垮了法国东北部绝大多数家庭农场。(Dewald 1987; Jacquart 1974a)1650年以来,为了市场需求而扩大葡萄种植,已经成为法国南部地区和罗讷河谷一带的家庭必须做的事情。路易十四统治时期与1730年至1789年时期的显著差异,似乎并不在于路易十四时期法国商业化程度比1730年至1789年期间低,而在于路易十四时期社会稳定而且有着比较合理也比较繁荣的商业交易，但是1730年至1789年这个时期，商业交易这个词却被人称为冷酷无情地敌视农民。商业交易这个词含义的变化并非商业化本身造成的，而是由于主要经济要素（土地、粮食和劳动力）相对数量的显著变化造成的，这些显著变化是人口快速增长而农业经济发展缓慢的产物。资本主义逐渐改变着法国的农村结构，或者更确切地说改变了法国东北部和南部的农村结构，但是其主要影响也仅仅在于，法国东北部和南部地区在18世纪晚期爆发的社会生态危机面前显得更加脆弱。

此外，我们应该承认还有另外一个长期性的社会变化，这种社会变化在法国东北部地区尤为明显，这就是乡村地主政治权力的衰落。18世纪，法国国王试图"用国王的监护取代领主的监护"。(Root 1982, p.290)国王在领主和农民之间加进了皇家司法、皇家税收以及皇家官僚，因而削弱了领主作为地方领袖和农村主人的行动能力（布列塔尼例外，法国西部地区的领主受到的损伤也不大，西部地区的领主们较好地捍卫了他们的地方特权）。由于领主的政治权力受到抑制，农民们转而依靠他们在村民大会中的领导人以及皇家监督官，有趣的是，在强化中央集权统治的过程中，皇家监督官们支持农民自我解放，支持农民抵制领主征收那些不再合理、不再符合各省法律以及全国法律的苛捐杂税。(Root 1987, p.193)因此，1789年，当中央政府摇摇欲坠、人们都在等待三级会议采取行动的时候，乡村地主们没有任何政治资源可以对抗农民攻击领主制。

在结束对法国农村社会状况的分析之前，把1789年的法国农民起义与17世纪中叶的农民起义进行对比分析是很有启发意义的。人们常常认为，17世纪法国农民的集体行动主要是针对国家政权而采取的抗税起义，而1789年法国农民的集体行动主要是针对地主的反对封建领主制的起义。(Doyle 1980, pp.199—200)这种比较是有充分根据的，但它并不意味着这两个时期的危机有着根本不同的本质属性。在这两个时期，法国都遇到了人口压力、通货膨胀以及农民贫困的周期性危机，但是，由于这两个时期法国政府对危机的反应略有不同、法国农村的社会结构也不太一样，因此农民对危机的反应也略有不同。这些不同之处应该看作是对同一问题的不同反应，绝不能认为这两次危机截然不同。

17世纪，法国对财政压力作出的反应是试图大幅度提高租税税率(1632年到1648年间增至4倍)、扩大盐税征收。当时，法国地主仍然是强有力的，地主们仍然可以掌控农民的行动，因此在地主和农民有着共同利益的那些地区——法国西部和西南部以及南部，西部和西南部的主要特点是分成租佃制，南部地区的租税因为按土地征收而影响到地主和农民双方——国家采取的那些提高税收的重大举措就遭到地主和农民共同的抵制，因此这些地区的农村暴动十分普遍。(Mousnier 1977)与此相反的是，在地主和农民有着尖锐利益冲突的那些地区——法国东北部地区，其主要特点是现金租佃制、租税按人头征收，贵族地主可以免纳租税而农民则不能——势力强大的当地地主却成功地阻止了农民起义的发生。(Brustein 1985)因此，对于17世纪中叶的那场危机，法国西部和南部地区应之以抗税起义，而东北部地区的紧张局势却被势力强大的地主平抑下来。

到了1789年，法国转而依靠大量举债而不是进一步增加直接税来应付财政压力，因此法国农村并未出现激烈的抗税起义。然而，此时乡村地主的势力已经不再强大，已经不足以阻止农民起义。由于地主们只能依靠强大的中央政府，因此当1788年至1789年间国家瘫痪的时候，地主们毫无自卫能力。人口快速增长的那些地区里依靠雇佣劳动为生的那些农民，面对着不断上涨的粮食价格和土地的短缺，还有东北部地区由于村社公用地而引发的各种冲突，在1788年至1789年国家危机的刺激下，起而反抗地主的横征暴敛。因此，在土地压力最大、农民和地主之间的冲突最为激烈的那些地区，即法国东北部和南部，农民对18世纪晚期法国国家危机的反应就采取了造反的方式。在上述两个时期，危机的根本压力是一样的，导致地方动乱出现不同模式的原因主要在于国家对危机的反应有所不同、地方地主的力量也有所变化。

如上所述，反复发生的社会生态危机可以很好地解释17世纪中叶以及18世纪晚期法国农民起义的时间表。然而，若要澄清这些农民起义的确切情况，就需要深入分析农村社会结构的变化与差别，包括历时变化与地区差别。尽管18世纪晚期法国农村的各种社会冲突都是由人口增长造成的，但是法国各个地方人口增长的数量并不相同，导致的后果也不一样。各个地区社会冲突的程度,综合反映了各地的人口压力状况以及应对这种压力的社会结构的脆弱程度。在法国东北部地区,人口增长迅速,该地的农村社会结构致使人口增长的负担主要落在了佃农身上,而且东北部地区地主的力量十分弱小,因此,在大革命时期,法国东北部的农民起义最为激烈。[12]

城市的负担

市民革命与农民起义一样壮观,L.亨特(L.Hunt)认为,"市民革命是法国大革命的中流砥柱:农民可以调节社会变革的步伐,他们可以像1789年那样通过发动农民起义加快社会变革的步伐,也可以像1793年至1794年那样表现出漠不关心甚或敌意来阻碍社会变革,但是,如果没有巴黎市民的革命,国民议会就不可能诞生,如果没有各省的市民革命,那么法国大革命就会像1848年和1870年那样夭折"。(1978, p.3)城市也背负着旧制度最后一些年里的沉重负担,在大起义中,城市终于卸下了这些重负。

1748年,孟德斯鸠曾写道:"国家应该确保所有公民的食物供给"。此后的40年里,法国国王努力想要实现这个目标,特别是想要确保巴黎市民的食物供给,但是,人口的扩张和农业产出的停滞,使得提供充分的食物供给成为不可能完成的任务。

随着工资以及就业机会的减少,购买面包占用了工人越来越多的资源。拉布鲁斯曾对法国各地的工资水平作过广泛的样本研究,他发现,1726年至1741年间到1771年至1789年间,近乎一半样本的工资增长不足11%,四分之三样本的工资增长不足26%。(1984, 2:491)与此形成对照的是,拉布鲁斯曾对这两个时期的生活成本指数作过分析,其研究所包含的基本生活品包括黑麦、豆类、葡萄酒、木柴和羊毛,拉布鲁斯的研究揭示,两个时期之间生活成本增长了54%。由于拉布鲁斯的生活成本里不包括城市租金,因此他可能低估了城市工人的生活困难程度。(1984, 2:598)1777年,皮卡第省一位工厂巡视员让—玛丽·罗兰(Jean-Marie Roland)哀叹道:"今天,工人要花两倍的钱来购买生活必需品,而他们的收入并不比50年前多,然而50年前的生活成本比现在便宜一半"。(引自Doyle 1989, p.14)

这种生活困境不仅影响到最贫穷的城市市民，而且也影响到各行各业中有稳定工作的工人。泥瓦匠的工资增长并不比普通的白班工人快。(Labrousse 1970d，2:56)因此，所有工人都受到不断上涨的物价的影响。由于人口增长超过食物供给的增加，巴约、斯特拉斯堡、亚眠以及其他城市的贫困人口不断增加。(Hufton 1967，p.11；Lemoigne 1965，p.54；Engrand 1982，p.382)只有那些海港城镇才能免于普遍的食物匮乏，这是由于它们可以从不断扩张的殖民地贸易中获得越来越多的收入，可以通过海外进口来满足食物需求。

恰如我们先前对精英的分析一样，由于寻找工作的人越来越多而工作岗位又很有限，因此社会竞争日益加剧，社会流动受阻，我们发现，这个问题使得社会结构进一步下移。卡普洛曾提及：

> 理论上，学徒期满成为师傅应该比较容易，但是现在却很困难，这是由于很多行会偏袒老师傅们的子弟，在学徒期限和学徒期满考核作品这些方面，这些行会对老师傅的子弟要求较松，而对外人则要求较严。此外，许多行会都限制一个师傅在一定时间里所带的学徒数量，以确保该行业能控制在数量有限的家庭手里，因此，很多期满合格的学徒就无法成为师傅，他们不得不在工作期限内长期充当学徒……，这些学徒工的生活大多极端贫困，他们也没有任何向上流动的机会。(1972，p.36)

旧制度最后几十年里，法国面临的这些困境逐步加剧。1775年，食物骚乱迅速蔓延；1785年至1786年，巴黎和里昂爆发了工人抗议示威。(Rudé 1975，pp.7—8；Kaplow 1972，p.41)尽管法国当局竭尽所能保证巴黎的粮食供应，但是，巴黎享有的这种特殊待遇却吸引了越来越多的来自法国各地的移民，从而使得巴黎的粮食供应问题更加严峻。(Gillis 1970，p.176) 1788年至1789年间，农业歉收不仅导致粮食短缺和粮食价格升高，而且使得本已十分疲软的工业产品需求彻底崩溃，因为所有现实购买力都被人们投入购买食品上。巴黎群众要求政府采取行动保证面包的供应。当时，巴黎群众并不信任国王，人们指责国王对粮食市场时断时续的控制造成了价格上涨，因此，巴黎群众转而求助于巴黎高等法院以及法国三级会议，他们要求进行经济改革以恢复就业，让人们买得起面包。

当时的一位作者路易—塞巴斯蒂安·梅西耶(Louis-Sébastien Mercier)写道:“巴黎人都成了议会党人……因为他们没有其他机构可以依靠,因此,人们就指望议会中的那些代表能为他们讲话并保护他们。”(引自 Kaplan 1976, 2:442)

恰如 17 世纪 40 年代的英国伦敦一样,法国国王没有任何办法应对 1789 年的大规模民众动乱。就像大多数现代城市一样,当时巴黎的治安也很好。由于很多法国人迁居首都,1789 年巴黎居民数量暴增,已经超过 70 万(Rudé 1973, pp.173—175),当时,巴黎有 1 500 名警察,另外还有 3 600 名法兰西近卫军士兵驻扎在巴黎,这些警察和近卫军加起来占巴黎居民的比例,大约每 140 名巴黎居民中就有一位执法官员。(Sutherland 1986, p.63; Cobb 1967, p.437)在 1968 年的巴黎,每 187 名居民中有一位执法官员;20 世纪 60 年代,大多数美国城市里每 200 名居民中有一位执法官员。(A.Williams 1979, pp.63—64)

对于 1789 年的巴黎警察来说,问题在于他们面对的困难的程度。如果要完成惩治犯罪、平息地方斗殴,这些警察是足够的,但是巴黎警察面对的这个城市,其一半到三分之二的居民“都生活在贫困线左右或贫困线之下”(Cobb 1967, p.437),因此,“警察根本没有任何办法控制由于饥饿而产生的个人暴力和公共威胁”。(A.Williams 1979, p.295)法国各省的情况更为糟糕,因为“18 世纪里,作为国家机器行使职能的基础,[各省宪兵]数量严重不足”。(I.Cameron 1977, p.51)

此外,分析一下市民骚乱的本质也是很重要的。当时,除了维护社会秩序和国王权威免遭政敌或造反者破坏这个问题之外,还有很多问题也引起了广泛争论。警察(以及军队)不愿意采取行动压制法国人的强烈要求,他们自己也认为这些要求是正当合理的。法国人强烈要求改善极端糟糕的经济形势,而所有人对这种经济形势的根本原因都十分清楚。许多法兰西近卫军士兵“驻扎在巴黎,在下班时间从事各种买卖”。(S.Scott 1978, pp.54—55)法国的正规军军人绝大多数来自城市:1789 年,大约只有四分之一的现役军人来自农民家庭,其余的主要来自商人和店主家庭。(S.Scott 1978, p.19)这些军人在服役期间、退伍之后以及预备役期间,“都与平民大众有着广泛而频繁的联系,他们常常与同一社会阶层背景的平民产生这种联系;[这种联系]是绝大多数士兵军事生涯的一部分”。(S.Scott 1978, pp.40—44)而且,军人本身也深受物价压力之苦,因为“士兵的薪水不够应付不断增加的生活成本”(S.Scott 1978, p.55)。因此,巴黎的许多士兵与巴黎市民有着共同的看法,都认为政府管理不善导致1789年7月的那场危机,而那场危机使得“军队纪律迅速恶化”(S.Scott 1978, p.55)。法国各地发生的事情基本一样:在阿朗松,“地区监督官于4月2日写道,宪兵们十分赞同地方群众的看法,而且都在焦急地盼望着面包价格下跌”;(Lefebvre 1973, p.26)在皮卡第,军官们注意到:“士兵们没有一丝意愿或者决心”;在普瓦图,官员们抱怨道:“士兵们……对于暴力镇压抗议粮食价格太高的群众骚乱总是十分反感。”(S.Scott 1978, p.49)

军队纪律并未在1789年得到确切的验证,这主要是因为军官们对于这支军队没有信心。巴士底狱陷落以后,大量的士兵开小差跑到国民警卫队那边,并宣布支持革命,这证实了军官们的担心。“前线军队的士兵往往都不可靠,都不能指望他们会执行军官的命令,他们也不会为了保卫现政权而镇压革命。普通士兵与街道上的群众太近了,与他们的指挥官却太远了,不能指望这些士兵会镇压这场可能对其十分有利的革命运动”。(S.Scott 1978, pp.60—61)

总之,食物短缺和高物价给国王带来的麻烦,远不止那些支持巴黎高等法院和三级会议对抗国王的群众发起的大规模群众骚乱。这场危机的本质和普遍性削弱了警察和军队维持社会秩序的能力。面对大规模的群众骚乱,而派去镇压的军队又怀有同样的不满,从而使得骚乱不断升级,国王无计可施,只能向改革要求屈服。在法国大革命的过程中,城市市民占据了优势,因为国王不再具有道德权威,也不再拥有强大的镇压能力来对抗他们。

社会生态危机的意识形态特征

上文中我们提到道德权威问题,下面,我们就来探讨这个新的问题。早在君主制崩溃之前,它就已经在法国政治中丧失了主动权,已经成为一些人保卫的对象。王权的逐步衰落,部分原因在于财政危机——由于国王再也无法偿还日常债务，再也无法借到贷款，所以必须寻求其臣民的帮助。但是，这里也出现了一个意识形态问题，普通人就会产生一个信念，这就是，单靠君主制已经无法胜任领导国家的任务了。蒂利曾描述过革命过程中的一种情形，在这种情形里，两个独立的权力相互争夺社会的最终统治权，蒂利把这种情形称为“多元主权”。(1978)在法国，早在大革命之前，国王的权威就已经有所削弱，人们转而依靠“民族”或者“民意”作为政治争议的最终仲裁者。因此，在这个意义上，法国的多元主权早在1789年前就已经产生了，而且这种多元主权也预示着国民议会和国王之间的冲突。(Baker 1978a)所以，要探讨法国大革命的起源问题，我们就不能忽视国王的单一权威是如何被削弱的这个问题，也不能忽视民众对于国王权威的看法是如何从“君主统治”转向“独断专行”的。

关于法国大革命的意识形态起因的争论就像物质起因的争论一样十分激烈。如果说资本主义的发展导致了大革命的危机，那么，合乎逻辑的推论是，“资产阶级意识形态”与封建专制主义的意识形态之间的冲突在法国大革命中发挥了重大作用。但是，我们找不到这种意识形态冲突的证据。如同资产阶级一样，贵族也同样多地使用启蒙运动时期的那一套话语来抗议国王的专制权威。(Hampson 1978; 1983, pp.62—63)实际上，“到旧制度末期，启蒙运动的那些思想和术语已经蔓延到各个社会阶层和各种政治观念之中”。(Sewell 1985b, p.63)那些最为活跃的革命代言人，从国民议会到巴黎的新闻出版界，他们都不是启蒙时期有影响的重要人物，事实上，启蒙时期有影响的重要人物都是皇家养老抚恤金的领取者，而且他们往往都是贵族，这些人主张开明专制，不太赞成资产阶级革命。(Darnton 1970)当然，1750年之后的法国已经有所变化，贝克把这种变化称为“政治文化的变化”，这种政治文化的变化决定了法国大革命斗争的发展方向。(1987b)在第五章里，我将详细分析1789年之后法国的革命斗争。这里，我只想简单地分析一下，社会生态危机及其对于法国制度的影响是如何催生了横扫1750年至1789年间法国社会的那些意识形态洪流的。

关键的问题并不仅仅是启蒙运动如何在法国兴起并蔓延的问题，这是因为，启蒙运动，比如一个半世纪之前英国的清教运动，并非天生就具有革命性。如同第二章所言，清教是作为一个改革运动而出现的，起初它还争取国王的赞助，并表现出对王权的高度尊重。德国的虔诚派具有类似的思想意识，它也并不是要为革命提供思想基础，而是为了强化专制统治。因此，若要理解清教的影响，人们必然会十分明确地追问：为何英国的清教在17世纪30年代和40年代会变成革命性的清教？如上一章所述，这个问题的答案是，英国的君主制度看起来明显就要崩溃了，之所以崩溃，原因在于国王的腐化、无能，甚至还包括对英国民族宗教的不忠。君主制的失败，很大原因在于其未能处理好由于17世纪社会生态危机所造成的种种压力，君主制的失败导致了清教的重塑，从一个寻求国王支持的改良主义思想体系转变成为民族国家统治辩护的改革主义思想体系。

十分相似的是，欧洲大陆的启蒙运动也是作为改革主义运动而出现的。事实上，到了18世纪，普鲁士和奥匈帝国的启蒙运动仍然是改革主义的运动，弗里德里希和玛丽亚·特蕾西亚这些开明君主都利用启蒙思想为军队、教育和行政管理的合理化改革辩护，以便提高国王的权威，削弱贵族和领主的传统特权。（Koch 1978；Behrens 1985）因此，关键的问题是，为何法国的启蒙运动却转向了革命？我认为，其答案可以在法国发生的类似于17世纪英国发生的那些事件中找到：由于法国政府未能处理好社会生态危机造成的种种压力，因此法国的君主制度和社会秩序得不到民众的尊重。

财政疲弱、反复举债、不能满足精英们追求社会流动和报酬的愿望、不断增加的失地农民和城市贫困人口，但是商业和城市精英却明显拥有很多财富，这些都使得法国人相信旧制度存在着深刻的缺陷。路易十四时期，法国还显示出强大和繁荣；路易十五时期，法国已经渐显衰落，此时的法国政府自私卑鄙、锱铢必较；路易十六时期，许多法国人一贫如洗，法国政府也腐败无能。

法国人这些不同的感受，在很大程度上反映了这些国王当政的不同社会背景：路易十四统治时期，物价较低而又稳定，城市人口增长缓慢，实际工资有所增加；他的继承人统治时期，物价逐步上涨，农民按人均收入来说越来越穷，特权精英得力于贸易和市场而越来越富有，他们既不同情也未认识到国王愈加严重的财政困难。

我们业已指出，人口压力和物价上涨使得经济交换不利于农民和工人而有利于地主，从而使得农村冲突越发严重。物价的变化，给城市精英和农村精英带来了各种获利的机遇，却削弱了税收体制，同时，物价上涨使得经济交换不利于国王而有利于精英。国王的财政状况越来越疲弱，而精英在财政上却越来越强大、越来越独立。财政状况的变化在政治话语领域也产生了相应的结果，精英们越来越相信自己的主张，越来越不相信国王的决策，精英们把自己的主张冠之以“民意”，而国王的决策则被称为绝对权力的决策，致使法国人指责国王酿成了社会困境和经济困境，事实上这种困境是由人口变化造成的。[13]

简而言之，18 世纪晚期的法国社会，收益递减定律正猛烈地发挥作用。但是当时的法国人对这个定律一无所知，他们也无法理解法国所发生的事实。显而易见的事实是，几乎每一个群体、每一个阶级以及每一个地方——从国王到城市贫民、从职业精英到农民——他们面临的种种问题是 17 世纪 60 年代和 18 世纪 30 年代从未有过的。因此，所有的群体，包括各部大臣们，都找理由指责当时的社会制度。

但是，当时的法国并没有突然之间就转向激进主义。如果我们注意到，1788 年之前，法国人对制度体系的批评基本上还是相当保守的，那么我们就能更好地理解法国人思想观念的转变。从沃韦勒称之为“前革命情感”向“革命情感”的转变之路是缓慢而曲折的。招致法国人批评的，起初并不是国王的权威，而是人们感受到的这种权威的滥用。(1978)

18 世纪法国的哲学家们有一种历史发展的直线论观点，这种观点不赞成突变或革命思想，其基本主张是理性进步而非革命，因此，他们支持权威，支持自上而下的改革。(Soboul 1982, p.411)这些人中最有影响的是孟德斯鸠，孟德斯鸠主张建立一个秩序良好的国家，这种主张是对各个社会阶层的权利和义务的一种平衡。因此，当时他们对君主制的批判主要不是批判君主制过时，而是批判其越来越专制。1788 年之前的“保卫自由”、“反对专制”，最主要的是保卫某些特定的“传统自由”，无论这种传统自由是官员的自由还是有产者的自由，他们反对国王试图扩大其权威以及提高财政收入。

在国王面临的种种宗教问题上，这种对毫无约束的权威的愤怒显而易见。随着教会的腐败,法国的反教权论日益成长,主教们离教区和教士越来越远,教区什一税常常被转包出去,并由那些长期离乡离土的地主征收。有一个事例,说明人们对教会开始觉醒,18 世纪晚期,共济会地方分会开始使用一些具有抽象美德意蕴的名称,而不再使用宗教头衔,因为人们对宗教头衔已经不再怀有敬意。(Halèvi 1984)此外,由于语言学和自然科学的进步,天主教会的权威在欧洲各国都已经开始衰落,语言学开始用全新的批判性视角来解析圣经的历史内容。1758 年,哈雷彗星再次回归,英国天文学家提前数十年预测到了这件事,这件事的影响很难估计。(Hazard 1963)彗星向来被解释为神的征兆,现在其神秘性不复存在,成为一种可以被预测的自然现象,这是把世界去神秘化的重要进展。实际上,对教会权威的攻击早在 17 世纪晚期就已经出现了,P.哈泽德(P.Hazard)指出,“事实上,1760 年前后出现的那些所谓革命性的思想,或者就此问题而言,1789 年出现的那些革命思想,其实早在 1680 年就已经流行了”。法国国王面临的宗教问题大多并不是因为教会权威造成的,更大程度上是由于国王对待教会权威的态度而产生的。(1963 xviii)

法国的东西两面均为欧洲国家——英国和普鲁士,这三个国家的宗教宽容截然不同。英国和普鲁士均有自己的国教,但是,这两个国家都承认公民信教自由,法国则不然。从《南特敕令》到法国大革命期间,在是否应该全民信奉天主教,特别是在是否应该听从罗马教皇的命令这些问题上,政府与公民之间经常发生冲突。在由詹森派和耶稣会引发的种种冲突中,国王试图强制裁定正统信仰,结果,国王发现自己遭到各省高等法院的攻击,它们攻击国王忠于罗马胜过忠于法国。(Van Kley 1975)宗教分歧并不必然威胁到国王的权威,弗里德里希并不担心自己的王冠,因为作为新教徒的他也允许其臣民信奉天主教。法国国王在宗教宽容问题上的言行,玷污了他作为法兰西自由保卫者的声誉。

法国人认为,国王在宗教冲突中的举动显示出国王不尊重其臣民的自由,这种观念在围绕税收问题以及市政权威和议会权威而引发的斗争中得到进一步强化。当时,法国面临的根本问题是,如果要使税收能够分享法国日益增加的商业财富和职业人士的财富,使税收跟上通货膨胀的步伐，国王就必须彻底改革税收体制。然而，改革税收体制显然会侵犯法国那些最有影响的臣民的传统自由。G.泰勒研究过1788年的各种会议记录，他指出："相比天赋权利、人民主权、三权分立这些作为改革根基的观念来说，更为重要的是传统观念——法律传统、宪法传统和制度传统。"(1972a，p.481)这些会议记录中影响最为深远而且明显激进的主张是要求不分社会阶层统一税制，事实上，这种主张远不及另一种呼声，这种呼声要求实施路易十四时期的人头税和什一税中体现的税收原则。即便是以激进主义出名的雅各宾党起初也并不激进。迈克尔·肯尼迪(Michael Kennedy)说道："1791年前，雅各宾党人都是君主制的拥护者，直到1792年，人们还不能将雅各宾主义和共和主义明确地联系起来。"(1982，p.303)

直到1788年，法国人对于传统权利的态度才有了明显变化。在人们呼吁召开三级会议的过程中，保卫传统自由找到了具体形式。由于君主制再也不能保证法国人的经济健康，甚至连君主制自身的经济健康都保证不了，因此，人们只能依靠"民族的"集体智慧。然而，三级会议应该如何组建？巴黎高等法院主张遵循18世纪70年代和80年代的模式，从传统中探索自由，它要求1788年召集的三级会议应该"依据1614年的形式，定期召开会议"(Baker 1987b，xxi)。但是就此而言，一旦传统模式获胜，依据传统建立起来的那套东西就会把大多数精英拒之门外。

一位自由主义者地方法官马勒泽布(Malesherbes)惊恐地写道："你以为三级会议是什么？……它是古代野蛮行为的残渣余孽，它是一个战场，在这里，一个民族的三伙人相互争斗，三级会议是各种私利一起对抗公利的地方。"(引自 Gruder 1968，p.253)马勒泽布的观点马上就被许多资产阶级成员和自由贵族采用，这些人也都意识到，三级会议的传统组织方式很有可能使得法国社会中最为反动的集团掌握国家权力，这个反动集团就是那些虽然贫穷但数量上占优势的乡村贵族，如果这些乡村贵族与教会中的保守主义者结成联盟，那就更有可能掌握国家权力。事实上，地方贵族也确实抓住了时代赋予的机遇。我们已经知道，1788年，在选派各省三级会议以及全国三级会议贵族代表的过程中，法国许多地方的旧贵族就把新贵族排除在贵族阶层之外。

此后,而且也只是从此以后,对旧制度的非难才避而不谈传统习惯,转而采用启蒙运动的话语来达到激进变革的目的。“只有当旧秩序完全崩溃、只有当人们都明显认识到必须根本变革社会制度的时候,启蒙运动普及的那些思想观念才能带领法国人走向一个全新的、以前从不知道的方向,实际上就是革命的方向”。(Doyle 1980, p.84)泰勒提醒我们:“《人权宣言》并不是启蒙运动,它是启蒙运动的词汇、语句和概念在革命情境中的运用,这并非启蒙运动时期的哲学家们的本意,也是他们未曾料到的。《人权宣言》是1789年法国人对启蒙思想进行激进化重组的结果。”(1972a, p.489)

因此,革命的思想起源不能用现代化的观念体系来理解。相反的,国王权威的衰落,其根源在于由社会生态危机引发的种种社会问题,而且,国王权威的衰落首先引发的是一批“传统主义者”对公民社会的捍卫。人们并不会因为启蒙思想的传播而排斥君主制,人们之所以排斥君主制,是因为君主制明显不能解决广泛而紧迫的社会问题:“如果启蒙思想能够给予某些指示、提供一些内容,并为种种非难和主张提供辩护话语,那么,这些启蒙思想就不会直接发挥这种影响,反而会有助于证实人们心中早就存在的那些看法。”(Gruder 1968, p.637)有些看法是直线式的:君主制的失败,不管是由于腐败、无能、心胸狭窄,还是由于滥用传统自由,假如那些明显的社会问题能够得以解决的话,君主制就能够得到补救。

1788年,全面危机终于爆发,由于国王的财政破产,政治创新不得不让位于三级会议,只有到了这个时候,事情才变得十分明朗:“传统形式”和“传统自由”已经不再适合社会需要了,由于历经三代人的人口快速扩张和社会流动,精英群体已经有所变化。此时,即兴表演才成为必然之事,也只有在此时,随着社会制度的崩溃,政治文化也开始发生变化,并成为塑造后来一系列事件的主导因素。人们开始抵制传统,由于需要利用教会财产来解决国家破产问题,由于国王一家的逃跑,由于需要动员全民族支持法国与欧洲国家的战争,对传统的抵制不断加快。1789年之后,事实表明,法国大革命越来越激进。我将在第五章中分析这个问题,这里,我的目的仅仅只是阐明导致旧制度危机的那些力量。

18世纪法国国家崩溃的模型建构

在第一章里，我曾提出过一个关于英国革命中国家崩溃的简单模型。我认为，英国的国家崩溃源于三种因素的交互作用——国家财政压力、精英流动与精英竞争、高度的民众动员潜能——人口的扩张，使其与相对不变的农业技术、财政体制和社会制度之间产生了冲突，这就使得上述三个因素不断增强。我用图表把这些因素指数的作用结果标示出来，这个结果就是政治压力函数 psi(ψ)，这样就可以标示国家崩溃的压力。

在本章中，我认为，恰恰是同样的那些因素导致了1789年法国的国家崩溃。那么，我们能像描述英国革命那样、通过 psi 函数标示出法国国家崩溃的压力吗？

社会变化的几个指标

对于英国，我使用了1—5这五个尺度作为财政困难指数，表示的是国王采取的提高财政收入的措施。这些尺度同样适用于1650年至1789年间的法国，尽管法国国王的财政状况往往比英国国王更糟。

我用牛津大学和剑桥大学的新生录取率来衡量英国的社会流动和社会竞争的程度。我认为，这种衡量办法的依据是，社会流动和社会竞争造成了文凭需求，因为拥有文凭就可以在职位竞争中占据有利地位。因此，大学的扩招意味着谋求精英职位的人以及对精英职位的需求都在增加，因此职位竞争也愈加激烈。R.L.卡根（R.L.Kagan）曾收集过1680年至1789年法国一些重要大学法律系的招生数据。（1975）对于谋求行政官员职位和司法职位的人来说，法律系毕业证书是最重要的证书，因此，大学法律系的招生情况可以作为职位谋求者数量变化的合理指标。所以，就像剑桥大学和牛津大学的新生录取率之于英国一样，我也使用同样的办法来衡量法国的社会流动和社会竞争。

政治压力指数的第三个因子是社会动员潜能（MMP），这个因子测量起来稍微困难一些。英国农民太过分散、太过分裂，又受到乡村地主的严密监控，因此，在英国绝大部分地区，农民构不成威胁。只有在那些边缘地区，比如皇家林地和沼泽地，乡村地主对农民的监控较弱，农民社区更具独立性，因此这些地方的农村动荡才较为突出。所以，我主要以伦敦为研究对象来分析社会动员潜能，伦敦人口的集中化和年轻化使得实际工资下降问题比较严重。

在分析法国国家崩溃这一问题上，如果我们把农民的动员潜能排除在外，那将是极大的误导。1789 年法国的国家崩溃是巴黎群众和法国农民（特别是法国东北部和南部农民）共同作用的结果，因此我们必须考虑到农民反对领主的动员潜能的变化。

城市工人的实际工资不断下降，与此同时，农业工人和农村工匠的实际工资也在不断下降（Labrousse 1984，2：492），除了实际工资这个问题以外，引起农民争论不休的一个主要问题是土地。土地短缺使得地主能够提高地租，迫使许多家庭不得不部分或全部依赖于雇佣劳动为生，使得领主征收的各种税费对佃农造成了更大的痛苦，并激起了争夺公用地的尖锐斗争。鉴于 18 世纪法国的耕地面积几乎没有增加，那么，测度土地压力的简单办法是以人口作为测量指标。但是这种测量办法不是十分准确。如果城市以及农村贸易能够吸纳一部分人口增长，土地压力就会减轻；如果通过大量使用劳动力来提高生产率，那么土地短缺也不会达到危险的程度。更为准确的测量指标，不仅要考虑土地稀缺问题，也要考虑地主的剥削问题，这个测量指标就是地主收取的亩均实际地租。当地租上涨低于物价上涨的时候，实际上佃农就可以从物价上涨中获利，他们租佃的土地也就更有价值。然而，由于土地稀缺，地主可以收取更高的地租，当地租上涨高于物价上涨的时候（即意味着实际地租的上涨），土地租赁就不利于佃农而有利于地主。因此，实际地租似乎是测度农民反对领主的动员潜能的合理指标。得益于古贝尔（P.Goubert 1970c，pp.338—442）和拉布鲁斯（E.Labrousse，1984，2：379）的研究，我们认为地租是法国在这几十年里的一个根本问题，其他一些数据则不然，比如现金租税、磨坊税收以及其他一些税费的收取水平。[14]

那么，我们怎样对这些资料进行综合分析呢？我假设年龄结构的变化对农民和城市工人都会产生影响，即，总人口中年轻人口越多，就越有可能发生更多的抗议活动。我还假设，农村动员潜能和城市动员潜能这两者的效果并非加数效应，而是乘数效应。就是说，如果引发动乱的城市动员潜能很高同时农村动员潜能也很高的话，那么它们结合起来导致局势恶化的作用就不是其中之一的两倍，而是许多倍。另外，由于实际工资的变化趋势对于农民和城市工人都起着同样的作用，因此，较低的实际工资对于农民和工人的影响是一样的。这种推理使我们可以得出一个乘数形式的社会动员潜能，即，在我们得出的英国社会动员模型的基础上再增加一个实际地租因素。如同实际工资一样，我们也把实际地租加以标准化，计算出一个时期内实际地租之于平均实际地租的比率，因此，当实际地租处于历史高水平之时，由于人口年龄结构因素的影响，社会动员的效果就会被放大。相反的，当实际地租处于历史低水平之时，年龄结构的影响就会使社会动员的效果有所减少，这是因为年轻化的家庭可以用较低的租金租赁新的土地，因而获得最大利益。

这个社会动员潜能模型也具有合理性，如果实际工资上涨而实际地租也同时上涨的话，这种情况意味着有望通过增加工资收入来平衡土地短缺，此时，实际工资和实际地租对于社会动员潜能的影响就会相互抵消；然而，如果实际工资下降同时实际地租上涨的话，这种情况意味着工资收入和佃租土地的收益都在下降，它们各自对于社会动员潜能的影响就会得以放大。例如，粮食大丰收会使粮食价格下降，实际上就会提高已付租金的实际价值；然而，这种情况也会使实际工资上涨。因此，在这个测量模型中，由于这些因素的作用相互抵消，大丰收并不会导致社会动员潜能的提高。但是，如果交换条件长期不利于劳动力的话，就会导致实际工资下降、实际地租上涨，根据这个模型，这种情况会使社会动员潜能有所提高。

由此，我们可以得出法国社会动员潜能的公式，如下所示：

社会动员潜能＝(实际地租/平均实际地租)
×(平均实际工资/实际工资)
＋(平均实际工资/实际工资－1)×城市人口增长
×年龄结构
＋(实际地租/平均实际地租－1)×年龄结构

18世纪法国国家崩溃的政治压力指数模型

图3.3所描绘的是1680年至1789年法国的政治压力指数。此图揭示出，路易十四时期法国的政治危机压力虽然较低但呈增加态势。“太阳王”路易十四晚年时期，法国的政治危机压力已经相当可观，此后，18世

纪 20 年代有所降低,但是 1750 年之后却急剧增加。请注意这个图表只是基于下列数据资料而得出的:国家债务/国家税收、大学法律系招生、实际工资和实际地租、城市人口增长、人口年龄结构。但是,这个图表似乎十分契合当时许多法国人和历史学家的看法:1750 年之后旧制度面临的压力骤然增加,至 1789 年达到了顶点。这就意味着,政治压力函数在某种程度上确实符合 18 世纪法国的实际情况。

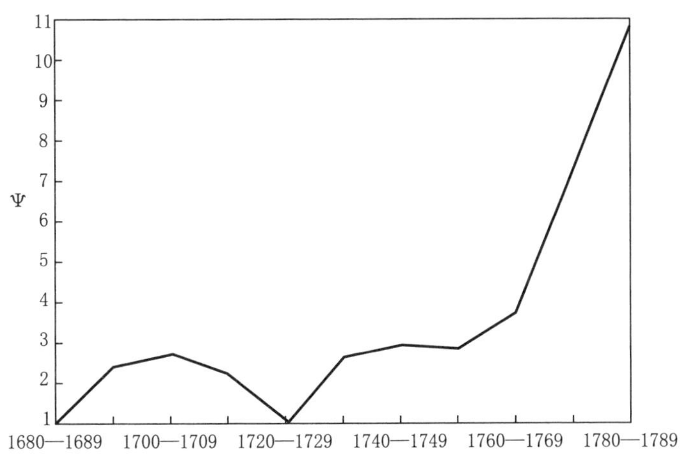

图 3.3 1680—1689 年间到 1780—1789 年间法国的危机压力

此外,如同英国之例所示,法国政治压力指数模型表明,就社会层面和经济层面来说,18 世纪 80 年代法国的情况并不是一个“正常”情况,因此,在此期间发生的国家崩溃必定源于大臣们或者国王的过错或无能。但是,18 世纪后期法国的社会情况和经济情况给国家治理造成越来越多的困难。

当然,政治压力指数模型是评估国家崩溃压力的粗略方法。它并不包含那些能够反映各个地方农村社会结构差异的地方数值。因此,恰如我们上面所做的那样,这个模型必须用地方研究加以补充,以阐明为何有些地方对于政治压力的反应有所不同。政治压力指数也不能帮助我们回答这个问题:为何 1765 年至 1730 年间农民动乱不太严重,而此后却逐步增加并在 1789 年达到顶峰。政治压力指数也不包括思想观念方面的因素。思想观念的变化——怀疑旧制度的优点并寻找一种合理的替代方案——产生了重大后果，特别是1789年之后其后果更为明显，我们将在第五章中分析这个问题。但是我认为，可以公平地说，这些思想观念的变化起初只是政治压力模型所揭示的各种压力的结果：精英群体的扩大以及竞争的加剧、财政的衰败、社会流动的阻塞这些因素使得社会舆论猛然间激烈抨击国王。简言之，如果我们要问，国家衰落、农民和精英的不满是怎样转变为行动的，那么毫无疑问，农村社会结构和反对现存社会秩序的思想观念起到了关键作用。但是，如果我们着重探讨的问题是，18世纪后期这个特殊的历史关头，国家为什么会衰落、社会不满为什么那么尖锐，那么，答案就在于，法国的经济制度、社会制度和政治制度未能应对好人口增长所造成的种种影响。法国旧制度之所以崩溃，原因在于制度体系在各个层面的全面失败：从农业经济到精英扩张再到中央政府的财政状况，恰如政治压力模型所示的那样。

让我们暂停片刻，来回顾总结一下我们以上所分析的内容。一个多世纪以来，马克思主义倾向的历史学家和社会科学家们把法国大革命解释为资本主义势力不断发展的结果。现在，对这种马克思主义解释模型的种种批评使得马克思主义观点的影响有所减少，但是，不幸的是，这种观点的逐渐消亡并未增进我们对于这些革命事件的理解。这是因为，一旦脱离了物质基础来加以解释，法国大革命似乎就成了偶然事件。不管是把法国大革命看作纯粹的政治危机还是看作政治灾难和经济灾难共同作用的结果，难以解释的问题依然是：18世纪末期，法国君主制为何会以如此引人注目的方式、在一系列斗争中轰然倒塌，而这一系列斗争使得各种社会集团都把矛头对准了君主制，这些集团之间也相互争斗。一旦脱离物质基础来解释法国大革命，那么，1789年同时发生的那些形形色色的危机——农业危机、政治危机和社会危机——似乎就无法解释清楚。用沃韦勒的话来说，使得法国大革命披上群众革命外衣的仅仅是由于生存危机，“这就意味着法国大革命是各种社会运动共同作用的产物（很可能是不幸的），而这些社会运动在其他任何一个革命中都没有同时出现、紧密关联”。（1984，p.55）

我所提出的社会生态模型十分完全地解决了这个问题。通过集中分析人口增长和农业停滞导致粮食价格不断上涨这个中心问题，我们可以解释法国社会的各种问题。对于君主制法国来说，不断上涨的物价毁坏了由于依赖土地直接税而日渐疲弱的税收体制，这就造成了国王与城市及精英之间就贷款和税收问题发生了种种冲突。对于精英来说，不断上涨的物价给某些精英造成了沉重压力，却给另外一些精英带来了牟利的机会。人口增长和获利机遇的增加造就了一大批谋求精英职位的人，谋求精英职位者数量的增加不仅很好地解释了 18 世纪社会流动的扩大，而且也很好地解释了 1750 年之后的一段时期里精英竞争的不断尖锐化、人们对结构闭锁的感知以及争夺社会地位的斗争。最后，至于工人和农民，可以用人口增长来解释土地稀缺问题、失业问题以及实际工资不断下降问题，这些问题到了 18 世纪 80 年代越发严重。因此，如果要对各种社会发展趋势作全面研究，这些发展趋势包括国家财政状况的变化、社会流动、教育、移民、城市化、贫困、地主政策和农村冲突、社会思潮的变化，那么，所有这些发展趋势都与一个简单的社会发展趋势有关，即，人口扩张及其产生的各种影响。

我们把社会生态危机视为一个整体，这就可以解释 18 世纪后半期法国日益严重的粮食短缺和生存危机问题、广泛的移民和贫困问题。对于那个老问题，即革命前的法国究竟是变穷还是变富这个问题，社会生态危机论给出了一个更为精妙的答案，这就是，从总体上来说法国更加富裕了，但是就人均来说，法国的农业部门和雇佣劳动者都变穷了。法国的国民财富不断增加，但是价格变化使得这些财富集中到了土地所有者、商人和上层职业精英的手里，而国王和普通民众则蒙受了损失。

此外，我们用这个模型来解释危机，并没有认为这些危机主要是针对某一社会群体的，也没有认定这些危机主要是由某一社会群体造成的。恰恰相反，这个模型是把危机作为一个涉及所有社会群体的整体来描述的，但是所有的社会群体都没有完全理解危机的原因。因此，每一个社会群体都从自身的视角来解释危机，结果就形成了各种各样的意见，从传统改革主义精英到传统的城市工人和农民。（Rudé 1980）这个解释模型还认为，在社会生态危机的压力下，社会制度不断遭受侵蚀，这种侵蚀显见于所有显而易见的社会问题之中，结果就造成了对政府和国王的广泛指责，并因此使得政治发展进程转向新的方向。

更为重要的是，尽管这个解释模型并非“马克思主义”的，但是它也提供了一个理解法国大革命、英国革命以及法国福隆德运动的一般理论框架。上述这三场革命运动可以放在相同的时代背景中加以解释，当时，社会生态压力与相对僵化的社会制度之间产生了冲突，由此造成了各种社会冲突。这三场革命运动发生时，它们各自所处的制度结构有所不同，因此，它们所采取的形式及其结果也相当不同。然而，运用这个解释模式，我们就有可能分辨出这三场危机所具有的某些共同特征：国家财政困难、严重的精英分裂、城市动乱以及某些地区的农村动乱，这些特征都是社会关系紧张所体现出的特征，是由早期现代农业国家人口快速增长造成的。同时，参照前文中描绘的人口变化模式，我们就有可能解释清楚：英国革命和法国福隆德运动发生于17世纪中叶，法国大革命发生于18世纪末期，然而1660年至1750年期间是一个相对政治平静期，那么，为何还会发生这些革命危机呢？最后，运用这个解释模式，仅需要通过几个关键变量，我们就有可能构建一个简单函数(psi)，用以解释英国革命和法国大革命的历史进程。

这个解释模式对于分析社会生态是有理论价值的，但是它仍无法回答一些问题。我曾指出，英国革命和法国福隆德运动，都是由人口增长造成的、遍及17世纪欧洲各地的“政治危机浪潮”的一部分。我也曾指出，法国大革命恰恰处于又一次“政治危机浪潮”的初始阶段，这一次政治危机浪潮遍及1770年至1850年间的欧洲各地。因此，重要的问题是，我们需要简要分析一下19世纪的欧洲革命，看看是否还有其他证据可以证明上文所提出的人口变化趋势及其经济后果和政治后果。本章中下面的内容就是要完成这个任务。

第三节　比较：19世纪欧洲的革命浪潮

1789年是欧洲“革命时代”的开端(E.J.Hobsbawm, 1962, p.137)。19世纪20年代里，希腊(反对奥斯曼帝国的统治)、西班牙、那不勒斯都爆发了革命运动。西班牙和那不勒斯的革命运动以及南美洲反对西班牙殖民统治的革命，都是由于拿破仑的军队被逐出西班牙和意大利之后留下的权力真空而造成的。此后，尽管滑铁卢之战后出现了30多年的国际和平，然而，1830年至1834年期间，法国、比利时、波兰和爱尔兰都爆发了革命运动，英国也出现了严重的宪法危机。而且，从1847年到1852年，法国、意大利、德国、奥地利、匈牙利、波希米亚、瑞士和罗马尼亚都爆发了革命或者产生了严重的革命危机。

相对于英国革命和法国大革命得到了大量分析来说，现代学者相对忽视了上述这些革命危机。但是，我们有理由给予上述这些事件以严肃的关注，特别是19世纪30年代和1847年至1852年间的那些事件。毕竟，这些革命是马克思和托克维尔亲身经历过的，也是马克思明确研究过的。(Calhoun 1989)此外，有些学者，比如J.A.S.格伦维尔(J.A.S. Grenville 1976, p.19)和L.B.内米尔(L.B.Namier 1959)，他们认为，这些革命并非"真正的斗争"，在法国仅仅只是政变，在其他地方只是不成功的精英反叛(马克思不赞成这种观点)，但是最新的研究已经推翻了这些肤浅的观点。显而易见，可能除了普鲁士之外，这些19世纪的革命危机都是十分完整的国家崩溃案例。在这些革命危机中，精英和大众起而反抗国家权威，而国家却没有足够的资源进行自我防卫。只有俄国军队和普鲁士军队成功地阻止了奥地利帝国的解体。1830年和1848年法国发生的那些事件并不仅仅是流产的政变，"社会抗争绝对是1830年法国革命运动的中心问题和关键问题"(Church 1983, p.8)，事实上，诸如此类的社会抗争持续发生于1830年至1834年(Bezucha 1983)。鲁尔和蒂利(Rule and Tilly)、马加丹(Margadant 1979)曾经指出，1848年到1851年法国发生的那些社会冲突波及地区十分广泛，不同群体之间争夺巴黎的控制权，而巴黎也在拼命争夺各省的控制权。

19世纪的这些革命之所以饶有趣味，并不仅仅在于它们也是国家崩溃的更多事例，而且也是因为这些革命提出了一些特殊的理论难题。这些革命发生的时候，欧洲的工业化正处于起始阶段，欧洲处于持续和平时期。因此，要分析这些革命，就必须要解释革命与工业资本主义发展之间的关系，也必须要解释为何在没有战争压力的时期里会发生如此广泛的革命。以前的学者们并没有解决这些问题。

当然，马克思曾把推翻了法国复辟君主制和“七月王朝”的那些斗争归因于阶级冲突(1933, 1964)，这些阶级冲突是由于资本主义的发展而造成的。他认为，这些冲突促使野心勃勃的资产阶级起而反对贵族统治，从而造成1830年“七月王朝”的覆灭。此后，金融资本家与工商业资本家之间的分裂逐渐扩大，金融资本家支持“七月王朝”，这种分裂导致1848年“七月王朝”覆灭。然而，仅仅在几个月前，金融资本家和工商业资本家还共同联手，残酷镇压试图发起无产阶级革命的工人阶级。

然而，这种阶级冲突论经不起严格的学术推敲，就像它对先前的英国革命和法国大革命的分析一样。在19世纪的那些革命中，贵族在对立双方里都起着领导作用，“简单的阶级冲突模式……并不能有效地解释1830年革命浪潮的爆发，在许多革命中，垂直分裂与水平分裂同样重要，这种分裂在不同的国家中有着相当大的差异”。(Church 1983, p.10)1848年的法国，精英们并没有分裂为各个阶级，而是分裂为各个派系：正统主义者、奥尔良派、共和主义者(Jardin and Tudesq 1983), M.特劳戈特(M. Traugott)指出，构筑巴黎街垒的那些工人与那些与之作战的法兰西卫队工人之间并不存在阶级差别。(1985) 1848年欧洲其他国家的起义，几乎全都是由学生、专职人员以及官员们发起的，而不是由工商业资产阶级发起的。(Langer 1966, p.100)

但是，即便马克思不是革命危机起因的可靠指导者，近来的许多理论观点也好不了多少。斯考切波认为，当“结构闭锁”国家或内部分裂国家遭遇不可控制的国际压力时，特别是遭遇战败或毁灭性的战争经费时，革命就会发生。(1979)然而，1815年至1850年正值“欧洲演唱会”期间，这个时期可能是早期现代历史上欧洲大陆国家之间和平与合作的高峰期。因此，为什么这个时期也是国内危机的高发期？恰如M.霍华德(M.Howard)所言：“在这40年的最好时光里，[欧洲国家的军队]忙于镇压国内动乱和革命远甚于相互打仗或准备打仗。”(1976, p.95)

根据本书之前的那些观点来看，1830年和1848年的革命就显得特别有趣。马克思主义的革命理论强调的是资本主义的发展对早期现代社会的腐蚀作用。从商业和工业中获取财富的那些新阶级攻击传统的地主精英，与此同时，农民的土地被剥夺，再加上工厂不断压低传统劳动力的工资，造成了农民和工人的苦难，这种苦难在城市中尤为集中，这些“危险的阶级”是政治动乱的原动力。我的观点与此不同，我认为，早期现代革命并非仅仅是对于资本主义发展的反应。相反的，国家危机之所以发生，原因在于传统的政治制度、经济制度和社会制度无力应对不断累积的人口增长。这个理论会得出下面这个也许会令人惊愕的预测：如果资本主义经济组织越来越富有成效，提供了越来越多的工作岗位以及精英职位，生产出越来越多的消费产品，那么，资本主义最发达的那些地方应对一般人口压力的能力是最强的。与之相反的是，那些受到传统制度束缚较多的地方应对人口压力的能力就比较脆弱。因此，1830 年和 1848 年的那些革命，使得我们可以把人口/社会结构理论与马克思主义革命理论做一个鲜明的比较。如果马克思主义革命理论是正确的，那么，那些受到资本主义侵袭最为严重的地方应该就是社会动乱最为严重的地方；如果人口/社会结构理论是正确的，那么，那些受到工业变革影响最小的国家或地区，在其资源与先前相似的情况下，其应对人口压力的能力也是最为脆弱的，这些国家或地区的动乱和危机应该最为严重。

当然，社会环境并不会一成不变。有些资本主义发展十分缓慢的国家，比如俄罗斯，却有着大量的土地可供垦殖，因此这些国家也有应付人口增长的出路。其他一些国家，其资本主义在不断发展，人口增长也在不断持续，对此，我们必须仔细分析资本主义发展与人口增长之间的相互作用。当然，资本主义发展和人口增长必须结合国家机构的变化和精英冲突来进行详细分析。我认为，在欧洲各国里，那些资本主义发展最为牢固的地方：英国那些处于工业化进程中的北部诸郡、法国东北部那些采矿业和工业城镇、易北河东部那些容克地主阶级比较集中的地区，这些地方的社会动乱极为轻微。那些最为传统的地区：英国南部的农业诸郡、巴黎和里昂的那些手艺人和工匠聚集的临近地区、布列塔尼的家庭农场地区、法国南部、德国西南部地区，这些地区的社会动乱最为严重。

当然，我们不能仅仅依靠民众情况和社会失序情况来解释这些危机。如同先前的革命一样，这些事件也是众多因素结合的产物：国家危机产生于国家衰落、精英冲突和社会动乱的综合作用。事实上，恰如蒂利及其同事所指出的那样，当精英们挑战国家权威并使得国家政权动荡不安的时候，也是社会动乱多发的时候。因此，我们需要解释精英的行为以及争夺国家权力的斗争。(Tilly, Tilly, and Tilly 1975; Rule and Tilly 1975)

下文将用四个事例来探究国家危机的原因：1830 年的法国、1848 年的法国、1830 年至 1832 年间的英国、1848 年的德国。我认为，在那些出现了类似于前几个世纪的人口增长危机和制度约束的地方，人们都可以发现一些相同的问题：精英竞争和精英冲突、实际工资下降、城市人口集中、无地农民、不断增加的青年人口，正是这些问题导致了以前的国家危机。然而，历史并不会完全重现，有三个主要的变化。

其一，18 世纪各国的财政体制往往都已有所改进(法国是在 19 世纪早期即拿破仑统治时期)，因此国家应对财政危机的能力有所增强。(Stearn 1974, p.67)有些国家会面临支付、资助、贪腐等财政问题，但是这些问题不会导致全面破产。由于国家具有更好的财政基础，因此中央政府崩溃的风险远小于以前的危机时期。

其二，精英流动和精英竞争更多地表现为精英位移，甚少精英循环。因此，扩大边缘精英获得政治职位和社会职位的通道的压力十分巨大，但是，那些失去了先前的社会地位并试图开历史倒车、复辟反动制度的精英，他们造成的反革命压力微乎其微，缺乏反革命力量意味着那些温和的革命领导人不会遇到右翼和左翼之间的长期激烈斗争，这种斗争通常都会孕育出更为偏激的激进主义(这个过程将在第五章中详细分析)。在这些革命里，与伟大的英国革命和法国大革命不同，改革者不必与群众中的激进分子联合起来以击败强大的反革命精英。正相反，革命危机为精英们参与政治开辟了更加宽广的路径，并使得政府精英能够与改革主义反对派成员达成妥协。这就只剩下了一种斗争，即改革主义者与旧精英之间联合起来对抗那些业已孤立的激进主义革命者。新政权就能够镇压那些激进主义革命者，并巩固那个虽在改革但相对保守的政府。

其三，工业资本主义的发展提供了更多的资源，因此也就能更好地应对人口压力。所以，如同我下面将要阐述的那样，恰恰是那些受到工厂化生产影响最小的行业和地区，在这个时期里遭受的损失最大，动乱也最多。实际上，1850 年之后资本主义的发展、实际收入的增加、食物短缺的威胁持续减少、社会为受过教育的青年和精英提供的公私职位不断增加，由此，资源不断扩大，因而终结了由于人口增长而导致政治危机的现代早期。由于英国较早发展，因此，1830 年之后英国就结束了现代早期，几乎比欧陆国家早一代人的时间。

简而言之，我认为，导致 19 世纪危机的，并不是“新”的发展：资本主义和现代社会生活，而是“旧”的留存：相对僵化的精英扩展体制、劳动力市场体制和土地利用体制无法应对人口增长压力。在转向个案研究之前，让我们首先来分析一下法英德三国的人口变化、生产率的变化、物价的变化以及其他一些相关的变化。

19 世纪法国、英国和德国的人口增长及其影响

如果造成危机的仅仅是人口增长，那么，19 世纪早期，英国的危机应该最为严重，而法国则应该最为轻微。1800 年到 1850 年，英格兰和威尔士的人口增长了 92%（包括爱尔兰在内，联合王国的总人口增长了 72%）。（Wrigley and Schofield 1981，pp.534—535；Cash 1979，p.369）1816 年到 1864 年的半个世纪里，德意志的人口增长了 61%，人口增长最快的是萨克森（96%）和普鲁士（72%）。19 世纪 50 年代，德意志西南部诸州有大量人口迁出，因此这些州在 1816 年至 1864 年间的人口净增长较慢，但在 1850 年之前这些州的人口仍有大量增加，尽管有人口迁出，这些州的人口净增长率仍然从 1816 年的 24%（维滕贝格）—33%（巴伐利亚）提高到 1864 年的 43%—45%（巴登和黑塞）。（W.Lee 1979，p.144，Köllmann 1976b，p.10）法国的人口增长更为缓慢，但是在那片已显拥挤的土地上，每十年仍然会增加 150 万到 200 万人口，1800 年到 1850 年间，法国人口增长了 31%。（Armengaud 1976，p.235）然而，如同我前面所说，造成危机的并不仅仅是人口增长，倒不如说是人口与资源之间的失衡造成了危机。就此而言，法国最为不利，德国次之，英国的情况最好。

这个时期里，法国的经济就总体来说跟上了人口增长。但是法国的粮食产量波动极大，在粮食丰收的年份里，法国的粮食产量超过总人口的粮食需求，但是在歉收年份则不敷所需，19 世纪初，法国人口对农业生产造成的压力已达极限。法国人口的继续增长以及经济增长的放慢，意味

着这种困境并没有根本改观。因此,法国连续不断地遭受粮食危机,在旧制度最后几十年里,粮食危机成为挥之不去的魅影,特别严重的粮食危机分别发生在1816年至1817年、1828年至1832年、1846年至1847年。(Price 1981, p.199)

拿破仑战争结束之后,德国各个地方遭受的压力大为不同。“尽管北部和东部这些人口密度较小的农业地区能够吸纳人口增长,也不会产生太大的困难,但是西部和南部地区人口过剩问题却越发严重……造成了农民的土地饥渴,并使得手工业贸易危机越发严重”(Hamerow 1958, p.20),后一个影响在1830年之后特别明显,也是在1830年之后,德国西南部地区人口对土地造成的压力十分尖锐。

得力于农业革命、从爱尔兰输入粮食以及制造业部门的发展,使得英国能够较好地应对人口增长。但是英国较为成功地应对人口增长在1830年之后才比较明显,而此前的20年代,在英国的某些地区,特别是东南部地区,劳动力市场过度饱和以及粮食短缺却非常明显。

这些不同的变化趋势,明显体现在各个国家粮食价格的变动中,如图3.4所示。欧洲一些国家要偿付由于拿破仑战争而产生的债务,由此,

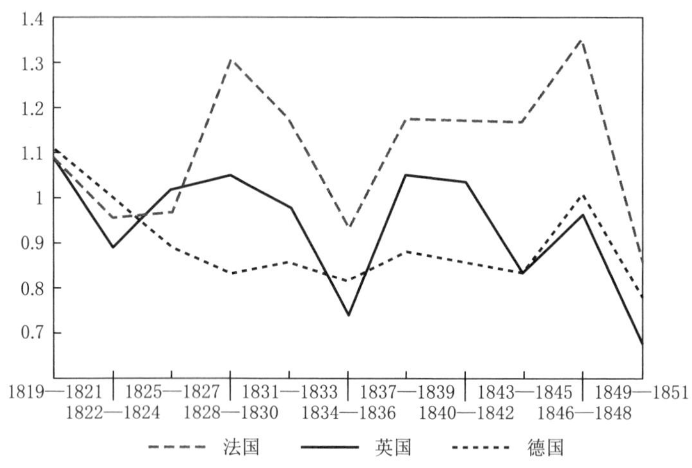

图3.4 1819—1851年间法国、英国和德国粮食价格的变动

注:法国和英国的粮食指的是小麦,德国的粮食则主要是黑麦。粮食价格以指数来表示并有所调整以使其适用于这些国家,1819—1827年的粮食价格=1.00。

巨额的政府信贷使得物价飞涨，但是从1820年到1848年，物价的变化趋势再次反映出供需平衡。然而，法国的粮食价格一直在稳步上涨，1830年和1847年分别达到危机顶点，除了1834年到1836年间的丰收年份，法国的粮食价格持续高于19世纪20年代。德国的粮食价格在19世纪30年代之前有所回落，此后持续上涨，起初涨幅还不大，但是到1848年时涨幅还是超过了25%。英国的物价变动不居，但19世纪20年代之后物价的总体趋势是不断下降。

19世纪上半叶，人口对土地的压力还有其他一些表现形式，这些表现形式与我们对现代早期人口增长的分析相似：由于乡村人口向城市迁移，城市人口快速扩张；由于劳动力市场的饱和，实际工资不断下降；由于谋求精英职位者数量的增长远快于职位数量的增长，证书和职位的竞争不断加剧，因此大学招生数急剧扩大。

1800年到1850年间，巴黎人口翻了一番，里昂和马赛也几乎翻了一番，土伦市人口是原先的3倍。(Jardin and Tudesq 1983, pp.270, 372)就法国整体而言，在人口超过1万的城镇中居住的法国城镇人口数量增加了一半多，城镇人口占法国总人口的比例从不到10%增至近15%；(Price 1972, p.11)法国12个大城市的人口总数增加了一倍多，从100多万增至250万。英国伦敦的人口几乎是原先的3倍，从864 000人增至240万人，而在人口超过2万的城镇中居住的城镇人口数量的增长达到了令人难以置信的320%。由于普鲁士地位的上升，柏林市人口从1819年的20万增至1848年的38万。维也纳市的人口也有极大的增加，从1800年的232 000增至1846年的46万。就普鲁士整体来看，从1816年到1848年这30多年间，在人口超过10万的大城市中居住的人口增至2.5倍，从不足20万增至50万。(A.Weber 1963, pp.43—46, 73, 82, 95)

在欧洲各地，“城市管理体制和社会服务都跟不上迅猛而又无法估计的人口扩张”。(Hobsbawm 1962, p.245)尤其值得注意的是，“欧陆各个国家里，警察数量不足”，在人口暴增的城市里，这些警察根本无法维持社会秩序。(Langer 1969, p.111)英国有所不同，因为1830年之后英国创制了现代警察部队，19世纪上半叶，除了英国之外，欧洲各个君主国都要依靠军队和民兵来应付一些大规模的社会动乱，在大规模社会危机期间，这些君主国的国家机器往往并不可靠。(Church 1983, p.149)然而,由于"城市人口的快速增长超过了城市所能提供的就业机会",大规模的社会动乱几乎无法避免。(Gillis 1977, p.176)

图 3.5 描绘的是 19 世纪早期实际工资的变化趋势。尽管对于一个国家里不同行业的工人和不同地区来说,收入变化各不相同,但这个时期里实际工资有明显的下降。我将在后面对这个问题进行仔细分析,但图 3.5 所揭示的实际工资的变化趋势并非误导。图 3.5 中所揭示的是英国和德国的建筑工人以及法国许多行业工人实际工资的变化。在这三个国家,1827 年前那些年份是工人的好时光,此后,一场严重的危机席卷了法国,1830 年英国和德国工人实际工资的下降幅度很小。19 世纪 30 年代中期工资水平有所好转,但是,此后法国和德国的实际工资水平稳步下降,在 1847 年至 1849 年危机期间急剧下降。与此不同的是,尽管 1830 年之后英国的实际工资也有反复波动,但是其变化是扁平的,而且,英国的实际工资维持在高于 20 年代的较高水准上。就总体变化趋势来看,英国的实际工资有所增加,尽管也有反复波动,而且在 40 年代有所停滞;法国和德国实际工资的提高则困难重重,法国的实际工资在 1828 年至 1830 年间以及 1847 年至 1849 年间还曾急剧下降。

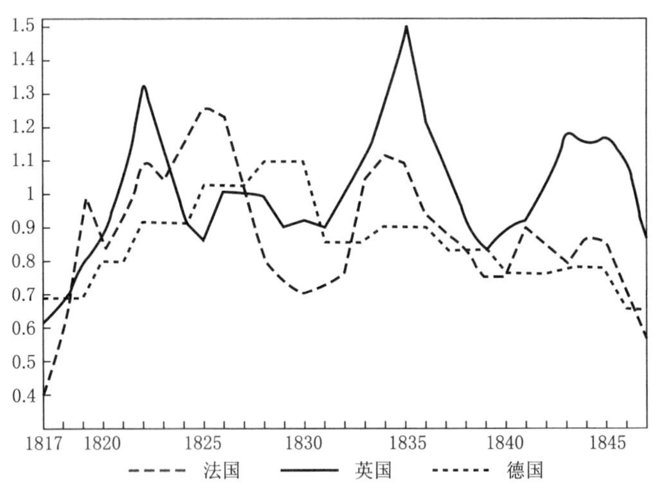

图 3.5 1817—1847 年间法国、英国和德国实际工资的变化

注:实际工资用指数表示,以 1820—1829 年各国的实际工资为 1.00 进行相应的调整。

然而,除非精英们通过抨击政府把愤愤不满的工人中的高度社会动员潜能释放出来,否则,城市的苦难并不足以导致危机。当谋求精英职位者数量的增长快于精英职位数量的增长时,一些屡受挫折的潜在领袖就会挑战国家政权,此时,这些精英极有可能抨击政府。19 世纪早期,“经济增长并没有为受教育者提供足够的就业机会”。(Gillis 1974, p.72)确切说来,为初中等学校毕业生提供的就业机会很多,当时通俗期刊盛行,普通学校增加,这些职业的进入门槛都比较低,但是,高级公务职位、大学职位、法律工作职位和医疗工作职位并没有多大增加。为数众多的青年离开学校和大学校门之后,很快就会发现自己很难进入官僚队伍和专业性职业。(Church 1983, p.11; Stearns 1974, p.43)

1816 年至 1830 年,作为精英预备学校,法国国立高等学校的在校生数量几乎增加了 1 倍,此后,到 1848 年又增加了 50%。(Prost 1968, p.33; Jones 1981, p.13) 1800 年至 1830 年间,德国的大学生数量增至 3 倍,由于大学毕业生找工作越来越难,40 年代德国大学的学生数有所减少。“德国和法国的工业发展十分缓慢,即便吸纳为数不多的受教育者也很困难”。(Gillis 1974, p.75)国家行政机关也没有扩大,因此就无法招录青年人。英国的情况与法国和德国有所不同,英国大学的招生数量也在增加:1740 年至 1749 年间到 1790 年至 1799 年间,牛津大学和剑桥大学招生数的增长不足 10%,但是到 19 世纪 20 年代突然翻了一番,40 年代一直维持这种水平,1850 年之后再度扩张。(L.Stone 1974, pp.90—91)然而,1830 年之后,英国大幅度扩大了公务员队伍,英国工业的快速扩张使得工作报酬越来越多,这就把许多青年人从学校竞争中吸引出来(学校竞争依然会给那些准备从事宗教职业的青年造成沉重压力)。

因此,19 世纪早期,欧洲各个国王都面临着一系列相同的问题,尽管问题的程度有所不同,这些问题包括:粮食危机、城市人口激增、实际工资下降、谋求精英职位的受教育者不断增加,这些问题是 17 世纪中期和 18 世纪晚期有些先王未曾遇到的。那么,面对这些问题,这些国王如何是好呢? 要回答这个问题,我们就要详细分析每个国家的物质资源和政治资源。搞清楚 19 世纪各个国家政治危机中的民族差异、时间差异甚至地租差异,这样得出的解释才是有价值的。

法国:从革命到革命再到革命

1789年法国发生了翻天覆地的变化,是这样吗?长期以来,有一种观点认为法国大革命是法国历史的关键转折点,但是最近以来,随着一些当代学者重新返回到托克维尔的观点,上述这种观点已经深受质疑,托克维尔认为,18世纪晚期和19世纪早期的法国大革命,历史连续性多于变化。(Furet 1981; Forster 1980; Bergeron 1981)

拿破仑统治时期法国的社会稳定

尽管国民议会和督政府始终面临破产问题,但是,拿破仑还是对法国的行政管理制度进行了重大改革,从而解决了旧制度曾经面临的一些问题,虽然比较短暂。

我们知道,波旁王朝过度依赖土地税收,实际征收的土地税已达最大极限,但是波旁王朝征收的间接税(即消费税和关税)却微乎其微。拿破仑直接抨击这个问题,1791年至1813年,没有增设任何新的土地税,而且,尽管当时法国政府财政拮据,但是对不动产征收的税收一直稳定不变。对四轮马车以及一些十分显眼的房屋构件(门窗烟囱等等)征收的奢侈品税,为地方政府提供除了入市税之外的另外一项补充收入。但是,当时法国的税收收入主要来自烟草、酒类和食盐的间接税的极大增长,这类税收提供的收入在1806年至1812年间增加4倍。拿破仑帝国时期,法国税收收入中只有三分之一来自土地税,其余都来自消费税、印花税和登记税。到1806年,旧制度时期的长期债务问题已经被充分的财政收入和财政偿付能力所取代。(Bergeron 1981, pp.38—39)

拿破仑统治时期法国领土的巨大扩张也有助于解决精英困阻问题。新的政府部门需要130名部门职员,"这种精心设计是为了吸引一些家庭并促进对于皇帝的个人忠诚";新的政府部门吸纳了那些"生活优裕的资产阶级家庭和旧贵族家庭"的子弟,为"各部大臣、参议员、国务委员、将军和高级行政长官的儿子们、女婿们和侄子外甥们"提供了一条出路。(Bergeron 1981, p.30)军队职位的开放以及帝国军队的庞大规模,为每一个才智之士提供了充分的机会。

法国大革命并未消灭旧贵族,拿破仑保护了这些旧贵族,与此同时,拿破仑也为有才能的新贵族提供了成为行政精英和军事精英的同等机会。因此，拿破仑帝国结束了精英循环和精英位移那个历史时期，创造了一个向上流动的崭新时代，这主要是通过精英吸纳来实现的，就其效果来看有助于社会稳定。

N.汉普森(N.HampSon)指出，1789 年法国大约有 40 万名贵族，“其中只有 1 158 名被处死，16 431 名贵族逃离了法国”。(1963, p.251)即使是那些逃离法国的旧贵族，他们最终也能用假名字把曾被没收的土地买回来，拿破仑常常会任命一些旧贵族担任公职，其中包括一些被遣返回国的旧贵族。(Cobban 1957, 2:26) R.福斯特(R.Forster)曾总结道：“旧制度时期的大地主，不管是贵族还是非贵族，他们都并未被大革命消灭，甚至也没有受到多长时间的伤害。”(1980, p.186)在法国近乎一半的地方，最富裕的地主中多数依然是革命前的贵族；只有少数地方的经济精英中找不到革命前的贵族。(Bergeron 1981, pp.126—129)拿破仑新建了册封贵族制，根据为国家服务的成就册封贵族，从军队、中央政府和地方政府中擢拔，其中就包括相当一部分旧贵族(大约占册封贵族的 22.5%)。(Bergeron 1981, p.69)“在这社会转变的关键时刻，建立一种新的社会团结也有利于社会的均质化”；在巴黎郊区的圣日耳曼大街，“高级民政官员与政治官员如今比邻而居……他们的邻居还有那些为数众多的贵族上流社会的幸存者，这些贵族中有的一直在此居住，有的是从迁居地重返而来”。(Bergeron 1981, pp.120, 122)根据福斯特对几千个贵族所作的样本分析，即便是在巴黎之外的许多地方，“1789 年至 1810 年间，法国的社会结构和职业结构似乎也十分稳定”。(1980, p.189)

解决了财政疲弱问题以及精英循环和精英位移问题之后，拿破仑帝国的偿债能力和精英吸纳能力有所增强。因此，导致旧制度危机的两个因素已经不复存在，同样，由于帝国军队的赫赫战绩，由于工厂需要劳动力以生产军靴军装军火这些战争物资，这就使得社会动员潜能大为下降，因此，导致旧制度危机的第三个因素也得以化解。

1789 年至 1794 年，物价上涨超过了工资增长，反复发生的食物短缺使得愤怒的群众走上街头。(Cobb and Rudé 1965, p.257)但是 1794 年之后，由于战争掠夺，法国变得富裕起来，法国的国库和粮仓堆满了从荷兰和莱茵兰这些被征服国中征收而来的钱粮。由于战争贷款和军事开支的急剧增加，导致1800年至1820年间法国的物价迅速上涨，尽管如此，这个时期法国的实际工资增长还是高于物价上涨，因此，执政府时期和拿破仑帝国时期，实际工资的增长与生活水平都要好于路易十六统治时期的最后几年。（Lefebvre 1965a，pp.133—134）J.维达朗（J.Vidalenc）曾评述道，事实上，“在拿破仑传奇的形成中，人们对拿破仑帝国晚期高工资的记忆也发挥了一定作用”。（1970，p.353）拿破仑自己“也总是认为，他之所以受到人民的爱戴，不仅是因为军事胜利，也是因为他使得法国富裕起来以及很便宜的面包价格”。（Bergeron 1981，p.101）因此，恰如A.雅尔丹（A.Jardin）和A.-J.蒂代（A.-J.Tudesq）所指出的那样，当粮食需求上升时，拿破仑就取消粮食自由贸易，1810年至1811年严重的粮食歉收之后，政府迅速采取行动以重新分配粮食。（1983，p.41）

在农村地区，有些地方的农民获得了土地，这些土地来自政府出售的教会土地、流亡者的土地，还有一些则出自村社公用地的分配，农民还得益于什一税和封建杂费的废除。但是就法国农民整体来看，上述收益其实很少。（Vidalenc 1970，p.353）对农民来说最主要的收获是由于物价通胀使得实际地租有所下降，另外，农民们有机会将其子弟送去参军，这有可能获得更多的利益，而不必依靠他们的小块土地养活这些子弟。（Palmer 1977，pp.99—100）

总而言之，拿破仑帝国暂时解决了旧制度面临的种种问题。通过扩大间接税以及大量扩增国家民政职位和军事职位，财政危机和精英冲突得到遏制。战争胜利的收获使得大规模社会动员潜能有所削弱。这些战争收益包括对被占领土的掠夺，这就使得国内税收能够保持在较低的水平，并能增加粮食供给，战争也为数百万法国人提供了远离家门的机会，从而减轻土地压力，并把法国的实际工资保持在较高的水平。但是，只有当军事成功能够持续下去、精英职位谋求者数量的增加不超出拿破仑帝国新管理体制所能容纳的数量时，上述这些措施所获得的成功才能维持下去。1812年至1813年花费高昂的对俄战争的失败，迫使拿破仑再次大幅度增加税收，而1814年至1815年战争的失败给法国留下了将近8亿法郎的债务。因此，法国再次出现了财政困窘。更为重要的是，法国的基本经济结构和社会结构并没有根本性变化，如果法国再次被限制在其原来的国境之内,如果其人口持续增长,那么,若要阻止旧制度时期的那些问题和冲突再次发生,法国的经济结构和社会结构就必须改变。

"1789 年的法国大革命并未创造一个新世界,甚至也并未创造一个新法国。政府体制、管理体制以及占据权力位置的那些人确实不同以往,但是……法国大革命……留下的大部分东西都是原封不动的法国社会生活的基本方面——经济活动、社会结构、人口分布……19 世纪 30 年代的法国与 18 世纪 70 年代并无二致,依旧是一个农业国家,法国远非中央集权制国家,这个国家被语言和距离分割开来,大多数人口都是农民,这个国家掌握在地主贵族手里"。(Pinkney 1986, p.3) R.R.帕尔默(R.R. Palmer)说道:"农业危机尚未解决,除非工业发展能把农民吸纳到工厂和城市里,否则农业危机根本就无法解决"。R.普莱斯(R.Price)曾总结道:"法国大革命使得法国人的税收负担有所减少,[而且法国改变了]资源分配……暂时减轻了人口压力,把下一次重大危机推迟了半个世纪,在这个危机间歇期里,随着人口不断增长,加之农业生产方法和农业产量并没有重大改观,因此危机不断发生,许多地区都在逐渐贫困化"。(1981, p.199)

这些学者的评述准确地刻画了复辟时期以及七月王朝的困境,它们在 19 世纪面临的持续人口增长,其经济制约、僵化的土地/官僚制社会结构体制这些社会背景,却几乎与以前完全相同,这些社会背景曾给旧体制造成了无法解决的国家危机。19 世纪的法国以及其他欧洲国家确实像马克思和恩格斯所说的那样,都被一个幽灵缠绕着,但是这个幽灵并非共产主义幽灵,而是人口持续增长的幽灵,这种人口持续增长所处的经济背景和社会结构背景并不能容纳如此快速的人口增长。19 世纪里,革命的阵痛并没有催生出一个新秩序,恰恰相反,这些国家还要经历旧制度的噩梦。

经济制约

1791 年至 1851 年,法国人口增长了 32%,从 2 700 万增加到近 3 600 万。(Dupeaux 1976, p.37)尽管法国在欧洲国家中是控制生育最好的国家,而且 1800 年之后人口出生率急剧下降,但是死亡率也在急剧下降,因此,出生率与死亡率的差额依然是正数,新一代青年人口在法国总人口中所占比例持续增加。而且,法国的生育控制主要得力于北部和东部那些富裕家庭的主动节育。(Weir 1982，pp.190—200)而在穷人中间，在法国的南部和西部地区，死亡率的下降并没有得到出生率的补偿；事实上，布列塔尼和法国南部的人口增长异常强劲。(Jardin and Tudesq 1983，p.239) M.阿居隆(M.Agulhon)评述道，到19世纪40年代，法国农村地区尽管有些人迁往城市，“人口密度比以前或以后的任何时期都要大”。(1983，p.9)

那么，农业经济占优势的法国该如何应对人口负担呢？这让我们想起，1770年至1795年间，法国饱受反复发生的粮食严重短缺之苦(重大的粮食危机发生于18世纪70年代早期、80年代晚期和90年代早期)，也饱受制造业衰退之苦，制造业衰退源于消费品需求的下降、实际工资的下降、食物开支在家庭开支中所占的比例过大。因此，如果一场严重的粮食歉收就能使一个国家的经济和政治形势发生重大变故的话，那么，即使19世纪上半叶法国的农业产量增加三分之一，因而能与人口增长保持同步，这种农业产量的增加也仅仅只能维持18世纪晚期的那种困境。要解决法国应对社会生态危机的脆弱性，要么就需要大幅度提高粮食产量，从1800年至1850年要增加40%—50%，要么就需要根本改造法国经济使之更少依赖于农业。

然而，这两种情况都没有发生。19世纪30年代，80%的法国人都居住在人口不足2 000的农村村庄中，只有20%的人口居住在城市，城市居民中仍有许多人“与农业经济和农村社区有着密切联系”。(Pinkney 1986，p.4)到1845年的时候，三分之二的法国劳动力都在农业经济部门工作，甚至，在那些主要靠手艺为生的农村居民中，仍有很多人会用部分时间充当季节性农业雇佣劳动力。(O’Brien and Keyder 1978，p.94；Mayer 1953，p.91)

19世纪早期，法国的农业产量确实有所提高，但是，人们对法国农业产值提高的幅度争议很大。乐观派认为，从19世纪早期到40年代，法国农业产量提高了55%—70%；(Newell 1973；O’Brien and Keyder 1978；Lévy-Leboyer 1968)悲观派坚持认为，法国农业产出率根本没有提高，农业产量的提高也微乎其微。(Vidalenc 1970；Morineau 1970a；Clout 1980；Grantham 1978；Grouzet 1980；Price 1981；R.Cameron 1970)

这些观点如此悬殊，从 0%到 70%，这就反映出，如果只是根据部分数据，是很难作出准确判断的。不同地区农业产量的数据差异很大，不同年份里的收成也有很大差异。选取不同年份、不同地区作为衡量基准，将使结果大不相同。尽管如此，当我们把这些关于农业产量、农业经营方式、物价以及粮食危机的发生率的相关资料综合起来进行分析的时候，就会发现一个连续性的画面，这个画面并不像悲观主义者估计的那样极端糟糕，但是却与其方向一致。

19 世纪法国农业生产的许多资料都可以在官方文献中可以找到，这些文献包括 19 世纪早期法国政府要求各地上报农业收成而形成的收成报告，还有 1840 年之后的农业统计资料。此外，R.C.艾伦（R.C.Allen）和 C.奥格拉德（C.O'Grada）曾根据阿瑟·扬（Arthur Young）的资料（1971）对法国不同地区的农业产量进行了重新整理。（1988）然而，农业收成报告是误导性的，因为其基准年份是 1816 年至 1817 年，这是个极其糟糕的歉收年，当时，由于恶劣的气候以及拿破仑滑铁卢战败之后外国占领军对法国的劫掠，法国的粮食收成大为减少。（Grantham 1978，p.313；Allen and O'Grada 1988；Morineau 1970b，p.177）如果我们把这一年度的粮食产量与 1840 年（一个丰收年）的粮食产量进行比较的话，会产生一种错觉，误以为法国的农业生产有巨大进步，这正是乐观主义者的那种幻觉。

乐观主义者还从法国东北部小麦产量与英国小麦产量的对比中找到了希望，因为 19 世纪 40 年代法国东北部小麦产量比英国小麦产量多 10%左右，然而不幸的是，这个事实并不能证明法国农业有了长足进步，这是因为，早在 18 世纪，甚至 17 世纪，法国东北部的小麦产量已经堪比英国，尤其是法国北部省、加莱海峡省以及诺曼底大区的部分地区。（Morineau 1970b；Allen and O'Grada 1988）妨碍法国农业产量提高的主要原因，是法国除东北部以及河谷地带之外的其他地区的土地产出率很低，这些地区绝大部分土地都是酸性土壤，或者干旱少雨，这些土地难以实行先进的轮作种植，但是这些地区却居住着三分之二的农村人口，这些地区的农业产量通常仅相当于法国东北部的 50%，很少有超过 67%的。（Galassi 1986，pp.93—94；Grantham 1978，pp.320—326）

如果我们用 18 世纪晚期而不是“1814 年至 1817 年这些灾年”作为比较的基础，那么我们几乎找不到任何证据可以证明 1850 年之前法国的农业产量有所提高。(Grantham 1978, p.313)艾伦和奥格拉德曾估算过 18 世纪 80 年代(农业收成比较正常的年代)法国东北部的小麦产量，他们把估算结果与官方记载的 1850 年至 1851 年农业产量统计数据加以比较，结果发现，法国东北部那些比较肥沃的土地的农业产量没有任何提高，而山地和荒地地区的农业产量也仅仅提高了 8%—15%(1988)，东北部地区砾土地和白垩土土地的农业产量有着根本性的提高(分别为 50% 和 70%)，但是这两种土地在小麦种植土地中所占的比例微乎其微，因此，法国东北部这片肥沃土地的农业产量实际上并没有提高。至于法国西部、南部和中部地区，J.埃弗(J.Heffer)、J.迈雷斯(J.Mairesse)和 J.-M.沙尼(J.-M.Chanut)指出，1852 年的农业调查显示出，这些地区的小麦产量仍然相当落后，每公顷的产量不到东北部地区的 50%—67%。(1986, p.1278)

法国农业的生产方式也证实了农业产量的停滞。19 世纪早期，小农庄、村社调节地、大量的休耕地以及原始的农业工具在法国农村仍然十分普遍。19 世纪早期，法国的土地碎片化越发严重：1825 年，应纳土地税额在 50 法郎及以下的地块(大约 10 公顷土地及以下)占所有土地的 34%；到 1858 年，这个数字增加到 37%。(Heywood 1981, p.362)传统的村社权利也阻碍着农业进步，比如相互居留权和共同放牧权依然十分普遍。即便到了 1866 年，法国政府对此依然十分谨慎，试图调整而不是废除相互居留权和共同放牧权。(Clout 1983, p.25；Laurent 1976, p.668) 1840 年，法国的休耕地仍然占可耕地的 27%，与此相对照的是，饲料种植面积仅占土地面积的 6%。(Price 1981, p.53)而且，“1848 年的农业调查显示出，法国主要的收割工具仍然是效率低下的镰刀”。(Price 1975a, p.12)在比利牛斯地区，一位 1836 年就职的官员起草了一份关地区的报告，结果发现，这份报告简直就是 1698 年一位皇家监督官所写报告的翻版，该报告补充说道：“本地农业似乎自古至今都一样。”(引自 Vidalenc 1970, p.355)

英国农业生产的巨大进步，依靠的是在休耕地以及原先未垦种的草地上种植饲料作物(主要是芜菁和苜蓿)，用这些饲料作物可以饲养更多的家畜，也能提供更多的粪肥，而豆科作物可以使土壤更加肥沃。但是法国大部分地区的土壤和气候不适合种植饲料作物，即便是东北部这块适合种植饲料作物的土地，要提高牲畜产量，就需要增加籽种和家畜投资，而只有当更多肉类产品能够在市场上销售出去的时候，才有人会增加这种投资。法国落后的交通和城市居民的低收入意味着肉类市场需求有限，比较例外的是大城市周边地区，比如里昂和巴黎周围，这些地方家畜养殖的投资确实有所增加。(Grantham 1978)只有在铁路交通发展起来以后，农作物生长所需的肥料能及时运达更多的庄稼地，粮食产量才能得以提高；粮食价格才能下降，肉类需求才会增加，这将刺激家畜养殖投资的增加，牧草种植面积就会扩大。(Shaffer 1982, p.128; Clout 1983, p.61)然而在19世纪上半叶，这个过程几乎尚未开始，1837年之后初见端倪，1850年之后才加速发展，此后法国的农业生产面貌才有所改观。[15]

然而，我们必须认识到，1850年之前法国的农业生产还是有些进步的。首先，尽管小麦产出率并未提高，但是从1830年至1848年，法国的小麦种植面积扩大了20%(Jardin and Tudesq 1983, p.169)，大多在法国的西部和中部，在这些地方，小麦逐步取代了黑麦。其次，休耕地减少比较显著。18世纪，因二圃制或三圃制而休耕的土地，东北部大约有33%，南部和西部大约有50%。到1840年，东北部地区的休耕地减少到20%，法国全国减少了27%。(Grantham 1978, p.319; Price 1981, p.53)如果休耕地在土地中所占的比例能从18世纪晚期的4/10减少到1840年的3/10以下，那么法国全国的耕地利用面积就将增加20%。此外，由于水利灌溉的发展，法国南部地区的粮食产量大幅提高。(Jardin and Tudesq 1983, p.313; Clout 1983, p.61)

当然并非所有土地都用来种植做面包用的粮谷，1817年至1846年的几十年间，土豆种植面积扩大了一倍，玉米、烟草、甜菜、茜草、油籽、大麻、桑树等的种植面积也有增加(Price 1981, p.64; Jardin and Tudesq 1983, pp.169—170, p.313)，这些农作物提供了工业原料，可以织布、炼油以供出口到地中海东岸地区来换回粮食。马赛成为食物和工业产品的进出口中心，进口粮食加工成面粉以及食用油。(Sewell 1985a)

因此，如果有人认为，由于法国粮食产量停滞不前，因此法国农业并没有任何进步，这种观点是错误的。土地开垦、水利灌溉的发展、农作物多样化以及休耕地的耕种，都使得法国农业产出有相当大的提高。但是在铁路时代到来之前，法国农业的进步空间是有限的。1852 年，法国小麦的平均产量已经与旧制度时期大不相同，但仍不足每公顷 1 400 公升，到 1882 年，平均产量提高了 30%，达到每公顷 1 800 公升。（Laurent 1976，p.683）显然，尽管 1850 年前法国农业已有一定程度的进步，但是“农业革命”仍未发生。

1850 年前法国农业的进步可以满足不断增长的人口的需要吗？答案是可以，但不充分，有两个指标可以说明这个问题。

粮食短缺的第一个指标是粮食价格的长期变化趋势。乐观主义者指出，法国的粮食价格在 1790 年至 1820 年达到高峰，此后到 1850 年之前，粮食价格不断下降并维持在较低水平。但是这种看法是误导性的，这是因为，1790 年至 1820 年间的高粮价主要是战争造成的，原因之一是战时的货币扩张和信贷扩张，原因之二是军事行动造成的压力。如果分析一下 1760 年至 1820 年间的 5 年期小麦平均价格，不包括 1790 年至 1820 年的战争时期，人们就会发现，法国的粮食价格一直在稳步上涨，如图 3.6 所示。实际上，法国的粮食价格稳步上涨，几乎找不到可以说明这种基本趋势有所改变的迹象。

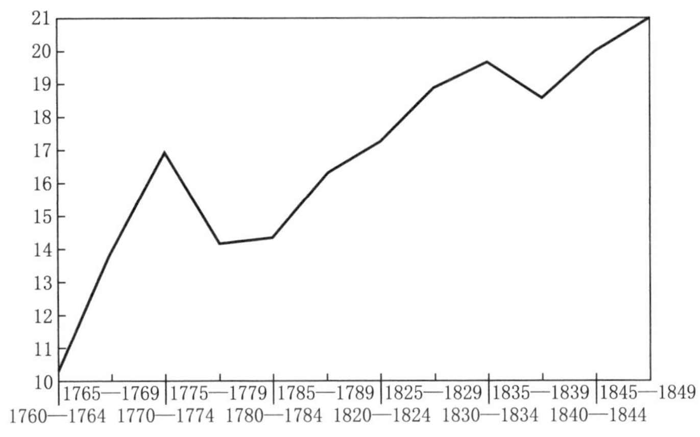

图 3.6　1760—1849 年间法国的小麦价格

注：途中数据为 5 年期平均价格，不包括 1790—1819 年期的小麦价格。

粮食持续短缺的第二个指标是粮食危机的反复发生。波旁王朝复辟时期以及七月王朝时期,每隔10年就发生一次的粮食危机不断冲击着法国:1816年至1817年、1828年至1832年、1837年至1839年、1846年至1847年。这些粮食危机还是老样子,它们都造成了粮食骚乱,削弱了工人阶级的购买力,使得需求下降,因而导致制造业的衰退。(Dupeaux 1976, p.134)简言之,这些粮食危机反复制造出18世纪70年代早期和80年代晚期的那种经济状况,因此,法国的农业经济并不能提供足够的剩余农产品以避免频繁发生的严重粮食短缺。

1790年至1850年,法国人口增加了三分之一。那么粮食产量增加了多少呢?要作出精确的统计是不可能的,但显而易见的是,法国的农业产量并不是完全没有增加,但也并没有发生农业革命。法国粮食价格的长期上涨趋势说明,平均说来,法国的粮食产量并不能满足需求。然而法国粮食价格的上涨并不剧烈,这就意味着,与18世纪晚期一样,19世纪早期法国平常年景的粮食收成是能够养活法国人的,只是可能每隔10年就会略微紧张一些。因此,我们可以大胆地指出,这些年里法国的农业产量大约增加了30%。但是对于政治分析来说更为重要的是,如果一般年景里法国的粮食产量勉强能够跟上人口增长,那么歉收年份肯定就完全不能满足市场需求,因此,粮食缺口就会持续造成严重的粮食短缺和粮食危机。事实上,如同18世纪晚期一样,这种粮食危机每隔10年就会发生一次,这充分显示出法国的农业经济进展极慢。法国人口与粮食供给之间的平衡依然处在临界线上。

因此,波旁王朝复辟时期和七月王朝的君主们统治下的法国社会,其生态平衡与路易十五和路易十六时期的法国社会并无明显不同:人口对农业资源造成压力,在丰收年景里法国农业能够养活法国人,但在歉收年景里则不能;粮食价格不断上涨;面对歉收之后出现的粮食骚乱和工业萧条,法国社会极度脆弱。

在此期间,法国的工业较之农业来说更为成功一些,至少就产值来说确实如此。对于法国工业产值的估计相差极大,这取决于工业增长指数中到底包括哪些工业部门、各部门在增长指数中占多大权重。乐观主义者提出的增长指数表明,到1850年,法国工业产值增至18世纪90年代的2倍或3倍。(Markovitch 1970, p.241; Levy-Leboyer 1968, pp.790—794; Marczewski 1961)与这些乐观的估计相反,F.克鲁泽(F.Crouzet)得出的结论则要悲观一些,他发现,1820年至1830年间,法国工业经济总体来说几乎没有任何增长,此后到1850年也只增长了60%,大部分增长额产生于1840年之后。法国工业增长缓慢的原因在于传统工业占主导地位。(1970, p.273) D.H.平克尼(D.H. Pinkney)指出,即便是到了19世纪40年代,法国布匹产值中超过80%的部分都来自家庭手工业,特别是羊毛、亚麻和大麻布料(1986, p.12),"1840年之前一直停滞不前"。(Crouzet 1970, p.276) P.奥布莱恩和Ç.凯德尔根据乐观主义者的数据资料,认为这个时期法国工业的生产率水平非常高(P.O'Brien and Ç.Keyder 1978),但是N.F.R.克拉夫茨(N.F.R. Crafts)曾有力地批评过他们的观点(1984, p.59)。C.H.约翰逊的总结似乎最切合实际(C.H. Johnson 1975b, p.143),他指出,尽管先前法国工业增长相当可观,但是,"1840年似乎是法国工业的重大转折点,不管法国先前经历过什么样的'工业革命',但是只是到了七月王朝末期,法国'工业革命'才开始兴起,到19世纪50年代才开始全面展开"。(1975b, p.143)

我们姑且承认,法国工业产值的增长确实高于农业,而且也确实比人口增长要快,恰如18世纪晚期一样。但是,生态利益问题绝不仅仅是工业增长是否快于人口增长。关键问题在于,工业增长的幅度是否足以吸纳和雇佣那些无法在增长缓慢的农业部门中找到工作的一部分人口。

1800年至1850年,居住在1万以上人口城市中的法国城市人口翻了一番,从260万增加到520万,城市人口在法国总人口中的比例从9.5%增至14.4%。(A.Weber 1963, p.79)奥布莱恩和凯德尔对法国工业的就业能力持乐观态度,据他们估计,从1790年至1846年,在非农部门就业的劳动力所占的比例从19%增加到33%,鉴于法国的人口增长,这就意味着非农人口增加了一倍,即从520万增至1 170万。(1978, p.94)迈耶的估计则比较保守,但仍属乐观,他指出,非农劳动力在全部劳动力中所占的比例从18%增加到24%,法国总人口增加了32%,这就意味着,非农业工人的绝对数量增加了将近80%。(1953, p.91)

非农劳动力增加一倍,这种情况说明,即便是乐观主义者对于法国工业产值的那些估计,也没有什么值得感慨的。即使生产率没有提高,只要工作时间不减少,我们也能推断出,由于非农劳动力增加一倍,工业产值也会增加一倍。因此,有人认为1800年至19世纪40年代法国工业产值增加了一倍,还有人认为法国工业产值的增加仅能抵消工业劳动力的增加,实际上这两种观点并无二致。如果克鲁泽的观点无误,即法国工业经济仅增长了60%,这就意味着法国存在着大量的失业和不充分就业。(1970)下文中我将根据法国实际工资的下降来分析并证实这种比较悲观的看法。这里,重要的问题是,我们应该注意到,即便我们接受乐观主义者最乐观的观点,即,19世纪早期法国的工商业产值增加了一倍,法国也依然不能摆脱生态压力。农业的停滞意味着非工业劳动力的数量也翻了一番。因此,在平常年份,就业仅仅能勉强跟上人口增长,在歉收年份里,物价上涨会降低工业产品的需求,那么就会产生大量的就业缺口。

简而言之,波旁王朝复辟时期以及七月王朝时期,法国经济的增长至多只能勉强跟上人口增长,即,粮食生产勉强能跟上法国总人口的粮食需求、工业增长仅能勉强跟上非农劳动力的增长。因此,18世纪晚期的那种基本生态压力依旧存在,导致政治动荡的那些压力也依旧存在。

1815年至1848年间的财政困难、精英冲突与社会动员潜能

拿破仑战败之后,法国要支付占领军所需费用,因此财政出现困难,这就需要提高间接税、出售皇家林地。1821年至1828年,法国财政大臣维莱勒(Villèle)终于为法国财政建立了坚实的基础。维莱勒大幅度提高了关税和消费税,对征税程序加以集中化和正规化,并减少了土地税。(Jardin and Tudesq 1983)尽管如此,法国的财政健康和良好的政府信用之所以逐步确立起来,更多的是归功于大幅度削减开支,而不是由于国家财政收入的提高。G.阿尔当(G. Ardant)指出,从1803年至1812年到1845年至1854年间,法国财政支出在国民生产总值中所占的比例不断下降。(1975, p.221)A.雅尔丹和A.-J.蒂代(A.Jardin and A.-J.Tudesq)指出,“紧缩性财政政策导致军队高级职位和一些行政机构高级职位突然减少,因此造就了一批新的愤愤不满者,比如半薪制官员”。(1983, p.14)路易十八的首辅大臣削减了15 000个政府职位。(Spitzer 1987, p.237)此外,军队的薪饷标准冻结在1799年的水平,到1827年的时候,军队薪饷

已经大为落后，而法国政府官员领取的薪水只相当于英国官员或普鲁士官员的一半。（Porch 1974，p.8）

如果法国的身份体制有所变化的话，如果这种身份体制对于公职和土地所有权的依赖有所减少的话，那么人口增长与财政紧张之间并不必然会产生冲突。如果新的资产阶级能够不断崛起并能吸纳更多精英的话，一些雄心勃勃的人就不必在传统职业和公职职位中摸爬滚打，也不必购买土地为自己的前途铺路。但是到19世纪早期，“资产阶级中的绝大部分依然还是旧制度时期的资产阶级，这个阶级的顶层是一些专业人士：律师、医生、教授、科学家、出版商、高级公务员、银行家、批发商以及为数不多的企业家”。（Pinkney 1986，p.19）职业地位往往由一定数量的不动产而得以巩固。拿破仑时期和复辟时期的贵族以及地方贵族，都要依靠自己拥有的土地来表明其作为负责任的民族领袖的合理性。参与法国公共政治——投票选举下议院议员的选举权和成为下议院议员的被选举权——的资格按照是否缴纳直接税而定，这也反映了政治参与的传统财富根源。

复辟时期以及七月王朝时期，新来者很难跻身全国精英和地方精英的上层。随着19世纪早期法国的人口增长，青年人越来越多，实际上，“当时法国人口中青年人与成年人的比例，非常接近于当今许多亚洲国家和南美国家中青年人与成年人的比例（75%—80%）。直到1870年，这个比例才下降到当今欧洲社会常见的35%”。（Gillis 1977，pp.29—30）波旁王朝复辟时期，精英教育和较低级别的专门职业才对全社会开放：国立高等学校的数量不断增多，大学里医学和法律专业毕业生不断增加，急剧扩张的出版业和法院体系为那些渴望成为精英的人提供了入门职位。但是，对于那些被训练成“一心只追求公共行政职位以及自由职业”的新大学毕业生来说，他们的机会所剩无几。（Spitzer 1987，p.227）新生代的成长会遭遇拿破仑帝国时期成长起来的那一代人的阻碍（Spitzer 1987；Sussman 1977；O'Boyle 1966），这些人还在非常年轻的时候就响应拿破仑人尽其才的号召，现在，这些人已经在专门职业和行政事务高级职位上待了好多年，资历相当老了，与此同时，一些旧贵族和以前的流亡者主宰着波旁复辟王朝的各级法院。公职职位减少、年长资深者居于支配地位，这些年长资深者都带有浓厚的保皇党人、牧师和流亡者色彩，这就造成了这种情形："复辟的波旁王朝逐渐背上了一种负担，这就是，它把自己曾经开放的[职业]通道又部分地、时断时续地、令人恼火地关闭起来"。(Spitzer 1987, pp.248—249)

与18世纪一样，不断上涨的物价造成一些商业资本家的大肆扩张，他们的财富越来越多。A.多马尔(A.Daumard 1973, p.118)等人曾研究过巴黎以及其他一些大城市居民的家庭遗产情况，结果发现，1820年至1847年间，这些居民的家庭财产稳步增加，巴黎居民的家庭财产增加了100%，图卢兹居民的家庭财产增加了50%。这些家庭的户主或其子女都想成为专业人才精英或者公职人员，作为对这些需求的回应，法国的高等学校开始扩张，知识型中产阶级迅速壮大，比如律师、教师、作家、医生和公务员。但是，有限的事业前途使得这些人只能始终处于政治生活和专门职业的边缘。

充分的社会流动使得中下层精英的数量急剧增加，也促使越来越多的人想要成为精英，但是与此同时，转变为高层精英的社会流动却并不充分，这就使得很多中下层精英极为不满，导致许多下层精英成为政治反对派。[16]对于18世纪20年代、30年代和40年代期间法国社会的这种情况，路易·菲利普的塞纳省警察总监的警告非常中肯，他说必须要警惕："医生没有病人可医，建筑师没有建筑物可以设计，新闻记者没有杂志可投，律师没有客户，所有那些满怀不解者、心理失调者、极度饥饿者，发现自己在宴会中没有位置，他们都试图掀翻桌子，拿走盘盘碗碗。这些人就是革命的制造者、无政府的大祭司、起来造反的海盗"。(引自 Spitzer 1987, pp.224—225)

当然，这个警告并不完整。心怀不满的边缘精英确有可能成为反对派领袖的核心，但若得不到群众的支持，他们将一事无成。如果皇家军队依旧忠于国王、依旧军纪严明，那么支持这些精英的群众并不希望对抗这支军队。这另外两个基本条件——军队的背叛和群众的动员——由于国王的贫困以及1827年至1832年间和1846年至1847年间的经济危机而得以形成。

由于财政拮据和人事冲突，复辟的波旁王朝终于失去了军队的支持。冻结军饷以及流亡军官的强行复任，导致"军队中的政治反对派与失意的野心家联起手来"。(Porch 1974, p.8)拿破仑帝国的那些老兵常常想起拿破仑军队的人尽其才，他们对出身于革命前的贵族家庭的那些军官感到十分愤怒。当经济崩溃之时，这种愤怒就会让位于指责，然后，军队就会消极不作为，甚至支持反对派。因此。1830 年，那些曾经为帝国战斗过的军官和士兵，再也不愿意为复辟王朝而战。（Jardin and Tudesq 1983，p.99）七月间，军队里开小差现象普遍存在，“8 月 2 日国王逊位时，他身边的军队不足 1 350 人……实际上巴黎周围 50 英里内的几乎所有军团都已宣布拥护临时政府”。（Porch 1974，pp.35—36）

在支持反对派领袖的群众团体面前，国王军队四散而走，这些群众团体常常被认为是早期资本主义的牺牲品：城市工人，他们饱受工厂竞争的折磨，饱受冷酷无情的资本家的剥削。但是，这种认识对于 18 世纪晚期的巴黎工人来说并不准确，同样的，对于 19 世纪晚期的巴黎工人更不准确。在马赛市，“新兴的大规模机械化生产技术并未侵害到繁荣的手工工业，也没有给后者带来灾难或者严重的衰退”。（Sewell 1985a，p.31）在巴黎市，恰如特劳戈特（1985，p.7）所指出的那样，“工厂生产几乎不为人知”，外国企业也没有损害法国工人的利益，因为高关税保护着法国的国内市场，使其免遭英国的竞争。（C.H.Johnson 1975b，p.168）城市的革命工人主要是那些向上流动的移民，他们进入传统的手工工业之后不久就发现，他们的未来受到劳动力市场过剩的威胁，他们的工资受到急剧上涨的粮食价格的侵蚀。这些革命工人恰恰来自那些传统工业行业：建筑业、家具制造和木工行业、锁匠行业和印刷业，这些行业受到工厂竞争的影响最小，因而这些行业的雇主和熟练工人保存了独立于资本主义企业之外的最大自主权。受到 19 世纪早期资本主义影响最大的那些行业——纺织业和采矿业——在 1830 年和 1848 年革命中所起的作用微乎其微，甚或毫无作用。（Tilly and Lees 1975，p.188；Newman 1975）

19 世纪早期，法国城市淹没于外来移民潮之中，大量移民从人口过剩的乡村移居城市。迪珀（1976，p.142）指出，在农村里，遗产分割使得土地占有不断碎片化：1828 年至 1858 年间，价值不足 20 法郎的小块土地的数量增加了 30%。对于那些试图保护家庭财产完整的家庭来说、对于那些因土地不足而难以养家糊口的家庭来说，唯一的出路就是到工业中寻找就业机会，不管是农村工业还是移民到城市都可以。在诸如图卢兹、里昂和马赛这样的城市里，在因为从事激进政治活动而被捕者中，移民所占的比例极高。（Aminzade 1981；Stewart-McDougall 1984；Sewell 1985a）

外来移民常常被认为是"危险的"，因为移民被认为是游离于稳定社区之外的、目的不明的人群，他们没有融入原有的稳定社区里。（Chevalier 1973）但是法国的那些激进移民都是社团主义者，他们在行动中表现出了公共精神，他们之所以被捕，并非因为个别的越轨行为，而是因为他们属于激进组织。问题在于，"城区原有的那些以教会为基础的制度体系未能整合日益增加的工人"。（Aminzade 1981，p.68）因此，尽管城区居民依然处在教会和行会师傅的控制之下、大部分居民似乎也遵纪守法，但是，城郊的新兴工人阶级却明显像是独立的工人阶级联盟，他们由一些熟练工人领导，每当经济萎靡之时，这些熟练工人就会反对行会师傅和国家的权威。

经济萎靡越来越频繁，越来越严重。"劳动力过剩"（Bezucha 1983，p.473）对师傅和业主的雇佣和定薪都十分有利；只要有可能，不太熟练的工人就会代替熟练工人（以及更贵的工人），尽管物价不断上涨，名义工资却一直不变。我们曾指出，1820 年至 1848 年间，实际工资有所下降。但是，较之伴随粮食危机而来的工资和就业的急剧下降，实际工资的长期下降趋势并非最严重的问题。1825 年至 1830 年这些经济萧条年份里，里昂丝织工人的工资下降了 50%（Droz 1967，p.64），"巴黎建筑行业的工人工资下降了 30%，冶金业工人工资下降了三分之一多"。（Pinkney 1972，p.63）到 1829 年，在一些大城市中，"近半人口依靠贫困救济为生"。（Church 1983，p.18）1848 年，巴黎工人中有一半以上失业。（Amman 1975，p.23）因此，毫不奇怪的是，19 世纪早期，每当危机期间，精英们就会对其所在社区的贫困化程度深感震惊，并认定国王应该对这种社会失败负责。（Langer 1969，p.181；Stearns 1974，p.20）

19 世纪早期的法国颇似 18 世纪晚期的法国。人口对农业生产的压力导致物价上涨，国家财政困窘激怒了那些指望国家助其就业获得地位的精英。这些问题越发严重之时，城市和商业财富却越发增多，它们的财富得益于物价上涨和市场扩张，这就使得谋求精英职位的人越来越多。军队中的不满情绪削弱了国王的支持力量，而人口过剩的农村和负担过重的城市劳动力市场却在不断制造出潜在的政治敌对力量。粮食危机使得谷物价格急剧上涨,并使得制造业陷入萧条,成百上千的工人失去工作,每当此时,精英们呼吁变革的声音就会得到响应。因此,毫不奇怪的是,当1829年和1847年粮食危机发生之时,国家危机也就随之而来。事实上,考虑到当时与18世纪晚期社会情形之间的相似,真正的谜题在于,为何1830年和1848年的革命不似1789年革命那般激烈。

1830年和1848年的革命

图3.7中,我按照年度基准绘出了1820年至1848年间英法两国的政治压力指数函数。图中的两条曲线与前文中英法两国的政治压力指数曲线无直接可比性,这是因为19世纪英法两国都没有发生国家崩溃。因此,图3.7中的两条曲线仅仅反映了政治压力指数中两个因素的变化:精英的竞争和冲突(以法国国立高等学校和英国的牛津大学剑桥大学的招生情况来衡量)、民众动员潜能(根据城市化、实际工资和人口年龄结构的有关数据来衡量)。[17]尽管如此,这两条曲线还是很有意思的,它们揭示了英法两国社会稳定的历时波动情况以及两国之间的差异。

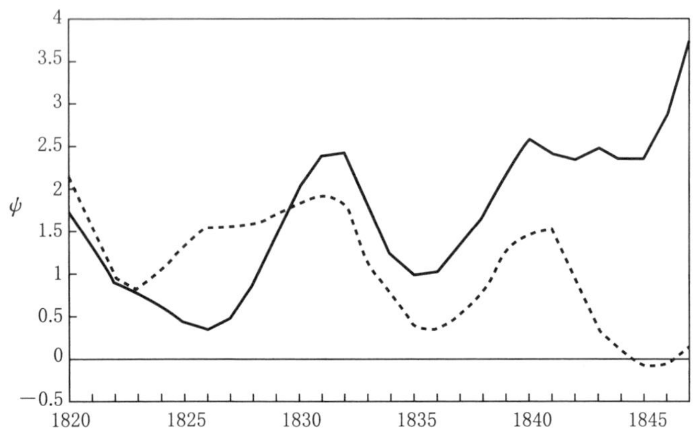

图3.7　1820—1847年间法国和英国的危机压力

在拿破仑战败之后以及法国被占领期间,法国的政治压力指数曲线急剧下滑,这显示出19世纪20年代早期法国社会稳定的高度可能性。此后,法国的政治压力指数在1828年至1832年间达到高点,30年代后期再度回落到有利于社会稳定的状态,1839年至1840年之后法国的政治压力指数再度上升，到 1847 年达到极高的顶点。换言之，法国的政治压力指数曲线揭示出社会动荡的历程，1847 年左右法国的社会动荡最为严重。1830 年之前英国政治压力指数曲线的走势与法国类似，只是稍微平缓一些，此后，英法两国政治压力指数曲线的走向则大为不同；19 世纪 40 年代早期，英国的政治压力指数有所上扬，但是较之法国而言，1830 年之后英国的政治指数曲线显示出更高的社会稳定。

19 世纪法国革命与 1789 年革命之间的主要区别在于国家财政状况的不同。拿破仑和维莱勒的财政改革使得法国的财政能力大为增强，尽管不足以吸纳日益扩大的精英，但足以避免财政破产。因此，虽然精英愈益不满，但不至于形成敌对性判断：君主制整体制度结构都已腐烂无能、因此必须加以变革，然而，18 世纪 80 年代，由于国王在和平时期不断举债以及随后的破产，这种敌对性判断曾经弥漫于法国社会。与之相反的是，国家领袖的改变、政治参与的扩大（可以吸纳更多的人进入精英阶层），这些都被视为足以解决法国所面临的一些问题。

精英的反应相对来说受到了限制，就此而言，1830 年和 1848 年法国的革命压力不似 1789 年革命那般激烈，某些危机的形成条件依然存在，但是，如果法国国王及其大臣们决定妥协并遵从众议院的领导，就像英国国王威廉四世在 19 世纪 30 年代实行妥协并与下议院合作进行改革那样，那么我们今天所谈论的就可能是 1830 年和 1848 年的“改革危机”而不是革命。

然而事实是，查理五世最终于 1830 年实行了政治自杀，当时恰是 1829 年至 1830 年经济危机之后，也是众议院改革派多数派当选之后，查理五世试图避开改革，他解散了众议院，限制选民数量，取消了新闻自由。（Jardin and Tudesq 1983）面对国王的执意压迫，法国议会中的国王反对派“呼吁全民抵制国王，并在巴黎的街头巷尾张贴海报进行宣传”。（Rule and Tilly 1975, p.65）里昂“并不了解首都发生的那些事情……自由主义领导人不仅呼吁立即动员国民卫队，而且鼓励丝织师傅们关闭店面并把学徒们送上街道”。（Bezucha 1975, p.121）面对游行的群众，国王的军队一触即溃，此时，国王一无所依，唯有逃跑了事。

与之相似的是，1848 年，面对大规模失业，路易・菲利普的大臣们拒绝实行重大改革，此时，“那些试图入主巴黎盛宴的反对派领导人，实际上已经号召巴黎民众发起游行示威，以使这场宴会更加生动感人”。(Langer 1969, pp.325—326)如同1830年的情况一样，政府对社会流动的限制以及国民的崩溃，使得现存政权在中产阶级中声名扫地。但是在1848年，除了少数卫戍部队之外，法国首都的防卫力量都掌握在国民卫队手中，国民卫队是一支中产阶级民兵队伍，并非前线军队。因此，当军队和示威者之间爆发冲突而招致民愤的时候，“即便是那些富人……都加入反对派一边，反对……现存政权，他们坚持要求立即进行改革”。(Langer 1966, p.99)恰如一位国民卫队战士对托克维尔所说的那样：“我们不想为那些把事情搞得如此糟糕的人挨子弹”。(1970, p.40)面对群情激奋的首都，面对自己的部队四散而走，路易·菲利普也只有逃跑了事。

上述两个事件说明，当精英已经对现存政权失去信心的时候、当群众遭受大规模失业的时候、当军队或民兵已经疏远执政当局并同情反对派的时候，如果现存政权依旧冥顽不化并试图武力镇压反对派，那么就会导致革命。但是，1830年和1848年革命的结果却与1789年革命大为不同。没有了财政危机，也就不需要进行大规模的政府改革，要求进行适度改革的反对派所追求的仅仅只是扩大政治参与，而不是重建国家。

更为重要的是，在巩固权威的各个斗争中，当局遭遇的敌手都不相同。1789年革命中，反对新共和国的主要对手是旧制度的国内外盟友。在物价通胀的那些年里，各省地方贵族经历了向下的社会流动，他们的防卫性态度显见于下面的事情之中：拒绝选举新贵族入选各省三级会议、1781年的《国防部条例》的出台、在法国三级会议中拒绝与第三等级联合，这些地方贵族把革命危机视为重新恢复旧时影响力的一个机会。1790年之后，试图迟滞革命或者颠覆革命的那些宫廷贵族、大主教和银行家们也加入地方贵族行列。(Tackett 1989)因此，来自右翼的反革命是新共和国的主要威胁，而新共和国作出的主要反应是持续动员城市民众反对“贵族统治”。然而，恰如我们曾经指出的那样，19世纪法国社会动员的模式以及精英冲突都已不同以往。此时，法国虽然存在很多精英位移现象，但几无精英循环。如同P.阿曼(P.Amman)所说：“精英有产者中发生的向下社会流动似乎微乎其微”。(1975, p.26)这种微乎其微的精英循环,主要是19世纪法国精英有效的生育控制所形成的结果。(Weir 1982)与1789年革命危机不同的是,1830年和1848年危机中,法国并不存在大批心怀不满的贵族子弟和显贵子弟,这种贵族显贵子弟在1789年革命中曾经要求回归传统社会地位结构,以此作为拯救其命运的措施。精英家庭财产的完整无缺、帝制政权和君主政权的荫庇,都保护了显贵们的社会地位及其社会影响,尽管新精英并不在这种保护之列。因而,新精英们要求改革的呼声十分普遍,但是他们当中也有极少数“失败者”心怀愤恨。因此,在19世纪法国革命中,“情势似乎并不要求新建立的共和政府采取极端行动。并不存在想要复辟旧制度的外国侵略军,更为明显的是,没有任何一个法国人准备保卫旧秩序”。(Price 1972, p.1)

然而,对左翼的威胁始终存在,这种威胁来自那些要求新建立的共和国采取更多措施减轻其贫困的工人。因此,19世纪的法国革命“跳过了”1789年至1794年革命那一幕,直接走向了后来督政府的那一幕情形,在这种情形里,新建立的温和政权既接纳旧权贵,也接纳新权贵,这个温和政权试图恢复社会秩序,保卫自身,对抗那些躁动不安的市民群体和农民群体提出的各种要求。虽然马克思关于革命根源的观点是错误的,但是马克思提出,1848年至1851年革命所展现出的全过程与1799年至1801年革命十分相似,这是完全正确的。在上述两场革命中,对持续社会动荡的担忧导致了保守的平民独裁政权的崛起。

1850年之后,工业经济的发展和实际工资的增加、经由铁路而实现的国民经济的一体化、肥料的广泛使用使得农业产出有所增加,这些都构成了社会稳定的条件,使得拿破仑三世能够维持二十余年的权威统治。但是在1850年之前的半个世纪里,复辟的波旁王朝以及后来的七月王朝都重又面临着旧制度时期的种种困境。由于旧制度时期的经济依然主宰着法国经济,人口增长依然造成与过去同样的不平衡、社会冲突以及反复发生的危机。因此,1750年至1850年的整个法国史都具有相同的本质特征。在这个现代早期的最后一个世纪里,经济制度、政治制度和社会制度在人口增长面前脆弱不堪。工业资本主义的迹象当然是十分明显的,但是在19世纪晚期之前,工业资本主义并未创造出一个新世界。

马克思坚信,1830年和1848年革命,特别是这些革命中城市工人因素,代表着未来的发展方向。马克思认为,资产阶级对君主专制的不满源于旧制度给商业发展造成的障碍,而工人阶级的不满源于他们遭受资本家的剥削。我们曾指出,这种观点在许多相反的证据面前已经站不住脚了。资产阶级对君主专制的不满是传统的谋求公职者以及职业中产阶级的不满,而不是工厂主的不满;1848 年欧洲革命中最为活跃的群体是律师、医生、新闻职业者、教师和公务员。(Stearns 1974, p.41)这些人的不满源于社会流动受阻,而社会流动的受阻是由于一大批青年人要面对一些成年人,这些成年人在拿破仑帝国时期就已经成长起来,这些人的不满也是源于对当局丧失了信心,这是由于当局不能规避反复发生的经济危机而造成的。但是,这些危机以及城市工人的不满都不是现代资本主义的产物,毋宁说,它们的根源恰恰是传统经济,这种传统经济淹没在人口增长之中,不能提供足够的食物和就业以保持物价稳定,也不能阻止实际工资和就业的下降。在敌对双方构筑障碍物的,既不是流氓无产者,也不是工厂里的纺织工人,恰恰相反,试图免遭大规模失业的传统手工业的手工工人,既是街道暴动的主力军,也是击败街道暴动的法兰西卫队的主力军。(Traugott 1985)

简而言之,19 世纪里,悬挂在法国政治上空的是过去的阴影,而不是未来的火花。因此,较之马克思主义观点而言,人口/社会结构模型能够更好地解释这个时期法国的政治参与者及其社会不满。1830 年和 1848 年革命并非必然的突破性进展,而是周期性危机的再次回归。

这种解释不仅有助于我们更好地理解法国发生的那些历史事件,而且也有助于我们更好地理解法国与英国的对比。由于英国资本主义发展更快,这当然会该海峡两岸造成更大的差距。1828 年至 1832 年,英国曾发生过宪法危机,但是自此以后,英国宪章运动积极分子的活动已经完全不同于 1848 年至 1851 年间法国发生的大规模社会冲突。实际上,图 3.7 中的政治压力指数模型揭示出,此后的英国已经不再可能遭受国家崩溃。为了理解其中的原委,我们来认真分析一下英国的改革危机及其结果。

英国:改革与稳定

关于改革与革命之间的关系,争论由来已久。托克维尔指出,路易十五和路易十六已经在法国着手进行了许多改革，托克维尔断言，这些改革并没有延缓革命的到来，反而加速了革命的到来。(1955)俄国沙皇和中国皇帝在其垮台前的最后几十年里也曾实行过种种改革。这些事件揭示出，改革可能是政权垮台的原因——改革引发了革命的到来，而并未能幸免于革命。

但是，这种观点忽略了19世纪欧洲两场成功的改革运动：1828年至1832年的英国改革、1807年至1814年的普鲁士改革。这两场改革之后，英国和普鲁士变得越发强大、越发稳定。同样意味深长的是，恰如我们指出的那样，1830年和1848年的法国抵制改革，结果就把政治危机变成了革命。因此，我们就遭遇到一个古老的难题：改革究竟是加速了革命的到来呢？还是阻止了革命的发生呢？

这个问题的答案并不复杂，但需详加说明。我们曾分析过社会流动是否会造成社会动荡，我们发现，关键的问题并不在于社会流动的规模大小，而在于何种类型的社会流动。与此相似，改革的关键问题并不在于改革的规模大小，而在于何种类型的改革、何种环境里的改革。路易十六时期的法国、尼古拉二世时期的俄国以及遗孀皇后时期的中国*，政治改革业已遭受巨大压力。路易十六遭受的种种压力包括：物价通胀、人口增长以及工人的贫困；俄国则面临被优势德军击败的危险；中国已经被西方列强部分肢解。但是这三个政权所实行的改革十分有限，它们对中央政府和地方政府进行的重新改组意在给予中央政府更多的权力，对于那些持不同政见的精英则只是给予咨询职位。它们并不打算变革权力的根本结构、社会地位体系或经济组织。与此相反的是，英国和普鲁士的改革涉及政治权力和社会地位获得路径的根本变革。在英国，阻碍天主教徒和持不同政见者全面政治参与的障碍已被废除，英国选举权的扩大范围已经超出1830年法国革命所取得的成果，新的社会团体能够全面、有效地(不仅仅是咨询性质的)分享权力，这使得这些团体能够与旧精英建立起紧密的联系，并把他们从下层抗议者中分离出来。与英国类似，普鲁士对才智之士开放了公务员职位和军队职位，取消了非贵族人士占有土地的限制，

* 指慈禧太后统治时期的晚清。——译者注

这就把一些有才能的资产阶级成员拉到了当局一边。真诚地(即便是部分地)放宽权力和分享权力,而不是仅在口头上接受反对中央政府集权的建议,这是成功改革的标志。

此外,尽管英国和普鲁士在改革之时也始终遭受种种实际压力,但是这些压力远小于法国、俄国和中国所遭受的压力。普鲁士已经在耶拿战役中被拿破仑彻底击败,但是国家依然完整无缺;英国于1830年遭受严重的社会压力和政治压力,但是其财政结构依然完好,其军队依然十分可靠。因此,尽管英国和普鲁士的改革是在困难时期进行的,但并未遭受极端严重的威胁。法国、俄国和中国的改革之所以加速了革命的到来,其原因十分简单,以至于我们都厌烦于这种重复:这些改革的力度都太小了、来得太迟了。就权力分享和权力负责而言,成功的改革都是更为广泛深刻的改革,与此同时,当局依然保有相当强的力量。

对改革的实际情况描述最好的并不是托克维尔,而是马基雅维利(1952, p.14),马基雅维利曾建议统治者,如果必须进行改革,就应当在其力量强大的时候采取行动,而不应该等到社会压力全面增强的时候才进行改革,这是因为,这个时候,"你要采取严厉措施已经太迟了;而温和的改革措施又并不能帮助你,因为这些温和措施会被人们认为是你被迫采取的措施,没有人会为了你而承担实施这些措施的责任"。

尚未解决的一些问题:1688年之后英国的国家与经济

究竟是哪些压力使得英国的改革能够获得成功?人们往往都认为,英国1640年革命和1688年革命,消除了经济发展和民主政治的许多障碍,这已经"解决了"英国的许多问题。(Trevelyan 1953)事实上,1640年革命和克伦威尔的共和政体,除了通过流血战争征服了苏格兰和爱尔兰以及大幅度增加税收以外,几乎一事无成。克伦威尔的共和政体让英国人反感,致使1660年斯图亚特王朝查理二世的复辟受到英国人的普遍欢迎,英国人对这次复辟感到欣欣然。而且在此后的几十年里,英国人对革命的抵制使得复辟的斯图亚特王朝获得了比查理一世更多的权力(包括建立一支皇家常备军)。(J.Jones 1978; Kenyon 1978)

查理二世的弟弟詹姆士二世于1688年丢掉了王位,但这是外来入侵的结果,而不是革命造成的。英国的一些重要人物对詹姆士二世心怀不满,他们担心詹姆士二世会在英国建立一个天主教王朝,这就给奥伦治的威廉这位新教教徒带来了一次机遇,由于联姻,奥伦治的威廉声称自己有权继承英国王位。当威廉带着一小支军队从荷兰出发在英国南部登陆的时候,詹姆士二世惊慌失措,他感到他的顾问们和英国臣民已经抛弃了自己,于是逃跑了,导致英国王位“空虚”。英国议会拥戴威廉和玛丽作为英国国王和女王,1689年又通过了《权利宣言》,明确表达了威廉和玛丽继承英国王位的条件。尽管这并非一场真正的革命——鉴于詹姆士二世的惊慌失措和威廉的成功入侵,对英国来说,这个事件绝非真正的“光荣革命”——但是,所谓的1688年至1689年“光荣革命”却获得一种声誉,人们认为这个事件保证了英国人的自由。

这种说法的关键之处在于《权利宣言》,该宣言使得议会享有某些权利,并抑制了宗教迫害。(Schwoerer 1981)在英国走向宗教宽容的过程中,《权利宣言》是一个关键举措,尤其值得注意的是,英国《权利宣言》颁布的时候,其他欧洲国家正在扑灭宗教自由:西班牙通过宗教裁判所来扑灭宗教自由,法国废除了《南特敕令》并向胡格诺教徒宣战,奥地利和意大利哈布斯堡王朝反对宗教改革运动。然而,尽管《权利宣言》的某些因素具有重要意义和新颖性,但从根本上来说,它是在一个前途未卜、英国存在极端威胁的时期里双方相互妥协的结果,也是威廉与议会之间就国王权限相互协商的产物。《权力宣言》并没有把权力转给议会,还是把行政权留给了国王;《权利宣言》也并没有保障所有宗教团体享有同等权利,只是对宗教迫害加以限制;《权利宣言》也并没有保障新闻自由以及所有英国人享有同等的代议权,也没有保障那些我们认为是民主政治所必需的“自由”。简言之,《权利宣言》是一系列妥协的产物,它使得威廉三世与英国议会共同治理英国,它并没有从根本上解决严重制约民主政治的那些问题、税收不公问题以及对非圣公会教徒实行的政治限制。

因此,英国政体中的一些问题远未解决,这些问题由于一些有利于社会稳定的社会条件的出现而被暂时搁置起来。如同第二章所分析的那样,1650年之后相对稳定的人口和物价,给予国王以操控并减少社会流动和社会竞争的空间、通过提高实际工资来削弱社会动员潜能的空间。

1650年至1750年,英国的物价较为稳定,这种物价稳定时期比法国更长,这使英国政府能够以更加有利的利率筹集资金来偿还债务。到1750年,英国国王已经把大部分尚未偿还的债务转变成了政府债券(即"无限期固定利率国债"),利率为3%,这个利率不足法国国王贷款利率的一半。然而,1650年至1750年间的英国公共财政不仅仅是借款较为有利这一方面。贷款固然十分重要,但是,恰如J.布鲁尔(J.Brewer 1988, p.338)所言:"一个有效的税收体制是……建立新的信贷机制的必要条件"。从1689年至1714年,英国参与的战争"其规模在英国历史上前所未闻";这些战争"造成的规模更大的军队以及更为沉重的税收也是英国从未经历过的"。(Miller 1983, p.50)

此时英国的税收更加依赖的是对产品和商品销售征收的间接税,而不是土地税。1713年之后,土地税收入极少能超过国王财政收入的30%。(Brewer 1988, p.341; O'Brien 1988)在谷物价格不断下降而工业产品价格有所上涨的一个世纪里,收入来源的这种变化对国王极为有利。

共和政体期间、斯图亚特王朝复辟期间以及此后的1688年革命期间,英国的税收已经有所增加。威廉三世的平均财政收入是詹姆士二世的两倍多、查理一世的四倍。(Miller 1983, p.57)然而更为重要的是,由于物价稳定,这种财政收入的增加是实实在在的财政收入增加。由于人口实际上稳定不变、社会流动程度极低,王室的恩赏金和社会控制费用也是稳定的,因此,财政收入的增加就能够支撑英国参加的战争。

英国的种种社会条件也有利于贵族统治的复兴和社会稳定。乡村地主的实际收入有所增加。相对稳定的谷物价格意味着,农地收入的增加取决于投资的增加以提高产出。因此,缺乏资金的自耕农越来越依赖于那些可以提供资金的大地主。实际上,这段时期里,较低的小麦价格意味着独立自耕农往往都遭受损失、他们的土地也常常被人买走,社会财富的扩大及其集中化,增强了大地主在地方城镇和乡村的统治地位。(Thirsk 1967a; Habakkuk 1979; Beckett 1982)地方贵族领主对国会议员选区的控制也有所增强,这就增强了地方贵族领主对国会精英的掌控,也弱化了选举竞争。(Kishlansky 1986, p.139)

人口和物价的稳定还意味着国内市场的停滞不前,因此地方商业精英快速扩张财富的机会也就微乎其微,这种情形恰似18世纪早期的法国。1688 年至 1750 年,英国的商业发展主要集中在少数几个大型商贸公司手里,它们从海外贸易中获利。在此期间,在绝大多数英国城镇,影响力有所上升的并不是工厂主而是地主:农村地主在各个市政委员会以及自治市的地方政府中占据着领导职位。(Cannadine 1980; Clark and Slack 1976)而且,由于那些年贵族人口明显停滞,精英们财富累积的作用更为明显,那些年里,相比总人口而言,贵族死亡率有所上升、出生率大为下降。因此,恰如第二章里我们曾指出的那样,一些精英家庭经常没有男性继承人,这样的话,通过联姻,就有大量的机会来合并精英的财富,或者,许多人就会有被指定为某些专门职业或国际贸易职位的大量机会,同时又并不妨碍原有的家庭影响力。因此,尽管也有一些专业人士和富裕商人进入土地精英阶层,但社会流动的程度却很小,也并没有导致精英循环,即,并没有导致既有精英家庭的向下流动。(Stone and Stone 1984)

此外,地租的长期上涨趋势现在停止了,地租的长期上涨有助于许多中产绅士提高自身社会地位。从 1650 年到 18 世纪 30 年代,地租通常都在下降。(Roebuck 1980, p.34; M.Davies 1977; R.Allen 1988)这种变化有利于家资殷实的大地主,而那些有少量土地可供出租的乡绅就要遭受损失了。这种变化趋势进一步强化了贵族在乡村中的权力。

最后,文化精英和专业精英重又稳定下来。大学招生不断减少,四大律师学院的招生也在不断减少。因此,毕业生很容易就能在教会、法院以及政府中找到生活出路。1688 年至 1725 年间,海军和财税官员的大规模扩张为各个社会阶层提供了许多额外的公共职位。(G.Holmes 1986, p.269)

公众的境遇也有所改善。虽然谷物价格的停滞伤害了一些小农场主,但是却于工人有利,而工人的实际工资在 1650 年至 1750 年间增长了大约三分之一。(Phelps Brown and Hopkins 1962b)精英对群众的关注也有巨大变化,起先,精英们主要担忧那些身心健全的工人找不到工作或者挣不到足够的工资养家糊口,后来则担心工人的道德,担心工人们挣钱太多而不能保持纪律性,也担心工人们拿着多余的工资去酗酒。与此同时,尽管伦敦和大西洋沿岸港口城市的人口不断增加,但那些年里伦敦的人口增长率仅及前一个世纪的三分之一,而绝大多数英国城市、即便不是所有城市，其人口几无增加。(Finlay and Shearer 1986; de Vries 1984)上述这些变化趋势的总体结果是社会动乱的明显减少。与法国十分相似的是，1650 年至 1730 年，英国的农民起义也急剧减少，“从 1661 年文纳起义到 18 世纪 60 年代后期的一个世纪里……群众起义……令人惊奇地销声匿迹了”。(G.Holmes 1986, p.258)

简言之，1688 年至 1750 年，英国的财政状况较好、社会流动较低，吸纳的新精英也比较少，而且，由于英国公务员队伍的大规模扩张、由于联姻，吸纳的新精英可以弭平人数有所减少的贵族绅士。虽然当时的英国社会依然关注工人阶级的举动，也注意抚恤体弱病残者，但是，自 16 世纪 90 年代伊丽莎白女王《济贫法》之后，出现了一段频繁立法时期，直到 1834 年《新济贫法》出台，这中间曾有一段时期，大约从 1650 年至 1750 年，这期间劳动力市场的紧张使得人们不再担心身心健全的穷人会失业。因此，人口和物价的稳定使得英国的财政基础十分稳固，从而导致了贵族统治的复兴，也因而遏制了精英之间的冲突，并减少了群众的不满。然而，到 18 世纪中叶，这些有利的社会环境消失无踪，1688 年至 1689 年和解留下的尚未解决的那些问题再度激化起来。

尽管英国议会于 1689 年用威廉三世和玛丽取代了詹姆士二世，但是，威廉三世及其继承人安妮女王、乔治一世和乔治二世依然保有一些关键的特权，比如宣战权、民兵指挥权、任命各部大臣的权力、委任贵族和大主教的权力、召集和解散议会的权力。(Horwitz 1977, p.14)而且，尽管在沃伯尔内阁期间国王就在下院取得了权威地位，尽管乔治三世疯狂而又愚蠢，尽管英国与拿破仑之间发生了战争，但是，直到 1830 年，国王的这些特权依然没有完全转给议会，其原因在于，上院依然具有影响力、依然保有否决权，即便是在下院，来自那些缩水为国会议员选区的老城镇的议员数量也在不断增加，在这些地方，投票人很少，一个有影响力的贵族或一个地方贵族绅士家庭就能够决定选举结果。与此同时，1750 年之后兴起的许多新城镇，比如曼彻斯特和伯明翰，在议会里却没有议员代表。因此，就民主发展而言，即便是到了 18 世纪末期，下院依然控制在王室和贵族手里，下院的构成并非十分民主，而且严重依赖地主的支持。在人口与物价相对稳定、社会流动程度低、财政问题并不严重的年代里，上述这些因素并不是重大问题,但是自从1760年之后,随着物价上涨与实际工资的下降,随着由于美国独立战争和拿破仑战争而造成的债务越发沉重,在很多人看来,英国政权前路狭窄、越发腐败,也越发不具有代表性,因此,要求进行国家改革的呼声日益高涨。

18世纪90年代,对法战争激起的爱国热情、伴随战争而来的利益和较高的工资,这些都削弱了要求变革的热情,也抑制了激进主义和雅各宾主义的吸引力,但是战争结束之后,改革的呼声再度兴起,而且,由于人们对宗教问题的关切,这种呼声更加高涨。

与宪政问题、精英之间的社会冲突和政治冲突交织在一起,宗教问题已经成为17世纪40年代和1688年英国人关注的一个主要问题。这个问题非常直接:英国国教应该是什么?如何在英国人中强化国教信仰?1689年英国议会的解决办法是一种妥协:英国圣公会被确立为英国的官方宗教,英国国家公职人员必须信奉英国国教,但是对私人信奉其他信仰也予以宽容,这个规则对于非圣公会教徒“原则上宽容个人信仰,但是实际上排除了非圣公会教徒的政治参与”(J.Clark 1986, p.145)。只要精英们大多数是圣公会教徒,只要天主教徒和持异议者的人数不太多又没有掌握很多资源,这个规则就会起作用。但是到18世纪后期,这些条件正逐渐弱化,这是因为,人口增长与物价上升产生了许多营利机会,而那些持异议者很好地抓住了这些机会,而且,随着人口的增长,英国对于爱尔兰食物供给的依赖、加之爱尔兰工人不断移居英国,使得长久以来麻烦重重的爱尔兰问题越发尖锐,并因而使得天主教徒在联合王国中的地位问题更加尖锐。因此,非圣公会教徒在英国政治中的角色问题再度激化起来。

最后,1688年,资本主义在英国取得政治胜利的路径尚未完全明朗。1688年至1750年,英国农业发展迅速,但是此后却明显放慢,因此,此后英国的经济增长主要得力于国内商业和制造业的发展。但是英国工商业资本主义的中心地区在议会中却没有议员代表,这些地区的议员选举都控制在土地贵族和其他操纵者手中。对于异议者的排斥、加之新兴工业城镇没有议会代表,这些都意味着新兴工业中心的那些工业资产阶级领袖和中产阶级领袖缺乏政治话语权。因此,法律更多的还是维护地主的利益而不是工业和工人的利益,这就造成了精英的分裂。

面包价格的上涨和实际工资的下降激起了工人对政府的怒火,他们指责政府对劳动群众漠不关心。实际上,影响工人情绪的这些不利因素反映出,在快速增长的人口增长面前,英国的传统经济部门依然面临许多困难。1650 年至 1750 年这一个世纪期间,英国人口相对稳定,在此期间,英格兰和威尔士的人口增长不足 10%,但是,1750 年之后,英国人口激增,在随后的一个世纪里,英国人口几乎增至原先的 3 倍,从 570 万增至 1 650 万。(Wrigley and Schofield 1981, pp.532—533)英国农业不可能跟上人口增长的这种步伐。1760 年之后,英国农业产出的增长远远落后于人口增长。(Crafts 1983, p.187; Jackson 1985, pp.344—346)尽管资本主义租佃农业有所扩张,但是英国的小农土地占有模式远未消失:1798 年,英格兰和威尔士有三分之一的私人农地依然不足 4 英亩,这与法国十分相似;一半以上的农地不足 10 英亩。(Soltow 1981, pp.64—65)每英亩农地的产量依然如故。英国若要大幅提高农业产出,唯一的办法是对土地利用进行重大改变,把以前的牧场转变为农作物生产用地,并排干沼泽地。(Goldstone 1988; Grigg 1966)英国的食物供给越来越依赖于从爱尔兰进口(B.Thomas 1985a),物价尤其是粮食价格急剧上涨。到 18 世纪 80 年代,小麦价格比 40 年代高 60%,即便是通货膨胀以及战后通货紧缩的 1800 年至 1820 年期间之后,1825 年至 1831 年间英国的小麦价格仍然比 18 世纪 80 年代高出近 40%。(B.Mitchell 1962, pp.487—488)英格兰北部的工业生产给雇佣工人带来了较高的工资,工业工人和农业工人的工资都比较高,但是在南部地区,城市和农村仍然为过多的人口所累,因此实际工资快速下降,失业率急剧上升。恰如 N.盖什(N.Gash 1979, p.2)提醒我们的那样:“当查德维克找寻证据,以证明农村境况已无法容忍之时,他在巴斯、布莱顿、温莎和爱丁堡发现了这些证据”,一些新兴工业城镇中也存在这种证据。1829 年,《季度评论》杂志警告读者们注意:“如果农民的穷困潦倒这个社会瘟疫再不终止的话……它将无可避免地引发一场强烈而可怕的大爆炸”。(引自 E.Evans 1983, p.146)

简言之,19 世纪早期的英国再次面临与 17 世纪中期相同的那些冲突、尽管程度稍轻:精英之间为争夺政治权力而产生的冲突、深受工资下降和失业困扰的城乡工人引发的社会动乱。精英的社会地位有所增强，这是由于人口增长和物价上升带来了许多新机遇，而且，由于政府歧视和宗教歧视造成的机遇限制，精英们逐渐分裂。

然而，我们要问，为何这些问题在 1828 年至 1832 年间特别尖锐？为何以后英国的社会情况与法国大不相同？

改革危机

1790 年至 1850 年，英国经济发展的成就与法国疲软的经济形成鲜明对照。如同我们先前指出的那样，到 1789 年，工业和商业在英国经济中所占的比重比法国要大得多，19 世纪，这种趋势继续增强。到 1840 年，英国劳动力中只有 22%分布在农业部门，农业产值在联合王国国民生产总值中仅占 1/5。（E.Evans 1983，p.412；Kuznets 1966，pp.88—90）相比之下，即便是在 1850 年，法国和普鲁士的劳动力中分布在农业部门的超过 60%，1830 年，法国农业生产占国民生产总值的 1/2。（Hamerow 1983，pp.56—57；Kuznets 1966，pp.88—90）

英国工业的领先地位在机械化方面也同样十分明显。1840 年，大不列颠联合王国占有欧洲蒸汽总马力的 72%，达到 62 万马力，而法国只有 9 万马力。就人均拥有的蒸汽动力来看，英法之间的差距也十分明显：英国每千人拥有 33.3 马力，法国为 2.6 马力。总的来说，尽管英国人口比法国少（1830 年，英格兰、威尔士和苏格兰的总人口不足法国人口的一半），但是，就工业产出而言，19 世纪的大不列颠领先法国 30 年左右，领先德国 40 年左右。1830 年，英国纺织厂当年消耗棉花首次突破 10 万吨，法国达到这个水平是 1860 年，德国是 1871 年。1835 年，英国生产的生铁首次突破 100 万吨，法国达到这个水平是 1862 年，德国是 1867 年。（Hamerow 1983，pp.4—6）

英国工业快速发展的结果是，总产值的增长快于人口增长。现在，一些修正主义经济史学者反驳 1780 年以后英国人均产出突然而猛烈“起飞”的神话，他们提出的英国经济增长是渐进的增长，中间还曾被拿破仑战争打断过。（Crafts 1983；Williamson 1984）但是，尽管英国人口快速增长，英国的经济增长仍然足以阻止人均产出下降。克拉夫茨（1983，p.197）估计，1760 年至 1800 年间，英国人均产出大概没有变化，但是此后到1830年增长了20%。工业生产的不断增加使得英国成了“世界工厂”。而且，如前所述，尽管英国的农业产出未能跟上1850年之前一个世纪里人口增长3倍的步伐，但是英国工业产品的出口却使得英国可以支付进口食物所需的资金。

但是英国的工业优势和经济繁荣都集中在工业化的北部地区。英国南部依然是农业地区，在这里，人口增长超过了农业经济的增长，这造成了可怕的影响，尽管这种影响是局部性的。

尽管英国农业劳动力在全部劳动力中所占的比例有所下降，但是，快速的人口增长仍然意味着农业工人的绝对数量有所增加，从1801年的170万增至1850年的210万。（E.Evans 1983, p.412）因此，与人们通常的想法相反，工业化并不需要把人口从农村中驱离。成群结队涌入城市的，大多数是农村无产者和农民的子女，而不是农业劳动力和农民本身。工业劳动力增加的原因，在于人口增长，而不是人口在各个经济部门之间的流动。（C.Tilly 1984b; Levine 1984）对劳动力的需求快速增加的地方主要是工业化的北部诸郡，这里的实际工资也有所上涨。但是，在那些商业地区和南部各郡，传统农业和手工工业深受人口增长之累，这些地方遭受的困难是显而易见的。

关于工业革命期间英国的“平均工资”是否有所增加这个问题，存在着广泛的争议。（Hartwell 1972; Tunzelman 1985; Lindert and Williamson 1983; Crafts 1985; Mokyr 1988）然而，学者们几乎一致认为，工人的收入存在着明显的地区差异和职业差异。从许多方面来说，分析这种收入地区差异比空泛地谈论“全国平均工资”更为有益。

马克思和恩格斯曾描述过英国北部地区工厂工人的凄惨景况：工人们时而就业时而失业，经常被抛入“剩余劳动力”之中。现在看来，这种看法是完全错误的。最近以来，有些学者研究了18世纪英法两国工厂的具体情况，这些研究揭示出，工厂工人的就业是连续而又稳定的，至少比分包工人或者家庭手工业工人更为稳定。（Rosenbaud 1985; Haberman 1986; Boyson 1972）哈伯曼（1986, p.988）指出，在兰开夏郡，“劳动力市场并不像拍卖行那样运作”，雇主并不是在众多的劳动力中竞价雇佣，相反的，棉纱纺织工人都享受工龄待遇，他们往往在当地长期工作。工厂发给工人的工资相当高:在兰开夏郡纺织厂的成年工人中,梳棉工人每周可以挣得 15 到 18 先令,细纺工人每周可以挣得 30 到 40 先令,而该郡农业工人周薪不足 14 先令,在较为贫穷的南部各郡,农业工人的周薪不到 9 先令。(Perkin 1969, pp.128—129)

然而,关键的问题在于,即便是在英国,工厂工人也仅仅只是所有劳动力的一小部分。工厂的扩张与可用资本的积累是同步的,拿破仑战争吞噬了英国的大量资金。(Williamson 1984)因此,直到 19 世纪 30 年代,因为英国要给付欧陆同盟国大量的资助,同时英国还要维持一支陆海军远征军,因此战争以及战后效应仍然制约着英国的发展,这使得英国的剩余劳动力景况凄惨。此外,19 世纪晚期之前,工厂并不能取代诸如编织这样的传统手工劳动:"19 世纪 30 年代以前,英国的手织机织布工并没有遭遇机器的竞争,但是到 40 年代却处处遭遇到机器的竞争……人口压力使得他们能够敏锐地感觉到这种竞争……他们面临的问题的根源在于,即使是那些缺乏技能的劳动力也重新操起了手织机,希望挣得微薄的收入,他们是挣到了微薄的收入,多一点也挣不到。"(Langer 1969, pp.184—185)因此,从 1815 年至 1830 年,手织机织布工的周薪之所以从 13 先令减少到 6 先令,原因在于劳动力市场人满为患,而不是工厂的竞争。(Langer 1969, p.185)

工业化职业与传统职业之间形成了鲜明对照,工厂里的纺织工人工资较高,而手织机织布工的收入却急剧减少,手织机织布工并未受到工厂竞争的影响,而是受人口压力之累。与此同时,地区之间的收入差距也很明显。英国北部各郡受到工业化的影响最深,相较南部农业地区来说,北部各郡的工资(甚至是农业部门的工资)都有较快增长。比如,1833 年,在兰开夏郡、约克郡、林肯郡、伦敦周边各郡、肯特郡以及苏塞克斯郡,农业劳动力的周薪为 11 至 12 先令,而在南部各郡的萨默塞特郡、康沃尔郡、德文郡以及威尔特郡,农业劳动力的周薪不到 9 先令(Mingay 1972, p.45),在托马斯·哈代的家乡多塞特郡,他所描写的景况糟糕的农业工人其周薪甚至不足 8 先令。南部各郡的工资相对较低,这就表明,自 18 世纪晚期以来,英国的工资有着令人惊异的反转,在 18 世纪 70 年代,英国南部的周薪比北部多 15%,但是,从 1770 年至 1837 年,北部农业工人

的工资已经增加一倍，而南部则停滞不前。（Perkin 1969，pp.128—144）

请注意，这些仅仅只是名义数字；在平常年份里，即便是一个收入较高的北部工人，也要花费一半以上的收入购买面粉，由于小麦价格不断上涨，因此，实际情况要比这些数字更为糟糕。（Horn 1980，pp.267—268；Botham and Hunt 1987，p.387）18 世纪 70 年代，英国的小麦价格为每夸特大约 40 先令，在 1829 年至 1831 年的困难年代，每夸特小麦的平均价格超过 60 先令，直到 40 年代和 50 年代才有所下降。（B.Mitchell 1962，p.488）因此，在英国北部工业诸郡中，工人的收入增长幅度比食物价格的上涨幅度要大得多，但是在名义工资并无增加的南部农业各郡，特别是在多塞特郡和威尔特郡，实际收入减少了 40%。（E.Hunt 1986；Snell 1985）

1830 年之后，英国的工资普遍有大幅度上升，即便是较为贫穷的地区也有所受益。（Lindert and Williamson 1983，1985）英国经济日趋繁荣：英国国民收入在 19 世纪 20 年代增长了 17%，30 年代增长了 33%。（E.Evans 1983，p.392）但是，如同盖什（1979，p.3）指出的那样，在 1830 年以前，“大量的证据使得我们可以认为，滑铁卢大战之后的那一代人之所以工资低、失业多，人口急剧增长所起的作用远远超过其他任何因素”。实际上，在那些年里，由于工业化的影响，在工业化进展较快的那些地区，工业和农业的情况都有好转；鉴于人口的急剧增长，“如果没有工业化，可能已经出现了社会灾难”。（Gash 1979，p.3）

1829 年至 1831 年经济萧条期间，情况尤为严重，当时，粮食歉收，失业剧增。1814 年至 1823 年间，贫困救济已经达到很高的水平，此后的 1824 年至 1828 年有所下降，此时，贫困救济再度上升到先前那令人沮丧的水平。（E.Evans 1983，p.401）曾几何时，工人们频频捣毁机器，食物骚乱频发，1816 年至 1819 年爆发了彼得卢暴乱，这些都曾激起改革的呼声，但是这些改革呼声在经济繁荣的 1824 年至 1828 年里销声匿迹。（Gash 1979，p.125）此后，在众所周知的“斯温暴乱”期间，暴力事件层出不穷，改革呼声才再度兴起。这些社会动乱，涉及近 1 500 起捣毁机器的事件以及食物骚乱和工资骚乱，而且，这些社会动乱波及的地区超过 12 个郡，主要是在英国中部和南部。（Hobsbawm and Rudé 1969）

尽管中央政府并未受到威胁，但是这些农村动乱还是引起了精英的警觉。济贫费用也引起了精英的警觉，到 1831 年，济贫费用已经达到 700 万英镑，这笔费用在除了债务利息之外的中央政府总支出中所占的比例超过了三分之一。(Gash 1979, p.195)“1830 年 2 月，辉格党领袖格雷伯爵已经谈起了‘英国面临任何国家都未曾遇到的总体困境’，改革的激进派领袖和改革的反对者都知道，高物价和高失业率能把宪政改革的理智行动转变成大规模的社会运动，这种社会运动会带来难以估计的威胁”。(E.Evans 1983, p.204)

人们普遍认为，高物价是地主们的阴谋造成的。拿破仑战争结束之后，粮食价格急剧下降，英国议会试图保护农场主，因而，议会颁布了《谷物法》，该法限制国外廉价粮食的进口。尽管工人对该法表示不满，但是，19 世纪 20 年代早期以前，英国物价持续下降，这种不满也就逐渐消退。然而 1824 年之后物价再度上升，《谷物法》又被视为地主罪行的确凿证据。地主们控制了国会议员选区，也控制了荫庇网，因而也就控制了英国议会，因此，一些激进派领袖，比如科贝特、卡特赖特和亨特，他们断言：“人民的苦难源于政府的无能和奢侈，解决问题的办法是议会每年选举一次并实行普选权”。(Gash 1979, p.93)在劳动群众和激进领袖们看来，高物价和高失业率是腐败政府造成的罪恶，因此，改革就意味着工作和低价面包。英国中部和南部的农业经济未能吸纳不断增长的人口，加之工业部门增加的就业有限，这就意味着，1830 年的粮食歉收成为必须进行改革的又一“证据”，并激起了民众高度的社会动员潜能。

一段时间以来，对政府的政治限制深感不满的一些精英已经表达过改革的主张。与法国一样，19 世纪 20 年代的英国也存在着过剩的受过教育的青年，他们面临着政府职位的短缺，而一大批中产阶级的政治参与又受到财产资格的限制，而且与法国不同的是，英国还存在着宗教歧视。

18 世纪 40 年代到 60 年代，牛津大学和剑桥大学每年招收的新生从 378 人减少到 321 人，70 年代恢复到每年 375 人。1780 年至 1809 年，这两个大学的新生招录略有增加，每年平均招录 416 人，此后的 19 世纪 20 年代，招生数急剧扩大，每年平均招录 850 人，此后三十年间基本稳定下来，每年招录 800 多人，1860 年之后再次急剧增长。(L.Stone 1974, pp.90—91)

然而,19 世纪 20 年代大学毕业生倍增,而教会和政府提供的职位却没有同步增加。1780 年至 1832 年,英国的公务员职位仅仅增加了三分之一,这是因为,政府要支付的战争经费不断增加制约着政府的扩张:19 世纪 20 年代,英国的政府支出中有 80%用于支付战争债务的利息,还有 8%要用于战争抚恤金。(Gash 1979, p.103)只是在 1830 年之后,英国的公务员职位才有大幅度增加,公务员也才开始专业化。此后,在 1830 年至 1870 年的 40 年间,公务员数量增加了 250%,这就为许多人提供了找到专业工作的出路。(E.Evans 1983, p.285; Perkin 1969, p.123)

类似的增长制约也削弱了英国国教。依赖于国家政权的英国圣公会,要求议会采取行动建立一些新教区和新教堂,并要求国王任命一批新主教。在经济低迷的那些年里,英国议会对于新建教堂和重划教区行动迟缓,但是,随着教徒们需求的增加,一些非圣公会教堂却能够依靠自身力量照料新加入的教众,它们也确实这样做了。19 世纪早期,这种发展变化给英国圣公会带来了很多麻烦。这是因为,在诸如伦敦这样的老城市里,随着城市人口的不断增长,既有的教区已经不堪重负,这些教区的教堂既没有足够的房间,也没有足够的牧师。一些新兴工业城镇的人口达到数十万人,却往往只有一个教区,其规模也不大。18 世纪里,英国圣公会的绝大部分资源,都集中在曾经较为富裕而又人口众多的南部各郡。随着英国的人口扩张,随着人口重心和经济重心的北移,圣公会措手不及。因而,“在英国史无前例的人口变化面前,英国教会并没有做好调整以适应这种变化”。(Gash 1979, pp.61—62)

由于英国圣公会对传统的教区组织几乎未作任何调整,也没有扩建教堂以接纳越来越多的教众,因此,新增加的礼拜者几乎都被吸纳到非圣公会会众一边。这种礼拜者分布的偏移显见于大小教堂建设的有关数据之中:1688 年至 1801 年,非圣公会信徒建立了 7 116 个礼拜点,圣公会建立了 11 785 个礼拜点,但是,从 1801 年至 1831 年,非圣公会信徒建立了 26 186 个礼拜点,而圣公会只建立了 428 个礼拜点。(Perkin 1969, 1978)圣公会教区组织建设的停滞不前,当然就使其没有足够的职位以吸纳牛津大学和剑桥大学的毕业生来做牧师,也无法吸纳日益增加的、在对圣公会持有异议的高等学校中接受过教育的那些人。因此,在那些人口迅速扩张的城市中、在北部诸郡中,非圣公会教堂在礼拜者中间逐渐取得支配地位,并在实业精英中进一步增强了其本已十分强大的存在。(E.Evans 1983, p.115)

J.C.D·克拉克(1985, p.89)认为:“摧毁英国旧制度的……是……分歧的加深、罗马天主教以及宗教冷漠。1770 年,英格兰和威尔士 700 万人口中,非圣公会教徒只有 50 万,到 1851 年,根据当时的宗教人口统计,教堂礼拜者中半数以上是非圣公会教徒;一半以上的人口根本不到教堂做礼拜。”非圣公会教徒数量的增长威胁着政治制度的合法性,尽管依据《赦免法》可以允许例外情况的存在,但是,既有的政治制度仍然是建立在从政治上排斥天主教徒和政治异议者的基础之上的。

由于“陋习”(“Old Corruption”)而造成的政府无能,持不同政见者、中产阶级天主教徒,甚至还包括许多自由主义的圣公会教徒,他们都越来越深受其苦。(Rubinstein 1983) 19 世纪早期,托利党政府继续推行前任皇家政府的做法,通过给予或承认大量的特权、资助或者一些小贿赂,以确保建立起忠诚于自己的议会、行政部门和司法部门。这些报酬给予了各个选区的选民、下议院中托利党的支持者,也给予了行政部门、法律部门和司法部门中的禄虫。鲁宾斯坦指出,一小撮支持政府的专职人员因此获取了大量财富,有的甚至能获得数十万英镑。当然,持不同政见者和天主教徒是被排斥在这些职位之外的,因此也与这些酬赏无缘,他们表达了对这种“陋习”的不满,许多圣公会教徒加入他们的行列之中,这些圣公会教徒感觉到,只有建立一个诚实而高效的政府,才能解决经济危机。因此,那些要求政府实行经济改革的人也要求变革,而且,他们相信,只有改革议会,才能确保建立一个高效而又较少贪腐的政体。

简而言之,19 世纪 20 年代晚期,由于人口扩张和经济增长,英国产生了许多受过教育的精英,面对一潭死水、腐败不堪的行政机构和英国圣公会,这些精英屡屡碰壁,几乎没有任何机遇。再者,英国圣公会未能改变组织结构以适应人口变化的需要,这就意味着会产生一些依靠自我奋斗的成功人士和一些心怀不满的派系,由于他们与一些心怀不满的大臣关系密切,由于他们在工商业扩张中发挥了关键作用,他们很有社会影响力,这些人可能已经被正式排除在政治之外,但是,在日益扩大的非圣公会教众中,他们却得到极大支持。因此,改革的呼声日渐高涨,他们不仅要求改革议会、扩大选民范围、给予曼彻斯特和伯明翰以议会代表权,而且要求对非圣公会教徒给予政治机遇、改革行政机构。

这种社会不满,加上由于1829年至1831年间的失业、骚乱和群众游行示威给旧精英造成的打击,英国的社会冲突一触即发。英国上下两院议员面临两种选择:若是他们担忧允许持异议者和天主教徒参政以及重绘议会地图会损害自身的权威,甚至可能全面损害传统秩序,他们可以拒绝这种变革的呼声;他们也可以向这些强大的改革势力打开大门,期冀分享权威能够比一个被公众视为日益腐败的权威更能持久。

1828年和1829年,旧秩序的大门终于打开:《宣誓法》和《市政机关法》被废除,颁布了《天主教徒解放法》,取消了针对非圣公会教徒的政治限制。但是在1830年至1831年间,当议会改革法案被拒绝时,反对声再度崛起。在挫折面前,视改革为失业、高物价治疗措施的人们并没有消极忍受。1831年10月,当贵族们拒绝通过第二次《改革法》时,布里斯托尔发生了骚乱,纽卡斯特大公的庄园被付之一炬,中产阶级政治联盟组织了大规模的示威游行。(E.Evans 1983, p.210)与1830年法国的情形不同,很明显,英国军队仍然忠于皇家政府,但是幸运的是,这种忠诚没有付诸实践检验。如果威廉四世像查理五世那样应对危机,解散议会却没有重新进行议会选举、支持那个不受欢迎的保守内阁、强制实施审查制度的话,辉格党领袖和中产阶级改革派就很可能把抗议活动引向街头。在此情形下,在由杰出公民领导的反对不受欢迎的政府的游行示威面前,英国军队会向示威群众开枪吗?威廉会被迫逊位吗?1832年英国会发生一场不似1789年法国革命但类似1830年法国革命的革命吗?

尽管并非难以置信,但我们将永远不得而知。当然,就英国全国而言,尽管南部农业区的灾难情况和救济措施与英吉利海峡沿岸地区一样,但经济状况并不像法国那样严酷。图3.7中,运用了民众动员潜力的估算来评估政治压力指数,民众动员潜力的估算是基于伦敦建筑工人的工资、而不是南部纺织工人或农业劳动力的工资,图3.7揭示,1830年至1832年间,法国社会动荡的潜能比英国要大一些。但是,英法两国政治形势的基本要素是相似的:被排斥在官方政治之外的精英和中产阶级团体离心离德,他们鼓励那些经济上困顿不堪的民众行动起来,而他们面对的政府已经被严重的失业和高昂的面包价格搞得声名扫地。对于英国君主制来说,幸运的是,威廉四世于1832年召集了新议会,新议会产生了一个强大的改革多数派,他们支持主张改革的格雷内阁,当年晚些时候,第三次《改革法》得以通过。

因此,我们可以说1832年英国面临的是"改革危机",而不能说是"革命"。但是,1832年的英国和1830年的法国所发生的那些事情只是量的差异,而不是质的不同,相似的原因导致相似的危机和冲突的不断上升。在英法两个君主国里,快速的人口增长和适度的经济增长导致精英数量的扩张,这种精英扩张超出了现存政治制度所能吸纳的范围,与此同时,越来越多的新增劳动力加入传统的城乡劳动力市场,英法两国的经济无法提供充足的工作岗位。在这两个国家里,精英们要求政治更加开放,民众则要求更高的工资和较低的物价,这两者交织在一起,产生了无法抗拒的变革压力。

但是1830年之后,英法两国的差异愈益明显。此后的20年间,法国仍然受困于增长缓慢的农业经济,劳动力主要是农业工人和传统手工工人,因此,面对随着人口增长而来的实际工资的下降,面对歉收年份里愈发扩大的严重的面包价格危机和制造业工人的失业,法国依然脆弱不堪。法国"七月王朝"依旧由土地精英、官僚资产阶级和专业资产阶级统治着。早在1848年革命造成的政治生活进一步开放之前,商业资产阶级和官僚贵族之间为反对工人阶级而结成的紧密联合就已存在。直到1848年,法国依旧处于旧制度的阴影之下,人口增长导致社会冲突不断上升。

20年前,英国也淹没在同样的阴影之中。19世纪30年代和40年代英国工业经济的快速扩张改变了劳动力的供求状况;行政机构和工业经济的巨大扩张为那些雄心勃勃而又富有才干的男人(还没有妇女的份)提供了许多职位;政治参与的开放、非圣公会教徒享有了选举权、中产阶级结成了对抗民众骚乱的有产者联盟。因此在19世纪40年代,当法国再次面临一次重大国家危机之时,英国虽然也面临着一些困难,面临着宪章运动者激起的民众骚乱,但是并不像1830年至1832年间的危机那样严重。1837年至1843年以及1846年至1847年经济大萧条期间,宪章运动吸引了许多工人。但是,这些经济萧条对于法国那本已恶化的劳动力就业状况而言,不啻最后一击,而英国的劳动力就业状况在 19 世纪 30 年代后期已经有所改善,因此经济萧条对于英国来说只是一个插曲。如同琼斯(1983a, p.176)所言:“宪章主义者几乎没有一丝一毫成功的机会,这是因为,1832 年中产阶级享有了选举权,这就成为宪章主义者与中产阶级结成联盟的重大障碍。”因此,社会不满转瞬即逝,“经济稳定与世纪中叶的繁荣最终消灭了这些社会不满,只剩下极少数举步维艰的宪章主义者在活动”。(G.Jones 1983a, p.178)

总而言之,1832 年英国的改革危机在许多方面类似于 1830 年的法国危机,如果英法两国君主所采取的措施略有不同,可能会导致极其相似的结果:法国或许会实行改革,英国或许会面临更为严重的危机。在这两个国家里,危机背后都存在着由来已久的问题:政治结构和经济结构无法吸纳人口增长。如果能够改善国家财政状况,那么 1640 年的英国和 1789 年的法国其财政困难就不会那么严重,这意味着英法两国都不会发生这种总体性的国家崩溃。但是,不断加剧的精英竞争和精英冲突、不断增加的民众动员潜能,这些在 1830 年的法国尤其明显,这意味着有可能产生某种形式的危机。

然而 1830 年之后,英法两国的情形愈益分道扬镳,恰如图 3.7 所示,尽管英国的人口增长更快,但是英国经济的巨大变化意味着导致社会动荡的力量有所下降,而法国则有所上升。里格利(Wrigley 1972, p.257)的总结似乎十分恰当:“英国的运气真好,在一个由于人口增长所必然导致的压力重重的历史时期里,工业革命拯救了英国。”

德国:危机地区与稳定地区

19 世纪早期,德国被认为是一个文化区,甚或被认为是一个民族,但并不是一个国家。许多主权实体,包括世俗实体和宗教实体,把德国分割为一个政治棋盘。因此,人们不能谈论 1848 年德国发生了“国家危机”,应该说是许多危机,由于德国各地的人口状况和政治制度各不相同,这些危机的严重程度也大不相同。

1848 年,德国受起义影响最严重的是南部和西部地区:巴登、萨克森、巴伐利亚、符腾堡、黑森—达姆施塔德、莱茵兰，在这些地方，农民起义的规模类似于1789年的法国，与此同时，工人、城市专业人员和学生也发起游行示威，要求建立自由政体。与上述地区大为不同的是，在易北河沿岸地区，骚乱则微乎其微。(Stadelmann 1975, pp.82—83)“在德国东北部，平原地区根本就没有发生骚乱”。唯独西里西亚地区发生了严重的群众骚乱，这些骚乱的参与者绝大多数是手工工匠，而不是农民。柏林也发生了暴动，这些暴动是由学生、专业人员和公务员领导的，并得到工人的支持。然而，在相对平静的普鲁士，这些暴动只是一些孤岛。因此，1848年德国的抗争显示出鲜明的地区特色：南部和西部的农民抗争得到市民和工人的支持并因而导致了严重的危机，但是，普鲁士只发生了城市专业人员和工人的抗争，而且很快就被军队镇压下去，这些军队是从相对稳定的易北河东岸乡村征召的。

因此，关于1848年的德国，我们要探询三个问题。第一，为何德国的国家危机发生于1848年而不是更早的30年代、就像英法两国一样？第二，为何德国西南部各州的起义更为严重？第三，“革命”为何失败？真的失败了吗？分析德国的生态平衡、精英吸纳机制和国家财政状况，我们就能发现这三个问题的答案。

危机的起源

总的来说，1815年至1845年，德国人口(不包括奥匈帝国)几乎增长了40%。(Hamerow 1958, p.19)德国的人口增长几乎完全归因于死亡率的下降，特别是青少年死亡率的下降。(W.Lee 1979, pp.145—149)因此，如同现代早期其他人口增长的事例一样，德国不但人口规模越来越大，而且人口结构越来越年轻。事实上，“青少年人口的急剧增长是19世纪上半叶的突出现象”。(W.Lee 1979, p.156)尽管如此，在人口快速增长的同时，农业和工业的总产出也在快速增加，这个时期里大约增加了一倍(Franz 1976, p.313; W.Lee 1979, p.153)，因此，乍一看去，似乎并不应该存在什么生态问题。

但是，德国各地区人口增长的模式大为不同。在德国东北部地区，不断增长的人口“能够被不断扩张的农业所吸纳”(Köllmann 1976a, p.101)。定居东部地区、伐木、排干沼泽地、建立农场的进程仍然在不断继续:“到弗里德里希二世统治末期[1786 年],将近三分之一的农民是最近才来的定居者”。(Milward and Saul 1973, p.57)相对较小的人口密度、规模较大的农庄、较为适度的农民财产,使得易北河东岸地区能够提供相当丰富的粮食剩余,当然绝大多数控制在容克地主手里。但是德国的西部和南部则出现了严重的人口过剩问题,在这些地区,人口密度本已过大、小农场占支配地位,人口增长导致土地不断再分,终成许多不经济的小地块。(W.Lee 1979, p.160)恰如 T.S.哈梅罗(T.S. Hamerow)所言:“德国西部,土地过度垦殖,农民过多,超出了土地承受范围。”(1958, p.223)无地可耕的农民变成了手工业者,但是德国西部附近没有类似巴黎或伦敦那样较大的城市市场,德国手工工人也没有一个从事海外出口的商人阶级可以为之服务,因此,他们只能局限于有限的国内市场,随着人口的不断增长,购买手工产品的城市家庭和拥有小块土地的农民家庭的财富不断减少,德国手工工人更为困窘。因此,德国分化成为提供剩余粮食的东部地区和粮食短缺的西部地区,东部地区出口粮食给伦敦和低地国家,并为柏林和维也纳提供粮食,西部地区的小农场规模太小,农民无法实现食物自给,同时,西部地区的农村手工工人常常收入微薄,无法购买食物。

拿破仑战争之后的经济复苏带来了些许改观,土豆种植的推广使得人们可以从相当有限的土地上获得充足的食物,尽管是清淡的食物,这使得许多农民可以养活自己的家庭。因此,19 世纪 20 年代和 30 年代,德国物价稳定,事实上,30 年代早期还出现了食物过剩的迹象。(W.Lee 1979, p.154)但是到 30 年代后期,物价开始上升,从 1830 年到 19 世纪 40 年代后期,物价上涨了 30%。(Borchardt 1976, p.207)此外,随着农民从人口过剩的西南部蜂拥到德国各地的劳动力市场,从 1800 年至 1830 年间有所上升的实际工资转而又开始下降。19 世纪 40 年代,砖瓦匠的平均实际工资比 20 年代减少了 25%,在 1847 年至 1848 年危机期间甚至减少得更多。(Kaufhold 1976, p.347; Kitchen 1978, p.38)失业也增多了,到 19 世纪 40 年代,大批有劳动能力的穷人无法找到工作,他们漂泊到快速扩张的城市里,这种凄凉的现实随处可见。(Stadelmann 1975)

如果我们关注的是民众动员潜能,那么很容易理解的是,1830 年德国为何也面临法国那样广泛的社会困境,甚或英国那样严重的地区性困境。就此而言,尽管德国的人口压力在不断增加,但尚未达到临界点。只是在 1830 年之后,德国的物价才开始上升,实际工资才开始下降。这种变化趋势在英法两国始于数十年前,19 世纪 20 年代后期已经十分严重。然而,19 世纪 30 年代和 40 年代,德国西南部失地农民不断增加,农民日益贫困,德国各地的劳动力过剩,这些因素造成了社会不满,加之城市的极大扩张——以柏林为例,1850 年柏林人口已近 40 万,再加上德国人口中的年轻人不断增加,德国民众动员潜能急剧上升。在这种趋势之中,例外的情形是德国东北部农村地区,在那里,充足的土地意味着,尽管农民仍然要为容克地主提供劳役,但是当地农民所受的压力并不像其他地方那样严重。(Hagen 1989)

因此,在我们前面所提出的关于德国的问题中,人口统计学至少可以部分回答其中的两个问题:为何直到 19 世纪 40 年代德国才出现社会动荡、为何这种社会动荡在德国西南部尤为突出。必须指出,比之资本主义剥削论,人口统计学能够更好地解答这两个问题,注意到这一点很重要。在农业方面,恰恰是在德国西南部各州,仁慈的统治者“首先开始废除人身奴役,废除领主税”(Hamerow 1958, p.158),在这里,相对独立的小农场主所负担的封建义务由来已久,直到转为现金支付为止,但是随着人口增长,小农场主的土地使用权越来越不稳固,这些小农场主正是 1848 年德国农民起义的主力,恰如 1789 年法国东北部的小农场主一样。在德国东北部,资本主义大农场依靠仍在实行的封建劳役致力于出口生产,在这里,农民们却十分平静。

尽管法律作了严格的限制,易北河东岸的德国农民也“深受封建压迫”,即便如此,就经济上而言,这些农民在许多方面都要好于德国西部农民,只有认识到这一点,我们才能理解德国东西部农民的不同之处。容克地主需要农民来耕种他们的土地,在德国东北,稀缺的是劳动力而不是土地。因此,尽管容克地主榨取了相当多的农民劳动力,但是,农民们保住了养家糊口所需的相当数量的土地。想想法国或英国吧,拥有 20 英亩土地的家庭就可以丰衣足食,拥有 40 英亩土地的家庭通常都会建立一个商业化的家庭农场,然而许多农民只有几英亩土地,大多数自耕农和佃农拥有的土地不足一英亩。将这种情况与科赫(Koch, 1978, p.47)对 17 世纪

50 年代、即“第二次奴役”中期普鲁士农民的描述比较一下，科赫分别描述了普鲁士农民，“有些农民拥有 30 公顷至 60 公顷土地[即 42 英亩到 84 英亩]，他们对地主有提供服务的义务，他们要向地主提供两到四匹马以及一到两个雇佣劳动力的服务”，“佃农，拥有的土地不超过 30 公顷”，他们有为地主提供手工服务的义务，普鲁士也有无地的劳工、农场佣工和家庭仆人，他们直接为地主服务。普鲁士的土地不如西欧肥沃，所以为了养家糊口就需要更多的土地。但是，问题的关键在于，依靠强制性劳役来经营大农场，这就需要农民能够养活自己的家庭并能够提供农场所需的畜力，否则，还有什么劳役可以使用？实际上，从一些地方性研究中可以得到有用的证据，这些证据显示，在 19 世纪，在容克地主统治的勃兰登堡，佃农家庭依然能够安全地拥有土地，并能维持相对较高的生活水平。(Hagen 1986，1989)

与此相反的是，独立的家庭农场对于农民的贫困并没有多大制约作用。19 世纪 40 年代，德国西南部农民人口过剩，与东部那些“不自由”但是人口密度较低的农民相比，尽管西南部农民是自由的，但是，他们处于不能养家糊口的极大危险之中。事实上，在德国西南部，农民通常仅有一英亩土豆可使自己的家庭免于饥饿。

如同英法两国一样，在工人中，经济上受害最深并因而参加城市起义的，正是传统的手工工人，而不是产业工人。19 世纪 40 年代，德国产业工人只是微不足道的少数，在德国劳动力中只占几个百分点。但是在 19 世纪早期，产业工人的工资不断增加，就业十分稳定。与此不同的是，手工纺织仍然是最重要的手工行业，手工纺织工的周薪下降到 1.5 到 2.5 马克，而产业工人的周薪为 9 到 10 马克。(Langer 1969，p.185)产业工人成为劳工贵族，“曾经引以为豪的手工工人不断沉沦，变成一无所有、漂泊不定的无产阶级”。(Hamerow 1958，p.36)因此，“在 1848 年的重大历史事件中，手工工匠……成为革命的前卫部队，而钢铁厂和机车厂的雇佣工人仅仅成为兴致勃勃的旁观者”。(Hamerow 1958，p.80)

这里，人口对于土地和劳动力市场的压力，而不是资本主义工业生产的冲击，再次最好地解释了 19 世纪中叶国家危机的人员构成。当然，这场危机并非只是一场群众起义，它也是一次政治运动，在这场政治运动中，职业精英发挥了关键作用。这是因为，如同其他事例一样，人口增长不仅影响到农民和工人，也影响到精英。

从 19 世纪 30 年代到 70 年代后期，“德国东部地区的土地贵族进入一个前所未有的繁荣时期”。（Sagarra 1980，p.27）不断上涨的物价直接变成了容克地主不断增加的利润，他们并非依靠收取现金地租，而是依靠在世界市场上直接出售他们的农产品。在 1807 年至 1814 年普鲁士改革运动期间，平民进入容克地主阶级的大门已经打开，政府机构的大门也已打开，在随后的十年里，许多贵族失去了土地，他们的土地被一些富裕的平民所购买。（Hamerow 1958，p.51）但是到 1830 年为止，德国东部的社会秩序十分稳定，新贵们已经被吸纳到容克地主之中。“在德国复兴时期，社会秩序从总体上看依旧稳定，社会流动的迹象极其有限。”（Sagarra 1980，p.27）

然而，在行政机构或城市各种专业职业中却看不出这种稳定性。依据西方国家的标准来看，19 世纪早期的德国已经产生了一个数量很少而又软弱无力的商业资产阶级。19 世纪头 10 年后期和 20 年代，少数成功者已经被收买进容克社会。中产阶级中大多数从事专门职业，其社会流动只有通过大学和国家官僚体制才能实现。19 世纪头 10 年和 20 年代，随着德国改革运动的开展，德国需要寻找富有才干的非贵族走向各种领导岗位，社会流动的路径开始拓宽。但是，比之合格的需求者数量而言，政府职位的增长远远落后于这种需求。1830 年，通往官职之路受到阻碍，德国充斥着灰心丧气的求官者，竞相谋取极少的职位。

在谈论英法两国时，我们注意到，随着精英之间社会竞争的加剧，对证书的急迫需求会导致高等教育的扩张远远快于人口增长。恰如 17 世纪早期和 19 世纪早期英法两国的情形一样，德国也出现了这个现象。1800 年至 1830 年间，普鲁士的大学生数量增至 3 倍，导致“1830 年法学家和牧师供过于求”（R.Turner 1980，p.112），就全德国来看，大学生数量也增至 3 倍。（Jarausch 1982，pp.27—28）然而，尽管大学教育繁荣昌盛，“19 世纪 20 年代之后，官僚职位仅有缓慢的增长”，这导致“官职需求与大学毕业生供给之间出现了极大的失衡”，（Jarausch 1982，p.30；1974，1975）结果，“当时的报道充斥着各种抱怨，抱怨公务人员数量太多、谋求公职的人数量太多;尽管政府的各种告诫连续不断,灰心失望的失业者每年都在增多”。(Jarausch 1974, p.556)尽管普鲁士政府于1834年限制大学招生,大学招生趋于稳定,但是,大学的扩张超出了德国的职位数量。到19世纪30年代,“一个普鲁士评税员岗位的实习生平均需要等待6.6年才能获得带薪职位;19世纪50年代,这种等待期超过10年以上”。(Gillis 1974, p.75)律师、医生、大学教师、神学家都面临着类似的挫折。结果,许多人“转向……新闻业,他们在此发泄社会不满和沮丧”(Gillis 1974, p.76)。在1848年危机中,法兰克福议会“控制在律师、教授和公务员手中……那么,1848年的政治革命,在下层社会的喧嚣之后,实际上就成为一场职业阶层的革命”(Stearns 1974, p.45)。

在其对政府的控诉中,愤愤不平的知识分子指出了许多问题,“影响德国的各种社会问题,使得各行各业的人们感觉到……国家……并不关心民众”。(Sagarra 1980, p.55)学生们用穷人的困难遭遇作为武器来攻击国家的失败之处(Jarausch 1974, p.551),具有预言意味的是,莱茵省省长在1844年向内政部汇报说:“社会不满越发明显……源自……大多数是律师、医生和商人……我确信,他们将准备……发起一场骚乱,这样,他们可以利用这种骚乱谋取私利。”(引自 Hamerow 1958, p.60)

1848年,可资利用的政治机遇来到了。先前的减产、土豆枯萎病和糟糕的天气毁坏了当年的收成,导致粮食价格成倍上涨。如同其他传统经济一样,粮食危机减少了人们的收入,使得制造业市场萎靡,因而造成大规模失业。1848年前期,农村起义和城市暴动得到学生和职业人士的支持,他们获得了话语权,宣布政府的错误,要求扩大政治权利和政治机遇。由于城市扩张已经极大地超出了警察的掌控能力(Langer 1966, p.105),由于普鲁士国王不愿意命令军队采取行动镇压其臣民,这场革命似乎有可能取得胜利。德国西南部各个小邦的君主们,或者逃走,或者向激进主张投降。

但是,由于普鲁士内阁和军队的坚决行动,这场革命却停止下来,此后又开始逆转。这是因为,与1830年和1848年法国的情形不同,当时的法国政府缺乏可以信赖的部队,也与1640年的英国和1789年的法国不同,当时的英法两国政府财政破产,因而必须寻求精英对于改革的支持,

1848年的普鲁士政府财政上是安全的,还得到军官的坚定支持。恰如英国的情况一样,普鲁士政府的财政收入越来越依赖于消费税而不是土地税。(Braun 1975, pp.269—272)普鲁士还拥有大量的王室资产可以提供可靠的收入。因此,“在19世纪中叶工业革命之前,在德国各邦中,普鲁士是唯一拥有牢固财政基础的”。(Sagarra 1980, p.9)此外,普鲁士军官主要来自易北河东岸的容克地主阶级,对于他们而言,19世纪30年代和40年代是一个社会稳定、繁荣兴旺的历史时期,因此,普鲁士军队依然坚定地忠于国王,而不是忠于革命。

总而言之,19世纪中叶的德国遭遇了在人口快速增长面前传统经济所面临的一些共性问题。图3.8运用民众动员潜能以及用大学招生测度的精英竞争两个指标,对19世纪早期英国和德国的政治压力指数的变化进行了比较。[18]在英国,19世纪20年代后期政治压力指数有所上升,于1830年至1832年间达到高点,此后开始下降,1837年至1842年间有很大的反弹。与英国不同,1830年之前德国的政治压力指数一直在下降,但是1830年之后却一直在稳步上升。因此,英德两国的政治压力指数模型准确地抓住了这个时期两国不同的变化趋势。

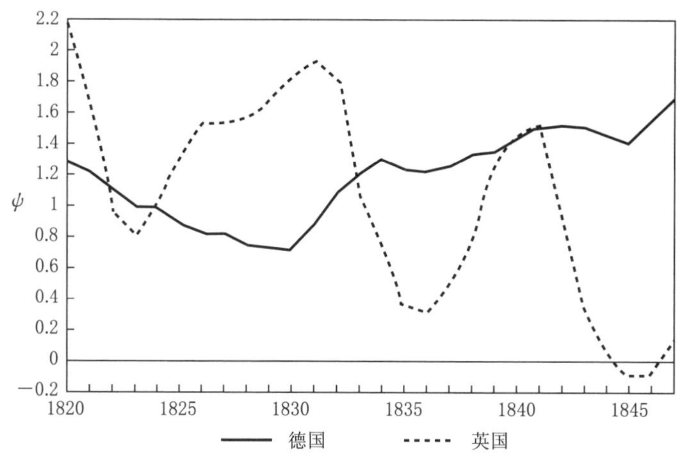

图3.8 1820—1847年间英国和德国的危机压力

1848年革命失败了吗?

普鲁士与19世纪早期的英国比较相似,与法国和德国西南部各邦则大不相同，当普鲁士面临危机之时，它有两个有利条件：第一，相对稳定的财政状况，普鲁士的财政基础是间接税；第二，民众生活无着的地区相对有限。英国饱受苦难的农民主要集中在南部农业地区，而德国则主要集中在西南部各邦而非普鲁士。因此，可以从秩序稳定的地区获取军事资源以直接对付发生起义的地区：柏林和德国西南部各邦。

丝毫不亚于英国或法国的是，普鲁士也不能忽视危机，不能逃避社会的变革需求。普鲁士的国家力量使得国王能够采取许多改革措施来应对困难，而不是屈服于革命。农民被解除了一些封建义务，职业中产阶级得到了一个新宪法和新议会，议会下议院议员的选举范围比 1832 年英国《改革法》提出的范围还大。这些改革措施，把中产阶级与下层阶级分离开来，把农民与工人分离开来，给德国带来了社会和平，并极大地强化了国家的领导权。尽管新议会的管理不时会出现一些困难，但是 1850 年之后德国的经济成就和军事成就解决了德国的大部分问题。时钟不可能倒转。如果说 1848 年德国革命“失败”的话，它的失败之处仅在于它没有像法国革命那样把国王从王座上拉下来。事实上，这场革命给德国国家和乡村带来的变化堪比 1848 年的法国革命，并为更加强大的德国（或者惋惜地说是专制主义的德国，就像拿破仑三世统治下的法国一样）奠定了基础。这里又一次证明，深刻的教训在于，旧制度下的人口压力能够制造出国家危机的各种条件，但是危机的具体形式和结果则主要取决于特定国家的具体资源和社会制度。

早期现代欧洲的国家危机：总结

图 3.9 用格式图表示人口增长与国家危机之间普遍的关联性，这里追溯了几个特定事例，对于早期现代欧洲而言，这些事例是非常普遍的。各个竖条以百分比标示出 1500 年至 1850 年期间三个时间段里各个国家人口的净增长。第一个时间段截至各个国家达到 17 世纪早期人口顶峰的年份，第二个时间段截至 1750 年，第三个时间段截至 1850 年。竖条之上的星号表示该国在该时期里发生的重大的宪法危机、起义或者革命。请注意，17 世纪和 19 世纪里有别于国家危机一般模式的那些国家，比如瑞典和匈牙利，它们的人口增长模式也有别于其他国家。

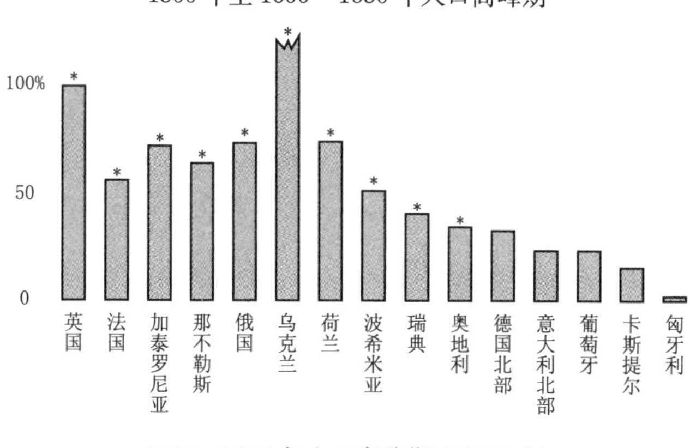

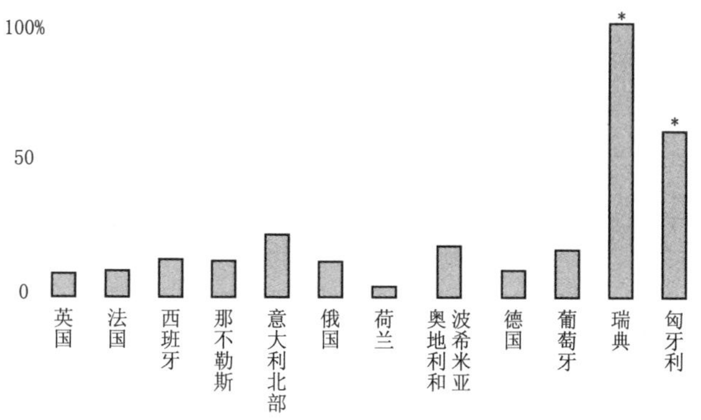

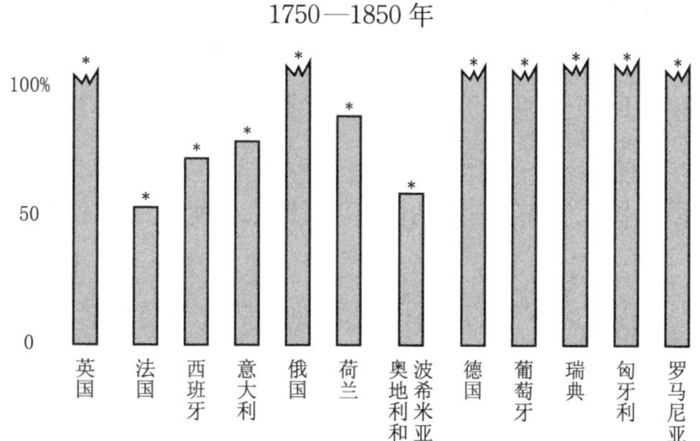

图 3.9 1500—1850 年间欧洲的人口增长与国家危机

注：竖条之上的星号表示该时期国家危机的发生，破碎的竖条表示人口增长超过了 100%。

图 3.9 揭示的问题要多于答案。当然,对于这些我没有详细分析的国家,要详细探讨其人口变化和物价变化、社会流动以及实际工资的变化,这显然超出了本书的研究范围。毫无疑问,熟悉斯堪的纳维亚国家、低地国家、意大利、中东欧国家的学者们能够更为熟练、更为客观地分析这些地方国家危机的发生过程。现在,我想思考一下本书所提出的国家危机模型中我的一些疑问,并提出一些补充解释。

有效性

相较许多社会科学理论而言,人口/社会结构模型的一个优势在于它易于证伪,即,如果我所使用的关于人口增长、物价、社会流动、工资等问题的资料一旦被证实有误,那么,关于英国革命和法国革命、关于 19 世纪革命的解释模型的解释效力就会立即遭到削弱。

确实,本书使用的资料远非牢不可破。争论仍然在继续,而且如同我所指出的那样,一些基本问题——比如 18 世纪和 19 世纪法国的农业增长问题、1780 年之后英国的工资变化问题——仍然处于热烈的讨论之中。我希望,这些资料对于解释现代早期的一些关键历史事件所具有的重要性能够促进学者收集一些更好的资料。证实或者驳斥本书提出的解释模型将依赖于更为完善的基础研究。

精确性

过分精确地界定由于人口压力而造成的总体性危机的历史时期,这将是一个个严重的错误。比如,我所关注的是 1640 年的英国革命,然而,从 1540 年至 1640 年整个历史时期里,英国曾反复出现多次政治困境,从朝圣叛乱、凯特起义到北部地区伯爵们的叛乱,再到英国革命。类似的,相较 17 世纪中叶的福隆德运动而言,16 世纪后期法国的宗教战争构成的危机更为严重。因此,我宁愿认为,这个人口和物价不断上升、社会流动波涛汹涌、工资不断下降的整个历史时期——这个历史时期在英法两国开始于 16 世纪早期,到 17 世纪中叶达到顶峰——这是一个走向国家危机的历史时期,我反对那种认为 17 世纪后期和 18 世纪早期之后的整个历史时期是一个社会稳定期的观点。越是希望精确地勾画出危机的准确时间表,就越需要更多的特定案例的细节,比如国家的财政资源、社会流动的程度、工资下降的幅度、收成的变迁,这些细节起着关键作用。政治压力指数模型至少可以作为辨识和解释这些在国家危机面前脆弱不堪的历史时期的一个较为准确的工具，当然，这个模型的精确性还有相当大的改进空间。

差异性与一致性

我已经提出，在现代早期的经济制度和政治制度背景下，人口增长会导致一些“稳态过程”，比如通货膨胀、社会流动和民众困难，这是无助于政治稳定的，重要的是要认识到，这些稳态过程在各种不同的历史环境下都可能发生。稳态过程不会超越历史环境，而是由历史环境形塑的。因此，尽管我已经着重论述了国家崩溃的起因，但我仍要强调指出，由于不同国家具有不同的社会结构，这些破坏社会稳定的压力因素导致的结果就会大不相同。因此就有了修正后的“人口/社会结构”用以描述这个解释模型。

这个解释模型中有一个特别的变量，尽管我已经在我的论述中将其包含在内，但仍值得加以清晰地说明。在 1640 年英国革命和 1789 年法国革命这些事例中，危机是由人口增长造成的，人口增长在整个社会是普遍发生的，即便不是完全均衡。相比之下，在 1640 年至 1648 年西班牙哈布斯堡王朝统治时期以及 1848 年的德国，在这些社会里，外围地区的人口增长更为迅猛，而核心地区则比较缓慢。人口增长的这种地区分布特点造成了明显不同的危机模式，在西班牙，尽管边远地区发生了起义，但其中心地带却依旧稳固，西班牙边远地区的人口增长造成了极大的社会冲突和困难。类似的模式产生于 1848 年的德国，尽管柏林起义中有职业人士和工人，但是德国东北部中心地带的普鲁士社会稳定，这使得德国能够对各地的起义采取坚决行动，这些起义尤以德国西南部最为严重。我之所以提及这种模式，是因为，在对俄国危机的分析中，这种模式也是一种重要的思考方式，另外，在 17 世纪的乌克兰起义和 18 世纪俄国普加乔夫起义这些事例中，边远地区的人口增长远远快于莫斯科周围的核心地带；再者，在上述事例中，中央政权试图维持甚至强化对于人口增长迅猛的边远地区的控制，结果导致国家危机，其中的一个事例其中央政府依旧稳固。

人口增长对社会制度、经济制度和政治制度的影响达到何种程度其影响才是地方性的，或者，达到何种程度其影响会遍及整个国家或社会，这个问题说明了第一章中我所提出的引导性观点。在我看来，社会不仅仅是“微观力量”和“宏观力量”之间的交互作用，而是组织的碎片化，即，社会具有嵌入式结构，这些嵌入式结构在各个层面是相似的。在本书中，我曾详细指出，不同的地方习俗会影响人口压力所起的效应，尽管如此，我所概括的全国层面或大区域内的这种变化过程是否可以溯源到更小的范围，这仍然是一个悬而未决的问题。实际上，为了理解国家危机，我们可能还需要知道，一个具有极少程度结构对称性的社会——即，不同社会层级或不同地方具有极为不同的风俗习惯——在面对我所分析的人口张力面前是更为脆弱呢，还是更少脆弱呢。J.M.梅里曼(J.M. Merriman, 1975a, p.112)在一个脚注中提到，在法国的阿列日，“三个暴动最为猛烈的区[1848 年]在 1804 年至 1841 年间很快就人口过剩”。坦率地说，如果人口/社会结构模型在法国各区都产生了完全相同的结果，那我会十分惊讶。看起来，在各个不同层面进行研究是值得的，以便发现这个解释模型中的政治因素、精英因素和群众因素在何种层面会继续发挥作用。

普遍性

历史分析的普遍性和有效性之间的差别常常混淆不清，因此值得加以辨明。我提出的解释模型，其有效性取决于我得出的政治结论是否可以在我所分析的那些案例中包含的人口、经济和社会发展进程中找到依据。与有效性问题有所不同的是，模型的普遍性取决于这种人口/政治联系是否能够在其他案例中找到依据，或者更广泛地来说，人口与政治之间的这种联动关系是否与其他一些历史现象有着内在联系。

作为后一种可能性的事例，我们可以分析一下巫术这种现象。曾有广泛的报道称，16 世纪欧洲各国迫害巫师的现象不断增加，1650 年之后这种现象逐渐减少。(W.Hunt 1983, p.55)对此现象有着许多种解释，那么，这种现象与我强调的人口和物价变化周期有联系吗？人口暴涨期间人们的严重不安全感会导致偏执狂吗？1650 年之后精英的自信和稳定会促使精英们压制群众中的迷信行为吗？这些问题还是留给那些比我更精通文化史的学者们去研究吧，然而，人口和经济的长周期变化史与文化模式之间的关系确实值得密切关注。

显而易见，把人口/社会结构解释模型运用到国家崩溃或国家稳定的其他事例，在这方面我主要关注的是那些独立自主的大国。对于一些较小的国家，比如低地国家以及统一前的意大利，这些国家其国家变化的动力机制可能有所不同。欧洲之外其他国家其国家变化的动力机制同样也值得研究。

普遍性问题给我们提出了另外一个值得研究的问题，我将在下一章探讨这个问题。我曾提出，早期现代欧洲史上的那些重大危机，并非源于资本主义经济组织和社会组织的崛起，与之相反，这些危机源于人口扩张的周期性力量对农业官僚制国家造成的压力。如果这种观点是正确的，若对这种模型进行进一步检验，就需要分析那些没有发展出西方式资本主义的国家，看看这些国家是否也产生了类似的国家危机。因此，在下一章中，我将分析奥斯曼帝国和中国大明王朝的早期现代国家危机。

此外，本书中提出的国家崩溃模型尽管不是马克思主义的，然而却是唯物主义的，我认为，正是人口与资源平衡关系的改变造成了国家崩溃。那么，意识形态的变化、个人意志的变化、文化和偶然事件这些因素对于历史发展有何作用？要回答这些重要问题，我们最好先对发生于不同文化背景里的国家崩溃事例进行对比分析。因此，我将在探讨早期现代亚洲国家的国家危机之后，在第五章里分析这些问题。

注　释

1. 我必须强调指出，1700 年之前的数字是我自己的估算，其根据是拉迪里(1987)、古贝尔(1970b，1970c)以及书中提到的其他人进行的地方性研究。迪帕基耶等人(1988，pp.67—68)的估计更为保守，他们得出的法国人口发展趋势与我的观点相似，但是他们认为法国人口高峰大约在 1630 年，比我提出时间的要早，高峰期人口数也比我估算的少一些。

2. 可以根据亨利和布拉约(1975)提供的资料估算 1740 年之后法国人口的年龄结构。关于 1670—1690 年法国的人口数量，我依据的是 R.李(R.Lee 1974)对于早期现代欧洲人口“稳定不变”时欧洲人口规模的估计，以及我们所知的 1670—1690 年间法国人口几乎没有变化的有关知识，然后，就可以推算出 17 世纪晚期法国的人口数据。

3. 托克维尔(于 1856 年)写道:“事实是,法国变得富裕起来,全国人民的生活水平有所提高”。马蒂耶(1928)补充说:“法国国家财富增长的确凿佐证是,人口快速增长,商品、土地和住房价格稳定上升”。上述言论引自格林罗(Greenlaw 1958, xv)的著作。

4. 我使用的是 1730—1739 年的基期数据,因为 1726 年之前,法国货币由于国王的操控而极不稳定。1700—1709 年与 1730—1739 年,用里弗尔货币单位标示的小麦价格实际上是一样的,但是由于里弗尔货币银含量的波动,使我们难以比较 18 世纪初期 25 年与随后 10 年各种商品的名义价格。

5. 其他谷类作物——大麦、燕麦、黑麦的价格上涨幅度与小麦几乎一样。(Labrousse 1984, 1:175, 189, 229)

6. 由于什一税和百分之五税是在一定年份征收的税收,而不是像租税、盐税以及其他普通税收那样永久征收,因此常被视为“特别税收”。(Riley 1986, p.55)但是,由于 18 世纪什一税和百分之五税的征收带有一定的规律性,近乎是按照固定税率法定征收(类似于普通税收),所以我把它们归入经常性财政收入一类,以使其有别于我们所称的“特别收入”。特别收入包括出售公职和贷款,带有某种自愿性质,不能强制,并且要有补偿,因此获得这些特别收入的成本各不相同。因此,本文所说的“经常性财政收入”意指能够提供预期的定期收入的所有财政收入,尽管这些收入中有些是有一定期限,还有一些则是无限期的。

7. 我把莫里诺称为“间接税”和“其他收入”的那些国王收入归类为间接税,把“直接税”以及其他得自王室领地、牧师以及三级会议省无偿赠与的收入归为直接税,这些收入主要是土地税。

8. 表 3.3 和表 3.4 与马赛厄斯和奥布莱恩 1976 年的分析类似,但是,他们两人的分析依据的是对法国和英国经济增长和人口数量的估计数据,现在这些数据都已经过时了,表 3.3 和表 3.4 的数据来源及建构方法在附录中有详细说明。

9. 对法国农业的分析研究,包括它的发展进步以及阻碍因素,这是个十分复杂的事情,有相当多的专门研究文献探讨过这个问题。我也曾详细分析过这个问题,包括对英法两国比较分析,参见戈德斯通(1988)。

10. 马尔科夫(1985, 1988)曾论述过,重要道路附近地区恰恰是农民起义最猛烈的地区,另外,根据当时留下来的一些记录资料来看,1789 年,法国有些地方是农民的不满情绪比较高的地方,这些地方的农民十分关注村社公用地使用权、税收和公共福利问题以及其他一些全国性问题,他们希望三级会议能够解决这些问题,农民不满情绪较高的这些地方也是后来农民起义最剧烈的地方。

11. 有一个局外人确实认识到了困境的根源,当时,阿瑟·扬正在法国旅行,他写道,法国的麻烦在于,“法国的人口太多了”,人口增长远远超出了农业增长,因此,“虽然法国和英国的食物价格一样昂贵,但是法国劳动力的工资却仅相当于英国的 76%”。[1971(1792), pp.134—135]

12. 马尔科夫(1985)曾运用一种完全不同的理论框架,对 1789 年法国农民起义与地方特性(以司法管辖区为单位)之间的相关性作实证分析,他发现,有六个因素与农民起义有着正相关关系：最大城市的人口数、主要道路的长度、主要行政机构（即财政区行省的主要行政机构）、敞田与牧场占土地的比例、地中海沿岸南部地区（南部）。这些因素与本文得出的宽泛结论高度一致：城镇人口和道路长途反映出经济商业化，而经济商业化会加剧农民应对价格变化的脆弱性。财政区行省意味着该地区是按照人头征收租税的，在各个财政区行省里，贵族和绝大多数资本家免纳租税，而且，其他一些直接税也极易转嫁给农民。敞田以及很高比例的栽培式草地是法国东北部平原地区的典型特点，在这里，敞田用于种植谷物，而精心培植的村社公用草地则用于放牧，而村社公用地就成为农民与地主之间的冲突焦点。法国南部地区的农村社会结构与东北部不同，该地区背负着人口增长以及物价压力的沉重负担，从而导致了各种社会冲突，当然与东北部地区相比，南部地区的社会冲突具有不同的特点。总之，马尔科夫的结论正好证实了本文所分析的法国各地应对社会生态压力所具有的不同程度的脆弱性。

13. 多伊尔（1980，pp.78—95）曾分析过“民意”是如何从巴黎人举行的各种沙龙的声望和宾客中获得影响力的。因此，“民意”的崛起反映了精英的崛起，反映出精英脱离了凡尔赛的轨道。马萨曾分析过审判记录的出版——即司法备忘录是如何对民意推波助澜的，司法备忘录因其官方性质而免遭审查。律师们经常利用参加审判的机会、依据司法备忘录来阐述自由的基本要义。职业人士试图表明他们独立于凡尔赛宫廷，关于这一点，马萨的分析的事例绝不是最后一个，虽然这个事例十分具体、十分有趣。

14. 当然，实际地租的上涨也可能源于生产率的提高，生产率的提高导致土地实际价值的增加。然而，这期间法国生产率的提高至多是中等水平。由于实际地租的上涨远高于生产率的提高（1730—1739 年到 1780—1789 年，实际地租翻了一番，而生产率的提高不足 20%。），因此，我们有把握认为，在分析实际地租变动的时候，我们可以参考的是土地的市场价值而不是土地产出的价值。

15. 关于 18 世纪和 19 世纪早期英法两国农业发展的详细对比分析以及阻碍法国农业进步的地理因素的详细分析，参见戈德斯通（1988）、莫里诺（1970a）、艾伦和奥格拉德（1988）等人的著作。

16. 奥古斯特·孔德（Auguste Comte）所写的一段文字意味深长：“一个聪明的、有才智的、受过良好教育的年轻人，不管如何努力，都找不到谋生之路，与此同时，却有许多无所事事、不学无术之徒躺在大量财富上睡大觉……，这种令人震惊的情形在一个好政府的统治下会出现吗？”（A.B. Spitzer 1987，pp.232—233）

17. 由于政治压力指数中的各个因子都是按年度而不是十年来计算的，因此，我对这个公式进行了一些修正。为了保持英法两国间的可比性，大学招生这个因子是以 1817—1819 年的数据为基数来进行测算的。英法两国民众动员潜能的测度——包括平均实际工资、城市化比率、人口中年轻人所占的比例——是可以直接比较的。

我用前十年里法国国立高等学校的招生以及牛津大学和剑桥大学的招生情况来测度英法两国的精英竞争。

工资变化和城市化的影响这个因子按照短期数据来测度。实际工资对民众动员潜能的影响不仅取决于当下的工资、也取决于以前的工资水平：工资状况一年好一年坏并不算悲惨，但是连续好多年工资状况不好之后再来一次工资下降，这却是灾难性的。因此，民众动员潜能中的工资因素按照四年间的平均工资来测度，其中最后两年所占的权重为三分之二，前两年占三分之一。

民众动员潜能中的城市化因素是根据巴黎和伦敦在前 10 年里的人口增长状况来测度的，但更偏重于强调最近几年的人口增长，权重方法如下：最近 3 年的人口增长占一半权重，此前 5 年的人口增长占三分之一，前 10 年占六分之一。由于这个时期里城市人口增长较为稳定，因此估算结果对权重并不敏感，我之所以使用这种权重方案，是因为我觉得这个方案更利于强调城市人口的近期增长，如果仅仅采用前 10 年或前 5 年的城市人口增长，则结果将大不相同。

除了没有财政压力因子之外，政治压力指数的计算公式与前文中提到的公式相同，这就相当于把财政压力因子降低到最低值，即财政收入与财政支出完全一致。因此，在图 3.12 中，政治压力指数 = 精英竞争 × 民众动员潜能。数据来源如下：A.普罗斯特（A. Prost，1968）对法国国立大学招生的研究；A. 韦伯（A. F. Weber，1963）对巴黎人口增长的研究；J.布吕阿（J.Bruhat，1976）对法国工资研究中使用的“库钦斯基（Kuczinski）名义工资序列”，减去拉布鲁斯（Labrousse，1970e）分析的小麦价格；亨利和布拉约（Henry and Blayo，1975）对法国人口年龄结构的研究；L.斯通（L.Stone，1974）对牛津大学和剑桥大学招生的研究；A.韦伯（A.F. Weber，1963）对伦敦人口增长的研究；费尔普斯 · 布朗和霍普金斯（Phelps Brown and Hopkins，1962a）对英国工资的研究中所得出的名义工资序列，减除 B.米切尔（B.Mitchell，1962）分析的小麦价格；关于英国的工资结构，我用的是 E. A.里格利和 R.S.斯科菲尔德（E.A. Wrigley and R.S. Schofield）允许我使用的英国人口史研究项目中尚未公开出版的数据资料（参见第二章第 11 个注释）。

18. 参见前面关于英国政治压力指数计算的注释。在计算德国政治压力指数时使用的数据来源如下：德国大学的招生资料源于 K.J.雅劳施（K.J. Jarausch，1982）；德国的工资数据源于 K.H.考夫霍尔德（K.H. Kaufhold 1976）研究得出的 10 年期平均实际工资，再根据 K.博尔夏特（K.Borchardt 1976）的德国物价研究资料进行了修正。城市增长的数据源于 1850 年人口超过 10 万的德国城市的人口增长数据以及 A.F.韦伯（A.F. Weber，1963）对于维也纳人口增长情况的研究。人口年龄结构大致根据 J.霍夫曼（J.Hoffman，1839）的研究以及普鲁士国家统计局 1849 年的数据。

第四章

早期现代亚洲的国家崩溃：奥斯曼帝国危机与明清王朝更迭

16 世纪里，奥斯曼帝国的人口增长十分迅猛……人口增长超过了耕地面积的增长，这是奥斯曼帝国社会失衡和社会动荡的根本原因。

——哈利尔·伊纳尔哲克(Halil Inalcik)

人口过剩的危害是，人们不得不到山顶上种庄稼，不得不开垦水滩地……所有的古代森林……已被砍伐一空，连边远地带的林地都成了耕地，即便如此，仍然无法养活所有的人。这种情况足以证明所有资源都已消耗殆尽。*

——汪士铎

我们已经深刻地分析了早期现代欧洲历史上典型的国家崩溃事件，我业已指出，这些国家崩溃的历史事件并非源于资本主义的发展，也并非源于各种历史条件偶然性的综合作用。相反的，这些事件源于农业经济以及随之而来的社会制度和政治制度无法应对人口持续增长所带来的沉重压力。显然，如果这种观点是正确无误的，那么，它也应该适用于欧洲以外的农业官僚制国家。

本章将要分析两个亚洲国家的国家崩溃，它们与欧洲国家“17 世纪

* 汪士铎《乙丙日记》卷三中的原文如下：人多之害，山顶已植黍稷，江中已有洲田，苗洞已开深箐，犹不足养，天地之力穷矣。——译者注

的普遍危机”发生在同一历史时期:发生在小亚细亚的奥斯曼帝国危机以及明清的王朝更迭。1590 年至 1610 年间以及 1622 年至 1628 年间,小亚细亚的许多地方脱离了奥斯曼帝国的控制,当中央政府被财政危机、派系分裂以及贪污腐败搞得焦头烂额的时候,各省地方官员、心怀不满的士兵以及日益贫困的农民一起掀起了一系列起义,推翻了中央政府的统治。在帝国首都伊斯坦布尔,由于政府不能支付军饷,1589 年、1592 年、1607 年、1622 年以及 1631 年至 1633 年间,军队多次发动兵变。1648 年,在又一次兵变中,奥斯曼苏丹被勒死,1657 年至 1658 年,阿布扎·哈桑帕夏发现,一个叛乱政府正把小亚细亚的许多地方从奥斯曼帝国分离出去。直到 17 世纪后半叶,由于奥斯曼帝国一个新的大维齐家族柯普吕律家族*,奥斯曼帝国的分裂才得以幸免。

几乎与此同时,大明王朝也饱受一系列类似痛苦灾难的折磨。从 1590 年到 17 世纪上半叶,大明帝国的国库收入持续处于危机之中,政府无力支付军饷,也无力控制派系争斗,这些派系争斗使得政府几近瘫痪。由心怀不满的士兵发起的军队叛乱,由于大量农民的加入而迅速扩大到南方和西南方的所有省份;由债务劳工发起的城市暴动和起义遍及长江下游各省。1644 年,李自成起义军占领北京,明朝皇帝自缢身亡。在行将建立自己的统治之际,李自成败亡于邻近的满族人,当时,一些不愿归顺起义军的汉族官员邀请满族人执掌国家大权。直到 17 世纪后期,在一个新的满族王朝大清王朝的统治下,中华帝国的社会秩序才得以重新建立。

上述两个事例的显著特点是,奥斯曼帝国和大明王朝的国家危机都不仅仅是农民起义,也绝不只是源于粮食歉收。与此相反,这些危机的深刻性反映出两国社会的整体困境:中央政府的财政危机和财政破产、精英的内部冲突与精英反叛、群众起义,这些因素在大规模的内战中达到巅峰。尽管就社会制度、意识形态架构以及政治行动者而言这两场危机的表现形式有所不同,但是这两场危机都展现出国家崩溃的所有因素。

此外,如同欧洲国家一样,17 世纪危机之后的一个世纪里,奥斯曼帝国和中华帝国都处于相对平静的状态。18 世纪 80 年代到 19 世纪 50 年

---

* vizier,维齐的地位仅次于奥斯曼帝国苏丹。——译者注

代,奥斯曼帝国的巴尔干地区和埃及都发生了起义,结果,希腊从帝国中分离出去,埃及获得了完全自治权。在此期间,白莲教、捻军和太平天国起义虽然最终都告失败,但是这些起义给中国大部分地方造成了严重破坏。

在本章中,我要探究的是17世纪奥斯曼土耳其帝国和中华帝国国家危机的原因,然后,我又分析了危机之后的相对稳定时期以及18世纪后期和19世纪里这两个国家的再次崩溃。我掌握的这些亚洲国家的统计资料比欧洲国家要稍显薄弱一些,因此我的分析必然有较多的推理成分。但是,我相信这些资料证据足以证明我的观点,那就是,这些亚洲国家政治危机的原因与早期现代欧洲国家是一样的。我也简要分析了一个既有趣又有些例外的事例,即德川幕府时代的日本,这个农业/官僚制国家在一个多世纪的时间里(大约从1720年到1840年)其人口实际上并无增长,但在随后一代人的时期里、在众所周知的1868年明治维新的危机中,日本也发生了国家崩溃。然而,日本制度体系的一些关键方面都不同于本章中分析的其他亚洲国家,因此,对于人口因素在早期现代国家崩溃中的作用而言,日本确实是个“法则中的例外”。

第一节 理论争议、人口和经济发展趋势

东方国家毫无变化吗?

长久以来,西方历史学家和亚洲历史学家都认为亚洲国家与西方国家大不相同。在欧洲很有影响力的观点是卡尔·马克思和马克斯·韦伯的观点,在亚洲则是传统的学术观点,他们都把欧洲国家描绘成具有内部活力的国家,与此相对的是,他们认为东方国家在王朝更迭中其社会毫无变化。

关于中国的一些观点

尽管西方人相当欣赏中国艺术和中国文学,但是长久以来,他们一直认为中国是一个毫无变化的社会,这个社会由公元前5世纪建立起来的儒家原则统治了数千年之久。西方学者注意到了中国历代官方职位和外部表象的连续性,却几乎没有注意到数世纪以来中国思想观念领域的争

斗以及社会组织的变化，因此这些学者往往简单地认为两千多年以来的中国社会没有重大变化，但是这种看法却是错误的。在马克思看来，中国是“亚细亚专制主义”的范例。F.V.莫尔德（F.V.Moulder）曾指出，马克思认为“亚洲国家的财产权发展不足，这些国家没有贵族，也没有资产阶级，国家本身就是个‘实实在在的地主’”，由于阶级斗争不具备阶级条件，因此亚洲国家的历史是“停滞的”，这些国家也有战争和起义，也有历代王朝的兴衰更替，但是这些亚洲国家没有“社会史”。（1977，p.15）马克斯·韦伯也认为亚洲国家缺乏西方国家那样的推动社会变化的火花。（1951）直到目前，对中国和西方的比较分析（Wittfogel 1957；J.A.Hall 1985）强调的仍然是西方的活力和中国的僵化。

西方学者认为中国社会基本无变化的这种研究趋势，由于经典的中国历史学而得到极大的强化。在第一章中，我们曾指出，西方历史学家和社会学家低估了周期性历史因素在欧洲历史中的作用，他们不断地把各种历史事件塞进历史长期演进之中。中国历史学家恰好持相反的观点，他们低估了历史进步的作用，把各种历史事件塞进一个来回摆动的周期性历史模式之中。（Feurwerker 1976，p.14）中国历史学家们是在“王朝周期论”的基础上建构自己的观点的，这种“王朝周期论”认为，任何一个王朝在经历一段时间之后都有腐朽衰落的趋势，都会变得腐败堕落、毫无效能，此后就会被推翻、被另一个王朝取代。20世纪里，王玉春（Wang Yu Chaun 1936）以及其他一些学者（参见 Meskill 1965）在传统的道德腐朽论基础上提出了人口过剩与财政衰败的问题，但是他们所强调的仍然是周期论模式——中国社会没有长期性的变化，只是围绕着稳定的儒家统治来回摆动。不幸的是，历史学传统的这些差异却成为描述每一个文明的刚性模式。西方历史学家和中国历史学家基于各自的视角，都认为西方历史是由进步因素驱动的，而中国历史则是由完全不同于西方的那些独特的因素驱动的，这些历史因素导致中国历史周期循环、毫无变化。

最近以来，学术界已经极大地改变了那种认为中国社会毫无变化的观点。中国的许多历史时期都曾出现过巨大的技术繁荣、经济发展、军事扩张与海军扩张，在诸多的历史事例之中，我们知道，宋朝（960—1279）时的先进冶铁业和运河交通曾大为发展，明朝（1368—1644）时各地多样化和专业化的棉花种植业和纺织业不断发展,清朝早期,通过广泛发展水利灌溉、土地开垦以及推广新的农作物,耕地增加了一倍。(Elvin 1973, 1984; Chao 1977; G.Hamilton 1985; Mertzger 1977; Myers 1974, 1982)此外,中国的思想史并非只是一成不变的儒家思想的简单重复,曾有许多历史时期佛教几乎就要盖过儒教的风头,而且,在中国历史的许多时期,儒教被人们用于与正统权威进行尖锐的斗争、用于改革运动之中。(B.Schwartz 1959)如果仔细研究的话,中国历史绝不是一成不变的历史,而是充满变化的万花筒。然而,中国历史的"王朝周期论"观点依旧十分强大,尽管承认中国的某些历史时期曾有过相当大的进步,但是在关于中国历史的一些主要教科书中,"王朝周期论"依旧占据主导地位。(Fairbank, Reischauer, and Craig 1965, 1, pp.117—118)

但是,当我们把中国历史和欧洲历史进行比较研究的时候,中国历史的王朝周期论观点很快就无法立足。元朝亡于 1368 年,恰恰与欧洲中世纪晚期的危机处于同一历史时期。继元朝之后的明朝由于一系列起义而亡于 1644 年,又恰恰与 17 世纪的欧洲危机处于同一历史时期。下一个朝代是清朝,18 世纪 80 年代至 19 世纪 50 年代,清朝经历了一系列大规模起义:白莲教、捻军和太平天国起义,这些起义最终使得清朝政权崩溃,这个动荡不休的时期与欧洲 1789 年至 1848 年间的"革命时代"几乎处于同一历史时期。我们认识到,在 500 多年的历史时期里,中国和欧洲的政治危机和政治稳定的数次潮起潮落几乎完全同步,这样看来,断言中国历史的推动力量与欧洲完全不同的这种观点并不可靠。

最近以来,研究中国历史的一些学者(Atwell 1986; Elvin 1984; G.Hamilton 1985; Wakeman 1986; Wong 1983)已经不再坚持先前的观点:中国经历的是明显停滞的、与西方完全不同的历史发展模式。这些学者注意到了欧洲和中国国家崩溃的历史同步性,再者,越来越多的证据证明了中国曾有许多历史时期出现过巨大的技术进步,因此,这些学者提出了两个重大的比较性问题:中国于 17 世纪中叶以及 18 世纪后期和 19 世纪经历的几次危机为何与欧洲君主国发生在相同的时间?在古代和中世纪,中国在技术发明、商业扩张和经济发展等诸多方面都使得中国领先于西方,但是在早期现代历史时期里,当欧洲加速发展时,中国的发展为何慢了下来、从而使得中国最终被西方超越?

当我们审视奥斯曼土耳其帝国的历史时,也会发现与此类似的这些问题。

关于奥斯曼土耳其帝国的一些观点

相比中国而言,奥斯曼土耳其离欧洲要更近一些,对欧洲也更具威胁。因此,19 世纪和 20 世纪早期,欧洲的一些民族主义历史学家就贬低奥斯曼帝国的各种成就,这些欧洲民族主义历史学家更为关心的是把希腊和巴尔干从奥斯曼帝国的统治下解放出来,而不是公正地评价奥斯曼土耳其的历史。(Karpat 1974a, pp.3—6)这些历史学家透过西方社会学的滤镜,把奥斯曼土耳其帝国看作封建专制国家,这使得马克思把奥斯曼帝国视为亚细亚专制主义的一个范例,也使得韦伯认为它是传统世袭权威的一个范例。

然而最近一些年来,西方历史学家和土耳其历史学家以一种更为乐观的态度看待奥斯曼帝国,他们认为奥斯曼帝国是一个伟大的世界帝国,从而重新确立其在世界史中的正确位置。通过对其专制组织和社会组织的创新,奥斯曼土耳其创造了一个中央集权制国家,在几个世纪里,这个国家在三个前线地区作战:地中海、匈牙利平原和俄罗斯草原,击败了几个欧洲强权,与此同时,奥斯曼帝国征服了阿拉伯世界,并与波斯人争夺底格里斯河与幼发拉底河流域。在国家管理方面,奥斯曼土耳其帝国并没有简单地复制中世纪伊斯兰世界的传统做法,而是创制了一些崭新的精英选拔、军事组织以及土地使用的机制,从而把一个高度多样化、高度复杂的社会统一起来,并不断加以商业化。(Karpat 1974a; Itzkowitz 1972)

但是,奥斯曼土耳其帝国的历史编纂也受到一种源远流长的、强调王朝周期律的学术传统的束缚。伟大的中世纪阿拉伯社会学家和历史学家伊本·哈勒敦(1332—1406)曾提出过一个阿拉伯世界政治变革理论,该理论的依据就是王朝的腐败周期,他认为,只有在其年轻时期、当富有活力的游牧民族战士征服并控制了许多农业社会的时候,伊斯兰国家才是强大的。然而,一旦这些游牧民族成为定居农业社会的统治者,这些外来入侵者的军事优点就会消失。此后,他们就会变得腐败不堪、效能低下,在更富活力的外来者面前变得脆弱不堪。(Khaldûn 1967, pp.122—160)在奥斯曼帝国历史的有关阐述中，伊本的理论至今仍有影响力，根据这种理论对奥斯曼帝国历史所进行的解释，奥斯曼土耳其人主要是土耳其游牧民族战士，在苏莱曼苏丹的带领下，这些游牧民族战士于 1566 年达到了征服的极限，此后，奥斯曼帝国就经历了缓慢而不可避免的衰败。(Hourani 1974, pp.72—73)在这类历史叙述中，长期衰败论观点都被用来解释 19 世纪奥斯曼帝国在更富活力的欧洲国家面前显得脆弱不堪。

但是，把奥斯曼帝国从 1566 年至 1918 年灭亡时的历史描述为持续衰落的历史，这却并不是事实。奥斯曼帝国为其农业社会发展制定出了一套复杂巧妙、涉及不同民族的管理体制，这套管理体制使得奥斯曼帝国成为欧洲和中东的一个主要强国，并延续了几个世纪。确实，17 世纪早期，由于国内造反频频，奥斯曼帝国四分五裂，但是从 1650 年到 1730 年，奥斯曼帝国再度复兴，当时它夺取了新的领土，使得欧洲各国战战兢兢，巩固了其在中东的统治地位。只是自此以后，在 18 世纪和 19 世纪里，奥斯曼帝国逐渐衰落，国内起义频发。因此，与欧洲和中国一样，奥斯曼帝国的历史也显现出混乱和稳定交错出现的波浪形模式，其历史演变进程也与欧洲和中国一致。而且，与中国一样，奥斯曼帝国在其存在的绝大部分时间里，社会结构复杂，经济发展水平和管理体制并不比欧洲君主国落后，甚至比欧洲君主国更为先进。只是在 17 世纪晚期之后，奥斯曼帝国的发展才明显放慢。

为了解释现代早期土耳其和中国的历史发展模式，我们必须打破那种把东西方历史分割开来的藩篱。我们不赞成东方王朝腐朽论与西方国家活力论这种观点，让我们来分析一下，看看欧亚国家的历史发展中是否存在着类似的长期性推动力量，并且剖析其原因。

人口变化趋势及其经济后果

现代早期的奥斯曼帝国和中国都经历了与欧洲相同的人口变化：16 世纪和 17 世纪早期人口不断增长，此后大约一个世纪里人口增长趋缓并逐渐停滞，然后，从 18 世纪早期开始，人口又再度膨胀。而且也与欧洲一样，在人口增长时期，这两个国家的食物生产都没有跟上人口增长的步伐。因此,与欧洲国家一样,奥斯曼帝国和中国的物价走势大致相似,物价涨跌的时间段也相同。

社会生态变化

奥斯曼帝国和中国在14世纪都曾遭受严重破坏。13世纪,蒙古帝国的扩张使得从东欧到中国的广大地域都连为一体,这就形成了欧亚北部疾病区,特别是造成了淋巴腺鼠疫(黑死病)杆菌的大面积传播。这种病菌起初是喜马拉雅山区啮齿动物携带的病毒,13世纪后期和14世纪早期扩展到整个欧亚草原地带,最终感染了从英国到满洲的啮齿动物。(McNeil 1977, pp.144—147) 14世纪里,这种病菌从动物宿主转移到人体之中,其原因至今不明,结果造成了黑死病,致使欧亚北部国家大量人口死亡。战争使得这种疾病蔓延开来并加速扩散,这些战争也包括14世纪奥斯曼土耳其人把蒙古人逐出小亚细亚的战争、中国在后来建立了明朝的那些领导人的带领下把建立了元朝的蒙古人逐出元大都的战争。

与欧洲一样,亚洲国家用了很长时间才从14世纪的瘟疫和战争中恢复过来,直到15世纪末期,中国和奥斯曼帝国的人口仍然没有完全恢复到以前的水平。但是到了16世纪,人口增长开始加快,据估计,从1520年到1580年,小亚细亚的人口数量已经增加了50%到70%,而城镇人口一般都增加了100%甚至更多。1520年,伊斯坦布尔的人口是10万多一点,但是到了1600年,包括城墙外的郊区人口,伊斯坦布尔已经成为拥有70万人口的大都市。[1] 中国的人口则从14世纪晚期的大约6 500万增加到16世纪晚期的1.5亿,到17世纪早期达到此前历史的最高水平,大约1.75亿,集镇数量也有所增加,而一些主要城市如苏州、南京和北京的人口都有大幅增长。[2] 关于人口快速增长的原因,至今仍争论不休,但是越来越多的证据都表明,与欧洲一样,中国人口增长的主要原因是传染病死亡率的降低,而传染病死亡率的降低可能与气候变好有关。[3]

中国官方文献中存有大量的人口资料,然而,除了王朝初建时期的资料以及在特别关心人口的皇帝或大臣指导下统计的人口资料之外,其他官方数据均不可信。这是因为,恰如我们后面将要分析的那样,地方政府上报的往往都是以前的数据,几乎没有任何变化。所以,我所援引的资料是一些现代学者在官方资料、地方志、地方官员指导手册、一些宗族家谱中包含的资料以及文学资料的基础上经过仔细研究而得出的估计数据。事实上,所有这些资料都揭示出,整个16世纪里,中国的人口一直在持续增长,此后,大约1650年前后,中国的人口有所减少,有些地方的人口减少来得早些,有些地方则来得晚些。谢和耐(Gernet 1982, p.429)指出:"所有的证据都让我们认为,14世纪末到17世纪中叶,中国的人口一直在持续增长"。如同欧洲国家的情况一样,由于流行病的影响,16世纪晚期和17世纪早期中国的人口增长率可能有所降低。(Telford, n.d.b; Dunstan 1975)图4.1描述了1500年至1800年间中国的人口增长和物价变化的估计情况,相较人口数据来说,物价资料要更为可信一些,因为官员们非常关注每年、甚至每月全国大米供应的价格数据。图4.1清晰地揭示出了现在我们已经熟悉的模式:16世纪里人口和物价不断上升,17世纪晚期停滞,18世纪再度上升,人口与物价同向变化。

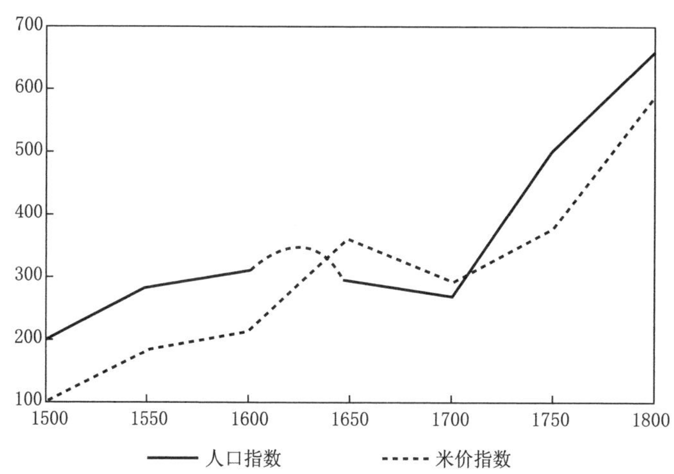

图4.1　1500—1800年间中国的人口与物价

注:人口数据是估算的,17世纪初25年里有轻微增长,此后开始减少,如图中断裂线所示。

奥斯曼帝国官方人口数据的质量要比中国好得多,因为奥斯曼人采集了两种人口数据:家庭的税收记录、军队对所有适龄男子的登记记录。这些记录得到小心保管(Cvetkova 1977),然而不幸的是,16世纪和17世纪的记录资料所剩无几。因此,我们只能解释其长时段的人口变化,长时段之间间隔期的估算只得用曲线图来代替。尽管如此,基于可靠的官方资料基础上的所有全国性人口估算和各种地方性研究,都表明了奥斯曼帝国的人口和物价在16世纪有强劲的增长和上升,17世纪停滞,18世纪和19世纪重又开始人口增长和物价上升。简而言之,奥斯曼帝国的情况也符合本书中的解释模型。

然而,奥斯曼帝国还存在着一个重要的区域性模式。奥斯曼帝国包括三个主要组成部分:欧洲的巴尔干地区、安纳托利亚半岛(现代土耳其)、北非和中东的阿拉伯土地。详尽地分析第三个地区不在我们的研究范围,但是将安纳托利亚和巴尔干地区进行比较却是值得的。16世纪和17世纪里,安纳托利亚受到人口增长的压力最为沉重,而巴尔干则是奥斯曼帝国新征服的地区,又饱受战争之害,因此,巴尔干地区存在很多无主地可供安居。18世纪和19世纪,这种情况逆转过来:安纳托利亚部分地区受到17世纪国家危机的摧残,恢复十分缓慢,而巴尔干地区的人口增长则十分迅速。因此,在下一个历史时期里,感到人口增长的影响越来越大的是巴尔干地区。如同我马上就要分析的那样,政治起义也遵循同样的模式,17世纪集中在安纳托利亚,19世纪则集中在巴尔干。

有可靠的证据表明,无论是奥斯曼帝国还是中华帝国,16世纪的人口增长都没有伴随相应的农业增长。在奥斯曼帝国的安纳托利亚地区,1500年至1570年间,耕地面积仅仅增加了20%(Cook 1972, pp.13—14),一些地方性研究表明,劳动生产率有明显下降,例如在安纳托利亚的科尼亚和阿克谢希尔,16世纪里,农村纳税者的数量大约增加了一倍,然而小麦产量仅仅增加了15%,大麦种植面积的增加和园艺业虽然能够稍微弥补一下亏空,但是很难补偿全部损失。(Faroqhi 1984)到1560年,奥斯曼帝国试图停止小麦出口,而且,安纳托利亚西部地区已经没有剩余粮食提供给伊斯坦布尔,因此,奥斯曼首都只能从保加利亚、色雷斯和马其顿获取粮食供给。(McGowan 1981, pp.12—13, 35)

在中国,14世纪晚期到17世纪中叶,耕地面积增加了不到50%。(Perkins 1969)高产的美洲农作物得以推广,比如玉米和土豆,大米从穷人的饮食中消失、代之以面粉和土豆,这些都支撑着人口增长,但是民众的社会水平则比较低下。刘和黄(1977)估计,1480年至1600年间,人均耕地面积减少了33%。[4]

这些变化使得16世纪和17世纪早期显得颇为独特,因为1650年之后这些变化趋势就逆转回去。17世纪晚期,这两个帝国的人口都有所减少,中国的西北部和安纳托利亚东部最为突出。[5] 此后,农业生产的扩大就逐步超过了停滞的人口,在中国,1600年到1730年间,人均耕地面积增加了大约50%。(Perkins 1969)但在前期,人口对稀缺资源的压力,经由对物价的影响而影响到国家、精英和工人。

奥斯曼土耳其和中国的价格革命

1489年至1616年,以固定单位白银计算,安纳托利亚各地大米、小麦和大麦的价格上涨了大约400%。(Barkan 1975, p.11)在中国,15世纪晚期到17世纪中叶,以白银计算的米价上涨到原先的三倍,在粮食极度短缺的年代米价涨得更高。(Cartier 1981, p.464; Geiss 1979, pp.159—164, 198)这两个国家物价上涨的时机、程度都与欧洲的物价变化高度一致。而且在中国和奥斯曼土耳其,1660年之后粮食价格逐步下降,18世纪早期也一直在稳步下降。(Sahillioğlu 1983, p.304; Cartier 1981, 457)

在那些具有世界历史意义的少数事件中,几乎没有任何事件像1500年至1650年间的大通胀那样遭到如此严重的误解。布罗代尔(1966)、E.汉密尔顿(1934)、H.肖尼和P.肖尼(H.Chaunu and P.Chaunu 1953)以及其他一些学者都曾提出,16世纪里,美洲输入旧世界的白银不断增加,这些学者把物价上涨主要归因于白银的流入。[6] 但是这种归因是建立在错误的资料和错误的逻辑之上的。我们已经注意到,对于英国和法国来说,1500年至1800年期间,金银的输入与物价之间几乎没有或者根本没有任何关系。亚洲亦然。许多西方学者认为,1800年之前输入中国和奥斯曼帝国的白银只反映了新世界的白银贸易,然而,他们忽视了源自日本银矿和印度贸易的亚洲白银的更为巨大的数量。此外,这些学者过分关注贸易中的金银数量,忽视了人口增长对市场结构和供需平衡所造成的根本变化。

在亚洲,如同欧洲一样,当人口增长时,那些无地可耕的人转向了农村手工业,或者移居到迅速发展的城市和城镇。在安纳托利亚和中国,不仅大城市不断增加,农村的小型贸易城镇也在蓬勃发展,经济生产不断细化，导致更大的专业化。(Faroqhi 1984；Zurndorfer 1983)这种发展伴随着信贷的扩张，在中国，自 12 世纪之后，商人使用信贷是普遍现象(Elvin 1973，pp.161—163)，也有证据证明，16 世纪的奥斯曼帝国也普遍使用信贷业务。(Jennings 1973；Cvetkova 1983b)此外，16 世纪和 17 世纪早期，中国政府和奥斯曼帝国政府曾试图通过大幅度降低货币中的金属含量来扩大财政收入。我曾指出，城市化和经济专业化的变化是如何导致货币周转速度大为加快的，因为贸易网的范围和密度的不断提高会促使货币快速流转。(Goldstone 1984，1990)还有，如同米斯基明(Miskimin 1975)所言，信贷的扩张和政府降低货币中的金属含量都会提高货币周转速度。因此，各种因素交织起来，货币周转速度不断加快，从而为不断增加的人口那不断扩张的需求提供资金。然而，作为食物来源和大多数制造业的原料来源，农业产量却增长缓慢，这就导致物价压力不断上扬。1500 年至 1650 年，恰如英国一样，奥斯曼帝国和中国的粮食价格上涨了 3 到 5 倍。[7]

在这种物价上涨中，从新世界输入的白银作用甚微。16 世纪 80 年代早期，此时奥斯曼帝国的物价已经上涨了好几倍，西班牙硬币在奥斯曼帝国的货币供给中只占几个百分点。(Sahillioğlu 1983，p.282)美洲的金银尚未出现在奥斯曼帝国的货币中，对 16 世纪奥斯曼帝国货币所作的化学分析表明，其银币的化学成分与新世界的银币明显不同。(Gordus and Gordus 1981)因此，奥斯曼货币似乎并不能够反映出新世界的白银流入到了地中海东岸。在印度，苏拉特是一个贸易中心，也是奥斯曼商人参与的印度洋贸易的中心，苏拉特的物价变化与白银输入无关。(Brennig 1983)如同我后面将要探讨的那样，相比日本输入中国的白银而言，相比中国经济的庞大规模而言，从新世界输入中国的白银数量简直微不足道。

16 世纪晚期和 17 世纪早期，君主、城市商人、农村手工艺人纷纷抱怨他们缺乏购买商品所需的硬通货，从这些抱怨中可以看出，当时的物价上涨远快于白银的供给。毕竟，如果是过量的白银推动了物价上涨，君主们只要改铸含银量更高的硬币就可以抑制通货膨胀。然而在此期间，各国普遍减低了其货币中的金属含量，铸币厂和商人都在抱怨白银的短缺阻碍他们的工作。[8] 在中国，人们越来越依靠铜币，以满足对交易媒介的需求。(A.Chan 1982，p.282)

此外,1650 年之后,白银的流通变化与物价变化之间不再有一致关系,17 世纪晚期,从美洲流向欧洲,再从欧洲和日本流向亚洲大陆国家的白银,其总量超过了 16 世纪晚期,但是大多数国家的物价却相当稳定,甚至还有所下降。(Morineau 1968; Chaudhuri 1963)

简而言之,1500 年到 1700 年间,欧亚各国物价的变化与人口与食物供给之间的平衡关系高度一致。16 世纪和 17 世纪早期,人口不断增长,随之而来的是城市化不断提高以及货币流通的不断加快,人口增长对有限的食物供给造成了压力,导致物价不断上涨。恰如 1638 年大明王朝工部尚书所指出的那样:"关键的问题是粮食生产,粮食短缺造成了各种商品价格上涨"。(引自 A.Chan 1982, p.282)

人口增长与物价上涨损害了政府财政,改变了精英的社会流动和精英竞争,并激起了民众起义。

第二节　1500 年至 1650 年间奥斯曼帝国安纳托利亚地区和大明王朝不断加剧的危机

财政衰败

奥斯曼帝国和中国大明王朝都从各种贸易税和关税中取得部分财政收入,然而,这两个国家本质上是农业国,它们各自的主要收入还是来自各种土地税。在这两个国家中,土地税往往是固定税,纳税额以耕地面积的估计价值来评估。这种税收体制在社会生态变化的影响面前脆弱不堪,首先,随着人口的不断增长,生地会被垦殖,熟地会集约垦殖,人口中的很多人由于无地可种而转向商业和手工业为生,这些新的财源都不在土地税的评定范围。地方官员,不管是奥斯曼的蒂玛尔(*timar*)持有人还是中国的乡绅,当他们根据上级的要求更新土地登记资料时,他们只会简单地重新提交以往的记录,或者仅作简单的修改。(Faroqhi 1979—1980, p.35; R.Huang 1969, p.87)因此随着人口的增长,税收体制就会越来越落后于现实的经济构成,税收在总产出中所占的比例就越来越小。其次,随着户数的增加，个体农民的土地面积逐渐变小，终成许多不经济的小地块，而一些最贫穷的农民就会成为无地劳工。由于持续的人口压力会促使租金上涨、实际工资下降，小块土地的所有者和无地者没有选择余地，只有出售土地给大地主并向其寻求帮助和保护。因此，越来越多的土地和劳动力就会处于地方富豪的控制之下，这些富豪的影响力使得他们能够逃避税收或者仅需缴付远少于其土地价值的税收。最后，由于人口压力会迫使物价上涨，政府的开支也在不断增加，特别是军队的薪水和供给，它们往往是政府支出中最大也是最重要的项目。社会生态变化对政府财政的长期影响是，政府不断增加的开支和效率不断降低的税收之间的缺口越来越大。

奥斯曼帝国

在15世纪和16世纪早期的强盛时期，奥斯曼帝国通过一套高度中央集权化的税收评定体制来养活其军队和官员。帝国的所有土地——包括农田、村庄、市镇和城市——都被认为是属于奥斯曼苏丹的，因此都是国有土地（米里，*miri*）。唯一的例外是属于伊斯兰虔信会的土地（瓦克夫，*vakifs*），这些土地用以资助清真寺和伊斯兰学校，还有极少量的私人土地，往往都是生地或废地（往往是沼泽地），这是由苏丹准许给予私人的，以鼓励他们投资清整或排干沼泽地，将其变为可耕地。

从国有土地获得的财政收入，要么交给苏丹的金库以支付伊斯坦布尔中央政府的开支，要么作为薪俸分配给军官、官员以及作为奥斯曼帝国军队支柱的各省骑兵。苏丹的官员会勘察帝国的领土，然后交给每个市镇和村庄一份税收评定书。尽管有些税费以粮食或其他商品或者劳役服务来征收，但是最重要的财政收入是以现金征收的税收，按照官方的评定固定征收。（Beldiceanu 1980b, pp.59—60）国家的土地划分成不同面积的地块（timar，即蒂玛尔），并根据其税收价值分为不同的等级。大片地块上的税收收入供苏丹和奥斯曼帝国主要官员使用，小地块上的收入分配给各省骑兵，这些骑兵自己筹集军事装备以及战时的随从。拥有大蒂玛尔的省督以及其他官员也要负责为军队提供并装备一些兵员，其数量根据蒂玛尔土地面积的一定比例来计算。

蒂玛尔可能涵盖整个行政区、几组市镇和村庄，单个村庄，甚或一个村庄的一部分。蒂玛尔也可能涵盖征收自几个特别税和特别费的特殊财税收入。因此,把一个蒂玛尔授予一名官员或骑兵,实际上就是给予特定的收入,这些收入来自当地的税费。一些最大的蒂玛尔常常互不相邻,其收入来自帝国的许多地方。(Hutteroth 1980, p.44)

蒂玛尔的持有人尽管控制着蒂玛尔区域内的收入,但是无论在何种意义上,他们都并不拥有这片土地。蒂玛尔属于苏丹,只要苏丹乐意,可以把蒂玛尔改授他人。持有蒂玛尔的各省骑兵,没有战事时一般都住在蒂玛尔附近,但是他们更像是地方管理者而不是封建地主,他们负责监督当地居民使其待在当地并交纳税收,并负责维持当地的法律实施和社会秩序。战时,省督们会指派一定数量的蒂玛尔持有人留在原地区,以征集税收并维持社会秩序。(Shaw 1976, pp.26—27)但是,蒂玛尔的持有人对于当地居民并不享有无限权威,农民和市民对其农地和财产享有世袭使用权,这种权利得到奥斯曼苏丹法律的保护。[9]

15 世纪和 16 世纪早期,蒂玛尔的授予为奥斯曼帝国的统治奠定了坚实的基础。基于官方调查和评定的薪俸制度导致了随后 15 世纪里奥斯曼帝国的扩张,这种薪俸制度足以维持一支强大的军队以及皇家行政机构。1525 年,威尼斯派往伊斯坦布尔的使者写道:“据我所知,没有任何一个国家比奥斯曼帝国的人愉快……它掌控着所有的战争与和平,它富有黄金、人口众多、船队云集、民众服从,没有任何国家能够与之相比。”(引自 Steensgaard 1973, p.74)

然而到 16 世纪晚期,不断上涨的物价毁坏了这种体制。由于蒂玛尔的税收以固定的金额征收,且其评定体制依然依据 15 世纪的水准,源自蒂玛尔的实际收入每年减少 2%—3%。到 16 世纪 80 年代,蒂玛尔的持有人“挣扎于固定的薪俸与不断上涨的物价之间”,他们负担不起作战所需的装备费用,因此其蒂玛尔就会被撤销,蒂玛尔收入被苏丹收回或被重新分给帝国的其他幸运儿。(Itzkowitz 1972, p.90; Cvetkova 1983a, p.181)

然而,帝国必须维持一定规模的军队,通过帝国军队的持续扩张——苏丹近卫军和宫廷骑兵队的扩张,通过临时招募和训练无地农民作为火枪手,这个目标实现了。后者作为雇佣军是为了特殊战役而招募的,战后就被分派驻扎到各省,在各省里,这些雇佣军成为省督的随从和当地的地主,或者,在某些情形下,成为占山为王的土匪团伙。帝国军队的扩张,军队薪水要靠帝国财政部供给,雇佣军的补贴给中央政府的现金支出增加了极大的负担。尽管蒂玛尔骑兵的数量从16世纪60年代的87 000人减少到1630年的8 000人,但是,近卫军和宫廷骑兵队的数量从1527年的12 900人增加到1669年的67 500人,他们每年的薪水总额增加了10倍。(Barkan 1975, p.20)[10]

供养帝国军事机器所需的款项,来自把蒂玛尔土地、特别是较大的蒂玛尔土地交给包税人,但是,这种办法并不能弥补蒂玛尔制度的衰落。为了使自己的土地能逃避税收,地方权贵和军官们把自己的土地“捐献”给伊斯兰基金会,然后,这些教会土地就成了“托管土地”,由地方权贵家庭管理,也就不在纳税名册里了。此外,包税人试图把自己的包税契约转为终身的、甚或世袭的资产管理权力。尽管严格说来仍然是公共土地,但是这些长期租赁的土地事实上已经服务于包税人的利益、而不是政府的利益。“包税的土地事实上使[包税人]对大片土地拥有了准私有权”,在某些情况下,佃农由于生活艰难会放弃土地,包税人就会攫取这些土地作为自己的完全私有地。(Inalcik 1980a, p.329; Stoianovich 1953, p.398)因此,无论是教会土地还是包税地,实际上已经成为私有财产,它们对奥斯曼苏丹国库的贡献不断下降。(Inalcik 1972, pp.350—353; 1985, p.100; Shaw 1976, p.173)

除了把蒂玛尔土地转变为事实上的私人财产之外,新近平整和耕种的土地也被作为完全保有财产而给予了那些开发它们的企业家,以进行商业化耕作。在16世纪和17世纪,随着各种形式的私有土地控制的扩张,“新地主阶级”开始出现,(Inalcik 1980a, p.329)他们所控制的帝国财富越来越多,而奥斯曼苏丹控制的财富则越来越少。

因此,通货膨胀对蒂玛尔制度的影响是广泛而又严重的:由于越来越难以承担作战开支,蒂玛尔骑兵越来越缺乏效能;蒂玛尔被转授给宫廷亲贵,或者,由于精英们试图保护自己及其财产,蒂玛尔就成为瓦克夫(伊斯兰教会的土地),蒂玛尔终于丧失了军事作用;越来越多的公共土地交给了包税人,他们交付钱款给奥斯曼苏丹,供其支付帝国军队的费用,但是军队却仍然越来越难以控制,在土地收入中,包税人上交国库所占的比例越来越少,他们大肆压榨农民以获取更多利润。

1596年,蒂玛尔制度遭到特别沉重的打击,当时,大维齐(Grand Vizier)极需现款,他撤除了数千个蒂玛尔持有人,目的是把这些土地变成包税地(*ilitzam*)。(Griswold 1985, p.14)这种举措明显反映出蒂玛尔制度已经不能满足帝国的需要,因为到16世纪末期,"蒂玛尔制度已经不再有效",此后,奥斯曼苏丹越来越依赖于在以前蒂玛尔土地上建立起来的包税制。(Karpart 1974b, p.90; Abu-el-haj 1987)

然而,蒂玛尔制度的衰败,只是"税收登记制度为了应对物价通胀而进行的缓慢而又不完全的调整"的一个方面。(Faroqhi 1979—1980, p.35) 1520年至16世纪80年代,大多数市镇的直接税收入已经赶不上通货膨胀的速度,甚至赶不上人口增长的速度;城市人均实际税收收入减少了一半以上,只有市场费在16世纪里经常增长5%,这反映了经济的扩张和物价的上涨。(Faroqhi 1979—1980, pp.43—45)

结果,中央政府的税收收入越来越少于不断增加的开支,到16世纪晚期,奥斯曼苏丹的财政困难已经极端严重。1597年至1648年,按实际价值计算(即等量的金块),政府收入仅及16世纪早期的50%—60%。(Inalcik 1969b) 16世纪80年代之后,近卫军叛乱屡屡发生,近卫军要求按照通货膨胀的幅度增加薪水,并且抗议政府用成色较差的货币支付薪水。不断增加的军事开支和不断减少的财政收入,使得奥斯曼帝国的政府预算严重失衡。1527年至1528年,中央财政每年结余7 100万阿克切(akçes),1581年至1582年,这种结余缩水为零,1669年至1670年,终于变成4 100万阿克切的赤字。(Barkan 1975, p.17)

有些学者认为,奥斯曼帝国的财政危机与其在16世纪后期或17世纪早期与西方国家之间的贸易急剧萎缩有关。然而,曾研究过英国东地中海公司的R.戴维斯(R.Davis 1970)却有着不同的看法。16世纪70年代和80年代的波斯战争损害了奥斯曼帝国的丝绸贸易,但是在随后的90年代里,和平再次降临,丝绸贸易也再度恢复。香料贸易繁荣依旧,1582年,奥斯曼帝国从香料贸易中获取的关税收入是一个世纪前的4倍。17世纪早期,英国东地中海公司的贸易总额并未下降;事实上,从17世纪30年代到60年代,作为东地中海公司的最大西方进口国,英国从奥斯曼帝国进口的商品价值几乎翻了一番。B.布劳德(B.Braude，1979，p.441)指出，在这种贸易中，16 世纪 90 年代之后，英国出口到东地中海沿岸国家的布匹总量一直在持续增加。R.曼特兰(R.Mantran，1977，pp.217—218)曾指出，16 世纪期间，“好望角航路对[奥斯曼帝国的]贸易几无影响”，17 世纪晚期之前，贸易结构的变化并不明显。(Inalcik 1970a，p.213；1973a，pp.125—127；R.Davis 1970，pp.195，202；Islâmoĝlu and Keyder 1977，p.43；DeGroot 1978，p.10；Steesgaard 1973，pp.189—191)简言之，奥斯曼帝国的财政危机源于一些更为根本的原因，贸易变化的影响微乎其微。

到 16 世纪末期，财政紧张迫使中央政府试图采取一些特别的补救措施。艾弗里兹(*avariz*)是一种杂税，起初只有在军事紧急的特殊状况下才征收这种杂税，但是到 16 世纪末期，这种杂税“已经变成了一种常税，而且征收的税率一年比一年重”(Inalcik 1970b，p.345)。1560 年到 1590 年间，对天主教徒征收的人头税提高了 6 倍。为了增加先前由地方蒂玛尔持有人负责征收的税收收入，政府就对包税人施压，但是强压包税人却激怒了各个省份。(McGowan 1981，p.58；Itzkowitz 1972，p.294)

因此，奥斯曼帝国税收制度的失败是军队叛乱和民众起义的基础。在大明王朝末期的财政衰败以及政府所做的应对中，我们看到了极其相似的模式。

中国大明王朝

明朝税收制度的最终失败源于 1385 年的勒石，当时，开国皇帝洪武皇帝把土地税配额刻在石碑上。自此以后，“不管人口增加了多少，耕地增加了多少”，提供了帝国三分之二财政收入的土地税始终未变。(R.Huang 1969，pp.86—87；1974，pp.46—47)地方士绅对中央政府隐瞒了人口增长，他们往往把以往的人口数作为当前的数字再次上报。结果，如同严(Yim，1978，p.15)在其关于 16 世纪河南省人口的详细研究中所指出的那样，“未登记在册的人口数量巨大”，因此，官方的税收基础被严重削弱了。

除了土地税之外，强制劳役以及皇室工业品的提供都是有组织的分派给一组组的农户，大约每 100 户为一组，这种制度称之为“里甲”制度。但是，“里甲制度是针对静态社会而设立的……王朝初期的税收和劳役制度，是针对一个人口稳定不变、货币流通极其有限的社会而设立的”。(Littrup 1981，pp.60，66)人口增长增加了这种制度的管理难度，致使其效能越来越弱。这个过程中一个最为形象的例子是军队的腐朽，明朝军队的设置目的，是为了不需大笔的款项开支就可以提供固定数量的军力。

明朝早期，朝廷希望军队靠战斗之外的时间耕种土地来养活自己，但是这种军队自给计划总是不如人意，明朝军队的兵员来自一些朝廷规定专事军事服务的世袭军事家庭，依靠从各个驻扎地筹措的收入为生，还会得到一些纸币作为补贴。由于人口增长降低了许多地方供养当地军队的能力，军队供给常常入不敷出，军事装备款项和军饷简直无从着落，结果就导致士兵大量开小差。到 16 世纪，由军事家庭组成的军队单位——卫所军人——已经缩减到差不多就剩下了骨架，每个卫所常常只剩下 10%的士兵。(R.Huang 1974 pp.64—67；A.Chan 1982，pp.189—201)

因此，如同奥斯曼帝国的情况一样，以前由地方供养的军队现在变成了由中央政府集中供养的雇佣兵军队。为集中在北部边境地区的军队支付薪水、提供给养，这已成为户部最为关心的事情，为此所需的财政经费数额惊人：每年的军费从 15 世纪晚期的不到 50 万两白银(1 两约等于 1.3 盎司)增加到 17 世纪早期的近 400 万两白银。(A.Chan 1982，p.127；R.Huang 1974，pp.xiv，285)

财政问题在部分程度上要归因于以白银纳税时的折算问题。明朝早期的时候，税收要以实物缴纳，包括粮食、茶叶、木炭和丝绸布匹，也可以用徭役代替，包括修建水利工程、交通运输、邮政服务中的劳役以及衙门里的仆人。现金只起着适度的经济作用，至于纸币和铜币，它们容易伪造，也容易贬值，并不是可靠的交换媒介。然而，所有这些实物和劳役都是根据定额分配给每个地方的固定土地税来评估的，因此，随着人口的不断增长，随着手工工人、商人的不断增加，随着精耕细作的土地越来越多，这种评估越来越显得陈旧过时。名为“一条鞭法”的系列改革措施，本意是使得政府能够更好地控制其收入，在这些改革措施中，纷繁复杂的原材料征收、粮食征收和劳力征用都逐步合并，折算成白银缴纳。但是，这些执行了一个世纪之久的改革措施，在许多方面对于明朝皇帝来说，所得之负担甚于所得之利。

1436年,南方七省提供了15%的土地税收入,这些省份已经把粮食税折算成白银,从表面上看减轻了把实物运到北京的运输负担。但是事实上,由于折算比率远低于粮食的市场价格,因此,这种折算使得这些省份的富裕地主要缴纳的税收有所减少。类似的无效折算也扩展到盐税上。明朝政府颁发许可证给一些商人,特许他们卖盐,这样,由世代相承的盐业工人生产的食盐就被政府垄断了。作为回报,盐商要为边境地带的军队提供给养。与土地定额税相似,明朝早期就确立了食盐定额税以调节食盐的生产和销售。但是,随着人口的不断增长,食盐生产者的数量和市场需求都有所增加,但明朝并没有因此而修改食盐定额税,而是把额外的食盐视为"剩余"食盐,通过出售临时专卖许可证把这些食盐出售给商人,拿到银子。(R.Huang 1969, pp.95—97; Littrup 1981, p.78)

万历皇帝统治时期,首辅张居正(1572—1582在位)试图通过进一步整顿来充实大明王朝的国库。利用明朝与蒙古人在北方边境地区的短暂和平期,张居正裁减军队、惩治腐败和税收失职。更为重要的是,他命令政府所使用的劳役要减少三分之二,但徭役税并不减少。多出的徭役税被折算成白银,上缴朝廷国库。(R.Huang 1974)

因此,在一个世纪的时间里,明朝的税收体制越来越货币化。然而,税收体制的改革并没有解决明朝财政的根本问题。不管是以实物征税还是以现金征税,财政收入总量基本上固定不变,然而由于持续的物价通胀推动着价格上扬,明朝的财政支出、特别是军费支出持续增加:明朝军队一个士兵的基本工资从16世纪50年代的每年6两白银增加到17世纪早期的每年18两。(R.Huang 1974, p.285)

此外,明朝那些最为富庶的地方,特别是长江三角洲地区,恰恰是有影响力的乡绅们集中的地方,这就使得中央政府难以强制征税。(Fu 1981—1982, pp.75—76)富裕地主们往往瞒报少报、与地方官员相互勾结,用这些办法来逃避税收。(F.Liang 1956; Tsurumi 1984; Marks 1984)地主们通过将其土地"给予"官员或前任官员来逃避土地税,因为官员是免纳税收的。官员们会"管理"这些资产以分享土地收益。因此,地主能够逃税,而薪俸向来不足的官员可以通过收取"管理费"来不断积聚土地财产。这种合作使得地主和官绅能以牺牲中央政府的利益为代价来保护自身利益。因此,那些能够避免灾难发生的资源都从政府税收中大量流失。然后,税收负担就越加沉重地落在了西北那些贫穷地区、落在了南方那些贫穷农民身上,而政府税收也越来越不敷所需。(R.Huang 1969, p.110)

类似的土地集中模式和土地税规避模式也发生于北京周边地区。在这些地方,“小农……一个世纪以前就已普遍存在,实际上已经消失了,小农的土地绝大部分变成了皇家领地、寺庙地产和私人地产”,而这些土地大多不在朝廷税收的征收范围里。“结果,16 世纪里明朝得自土地税的财政收入持续减少”。(Geiss 1979, pp.17—18)

从 16 世纪 90 年代起,明朝政府赤字连年。(Tong 1985)16 世纪末期,张居正任职首辅时期积累的现金储备减轻了财政灾难,但是,由于与日本的战争、与满族人的战争,这些现金储备很快就耗尽了。17 世纪里,明朝政府征收了一系列特别税“附加税”,朝廷派遣宦官到各省征收这些特别税。(Yang 1969, p.137)到 17 世纪 40 年代,这些附加税使得地方税收负担增至原先的 2 倍甚至 3 倍。(Hucker 1957, p.135; Rossabi 1979, p.187)然而值得怀疑的是,这些增加的税收是否都征收到了。各省行政当局已经被贫困问题搞得筋疲力尽,不断上涨的物价和固定缴纳的国家税收使得地方官员们只能依靠个人影响力和腐败来保住自己的未来。(J.Parsons 1970 p.xiii; Wakeman 1979, pp.43—44)

到 17 世纪 40 年代,好几个省已经被造反者占领,而帝国的国库却空空如也。明朝政府无力支付军队薪饷,也无力获得地方精英的忠诚,因此,明朝终于灭亡了,首先是亡于国内士兵的反叛以及农民起义,其次是亡于汉族官吏抛弃了大明朝廷。汉族官员邀请满族人入关,这件事情已经说明了这些汉族官员的选择,他们宁愿选择一个野蛮落后的儒家政权,也不愿选择腐败无能的明朝或者接受造反者的统治,只要这个政权足够强大、足以恢复社会秩序。

财政危机,而非货币危机

有些人曾认为,除了国内因素之外,中国与欧洲贸易的下滑也是明朝衰败的原因。(Atwell 1977)欧洲国家穿越大西洋和印度洋经由塞维利亚和阿姆斯特丹、穿越太平洋经由马尼拉,把美洲的白银输往中国以换取丝绸、陶瓷以及其他奢侈品。这种贸易在17世纪20年代有所衰落，30年代早期又再度复苏，此后，在30年代晚期和40年代早期急剧下降。(Wakeman 1986, p.4)皮埃尔·肖尼(Pierre Chaunu)对于明朝的危机曾有一个著名的评论，这个评论表达了明朝的危机与贸易之间的所谓内在联系："连它自己都不知道，中国对墨西哥和秘鲁的节奏作出了反应"。(引自Adshead 1973, p.276)然而，不管这种把中国的不幸与白银贸易联系起来的想法似乎多么有吸引力，把中国的经济困难归因于欧洲金银输出的减少，这肯定是夸大其词，因为这种说法忽视了中国经济的巨大规模。W.S.阿特维尔(W.S.Atwell, 1977, p.2)曾估算过，17世纪早期，每年经由欧洲贸易而输入中国的白银一般在200万盎司到300万盎司，1597年最多时可能达到1 300万盎司。这个数字要放在关于16世纪中叶中国国民收入的最新估算中加以比较，最新的估算是，16世纪中叶中国经济活动总量大致相当于8.25亿盎司到11亿盎司白银。(Feuerwerker 1984, p.300)中国与欧洲的贸易总量占中国经济总量的比例从未超过1%，平均来说只占0.2%—0.3%。这种贸易即使全部终止，对于中国总体经济来说也几乎不值一提。

当然，有人会说，由于中国与欧洲的贸易中欧洲输入中国的是白银，因此所起的作用远大于它在经济规模中所占的比例，因为它提供了硬通货，这是经济活动的关键润滑剂。但是，这种假说在中国经济的巨大总量面前再次显得不堪一击。我们并不知道明朝晚期流通中的白银总量到底有多少，因此，我们也就无法准确评测欧洲输入中国的白银总量的减少对于中国的货币供给到底有多大影响。然而，我们可以把白银输入量与中国经济的某些特定数据加以比较。J.尼达姆(J.Needham)和黄仁宇(1974, p.11)指出："16世纪末期以前，明朝人在商务旅行中携带价值3万盎司白银的物品似乎十分平常。"M.埃尔文(M.Elvin 1972, p.168)曾引证一份17世纪的文献，该文献评述道，就连上海"最穷的"布商拥有的资本都能达到1万盎司白银；最富有的布商拥有的资本可达几十万盎司白银。黄仁宇(1974, pp.81, 215)进行了深入比较，他指出，16世纪60年代，一个盐税主管的个人年收入可达近4万盎司白银，长江三角洲一些富裕家庭积存的白银往往多达几十万盎司。黄仁宇(1974, p.275)估计，16世纪最后 25 年里,大明帝国的盐税总收入达到 4 500 万盎司白银。

16 世纪晚期欧洲每年输往中国的白银总量一般都在 200 万到 300 万盎司,有鉴于此,现在,我们就能够更好地理解这种白银输入量对于中国的货币流通究竟意味着什么。在对欧贸易中明朝每年输入的白银总量至多只相当于:(1)100 个普通商人或实业家的资本(明朝人口是 1 亿 5 000 万!);或者(2)25 个盐税主管或者收入类似的官员的年收入;或者(3)长江三角洲地区 10 个富裕家庭积存的白银;或者(4)政府盐税年收入的 5%。

此外,中国还向日本出口丝绸以及其他产品换回白银,从日本输入的白银大大超过欧洲输入的白银。最近以来,对日本和中国的文献进行的研究(Innes 1980; Yamamura and Kamiki 1983; Geiss 1979; Moloughney 1986; Moloughney and Xia 1989)业已开始说明亚洲内部贸易的巨大规模。17 世纪早期明朝与日本的白银贸易急剧增加,从而填补了对欧贸易的下降。(Iwao 1976, p.11)到 17 世纪 30 年代,日本每年输往中国的白银达到 400 万至 600 万盎司,这个数量是先前经由马尼拉输入中国的美洲白银总量的好几倍。(Moloughney and Xia 1989, pp. 63—65; Yamamura and Kamiki 1983, p.353)小叶田纯(Kobata, 1965, p.248)曾对采矿业资料进行研究,他认为,即便是上述这个数据,也少于日本在 17 世纪每年 740 万盎司的白银产量。

17 世纪 40 年代,日本输往中国的白银略有减少,大约减少了 20%,50 年代和 60 年代恢复到先前的数量,随后在 70 年代和 80 年代又有类似幅度的下降;(Innes 1980, pp.379—380, 405, 410, 416)但是 1620 年之后的任何时期里,输入中国的白银都不比 1620 年前多。然而到 17 世纪 40 年代,明朝政府的腐朽、各省爆发的起义以及民众暴动已经极大地扰乱了中国的经济活动,这个时期中国贸易量的下降很可能只是反映了中国国内的混乱,而不是造成国内混乱的原因。有两个原因可以支撑这种解释。第一,银—铜兑换率和银—金兑换率在下列年份里都有所下降:1630 年至 1633 年,236—250 个铜币可以兑换 16.875 克(一种标准单位)白银,而到 1635 年至 1639 年只需 188 个铜币;(Atwell 1986)与此类似,白银相对于黄金的价值也有所下降,从 1580 年的 1 比 4 降到 1650 年的 1 比 14。以白银计算的大米价格在 17 世纪 40 年代达到高点,相当于 16 世纪晚期的2倍。(Cartier 1969)所有这些变化趋势都很难说明流通中的白银大幅减少,如果流通中的白银大幅减少的话,银价就会上涨;正相反,这些变化趋势说明,17世纪40年代后期,伴随着大米的短缺,人们减少了白银储存,而这都是明朝国内经济瓦解的信号。第二,当满族人恢复了社会秩序之后,与日本的白银贸易迅速恢复:1648年至1667年,平均每年输入中国的日本白银达到近200万盎司。(Kobata 1981, p.273) 16世纪30年代后期,日本曾对欧洲商人进行限制,这曾被一些学者理解为日本的贸易紧缩,但是现在,这些限制措施被认为是要限制基督教的影响以及把贸易集中到中央政府手里,而不是要紧缩贸易。(Innes 1980, p.3)

简而言之,这些证据表明,明朝国家危机的根源是内部动乱,而不是白银供应的外部障碍。一旦把日本白银贸易计算在内,那么显而易见,白银进口量的减少发生于明朝国家危机之后,而不是之前。欧洲与中国之间的金银贸易并没有大到可以成为中国经济运行关键因素的地步,任何宣称欧洲白银贸易的下降与明朝衰落之间存在因果关系的观点,都必然会被视为极度的欧洲中心主义,这些观点并不符合历史事实。

事实上,总的来说,货币因素在明朝的国家危机中只是一个外围因素。17世纪早期,输入中国的白银稳步增加,尽管在17世纪60年代达到顶点,但是在整个17世纪里,中国每年的白银输入量一直远高于17世纪早期。这种货币供给方式并不符合明朝的通货膨胀模式,这是因为,16世纪80年代至17世纪30年代和40年代,物价上涨的速度最快,此后涨速则稳步下降。17世纪40年代至70年代,白银贸易略有下降,但就时间而言,也并不能解释为是明朝衰败的原因,相反的,这种短暂的贸易波动似乎是由政治困境造成的——首先是17世纪40年代明朝的覆灭,然后是17世纪70年代的三藩之乱(对清朝统一中国南部的抵制)。

明朝关键的财政问题,是不断增加的军事开支与效率逐渐降低的税收制度之间的冲突。恰如A.福伊尔沃克(A.Feuerwerker, 1984, p.306)所言:“明朝的财政问题,不仅仅只是不堪重负的税收负担问题,税收结构和税收管理问题更为严重,这种税收结构和税收管理无法征集到足够的财政收入以满足关键开支,税收征收效率极低而又不公”。

总之,明朝中国和奥斯曼帝国的税收收入越来越不足,这就损害了它们维持军事力量的能力。此外,试图在短期内消除收支缺口的各种措施导致了腐败,试图征收税收"附加税"的各种措施激怒了各个社会团体,结果就产生了源于财政破产的政治危机。这种国家危机的形成并不是因为税收超出了社会的可税资源,事实上,政府税收在国民财富中所占的份额在逐渐减少。毋宁说,这种国家危机是因为总体税收不足,因为僵化的土地税体制无法涵盖不断增加的产出,而那些有权有势的精英们的逃税也日益普遍。

但是,财政衰败并非政治危机的唯一根源,问题也来自精英冲突和精英不满。

精英竞争与精英冲突

在奥斯曼帝国和大明王朝,社会生态变化导致传统社会秩序的毁灭。人口增长和不断上涨的物价造成极大的社会流动,包括"精英循环"和"精英位移","精英循环"即传统精英丧失了社会地位和社会影响力,"精英位移"即应该得到公职的人被排斥在外。在这两个国家,国库和许多传统精英家庭遭到通货膨胀的挤榨,与此同时,另外一些家庭则能够利用物价上涨和市场扩张来攫取财富。刚刚富起来的那些人试图获得社会认可、试图得到公职晋升,而那些贫困家庭又试图摆脱困境,结果,财力削弱的中央政府就得面对极大增加的、希望得到官方照顾和公职的大量需求,这种需求的不断增加,给有限的公职造成了极大压力,结果造成了精英补充正规渠道的崩溃,焦躁不安者试图通过用钱购买或者强大的社会关系获得更高的职位,而那些在职者或则沉迷于贪腐,或则试图建立防卫联盟来阻止新来者进入。与此同时,由于学生不断增多,用以培养精英的传统教育体制不堪重负,而学生的工作机会在不断减少。在奥斯曼帝国和明朝中国,精英之间激烈的竞争、分裂和不满浪费了国家资源,并把国家拖入混乱之中。

奥斯曼帝国

奥斯曼社会分为两个阶级:阿斯喀里(*askeri*)、雷阿雅(*reaya*),阿斯喀里是统治阶级,包括整个军队、行政管理人员和宗教界人士;雷阿雅是生产阶级,包括除上述人员之外的其他人,主要部分是农民,也包括游牧民、手工艺人、店主和商人。阿斯喀里一般都免纳税收，他们的生活来源是从雷阿雅那里征收来的财政收入。阿斯喀里都是穆斯林，雷阿雅包括穆斯林、犹太教徒和基督徒，基督徒包括希腊正教、罗马天主教、科普特基督教和亚美尼亚基督教。在奥斯曼帝国的国家理念中，雷阿雅生产帝国的财富并交纳税收以供养阿斯喀里，而阿斯喀里则负责帝国扩张并保卫帝国、维持社会秩序、实施伊斯兰法和帝国法律，并提供教育和宗教服务，因此为雷阿雅提供安全而又繁荣的社会条件。因此两个阶级互相依靠，奥斯曼人称之为“公平的循环”。

当然，在实践中，阿斯喀里阶级是这种制度的主要受益者。如同N.伊茨柯维茨(N.Itzkowitz 1972, p.40)所言：“阿斯喀里积极保护他们的特权地位，并依靠苏丹维持他们与其他臣民之间的分界线。”

起初，阿斯喀里主要来自建立并扩张了奥斯曼帝国的土耳其战士。在各个省里，土耳其战士及其后裔为当局持续提供蒂玛尔骑兵。后来，来自被征服地的当地骑士也被列入阿斯喀里，特别是巴尔干地区的骑士，这些骑士在奥斯曼帝国征服了当地之后往往改宗伊斯兰教，他们还成了蒂玛尔持有人。尽管蒂玛尔土地不能世袭，但是蒂玛尔持有人的子弟可以申请为自己分配蒂玛尔，也可以要求在军中任职，蒂玛尔持有人的子弟一般都以这种方式延续父辈的军事生涯。

然而，最高级别精英的擢拔和提升却大为不同，这个过程更为集中化。14世纪晚期之后，一些来自被征服地区(通常是基督教地区)的资质良好的青年男子会被挑选出来作为苏丹的奴隶，但是，这些青年并非注定要成为卑贱的奴隶，他们会皈依伊斯兰，并得到训练，以承担为国家服务的重任。资质较好的青年被训练成精锐的皇家步兵——皇家近卫军战士，一些资质更好的青年会在苏丹的宫廷学校中学习，在宫廷学校里，这些青年学习土耳其语、阿拉伯语、波斯语，还要学习战争和管理的各种技能。一些最优秀的青年能够得到军队和行政管理的高级职位，他们可能会成为省督甚或大维齐，其他人加入皇家骑兵(西帕西，*sipahi*)或成为宫廷职员。(Itzkowitz 1972, pp.49—51)

这些高级精英完全依赖于苏丹，因此也完全忠于苏丹。他们的职位并不世袭，仰赖苏丹发给薪水，他们只有依靠其功勋才能使其子女到宫廷学校学习,他们的子女可以考入穆斯林神学院(*米德莱斯*,*medreses*),穆斯林神学院培养的是伊斯兰法专家,毕业生有望成为伊斯兰法院法官(*卡迪斯*,*kadis*),不然的话,高级精英的子女至多只能成为蒂玛尔持有人,因之成为地方管理人员以及奥斯曼帝国军队的骑兵。

这种奴隶选拔和培养制度(*devsirme* 制度),使得奥斯曼国家能够严格控制社会流动以及精英职位的获取管道,它提供了一批纪律严明、高度熟练的精英,由于这些精英接受过相同的培养并忠于奥斯曼帝国,因此这些精英也团结一致。然而,这种制度的基础是蒂玛尔制度的稳定,蒂玛尔制度提供了绝大部分士兵和各省地方管理人员,这使得苏丹能够把帝国军队和奥斯曼精英保持为一个规模较小而又有内聚力的团体,这些人集中在伊斯坦布尔,苏丹可以对他们加以严密监视。

16 世纪里,蒂玛尔制度导致奥斯曼近卫军分散驻扎于各个省份,近卫军官兵常常一地方权贵家庭联姻,这些家庭包括卡迪斯、富商和包税人。这些家庭利用国家对现金的需求、利用他们对法官和军队的影响力,不断增强对政府土地的控制。为数较少、面积较小的地块被分给了各省骑兵,为数众多且面积较大的地块都被地方精英和包税人控制(Cvetkova 1983a, pp.180—181),包税人中逐渐包含了众多的雷阿雅,“各个社会阶层中一些有胆有识的人纷纷崛起”,从富商到农民和富裕士兵,“他们利用土地管理和……税收征集中的各种机会大大提高了自身财富和社会地位”。(Karpat 1974b, p.91)

随着包税地的推广,其性质逐渐变异。通过行贿及其对中央政府官员社会影响力,包税人谋划把自己的包税地转为世袭的租赁地,甚或转为完全的私有财产。随着粮食价格的上涨,这些土地越来越值钱,因此也创造了许多新财富,并激起了土地拥有者新的欲望。W.J.格力斯沃德(W.J. Griswold 1985, p.161)指出,在 16 世纪晚期,雷阿雅精英们“修建豪宅、投资土地,也用其财富购置……珠宝、毛皮和黄金”。因此,伴随着蒂玛尔制度而来的,是 16 世纪和 17 世纪一个地方土地贵族阶级(阿阳,*ayans*)的兴起。这个阶级使得阿斯喀里和雷阿雅混淆在一起。伊纳尔哲克(1980a, p.333)评述道:“与财政和管理体制中包税制的快速推广相联系的是,一个新的土地贵族阶级在各个省份中崛起,这是 1580 年之后奥斯曼帝国历史上最为重大的变化。”

土地贵族中一些最成功的人创建了地方王朝，他们组建了自己的军事支持者，并试图影响帝国政府。（Inalcik 1955，pp.224—225；1972，pp.350—354；Itzkowitz 1972，p.91；Karpat 1974b，Shaw 1976，pp.173—174）17 世纪行将结束之际，这种情况造成了“精英选拔标准的巨大变化，精英的社会地位不再由其政治权力决定，下层阶级人员凭借其经济权力自主寻找其社会地位”。（Rarpat 1974b，p.90）结果，朝廷官员与各省权贵之间为了权力、地位和国有土地的控制权而争斗不休，省督们和近卫军在两者之间摇摆不定，以增进自身的利益。

通过胁迫、贿赂或对行政机构的影响力，传统的阿斯喀里阶级以及地方权贵们试图避开传统的集中式培养和擢升体制，并试图将其子弟和支持者安插在军队和行政机构中的关键岗位。16 世纪晚期，英国驻伊斯坦布尔大使提到，伊斯坦布尔的帕夏和异教徒们几乎无一不从权力交易以及对高层的影响力中获利。（Griswold 1985，p.160）结果，由于新来者充斥于宫廷和地方行政机构，曾经在帝国广为流行的、存在于权力和擢升中的清晰界限逐渐消失：“16 世纪中叶[奥斯曼行政管理]体制的灵活性已经变为没有合适界限的非制度，因为，几乎每一个人都可以流动到行政管理结构中的几乎任一部门。”（Kunt 1983，p.67）事实上，“军职任期制度的毁坏在许多方面都造成了日益增加的混乱和财产权诉讼，这个过程也损害了军事能力”。（Cvetkova 1977，p.167）伊纳尔哲克（1977，p.39）指出：“17 世纪，卡皮库拉里[*kapikullari*，即苏丹的宫廷侍从]与所谓的‘暴发户’之间的斗争成为最重要的国内政治问题之一”。“从新渠道加入政权的人充满整个体系”，其数量之多反映出不断扩大的社会流动，加之奥斯曼帝国的国家资源愈益减少，结果就造成“不断增加的候选人为了并不多的、甚至很少的公职而展开激烈竞争”。（Kunt 1983，pp.76—77）

这种不断扩大的社会流动，其明显的结果之一是官员的快速更替，当时的一些学者把这个问题视为奥斯曼帝国衰落的一个主要因素。16 世纪早期，地区军事长官每次任期是好几年，到 1568 年至 1574 年间，他们中 43%的人的任期为三年多，到 1632 年至 1641 年间，这个数字缩小到 11%，他们中 55%的人的任职期只有一年甚至更少。频繁地轮换也牵涉到官员的候职时间,这些拖延使得一些官员陷于贫困,并使其他官员竭力通过非正式手段增加自己的财富。(Kunt 1983, pp.70—72)B.刘易斯(B.Lewis 1958, p.113)评述道,到17世纪早期,“整个帝国的官僚体制和宗教体制……其效率和完整性已经遭到灾难性的打击……由于录取方法、培养方法和擢升方法的变化越来越大,情况更加糟糕”。

这种精英竞争和精英冲突,常常导致各省官员、富豪权贵、近卫军和皇家骑兵的公开反叛,其中最严重的是1622年与1631年至1632年的近卫军叛乱以及安纳托利亚地区的阿巴扎·穆罕默德(1657—1658)起义和阿巴扎·哈桑帕夏起义(1622—1628),其中,近卫军叛乱曾导致苏丹逃离伊斯坦布尔。在这些起义和叛乱的打击下,在各个不同时期里,奥斯曼帝国曾失去东部几个省份的控制权,包括伊拉克、叙利亚、克里米亚以及安纳托利亚东部地区。(Griswold 1985; Shaw 1976, pp.190—196; V.Parry 1976, p.142; Kurat 1976, pp.164—165)除了这种公开叛乱之外,中央政府也由于派系分裂而疾病缠身,常常导致维齐甚或苏丹被暗杀。(Shaw 1976, p.170)1617年至1648年“可以被形容为阴谋重重时期、盟友变换时期、间歇性暴力时期”(Parry 1976, p.135)。

总而言之,不断上涨的物价并不仅仅只是削弱了奥斯曼帝国的中央财政。蒂玛尔制度的毁坏给各省省督、军官以及取得了政府土地控制权的包税人创造了新的财富和机遇,长期的物价上涨造成了大规模社会流动。由于谋求高级职位的人数量不断增加,他们之间就会互相倾轧,由于公职短缺,一些人通过在苏丹政府中搞阴谋诡计和贪污腐败、通过在伊斯坦布尔和各省的公开反叛,加紧要求获得认可和提升。

中国士绅

长期的社会生态变化也使中国的精英产生了类似的冲突。16世纪和17世纪早期,不断加剧的社会流动和社会竞争导致精英的派系分裂和精英内部的斗争,这都削弱了明王朝的统治。

在帝制中国,地方权贵和国家官僚传统上来自士绅,即那些有士人的家庭,士是在帝国的考试体制中获得学位的人。大多数士绅家庭都有土地,他们把土地出租给农民,作为稳定而又安全的收入来源。然而,这些土地往往要在继承人中进行分割,几代之后,这种分割很容易使士绅家庭的土地缩减。与此同时，那些能够为其土地购得清晰而又完整的产权的农民，可能会靠好运或勤奋扩大其土地财产。因此，士绅和农民之间的差异并非土地资产本身，而是教养、声望和社会影响力，这些都源于成功通过帝国考试。来自贫困家庭的士人常常会与富裕地主家庭建立各种关系，后者希望能够获益于士人的声望，或者，当士人得到官职时能够获益于其社会影响力。中国也有大量的商人，特别是在城市、沿海商道和沿河商道。但是在明朝早期，税收主要以实物支付，货币经济疲弱，大部分商人财富有限。商人家庭只能通过获得土地来赢得社会尊重，也只能通过培养士人或与士人结盟来获得社会影响力。

理论上，这种制度允许大量的社会流动，因为任何一个阶级都可以培养士人，这些士人也都有机会获得学位、声望和社会影响力，但在实践中，这种制度往往是很稳定的，成功的士人需要长期培养，而地主士绅家庭很容易负担起这种费用，而功成名就的士人会保护并维持其家庭的兴旺繁荣。士绅依靠小自由农的努力耕种为生，这些小自由农要缴纳税收以维持帝国制度和地方政府的运转，还要直接缴纳贡赋给士绅，作为对士绅兴办教育、礼仪服务、出租土地和放款放债的回报。有才能的农民子弟或商人子弟可以依靠自己的学问为生，可能会被士绅家庭聘用，因此，这些人在维护这种士绅统治现状的同时，会增强社会流动的理念。在一个拥有生机勃勃但规模较小的商业，以及没有封建大地主的社会里，士绅很容易控制中国社会。

士绅统治的基础是大量的小农和规模较小的商业，这些条件在明朝早期广为存在，然而，在人口不断增长、市场不断扩大、物价不断上涨造成的压力下，这些条件逐渐消失。

16 世纪，通货膨胀致使越来越多的士绅关注自身的财力状况，关心一些逐利活动，以维持自己的收入。16 世纪和 17 世纪早期，恰如时人归有光(1506—1571)所言："士与农商常相混。"(deBary 1970, p.173)商品经济的扩张和不断上涨的物价所带来的机遇使一些幸运的非精英家庭能够积聚财富，但却给另外一些家庭造成了问题。"贸易的扩大、白银的使用……使得那些依靠土地和公职获得利益的人感到十分愤怒并纷纷谴责"。(W. Peterson 1979, p.70)恰如 17 世纪早期安徽省的一份地方志所言：

1488年至1505年间，社会财富和道德风尚达到高点，16世纪中叶之后，“则稍异矣，出贾既多，土田不重，操赀交捷，起落不常。能者方成，拙者乃毁，东家已富，西家自贫。高下失均，锱铢共竞，互相凌夺，各自张皇”。到[16世纪末]，“则尤异矣，末富居多，本富尽少，富者愈富，贫者愈贫，起者独雄，落者辟易。”*

[转引自W.彼得森(W.Pterson 1979，pp.70—71)]

不断增加的人口意味着土地稀缺以及越来越小的家庭土地，并且使农民的余粮减少，再加上不断增加的税收，这些变化意味着农民的纳税和交租面临极大困难。然后，富裕商人可以轻易获得这些农民的土地，因为农民会把自己及其土地交给富人来逃避税收。农民得到了安全，但是其代价是成了大财主的长工，往往并不比奴隶好多少。土地和劳动力以这种方式流向了新富者，在长江流域高度商业化的经济中尤为普遍，其规模极大，在某些情况下，长工会被主人任用为侍从和监工，并且会拥有自己的长工。(McDermott 1981)因此，“富者愈富”，他们攫取了巨量土地，并且在地方士绅的帮助下能够逃避税收。

到16世纪，这种商业成功能够直接转化为官职。明朝早期，朝廷曾严格限制低级士人的数量，但是到明朝晚期，为了筹措资金，朝廷却出售较低级别的学位和官职。(Ho 1962，p.175；A.Chan 1980，p.290；Sakai 1970，p.337)投资于教育、间或行贿所花费的款项，都能换取较高级别的学位。罗斯基(Rawski 1972，p.89)论述道，福建省漳州府商业财富换取的较高级别的学位在该省中所占的比例，从1513年至1541年间的3%提高到1544年至1601年间的22%。J.登纳林(J.Dennerline 1981，pp.112—113)曾对嘉定府的精英家庭作过研究，嘉定府由于商业化的棉花种植而发生变化，登纳林指出，17世纪里，嘉定府的多数精英家庭都是在16世纪里第一次得到官职。H.J.贝蒂(H.J. Beattie 1979)在其关于安徽省的研究中也有类似的发现，即，明朝晚期和清朝的安徽精英家庭，多数崛起于地方经济商业化的16世纪中后期。总之，“16世纪和17世纪早期是商人家庭进入官僚机构的高峰期”(deBary 1970，p.172)，结果，低级

* 引文参见顾炎武《天下郡国利病书》第九卷《歙志风土论》。——译者注

士绅官员的数量大为膨胀，1400 年至 1600 年，取得最低级别学位的人（生员）大概增加了 20 倍。（Atwell 1975）

如同奥斯曼土耳其一样，不断上升的社会流动导致社会竞争和社会分裂。“由于文人数量大增，竞争更加激烈，因为公职配额只有少许增加，这些增加的公职只是为了满足那些通过了各省以及全国考试的人，数量与官僚机构的需要相当。”（W.Peterson 1979，p.54）有组织的各个派系，比如东林党和复社，都试图在官僚机构里多安插一些自己的人，并试图在各省的士绅中建立自己的权力基础。（Busch 1949—1955；Atwell 1975）因此，这些派系以及宫廷派系之间相互争斗，他们聚集在皇帝、某些大臣或皇帝宠臣周围，这些派系还与地方商业利益集团展开激烈争斗。16 世纪晚期以后，地方利益集团、国家官僚、改革派士绅以及宦官领导的宫廷派系之间的斗争愈演愈烈。随着“朝廷政治中激烈的党派之争”，“明朝晚期乡村中对立派系和家庭之间激烈的权力争夺”不断恶化。（McDermott 1981，p.700；Taniguchi 1980）那些在 17 世纪 20 年代和 30 年代的派系斗争中遭到罢黜的士绅心怀不满，他们转而支持北部和西部的起义，这些起义终于在 40 年代推翻了明王朝，派系分裂还导致有才干的武将被召回、有才干的文臣被处死或遭暗杀，并导致官僚机构的瘫痪。（Wakeman 1985，pp.229—237；Geiss 1979，p.600）

如同奥斯曼土耳其一样，关键人物的替换导致“官僚机构的混乱，官员……被以眼花缭乱的速度更换下来”。（J.Parsons 1969，p.225）1628 年至 1644 年，明王朝出现了 55 位首辅大臣（其地位类似于大维齐或首相）。明朝初期到晚期，大多数官员的任职时间减少了三分之二，明朝初期，县级官员平均任职时间为 10 年，朝廷高级官员为 3.5 年至 4.5 年，到明朝晚期，县级官员平均任职时间减少到 3 年至 3.5 年，朝廷高级官员减少到 0.8 年至 1.2 年。（Dennerline 1981，p.25；J.Parsons 1969，p.178）

明朝灭亡中最突出的现象以及复兴明朝的努力之所以失败的原因是，士绅、官僚和商业利益集团之间无法寻找到可资动员起来以保卫王朝的共同基础。相反，他们对中央政府的支持不断减少，逐渐让位于以私人动员来保护地方。到 17 世纪中叶，地方士绅与国家官僚之间的团结不复存在（Dennerline 1981，p.346；A.Chan 1982，p.301；Struve 1984），因此，由于16世纪之后不断扩大的社会流动所造成的精英分裂和派系争斗，明朝的财政困境和军事困境终于致命地交织在了一起。

教育扩张与精英冲突

我们还必须关注教育与精英录取的传统渠道这个问题。奥斯曼帝国的传统做法是在宫廷中把奴隶培养成国家服务人员，以此充实官僚精英和军事精英，宫廷学校既培养近卫军，也培养主要官员，法律体制和宗教体制依靠穆斯林神学院毕业生来充实。然而到16世纪晚期，宫廷学校和神学院都不堪重负，近卫军和宫廷皇家骑兵数量激增，使得宫廷学校学生的素质下降，由于近卫军改驻各省并与地方富豪权贵相联合，财富和家庭关系超越了教育和功勋，成为进入宫廷学校学习和参加近卫军的优先因素。（Inalcik 1973a，p.47；Itzkowitz 1972，pp.91—92）与此同时，由于贫困农民充斥穆斯林神学院，“宗教体制危机已经无可避免，这是因为宗教学校扩张过快，招录的大量学生远超适合的工作岗位”。（Itzkowitz 1972，p.96；Faroqhi 1973，p.217）失业学生要求当地农民给予生活物资，并且常常夺取这些人的生活物资。许多学生团体逐渐变得并不比土匪好多少，并且加入17世纪早期的各种起义之中。（Cook 1972，p.40；Barkan 1975，p.28）

在中国，人口增长也造成了学生数量相对于公职的过度扩张，发生了“高级毕业生供过于求……引起了日益严重的社会愤懑”以及“学生素质的下降”（Ho 1962，pp.179，182），由于翰林院生员资格的售卖，这个问题更加严重，一份证据显示，17世纪早期，三分之二的翰林院生员资格都是买来的。（A.Chan 1982，p.291）明朝末年，充斥于教育体制中下级序列的那些人以及“无法爬到高层的士人成为知识分子的主体，他们的不满震惊了……帝国当局。引人注目的是，[生员和低级士人]卷入明末的城市示威和‘党争’之中，他们还常常被认为与农民起义有关”。（Wokeman 1975a，p.3）

这两个国家教育体制的重负和崩溃所造成的问题，远不止各级学生和失业毕业生的不满。在中华帝国和奥斯曼帝国，经由地方精英的杰出人士和中央政府官员之间的互动，吸纳共同的文化传统，打开志向满足的渠道，精英的教育和录用体制可以服务于体制循环。传统的精英教育体制和录用体制的崩溃使得精英离心离德，致使一些有才干的人士转而追求个人财富而不是公共荣誉，并且破坏了体制内精英的忠诚，因为他们目睹了一些重要职位都落到了买官者和皇亲国戚之手。因此，奥斯曼帝国和明朝中国传统的精英教育体制的不堪重负，就成为精英凝聚力瓦解以及精英不再支持国家的主要因素。

民众起义

17 世纪中叶，中央财政的衰败和精英的不满为民众起义的成功铺平了道路，民众起义摧毁了大明帝国，使得奥斯曼帝国失去了小亚细亚。在某种程度上，这些起义可以直接追溯到由于人口增长而引起的失地者的增加以及农民的贫困，因为这个群体是造反军队的主要来源。但是，如果只是把这些纷乱仅仅归结为农民起义或抗税暴动，这种观点是错误的，因为它忽视了其领导者及其起源这些问题。

在小亚细亚的乡村起义，即众所周知的杰拉里（*celali*）起义中，我们发现，起义的领导者中有失业的雇佣兵（*西吉班*，*segbans*），甚至还有试图提高自身社会地位的地方权贵。开小差的士兵和雇佣兵会结成土匪团伙。在缺乏强大中央政府压制的情形下，在地方富豪权贵的合作下，宗教学生和腐败官员这些群体往往会成长为半独立的地方权力中心。（Griswold 1985；Itzkowitz 1972，pp.92—93）然后，富豪权贵或者地方官员就可以挟其武力对抗中央政府，向中央政府勒索爵位、官职或者其他酬赏，以此作为对其地方权威的“承认”。由于人口压力以及包税人的贪婪掠夺，造成无地农民的数量不断增加，无地农民也逐步动员起来发动起义对抗中央政府。（Islâmoğlu 1987b，p.117）规模最大的起义是 1657 年至 1658 年间的阿巴扎·哈桑帕夏起义，起义者中包括大量官员，起义者建立了一个造反派政府，曾对奥斯曼帝国造成严重威胁。（Kurat 1976，p.165）

农民起义的影响因为城市起义而推波助澜，城市起义是由通货膨胀情形下实际工资的下降而引发的。（Naff 1977，p.14；Faroqhi 1984，pp.295—298；Murphey 1980，p.167）不光是首都的近卫军经常起而反抗苏丹，城市手工艺人也起而反抗，其中包括 1651 年伊斯坦布尔 15 万人参加的抗议物价操纵的游行示威。（Inalcik 1973a，p.161）

与之相似的是,在明朝中国,那些没有领到薪水的雇佣兵转而变成了土匪,正是他们发动了起义。(Dardess 1972, p.106)后来,邮卒也加入起义队伍,明朝拖欠了这些邮卒的薪水,然后以经济变化为由解雇了他们,这些邮卒的数量本已不断增加,当他们加入起义军之后,就成了作战高效的骑兵部队。(Rossabi 1979)农民常常为生活艰难所迫(特别是1628年的旱灾),不得不将自己的命运与造反者捆在一起,但是,农民起义军的核心人员却是北方军队中开小差的士兵。这些农民起义与城市暴动相互呼应,城市暴动的参加者包括手工艺人、雇工、学生和士绅,(Tanaka 1984; Yuan 1979, pp.283, 311—312) 17世纪早期,明朝曾多次发生这类城市暴动。再者,实际工资的下降是城市暴动的根本原因,这是因为,由于名义工资远远落后于通货膨胀,“城市贫民面临着不断上涨的物价和[实际]收入的减少”。(Geiss 1979, p.175) 1626年的苏州暴动是“具有全国性意义的事件;……它……引起了朝廷的注意,并且……给士绅和平民的合作提供了一次强有力的展示机会”。(Yuan 1979, p.292)恰如奥斯曼土耳其一样,这些起义中可以描述为以农民为中心的起义,并因而成为真正的“农民起义”的确实微乎其微,有限的债务劳工起义大多发生在长江流域。(Beattie 1979, pp.250—251; A.Chan 1982, p.238; Adshead 1973, p.274)

然而,长江流域的债务劳工起义值得注意,因为它们具有独特的社会特征。随着人口识字率的提高,随着大众文化知识读物和道德素养读物的加快传播,长江流域成为一个商品经济较为发达的地区。(Sakai 1970, pp.336—337; Handlin 1983)长江流域也是深受儒学中激进的泰州学派影响的地区,王艮创立的泰州学派宣扬众人平等。(deBary 1970, pp.168—173)因此,这个时期对于债务劳工起义的解读具有浓厚的社会革命意味,这让人想起西方的革命论。当时,关于江西一次起义的记述写道:

> 四方来投者成百上千……裂裳为旗,铸锄为剑,自号“均平王”,言称铲除主仆之分、贵贱之分、贫富之别。佃户们……闯入名门显富之家,勒令家主跪下。“吾等众人平等,尔等何故呼之为奴”。
>
> [引自埃尔文(Elvin 1973:245—246)]

M.温斯(M.Wiens)认为,这种革命态度在债务佃农中广泛存在,债务劳工的目标并不仅仅只是税收或租金,“在大多数情况下,债务劳工起义的目标是要推翻现存的社会秩序、废除使他们世代为奴的制度”。(Wiens 1980, p.27; 1979)然而,推翻了大明王朝的并不是这种集中于中国南方的劳工起义。明朝的灭亡,始于李自成起义军,其先锋是逃亡士兵和政府雇员,得力于士绅精英的背叛,完成于满族人之手。因此,在明朝中国和奥斯曼帝国,致使民众起义造成致命威胁的,主要是政府雇佣兵的崩溃和地方精英不再忠诚于政府,而不仅仅是农民的困难。民众的苦难只是提供了基础,而屡遭欠薪的士兵和心怀不满的地方官员才是起义的领导者,也是最危险的人。

意识形态的变化:宗教异端与激进主义

有人时常会认为,英国革命与宗教异端有着极强的关系,因此就称之为“清教徒革命”。(Gardiner 1970)然而,异端宗教运动并非英国独有的现象,17 世纪的亚洲也普遍存在。

在 17 世纪早期的奥斯曼帝国,土耳其民间文学广为流行,这意味着官员之外民间读者的增加以及识字率的提高。民间宗教常常带有异端色彩,正统宗教与苏菲派宗教之间的斗争越发严重,“逐步扩散到整个奥斯曼社会”。(Shaw 1976, pp.206—207)恰如 C.伍海德(C.Woodhead 1987, p.35)指出的那样,17 世纪早期,“如同胡格诺教派引起法国国王的极度不安一样,安纳托利亚的异端教众也明显引起苏丹的极度不安”。尽管“个人的宗教信仰和大量的宗教组织可以在无政府时期为大批民众提供庇护所,”神秘主义宗教团体还是被镇压下去。此外,国家对异端宗教团体的打击刺激了造反的发生,这是因为,“随着神秘的塔基(tekkes,苏菲派聚集祈祷的场所)被官方查封,伊斯兰苦修士被投入监狱,绝望的教众就会接受杰拉里造反者的领导”。(Shaw 1976, pp.206—207)因此,社会崩溃时期伴随着伊斯兰教正统派与非正统派的冲突,这种冲突又与政治反叛有关系。

在中国,明朝晚期存在着大量的宗教异端,这反映了平民的激进运动和试图通过道德重塑推进政治改革的精英运动。(deBary 1970, 1975) 16 世纪和 17 世纪早期,明朝中国的基础教育不断扩大,识字率不断提高,同时民间文学大量涌现,包括道德故事和小说作品。(Ho 1962, pp.211—213; Atwell 1975; Sakai 1970, pp.336—337; A.Chan 1982, p.101)如上所述，在这个时期，新儒学中的泰州学派不断发展，“这是一种反对现状的抗争运动，它致力于建立具有民间特色的新儒学，其观点带有革命属性”。(deBary 1970, p.168; Dennerline 1981, p.155)泰州学派宣扬众人平等，并“把知识的火炬传递给民众……在江苏和安徽……我们发现，佃农、樵夫、陶工、窑工、石匠以及来自生活中其他各行各业的人都来聆听讲演、吟诵经典，如此众多的民众愿意接受其同胞的观点作为内在价值，这在传统中国时期前无古人、后无来者”(Atwell 1975, p.336)。W.T.德巴里(W.T. DeBary, 1970, p.173)注意到，“商业发展和中产阶级经济力量的增强，使得泰州学派的思想带有自信和乐观主义特色”。这场运动使得官员、商人和平民在激进行动中互相联合，其最重大的成就是上述长江流域的债务劳工起义。

然而，对明朝政治来说更为重要的是书院运动。前任官员和学者们对腐败、国立和官办教育体制的失败甚为反感，他们就建立各种书院作为替代物以培养儒学学者。许多人从16世纪早期的异端学者王阳明的著作那里获得了灵感，王阳明提倡个人基于自省基础上实现道德纯洁。这些书院不仅仅只是教育机构，而且也成为政治改革运动的中心，这些政治改革运动试图通过复兴“纯洁的儒学”来改变国家现状。

明朝末年，建立新书院的速度大为加快，从16世纪之前的平均每年1.4所提高到1502年至1572年间的平均每年7.5所。(Meskill 1982, p.66) 16世纪中叶到17世纪中叶，由于竭力支持朝廷中的改革派，书院日渐卷入政治冲突，从而招致明朝政府的多次镇压。最著名的是东林书院，其成员呼吁全面的“道德改革运动”，以此提升朝廷内外的公共道德水平，因之招致严厉的迫害。(Busch 1949—1955; Hucker, 1957) 1625年至1626年，东林书院遭到太监魏忠贤的残酷镇压，在那些年代里，魏忠贤控制了皇帝，东林党人经常抨击魏忠贤。700名东林党的同情者被清洗出朝廷，东林党领袖被捕入狱并遭到严刑折磨，东林书院的房屋被摧毁。1627年，魏忠贤被新皇帝罢职之后，东林书院演变为一个“研究团体”——“复社”，类似于一个正式的政治组织，具有公开的信条、成员花名册和全国性中心，并进行资金募集和成员招录活动。如同东林书院一样，复社反对政府腐败，支持持改革主张的官员，甚至竭力帮助其学员通过各种考试、获得各种官职。此外，这个团体还“为穷人兴办教育以承担自己的社会责任，……举办公共讲演，并接纳了大量的社会底层阶级成员。在几次政治斗争中，民众对这个团体给予了积极的支持”。尽管这个团体间或也有几个成员担任政府高官，但是，17世纪30年代的明朝政府已经被派系分裂搞得四分五裂，因此就无法进行成功的改革。

与之类似的是，清教的历史也特别引人注目。如同书院运动一样，清教也始于道德复兴运动，其政治目标也仅限于纯洁宗教事业、纯洁个人道德和公共道德。而且，清教和异端儒学运动之所以有吸引力的原因也是相似的。沃尔泽(Walzer 1974, pp.308—310)认为，清教对绅士的吸引力大部分源自由不断提高的社会流动所造成的社会层级结构的失序，于是，加尔文主义就成为“那些焦虑不安者[寻找一种秩序感]的一个合适的选项。鉴于旧秩序已经崩溃，可以想见，一些英国人会作出这种选择”。德巴里(1970, p.173)也曾指出，异端儒学运动对中国士绅的吸引力源自“当快速的社会变化模糊了传统的社会角色、当新兴力量无法在现存的框架内找到流动渠道时，人们就要寻找身份认同”。还需要指出的是，这些运动得益于快速扩张的教育体系所培养出来的众多无路可走的学生，包括英国的大学以及中国的书院和帝国学校培养出来的学生。最后，这些运动在政治危机解决之后的命运也是相似的。用沃尔泽(1974, pp.302, 312, 320)的话说，“清教理念是对现实经验的反映……为了应对个人和社会问题而进行的实践努力。[然而]危机和动荡的各种条件不会长期存在，[致使]圣斗士们从复辟之后的英国政治中消失无踪……复辟之后，[清教]的精力转向内部，其政治抱负已然不再；圣徒被改革者取代”。与之相似的是，满族人恢复了社会秩序之后，尽管学院仍然是学术研究中心，但已经丧失了政治抱负和改革色彩。沃克曼(Wakeman 1986, pp.16—17)指出，在满族人的统治下，“道德哲学家们变成了学富五车的学者，政治领袖变成了官员”。到17世纪晚期，学院专注于教授典籍(Meskill 1982, pp.156—158)，尽管学院接受了大量捐赠，但在政治上日渐消沉。

简言之，发生于同一时代、具有相似历程的英国清教运动和中国学院运动，以及相似性稍逊的伊斯兰教苏菲派运动，都具有极大的启发意义。尤以英国和中国为甚，在社会流动加快、政府腐朽失败的岁月里，道德复兴运动似乎是一个极有吸引力的选项，地方和宫廷利益集团之间的派系分裂很有可能使得这种道德改革主张卷入到政治斗争之中。此外，当根本的社会危机和政治危机已经消失的时候，异端思想的吸引力就会日益减少，其行动色彩也逐渐消退。

亚洲这些国家危机的结果在许多方面都类似于欧洲国家崩溃的结果。在每一个案例里，中央政府都得到重组，更为突出的是，农村的阶级结构和地方政府都发生了显著变化。我将在下文中详细分析这些结果，并将东西方国家危机的结果加以比较。但是，让我们先简要说明一下，从18世纪末期到19世纪中叶，东西方国家都爆发了第二波国家危机。

依据本书中的模型来看，亚洲这两场国家危机十分“传统”：奥斯曼帝国的地方独立运动和中国的太平天国起义几乎已经成为人口增长破坏国家权威的教科书式案例。但是，第三个国家危机——日本的明治维新——则发生在一个人口停滞持续了一个半世纪之久的国家，因此，这场国家危机对我们的早期现代世界国家危机的观点提出了严重挑战，值得特别注意。

第三节　比较：19世纪大清王朝、奥斯曼帝国与明治日本的危机

生态周期与短期复苏

17世纪晚期和18世纪早期，奥斯曼帝国和中国再次崛起为强大国家，直到19世纪才再次经历政府腐败以及地方起义。鉴于这些国家在16世纪晚期和17世纪早期所面临的几乎难以克服的众多问题，首先值得我们思索的是，重建帝制权威如何成为可能。

清朝早期中国的复兴与繁荣

17世纪早期，中国的人口达到创纪录的高峰，人口总数大概为1.5亿到2亿，自此以后，在明朝晚期的农民起义和满族人的征服过程中，中国人口几乎一直在减少。在17世纪的起义中，西北部的陕西省和山西省以

及西部的四川省(1600 年前后人口可能减少了三分之二)遭到了毁坏。尽管满族人的入主中原给中华帝国增添了满洲地区人烟稀少的土地,但满族人的入关又造成了更多的毁坏。因此,1660 年之后,“在四川、云南、贵州、陕西、甘肃,人烟稀少的土地以及抛荒地随处可见”。(Shang 1981—1982, p.25)事实上,顺治皇帝(1644—1661)和康熙皇帝(1661—1722)实行了大规模的土地回收和重新安置计划。(Guo 1982, p.91)

随着生态平衡的恢复,社会稳定也随之而来,至少,在随后的时期里社会流动的愈益减少是明显的事实。罗伯特·马什(Robert Marsh)发现,1685 年至 1780 年间,出身于以前无官家庭的官员所占的比例仅及 1500 年至 1684 年间的一半。(引自 Eberhard 1962, p.29)何(Ho, 1962, p.114)也发现了 1673 年之后社会流动的减少。

由于 17 世纪晚期的物价下降,国家财政状况也有所改善。满族人征服之后设定的新的税负标准增加了民众的实际收入,由于清朝初期的实际工资比明朝晚期走高,城市工人也从中受益。(Chao 1986, pp.218—219)

到 18 世纪早期,中国的人口可能已经恢复,此后,人口开始不断增长,人口增长起初还伴随着耕地面积的极大增加。在满族人强加的和平下,中国的疆域扩大,出现了向边远地区和高原地区的大规模移民。到 1770 年,中国的人口达到 2.7 亿,大约比 1600 年多三分之一,然而耕地面积可能增加了二分之一。(G.Wang 1984, p.7)此外,灌溉设施得以修复,一些最好的农业措施得到持续推广——包括采用适应强的稻米,甜土豆、花生、番茄以及其他美洲农作物的种植,从而提高了农业产量。因此,清朝初期是一个实际收入有所增加、商业得到极大扩张的时期。当时的一些刊物纷纷宣称这是一个前所未有的繁荣时期。

柯普吕律治理下奥斯曼帝国的复兴

除了人口过剩的土耳其之外,奥斯曼帝国的一个优势在于其控制了巴尔干和匈牙利平原这些人口负担较少的欧洲领土。如果奥斯曼帝国仅仅局限于小亚细亚,那么它就有可能会分崩离析,就如 17 世纪的明朝一样。但是,大维齐柯普吕律治理下的奥斯曼帝国能够从其巴尔干领土上招募军队来制服安纳托利亚。尽管这些欧洲领土也有相当可观的人口增长,但是显而易见的是,它并未遭受相同程度的人口远超土地供给的压力。17世纪早期，巴尔干的粮食价格低于安纳托利亚，也极少有关于无地和社会动乱的相关报告。兹伕特里克(çiftliks，事实上的大面积私有土地)似乎并不像安纳托利亚那样普遍，政府税收收入较高，一些面积最大而又最为丰产的蒂玛尔也位于这个地区。(McGowan 1981，pp.76，113；Moutafchieva 1988，p.32；Itzkowitz 1972，p.44；Inalcik 1972，p.353；1978，p.84)因此，柯普吕律拥有打击腐败、整顿近卫军、恢复奥斯曼帝国秩序所需的资源。

柯普吕律也得益于生态平衡的恢复。由于杰拉里起义，安纳托利亚许多地区的人口有所减少；一旦社会秩序恢复之后，这些地区就被放开以重新安置居民。此外，16世纪那样的人口快速增长已经结束。C.伊萨维(C.Issawi 1974，p.107)估计，奥斯曼帝国的人口，1520年至1553年间大约是1 200万，1600年增加到2 000万，但是在此后的两个世纪里从未超过这个水平。即便是到了1830年，伊斯坦布尔的60万人口还是低于17世纪人口高峰期时的数字。(Issawi 1980，p.17) 17世纪早期之后，奥斯曼帝国的人口有明显下降，部分原因可能是瘟疫的死灰复燃，此后处于人口增长停滞期，到18世纪才开始恢复增长，(Owen 1977，p.146；McGowan 1981，pp.85，113；Sugar 1977，pp.221—222)直到18世纪末，奥斯曼帝国的人口才达到1600年的规模。

随着人口快速增长的终止，社会稳定再次回归。齐尔菲(Zilfi 1983)指出，宗教阶层结构变得十分稳定，常常是父子相承：因此，17世纪晚期和18世纪里，一种“新的法团式稳定”取代了16世纪的“竞争性流动”。

1656年至1700年，在大维齐柯普吕律的治理下、在精力充沛的苏丹艾哈迈德三世(1703—1730年在位)的统治下，社会秩序和财政秩序得以恢复。(Shaw 1976，pp.202—211，228—229)阿阳(地方权贵)的权力得到限制，村社被赋予纳税义务，以此代替把土地租给包税人的做法。(Inalcik 1973a)地方权贵与中央政府之间的合作代替了竞争。伴随着物价稳定，也部分由于物价稳定而来的是一个更加稳定的精英阶层，他们把奥斯曼帝国的军事权力恢复到接近16世纪的水平。1669年，奥斯曼帝国夺取了克里特岛，1683年，奥斯曼土耳其军队再次围攻维也纳。尽管在1699年的《卡洛维茨条约》中受挫，但是“在18世纪近乎50年的时间里，奥斯曼帝国享受到了和平和繁荣，并能够重新夺回1683年维也纳惨败之后丢失的部分领土”（Karpat 1974b, p.90）。1711年，土耳其人在普鲁特河取得了对沙皇彼得大帝的决定性胜利。

苏莱曼大帝去世（公元1566年）之后的那些年是奥斯曼帝国的一个衰落期，17世纪早期是一个社会大混乱的时期，尽管如此，如果断言从16世纪60年代到20世纪20年代这350多年间奥斯曼帝国持续跌入崩溃之中，这种看法却是错误的。在经济和军事方面，奥斯曼帝国确实被欧洲国家超过，但是，这是相对的而不是绝对的衰落，多半要归因于欧洲西北部国家的进步而非奥斯曼帝国的持续衰败。17世纪晚期和18世纪早期，奥斯曼帝国再次成为欧洲国家的强大对手，并且在国内重新恢复了社会稳定和社会繁荣。

因此，我们可以说，从16世纪早期到18世纪早期，奥斯曼帝国和中国社会动乱的背后存在着“生态周期”，动乱之后是恢复，然后转为更大程度的稳定。恰如我们已经知道的那样，17世纪的危机是人口增长与农业生产之间日益扩大的失衡造成的，国家危机的这些生态因素绝大部分可以自我修复。由叛乱军队造成的巨大破坏——因为流行病、饥荒以及直接的军事行动造成的破坏，会使整个地区的人口减少，因此也会使得人口和土地之间重新恢复平衡。如同欧洲国家一样，17世纪晚期和18世纪早期较高的死亡率意味着人口增长缓慢，这种缓慢的人口增长给这些社会提供了增加实际收入的机会，国家就会在危机之后得以重建，缓慢的人口增长也给这些社会提供了重新评定税收、与更为稳定的精英群体建立更为密切的联系的机会。

然而18世纪中叶之后，奥斯曼帝国和中华帝国又开始重复1550年至1660年间的模式，重新恢复的人口增长、财政收入和经济状况衰退、社会冲突加剧，所有这些因素最终会导致内战的再次爆发。

重新加剧的生态压力与起义

白莲教与太平天国：清朝的起义

19世纪里，中国呈现我们所熟悉的人口增长模式，通货膨胀、精英竞争以及民众起义共同作用，导致了国家危机。事实上，在早期现代世界所有国家崩溃的案例里,18 世纪晚期到 19 世纪中叶清朝的统治危机,常常被大多数专家学者描述为由于人口对僵化的政治体制造成压力而导致的国家崩溃的案例。比如,S.M.琼斯(S.M. Jones)和 P.A 库恩(P.A. Kuhn)在《剑桥中国史》中,把晚清时期起义的原因描述为"人口扩张,却没有……可以吸纳人口的实质性经济增长和政治发展"(1978, p.110)。

如同我们指出的那样,清初是一个繁荣时期,人口逐渐恢复,同时伴随着耕地面积的扩大和农业产量的增长。然而,"到 18 世纪末,收益递减开始显现"。(Jones and Kuhn 1978, p.109)到 1850 年,中国人口已经增加到近 4 亿,是 1770 年的 2 倍(Skinner 1987),但是耕地面积仅仅增加了四分之一。因此到 1850 年,此前一个世纪里一直在上升的耕地与人口的比率就呈现相反的势头,甚至降到比 17 世纪早期还低。(G.Wang 1984, p.7; Perkins 1969, p.16) 1856 年,一位中国的观察家汪士铎有感而发,写下了本章开头所引用的话:"人多之害,山顶已植黍稷,江中已有洲田,苗洞已开深箐,犹不足养,天地之力穷矣。"(引自 Overbeek 1974, p.197)

毫不奇怪,物价也随着人口的变化而遵循同样的模式。自 17 世纪中叶到 18 世纪早期,米价先是急剧下降,然后缓慢恢复。但是 18 世纪中叶之后,米价的上涨大为加速,进入 19 世纪初期之后,米价急剧上涨。在 19 世纪 30 年代,物价上涨减缓,这是因为购买鸦片显然吸走了越来越多的购买力。然而在 1750 年之后该世纪的多数年份里,中国经历了 17 世纪早期所无法比拟的通货膨胀。(Yeh-Chien Wang 1973)

人口膨胀、商业扩张和通货膨胀结合起来,对政治结构和社会结构造成的影响比两个世纪之前大得多。政府的财政压力不断增加,教育体制不堪重负,精英竞争不断加剧,平民百姓为了稀缺的土地而不断争斗。

清初的皇帝们在与明朝忠诚者的斗争中废除了许多税收特权,现职官员和过去官员用这些特权来庇护其土地。因此,清初的税源有了极大地扩张,政府对汇兑的监控比晚明腐朽政府要严密得多。(Zelin 1984)结果,18 世纪早期就成为"清朝政府的财政盈余期,国库丰盈,民间钱袋充实"。(Naquin and Rawski 1987, p.218) 1713 年,康熙皇帝甚至诏令上缴中央财政的土地税"永不变更",这个诏令反映出对社会繁荣兴旺的感知。(Rowe 1985, p.266)但是,这个诏令有两个负面效果:其一,税收不能随着18世纪后期开始的通货膨胀而增加；其二，上缴中央政府的税收收入不能随着耕地和人口的增加而增加。尽管商业有着极大地扩张，但是政府并未转向依靠直接税，18世纪50年代，超过73%的税收收入仍然来自土地税，只有7%来自关税，20%来自盐税以及其他杂项收入。（Feuerwerker 1976，p.91）恰如S.纳奎因和E.S.罗斯基（S.Naquin and E.S. Rawski 1987，p.22）指出的那样，“当国家无法对农业的增加值征税的时候，也几乎没有对潜在于不断扩张的商业中的税源加以利用。”因此，上缴中央政府的财政收入不敷所需，与此同时，地方官员开始对地方纳税人索取越来越多的款项，以支付省级政府以及下面各级政府的开支，包括养活官员自己及其仆人，这些增收办法中有一些得到官方认可以及帝国政府的支持。但是到19世纪早期，“各级政府的财政普遍出现短缺”。（Jones and Kuhn 1978，p.128）

财政收入不足导致行政效率和军事效率的下降。“政府的各项任务开始超出官吏和经费的负荷，官员们转而采取一些非正式办法筹措资金，与此同时，地方精英们承担了越来越多的政府职能”。（Naquin and Rawski 1987，p.11）尽管人口增加了一倍，帝国官僚体制中的官职数量依然如故，因此，到18世纪晚期，“过度工作的官员们[放弃了]。在水力灌溉、纠纷调解、慈善事业、税收征集、学校教育、仓储事宜、民兵事务等管理业务中，地方治安法官不再像清初那样监督地方家庭的活动，他们把这些事务的主动权和责任交给了地方精英……18世纪末期，这种政府管理向私人管理的转变已经清晰可见，19世纪越来越流行”。（Naquin and Rawski 1987，p.229）

这种专业化程度较低的管理面临着越来越大的困境。随着人口增长和土地需求的增加，灌溉设施不堪重负，河道淤积、堤坝失修越发严重。随着农民之间争夺土地的不断加剧、农民和地主双方都竭力利用物价上涨谋利，司法需求日益增加。渴望加入精英阶层的人越来越多，他们为了获得省级以下的低级官职、为了获得有影响力的职位而明争暗斗，腐败已经成为过度工作的官员与地方显要之间的交易媒介。恰如库恩（1970，p.51）所言，问题“不仅仅在于地方政府越来越腐败衰弱，更严重的是，传统的行政和军事控制机制已经无法应付巨大的农村人口，农村中传统的社会关系已经被日益激烈的经济竞争所破坏”。

军事效能也降低了,这是因为,满洲八旗兵被安置在中国的北部土地上,并有国家保障其固定的收入,但清朝政府禁止八旗兵从事其他职业。由于通货膨胀,八旗兵的固定收入急剧贬值,结果,“绝大部分八旗兵变成了穷人,负债累累、没有工作;物价上涨远超薪俸,许多八旗兵抛弃土地进了城市”(Naquin and Rawski 1987, p.141),帝国政府维持八旗兵的努力徒劳无功。

官员任命中官职流动和替代的加快,使得政府混乱越发严重。如同侯(Ho 1962, pp.112—114)与艾伯哈(Eberhard 1962, p.29)所言,18 世纪早期,社会流动程度很低,没有几个贫困家庭子弟能够获得高级学位。但是“由于 18 世纪给财富的获得创造了许多机会,从广义来看,精英包括文人学士、商人、富裕地主,其数量在总人口中所占的百分比无疑绝对有所增加”。结果,“暴发户和向上流动……开始在 18 世纪的城市文化中占据了支配地位”(Naquin and Rawski 1987, pp.124—125)。

但是,日渐增加的谋求精英职位的人群却无法靠既有的精英补充机制来吸纳。尽管官办学校不断扩张以招收更多的学生,但是,考试体制和官僚体制却没有多大变化。18 世纪,尽管人口已经增加了一倍,但是最高学位(进士)的授予仅仅增加了 33%,而秀才的数量仅仅增加了 13%。因此,尽管学位获得者的数量相对于人口而言有所缩减,但是,适宜的官职数量却少于学位获得者的数量。获得一个学位需要时间,需要克服一定的苦难,获得学位之后,要得到官职还需要更多的时间、需要克服更多的困难。(Naquin and Rawski 1987, p.124)结果,“这个时期政治生活的突出特点是,在各级政府里,为了获得晋升和安全感而展开的竞争十分激烈。这种竞争经常采取不太合法的形式,这可能是由于正式的社会流动机制已经落后于人口增长”。争当精英的人不断增多,官办学校也不断扩张,这意味着“相对于经济体制和政治体制所能吸纳、所能报偿的数量而言,文人的培养过剩了”。(Jones and Kuhn 1978, p.110)

这种相似的模式导致了向下的社会流动、精英位移以及精英中的激进主义动向。纳奎因和罗斯基(1987, pp.126, 155)注意到,“鉴于人口的实际情况……向下的社会流动不仅仅只是一种担忧,而且也是明显的事实……随着学位竞争和职位竞争的日益尖锐化,一些知识分子越来越频繁地对正统的文人价值观表示异议并日渐疏离……17 世纪曾经出现的那些主题再度流行起来”。精英的激进主义并不只是说说而已。19 世纪 40 年代和 50 年代的抗税运动,并非由中央政府的税收而引起的,而是地方官及其帮手们从地方上榨取额外资金而引起的,在这些抗税运动中,“领导层常常来自底层精英——生员和监生”。(Jones and Kuhn 1978, p.131)太平天国起义领袖洪秀全也是一个没有通过官方考试的落魄学生。

这些持异议的精英找到了现成的追随者。到 18 世纪末期,中国中心地带的人口增长是一种可资利用的资源。(Naquin and Rowski 1987, p.106; Jones and Kuhn 1978, p.109)在湖南省,早在 1748 年,官方文档中就抱怨不断上涨的租金和土地的短缺,以及“在这个可耕地已经消耗殆尽的省份里,人口压力越来越大”(Perdue 1987, p.88)。人口增长导致以前那些长满树木的山坡现在都消失了,变成了耕地;随之而来水土流失使得灌溉设施的淤塞越来越严重,并造成灾难性的洪水。1788 年,长江中游的生态到了关键的转折点,由于管理不善、水土流失越发严重,洪水的控制几乎无以为继。长江和汉江的洪水灾害一直肆虐到下个世纪。(Naquin and Rawski 1987, p.167)如同琼斯和库恩所言:“可能是由于长江下游各省里那拥挤不堪、绝望之极的人群,这里不久之后就变成了太平军的战场”。(1978, p.110)

中国中心区域的灾难导致了向西北部、最西部和南部边远地区的大规模移民。然而,这种移民并未给减轻社会压力提供一条出路,相反的,它给本已困难重重的中国又增加了一系列问题,这是因为,边远地区土地贫瘠,已经居住着各个少数民族宗教群体。W.T.罗(W.T. Rowe 1985, p. 252)指出,在中国的西北部,“随着持续的移民以及人口的不断增加使得土地生产力日渐枯竭,局面日趋紧张”。在中国西部和南部,汉人与穆斯林、客家人以及其他少数民族为了争夺土地而冲突不断。在这些边远地区,士绅的调停和控制作用相对较弱,因此,这些冲突很快就造成不断增加的结伙抢劫和暴力活动,结果,各种秘密社团都宣扬各式各样的救赎式宗教信仰,并且动员其追随者相互扶助,这些秘密社团吸收了越来越多的信徒。在湖北省西北部的高山地区,白莲教宣传一种变体的佛教;在中国南部,由客家人创始的太平天国运动则宣传一种变体的基督教,这些运动都成为起义的先声。

18 世纪晚期和 19 世纪早期,清政府相继镇压了一系列少数民族起义,并且陆续镇压了各种异端秘密社团,阻断了其权力的不断上升,包括:镇压湖南、四川的苗族瑶族起义,镇压西南部和新疆的穆斯林起义,镇压广东、湖南、河南、直隶、山东的各种秘密社团。其中规模最大的是白莲教起义,从 1796 年一直持续到 1804 年,参加起义者多达 30 万之众。(Feuerwerker 1975, pp.5—6)

这些军事行动耗尽了帝国国库。这不仅仅是因为大量的起义,帝国政府的腐败也浪费了大量金钱。尽管 19 世纪早期的起义都被镇压下去,但是盗贼和贫困问题越来越糟,与此同时,由于精英的派系分裂和腐败,中央政府继续走向衰落。到 19 世纪中叶,当清政府努力镇压快速发展的太平天国秘密社团时,为数众多的农民和精英已经准备抛弃这个虚弱不堪的王朝。

1850 年,太平军在与清军的首次对抗中获胜,很快就有了许多追随者,并把起义扩展到长江流域的中心地带。太平军聚集了数百万农民和成千上万的精英支持者,太平军把帝国军队驱逐到中国北方,并建立了自己的地盘,中心位于明朝首都南京。如果太平军只是攻击清政府的“受命于天”并以一个新王朝取代这个软弱无力的旧王朝,那么,清朝在 19 世纪中叶就可能已经结束了。(Michael and Chang 1966, 1:7)

拯救了清王朝的,是太平天国那异乎寻常的领导层,这是因为,洪秀全深受基督教的影响,并且形成了一种反儒教同时又反地主的观念。“就其制定的目标来看,太平天国运动的确是一场深刻的社会革命”。(P.Kuhn 1978, p.279)这场革命运动使得许多潜在的士绅支持者惊恐不安,因此,尽管清政府的军队十分虚弱,无力保卫清王朝,然而地方显贵们组织了地方民团对抗太平军。这些正统的保守的民团遍及全中国,他们首先遏制了太平军的攻势,此后终于击败了太平军以及其他一些 19 世纪的起义者,清王朝终于得救了。然而,清王朝失去了主动权,不得不依赖于地方士绅民团。由于太平天国战争中好几百万人死亡,因此,此后出现了一个短暂的恢复期,19 世纪中叶以来的人口压力有所减轻。但是临近 19 世纪末，人口和物价再次飞速上升，中国的社会冲突又不断加剧，清王朝帝国政府的崩溃、军阀之间为控制中国而展开的混战拉开了帷幕。

奥斯曼帝国的起义

凯末尔·卡尔帕特(Kemal Karpat)正在准备就19世纪早期反抗奥斯曼统治的起义进行一项定论性的研究，作者强调了人口变化的关键作用。在该书前面的概要中，卡尔帕特(1983，p.386)指出，“19世纪奥斯曼帝国的社会史、在很大程度上也是政治史，包括奥斯曼帝国的解体，同时伴随着巴尔干地区一系列民族自治国家或民族独立国家的兴起，这都是人口变化的结果，给人印象深刻的一点是……人口因素与19世纪奥斯曼帝国大多数地方的社会变化和政治变化之间存在着密切联系”。

我不想眼巴巴地等待着卡尔帕特的进一步研究成果，这里，我想指出，在18世纪晚期到19世纪早期遍及早期现代世界的国家危机浪潮中，奥斯曼帝国也经历了国家危机，就像两个世纪前的国家危机浪潮一样。19世纪里奥斯曼帝国的情况与17世纪西班牙哈布斯堡王朝的情况有些类似：尽管中心地带(奥斯曼帝国的土耳其)的人口增长比较适中，但是边远地带，特别是巴尔干地区和阿拉伯地区，人口增长却十分迅速，这就造成了地区需求与国家能力之间的失衡，导致大量的地区性起义。

18世纪和19世纪早期，巴尔干地区快速的人口增长造成地方起义参加者的数量有了新的增长，推动了物价上涨，破坏了精英稳定与帝国财政的稳定。1560年，瓦拉几亚省(在现今的罗马尼亚)的人口达到30万这个高点，此后，在16世纪晚期里开始下降，但是到1810年达到了70万，1822年达到了100万。(Chirot 1976，pp.41，83)1821年之前的100年间，希腊的人口增加了一倍多(Spiridonakis 1977，pp.115—117)，结果，尽管18世纪的多数时间里物价上涨相对缓慢一些，但是1780年之后，物价却急剧上涨。1800年至19世纪40年代，小麦面包的价格上涨了4倍，而大米的价格上涨了3倍，(Issawi 1980，pp.322—323，337)这种情况不仅出现在伊斯坦布尔和巴尔干地区的一些省级首府，而且也出现在埃及。1740年至1780年间，埃及曾经经历过一个“黄金时代”，当时，埃及食物供应充足，社会和平，这种稳定要极大地归因于18世纪埃及人口减少了25%。然而，此后埃及的人口从1800年的390万增加到1860年的550

万,结果,埃及出现了一场“普遍经济危机”,其标志是飞速上涨的物价、行政管理混乱以及饥荒。(Raymond 1981, pp.697—699; Issawi 1982, p.94)只有安纳托利亚地区的人口增长较为缓慢,19世纪最初的三分之一时间里,这里的人口数量基本未变。(Issawi 1982, p.94)

18世纪最后十年里,通货膨胀使得地方显要们反对苏丹希望获得更多财政收入的要求。因此,“塞利姆三世(1789—1807)的统治充斥着连续不断的针对安纳托利亚和巴尔干地区阿阳们的斗争”。(Karpat 1974b, p.92)塞利姆三世与阿阳的这些斗争激发了塞尔维亚起义(1803—1806),并且导致塞利姆三世被近卫军废黜。(Karpat 1974b, p.94)他的继位者穆斯塔法四世在次年也遭受了同样的命运。(Shaw 1976, pp.273—277)

实际上,整个19世纪早期是一个起义和动乱的时期,包括1803年至1806年的塞尔维亚起义、1815年至1817年的塞尔维亚起义、1821年罗马尼亚和希腊的起义以及1848年的罗马尼亚起义。19世纪30年代,埃及省督穆罕默德·阿里发动起义,并夺取了埃及以及近东乃至叙利亚的控制权。阿里威胁要把起义推向奥斯曼帝国全境,直到欧洲国家施加压力,阿里才同意,在接受奥斯曼帝国宗主权的前提下,埃及实行自治。(Heyd 1970; Holt 1970)

经过大量的欧洲外交,奥斯曼帝国得以维持下来。奥斯曼帝国承认希腊独立、埃及作为欧洲国家的非正式保护国实行自治,作为回报,奥斯曼帝国的国内改革得到欧洲国家的支持。1815年,带头起事的阿阳们被消灭,近卫军于1826年被废除,瓦克夫(伊斯兰的根基)被纳入国家结构之中,蒂玛尔制度于1831年正式废止。上述各项改革措施以及仿照欧洲国家建立起来的现代军队和官僚体制,帮助奥斯曼帝国在安纳托利亚和巴尔干又维持了80年的统治。但是到19世纪早期,奥斯曼帝国又回到了17世纪早期的那种虚弱状态。

关于奥斯曼帝国和中国在19世纪面临的各种困难,上述这些简明扼要的论述纯属抛砖引玉,它们只是要表明,对于理解19世纪亚洲的国家危机而言,学者们能够运用、也常常运用人口/社会结构范式作为分析基

础。因此，如同欧洲国家一样，19 世纪亚洲的国家危机似乎与 17 世纪具有相似的根源。

但是有一个事例却极富争议，特别是就国家危机的人口范式而言。1868 年日本的明治维新是一个饱受争议的研究主题，它是一场“革命”吗？它存在长期原因吗？随着德川幕府统治的终结，日本是变得“更好”了还是变得“更糟”了？简言之，我们在其他国家危机中常常见到的那些问题又出现在日本这里。但是，由于日本突出的经济发展，现今一些学者特别会倾向于询问，明治维新与其他亚洲国家的国家危机有何不同，相较而言，其他亚洲国家后来的经济发展和政治发展要慢得多。

对于这些问题，我们的回答简单明了，明治维新尽管不是一场完全的社会革命，却是国家崩溃的一个事例。如同其他事例一样，日本的明治维新也存在着长期原因，这些长期原因可以用人口/社会结构模型加以分析，尽管会存在一些有趣的偏差。同样的，如同其他事例一样，探询日本是变好了还是变坏了这个问题并不是好的研究进路，重要的是，有些精英变成了富人，与此同时，另外一些精英、中央政府、许多农民和工人变成了穷人。至于明治维新后的日本能够加速其经济发展的原因，这与德川幕府危机的原因关系不大，却与明治维新的领袖对国家危机的反应方式以及对日本未来需要的理解方式有着相当大的关系。

德川幕府时期日本国家崩溃的缘由

为了统一日本，军阀德川家康发动了一系列战争，此后，17 世纪早期，德川幕府政权兴起。在此之前的数十年间，日本被许多独立的地方领主统治着，这些领主名义上要效忠于京都的古代皇室家族。事实上，日本天皇只享有威望，并不掌握权力。因此，天皇很快就承认德川家康为日本的幕府大将军。德川家康将其首都定在江户（即现在的东京），并直接统治着其家族的领地，德川家族的领地占日本领土的四分之一，其中包括日本最富庶的那些农地，德川家康设立了自己的行政机构幕府来管理自己的领地。日本的其余地区则仍旧分为许多半独立的地区，称为“藩”，由其他家族统治，这些家族中有些紧紧依附于德川家族，另外一些则较为独立。每一个“藩”都有自己的行政管理机构，包括自己的税收机构和商业政策，各藩都控制在藩主（或称“大名”）手里。各地大名受到幕府大将军的控制程度各有不同。大名可能会遭到幕府大将军的惩罚，比如削减藩地，或者遭到放逐而被继承人取代，大名们还被要求每年都要到江户朝贡，并出席幕府大将军的宫廷会议，还要把家庭成员作为“人质”留在江户。但是，幕府也允许大名们根据自己的意愿管理家族事务和藩务，唯一的条件是，他们要维持社会秩序并在幕府发出号召时缴纳财政贡赋。

幕府大将军与各地大名都依靠一个世袭的战士精英集团——武士——来保卫和治理领地。武士与平民截然不同，平民并不享有合法权利，禁止携带武器，而且，除了村落头领之外，其他农民都不得出任公职。绝大部分平民都是农民，他们要以大米缴纳税收，缴纳大米的数量是根据德川幕府初年的普查而确定的，可以缴纳给藩地的大名，也可以直接缴纳给幕府。武士们从其主人处领取大米作为薪俸。

从许多方面来看，19 世纪 60 年代德川幕府的垮台与 17 世纪 40 年代英国君主制的垮台极其相似。早在 19 世纪初期，德川幕府就已面临严重的财政困难，到 60 年代终于破产。对于德川幕府的衰落而言，西方列强的入侵只是诱因，并非根本原因。在这个意义上，西方列强的入侵恰似 1638 年苏格兰人反抗英格兰的起义。而且，恰如 17 世纪 40 年代的英国一样，面对德川幕府的日渐衰落，许多精英领袖并未积极支持幕府，反而要求幕府采取改革措施，他们增加了自己的民兵数量以对抗中央政府。尤有甚者，萨摩藩和长州藩这两个日本西部藩地的藩主，各自建立了一支现代军队，他们在与幕府军队的短暂内战中取得了胜利。明治维新常常被描述为一场精英运动或者一场“上层的革命”（Trimberger 1978），但是我们不应误解民众参与的程度。数以千计的日本人被征召到幕府军队以及反叛的各藩军队之中，人数之多，颇似英国内战时的情形。确实，如同英国一样，独立的下层阶级运动并未强大到足以迫使造反的精英采纳有利于工人或农民的那些政策的地步。然而，也如英国一样，农民起义和市民起义足以震撼精英们，削弱了精英对于幕府的信心，并强化了促进社会发展所必需的激进变革的信念。

胜利之后，造反派领袖废除了幕府和藩国政治结构，取消了幕府将军并迫使大名们退休，武士和平民之间的法定区分也被废除。新政权建立了一个中央集权式的日本政府,并努力发展现代工业化经济。然而奇怪的是,这些制度现代化并不意味着现代宪政理念和民主理念对于传统统治方式的胜利。相反的,造反派领袖坚持忠于帝国皇室家族的古老权威,并且辩称,他们的行动只是要“恢复”明治天皇的君主权力。确实,1889 年最终采纳的宪法“把[天皇]作为一个凌驾于政府之上的绝对而神圣的君主、作为国家的象征加以合法化。日本人民是其臣民,该宪法训诫日本人民要忠实地服务于天皇”(J.W.Hall 1970, p.297)。因此,幕府政治的废除是在“回归过去”的名义下进行的,带有一种古老的、非常日本化的符号象征。(J.W.Hall 1970, p.265)然而实际上,天皇依然更多的是一个象征而不是统治者。造反派的领袖组建了一个专制的寡头统治政府,援引天皇的神圣来获得民族主义者的强力支持,以此统治日本,并推动日本发展现代工业和现代军事综合体。对中国(1895 年)和俄国(1905 年)战争的胜利奠定了明治之后的日本进入 20 世纪以后作为一个太平洋强大国家的地位。

在第五章里,我将分析的是,一方面,明治维新给日本带来了富有活力的制度现代化,另一方面,日本却有着保守而又传统的思想观念,这两者之间存在着怪诞的张力。这里,我们先集中分析一下德川幕府时期日本国家崩溃的原因。

如同先前的案例分析一样,我们可以把这个复杂的问题分解为三个基本问题:(1)是什么原因导致了德川幕府的财政失败?(2)精英不满和精英反叛的根源是什么?(3)作为造反军队以及自发群众暴动的一部分,民众社会动员潜能是由什么原因造成的?如前所示,要回答这些问题,我们最好从分析德川幕府时期日本的人口和经济发展趋势开始,从中寻找答案。

可以证明普遍法则的例外案例:人口稳定以及国家危机的人口/社会结构模型

乍一看来,明治维新明显不符合国家危机的人口/社会结构模型。1721 年至 1846 年间,日本人口稳定,只是在德川幕府危机之前的 20 年里有所增长。S.B.汉利和 K.山浦(S.B. Hanley and K. Yamamura 1977, p.333)提出,1721 年至 1846 年间,日本人口净增长率不超过 3%,而幕府的官方数据显示出净增长率少于 0.5%。(Hayami 1986a, p.287)我已指出，17世纪和19世纪里欧洲、中国和奥斯曼帝国的危机都经历了几代人的人口增长，人口增加了35%到100%，人口增长对食物供给和物价通胀造成了沉重压力，也削弱了国家财政，并导致了精英分裂。然而，在一个人口稳定的国度里这些变化趋势是如何发生的呢？

在其他一些事例里，我们业已注意到，政府越来越依赖于固定税额的土地税。当物价上涨时，实际的税收收入就会缩水。同样，许多依赖固定收入为生的精英也无法应对物价通胀，比如出租土地收取固定地租的欧洲地主、奥斯曼帝国的蒂玛尔持有人以及中国的八旗子弟，因此，这些人的世纪收入也在不断减少。存在于这些变化背后的机制是，当人口增长超过经济生产，特别是粮食生产的时候，物价就会上涨，此后，通货膨胀就会侵蚀固定收入的实际价值。

德川幕府时期的日本拥有一套相当奇特的财政制度。税收主要以缴纳粮食为主，甚少缴纳现金，税收按照固定数量的大米（以石为单位）从各地征收，大名和武士的薪俸也以固定数量的大米支付。比如，一块疆域或藩邦会被称为万石藩或者五万石藩，这是依据其收入水平而定的。这种财政制度保护了精英和幕府，使其免受大米相对价格上涨所造成的影响。事实上，如同其他事例一样，如果粮食价格相对于其他商品和服务的价格有所上涨的话，精英们还可以从中获利。

但是，日本的经济情况也与我们所分析的其他事例有所不同。1721年之后的一百多年里，日本全国人口基本没有变化，而粮食生产却有所增加，结果，大米相对于其他所有商品和劳动力的价格有所下降。由于幕府、大名和武士需要以其大米薪俸支付衣服、房屋、武器、礼物以及其他商品和服务所需的费用，而且只能以其大米薪俸作为抵押来获得借款，因此，这些人同样面临着实际收入的下降和实际借贷利息的上升。尽管日本的财政制度、人口和经济发展趋势与欧亚大陆国家恰恰相反，但是，日本政府和精英发现自己也面临着同样的困境。

人口变化情况加上政治和经济结构，再一次成为我们理解国家状况和精英情况的关键。不光是人口变化自身，人口变化的方式也会影响财政制度和社会制度，成为社会压力的基础性因素。因此，德川幕府时期的日本尽管在人口和社会结构方面都呈现出相反的情况，但并不能驳倒我们的解释模型，相反的，日本人口增长的这种例外情况，恰恰证实了密切关注人口与制度之间的相互作用所具有的研究价值。

我们也必须注意到，日本人口增长的例外并不像乍一看来的那样明显。尽管1721年至1846年日本总人口的增长近乎为零，但是，这种总体情况掩盖了相当大的地区差异。这个时期里，幕府直辖领地内的人口确实有所减少，但是，萨摩藩、长州藩、土佐藩、肥前藩的人口增加了30%。萨摩藩和长州藩人口增长最快，前者增长了62%，（Hayami 1986a，p.291；Hanley and Yamamura 1977，p.333）正是这些藩发动了反对德川幕府的反叛并获得了胜利；因此，在某些方面，日本的情况再次证实了我们曾经在17世纪的西班牙和19世纪的奥斯曼帝国所看到的模式，即人口增长迅速的边远地区反抗人口稳定而且政治稳定、但财政衰弱的中央政权。此外，19世纪30年代之后，日本人口快速增长，因此，德川幕府的最后几十年里，物价上涨，土地压力和工资压力不断加剧。

不过，德川幕府时期日本的财政问题必须以不同的方式加以解释。在17世纪的西班牙和19世纪的奥斯曼帝国，当物价急剧上涨之时，中央政府不得不招募雇佣军并为其提供装备给养。德川幕府在世纪末遭受了财政危机，当时，大米价格普遍下降。我们深入分析一下，人口和经济变化是如何削弱了德川幕府的财政收入的。

德川幕府的财政衰败

1600年德川幕府统一日本之后的一百多年里，和平的到来以及内战后的恢复导致了相当数量的人口增长，给大米生产和大米价格造成了一些压力。在此期间，以大米征收的税收是固定不变的，幕府将军、大名和武士从他们控制的关键经济资源的发展中获益甚多。武士们都居住在作为各藩总部的堡垒式城镇里，他们变成了与平民截然不同的特权阶级。平民们或者务农或者经商，他们为各藩首府以及伊豆（现在的东京）、京都、大阪等主要城市提供生活物资。作为一个下层阶级，商人要承担起储存大米的任务，这些大米是由幕府、大名征收来的，用以支付武士的薪水、用大米交换各种食品和工业产品。丝绸和棉布、漆器和石器、加工食品和精美的家具陈设、支付给城市工人以及农村堡垒式城镇工人的工资，都要经过商人之手。大阪作为商业城市，变成了日本的中心仓库，伊豆则成为政治首都,京都成为文化中心。随着城市商人活动深入,伊豆发展成为规模庞大的商业中心和文化中心。

因此,德川幕府统治的最初一个世纪里,日本达到了鼎盛的元禄盛世时期(1688—1704),在此期间,幕府的统治、武士的忠诚和勤勉都得力于一个温顺而又不断繁荣壮大的商人阶级。但是,这种政治秩序和社会秩序在随后的生态变化中却无以为继。

1720 年之后,日本的人口似乎稳定不变,这是由于婚龄的推迟以及年轻人中独身者的比例不断上升、堕胎和杀婴的比例也在不断上升,(Hanley and Yamamura 1977, pp.265—266; Skinner 1988; T.Smith 1977, p.147)这些并不是绝望的行为,而只是增加家庭财富的措施。托马斯·史密斯(Thomas Smith 1977, p.147)指出,在川崎市中原区的农村里,就如德川幕府官方记录所记载的那样,“死亡率和生育率……都很低,更令人吃惊的是,[杀婴]行为的主要原因似乎并非贫困……给人的印象是,这是一种家庭计划”。G.W.斯金纳(G.W. Skinner 1988)关于这个时期日本村庄人口的研究也揭示出,富人杀婴的行为比穷人更多,无论富人还是穷人,他们都热切地希望调节家庭财富和资源与缺乏家庭劳动力之间的关系。

尽管仍然缺乏交通技术的革新,但德川幕府的统一给日本带来了国内和平,促进了商业的发展。(Sheldon 1958, p.15)大米高产品种的推广,以及随后各个地方手工工业专业化的发展,都极大地提高了生产力。安场(Yasuba 1986, p.218)指出,1727 年到 19 世纪早期,日本核心地带的大米产量提高了 50%。尽管 1820 年之后生产力有所下降,但是边远地区的生产力仍在继续提高。(Yasuba 1986, p.218; L.Johnson 1983, pp.130—144)德川幕府时期,日本也有间歇性的歉收和饥荒,这是因为,在台风和地震面前,岛国十分脆弱,台风和地震对一些地方造成了大破坏。但是对于大多数地方而言,稳定的人口、不断提高的粮食产量,用现代早期的标准来看,这是一个繁荣的国家。(Hanley 1983; Yasuba 1986)

然而,这种繁荣并未给幕府和武士带来多大好处。如同 17 世纪的一些事例一样,随着城市人口的快速增长,大米价格也在不断上涨。但是,到 18 世纪早期 25 年里,人口增长停滞,一种新的情况出

> 现了，大米价格开始了长期而缓慢的下降，与此同时，其他所有商品的价格都在不断上涨。大名和武士之间的纽带开始进入恶性循环。他们每年都要在大阪和伊豆出售越来越多的大米——仅大米价格的下降一项，大名和武士们就会越来越深地陷入商人的债务之中。[H.比克斯(H.Bix 1986，pp.26—27)]

换算成白银来看，仅在17世纪晚期到18世纪30年代初，大米价格就下降了25%以上。(Cartier 1981，p.466)此后，德川幕府频繁地重铸货币，以此迫使商人支付更多的大米款项；但是，商人轻易就把大米价格的上涨转嫁到其他产品上。因此，尽管德川幕府时期大米名义价格上涨了将近10倍，但是这种价格上涨主要是因为货币贬值造成的，大米的相对价格一直在不断下降。(Sheldon 1958，p.80；T.Smith 1973，p.155；Takekoshi 1930，2，p.297)

早期的德川幕府享有宽裕的收入。但是，恰如英国的绅士和中国的官员一样，日本的村庄头领和大名们也谋求冻结税收评定，因此，幕府的财政收入基本没有变化：1716年至1725年间、1776年至1785年间以及1841年，据报告称，这几个时期幕府领地的产出和税收收入完全未变，总计140万石大米。(Takekoshi 1930，2，p.306)C.托曼(C.Totman 1980，p.352)认为，19世纪60年代，日本的财富足以供幕府支付军费，但是，当幕府试图查明各地大名的收入，并试图对大名领地及其薪俸征税的时候，大名们拒绝与幕府合作。因荒废而被收回的土地、得到更为集约耕种的土地、生产力有所提高的土地——即1860年日本几乎所有的土地——仍然按照17世纪制定的固定税率征税。此外，尽管农业已经多样化，有的种植经济作物，比如染料作物、为生产蚕丝而种植的桑树等，这些经济作物几乎都不纳税。(Vlastos 1986，p.102)再者，僵化的税收制度造成了财政收入不足。实际上，到18世纪晚期，所有大名以及幕府都欠商人大量债务，商人们从有利于制成品的价格变化中获利甚多。18世纪80年代以后，对商人征收的强制公债已经成为幕府和大名财政收入的主要来源。(Sheldon 1958，pp.118—119；L.Johnson 1983，p.110)

18世纪期间，尽管幕府的财政收入并不像17世纪那般充裕(17世纪时幕府常常有财政盈余)，但是赤字也只是偶然现象，收支大体平衡。商人的借款和偶尔为之的重铸货币解决了短期财政亏空。但是到19世纪,大米财政收入实际价值的减少造成经常性的财政亏空。财政支出增加到超过经常性年度财政收入的好几倍。(Honjo 1965, pp.270—275)更加频繁、更加大量的货币重铸成为幕府财政预算平衡的关键因素。但是,这种大规模的货币贬值并未提供新的真实资源来满足日渐增加的国防负担。

幕府试图征收更多的现金税款以改善财政状况。但是到19世纪30年代,由于上世纪大米的贬值已经严重损害了税收,将部分税收由缴纳大米改为缴纳现金并不能解决问题,因为这些措施并不能弥补过去那种税收收入实际价值的下降。更糟糕的是,现金折算进行之时,恰逢新一轮人口增长开始造成物价上涨,因此,货币税也就遭到侵蚀。事实上,税额折算常常由商人按照"过去的平衡价格"比率来进行,这并不反映当前的物价上涨。(Hanley and Yamamura 1977, pp.118—119)因此,尽管有这些改革措施,但财政压力依然不断加剧。

竹越三叉(Takekoshi 1930, 2:349)曾评述道,"大化和天宝年间[1804—1844],在这种财政困境中,德川幕府已经失去实际力量。"大化革新,特别是军事重组,都由于"幕府的财力不足"而举步维艰。(Totman 1980, p.30)即便不能解决财政问题,幕府领袖们仍然竭力向大名榨取更多的额外资金,但是,这却促使许多大名反对幕府,特别是西部的长州藩和萨摩藩,这些大名转而采取改革措施以改善自身的财政状况和武器装备,从而打破了日本的权力平衡。

竹越三叉评论道,幕府政治"到1868年已经徒有其名,因此,伏见之战和鸟羽之战也可以说是德川幕府的死亡葬礼"。但是,这种名义存在不仅反映了幕府的财政空虚,也反映出许多精英抛弃了德川幕府以及幕府领地内社会动乱的扩大。

精英流动与精英分裂

日本武士起初是一个军事集团,类似于欧洲的骑士,但是在"德川幕府和平女神"时期,武士失去了原来的基本功能,高级武士作为文职人员和行政官员服务于幕府和大名,低级武士则成为教师、牧师和家庭雇员。

18世纪,几乎完全依靠固定的大米薪水为生的武士,发现自己收入的购买力在逐渐下降。依靠放贷以及用大米交换工业产品从而获利的商人,不久就获得了对于名义上的上等阶级的财富支配权。如同速见(A. Hayami 1986, p.10)指出的那样,“德川幕府时期,没有任何一个日本武士能够获得大量财富”,除非他放弃武士身份变成商人,但这种情况极为稀少。但是,那些仍旧是武士的人却眼睁睁地看到自己的社会地位不断下降。“无论从制度上看还是从个人来看,武士阶级都已成为平民的顾客,在答应为武士的旧债提供再贷款之前,平民常常提出令武士蒙羞的要求”。(Vlastos 1986, p.166)

武士的财政困境、商人财富的不断增加,造成了这样一种情况:“19世纪前半叶的身份制度和身份观念开始慢慢瓦解”。(Bix 1986, p.xvii)通过购买或者通过联姻而加入武士家庭,富裕商人取得了武士身份,而贫困的武士则从事商贾贸易甚至手工业。早在1780年,一位当时的评论者曾评论过福山藩的一次暴动,在这次暴动中,农民们要求允许他们自由从事农村手工业,贫穷武士曾支持农民的这种要求,该评论警告道:“只有当民用技术和军用技术都得到延续时,国家安全以及政府才能得以维系。现在,这两者都被扔掉了,人们都在追逐利益。灾难接踵而来,即便是好人,对此也感到无能为力。”(引自 Bix 1986, p.115)恰如S.弗拉斯托斯(S. Vlastos 1986, p.116)所说:“如果不考虑武士阶级的贫困化,就很难解释1868年夺取权力的那些年轻武士的激进思想。”

向上和向下的社会流动超越了将武士和平民区分开来的那些界限,使得武士的社会地位不断降低,恰如1816年一位武士作者所写的那样:“没有任何事情比阶级界限和阶级差别的消失更令人不安。”(引自 Jansen 1988a, p.63)然而,尽管下层武士中发生了相当数量的精英循环,但是上层武士则相当僵硬,武士阶级内部晋升机会的消失,造成了追求更高职位的那些武士中出现了相当多的精英位移。

德川幕府最后几十年间,基础教育和高等教育得到极大扩张,其原因部分在于1830年之后日本的人口增长,还在于一些富裕商人努力让其家庭成员接受教育。(Rubinger 1986, p.196)但是,除了做学校教师或者作为大名显贵们的侍从之外,学校毕业生几乎没有前途。19世纪里,武士阶级内部已经形成严格的阶层划分(Jansen 1986, pp.74—75),高级武士垄断了幕府和各藩的高级职位,他们穿着与众不同的服饰,有着与众不同的生活方式，与此同时，低级武士尽管接受过教育并以武士的规程得到培养，但是他们已经被排挤为边缘的“服务型知识分子”（Huber 1981, pp.187—189, 227），其收入常常不及富裕农民。

恰恰是这些年轻的服务型知识分子、这些低级武士，构成了明治维新领导层的核心。尽管德川幕府时期的日本商人越来越富有，但是他们并不是推翻德川幕府的“资产阶级力量”。商人往往比较保守，他们从给予幕府的借款中获利。即便是在明治维新之后，在重建日本工业中发挥领导作用的也不是以前的商人，而是从事工业活动的武士。（G.Allen 1962）因此，T.M.休伯（T.M. Huber 1981, p.224）曾指出，日本的反叛领袖很像英国的激进清教徒以及1789年法国革命中的革命派新闻记者和小公务员。

19世纪中叶，德川幕府在几个方面都面临许多困难。外国人试图打开日本的贸易大门，在国内，财政状况非常危险，传统的身份制度以及财富和权力的等级制度一片混乱，民众起义越发频繁。各种病症的交织致使一些藩的大名只能依靠自己的资源，在长州藩和萨摩藩，年轻人、持激进思想的低级武士成功地获得了大名的支持。恰如托曼（Totman 1980, pp.462—463）指出的那样：“社会地位的差异感、各藩的民族主义以及民族意识的觉醒并未成为不相调和的事情，而是成为相互声援的社会思潮……到19世纪60年代，许多人有理由相信，消灭幕府的激烈行动同时也能给他们带来自尊、给他们的家庭带来荣耀、给他们的同道带来胜利、给他们的主带来荣誉，同时也拯救了天皇和国家”。

精英对变革的渴望由于社会动乱而日益增强。

城镇和乡村的困境

如前所述，依照现代早期的标准来看，德川幕府时期的日本是繁荣兴旺的。但是也存在相当大的分化。家庭人口的不同以及对商业化农业的适应情况，意味着有些家庭越来越兴旺，同时另一些家庭则不太好。那些兴旺起来的家庭成为村里的头面人物，成功地获得一些特权，这样，他们就可以获得更多的土地和财富。尽管这种差异造成地方冲突的频繁发生，但在一个繁荣兴旺的时期里，这些冲突并不是严重的问题。然而，到德川幕府晚期，困难重重的各藩大名和幕府将军增加了税收，加之1830年之后重新开始的人口增长以及实际工资的下降，这些因素激化了社会冲突。弗拉斯托斯(1986, p.159)认为,实际上,"到德川幕府晚期,村落之间冲突的激烈程度、农民阶级内部各个阶层之间冲突的激烈程度,已经压倒了统治者与被统治者之间的冲突"。

此外,在日本许多地方,竭力寻求较高收入的农民都已转向手工业,他们或者移居到城镇,或者从事农村手工业。在长州藩里,农民的半数收入来自农业之外的雇佣劳动。(Hayami 1986a, p.294)德川幕府统治晚期的几十年里,那些依靠薪水为生的人过着贫困的生活,这是因为,尽管1730年至1770年实际工资曾经提高了将近一倍,但是从1820年到1868年,随着人口开始快速增长,实际工资一直在稳步下降。

不过,冲突最激烈的地区并不是那些最贫困的地区。日本的民众抗争模式类似于我们曾分析过的英国和法国,那些真正一贫如洗的穷人并不是现代早期国家危机中的主要行动者。在17世纪的英国,议会最强有力的支持者是"中间阶级",即小农、手工工人和商人,他们都依赖市场为生,这些人感到他们的社会地位受到日渐上涨的租金和食物价格的威胁。在法国,1789年革命中最为积极的农民并非法国西部和中部这些贫穷地区的农民,而是城市化更高、也更为繁荣的东北部和地中海沿岸地区的农民,在这些地区里,农民用雇佣劳动收入或者为市场交换而生产葡萄酒来增加农田收入,因此,这些农民对于工资和物价的变化也最为脆弱。因此,毫不奇怪的是,J.怀特(1989)曾经指出,德川幕府晚期,民众抗争最为频繁的地区恰恰是那些城市化最高的县,在这些县里,小农用手工业劳动来增加收入,这些地方农民的市场波动的承受力,尤其是食物价格上涨的承受力最为脆弱。

关于农民起义在德川幕府衰落中的作用这个问题,长期以来一直争执不休。弗拉斯托斯(1986, p.20)指出:"农民抗争的频度和强度在明治维新期间达到高潮",尽管他又补充道:"在接踵而至的革命中,绝大多数农民是旁观者而不是参与者"。H.波顿(H.Borton 1968, p.iii)认为,民众抗争在国家危机中并不发挥直接作用,而仅仅是"一些断断续续的小插曲,在这些事件中,农民要求改善他们的经济状况,或者要求撤换一些不公正的官员,或取消封建爵位"。此外,1837年之后,富农与小农之间的冲突占据了首要地位,因此,造反活动仅限于有限的村庄,而且这些造反也不是直接的抗税暴动或者反政府暴动。

上述有关农民的这些论点可能是正确的,但是,如同我们在分析其他国家危机中所看到的那样,对于国家崩溃的动因来说,重要的不是穷人的直接行动本身。即便是断断续续的农民起义也能使国家显得政府无能或不负责任,即便是偶发的粮食骚乱也能震撼精英,使其呼吁变革。此外,精英们之所以将民众团体吸纳到造反军队之中,正是得力于民众对政权的不满。上述这些因素在德川幕府的消亡中都发挥了作用。

1866 年,高昂的大米价格导致幕府领地内爆发了农民起义,大阪、京都和伊豆爆发了食物骚乱(Food riots)。(Totman 1980, pp.221—222)这些骚乱使得幕府将军们焦头烂额,并导致一些支持者开始动摇,他们担心即便支持政府也不能阻止此类事件的爆发。(Harrotunian 1988, p.183)此外,F.V.莫尔德(F.V. Moulder 1977, p.167)敏锐地注意到:“明治维新期间,农民们首次参与了德川幕府时期的一些全国性事件。19 世纪 50 年代和 60 年代,好几个藩已经组建了自己的民兵,从农民和商人阶级以及武士中征召兵员……正是这些由农民和武士组成的军队打败了幕府军队,比如,一支幕府军队在一次战斗中被明治造反派领导人率领的 6 000 个武装农民击败”。

德川幕府政权的垮台:人口/社会结构论解析

当然,明治维新一些最有趣最独特的特色——明治维新领袖们那些激进思想和传统观念独特的混合、他们成功地把日本转变为现代工业国家——这些特色单靠人口/社会结构模型是无法解释清楚的。然而,这个模型有助于解释这场危机的几个主要特色。德川幕府的财政困境源于其大米财政收入的实际价值不断减少。如同其他现代早期君主国的典型情况一样,德川幕府那相对固定的财政制度不断遭到物价变化的侵蚀,而物价变化是由人口与生产之间的生态平衡发生了明显的变化而造成的。类似的,武士精英们的困境源于固定的薪水与长期物价变化之间的冲突。如果能够认识到,民众动员潜能是由 1830 年之后的人口增长与实际工资的下降而激发的,德川幕府所面临的外国压力暴露了其糟糕的财政状况,那么就容易理解某种程度的国家危机行将发生。

日本的有趣之处和独特之处在于,长期的政权衰落与精英财政状况的恶化并非源于人口增长，相反的，这是由于实物税财政遭到不断提高的生产力以及人口稳定的削弱而造成的。

日本有着独特的财政制度。当大多数国家早已采用货币税之后，日本依然依靠实物税。然而，日本的税收制度与其他国家的货币税收制度一样僵化。因此，日本的税收制度在不断变化的社会生态环境面前也同样脆弱不堪，只是其表现形式有所不同。对于那些依靠货币税的国家来说，人口稳定和粮食价格下降是有利的，但是对于德川幕府时期的日本来说，由于其采用大米来纳税以及支付精英的薪俸，因此，人口稳定和粮食价格的下降是灾难性的。在这两种情形里，我们都会发现同样的现象，即，相对僵化的社会制度和政治制度不断遭到社会生态变化的侵蚀，从而为国家危机铺平了道路。

因此，日本是一个理想的案例，可以用来解释人口/社会结构模型与单纯的人口论有何不同。这个模型的“法则”在于，并不是人口增长本身导致了社会动乱，而是人口与资源平衡关系的改变给僵化的财政制度和精英结构造成了极大破坏。日本经历了一个世纪之久的人口稳定削弱了财政制度，这种财政制度面对相对于人口来说不断增加的粮食产量，显得十分脆弱，就此而言，日本确实是个的例外，但这个例外却证明了“法则”的正确性。

在上述这些分析中，我们将视野严格限定在国家崩溃的起因这个问题上，几乎不关注权力斗争的实际情况及其结果。之所以采取这种方法，是因为，国家崩溃的起因这个问题，可以根据单一进路进行精确分析，这涉及资源平衡以及僵化的制度，权力斗争及其结果是在一系列社会背景和文化背景下进行的。尽管权力斗争及其结果也有着内在的连贯模式，但是却难以用资源变化来加以解释。

资源失衡会破坏现存的国家结构和社会结构，但却并不能预示以后将要发生的事情。改革支持者的动员、国家和社会的重建，这些都依赖于许多个人对旧制度失败程度的判断以及他们对未来的展望。资源变化可能会促使一些人加快或阻碍国家重建，或者促使他们按照特定的方向重建国家；但是，至于变化方向的确定，意识形态和文化发挥着独特的关键作用。特别值得注意的是,为了理解为何西方的国家崩溃常常导致激进革命、而亚洲的国家崩溃则常常导致保守的复归过去,我们需要分析一下这些有关变革的本质以及变革的进程的文化论观点。

注 释

1. 关于奥斯曼帝国的人口数量,学界存有争议。文中引用的小亚细亚人口数字是 O.L.巴坎(O.L. Barkan, 1970)估算的。由于数据资料不完全以及家庭户数(奥斯曼帝国档案中使用的基本单位)不准确,就会产生一些问题。然而,许多地方性研究都涉及军队总数,这里包括所有成年男性,这些研究都能证实 16 世纪里奥斯曼帝国的人口曾快速增长,此外,城市研究也证实了奥斯曼帝国人口的快速增长。M.A.库克(M.A. Cook, 1972)、L.埃代尔(L.Erder, 1975)、埃代尔和 S.法罗基(Erder and S.Faroqhi, 1979)、法罗基(Faroqhi, 1977)都曾探讨过安纳托利亚地区的人口问题。巴坎(Barkan, 1970)、R.C.詹宁斯(R.C. Jennings, 1976, 1983)和法罗基(Froqhi, 1984)曾分析过奥斯曼帝国城市人口的增长问题。法罗基(Froqhi, 1979b)、伊斯兰奥卢—英安和 Ç.凯德(İslamoğlu-İnan, H., and Ç.Keyder 1977)曾描述过奥斯曼帝国集镇人口的增长问题。

2. 上述中国人口数字转引自侯外庐(Ho 1959)、D.D.珀金斯(D.D. Perkins 1969)和盖斯(Gesis 1979)等人的著作。M.马尔姆(M.Marme 1981)和 Y.谢巴(Y. Shiba 1977)曾分析过 16 世纪中国城市的人口增长。

3. M.W.多尔斯(M.W. Dols 1979)、麦克尼尔(McNeill 1977)和 A.雷蒙德(A. Raymond 1972)等人曾分析过疾病对中东国家和中国的影响。G.派克(G.Parker)和 P.盖洛维(P.Galloway 1986)曾研究过有可能存在的气候原因。

4. 曹(Chao 1986, pp.85—89)估计,1393—1581 年,中国的耕地面积增加了 52%,然而他也认为中国人口达到 2 亿,因此他认为中国人均耕地面积的减少还要多一些,赵估计,14 世纪晚期到 16 世纪晚期,中国人均耕地面积减少了 50% 以上。

5. 除了注释 1 到注释 4 中所提的数据来源之外,麦克戈万(Mcgowan 1981)、R.欧文(R.Owen 1977)、P.F.休格(P.F. Sugar 1977)都曾提出过 1650 年之后奥斯曼帝国人口增长的停滞,尚(Shang 1981—1982)曾提及中国的人口增长停滞情况。伊斯坦布尔的人口增长也停滞了,1700 年其人口仅比 1600 年多 15%—20%(Mantran 1962)。

6. 沃克曼(1986)、M.卡蒂埃(M.Cartier)、盖斯(Geiss 1979)、阿特维尔(Atwell 1982)也强调白银输入对于中国物价上涨所起的作用,伊纳尔哲克(Inalcik 1978)和沃勒斯坦(1980)关于奥斯曼帝国和欧洲的研究亦然。

7. 诚然,亚洲的物价资料就其质量而言不如英国,然而,现在很多适用的证据都表明,这个时期上述三个地方的物价上涨是完全同步的。关于奥斯曼的物价数据来自巴坎(1975)和法罗基(Faroqhi 1984),关于中国的物价数据来自卡蒂埃(1969, 1981)和A.钱(A.Chan 1982, p.234),以及盖斯(1979, pp.165—169)、E.P.威尔金森(E.P. Wilkinson 1980, p.27)。

8. 沃克曼(Wakeman 1986)和W.彼得森(W.Peterson 1979, p.69)曾研究过17世纪早期中国的货币短缺问题以及当时人们的种种抱怨,伊纳尔哲克也曾研究过奥斯曼帝国类似的问题。类似的抱怨也曾发生于17世纪早期的英国。(Supple 1959)

9. 蒂玛尔制度常常被认为是封建采邑,然而,如同韦伯首先指出的那样,这是一种薪俸制度,并非采邑。蒂玛尔的持有人没有土地所有权,他只是在苏丹的授予下临时获得土地,对苏丹也没有回报义务,他也不能分封领地,苏丹对所有蒂玛尔拥有直接的、唯一的控制权。(M.Weber 1978, pp.1074—1075)这里分析的蒂玛尔制度仅限于安纳托利亚和巴尔干。在埃及,奥斯曼人继承了马木鲁克税收制度,而在其他阿拉伯地区,奥斯曼帝国任命当地贵族作为地方官员,以一种修正后的蒂玛尔制度形式承认他们的土地权主张。(Shaw 1975)

10. 16世纪里,火枪的重要性越来越大,为了保卫帝国,特别是为了与奥地利人的战争,需要使用火枪的近卫军和雇佣军,因此,近卫军的扩张是一个必要的恶。(Inalcik 1980a, pp.286—288; Jennings 1980, pp.339—342)不过,蒂玛尔税收征集制度的毁坏给奥斯曼帝国的财政和各省的管理造成了许多极为严重的困难。

第五章
意识形态、文化结构、革命斗争与国家重建

革命的起因都是一样的;起因相同的革命在随后的发展中却截然不同。

——丹尼埃尔·莫尔内(D.Mornet)

近来,社会学和历史学领域掀起了文化研究的热潮。对革命进行结构分析,比如斯考切波(1979)的著作,已经招致批评,批评者认为这种研究忽视了意识形态因素和文化因素。(Himmelstein and Kimmel 1981; Swell 1985b; Arjomand 1986)对于这一点,在分析现代早期英国、法国、土耳其和中国的国家崩溃时,我更多的是注重分析其结构因素,而较少分析其意识形态因素。之所以如此,原因很直接:我关心的是阐明这些国家国家崩溃的缘由。我认为,在旧制度的崩溃中,意识形态扮演的主要是支持性角色,只有当国家崩溃肇始之后,在权力斗争和国家重建过程中,意识形态和文化因素才能发挥主导作用。

革命斗争与国家重建都是重大的课题,每个课题都可以写成一本书,在研究这类问题时,意识形态就是一个关键因素。有鉴于此,本书本可以就此结束。但若如此,则本书所做的案例研究就显得太过相似、太过物质主义。因此,我至少要简要分析一下,当国家崩溃肇始之后,意识形态和文化因素形塑革命斗争和国家重建的方式,否则就不能结束本书。这个任务之所以十分重要,是因为文化和意识形态的影响造成了东西方国家

国家崩溃的结果大为不同。

意识形态与革命:理论与问题

研究革命的理论家们对于意识形态在革命中的作用众说纷纭,而且常常相互矛盾。查默斯·约翰逊(Chalmers Johnson 1966)认为,革命思想是激进的、破坏性的;与之相反,C.J.卡尔霍恩(C.J.Calhoun 1982)认为,革命思想常常是传统的、防卫性的。G.鲁戴(G.Rudé 1980)和C.韦尔奇(C.Welch 1980)指出,群众团体通常都有自己的“民间思想”,这种民间思想与精英革命领袖的思想有所不同。而斯考切波(1979)和S.A.阿尔若蒙(S.A.Arjomand 1986)则认为,意识形态的作用是把反对者统一起来共同对抗旧制度。

由于思想观念是高度流变的,因此在描述其作用的时候就会出现部分问题。尽管人们希望意识形态能够为分析革命领袖的动机和举措提供清晰的指导,但是实际上,革命常常会改变其政策以适应环境的变化。在许多情况下,革命斗争的扭曲和变化会产生难以预见的结果。英国的清教徒曾经试图建立一个圣徒社会,但是,当内战结束之时,英国却成了一个由军人主宰的社会。罗伯斯庇尔是作为法兰西共和国捍卫者而登上权力顶峰的,但却建立了一个事实上的独裁政权。我们很难否定斯考切波得出的结论:“不能认为,意识形态的认知内容对于理解革命的结果无论如何都是关键的指南。”(1979, p.170)

然而,我们说不能根据革命前的意识形态来准确预测革命结果,这并不意味着意识形态一无所用。对于理解意识形态的作用而言,主要的障碍在于,大多数研究革命的理论家都未能清晰地辨识革命发展的各个阶段。毫不奇怪的是,在革命的不同阶段,意识形态在不断演变,其作用也大不相同。因此,如果想要描绘出国家危机背后的意识形态特征,那么一定会得出一些自相矛盾的内容,比如“激进的”与“传统的”、“一致的”与“分裂的”,因为国家危机往往包含着许多种意识形态,不同的群体在国家危机的不同阶段会表达出不同的意识形态。如果认为国家危机的整个过程中只有一个单一的“意识形态”,那么往往就无法根据革命前的意识形态预测革命结果。

我们可以把革命过程分为三个阶段：革命前（国家崩溃前的那个时期）、革命斗争与国家重建、权威的稳定。每个阶段都包含着冲突，但是冲突双方却有所不同。在第一阶段，国家挣扎着维持其对社会的控制，并努力在面临严峻的国内挑战，甚至常常还有国际挑战的情况下保持主动权；这个阶段的特征是，争夺资源的冲突不断加剧，反对派和不满者不断增加。在第二阶段，旧制度已经失去主动权，面对那些试图建立一种新的垄断权威的挑战者，国家要么崩溃，要么放手一搏。这个阶段的主要特征是，斗争双方致力于动员支持者，急速的立法以及快速建立经济和政治组织，常常还伴随着内战和“恐怖统治”。在第三阶段，有一个群体已经争得主动权，在对手面前占据优势地位，并致力于稳定其权威。这个阶段的主要特征是，国家致力于使国民接受那些重新建立起来的政治制度、宗教制度、经济制度和社会制度。

在现实中，这三个阶段的某些方面会相互交叉渗透，例如，一个游击队运动可能在中央政府倒台之前就会在其“解放区”里制定法律、建立制度。然而，如果我们研究的主要目标是中央政府的命运，那么，我们就会发现，在第一个阶段，中央政府仍然保有（尽管在衰减）全国性权威；在第二个阶段，中央政府的权威已经不太明晰，争夺权力的领袖控制了许多地区，或者赢得许多群体的忠诚，这些人努力争取人们认可其权威。在第三个阶段，中央政府（这回换了新的领袖，政府的组建方式也可能有所不同）又掌握了全国权力。

在前面各章中，我曾指出，革命的第一个阶段，一些物质因素和社会因素具有决定性意义：国家财政危机，由于精英循环和替代所造成的精英不满，物价、土地、城市集中化、人口中的青年人这些因素的长期变化增加了民众动员的潜能。在这个阶段，意识形态也发生了变化，产生了可供反对派攻击旧制度的一种主要的意识形态，然而，这种意识形态变化之所以力量增加，主要是因为物质变化和社会变化。

但是在第二个阶段，当旧制度的制度制约已经崩溃的时候，意识形态和文化成长为动力源。事实上，在革命的第二个阶段和第三个阶段，意识形态和文化发挥着主导作用，而不是次要作用。因此，我的观点与阿尔若蒙相似，阿尔若蒙（1986，p.384）认为，意识形态“在很大程度上并不是主流社会结构崩溃的原因……另一方面，[它们]在极大程度上重塑了由革命所造成的政治秩序”。

关于意识形态的作用这个问题，目前的一些争论给我们提出了几个问题：(1)革命意识形态是如何形成的：一场特定革命或奇异的意识形态会不断发展变化吗？不同群体那些相互冲突的意识形态——有的激进，有的传统——会趋向于相互融合吗？如果不是，谁对这个或这些意识形态具有关键影响？(2)意识形态是如何影响革命过程或起义过程的：意识形态的发展会改变革命斗争的本质和重点吗？(3)意识形态是如何影响国家崩溃的结果的：为何在有些情况下国家崩溃会导致趋向于强化旧秩序的国家重建、而在另一些情形下国家崩溃却会导致激进的信仰重构和制度重构？

这些问题的答案有助于解决三个历史谜题：革命为何特别明显地表现出由温和的目标和行动转向更为极端的目标和行动？革命——在毁灭旧秩序基础上构建激进的政治秩序或社会秩序——为何成为现代早期西方国家的普遍现象？鉴于许多国家都经历了国家崩溃，在国家危机之后，西方国家为何表现出比东方国家更具活力的长期发展？

如前所述，意识形态对革命和起义的作用应当以一本专著论述之，本章只不过是个序言式的、抛砖引玉式的探讨。然而，思考本书所分析的案例、探究意识形态在革命的不同阶段(革命前、革命斗争和国家重建、权威的稳定)所起的作用，对于理解上述问题会大有裨益。

革命之前：作为社会不满和道德评判的意识形态

导致国家崩溃的各种条件：国家财政危机、精英疏离和精英冲突、失业、流浪者增多、民众动乱和社会失序，也会产生一种广泛存在的看法，这就是，社会中有些事情“搞糟”了。这种看法可以表现为对于某些状况或某些国家行为的抱怨，或者更为普遍的是，对于社会病症的判断和描述。

恰如C.韦尔奇(C.Welch 1980)和卡尔霍恩(1983b)所指出的那样，民众的反映常常带有保守色彩：他们会抱怨传统权利遭到侵犯，或者，地主或雇主不公正地剥削人民。这些抱怨常常采取这种形式：呼吁统治者重建“公正”、把事情导向正确的方向。但是，这种保守的“诊断”激起激进的行动，因为农民们也有一种村社式的、恐外的思想观念，他们会把乌托邦视为免遭外来干涉的村落。因此,农民可能会抱怨道,尽管他们忠于现政权,他们也乐于看到地主们被消灭,或者至少是取消税收。一旦国家允许农民自己解决问题,这种思想观念就会支配着农民的许多行动,恰如英国沼泽地带、法国东北部和中国长江流域发生的那些事情一样。

精英们也纷纷发声表达自己的感受,他们认为,由于一些革新旧制度,甚至消灭旧制度的方案,社会正在走向歧途。精英们的抱怨可能会采取与农民一样的方式,他们也会批评"不公正",也会要求统治者恢复精英、民众与国家之间传统的平衡关系。按照韦尔奇的说法,我们可以把这种抱怨称之为"矫正"观念。尽管这种矫正观念通常为精英们所关注(也可能包括把贫民置于"合适的位置"),但在上述民众抱怨中这种矫正观念也普遍存在。然而,精英们也会作出这样的诊断,认为旧制度不仅仅是腐朽的问题,也不仅仅是修修补补的问题;精英们可能会断言旧制度已经无药可救,必须用一个新制度取而代之。比如,英国的残阙议会曾发表一份声明来证明其建立英联邦的合理性,该声明宣称,不仅查理一世是个邪恶的君主,而且,"君主制已经无法给英国带来政治稳定,这不仅见之于目前的危机,而且见之于历史"(《英国议会声明》,1648 年 3 月 22 日,引自 Pocock 1975, p.377)。按照韦尔奇的说法,我们可以把这种形式的抱怨称为"革新"观念。

在国家崩溃之前,国家的脆弱会导致各种社会成员纷纷表达其不满。各种精英会表达自己的矫正观念或革新观念,这并非是与其他精英团体或民众团体刻意协商的结果。比如,英国清教徒希望把英国改造成一个更加虔诚信奉基督教的国家,而传统的安立甘教徒(英国圣公会教徒)的主要目标是限制国王滥用权力。法国议会竭力限制国王的专横,而第三等级的一些职业领导人则希望革新精英政治的社会基础。东林党和复社这些中国士绅,以及那些与满族人合作的汉族人,他们的方法虽然不同,但都致力于建立一个更为有效的中央政府。安纳托利亚的阿阳们试图从苏丹政府那里获得更大的自治权以及更多的酬赏,而苏丹的宫廷显贵则竭力强化中央政府的控制权。与此同时,手工工人可能会发起食物骚乱,农民们可能会夺占土地、加紧偷猎或者扣留租金或杂费,除了考虑利用有利时机改变自己感觉不公正的那些事情之外,他们毫无顾忌。

所有这些行为，精英的或者民众的行为，都会激起关于社会不公正或社会病症的进一步讨论。精英团体可能会觉得他们是“真正的秩序”和道德革新的代表。恰如阿尔若蒙（1986，p.402）援引沃尔泽（1974）的话所言：“一体化的社会运动是对社会混乱和规范失序作出的反应，这个事实也就解释了他们寻找文化真实性以及道德严格性的特点”。英国的清教徒、法国的议会党人、中国的书院运动以及奥斯曼帝国的“俭省文学”的作者都是在社会动荡年代自命为文化真实性与道德严格主义的代表人物。

但是，一旦财政困境和政治困境导致国家权威荡然无存，情况就开始变了。此时，精英们（有时也包括那些需要依靠中央政府维持当地秩序的民众）不再只是表达他们的变革要求，也不再只是不服从国家权力，他们给自己找到了新机遇和新对手，新机遇源于国家失去了主动权，也无法强制实施那些治国方略，这给精英带来了新的行动空间，新对手源于各种精英集团以及各个地方团体和民众团体都试图重塑社会秩序和政治秩序并以此取代旧制度。

要利用新的机遇，就需要建构同盟、需要在各个社会阶层中动员支持者，由于旧制度的崩溃，这种动员得以释放。因此，在这个意义上，革命是一种典型的宣传册的泛滥，也是广泛的观念改变和盟友变换。此时，主宰历史进程的不再是那些特定的抱怨，而是全面的社会变革计划。新的象征符号被创造出来，以代表各式各样的观点以及各种各样的派别，以此争取他们的忠诚。新的敌人也被界定出来，并遭到毁谤和谴责，以扩大分歧、强化各自的内部忠诚。简言之，革命斗争已经开始。

革命斗争与国家重建：意识形态与革命组织

旧制度充满着各种各样的成分：宗教人士、军事人员、地主、专业人士、商业精英、城市店主、手工工人、雇佣劳工以及农民，从富甲一方到一贫如洗。在每一个阶级阶层内部又可以根据出生地、家庭背景、与国王的关系、财富或身份地位、教育程度、宗教信仰等严格划分为各种团体。因此，英国的阿米尼乌斯派牧师与清教传道士的差异、法国自由派贵族与保守派贵族的差异、中国的宫廷派与书院士绅的差异、奥斯曼土耳其的地方长官与宫廷精英之间的差异都是十分明显的，而且比之阶级划分来说，这些差异可能具有更大的政治意义。重要的是，在这种异质性之中，任何一个团体在遭到所有其他团体反对的时候，都难以凭借自身势力成为支配性力量；试图夺取权力的任何一个竞争者都需要建构政治学家所说的“统治联盟”，这个集团具有足够的团结和资源，可以击败所有潜在的反对派。

显而易见，建构统治联盟并不是轻而易举的事情。如果无法建构这种联盟（主要的事例有法国的福隆德运动、西西里和那不勒斯反抗西班牙哈布斯堡王朝的起义、1848 年的德国革命），旧制度政权就会利用各种社会力量之间的相互争斗来恢复其权力。

一般说来，旧制度崩溃之后的最初几个月是表面上和谐团结时期，这是因为，各个社会团体都希望他们所不满的那些事情能够得到改正、他们的目标也能得以实现。这是旧制度失势之后一段愉快的“蜜月期”。[1] 但是这个蜜月期无法持久维持，这是因为，造成国家崩溃的那些问题——财政危机、精英竞争和民众的被剥夺——仍未消失、仍然有待解决。由于民众团体几乎总是只有地方性关切和地方性目标，因此，建构统治联盟以解决这些问题的任务就落到了精英身上。认真对待各种社会不满以及各种各样的精英思想和民间思想，从中提炼出一种具有广泛吸引力的意识形态，这是建构统治联盟的关键所在。

许多各不相同的意识形态都曾在各种革命中发挥了这种引领作用——清教主义、雅各宾主义、立宪主义、共产主义（布尔什维克、毛泽东主义者、桑地诺主义者以及其他民族主义版本）以及伊斯兰原教旨主义。但是在这林林总总的意识形态背后，我们可以发现建构革命同盟的三个大的主旨：矫正、重新分配和民族主义。革命斗争多半是精英如何在这些主题中寻找合适的、主导性的一个或几个主题，其对手也会遇到这个难题。

当然，革命斗争并不仅仅是抽象观念的交锋。决定斗争成败的并不只是意识形态，还有带着某种意识形态的特定组织。因此，革命意识形态的作用与革命组织的作用是密不可分的。

革命组织

若要主导一场革命，意识形态就需要一个组织良好的载体，以便对群众宣讲该意识形态。主导西方国家革命的那些重新分配式意识形态——

清教主义、雅各宾主义和布尔什维克主义——以及主导着一些西方国家和大多数东方国家革命的那些矫正式意识形态——反改革主义、中国的书院运动、奥斯曼帝国的劝告文学——都紧紧掌握在少数人手中。在英国,“议会中存在着一个革命少数派,在军队和城乡中也同样存在着一个具有决定性作用的少数派,他们把 1640 年的危机视为新时代的黎明,是为了新圣城的到来而开始的伟大斗争”;(Underdown 1985, p.3)在法国,各个大城市和小城镇里都有几百个雅各宾主义者;(M.Kennedy 1982)在中国,书院运动的参与者是几百个精英学者;在反改革的欧洲国家里,几百个宗教精英大力宣传抵制式意识形态。这些人数相对较少的人是如何在国家危机中发挥主导作用的?问题的关键是,他们拥有较之对手和竞争者而言更为优良的组织。

在英国,17 世纪早期在清教同情者中就存在着组织严密的绅士网。他们知己知彼、交往广泛、相互联姻,他们洞悉政治问题和宗教问题以及时代赋予的机遇。1640 年至 1642 年,英国爆发了公开冲突,在君主制传统关系网的崩溃过程中,人们纷纷试图建立新的联盟,此时,清教徒绅士已经拥有一个可以交流信息、协商行动的网络组织。比如,在埃塞克斯郡,清教徒绅士能够引导群众抗议活动,本来,这些抗议活动可能演变成反对绅士的抗议活动,结果却被绅士们导向了反对天主教的方向。(W.Hunt 1983, p.309)纵观英国各地,大多数团体的目标主要是保护地方利益,只有清教徒能够提出一个反对国王的全国性方案,该方案的基础是捍卫“真正的”英国法律和英国宗教。因此毫不奇怪的是,清教徒利用了外国威胁这种象征符号:必须摆脱征服者带来的“诺曼底枷锁”、必须捍卫“古老的宪法”、必须打败“罗马教皇的信徒”。所有这些措施都是典型的意识形态演进的一部分,在此过程中,精英们宣称自己是传统的守护者,比其对手更“真诚”,是真正的“民族主义者”,以此动员群众支持自己的事业。唯有如此,“这个起初关注教义和礼仪的运动才能得以放大,成为一种文化导向的运动,激起了民众的情感”。(Fulbrook 1983, p.10)

与此相似的是法国大革命中的情形,雅各宾党人把自己标榜为“法兰西民族”的守护者,是法兰西民族真正的代言人。尽管时间短暂,但是雅各宾党人在很大程度上有能力进行这种宣传,这是因为,雅各宾党人分布在许多重要城市的俱乐部构成了全国性网络，使得他们能够控制首都传来的各种消息，并能够在混乱年代提出一种条理清楚的方案。与此相反的是，福隆德运动的失败，在很大程度上是因为没有任何一个团体能够从国王那里夺取民族的象征符号（D.Parker 1983，p.111），因之，这也是因为任何一个精英团体都无法融入国王的反对派。没有任何一个人能够团结城市官员、商业精英和金融精英以及大贵族，他们彼此掣肘，最后不得不求助于国王来重建国家秩序。

在中国和奥斯曼土耳其，17 世纪的矫正运动依然是精英运动。各省的起义只是起到了分裂国家的作用，尽管他们暂时击垮了中央政府，但是却无法提供新的民族象征符号，也缺乏可以取代中央政府的那种组织。事实上，矫正性主旨往往无法动员全国的各种力量，因此也就无法成功地用一种新秩序取代旧制度，除非它们转向重新分配式主旨或民族主义主旨。

中国和奥斯曼土耳其的精英为什么没有转向重新分配式主旨或民族主义主旨呢？部分原因在于东方国家和西方国家具有不同的精英结构。我们需要考虑一下，哪种精英会采纳重新分配式方案或者试图用一种不同于巩固现存制度的民族主义观念来动员民众。斯考切波（1979，1986）曾指出边缘精英在法国革命（1789）、俄国革命（1917）和中国革命（1949）中的关键作用。边缘精英指的是，拥有上层阶级的教育经历，也能够有机会参与一些政治问题和社会问题的讨论，但同时却由于个人条件或者由于旧制度规定的与其个人品质无关的一些条框，因而被限制参与最高级别政府事务和社会事务的那些精英。这些边缘精英在宣传并贯彻替代性社会秩序的过程中发挥了领导作用，因此，边缘精英的存在与否是“重新分配”意识形态是否能够扩散的关键因素。

在英国革命中，宣传清教徒英联邦观念的是那些业余布道者，他们受到国王以及英国圣公会阿米尼乌斯派宗教领袖的鄙视，但是，这些人坚信他们有同等的宣教权、他们在道德上优于那些教堂专职牧师。在法国革命中，恰如 D.丹顿（D.Darton 1970）指出的那样，对贵族进行最激烈抨击的并非启蒙运动后期的那些领袖（他们多数是保皇党人），而是来自底层社会的记者以及地方律师，这些人的地位类似于平民，收入也一般，在旧制度中只能扮演二流角色。17 世纪的英国、18 世纪的法国、17 世纪的奥斯曼土耳其以及明朝晚期的中国，都曾经历过教育的扩张以及识字率的提高，与此同时，精英职位却没有相应比例的增加，因此，这些国家在当时都遇到了社会流动阻塞以及精英不满这些问题。但是在英法两国两个事例里，许多追求精英职位的人都发现，阻碍他们求职之路的，并不只是候选人过剩或者自己缺乏真才实干，更多的是受到了规则的阻碍。查理一世时期，阿米尼乌斯派教徒（有时也包括天主教徒）在获取教职和公职时具有优先权；路易十五和路易十六时期，贵族获得了特权待遇。当然，这些障碍并非不可逾越，事实上，在詹姆士一世时期的英国和路易十四时期的法国，教职和公职数量众多，而求职者甚少，因此社会流动并非经常受阻，上述那些规则具有足够的弹性，足以吸纳外部人。不过，在 17 世纪 30 年代的英国和 18 世纪 70 年代的法国，精英位移现象确实非常多，各种拒绝理由也确实令人作呕，因此，许多追求精英职位的人感到他们被旧制度的各种正式规则边缘化了，正是这些精英竭力贯彻一种新的社会制度理念，在这种社会里，他们的地位不会受到传统制度的限制。

与此相反的是，奥斯曼土耳其帝国和明朝中国没有这种排斥文人和地方官员晋升的正式规则。个人无法提高自身地位仅限于下列这些明显的原因：考试失败，不道德的任人唯亲，军事软弱和财政困窘使得一些人才无法得到任用并制约了精英职位的增长。因此，这两个国家的精英激烈批评领导层的腐败无能、道德堕落以及管理不善。任人唯亲遭到严厉谴责（有时采用文学形式），矫正性社会运动得到大量精英的支持。但对奥斯曼治国原则和儒家治国原则进行抨击的却仅有苏菲派和一些古怪的中国学者。奥斯曼土耳其和中国没有那种视传统秩序的原则阻碍了其获得成功的大量的边缘精英。

因此，在奥斯曼土耳其和中国，用以反对当局的那些意识形态以及有关国家重建的意识形态的吸引力，很少能超过那种制约权力滥用的矫正思想的吸引力。明朝和奥斯曼帝国那些精英反对派和大众反对派足以毁灭当局的权威，但是他们提不出任何明确的替代方案。在这两个国家里，新王朝的领袖们——满族人夺取了中国的皇冠、柯普吕律以奥斯曼苏丹的名义进行统治——获得了掌权的机会，但是他们赖以维持统治的行政精英和军事精英盟友依然尊奉那些传统观念。

但是在英国和法国，边缘精英竭力让民众支持其取代旧制度的明确方案。起初，温和的改革者会允诺纠正旧政权那些最糟糕的政策，从而可能会从旧制度国家那里夺得主动权。但是，财政紧张的程度、精英的各种要求以及民众的不满这些曾经导致国家崩溃的因素是有深刻的长期社会根源的，因此，满足人们的各种变革要求进展缓慢，不久，温和改革派就会陷入边缘精英的围攻之中，这些边缘精英会公开表达一些替代性原则，并竭力主张采取更为极端的措施。这样就有了两种选择，一种是温和派的主张，他们仅仅是要使旧制度变得更有活力，另一种是边缘精英的主张，他们基于一些更为大众化的原则提出了替代方案，一般而言，民众都会被动员起来反对温和派、支持激进派。

一种常见的原则观念是重新分配。边缘精英对于自己被排斥在公职之外感到愤愤不平，而民众对于不断下降的生活水平也感到苦恼不已，边缘精英和民众都能找到共同的政策原因，以此要求重新分配已经不受欢迎的政权或者精英的财富。因此，颠覆那些限制其获得公职的规则、通过重新分配土地或者没收精英的财富来重新分割国家财产或教会财产，这些政策都是对当前压力以及建构革命联盟而作出的反应，这在动员民众以及夺取国家权力的斗争中能给激进主义者带来优势。但是，对于建构革命联盟而言，重新分配本质上只能提供暂时的基础。得到好处的那些群体常常不再参与以后的革命行动，而且，最初的重新分配一旦完成，还得继续进行这类分配以维持人们的革命热情。但是重新分配有着自身的缺陷：当特权精英的财富被瓜分一空后，却往往不足以缓解普通民众的匮乏。此外，如果革命领袖们希望得到专业精英和中产阶级的支持，就必须终止这种追求普遍平等的重新分配。因此，以重新分配主旨作为基础的革命动员以及那些单纯依靠重新分配主旨的团体，就会变得脆弱不堪，因而就需要改变社会动员的意识形态基础。

理想的，也是最普遍的、深受欢迎的原则观念是民族主义。[2] 通过把革命领袖塑造成民族愿望和民族特性的新的真正的代表，革命者希望能够维持一个广泛的跨阶级联盟对革命的忠诚。然而，新的民族代表的塑造常常伴随着许多冲突。民族主义不仅仅是从民族成员、民族语言和领土范围中获得力量，相反的，民族主义的核心是界定属于和不属于的一种规范原则，这种原则把民族共同体的真正成员与外人区分开来。(J.Armstrong 1982, pp.5—6)因此，革命的民族主义竭力把革命的支持者界定为爱国者，把革命的内部和外部反对者界定为民族之敌。事实上，对敌人的界定和攻击恰恰给革命民族主义增添了情感吸引力。因此，革命观念常常导向侵略性的狭隘民族主义。这个特点有助于解释清楚为什么对反革命"阴谋"的担心在革命斗争中产生了重要作用，比如英国革命时传闻要搞阴谋的天主教徒、法国大革命时的贵族阴谋。这些阴谋成为民族主义的对立面，给革命领袖们带来了革命的目标和民众的信任，也给革命的追随者们造成了必须加强团结和强化革命品德的感觉。

由此，革命后的新国家与其邻国之间爆发战争的可能性大为增加。类似的，狭隘民族主义常常造成对少数族裔、宗教少数派以及地方少数派的迫害，在革命领导及其重要追随者看来，这些少数派很难被界定为"民族"的一部分。这是革命意识形态在其发展变化中的一个突出特点。在革命的准备阶段，针对旧制度的各种抱怨声纷纷出现，此时，少数族裔、宗教少数派以及地方少数派也会表达自己的不满，会加入反对派的浩大队列，即便是在革命初期的蜜月期里，温和派也会改善这些少数派的状况，以此作为矫正旧制度弊端的部分内容，然而，如果边缘精英成功地改变了革命方向、持续不断的权力斗争使得民族主义成为革命动员的主要原则，那么，这些少数派就会发现他们自己已经变成迫害的目标，这种迫害甚至比旧制度时期还要严重。

因此，在革命过程中，意识形态是不断发展变化的。起初，社会变化和物质变化可能会产生矫正旧制度弊端的呼声，这种呼声可能植根于传统之中，反映了许多精英和民众的不满。然而，一旦旧制度丧失了主动权，权力斗争就会导致更加激进的意识形态以及更加尖锐的政治冲突。温和改革者可能会首先赢得广泛的支持，制定法规矫正旧制度的弊端，但是，边缘精英会竭力宣扬不同的社会统治和政治统治原则，而且一旦这些边缘精英能够建立起组织网络以推广自己的观点，激进变革措施就很可能赢得民众的支持，从而取代了温和变革。更加激进的革命领导首先会转向那些重新分配式措施，然后会转向富有侵略性的狭隘民族主义，这是极有可能的结果。

下面，我们分析一下 1789 年至 1800 年的法国大革命，以此来详细审视一下意识形态的变化过程及其影响。

法国大革命中的意识形态

关于意识形态在法国大革命中的作用，这个问题曾经引起激烈的争论。最近的事例是菲雷(Furet 1981)与索布尔(Soboul 1975)之间的争论、休厄尔(Sewell 1985b)与斯考切波(Skocpol 1985)之间的争论。索布尔遵循马克思的观点，认为启蒙运动提出的是一个小资产阶级的联合改革方案，菲雷则认为，这种观点只是对 1792 年至 1794 年革命高潮时期的那些宣传活动进行机械解读的结果。在菲雷看来，革命词汇必定是政治行动者掩盖其真实目的的遮羞布；实际上，“革命年代恰恰最难以理解，这是因为，在革命年代，意识形态遮羞布往往完全掩盖了革命事件的真实含义”。(1981，p.159)休厄尔(1985b，pp.66—67，69)承认启蒙思想并未导致旧制度的崩溃，但是，他也坚称：“危机一旦开始，意识形态的种种矛盾会强烈推动危机的加剧，使危机演变成革命”，某些革命行动，比如 1789 年 8 月 4 日的废除封建特权，也是由于“意识形态一致性的强烈推动作用”而造成的。斯考切波(1979，1985)承认文化符号和意识形态在建构革命行动的象征符号方面所具有的重要作用，尽管如此，她也强调，社会结构的制约比意识形态的自主作用更为重要，斯考切波坚持认为，政治条件、经济条件和社会条件决定着意识形态是否能够获得成功。

如果我们能注意到，意识形态既可以作为宣传内容，也可以作为实施方案，既可以作为行动的推动力，也可以是对既定社会条件的反应，这样，我们就能解决上述争论中的许多问题。但是，只有当我们不再认为革命是一个单一事件，而是一个可以分为许多阶段的过程、意识形态在革命的不同阶段里发挥着不同的作用，我们才能理解意识形态对革命所起的迂回曲折的作用。法国大革命中的主流意识形态，从由各阶级代表人物领导的对特权的全面攻击，到由第三等级代表人物领导的对那些宣称拥有特权者的攻击，再到由雅各宾党人领导的对那些所谓“民族敌人”的攻击，最后，再到拿破仑统治时期的追求民族荣誉。

我们可以通过分析意识形态与革命组织之间的关系，来分析意识形态的这些变化。关于对法国革命斗争的理解这个问题，菲雷作出了令人信服的贡献，菲雷(1981)认为，启蒙运动对革命的影响首先不是意识形态方面的，而是组织方面的。启蒙运动给法国带来了一种独特的机构：哲学会。法国的识字率不断提高，几乎没有仕途但有文化的专业人员追求文化生活，贵族绅士们渴望在一个世界性的辩论中展开竞赛，由此，18 世纪法国的所有大城市普遍出现了哲学会。

哲学会是一种新的组织形式，在这些哲学会里，相比演说才能而言，等级和出身是次要的，演说才能可以用于抽象辩论。“这是一种社会生活方式，其根本原则是，为了加入哲学会，其成员必须摆脱任何有形的差异，摆脱他们的社会存在”。(Furet 1981, p.174)此外，哲学会是“统治阶级”进行聚会的场所，“高级社交场所、学院、共济会旅馆、咖啡馆和剧院……逐渐融合成一个开明的社会，曾经非常贵族化的场所现在也对平民杰出人士和有钱人开放了”。(Furet 1981, p.114)正是在这种复杂的交流中，而不是在阶级斗争中，旧制度那种认为社会是基于特定的专业分工和特殊的利益而进行合作的有机体的社会观念逐渐消散。“这种‘开明的’哲学会孕育着新的政治关系网，这种新的政治关系网是法国大革命的主要特征，也是法国大革命的显著成就”。(Furet 1981, p.175)

三级会议的召开，使得危机逐渐升级，此时，哲学会这种讨论旧制度最后几十年间所有政治问题和改革问题的模式，显然是国民辩论的模范方式。但是，三级会议的成员基本都是社团主义者，他们的组织反映出法国社会的传统分裂。那么，对于由贵族和平民共同领导(这是哲学会的特点)的爱国团体来说，还有什么能比要求三级会议按照开放方式而不是社团主义方式进行组织更为自然的呢？因此，要求投票时一人一票、要求第三等级拥有双倍代表权，这些并非出自敌视贵族的资产阶级的要求，而是出自反对社团主义组织的哲学会团的要求。因此，恰如休厄尔(1985b, p.65)指出的那样，正是组织的先例、而不仅仅只是变革的观念导致了“许多第三等级代表……将其财产视为国民大会的权力之源，而不是古老社团的附属物”。因此，在法国大革命的酝酿阶段，开明贵族和平民一道，要求各种辩论应该根据品行而不是社会等级来进行。

但是，国王按照传统方式召开三级会议的决定以及随后出现的选举纷争,造成了新的情况。各派精英争夺权力的斗争逐渐明朗化,并按照组织界线而展开。由于贵族与第三等级代表争夺三级会议的控制权,语言和神话得到不断的发明创造,用以为各种主角辩护。恰如菲雷(1981, p.43)所言:“革命的意识形态[即对贵族的攻击]产生于……选举斗争本身……只有当他成为阿拉斯的第三等级代表时,罗伯斯庇尔才成为罗伯斯庇尔,此后,这个循规蹈矩的年轻人发起了有关平等问题的讨论。”

关于三级会议应该如何组织的问题,各种贵族集团、大主教和牧师、第三等级代表、国王和大臣们之间产生了冲突。迫于国王的压力,第三等级诉诸民众普遍的变革愿望,以此竭力争取支持者。但是,第三等级赢得支持者的能力,取决于他们把自己塑造成代表全民族利益的能力,恰如英国清教徒的事例一样。这种代表性首先又取决于一种重新分配税负和领主税费的有限方案。但是,恰如革命领袖经常发现的一样,国民大会也发现,这种重新分配式方案本身就容易造成分裂,既制造盟友也制造敌人。

1789 年的那些事件使法国历史出现了完全异常的现象:国民议会这个审议实体取得了讨论并颁布基本法律的权力。不可避免的是,这个实体需要裁定利益冲突、调和各种反对意见,但是这种机制却并不存在。用以协调立法冲突以及各种和平冲突的政党尚未建立。只有一个用以解决冲突的原则是所有人都接受的、这个原则也表示了国民议会的合法性:人民的意愿。

因此,法国大革命试图把人民的意愿视为权力的基石。但是,这在行政上是不可能的,结果,在竞相争夺“体现民主原则的独断权力”(Furet 1981, p.77)的各种非国民议会代表团体中,斗争逐步升级。雅各宾时期的关键斗争恰恰是为了获得“人民呼声的代言人”角色,这场斗争的爆发,在很大程度上是为了掌握革命话语权。“革命活动的显著特点是多数派话语的产生……意识形态的重要性不断提高,这是新制度中游戏的普遍法则”。(Furet 1981, pp.50, 55)

由于革命的合法原则是人民的意愿,敌人就被赋予了反对这个原则的色彩,被称为“贵族阴谋”或“反革命阴谋”。“因此,‘贵族阴谋’就成为平等主义意识形态的工具,这种意识形态具有排他性的、高度的一体化特点”。(Furet 1981, p.55)这种意识形态提供了一个敌人,可以用来动员民众支持一个团体，从而使得该团体暂时获取人民意愿代言人的角色，随着与该团体竞争的那些集团的规模的扩大以及革命话语的极端主义趋向，“阴谋”也越来越多。（Higonnet 1981）

菲雷可能夸大了革命制造自身动力的程度，忽视了国际影响的重要性。流亡者仍然得到欧洲君主们的支持，反革命的威胁（得到法国国王和王后的帮助）也是实际存在的。国家崩溃给革命者和反革命者都带来了许多机遇，起初，人们对于恢复传统秩序态度保守、漠不关心。如同菲雷揭示的那样，并不仅仅只有革命言论激化了社会冲突，更为准确地说，革命与反革命之间的每一次较量（包括法国西部旺代省的叛乱以及法国中部和南部的联邦主义者）都会促使革命党人推动革命继续前进，直到革命无法逆转为止，革命者也会把更多的落后分子清洗出去。B.考沃德（B.Coward 1980，p.161）对英国革命的评论似乎也同样适用于法国大革命：“国王的对手被迫变得更加激进，这是因为他们对反革命的恐惧和怀疑，而不是因为社会、经济或意识形态原因”。简言之，权力斗争本身就会使革命越来越激进。

战争是这种革命斗争自然而然的结果。起初，战争是革新法国社会、彻底根除敌人的肃反运动的组成部分。因此，1792 年，韦尼奥（Vergniaud）这位来自波尔多的国民议会代表宣称：“我们能看出，废除这个条约[即 1763 年和平条约]是革命者在外交事务方面必须做的事情，既是为了欧洲，也是为了法国，因为巴士底狱的毁灭已经给法国带来了新生”。不久之后，战争就成为革命继续推进的必不可少的要素，恰如 T.C.W.布兰宁（T.C.W.Blanning 1986，p.99）所言：“确实，战争已经成为一种生活方式，甚至已经成为督政府的必需品。只有战争才能把野心勃勃的将军们和惹是生非的士兵送到国外，只有战争才能保证军队给养和官兵薪水，只有战争才能证明多次违背宪法的正当性，只有战争才能给当局带来虽说有些不好但却是必需的声望”。

对国内外敌人的不断追逐——恐怖统治和战争——是制造使得革命的权力斗争得以进行的各种条件的必然结果。因此，恐怖——不管是采取断头台形式，还是采取各种镇压措施，包括内战、零星的暗杀以及革命群众实施的无意识的大屠杀——既不是由于敌人发动战争而造成的沉重压力所引发的革命中的令人遗憾的非正常行为,也不是废除封建旧制度的必然举措。战争本身就是革命的产物,这是因为,如果不处理好反革命威胁,革命就无法进行,而这不可避免地就会牵涉到法国国内的各种保守群体及其国外盟友。战争是革命政权为了赢得爱国者的支持、为了证明其极端措施的正当性而人为选择的方法。到1790年,旧制度实际上已经形同死尸,然而,紧紧抓住革命领导权以及赢得民众的支持,这都依赖于界定并战胜"民族之敌"。恐怖统治之所以不断加剧,是因为革命的权力之争赋予其生命力,也是因为以"人民的"头颅为筹码可以为他们获得敌人的头颅。

如果恐怖统治是革命过程的内在组成部分,那么,众多的军事统治就是必然的结论。恰如马克思所言:"拿破仑是革命恐怖主义的最后体现……他完成了这种恐怖主义"。(《神圣家族》,转引自菲雷,1981, 129)由于清洗和恐怖统治逐步升级,由于激进政党逐步收缩并转而疑神疑鬼地攻击所有那些规规矩矩惊慌失色的党外人士,领导人民攻击敌人的领袖就会变成孤家寡人,并且被那些希望终止恐怖统治的人排挤出去。就此而言,恐怖活动可能会被否认。但是,此后革命的逻辑并不会按照常规发展。恐怖统治源于争夺人民意愿代言人的斗争,其逻辑结论是,"领导人民打击敌人的领袖"被"民族英雄"取代,"民族英雄",其个人代表了经过投票而得出的民族意愿。由于君主统治和共和统治都已声名狼藉,因此,民主暴君虽然享有专横权力,但在法律上是代表人民意愿或民族意愿的:这是革命原则造成的逻辑结论。因此,拿破仑不应被视为18世纪资产阶级革命的代言人,拿破仑是革命形势的产物,革命形势产生于1789年法国旧制度的崩溃。拿破仑之类的人——经过民主选举而产生的合法的权威统治者——是革命过程的产物。

菲雷将其讨论限定于法国大革命,但是,菲雷描述的因革命话语斗争及其扩大而导致恐怖统治和民主专制的现象在社会革命中是广泛存在的:拿破仑继承了罗伯斯庇尔;克伦威尔取代了皮姆;斯大林继承了列宁;蒋介石和毛泽东先后取代了孙中山。

意识形态与革命过程

现在让我们来概括一下。历史学家们常常困惑于为何革命通常会转向“左翼”、转向更为极端的激进主义，现在看来，答案十分清楚。在国家崩溃之前出现的社会动荡的情形下，意识形态是一个多元混合体：平民的矫正观念多数是保守的，但也可能带有一些乌托邦成分；精英的矫正观念兼有保守和变革两种成分；最主要的是对糟糕的政策、不公平、腐败、劣迹昭彰的大臣等问题所表示出的社会不满。当危机达到一定程度时，旧制度显然行将崩溃并且已经丧失了主动权，此时就会有人试图通过采纳一种能为人们广泛接受的口号来把旧制度的反对者联合起来，这种口号能够涵盖平民和精英对于这些问题的观点，也能涵盖各种社会不满。这样的事例包括：17 世纪 40 年代英国革命时有人呼吁保卫“英国人的权利和真正的宗教”；1787 年至 1788 年法国有人呼吁召开三级会议；1916 年至 1917 年俄国出现的口号“土地与和平”；当代的伊朗和尼加拉瓜出现的简单口号“打倒伊朗国王”、“索摩查必须滚蛋”。这种简单而又一致的口号在革命时期并不总会出现，比如 17 世纪法国的福隆德运动就未能将各种反对派分子联合起来。但是，这些口号一旦出现，就会主导革命的早期阶段，化解反对派的内部冲突，将敌意集中到旧制度身上。

然而，旧制度的崩溃却造成了一种新的情况，以前那些次要精英现在掌握了政权并提出了一些解决问题的措施，这些问题曾导致旧制度崩溃，但是这些精英之间的竞争却开始公开化了。在这些竞争中，有着良好的全国性组织和较好政纲的那些团体处于有利地位。这些团体之所以成为领导力量，并不必然是因为他们的观点和主张，比如，17 世纪 30 年代英国的清教徒绅士和 18 世纪 80 年代法国的雅各宾俱乐部，他们明显不是革命者，而是温和的改良主义者。(Cliffe 1984；M.Kennedy 1982)毋宁说，他们的组织优势使得他们在宣传自己的观点方面占据了优势地位。

尽管如此，由于这些人缺乏能够为人们普遍接受的社会制度，也没有足够的军事力量，因此，他们是否能够成功地掌握政权，就取决于他们赢得主要社会群体拥护的能力。这就意味着他们要吸引那些希望矫正旧制度弊端的人、希望建立新制度的人以及民族主义分子。英国曾限制国王的税收权、废除大主教法庭，法国曾经改革税收管理制度、废除封建义务，这些措施体现了矫正思想和重新分配思想。但是，矫正思想和重新分配思想只是制度软弱时期进行民众动员的一种作用有限的工具。矫正思想意味着对于各个团体的差别对待，这样，一个团体心满意足，别的团体却会愤愤不平。P.伊戈内（P.Higonnet 1981，p.245）曾描述过18世纪90年代法国共和主义思想的失败，其描述十分中肯："共和主义思想没有吸引到穷人，却使富人忧心忡忡"。类似的，重新分配思想的作用也十分有限，得到好处的那些团体很快就会退出革命活动，就如1789年之后的法国农民一样。若要把各种团体密切融入革命事业之中，就需要一种持久有效的意识形态。欲达此目的，民族主义是一种理想的选择。可以通过寻找"革命的敌人"，或者更确切地说是"人民公敌"或"民族敌人"，不断延续民族主义热情。因此，革命的典型特点是从起初的温和性到激进的重新分配主义，再到更加宽泛的民族主义。[3]

这种全景透视，十分清楚地说明了为何革命时期是一个不断创新发明的时期、为何革命会注重象征符号和演说。象征符号和演说都是手段，由此，各个竞争派别竭力通过这些象征符号和演说使自己脱颖而出、引起民众关注，并以此把自己塑造成为"真正的民族主义"的维护者和代表者。

此外，显而易见的是，作为革命的结果，军事独裁广受欢迎。军事独裁是国民通过投票选出领导人，它会借用革命发明的象征符号作为民族荣耀的体现。因此，总的来说，军事独裁不应被视为旧制度的复兴，正相反，军事独裁体现了热诚的民族主义，这种热诚的民族主义是大多数革命共同的最终归宿。

事实上，在革命时期，诸如此类的斗争——赢得民众的忠诚、以"忠于民族"而不是忠于旧制度作为基础进行民众动员——不但发生于国民之中，也发生于军队里。J.R.阿德曼（J.R.Adelman 1985）曾经指出，革命军队中的兵员招募和职位晋升采取的是一些新规则，强调的是人的才能、与过去的决裂、权力的重新分配以及为民族服务。因此，革命军队体现了革命的意识形态；革命军队最终占据支配地位，这不仅是军队自身的胜利，也是革命的最终胜利，尽管采取的是专制独裁形式。

简言之，在革命过程中意识形态所具有的种种特点，不仅取决于各个意识形态产生的背景，而且也取决于革命斗争的具体条件。我们业已看到，在革命过程中，意识形态会扮演各种不同角色；我们也看到，在革命过程中，如果反革命威胁以及各派之间的权力斗争持续存在的话，这种权力斗争的激烈性会导致更为激进的革命思想和革命行动。正是由于这个原因，1789 年的法国大革命和 1640 年的英国革命都曾沿着不断加剧的激进主义方向而不断发展；与此相反的是，1830 年的法国革命——此时反革命威胁并不严重、革命的权力斗争也很快终结——却仅仅显示出极其有限的激进倾向。更具有普遍意义的是，意识形态随着革命斗争而渐趋激进的趋势解释了为何大多数革命常常具有相似的过程这个问题——从起初的温和改革到越加激进、其指导原则从矫正弊端到颠覆性的重新分配再到民族主义，尽管在革命的不同阶段有着不同的意识形态。

然而，“激进”并不必然意味着“新奇”。“激进行动”和制度变革既可以在革命旗帜下进行，也可以在反革命旗帜以及保守主义意识形态下进行。在本书所描述的四个国家崩溃的重要案例中，只有 1640 年的英国革命和 1789 年的法国大革命建立了革命政权，它们的目标是废除传统的旧制度、而不是复兴旧制度。另外两个国家崩溃的重要案例，即中国的明清王朝更迭和 17 世纪奥斯曼帝国的国家危机，其结果就其本质而言则与英法两国截然不同。确实，后两个案例也展现了剧烈的权力斗争，也有着为了镇压现敌人而实行恐怖统治的激进阶段，两个国家的农村社会秩序和政府体制也发生了重大变化(我将在下文中仔细分析这个问题)，但是，这两个案例尽管也出现了重大的制度变革，但在意识形态上却并未与过去决裂，正相反，这两个国家的制度变化，目的是复兴传统美德，而不是以毁灭过去来创造美好未来。

因此，我们必须追问，为何有些国家崩溃导致革命性的国家重建，而有些则导致保守的国家重建。这个问题会引领我们去思考文化结构对于国家崩溃后建立的新政权实现权威稳定所起的作用。

革命的结果：变革的制度之维与意识形态之维

任何一个在国家崩溃后建立的新政权，都可能面临必须进行制度变革的压力。关于国家财政机构和行政机构，旧制度的失败使得财政制度的彻底更新几乎无可避免。此外，如前所述，如果革命是由以前的边缘精英领导的话，这些精英可能会彻底更新精英吸纳制度和权力参与制度，也会改变曾让他们认为将他们排斥在旧制度之外的那些社会秩序组织原则，并为他们建立的新政权提供正当理由。此外，如果地主和农民之间的关系已经发生了变化，不管这种变化是地方旧习惯衰退的结果还是农民有组织的行动的结果，新政权都可能会发现，必须接受这种农村新情况，必须将其制度化。

在我们分析的四个国家崩溃事例中——英国、法国、奥斯曼帝国和中国——这种变化都是显而易见的。在每个事例里，通过改变纳税额、强化税收征集，国家财政收入都有了极大增加。精英的政治参与情况也有所改观，特别是那些前边缘精英发挥重要作用的国家更为突出。因而，英国的业余布道者成功地废除了主教制度，尽管很短暂；法国的专业阶层成功地推翻了贵族特权。清朝中国和奥斯曼帝国的精英吸纳制度也发生了重大变化，尽管这种变化并不太激进。在中国，一些精英职位保留给满族官员，这些官员的晋升依靠优先权而不是依靠考试制度。在奥斯曼帝国，以前由青年基督教徒担任的那些高级公职大多被苏丹的死党以及名门望族子弟取代。最后，除了英国之外，其他三个国家的农村阶级结构都发生了重大变化，这是由以往的农村关系日渐衰落、农民的直接行动、国家对新的农村经济结构和政治结构的制度化这三个方面共同作用的结果。

但是，如果新政权经常面临制度变革的压力，那么，如何证明这些变革的合理性、政权稳定的意识形态基础是什么，这些问题仍然存在很大的选择空间。尤其值得注意的是，新政权似乎可以随意描述自己的行为，既可以把自己的行为描述为对基本正确的传统制度的修正（保守性的国家重建），也可以把自己的行为描述为全新的开端，是要取代落后的传统制度（革命性的国家重建）。因此，我们必须解释清楚，在国家崩溃后建立的新政权中，为何有的用赞扬传统的方法为自己的国家重建寻找合理性根据，而另外一些新政权则对传统大加挞伐。

让我们暂且简单地分析一下国家崩溃四个重要事例的结果。为了丰富这种比较分析，我们也要注意另外两个较为平和的国家危机和国家重建的事例，即 1688 年至 1689 年的英国和明治维新时期的日本。我们会再次发现，日本确实是很有价值的“例外”事例，这个“例外”可以澄清一些普遍联系。

制度变革

将17世纪奥斯曼土耳其和中国的危机与英国革命和法国革命进行比较分析，最显著的结论是，人们再也不能认为后两者经历了重大的制度变革，而前两者经历的只是一场“危机”或“崩溃”并在随后发生了旧制度的制度复辟。正相反，就17世纪初期到末期制度变革的程度而言，特别是在农村管理组织方面，奥斯曼土耳其和中国的变化要远大于英国，堪比18世纪法国的变化。

关于英国革命，尽管传统的辉格派历史学常常强调议会的解放，他们认为这种议会解放即便是在复辟之后也仍然得以维持，但是，最近以来关于1660年之后国王与议会关系的详细研究越来越多，这些研究质疑国王和议会的关系有所变化的观点。J.米勒(J.Miller 1982, p.23)指出，议员们担忧的是如何保护那部平衡权力的宪法，而不是挑战宪法或如何攫取行政主导权：“议员们并不追求议会主权，他们追求的是如何让那部古老的宪法再次生效”。宪法的变化微乎其微。皇家大主教法庭废除了，国王的财政预算也得到限制，但是，“这些限制王权的措施……比起未加限制的那些权力来说似乎没有多大意义”。1660年之后，议员们并未寻求减少国王的权力，相反的，他们“似乎在故意增强国王的权力……他们放弃了1641年至1648年间议会的两个主要宪法要求：议会分享国王的大臣选择权和军队控制权”。(Miller 1979, p.30)简言之，1660年，当国王缺乏实行专制统治所需的独立资源，并因而要求议会合作进行共同统治时，议员们却简直退回到了都铎王朝时期。他们没有作出任何努力来实现立法权至上。麦金尼斯(McInnes 1982, p.379)也认为：“英国内战的目的是进一步明确限制国王的权力，就此而言，英国内战是失败了”。即使是一些制度变革，比如废除大主教法庭，其成效也微不足道，因为国王仍然可以任命皇家法官，也可以随意将法官解职；国王还重新控制了各郡治安长官、地方治安法官、民兵军官的任命，这就恢复了国王对国家的许多控制权力。国王的权力并未受到实质性的限制，直到1701年《国民权利与自由法案》颁布为止，然而议会的权力直到汉诺威王朝时期才充分显现。(McInnes 1982, pp.383—389)

在乡村的控制管理方面，连续性更为明显。由治安法官(从地方绅士中挑选)组成的行政管理机构并未受到革命的影响,同时,贵族的声望在17世纪中叶之后有了极大的复苏。(Hexter 1968, p.72; Cannon 1984)圣公会的首要地位也得以恢复,尽管1660年之后天主教徒和新教徒得到某些宽容,但是,直到1800年,他们才获得完全的政治权力。总之,无论是就地方层面还是就全国层面而言,一个在16世纪70年代伊丽莎白一世统治时期睡着了的人,当他在17世纪90年代威廉三世时期醒来的时候,几乎找不到任何不同之处,也没有什么值得大惊小怪的东西。

但是,对于法国革命,我们却不能作同样的描述。尽管用以确立革命新颖性的那些重要的革命标志——新的日历、天主教会与政权的政教分离、贵族的被抛弃——在拿破仑统治时期已经失去力量,到19世纪20年代已经不起作用,但是,行政管理上的那些重大变革仍然得以延续下来——《拿破仑法典》、省作为一级行政区被大区取代、新的城市政府。农村行政管理的变化也得以延续:最明显的是取消了地主执行地方司法的权力以及征集领主税的权力。更为重要的是,教会不再是独立的大地主,也不再是什一税的征税者。但是,尽管法国有着许多政治变化,却并没有社会革命。没有任何一个阶级被剥夺或失去了原有的社会地位。拿破仑时期法国最富有的那些地主绝大多数仍旧是以前的贵族家庭,正是这些人把法国领入18世纪80年代的财富丰硕时期;(Bergeron 1981, pp.125—129)只要读一下司汤达的杰出小说《红与黑》,就可以发现19世纪早期法国贵族和教会的社会地位。在英国革命和法国大革命中,那些在我们看来是“革命”的东西,大多与革命的动员话语以及短暂的革命激进阶段有着深刻的关系,与革命的最终结果关系不大。

东方国家有何不同?有趣的是,沉睡于17世纪的一个中国或者奥斯曼的沉睡者,当他醒来的时候,会注意到主要的社会管理制度发生了明显变化。

清朝取代明朝,中央政府立即发生了变化;两个突出的创新是:军队中的八旗兵、关键职位由满汉官员分享权力。然而更为突出的是地方政府和阶级结构的变化。

1661年,清朝政府进行了一次行政管理改革,这次改革改变了土地登记制度,事实上废除了文人荫庇自己的土地以及与其结盟的那些地主家庭的土地免纳税收的能力。(Dennerline 1981, pp.323—325)这项改革对于国家存亡至关重要,也极大地削弱了土地的投资吸引力。因此,长江流域农业区曾以大地主所有制为主,这些土地掌握在富裕地主手里,他们得到士人以及退休官员的荫庇,他们用债务劳工耕种土地,改革之后,这种大地主所有制转变为农民的小农所有制。恰如 R.马克斯(R.Marks 1984, pp.44—45)所言:"一种与明朝时期大不相同的新的阶级结构已经形成,这种新的阶级结构造成了一种新的农村生活方式"。非士绅地主的权力消失了,对士绅们有吸引力的是影响农民而不是影响国家,这种影响主要是通过资金借贷、掌握礼仪职权和教育职权来实现的。在 1660 年之前,中国的乡村控制在士绅—地主联盟手里,他们拥有大量的土地,控制着大量的债务劳工,与国家官员沆瀣一气,然而到 1660 年之后,就资金借贷和行政管理职能而言,士绅的经济角色几乎被完全否定,士绅们孤独地夹在农民和国家官员之间。恰如纳奎因和罗斯基(S. Naquin and E.S.Rawski 1987, p.120)所言:"卑躬屈膝的债务劳工日益减少,他们被契约佃农阶层所取代……这是清初的一个重要社会现象和经济现象"。然而,出乎意料的是,尽管士绅与地主之间的关系日渐疏远,而且作为一个繁盛于 16 世纪的阶级现在实际上已经消失,但是士绅的权力却在不断提高:他们成了拥有大量土地的大地主。(Wiens 1980, pp.4—5; Dennerline 1981, pp.3—4; Elvin 1973, p.249)如同 T.梅茨格(T.Metzger 1977, p.9)评述的那样:"明朝时期那个所谓的'农村特权阶层'已经消亡",他们被一个更加城市化、商业化的士绅精英所取代。

在奥斯曼土耳其帝国,大维齐柯普吕律在 17 世纪晚期恢复了社会秩序,这使他能够重建中央政府各部门,一些持久性的变化也产生了:官员招录的德伍希尔迈(*devşirme*)制度于 17 世纪早期被废除,并且再也没有恢复;奥斯曼帝国曾依靠德伍希尔迈制度从乡村中征召青年基督教徒,并在宫廷学校中对他们进行培养训练。(Shaw 1976, p.187)但是,与中国一样,真正的结构变化也是发生在地方层面。

在镇压地方反叛官员、恢复中央政府权力的过程中,柯普吕律未能全部恢复蒂玛尔制度。相反的,他发现中央政府不得不承认地方权贵(即阿阳)并寻求他们的帮助,阿阳崛起于 16 世纪和 17 世纪,其人数和影响力在 18 世纪有了极大的提高。阿阳的崛起"标志着奥斯曼封建制度发生了结构性变化，[并且]改变了中央政府与各省政府之间的关系”。(Naff 1977, p.9)17世纪奥斯曼土耳其的危机与先前15世纪和16世纪的派系战争和王朝内战的不同之处正是这种地方权力关系的变化。16世纪时，蒂玛尔骑兵是一个完整的阶级，他们拥有苏丹授予的薪俸采邑，并为此而提供军事服务，寻求获得战功，并且掌握了乡村的政治权力和军事权力，但是他们后来被阿阳这个新阶级取代了。18世纪时，阿阳这个新阶级事实上拥有私有土地，不管是兹夫特利克(商业化大农场)土地的所有者还是瓦克夫(宗教基金会)土地的托管人，阿阳通过征收农业税和商业税获取财富，他们还掌握了农村的政治权力和军事权力。(Inalcik 1977, pp.29—32；Cvetkova 1977, pp.167—169；Karpat 1974b)

总之，无论是奥斯曼土耳其还是中国，17世纪的危机导致了曾经是国家绊脚石的那个阶级的消亡：拥有大量土地和债务劳工的中国大地主阶级、奥斯曼帝国的受俸军事集团。在这两个国家里，社会变化需要一种新的农村阶级关系：中国的士绅控制了高利贷和礼仪活动、剥削小农，奥斯曼土耳其的地方商业化地主和包税人控制了农村。因此，17世纪亚洲的国家危机所造成的社会变化，尤其是地方上的变化，要远大于同时代英国的变化，堪比18世纪法国的变化。

分析一下1688年至1689年的英国以及1868年的日本发生的那些事也是很有价值的。按照我们的定义，1688年至1689年英国发生的那些事，尽管可以称为政治危机，却不够资格成为国家崩溃的事例。30年的人口稳定和经济复苏改善了英国的人口状况、消除了精英分裂，因此，英国既未发生民众起义，也未发生内战。尽管英国发生了权力危机，但是，其原因是人们对国王是否忠于国教的担忧而造成的，而不是财政衰败、军事失败或精英之间争夺社会优先权造成的。英国议会的权力得以强化，王位继承的条件有些微改变，但是，英国精英的地位没有变化，经济组织没有变化，为权力分配和地位分配提供合理性依据的观念和信仰没有变化。根据第一章中我们提出的术语，我们可以把这个事件描述为(1，1，0，0，1，0，0，0)。在明治维新时期的日本，一方面，下层武士知识分子与官员之间明显发生了精英内部斗争，另一方面，下层武士与上层武士之间也明显发生了精英内部斗争，这些分裂事实造成了社会阶层的僵化。德川幕府与西南部的长州藩和萨摩藩大名之间也产生了冲突,并导致了内战(尽管规模不大)。在那些年里,广泛的民众起义使得明治维新备受争议,然而,H.比克斯(H.Bix 1986)令人信服地指出,19 世纪 60 年代日本的社会动乱确实十分普遍,然而这却增强了精英们对幕府的效能和长处的质疑,并因此导致了德川幕府的垮台。所以,我认为明治维新确实是国家崩溃的一个案例。鉴于德川幕府垮台后日本发生的巨大的制度变革,我们可以把明治维新描述为(1, 1, 1, 1, 1, 1, 1, 0)。总之,相较 1688 年的英国革命而言,日本的明治维新与其他国家崩溃事例具有更多的共同点。

明治维新的引人注目之处在于,尽管边缘精英发挥了巨大作用,即下层武士发挥了巨大作用,尽管德川幕府垮台后日本的精英吸纳原则、政治制度原则和社会制度原则都发生了深刻变化,但是,很明显的是,明治维新的意识形态仍然是保守主义的意识形态。毫无疑问,明治维新的领袖们培育了一种侵略性的狭隘民族主义,恰如英国和法国的革命领袖们一样。但是,在西方国家案例里,这种狭隘民族主义是传统皇家权威的替代品,绝大多数传统信仰和传统制度都遭到革命激进主义的否定。而明治维新则不同,民族主义是用来肯定传统的政治符号和宗教符号的。服从传统权威(即天皇的权威),而不是挑战传统权威,这是明治维新进行社会动员的首要原则。因此,日本明治维新的事例充分说明,边缘精英进入革命领导层可能是一种必然现象,但是,这却并不足以导致那种体现了革命意识形态的国家重建。

关于能否给 1688 年的英国革命以及日本的明治维新贴上"革命"的标签这个问题,一直饱受争议。这两个事件的领袖们宣称他们进行的是复兴运动:1689 年的《权利宣言》仅仅罗列了"众所周知的法律法规以及国民的自由"(Schwoerer 1981, p.296),而明治维新的领导人则将恢复天皇的权威作为其行为的合法性基础。(A. Craig 1986; Jasen 1986; Totman 1980)然而这两个事件都被视为两国历史的转折点:1688 年的英国革命常常被视为对 1640 年革命的最终完成,也被视为对国王的权力进行了不可逆转的限制,(Trevelyan 1953; Schwoerer 1981)而明治寡头政府则被认为是终结了日本严格的等级制度和封建分裂、为日本建立了一个统一的现代政府。(Trimberger 1978; Huber 1981)那么,这两个事件到底是不是“革命”?

以此方式提出这个问题,是为了说明普遍的思想混乱,其中之一来源于一种假定,即,只有那些由一种革命意识形态激起的事件才能成为历史的重大转折点。事实上,本章讨论的这些事例充分说明,国家重建中的意识形态因素和制度因素大不相同。如果我们根据这些事例在其最激进阶段针对传统所表现出的意识形态立场来进行判断,那么,清教徒革命和法国革命就应该归为革命一类,而清朝、奥斯曼晚期以及 1688 年至 1689 年的英国就不能称其为革命。至于明治维新时期的日本,由于其既捍卫天皇又谴责幕府,而且还废除了武士的特殊地位,应该是介于革命与非革命之间。与此相反的是,如果我们根据政治制度和农村阶级结构的变化程度、从国家崩溃后 20 到 30 年这个视角出发来判断这些事件,那么,我们就得认为明治维新是“最革命的”,1640 年的英国革命则是最不革命的,明朝、奥斯曼帝国和法国的危机或许是“革命”的结果,而 1688 年至 1689 年的英国危机则要稍微逊色一些,上述这些都介于明治维新和 1640 年英国革命之间。显然,人们通常认为革命意识形态与革命结果之间密切相关的这种假定是错误的。

总而言之,不管是欧洲还是亚洲,国家崩溃之后往往都会出现重大的政治制度变革和农业制度变革。如果是边缘精英领导国家重建,那么,精英吸纳原则、混合社会地位划分原则都会发生巨大变化。但是,只有西方国家在国家崩溃之后随之而来的是完全抛弃并废除了传统制度,尽管传统制度被废除的时间较短。正是在这些阶段里,由于人们试图根据一些新的理念来建构一个崭新的社会,这才使得许多观察家将其视为构成“革命”的基本要素。但是,恰如我们已经看到的那样,这些阶段并不能构成国家崩溃本身的政治原因或社会原因,这些原因无论在东方国家还是在西方国家都比较相似。那么,究竟是什么塑造了革命前景和革命话语,从而使得西方国家的国家崩溃沿着“革命”的方向发展呢?

意识形态与文化结构:末世论还是循环论?

> 你该知道,末世必有危险的日子来到。
>
> 提摩太后书 3:1

所谓的大革命,比如清教徒革命、法国大革命、俄国革命、中国的共产主义革命，他们与国家崩溃的其他事例之间的不同之处在于其在革命斗争和国家重建阶段的新奇性。在这个阶段，传统的符号、礼仪和身份标志都遭到否定，并被新的符号、礼仪和身份标志所取代。由于多种原因，这个阶段可能不会走向制度化：在英国，克伦威尔并不愿意把英联邦护国主视为国王，他也没有选定合适的继承人；在法国，军事的急迫需要导致拿破仑的上台以及后来的战败。这个阶段也可能走向制度化，革命领袖们成功地建立了一支军队和稳定的制度，比如俄国和中国。有些研究革命的分析家认为，只有那些摒弃传统并进行了符号重建的事件才能称为"大革命"(Eisenstadt 1978)，而其他一些现代早期的国家危机仅仅是造反和王朝斗争，并没有导致社会变化(Huntington 1968)。如前所述，这种观点低估了其他一些国家崩溃和国家重建事例中制度变革的程度。然而，无论是否全面制度化，对传统的激烈抨击都会留下一些象征符号和意识形态，这些象征符号和意识形态会对将来产生重要影响。因此，在革命斗争和国家重建过程中决定着是否摒弃传统的那些条件是值得我们思索的。

所有那些旧制度的继承者都会面临一些相似的问题，也都会采取一些极其相似的措施来解决这些问题：赢得关键群体的支持，重建军队、加强中央集权、改革税收制度、削弱精英的独立性、重建自耕农所有制以提供国家所需的财政收入基础和人力基础。但是，如同我们已经指出的那样，至于是修改纠正那个本质上正确的旧制度，还是用一个全新的新政权取代旧制度，在这个问题上革命领袖们有一些选择空间。显然，这种选择在很大程度上取决于精英们如何诊断旧制度的失败：仅仅是因为腐败、管理不善和过于软弱？或者，是因为积弊已久因而在当前环境下不再适用或不再正当合理？

为了理解精英们为何会作出或此或彼的选择，必须对"意识形态"和"文化结构"加以区分。A.斯维德勒(A.Swidler 1986)和斯考切波(1985)已经进行了这种区分，他们认为，意识形态是价值观、意义体系和象征符号，这些都是在与其他系列的价值观、意义体系和象征符号的竞争中自觉提出来的。因此，意识形态是纲领性的，也是好斗的。与此相对的是"传统习惯"(斯维德勒)和"文化习语"(斯考切波)，这些都是价值观、意义体系和象征符号理所当然的基础背景，体现于占支配地位的社会习俗、经济习俗、宗教习俗和政治习俗以及社会制度之中。除了社会动荡和社会冲突时期之外，传统习惯和文化习语不具有纲领性作用，也不具有好斗性，它们仅仅是一种“存在”，成为每一个社会成员从事社会生活的工具箱。我比较喜欢用“文化结构”这个术语来表示这种基础背景、理所当然的意义体系和价值观，以此来表示一系列传统符号和信仰的有限而又相互联系的本质属性。

斯维德勒(1986)促进了我们对于文化结构的理解。她对马克斯・韦伯的观点提出质疑，马克斯・韦伯在其名著《新教伦理与资本主义精神》中强调了文化作为目标体系的作用，他认为，这种目标体系支配着个人的行为。斯维德勒认为，文化的作用并不是连贯的目标体系，而是意义体系、价值观以及目标体系的工具箱，个人可以用文化来构建生存策略。这种工具箱观点有助于解释清楚革命过程中发生的意识形态斗争和意识形态控制。比如，17 世纪的英国存在着各种各样的传统习俗：罗马的、盎格鲁—撒克逊的、诺曼底的、宪法的、天主教的、清教的、习惯法的、教会法的，这些传统习俗存在于不同的村庄、郡县、法庭、教会组织以及人们的记忆之中。英国革命中的意识形态斗争大多是围绕应该选择并强调哪些传统习俗这个问题而进行的。17 世纪 30 年代，查理一世和罗德大主教试图强调政治组织和宗教组织的等级化、罗马化以及教会法传统习俗。长期议会则强调宪法传统、普通法传统和清教传统。那些更为激进的革命则竭力援引“盎格鲁—撒克逊的自由权”以及公社传统来为自己的事业辩护。

符号和传统的多样性在那些大国文化结构中是一种普遍现象。18 世纪的法国具有罗马、法兰克、天主教、清教传统习俗以及许多地方传统习俗，这些传统习俗体现在法国的法律组织、政治组织、宗教组织、社会组织和经济组织之中。这些传统习俗融合在旧制度之中，遭到启蒙运动思想的反对。明朝中国具有儒教、佛教、道教和法家传统；奥斯曼土耳其则混合了土耳其、阿拉伯、波斯、拜占庭和埃及的传统习俗。日本文化则比较同质化，但是神道教也吸收了佛教元素，而且，到 18 世纪时，在与新兴的城市商业文化的斗争中，武士道也形成了自己的价值观。

然而，在西方国家的文化结构中有一种元素是东方国家缺乏的，这就是末世论历史观，这种观点植根于犹太教—基督教传统。在那些深受这种传统影响的地方，人们习惯于按照末世论的话语体系进行思考，也习惯于把历史视为长期性的而不是周期性的。（Christiansen 1978）在末世论看来，历史最终会走向某一终点，此时就是审判和毁灭的时刻，在此之后则会出现一个更好的新秩序。（R.Bloch 1985，p.xi）革命领袖们试图获得选择策略的自由，他们努力将其方案与民间传统统一起来，并借助末世论想方设法将其反对旧秩序的暴力行动合法化，这种做法在现存的文化结构中是合适的，革命领袖们用这种方法来描述其革命斗争以及重建国家的任务。

例如，关于清教的英国，亨利 · 凡（Henry Vane）爵士在描述 17 世纪 40 年代时写道："这是终结的时刻，就是说是一个预言的日子，基督救世主将对世界进行正义的审判……充斥着每一个家庭"。有这种想法的绝不止他一个人，因为千禧年观念在清教领袖中普遍存在，就连英国议会也下令翻译并出版千禧年原文。（Cliffe 1984，p.208；Underdown 1985，p.259；Lamont 1969；R.Bloch 1985，p.8）B.S.凯普（B.S.Capp 1972）发现，在对一些最多产的长老会牧师和独立牧师的作品所作的抽样调查中，70%的作品都有某些千禧年的内容。在 18 世纪的法国，千禧年观念已经世俗化，但是思维方式一如既往。时间将因革命而重新开始，人也将重获新生——因此就会有新日历、新"公民"以及罗伯斯庇尔竭力推广的公共崇拜新方式。（Zerubavel 1981）事实上，法国大革命的一个新奇之处是，其现世千禧年观念并非源自过去那些陈旧的符号，而英国的清教徒援引《圣经》、宪政主义者援引神秘的撒克逊传统和《大宪章》（尽管法国大革命也援引罗马共和国传统）。因此，法国大革命的领袖们极力创造一种新的词汇表、一系列新的符号和新的礼仪，以使他们建立的制度与旧制度拉开距离。他们发明了节日、重新设计了服饰、发明了一些新的信条和称谓，以此昭告天下他们生活在一个新的时代。（Swell 1985b）当然，在革命"符咒"的掩盖下——L.亨特（L.Hunt 1984）称之为民族、祖国、道德——革命领袖们扩张了权力、加强了中央集权。然而，只是这些措施标志着旧制度与革命时代之间的符号断裂，并且一直延续至今，在我们心里留下了法国大革命那种与过去决裂的印象。

共产主义革命虽然遍及全世界，但是也同样采纳了西方的末世论，尽管它使用了马克思论述的那种形式，即认为历史必定会朝着无产阶级革命的方向发展。共产主义的线性历史发展观认为，不断腐朽的社会道德（资本主义发展所造成的困难和人们之间的日渐疏远）只有依靠毁灭性的革命行动才能得以纯净，这种历史观就其整体而言与早期的西方革命十分相似。

这种千禧年思想史是对犹太教—基督教文化的一种创新。恰如M.伊利亚德（M.Eliade 1959，pp.104，112）所言，希伯来的先知是第一个表达这种“单向”时间观念的人，因此，“他成功地超越了传统的循环历史观”，这种循环历史观在希腊哲学和罗马哲学都有所体现，也遍及中东和远东国家。希伯来先知的这种观念被基督教信仰“采纳并得以发扬光大”。在基督教思想中，“周期性的世界复兴观被单一的世界复兴观取代，即在某一个特定的时间里，世界将会复兴”。

与此相反的是，明朝中国和奥斯曼帝国（占统治地位的是逊尼派伊斯兰教义而非什叶派教义）以及德川幕府时期的日本的文化结构中都没有这种千禧年思想。“希伯来人的时间观是线性的，即从创世到世界末日，[与此不同的是]”，在东方文化里，“人们认为重大事件是循环发生的”（Gough 1968，p.75），宇宙本身也被人们认为是由“周期性的宇宙时间所控制的，并没有初始时间”。（Mote 1971，p.20）在这三个国家里，主流的历史观是循环历史观，比如中国的新儒家历史学（为日本人所借鉴）和佛教的“因果报应”教义、奥斯曼帝国的伊本·哈勒敦历史传统。中国的农民起义非常典型，它们“向往早期的正义时代”，并将旧王朝理想化。（Chesneaux 1973，pp.15—16）一千年来中国的农民起义，比如19世纪的白莲教起义，都吸收了佛教的历史观，即历史分为一些大的周期（劫），在每一劫的末期，大屠杀将毁灭世界，一个新时期就将开始。但是，这种历史观并非历史发展观，至少不像西方人理解的那种概念；相反的，这种历史观是关于恶的毁灭以及人们期望的原初天堂的重建。（Naquin 1976，pp.10—11）

中国精英和伊斯兰精英也采纳了循环论历史观，尽管是较为经验性的历史观。他们相信，王朝的兴衰取决于各个王朝对真正的儒教或伊斯兰统治原则的忠诚程度。(Eisenstadt 1980a, p.7; Itzkowitz 1972, pp.87—89)因此,这些精英们认为,中国和伊斯兰帝国的政治危机并非最终宿命,也并不意味着上古美好时代的“终结”;相反的,这些精英们认为,政治危机源于美德的缺失,因此他们要求更加严格地遵循传统思想。为了达到这些目标,精英们会改变社会制度,但是,在意识形态的控制方面,精英们总是宣称应该更加忠诚于更为正确的传统权威符号。这种分析也适用于明治维新时期的日本。

研究革命的西方分析家们太过强调在国家崩溃、革命斗争的复杂进程中是否存在末世论这种观念,从而表现出一种倾向,即过分强调东西方政治危机的不同之处。在我们研究的所有案例里,国家崩溃和革命斗争进程中的许多因素都是普遍存在的,而且,即便是在保守意识形态主导下进行的国家重建,也能发生相当大的制度变化,因此有些社会科学家常常忽视了东方国家政治危机之后所发生的大规模制度变化。然而,17 世纪英国和 18 世纪法国(也包括 20 世纪俄国和中国的马克思主义革命、伊朗的什叶派革命)的文化结构中存在末世论思想,这使得英法两国的案例呈现独特的面貌:其意识形态中包含了对旧制度符号和制度的明确否定。

这种对传统的否定并不仅仅是文化背景的作用。尤其值得注意的是,要在社会中植入一种“新秩序”,这取决于社会结构因素和意识形态因素的共同作用。首先,必须存在“边缘精英”,他们不但想要夺取权力,而且力图改变那些使得他们降低到边缘阶层的原则。其次,社会意识形态框架内必须存在循环论因素,这种因素可以为边缘精英所用,使政治斗争扮演旧制度终结者的角色,并用以宣称随后将会出现一个崭新的更加美好的社会。

一千年来的群众运动中,有些群众运动就未能吸收到边缘精英作为其领导人,比如伊斯兰马赫迪运动和欧洲中世纪的群众运动。(N.Cohn 1970)没有精英的领导,这些群众运动的目标往往只是要建立传统的反精英乌托邦或无政府主义,而不是重建和改造国家。还有些事例则是,即便没有循环论文化,边缘精英也可以利用国家崩溃来改造社会,比如中世纪埃及夺取政权的马木鲁克军事领袖们、作为日本明治维新急先锋的下层武士知识分子、20 世纪早期领导沙特阿拉伯进行国家转型的伊斯兰民族主义者,在这些事例里,社会重建的基础都是民族主义的吸引力以及重新肯定被旧制度“败坏”了的某些传统因素。我们还可以举出另外一些国家崩溃或政治危机的事例,在这些事例里,边缘精英未能从旧制度夺得“真正的”民族领导人的大旗,比如福隆德运动以及西班牙哈布斯堡王朝的那些事例。在这些事例里,国家重建的基础也是保守的民族主义。因此,循环论文化和组织良好的边缘精英的领导这两者结合起来,就可以在国家崩溃后的革命斗争中获得初步胜利,并能导致象征符号的改变以及革命性的政治重建,没有这两者的共同作用,就可能产生保守性的国家重建。

这种差异对于东西方国家的历史会产生什么影响呢?这里要指出的是,“东方”和“西方”的界限划分稍微有些误导性。英国和法国在革命后展现了生机勃勃的未来,而中国和奥斯曼帝国则进入了长期的停滞,然而,在西方国家,西班牙也在17世纪危机后进入一个相对停滞的时期,而东方的日本则在明治维新后变得富有活力。因此,尽管国家崩溃通常都会导致制度变革,但并非所有的变革都取得同样的成果。因此,我们仍然需要继续探讨一个问题,这就是,英国、法国、日本的国家危机与中国、奥斯曼帝国和西班牙的国家危机,长期结果大不相同的原因何在。

文化一致性及其后果

让我们首先来分析一下英国革命和法国革命的结果。在这两个国家,君主制都遭遇了挑战,这种挑战不仅是挑战君主制的效能,而且也挑战君主制存在的权利。尽管这种挑战在英法两国都以失败告终,但是它留下了激进的思想遗产,这种激进的思想遗产可以用来为将来的改革和偏离传统进行辩护。英国作家詹姆斯·哈林顿在其名著《大洋国》中,“不赞成恢复传统的‘古老宪法’或‘平衡宪法’,他指出,这种宪法的基础是不稳定的,而且这些基础早已荡然无存”。(Pocock 1975, p.385)托马斯·潘恩在《人的权利》一书中再次断言,君主制是一种人治制度,是在特定历史时期实行的,如果条件许可,就可以取消君主制。

然而,由于君主制并未被永久清除,我们就要问上述这些观点有何成效。这些观点最具价值的遗产是筑起了对抗绝对权力的藩篱。西方国家可能会屈从于罗马帝国留下的思想遗产,这些思想遗产在天主教国家以及深受罗马法传统观念影响的国家仍有极大影响,在这些国家,为了维护社会秩序，统治者被赋予绝对权力。但是，这些革命在其政治斗争中，边缘精英们提出了循环论思想，这就导致他们寻找替代性的符号和原则。这些替代性符号和原则的基础是罗马共和主义遗产、盎格鲁—撒克逊和法兰克公社传统的模糊记忆以及取代了罗马法的英国习惯法和欧陆的启蒙主义立宪思想。一旦重新占据政治话语的中心位置，这些因素不但不会消失，反而会成为当时人所主张的“自由”的基础。这些主张的持续存在继续推动着英国和法国在该世纪里革命之后的政治发展，并促进了社会制度的持久而牢固的开放，增强了制度活力。自由主张也为个人提供了保护，使其能够在新的社会联合体里自由支配自己的资源，并因此促进了经济革新和制度革新。（North 1981；J.A.Hall 1985；Goldstone 1987）

当我们再分析西班牙时，就可以发现这些意识形态因素的重要性是十分明显的，西班牙 17 世纪危机之后，当局再次强调帝制传统和教会法传统，并且获得了成功。西班牙毕竟有着根深蒂固的贵族势力和强大的教会，因此其边缘精英就无法取代传统权威。民族主义者的主张激发了加泰罗尼亚人的起义，而减税要求则激发了意大利精英的起义，但是在这两个地区，传统精英害怕迫在眉睫的群众运动，因此，他们转而投靠皇家政府（加泰罗尼亚的传统精英起先求助于法国国王）以巩固自己的地位。（Elliott 1970）卡斯提尔地区比较稳定、加泰罗尼亚和意大利再次被征服，这意味着国王仍旧掌握着国家权力，也意味着任何“末世论”运动都无法生根。因此，西班牙对国家危机的反应是再次强调传统权威。

H.卡门（H.Kamen 1983，p.251）指出，危机之后，“由于……人文主义、意大利的影响，[以及]美国经验而造成的刺激……逐渐消失，并转变为一种不太明显的、偶尔富有侵略性的民族沙文主义”。在耶稣会教士领导下的反改革运动增强了天主教意识形态的影响，而启蒙运动思想则渐行渐远。因此，卡门（1980，pp.291，313）指出，1650 年之后，“尽管其他欧洲国家的大学在该世纪晚期已经变得更加世俗化，但是西班牙的大学却仍然深受神职人员的影响，这些人的兴趣是传统的天主教哲学，因此西班牙的大学在不断倒退……封闭的思想方法是西班牙哈布斯堡王朝‘封闭社会’的典型写照，这就使得当局把所有非西班牙籍的有影响的人物都视为嫌疑犯”。制度僵化、教会的正统观念、经济停滞在西班牙相伴而行。

在中国和奥斯曼帝国，恰如我们在探讨它们的历史循环论观点时指出的那样，它们解决其17世纪危机的合乎逻辑的办法是再次肯定传统的正统观念，我们没有发现它们有这种观念：国家制度应该进行重新规划以应对新的挑战，相反的，它们认为所需要的只是应该清除腐败并恢复王朝鼎盛期的那种制度。(Inalcik 1985，pp.95，201；Wakeman 1985，2，pp.448—449)因此，1650年之后，奥斯曼帝国和中华帝国变得比以前更为正统、更为保守，它们回避新奇的事物，尽管它们也从遵守过去的习惯中获得了一些回报。(Plaks 1985，p.551；Welch 1980，p.92)

早期的奥斯曼帝国在其制度体系和军事技术方面乐于创新。然而，1650年之后，相对于欧洲军事技术的进步而言，奥斯曼帝国显得进展缓慢、毫无成效，这“与15世纪时奥斯曼帝国吸收和采纳欧洲发明的炮兵时所表现出的速度和创造性形成了鲜明对比”。(Lewis 1958，p.116)尽管历任苏丹继续引进欧洲的一些军事技术创新成果，但奥斯曼帝国竭力保持其制度的纯洁性，因此，“在初期的容忍之后……奥斯曼帝国开始积极推行蒙昧主义思想，这就对引进西方技术以及本国的发明创新起了反作用”。(E.Jones 1981b，p.201)休格(Sugar 1977，p.251)说道：“奥斯曼当局严厉的形式主义正统思想……窒息了智力活动”。17世纪80年代之后，奥斯曼帝国宗教权威人士“特别注重维护伊斯兰教的优先地位，对外部世界不屑一顾。发明创新成为他们特别恼怒的事情……所有人的眼睛都在向后看，追忆奥斯曼帝国那些辉煌的岁月”。奥斯曼人认为他们“仅需发现事情是如何做的，此后照搬这种做法就行了”。(Itzkowitz 1972，pp.96—97，107)改革者们专注于传统伊斯兰教的“平等的循环”，这是一种恢复社会的严厉方法。改革者们认为“在奥斯曼社会，每一个人都有自己的位置，使每个人各司其职正是苏丹的职责”。(Itzkowitz 1972，p.79)

在1650年之后的中国，“清朝早期的文人试图重建理想的儒教秩序……在它还未被佛教和道教观念玷污之前”。(Naquin and Rawski 1987，p.65)因此，许多学者与清朝合作，因为他们试图通过官方来强化人们对儒教行为规范的遵守，以此强化自己的统治地位。(Ho 1967；Kessler 1976)明朝也时常通过扼杀发明创新以及维护传统习惯来强化国家控制，最明显的例子是未能延续郑和将军的海外航行事业。(A.Chan

1982，p.387)但是,在压制正统思想方面,明朝做得并不完全成功。在明朝的多数时间里,“官方宗教”并不只有儒教,而是“一种综合体……一种不稳定的由各种各样的信徒组成的综合体:古典宗教、仿古宗教、民间宗教以及道教”。(R.Taylor 1990，p.156)明朝的新儒教种类繁多,其流传超出了国家的控制范围,从平民主义的泰州学派到主张清修的东林党和复社。(deBary 1970)但是,明朝竭力想做的事情,清朝做到了。明朝晚期的宗教调和论被“不宽容佛教和道教的、相当严厉的儒教”所取代。(Ropp 1981，p.47)对于满族人而言,

> 最有效的长期政策,是扶持那些被学者和官员这些统治阶级视为正统的制度体制和文化体制,[因此]康熙皇帝及其后代皇帝们热心地扶持宋代晚期新儒学中反映了保守而又消极的社会关系和政治关系的那些内容,并以此作为官方的正统思想。[与此相对的是],在其成型阶段,宋朝这个儒教国家以其思想和政策的多元化、缺乏官方支持的正统思想而为后人所知。尽管明朝的开国皇帝选择了程朱学派作为正统思想,但其后代皇帝们并不热衷于意识形态问题……只是在外来的满族人的统治下,中国才变成了严格遵循“正统思想”的墨守成规的国家。[实际上],我们所认为的正统儒教国家和儒教社会,最典型的并不是以前的中国王朝,而是大清王朝。(侯,1967，p.192)

不久之后,儒教正统思想就变得封闭而又不宽容。强制推行正统思想导致人们只能消极遵守,“几乎没有任何创新”。(Elvin 1973，pp.193—194，203)传统的等级制度被严格规定下来,恰如G.汉密尔顿(G.Hamilton 1984，p.415)所言,明朝之后,中国人“角色和角色责任的固定化”日渐增强。P.S.罗普(P.S. Ropp 1981，p.47)也曾说道:“17世纪的中国学者经常学习西方的自然科学……但到了18世纪,中国学者却又变得自我孤立、自我封闭、专注于内省”。始于1687年的书刊审查制度到1774年的文字狱时达到顶峰,在这场文字狱中,大量的书籍被焚毁,这些书籍的作者(及其亲属)遭到残酷的迫害。(Gernet 1982，p.475)

简言之,在英国革命和法国革命所产生的后果中,在其否定并抛弃过去的短暂阶段中所留下的遗产是创造了一些新的象征符号和意识形态,这些象征符号和意识形态继续与旧制度权威进行斗争。但是在西班牙、

奥斯曼土耳其和中国，它们对17世纪危机的反应是试图通过强化传统规范来恢复社会秩序，实际上并未产生取代旧制度的主张。这三个国家创造了笨拙的话语体系，成为高度“角色固定”的社会，它们通过对角色行为施加越来越严格的规定以及对正统思想进行越来越严格的界定以维持自身的统治。在这种话语体系基础上进行的国家重建和制度革新也曾给这些国家带来一定程度的繁荣，但是，当它们进入17世纪晚期和18世纪早期时，却并不具有英法两国革命后产生的那种活力。

因此，我们得出一个令人吃惊的结论，这就是，国家崩溃后的社会活力，并不取决于制度变革的程度，而取决于制度变革所体现的意识形态结构。在国家崩溃后进行的国家重建过程中，奥斯曼土耳其和清朝中国的行政管理制度和农村阶级关系都发生了相当大的变化。在这两个事例里，结果是形成了一个更加强大的国家。但是，它们却几乎没有进一步的发明创新，社会也停滞下来。除了抗拒改革的西班牙之外，这些社会都被国家强加的文化一致性扼杀了活力，尽管政府的国内权威有所增强，但其代价却是丧失了未来的生命力。相较奥斯曼土耳其和清朝中国而言，英国在国家崩溃后的制度变化程度要少得多，法国也仅属相当。但是这两个国家保留了高度的意识形态张力，因而，它们在国家崩溃后建立的新国家并未僵化，也并未停滞，而是出现了持续的富有活力的发展。

日本这个事例较为令人费解。尽管明治维新中并未出现循环论思想，而且其国家重建和改革也是在保守意识形态的庇护下进行的，但是，随后日本的发展却十分迅速，并依靠自身力量击败了西方国家的挑衅，成为帝制强国。然而，我们也很容易找出其中包含的明显的矛盾。日本的变化比较复杂，起初，精英统治的原则和制度都发生了巨大变化，然而此后，保守主义思想不断高涨，文化一致性的压力也在不断增强，这种情况是可以想象得到的，因为领导日本国家重建的是那些没有末世论观念的边缘精英，因此日本也存在着意识形态与传统权威之间出现紧张关系的根源。

所以，日本的事例既显示出革命性的一面，也显示出保守性国家重建的一面。首先，尽管日本并未产生新的意识形态，但明治维新主要是由边缘精英（即下层武士专业人员）领导的，这些人试图改变日本的社会组织原则和政治组织原则。在保守性国家重建的其他事例里，边缘精英并不存在。在西班牙、奥斯曼土耳其和中国，尽管它们的阶级结构和政治制度都发生了变化，但是其传统精英仍然继续肯定传统的等级特权以及传统帝国的优越性，因此，外来思想和外来技术都遭到排斥。但是在日本，传统幕府统治中有利于增强高级武士势力的那些要素——比如其封建组织和等级制以及闭关锁国免受外部影响——都被废除，只有对前下层武士已经获得的新地位不能构成威胁的那些传统要素——比如天皇崇拜、民族主义、对公认权威的绝对尊敬和绝对服从——才能得以保留并得以强化。(Trimberger 1978)

此外，尽管日本开始学习并使用外国技术，尽管 18 世纪和 19 世纪日本出现了经济剩余并产生了城市企业家阶层，使得日本的军事力量大为增强，但是，日本既没有变成崇尚自由的国家，也没有变成经济创新的中心，它变成了一个通过增强传统规范的一致性认同来克服危机的国家，恰如派尔(Pyle 1988，p.674)指出的那样："明治维新时期给现代日本留下了强大的保守主义传统，这种保守主义传统主宰着日本政府和日本社会"，巴林顿·摩尔(Barrington Moore 1966)曾详细分析道，尽管日本在西方国家面前成功地维持了独立，但是，日本并没有与因循守旧的权威主义传统决裂，这就导致了 20 世纪早期日本法西斯主义思想的胜利。我们最好能记住，日本目前的宪法和自由在很大程度上要归因于它在又一次国家崩溃后的复苏：日本在第二次世界大战中战败之后，美国给日本强加了一部新宪法，这部新宪法包含了一些与日本文化极不相同的成分。

摩尔对现代国家发展的阐述是围绕农业变迁和革命而展开的。本书对国家崩溃一些前提条件的结构分析——结合了人口的长期变化及其对国家财政和精英竞争的影响，也考虑到了社会动员潜能——扩展了摩尔的研究。但是，如本章所述，我们也必须注意到文化结构和意识形态对于国家崩溃和国家重建的后果所起的重大作用。在革命斗争中崛起的意识形态及其对国家重建的影响，能够影响到该国此后数个世纪的历史。

结论：文化的不同作用

英国革命和法国大革命并非西方资本主义危机或专制主义危机的产

物，它们与东方的奥斯曼帝国和中国发生的危机有着极其相似的原因。因此，我们不能把17世纪中叶之后东方文明和西方文明之间不同的发展状况仅仅归因于西方的“革命”与东方的“农民起义”或“王朝危机”之间的结构性差异。就制度变化而言，特别是就地方阶级结构的变化而言，17世纪奥斯曼土耳其帝国危机和明朝中国危机之后的变化远远大于英国革命后的变化。因此，关于现代早期东西方经济发展和政治发展方面的差异，即西方的富有活力与东方的停滞这个问题，我们需要重新分析。尤为重要的是，如果我们要解释清楚西欧国家以何种方式逐渐超过了原来处于领先地位的东方伊斯兰文明和中国文明，我们必须考虑到这些国家17世纪危机的相似之处。

如果我们注意到文化结构以及文化结构决定着人们对于国家危机的反应并形塑着国家重建，我们就找到了解释这个问题的切入点。植根于17世纪危机后国家重建过程中的不同的意识形态遗产，对于此后东西方国家之间的发展差异具有深刻的影响。

在第一章，我曾指出，关于社会变化的首要原因是“物质因素”还是“文化和意识形态因素”这个问题，社会理论家分歧极大。显然，这是个错误的两难命题——支配历史发展的究竟是马克思的唯物主义还是黑格尔的唯心主义——这个命题并没有抓住历史的真实本质。有些学者已经设法超越这种二分法。C.吉尔兹（C.Geertz 1973）、N.戴维斯（N.Davis 1975）以及丹顿（Darnton 1984）把注意力转向深入分析历史事件本身，这种分析意在阐明个人和团体在创造象征符号以及发起行动的过程中所表现出的创造性，这些符号和行动既反映了物质条件，也对物质条件有重要影响作用。还有一些学者（Giddens 1982；Bourdieu 1984）则提出了全面的文化理论，这些文化理论强调每个个体都具有选择文化要素的能力，也具有运用文化要素来重建或者强化物质结构和制度结构的能力。所有这些方法都试图把个人从唯物主义决定论以及主流文化的机械再生产论中解放出来，因此，这些方法的优点是能够避免将个体行为解释为简单的社会经济决定论或者文化决定论。但是在解释历史变化的长期原因时，这些方法几乎没有什么价值，因为它们往往会变成唯物主义和唯心主义之间的折中方法。这些方法会温和地宣称，总的来说，个人会对其物质环境和文化环境作出(或多或少)创造性反应,这种反应或者再生产这些环境,或者改变这些环境。

但是,恰如我们已经看到的那样,人们对于变化了的环境并非总是能够作出创造性反应。这些文化理论没有重视那些阶段性变化,即,在具体的历史环境下文化的作用是大不相同的。有时候,比如政治稳定时期,文化创新可能较为缓慢;另一些时候,比如革命的酝酿时期,意识形态创新可能会有所增加,但是这种创新主要是针对造成社会危机的那些物质力量而作出的反应。还有些时候,比如国家崩溃以及随之而来的权力斗争时期,意识形态的创造可能会达到高潮,并产生了自我创造的自身动力。在国家崩溃后的权威稳定时期,权力斗争的意识形态创建植根于后革命时期的文化结构之中,文化模式和意识形态可能会支配着未来的物质变迁和文化变迁。

有趣的是,恰恰是那些未能完全战胜传统习惯但却经历了一段时期的摒弃传统以及意识形态创新的革命,即英国革命和法国大革命,给国家崩溃后的社会留下了丰富而又富有活力的遗产。尽管清教徒和雅各宾党人在革命后逐渐衰弱,但是他们的观点依然在传统符号、传统制度和传统思想中占有一席之地。因此,这些国家的国家重建曾经遭到要求限制绝对权力的那些主张的持续挑战。与此相反的是,在国家崩溃过程中传统因素得到不断增强的国家里——比如奥斯曼土耳其、中国和西班牙哈布斯堡王朝——意识形态的反应是试图纯洁并重申传统制度。在这些国家,危机被指责为是对正统思想的离经叛道,新政权竭力消除现存文化结构的多样性,清除那些被认为是异端思想的成分。国家重建和社会制度的重建使得传统思想再度复苏;但是,国家崩溃后的文化贫困化削弱了未来社会发展的活力之源以及实施根本变革的基础。明治维新时期的日本是一个混合了上述两种情况的事例,这是因为,日本的边缘精英清除了传统统治的某些内容以及传统的等级制度,释放了经济发展和帝国扩张的各种资源。但是,明治维新仍然局限于传统的保守主义思想,留下了保守而又强调传统的思想遗产,这种思想遗产继续控制着日本的政治生活和社会生活。

简言之,这些文化理论仅仅描述了个人与文化之间的相互作用,总的来说，这是极不全面的。在国家崩溃或国家危机期间，当国家进行重建或改革之时，文化结构会发挥特殊的作用。更加全面的文化理论——比如R.伍斯诺(R.Wuthnow 1989)和斯维德勒提出的文化理论——必须认识到文化的作用是因时而异的，文化在此时可能灵活多变且富有创造性，但在彼时却可能僵化停滞并成为障碍。

这些不同的结果意味着宏观社会学过度忽视了文化在形塑国家结构和发展动力中所起的作用，特别是国家危机和国家重建期间文化所起的作用。社会变革理论必须认识到，关于变革的起因以及变革的方向，在某些历史时刻是物质力量发挥支配作用，在另外一些历史时刻则是文化结构和意识形态发挥了支配作用。

注 释

1. 在现代革命中，这种普遍的和谐团结期往往在旧制度崩溃之前就已经开始出现；鉴于以往许多次革命中社会动员的教训，目标各不相同的旧政权反对派们会在一个泛泛的“保护伞式”的组织下尽力维持团结统一，这种组织唯一明确表达的目标是终结旧政权。这种类型的团结统一在后来的尼加拉瓜和伊朗的国家崩溃中也显而易见。(Chavarria 1986; Green 1986)

2. 我所说的“民族主义”的意思是对共同体(可能是民族共同体)的忠诚，这种共同体具有独一无二的特征、历史和命运，“外人”不具有，或仅具有次要的该种特征、历史和命运。这与“爱国主义”有所重叠，但不尽相同。“爱国主义”往往是指忠于特定的政权或领土。

3. 当然，民族主义也可由于反革命行径而得以激化，对“人民公敌”的血腥报复也是对反叛者进行压制的部分内容，例如1685年英国蒙默斯起义失败后的那些事情。

第六章

从过去到现在，对未来的展望：本书初版 25 年之后

本书涵盖了一系列主题，在下文我所提出的一些结论中，有些直接得自书中的分析，其他一些则多为推论，因而也更具挑战性。由书中分析而得出的结论关涉早期现代历史中的一些发展模式，推论性结论涉及的是：人口变化和革命在未来社会中的角色、“西方崛起”的根源以及饱受争议的当前美国的衰落问题。在本书 25 周年版本里，我也注意到了关于革命以及全球经济增长和权力变化的一些最新案例。

早期现代史：一部世界史

我的主要结论相当简明，这就是：**1500 年至 1850 年间欧洲、中国和中东发生的那些周期性国家崩溃，都是一个单一的基本历史进程的产物。**这个历史进程的展开就像一场夜游症，其中有一个主要发展趋势，由这个主要发展趋势衍生出四个关键趋势，它们的共同作用导致了一个令人讶异的结论。这个主要发展趋势是：在相对僵化的经济社会结构里，人口增长导致物价变化、资源变化，以及农业官僚制国家无法应对的社会需求的不断增加。

四个相关的关键趋势是：(1)国家财政压力越来越大。由于通货膨胀损害了国家财政收入，人口增长又使得国家的实际支出不断增加，因此各国都试图采取各种措施增加财政收入以维持收支平衡，但是这些措施却激怒了精英、农民和城市消费者，同时也无法阻止债务增加，最终，政府还

是难逃破产。(2)精英内部冲突越发普遍。家庭规模的扩大以及通货膨胀的影响，使得有些家庭难以维持自身的社会地位，而不断膨胀的人口和日益上涨的物价却使另外一些家庭的财富和地位不断上升，从而产生了一批新的精英职位谋求者。由于国家财政疲弱，这就限制了国家为所有精英职位谋求者提供精英职位的能力，于是在精英阶层中就出现了相当多的精英循环和精英位移，结果就造成了精英的派系分裂，不同的精英群体都竭力捍卫或者提升自身的社会地位。当中央政府往往由于财政破产而垮台之时，各派精英就纷纷走上前台争夺政治权力。(3)群体动乱越来越多。土地争夺、移居城市、劳动力市场极度过剩、不断下降的实际工资以及越来越多的青年人，这些都极大地提高了大规模的社会动员潜能。民众动乱在城市和农村屡有发生，根据不同社会团体的自主性程度以及精英掌握的资源状况，这些动乱所采取的形式多种多样：食物骚乱、攻击地主和国家工作人员、夺取土地和粮食。尽管许多案例都揭示出，群体行动有其自身的动机和推动力，因此往往易于推动而难以控制，但是，高度的社会动员潜能使得相互竞争的精英们更容易将群体行动引入到他们的冲突之中。(4)变革思潮越发显著。广泛的贫困和流浪问题、越发严重而又频繁的粮食危机和食物骚乱、政府的无能，这些因素都削弱了与国家密切关联的宗教领袖对政府的信任，并把精英和中间阶层推向异端宗教运动，以寻求变革、秩序和纪律。国家财政危机、精英内部冲突、高度的社会动员潜能以及大众和精英中日益明显的变革思潮，这四个关键趋势结合起来，就会破坏各个社会组织的稳定性。

16世纪和17世纪早期、18世纪晚期和19世纪早期，欧亚各国的人口持续增长，前述历史发展的基本进程就被激发起来，并因此导致了两波国家崩溃的世界性浪潮。与此相反的是，17世纪晚期和18世纪早期，人口增长停滞，这个历史发展的基本进程及其四个主要趋势也就没有出现，结果，各国都出现了政治稳定和社会稳定。应该注意到，19世纪早期，少数西欧国家已经极大地扩展了财政资源，因此，即便人口增长开启了类似的历史发展进程，然而第一个关键趋势已经大为缓解，因此1830年和1848年这些国家的国家危机并不严重。但是在第一波国家危机浪潮中，这些国家的君主政体所遭遇的危机以及同时代奥斯曼帝国和中华帝国所遭遇的国家危机依然十分明显。1850 年之后，大多数西欧国家通过工业化已经提高了经济灵活性，通过政治革命或者改革提高了行政管理和社会结构的灵活性，因此，人口增长已经不足以激发起先前曾导致国家崩溃的那个基本历史进程。然而，在俄国、中国和奥斯曼帝国，传统的经济结构、政治结构和社会结构仍占绝对优势，因此这些国家在人口压力面前依旧十分脆弱，这种情况贯穿于整个 19 世纪，并且在 20 世纪早期最终导致了这些国家的彻底崩溃。

上述这种观点的说服力，并不仅仅在于它能够解释这类国家危机的发生时机以及这类危机广泛的内在一致性，特别在于它能够揭示出种种内在关系：人口增长和物价通胀之间的关系、人口增长和物价通胀与国家财政危机之间的关系、精英循环和精英竞争与社会动员潜能之间的关系，这些内在关系形塑着国家危机的发展过程和关键特征。例如，英国革命和法国大革命爆发之前，两国都曾经历过一段非比寻常的社会流动期，这两场革命都是由财政危机而引发的，因此，事实上英法的革命可以理解为对相似历史情形做出的相似反应，而不仅仅是巧合，两场革命也不仅仅只具有表面的相似性。

实际上，能够发现国家崩溃的这些发展趋势是非常引人入胜的，英国、法国、中国和奥斯曼土耳其的专家学者们，认为这些发展趋势是一些特定条件超越时空反复出现而造成的结果。此外，这种发展趋势的连续性消解了许多陈旧的教条以及让人痛苦不堪的争论。因此，我们能够屡次而又明显地发现，革命和起义并非源于统治者过度征收高税收，也并不仅仅只是因为缺乏社会流动，不是因为阶级冲突，也不是因为社会的普遍贫困化，正相反，我们常常发现，财政危机的根源是税收不足。这是因为精英们有组织地逃避税收，以至于国家财政收入跟不上通货膨胀的步伐，因此也跟不上社会财富的增长步伐。在所有这些事例里，我们都能发现，高度的社会流动——高频率的精英位移和精英循环——是危机的前兆，而低度的社会流动则是社会稳定的典型特征。在走向危机的那些国家和帝国里，高官的频繁更替、精英教育和精英吸纳的紧张压力、争宠夺惠的冲突比比皆是。导致国家瘫痪和国家崩溃的，并不是阶级冲突，而是精英的派系冲突，是他们为了官职、恩惠和国家政策而产生的相互争斗。我们往往还会发现，精英们成功地把税收负担转嫁给了中产阶级，工人阶级和农民阶级的生活每况愈下，而精英和商人阶级越来越富有。因此，我们看到了在危机之前的数代人里社会财富的两极分化。国家效能的不断下降、社会流动造成的高度冲突、社会底层的日益贫困，这些社会问题增强了改革主义者、受过教育的异端道德学派和异端哲学学派的光芒，而当这些社会问题消失的时候，改革主义者和异端学派的光芒迅即烟消云散。这些社会问题在16世纪和17世纪早期、18世纪和19世纪早期的欧亚各国显而易见。当然，每个社会的特定条件决定了这些社会问题的发展进程及其程度。但是，鉴于这些社会因素几乎是普遍存在的，因此，宣称这些社会问题仅仅是由当地的特殊条件造成的这类说法，在事实证据面前是站不住脚的。

理解革命

40多年前，L.斯通（L.Stone 1972, p.26）写道："关于[英国和法国]革命，一旦历史学家们意识到，他们那些马克思主义式的解释并不比辉格主义解释更为确切，此后的一个时期里，就没有任何一种牢靠的理论可以取而代之。"我希望，人口/社会结构解释模型可以取而代之，因为它很好地解释了英法两国危机的关键特征，比马克思主义或辉格主义观点更符合已知的历史事实。这个模型也有效地解释了同时代中国和中东国家的危机，而且也避免了其他分析模式所表现出的令人讨厌的目的论特征。让我们从几个方面回顾一下，看看人口/社会结构解释模型对于世界史中的早期现代史何以依然是一种有用的解释方法，这也有助于我们思考在探讨革命原因时如何对这种解释方法进行修正。

第一，这个解释模型之所以没有目的论特征，是因为，尽管导致国家崩溃的基本历史进程和基本压力普遍存在，但是这个解释模型认为，由于各国应对这些压力的能力各有不同、各国精英们组织起来的能力各不相同、民众动员能力各不相同，因此，各国对这些压力做出的准确反应也各不相同。此外，国家一旦开始崩溃，权力斗争和国家重建的需要会给各种截然不同的意识形态留出极大的空间，当然这些意识形态也受到现有文化结构的制约。因此，由基本相同的原因引起的历史进程会产生大不相同的结果,这取决于该历史进程所处的历史环境。

第二,通过将此革命解释模型置于一个发展过程之中,这个解释模型可以避免对革命原因做出过于简单的解释,这个发展过程是:人口变化是如何造成各种破坏性压力的,不同的行为者是怎样对这些压力做出反应的。长久以来,历史学家们曾讨论过,现代早期的革命和反叛的主要原因究竟是社会分歧、经济分歧、宗教分歧还是政治分歧,革命的结果到底是由经济力量、宗教力量还是政治力量推动的。这种区分是虚幻的。近来,学者们开始认识到,只有将多种因素结合在一起的方法,才能充分理解像革命这类复杂而又充满变数的事情。(可以参见下列文献:Lawson 2004;Armitage and Subrahmanyam 2009;Klooster 2009;Pincus 2009;Kaiser and van Kley 2010;Doyle 2013;Stone 2014;Beck 2015)经济和社会冲突、宗教异端和政治派系化并非独立的影响因素,而是与一个根本的因果解释模式密切关联的。对许多社会而言,本书阐明了,传统的税收制度、精英教育和吸纳制度以及民众生活水准这些方面的同时衰退和恶化,会增加异端意识形态的光芒和吸引力,而这都是源自社会生态变化带来的压力。

本书初次出版之后的数年里,革命研究的马克思主义方法被抛弃,结果却转向了另一个极端,历史学家们开始拥抱"文化转向",转而用"思想文化"的变化来解释欧洲的革命,他们关注的是一些主要演员是如何设计和演出革命这出"剧本"的。然而,如同马克思主义分析方法错误地将所有冲突都归结为阶级矛盾一样,文化分析方法也走过了头,忽视了人们对国家权力的不满以及国家权力的丧失是有社会原因和物质原因的。最近二十年来,革命学理论面临的挑战,是弥合这些差异并发展出具有理论自洽和普遍解释能力的更为丰富的多因革命分析方法。(Goldstone 2001,Foran 2005)

国家崩溃的人口/社会结构分析方法,将革命斗争过程及其结果结合起来进行分析,考虑到了革命的偶然性以及革命的推动力,这种分析方法对国家与其他国家的关系、国家与精英的关系、国家与群众团体的关系中的经济政治和文化层面都给予了应有的关注。这种分析方法注意到了各种各样的社会冲突、而不只是局限于经济上的不同阶级之间的冲突,是如何破坏社会稳定的。这些冲突包括阶级之间的冲突和阶级内部的冲突，阶级之间的冲突包括农民和地主的冲突、城市手工工人和城市寡头之间的冲突，阶级内部的冲突包括地主、商人、专门职业者和宗教团体的内部派系冲突。请注意，社会流动既可能消解精英位移和精英循环，也可能引发精英位移和精英循环，尤其值得注意的是，后一种情况会导致各种各样的精英内部竞争和内部冲突，如果我们能注意到这些，我们就能很好地理解当面临人口压力时旧制度各个群体所做出的不同反应：大臣、各省官员、市镇官员内部的改革派和保守派的不同反应；主教与牧师之间的不同反应；国际贸易商人和国内贸易商人之间的不同反应；金融家和专业人员之间的不同反应；正统知识分子和异端改革派分子之间的不同反应。

如同约翰·马尔科夫(John Markoff, 1996)对法国大革命时废除君主制的绝妙分析所揭示的那样，形形色色的精英团体和民众团体进行的抗议示威活动会相互影响相互作用，常常把革命进程推向难以预料的发展方向。国家崩溃前夕，各种团体之间的权力斗争会导致各自话语的对立化和激进化，进一步形成意识形态冲突。当一个胜利者脱颖而出并开始国家重建进程时，这些意识形态斗争对于革命之后的国家具有强大的形塑作用。

人口压力导致高度的精英竞争，理解了这一点，也就能够解释此前一个特别令人困惑的现象：16世纪晚期和17世纪早期，欧洲各国的大学招生人数激增，与此同时，奥斯曼土耳其帝国的各个宗教学校和中国的招考体制也不堪重负，这种同步“繁荣”之后，随之而来的是“衰败”，17世纪晚期和18世纪早期欧洲各国大学招生人数的骤然下降、亚洲各国的教育压力骤然减少，此后，18世纪晚期和19世纪早期，欧亚各国的教育又出现了另一波“繁荣”。这种繁荣与衰败都是极端情况，单靠人口规模本身的变化很难解释清楚。不过，我们要认识到，人口增长期会出现通货膨胀，却也能带来经济机遇，这样的话，那些自认为有资格取得精英地位的人的数量就会增加。与此同时，通货膨胀和对增税的激烈抵制会限制每个国家增加精英职位供给的能力，结果会导致精英职位的高度竞争，引发对文凭的争夺。与之相反的是，人口稳定期社会流动会降低，稳定的家庭规模使得大多数精英职位的需求可以通过世袭或者家庭继承得到满足，因此对文凭的需求也就衰退了。不管是分析教育问题还是广泛的精英冲突问题，只要我们考虑到人口、经济与政治关系的相互作用，就比单纯强调以阶级因素或者文化因素为中心因素的分析方法更为富有成效。

此外，民众起义的人口/社会结构分析方法使得我们有很大的机会去关注国家危机期间各种社会冲突的地区差异。因此，意识到人口压力是如何造成土地短缺、地租上涨、实际工资下降、人口年轻化，这有助于解释清楚，在农业官僚制国家里，在持续的人口增长期之后，为何极有可能发生盗贼蜂起、城市动乱和农村起义。然而，这个解释模型并没有提出社会动乱的特定模式，相反的，民众行为的具体形式取决于人口压力对于某一地区的资源分配以及潜在行动者之间的相互关系的影响方式。因此，可以想见，法国北部、西南部和英国农村的民众动乱具有不同的形式，这是因为每个地方的农民组织以及地主掌握的资源都不尽相同。与此相似的是，可以想见，中国西部山区的民众起义与长江三角洲水乡地区的民众动乱也具有不同的形式。地区差异和国家间差异都是这个解释模式的逻辑结果，依据这种解释模式，植根于人口变化的一些相似的原因，作用于各不相同的社会结构，就会产生各种各样的冲突形式。

第三，本书揭示出，国家重建的意识形态不仅是权力斗争的反应，也是全社会文化结构的反应。意识形态反映了那些能将社会变革加以概念化的有用因素。因此，欧洲社会（以及后来深受欧洲思想影响的那些非欧洲社会）因其线性和末世论时间观而具有世界末日的传统思想，这使得它们有可能通过创新来应对国家崩溃；而亚洲社会的时间观主要是循环观念，因此它们可能会通过保守性的国家重建来应对国家崩溃。就此而言，在这个问题上，尽管物质因素和思想因素在国家崩溃和国家重建过程的不同阶段里所起的作用有所不同，但同样发挥了主要作用。

以马克思主义历史观来看，本书的这种解释模式也利于解释清楚：较之欧洲而言，17 世纪之后亚洲的相对停滞并非“缺乏变革”造成的，相反的，这种解释模式将其视为变革的不同方向造成的结果，是亚洲各国对相似的危机做出的不同反应。在这方面，本书的这种解释模式意味着，哈布斯堡王朝的西班牙、奥斯曼帝国和中国王朝对 17 世纪的危机所做出的反应是极为相似的，这值得进一步研究。因此本书认为，欧洲和亚洲历史轨迹的根本差异出现得相对较晚，这种差异在 18 世纪时才出现，而不是中世纪或文艺复兴时期。就此而言，这种观点提前预示了“加州学派”(Wong 1997，Frank 1998，Pomeranz 2000，Goldstone 2008)于 21 世纪初开始的关于“大分裂”的讨论。

与此同时，我们可以期望的是：立足于各地不同的社会背景以及形塑革命意识形态的竞争激进化来探讨国家崩溃的后果，本书对革命意识形态的这种解释模式，有助于解释清楚为何中东地区最近对西方国家支持的专制独裁政权的反叛运动常常采取激进伊斯兰运动的方式。事实上，竞相获取民众忠诚的竞争导致极端化的激进主义以及相关国家的冷酷无情，这是合乎逻辑的，在叙利亚和伊拉克，国家的冷酷无情被视为对国家崩溃后的革命性国家建构的反应。

第四，在一个简化分析模型(政治不稳定的政治稳定指数模型)中采用的综合分析量化方式，清晰地阐明了在特定的几十年里发生国家崩溃的极大可能性。实际上，恰如图 2.5、图 3.3 和图 3.7 至图 3.9 所示，政治稳定指数模型有效地解释了英国革命、法国大革命以及 19 世纪法国和德国的几次革命，同时也有效地解释了 1660 年至 1750 年间的英国和法国、19 世纪早期的德国以及 19 世纪中期的英国为何没有发生国家危机。许多革命学理论试图解释危机问题，但是，这些理论甚至都没有尝试着去解释稳定问题。本书的解释模型 1 不但对“危机高潮”进行了解释，而且对政治压力的减少以及人口增长停止之后随之而来的国家稳定进行了解释。近年来，生态学家彼得·特钦(Peter Turchin)及其同事已经进一步阐明，人口—社会结构理论能够用于分析帝国的兴衰、国家间冲突浪潮，甚至可以用于分析美国历史中的社会动荡期和社会稳定期(Turchin 2003，2016；Turchin and Nefedov 2009)。尽管 25 年前本书提出的量化解释模型还稍显原始，但是事实证明，对于开创一种更为复杂丰富的历史动力学(cliodynamic)而言，这是一个有益的开端。

最后，本书采用的多重因果权变的结构分析方法指出了一种分析革命原因的不同路径，这种分析方法更倾向于将社会理解为一个复杂的实体，将革命视为一种复杂的事件，并以复杂科学的语言加以表述。在传统的研究方法中，社会稳定被认为是惯性状态，意即，如若没有什么异常事件发生，那么社会就会维持稳定、功能依旧。因此，革命必然是由一些扰乱了正常环境的“驱动因素”造成的。由此，学者们就会追问“革命的这些驱动因素是什么？”是经济因素、政治因素还是意识形态因素？能够将这些因素列举出来并作为独立的因果因素按其重要性做先后排列吗？这种分析方法提出了一个线性公式，即，革命是许多变化造成的结果，这些变化可以一一列举出来并分别给以离散系数：就是说，当通货膨胀加剧、社会流动增强、失业增加、国家债务增多这些变化达到一定程度，或者实际工资下降、人口年龄中位数下降达到一定程度，爆发革命的风险就会增加。

然而，本书提出的政治稳定指数却表明，爆发革命的风险并非线性的，而是乘数倍增的，它以简略的方式表明，许多因素之间的复杂互动才是革命发生的原因。这些因素中，即使有一两个因素有极大变化，爆发革命的风险也不会有很大增加，但是，如果这些因素中的许多因素即使变化很小但却是同步发生变化的话，革命也极有可能发生。

让我们提出一个概念图式来阐明这种解释模式的含义，根据人口—社会结构论的观点来看，社会并不存在惯性稳定，毋宁说，社会应该被理解为一个分形结构，某种程度的资源流动平衡在许多层面上得以重复完成，这样才能随着时间的推移维持这种社会结构。在一个封建制的社会结构里，支付粮食、服务或土地是为了换取其他服务以及忠诚，这种交换必须在小庄园、大庄园、各个省份以及王国这些层面上得以维持。在一个农业官僚制社会结构里，以实物或货币形式缴纳税收和租金必须在不同的社会层面得以维持下去，以便足够支付精英的薪水并提供相应的服务。另外，市场上的粮食和其他必需品、有偿的工作岗位和可供租赁的土地，其数量和价格必须能够满足全部人口以及各个群体的需要，必须能够招募到足够数量的受过训练的熟练精英，还需要保持这些精英对国家的忠诚。我们可以认为，国家是由三根主要支柱支撑起来的，这三根主要支柱是：国家的执行机构及其官僚队伍；管理经济和社会组织的精英；农业、制造业和服务业的从业工人。在面临一些侵蚀性力量的冲击时，包括人口波动和长期人口变化、技术和思想观念的变化以及外国的影响，这三根支柱的人员、薪水和忠诚必须能够得到连续不断的更新和维持。而且，这三根支柱必须要渗透到一个社会的各个组织化层面：城市、市镇和乡村、地区和各个省份以及国家政府。

因此，那些侵蚀或者削弱这些支柱的因素，不管是长期的还是短期的侵蚀削弱，都会破坏国家稳定，都是国家崩溃的影响因素。但是，我们无法穷尽这些影响因素，毋宁说，任何一些影响因素——它们可能随着历史时空而变化——都可能会损害这三根支柱。如果领导人能够积极有效地加以应对，那么尽管有这些侵蚀性因素，依然能够维持国家稳定，但是如果领导人放任这些长期或短期的影响因素破坏国家或地方政府，削弱全国精英或地方精英的忠诚，降低社会福利和社会各个部门的生产效率，就会导致国家不稳定。

在最近一项对国家崩溃（包括革命、民主逆转和民族战争）的分析文献中，一个由许多学者组成的跨学科研究团队，剖析了 1955 年之后全世界发生的一百多次国家崩溃事件（Goldstone et al. 2010）。该研究团队先用传统的线性因果研究方法，来分析数百个可能的因果变量，但是收效甚微。他们转而关注能够代表这三根支柱的强度的那些因素，而不是关注某些特定的驱动因素，这样，他们才成功地创建了一些解释模型，这些解释模型能够预测国家崩溃在何处以及何时会发生。这些解释模型包括精英整合度和忠诚度的评估模型（完全独裁制和完全民主制对比派系化的不完全民主制）、国家效能的测度模型（婴儿死亡率）、不同社会群体的社会福利差异（歧视）、深受多重国家崩溃折磨的某一个地方对其他国家产生的国际溢出效应。较之于那些使用许多截然不同的影响因素、将这些因素以线性方式简单堆积起来的解释模型而言，上述这四个因素结合起来更能有效地确定国家崩溃的发生率。

总而言之，我们最好不要把革命看作是由一系列削弱了社会的静态惯性结构的“驱动因素”所引发的，相反的，革命应该被视为社会的动态过程遭到破坏而导致的，这个动态过程是由再生产社会分形结构所必需的复杂的资源流动和平衡而得以维持的，社会分形结构由许多个体、群体、组织以及它们之间的内在关系构成。当这些内在关系开始扭曲或崩溃却又没有采取任何补救措施时，一个社会的持续稳定所赖以维系的结构和过程就会遭到破坏，国家崩溃就会随之而来，此后，依赖于群体间相互作用的一些特定结果就会受到影响，继而引发权力斗争，斗争的结果取决于意识形态环境以及由此而来的思想革新、物质力量的平衡以及该社会所遭受的国际压力。人口因素之所以重要，不仅仅由于人口变化是社会不稳定的确定性驱动因素，更是由于人口因素与社会关系、社会组织和收入流变这些维持社会稳定的因素以多种方式相互作用，持续的人口变化正是以这种复杂的方式导致国家崩溃的。

附加说明

有人可能会认为，这种观点几无新意。研究某些特定国家危机的一些学者，包括L.斯通（L.Stone 1972）、F.沃克曼（F.Wakeman 1975b）、W.兰格（W.Langer 1969）和T.S.哈梅罗（T.S.Hamerow 1958），他们早在数十年前就已指出，人口增长是国家危机的关键因素。人口统计学家、历史学家、社会生态学家以及一些政治学家（Keyfitz 1965；Hawley 1978；Moller 1964；Monter 1977；Matossian and Schaefer 1977；Herlihy 1980；G.Holmes 1986；Hirst 1986；Weiner 1971；North and Choucri 1975；Clinton 1973），也早就要求研究政治冲突的学生们更加关注人口统计学。当然，这个观点之陈旧至少可以追溯到柏拉图，柏拉图在《法律篇》中就已指出，节育会使社会更为稳定。亚里士多德在其政治著作中对这个观点做了更简洁的说明：“如果儿童的数量超过了财产的承受能力，就必然会产生[继承困境]……一大批人从生活舒适变成一无所有，这是很可悲的事情，经历过这种命运的人很难不成为革命者。”

尽管许多人都曾指出过人口的影响，但是对于人口究竟是如何精确影响政治的这个问题，他们却不甚了了。N.乔克里（N.Choucri 1974）曾对当前的政治人口统计学进行过调查，并抱怨道：“提出的观点往往互不关联、支离破碎，只是偶尔会有人尝试分析人口对制度的反作用，一直追踪到暴力行为……着重强调的是人口规模，其次才是人口的构成和地区分布……综合作用或者相互作用……却几乎没有人考虑到。”

在历史学家之中，法国的年鉴学派及其奠基者布罗代尔尽力将严酷的人口事实纳入主流历史研究之中，然而C.蒂利（C.Tilly 1984a，p.72）仍然评论道：“在分析人口变化或者将人口变化融入其解释体系这些方面，布罗代尔几乎没有取得什么显著的成就。”实际上，尽管法国年鉴学派历史学家以及英国和美国的历史学家都与《过去与现在》这个杂志有联系，他们也深入研究了人口变化对社会变化和经济变化的长期影响，但是事实上并没有任何人将人口的长期变化与诸如英国革命和法国大革命那样宏大的政治事件联系起来。如同G.西摩尔法布(G.Himmerlfarb 1987)和L.斯通以及其他一些学者抱怨的那样，研究人口、城市化、工资和物价变化、社会流动等等问题的“新史学”专家们，几乎没有注意到宏大政治事件的“旧历史”。

总而言之，人口对历史的重要性虽然经常被学者提及，但是，当我们分析对早期现代历史中的国家危机研究所取得的成果时，我们至多只会发现一些模糊的意见，我们还发现，更为普遍的是完全否定人口变化的重要作用。学者们还常常用总人口的增长来衡量人口变化的影响。我曾竭力阐明，人口增长的间接效应和边际效应——物价通胀、无地人口和失业者的数量变化、城市移民以及年轻子女的成活率——这些因素的重要性数倍于总人口的增长。另外，这些间接效应和边际效应常常相互作用，如果仅仅考察总人口，我们就无法体会和理解它们对国家财政、社会流动、收入分配以及民众动员潜能的影响。我希望，关注人口增长的长期效应，特别是各种因素相互作用的效应，将在今后的早期现代史研究中发挥更大的作用。

我不希望这种观点太过僵化或太过宽泛。恰如J.R.T.休斯(J.R.T. Hughes 1968)所言：“对于那些成熟而又谨慎的历史学家来说，可能没有任何事情比用一种单一原因论来解释一个长期、复杂而曲折的历史事件更为草率的了。”本书的观点可能也有许多草率之处，但是，我已经尽可能清楚地阐明，本书的观点并非单一原因论模式：仅凭人口增长本身并不会造成确定不移的结果。引发危机的，是人口增长与特定的社会制度、政治制度和经济制度的相互作用。在具有不同制度的国家，恰如德川幕府时期的日本所揭示的那样，人口稳定而非人口增长同样能引发国家危机。因此，如同我反复陈述的那样，本书并非是为国家危机的人口解释模式辩护，而是要为人口/社会结构解释模式辩护。

这个解释模式也没有断言已经解释清楚了革命危机的所有问题，它不过是提出了一种解释,力图解释清楚的是,16 世纪晚期到 17 世纪中叶、18 世纪晚期到 19 世纪中叶,为什么许多国家发生某种严重国家危机的可能性特别大,而在两个时间段中间时期发生严重国家危机的可能性却不太大。为了解释清楚为什么特定个人或特定群体会做出特定的行为,我们必须求助于每个危机的可能的特殊细节。对这个解释模式的局部细节要求越高,这个解释模式的价值就越小,对局部细节进行解释的必要性也就越大。这个解释模式的价值存在于相反的地方:解释的问题越宏大,这个解释模式就越有价值。因此,如果人们想获得下列问题的解释说明:英国革命为何与法国福隆德运动以及明朝的覆灭同时发生;路易十四时期欧洲各国为何会出现国家间的军队大混战与国内稳定的同时并存;19 世纪里,尽管出现了国际和平,但欧洲、奥斯曼帝国和中国为何会遭受国内起义的重大打击,要回答这些问题,根据目前的局部研究详细资料,人们只能达到目前的这个程度。如果要问 17 世纪 40 年代的英国和中国为何都发生了"均平"运动,如果要问财政危机、宗教异端、"发现贫困"以及高度的社会流动为何频繁发生于欧亚各国,局部性解释就无能为力了。人口/社会结构解释模式则可以为这些问题提供答案。在这方面,这个解释模式可以帮助我们理解现代早期的世界史。

但是,历史并未终止于 1850 年。许多现代问题都有其历史根源,从历史研究中获得的深刻见解可以为现在的困境提供指导。

人口增长:福兮祸兮?

关于人口理论,有一个由来已久的争论,即,一个社会是否存在着一个"理想的人口规模"、人口增长对于社会福利是有利还是有害。关于这个问题,曾产生过从马尔萨斯到凯恩斯这类著名的悲观主义者,也曾产生过一些著名的乐观主义者,最近的是朱利安·西蒙(Julian Simon)和埃斯特·博斯拉普(Ester Boserup),他们重申了迪普雷尔(Dupréel)的观点:"人口增长是有利的,因为它增强了竞争力并刺激了个人的主动性,因此,人口增长是文明和发展的决定性因素。"(引自 Overbeek 1974, p.118)

乍一看去,本书的观点似乎带有悲观论色彩,因为早期现代历史中的人口增长与民众贫困、精英的派系分裂乃至国家危机都有着极大的联系。

但是，这种看法太过简单，也误解了我们对这些历史事件的描述。真正有趣的事情并不是由人口变化决定的，我们不能把人口变化视为独立的单一变量，而是由一系列平衡关系决定的：人口与农业产出之间的平衡关系、精英岗位与合格的精英职位追求者之间的平衡关系、国家税收收入与国家支出之间的平衡关系。破坏这些脆弱的平衡关系并导致社会秩序崩溃的，并不是人口增长本身，而是人口增长超过了现代早期的经济制度、社会制度和政治制度的吸收能力。早期现代历史的教训，并不是说人口增长是坏事情，而是说僵化的社会结构才是坏事情，至少可以说，这些制度在持续的人口增长面前已经变得极不稳定。

那么，关于发展中国家紧迫的人口增长问题，本书能够得出什么样的政策含义呢？人口增长会导致持续的政治动乱吗？

答案是，人口增长很可能会导致政治危机，但并非必然。本书的观点可以分为两个部分。其一，引起国家危机的先决条件理论，由复合危机模型延伸而来。这个理论认为，只有当社会各个组成部分——政府、精英和民众——都同时遭遇高度的压力和冲突时，才有可能发生大规模的国家崩溃。我们用政治压力指数方程式对这种危机进行实证分析，既关注国家财政压力的变化、精英循环和精英竞争(包括精英循环和精英位移)，也关注民众动员潜能。这三个因素的持续上升与国家崩溃有内在联系；两个因素的上升就能造成国家危机，并导致重大的改革或者温和的国家崩溃；任何一个因素单独上升都不可能终结旧制度。这个理论可概述如下：高度的政治压力意味着国家危机的高度可能性。其二，限制性历史理论。这个理论试图解释的是，1550年至1660年以及1770年至1850年这两个历史时期里，欧洲和亚洲大多数国家的政治压力指数为何会上升到很高的水平，这种解释依赖于人口与制度之间的相互作用。

由于这两个部分在逻辑上是各自独立的，我们通过两个问题来分析当代的人口增长和社会动乱问题，这两个问题是：在当代世界，人口增长有可能提升政治压力指数吗？还有其他力量能够提升政治压力指数，乃至更令人不安的是国家崩溃还有其他原因吗？

在早期现代世界里，人口增长对于那些农业社会是一种威胁。恰如E.盖尔纳(E.Gellner，1983)指出的那样：“看起来，农业社会与其前辈[渔猎—采集社会]及其后辈[工业社会]都不相同，农业社会是马尔萨斯式的。”现在，尽管许多发展中国家仍然有着大规模的农业经济，但它们绝不再是纯粹的农业社会，就是说，每个国家的财富、政治权力和军事力量更多的要依赖于资本、技术、信息的获得，也常常要依赖选举制度的支撑以及外国的帮助，纯粹的土地拥有量已经退居其次。如果不能进入外国市场和城市市场，没有资本来购买机器、化肥、燃料以及交通工具，占有大量的土地现在几乎毫无价值。如果不能加入全国性政党组织，大地主至多只能成为地方首脑或者老板，小农和佃农至多只能成为桀骜不驯的地方势力。运用于农业、工业生产、交通和通讯上的技术进步使得早期现代世界的技术相形见绌，因此，如果现代社会能够充分利用各种资源来吸纳人口增长的话，人口增长并不一定会颠覆现代社会。

在这些条件下，人口增长是否会破坏那些维持社会稳定的关键平衡，这个问题与政府政策、资本的有效性以及地方组织有着极大关系，与简单的人口数字和土地数字则关系不大。有些国家曾经经历过快速的人口增长，但是随后却开启了民主转型，人口出生率下降，这些国家已经享受到了“民主红利”(Gribble and Bremner 2012)。在这个过程中，人口快速增长的时期里曾经产生了一大群青年人口，如果这批年轻人能够接受教育，也有资本来获得较之其父辈更高的生产率，那么，人均产出就会快速提高。如果将来的青年人口变得更多，那么这些收益将会烟消云散，用于弥补更多的青年人口所需的住房、衣食和教育成本。然而，如果人口出生率下降，在具有高生产率的那代青年潮之后出生的那一代人，其数量没变或者仅有小幅增长，这样就不需要增加许多投入来满足新生代年轻人的基本需求，那么，人均产出提高所带来的收益，就能够投入到可以更大幅度提高现在以及下一代人生产率的那些事情上面。一旦这个进程展开，那么，较之以往而言，适龄劳动人口占总人口的比例就会大幅度提高，如果再能兼具合理的经济管理与劳动生产率投资的政府政策，就会带来政治稳定和快速的经济增长。

然而，在面对人口增长时，并非所有的政府都能制定如此合理的政策。造成资本流失或使得资本集中的效率下降的任人唯亲以及贪污腐败、以牺牲农村基础设施和农村经济为代价的城市投资政策以及价格剪刀差，这些都有可能制造出类似于17世纪和19世纪的简单人口增长所造成的、使得贫困农民具有高度社会动员潜能的各种条件。与此相反的是，那些能够创造出一个具有较高资本化、较高生产率的国内农业的政策，那些能够为农业部门提供就业、为世界市场和城市经济部门提供食物和原材料的政策，就能够应对快速的人口增长。明治寡头政府时期的日本、1955年至1985年的韩国，是这些国家的好榜样，这两个国家也经历过快速的人口增长，但是，它采取的上述后一类政策成就了持续的经济发展（Nishikawa 1986，p.426；Macpherson 1987）。

发展政策常常以人均国民生产总值为核心。然而，这种狭隘的经济方法并不一定能够成功地降低政治压力指数，因为政治压力指数并不单单是事关社会总财富的问题。我们已经看到，遭遇国家危机的那些民族国家和帝国，都曾出现过下列问题：收入分配的两极分化、令精英惶惶不安并使其分裂的高度社会流动、国家无法获得足够的资源以应对不断增加的实际支出。例如18世纪的法国，其人均国民生产总值曾有所提高，但是法国那落后的农业经济部门、收入分配和税收制度存在的问题，仍然引发了国家危机。因此，如果希望国家发展政策有助于减缓政治动荡、促进社会发展，就不能仅仅局限于提高人均国民生产总值。

尽管如此，成功的经济政策也可能导致革命的发生，这个鲜明的教训，得自于最近以来阿拉伯世界的革命浪潮。非洲一些最贫困的国家，曾经经历了数十年内战，这些内战来自种族冲突和数不胜数的军事政变，而这些冲突和政变源出于军队冲突和平民冲突以及精英之间的权力斗争。但是，经历了2010年至2011年革命浪潮的，却是北非（以及中东）那些较为富裕的中等收入国家。

甚至在一些非常贫困的国家里，只要政府能够从商品生产、外国援助或者其他途径获得足够的财政收入，足以换取一小部分有凝聚力的精英的忠诚，就能够维持国家稳定。如果一个社会变得越来越复杂、政府承担了更多的责任，比如提供消费补贴、支撑更为庞大的官僚机构和军事机构，才更有可能发生财政短缺和债务问题。当中产阶级的人数增长、要求分享权力和向上流动的人数增加，因此精英的凝聚力遭到削弱的时候，精英们才有可能发生重大分歧。当更高的收入导致教育扩张尤其是高等教育扩张、并伴随着大众传媒扩张的时候，跨阶级和跨地区联合以及民众动员的基础就会增强。因此，经济发展之所以会损害社会稳定，并非因为“现代化”这个宏大问题必定会导致国家的功能障碍或者定向障碍（比如Huntington 1968；Johnson 1966；Smelser 1963），而是因为，经济发展会创造出各种条件，在这些条件下，如果政府和社会机构依然僵化封闭或者腐败，那么，政治压力指数中的某些特定构成因素，即政府的财政紧张、精英分裂和民众动员潜能就会增强。

特别要注意的是，给统治者的亲信带来“蜜罐”的那些外国投资或外国援助如果没有惠及其他精英，或者得自教育的收益很大却没有对就业机会进行补偿性重构，那么社会不稳定也会趋于提高。历史已经清楚地表明，如果社会制造出一批新的具有专业技能的受过教育的精英，却没有给他们创造出丰富的政治和经济机遇，这在政治上是危险的。

在许多第三世界国家里，快速的人口增长业已产生了两个极其重要的政治效应：快速的城市化、新一批专业人才和管理精英的人数增长。极端的城市化反映出普遍的经济偏见，即，经济发展政策、物价政策和外国投资给城市增加的经济机遇远胜于农村（Bates 1981；Kelley and Williamson 1984；Bradshaw 1985）。不幸的是，这种快速城市化对政府在提供服务、政治组织与政治控制、保障城市居民就业等各个方面的能力造成了沉重压力。在此情形下，持不同政见的精英们可能会准备动员起来发起反政府运动。1979 年的德黑兰和马那瓜（尼加拉瓜首都）就具有这种可能性——就政治中心的民众动员来说——恰如 1789 年的巴黎或者 1848 年的维也纳和柏林。

如同 19 世纪欧洲一样，在各国官僚机构膨胀、大学里挤满了公职候选人的那些历史时期里，很可能就会激起声势越发浩大的、向上流动的中产阶级和专业阶层的不满情绪。2011 年 1 月在埃及解放广场上的示威者主要是学生和政府职员（Gunning and Baron 2014），他们灰心丧气，原先的就业和晋升之路已经拥堵不堪，由于国家财政吃紧以及亲信政治，这条路已经极其有限甚或已经彻底封闭。

这里，我们又一次看到，人口变化带来的问题并非仅仅只是人口数量或者人均收入问题，更重要的是，人口变化带来的问题源自人口变化对政治和经济结构产生的影响。早期现代国家之所以未能处理好人口增长问题，是因为它们的经济、财政和社会结构——植根于简单的农业技术、贵族身份和政治制度——缺乏足够的弹性以避免或者化解那些由人口增长造成的冲突。现代国家极少有这种简单的经济制度和传统的身份制度以及由此而来的种种约束，因此，现代国家常常能够容纳人口增长，问题在于，在既定的时间里，这些国家是否能够采取那些行之有效的政策措施以应对人口增长。

有利于国家稳定的那些原则十分简单：不要采取那些超过经济制度和税收制度预计能够承受的债务依赖性财政政策；不要采取那些激励城市增长却超越民间组织能够供给相应住房、服务和就业的经济政策；不要采取那些培养了很多大学毕业生却超越国家和经济承受能力、因而无法赋予这些毕业生以严肃责任的教育政策；不要采取那些将人数和财产蓬勃发展的新兴群体排除在权力之外的政治政策。有些国家之所以常常未能贯彻这些原则，是因为统治者出于短期利益或者某些特殊精英出于获得借款的需要，才青睐城市的快速扩张，才实施教育扩张，或者才试图垄断权力。问题在于，从长远来看，这些短期的、因而也是短视的政策会破坏政治稳定。当权者如何权衡政策选择的短期效应和长期效应，对于政治稳定能够维持很短时间还是很长时间而言，常常是一个关键因素。（我应该指出，这段话与本书 1991 年版本没有多大变化，但是很清楚的是，在过去的 25 年里，这些教训并没有被吸取，因为从 1990 年至 2010 年，许多阿拉伯国家的政府并没有落实这些原则。）

这些原则并不仅仅只是事关经济扩张或经济发展，人们能够发现，有些国家虽然经济发展停滞，但遵循了这些原则，因而依然能够保持政治稳定，只是经济上一潭死水，比如北朝鲜；有些国家经济上生机勃勃，但并未遵循这些政治稳定原则，因而遭遇了国家危机。近年来的案例，是 1979 年的伊朗伊斯兰革命和 2010 年至 2011 年的阿拉伯革命，尽管这些国家当时的总体经济增长十分强劲，但是，许多精英和民众团体却转而反对政府当局，从而导致了国家崩溃。

事实上，2010 年至 2011 年的阿拉伯革命，十分切近本书所阐述的革命解释模式。如同我在别的文章里更加详尽揭示的那样（Goldstone

2011b, 2014),这些国家的预算——在它们处在国家社会主义的时期里已经有所增加,用以补贴食品、燃料和其他生活必需品——由于人口增长和城市化的影响已经十分吃紧,因此到20世纪90年代,许多补贴已经减少或取消。在埃及,一个非国家的组织“穆斯林兄弟会”已经开始涉足社会服务的供给。这些阿拉伯国家经历了大学生招生的极度扩张,但是毕业生的就业机会却没有相应增多,因此就出现了社会流动受阻的典型情景。由于统治者实行亲缘资本主义,精英们也分裂了,与军队的关系也疏远了。城市化的急剧扩张、青年人口的快速膨胀以及很高的失业率、中下收入民众生活水准的停滞或下降,这些都会提高社会动员的潜能。总而言之,人口长期持续增长以及制度体制未能作出有效应对,会导致国家财政吃紧、严重的精英分裂以及社会动员潜能的提高,这些因素恰恰是国家崩溃和革命得以发生的基础性条件。

与之相反的是,在1990年到2010年经济快速增长的时期里,中国领导人限制城市化的发展速度以及大学扩张的步伐、避免债务负担过重、欢迎那些成功的企业家加入共产党的队伍里,这都符合上述国家稳定的那些原则,从而实现了快速的经济增长和政治稳定。然而近年来,中国坚持这些正确政策的能力出现了一些问题,公司债务快速增加、持续的城市化及其对城市吸纳能力的挑战(户口制度)、精英职位谋求者的挫败感以及权力集中的发展,都可能是国家不稳定的前兆。

西方的崛起

世界上许多国家仍然在努力追赶西方的经济成就。虽然也有极少数国家已经建立起稳定的自由民主制度,但是许多国家仍然只是在嘴上动听地宣扬个人自由和民主政治制度理念。

西方为何与众不同?关于“西方的崛起”,标准的说辞是,西方经历了真正的革命——特别是英国革命和法国革命——因而得到了自由民主制度并打破了阻碍经济发展的那些传统障碍,此外,这种说辞进一步认为,西方是世界上第一个建立起工业经济的地区,这就可以解释其经济成就;然而不幸的是,西方的崛起是通过资本主义组织方式实现的,这会加剧社会冲突以及对工人阶级的剥夺和剥削。

这种说辞是错误的。恰如我们指出的那样，革命产生的结果往往不是民主而是专制，西方民主的发展是经由三种因素综合作用而形成的：(1)边缘精英主张的长期改良和广泛的政治参与观念；(2)导致中央政府声名扫地的军事失败和被别国占领，锻造了赞成共和制度的广泛精英联盟，并使自由思想有机会结出果实；(3)改革立法制度，以扩大选举权并保障个人权利和自由。[1]认为革命与自由有关系的看法，只是一种错觉，这种错觉之所以能够出现，原因在于，革命给边缘精英带来了极大的机会，激励他们创造并宣传民主思想。然而，绝大多数革命都没有坚持多少年这些民主思想，此后即屈服于暴政，对此，我们或者视而不见，或者认为这是令人遗憾的“偏差”。

此外，没有证据证明 1640 年的英国革命和 1789 年的法国大革命曾对扫除经济发展障碍发挥了作用。1640 年的英国革命并没有改变英国的社会结构、财产所有制，也没有改变英国经济组织的法律基础。1789 年的法国大革命统一了法国的行政管理制度，取消了国内关税，但是，法国经济发展的基本障碍，是气候、土壤和交通运输对法国农业发展的制约以及劳动力附着于土地之上。法国革命使得后者更加恶化，而前者则未受任何影响。1806 年至 1812 年间普鲁士的改革运动以及 1834 年的关税同盟，比西方的任何一场革命都能更有效地促进经济发展。

最后，关于强大民族国家的崛起这个重要问题，标准的说辞几乎没有注意到社会宽容的增进和避免僵硬的文化一致性这些因素在经济成功中发挥的作用。对西方的崛起发挥了决定性作用的，不仅仅是经济发展，也包括创新。民族文化宽容个人自由、允许自由思考社会和经济组织方式的那些国家，创新就会兴旺发达，而强制推行民族正统文化、拒绝宽容的那些国家，相对来说创新就显得十分稀少。

我认为，这种标准说辞不仅是错误的，而且也是悲剧性的。这是因为，这种说辞一旦成为指导思想，就会欺骗数以千万计的民众。在整个 20 世纪里，寻求用更好的民主制度取代传统专制独裁政权的人们，曾经相信过革命；寻求发展经济同时要避免社会冲突的那些国家，曾经相信过国家社会主义并背离了资本主义。因此，许多社会都曾遭受过这两个世界里最为深重的灾难，它们付出了巨大努力，换来的只是专制独裁政权以及经济发展的停滞。

西方的成功，在于两个因素的共同作用，这两个因素都是以复杂而又渐进的方式产生的：基于宽容、广泛的公民参与以及保护个人权利基础上的个人自由；资本主义经济组织。如果没有个人自由和宽容来为经济创新和社会创新提供机会，即便是以财产私有制为基础的经济体——比如清朝时期的中国、奥斯曼帝国和波旁王朝的西班牙——也仍然是僵化而又停滞的，而不可能是富有活力的。如果没有资本主义，经济组织就依然只能是效率低下、无法应对变革要求。自由和资本主义的结合，这是一个国家长期不间断成功的必备要素。

追溯自由和资本主义的发展史，这已经超出了本书的研究范围。[2]但是，即便是根据本书对国家危机的起源和动力问题所做的主题较为狭小的分析，也能清晰地揭示出，国家崩溃不可能获致自由，国家危机之后试图由政府来控制正统意识形态、而不是宽容人们的良知和自由，这极有可能会阻碍而不是促进经济发展。许多国家都采取了意在赶上西方经济成就的种种政策——革命之后由政府来控制文化和经济——这是极端错误的，其失败也是可以预见的。采取与之相反的政策——实行政治改革以扩展广泛的政治参与、保障个人权利、容许文化多元化、让资本主义组织发挥支配性经济作用——则国家发展前途远大。

美国的衰落

[注：这部分内容完全出自 1991 年版，尽管看似令人难以置信，但是，过去 25 年间发生的许多事情恰恰符合并证实了下文的分析。]

具有讽刺意味的是，正当上述这些观念得到越来越多的认可之时，作为践行这些观念之模范的美国却苦恼于一些衰落的征兆，有些征兆与我们对国家危机的上述分析十分类似：政府债务不断增加、收入差距不断扩大。本书的分析能够解释这些问题吗？

有些人会用保罗·肯尼迪(Paul Kennedy 1987)国家竞争模型的过度简化版来分析美国病，他们认为美国病源于过度的国际军事行动，或曰“帝国的过度扩张”。但是这种简单的观念会导致错误的结论，即便用以分析过去也会犯错。有人认为，帝国的过度扩张——即一个国家所采取的行动超出了自身的资源承受能力——是早期现代国家衰落和崩溃的根源，但是这种看法是极其错误的。过度扩张可能适用于特定指挥官发起的一些战役，比如拿破仑远征俄国，但过度扩张并不是颠覆了长久统治的早期现代君主制国家的那些危机的原因。我们业已指出，17世纪的英国、奥斯曼帝国和大明王朝的国家崩溃以及18世纪法国的国家崩溃，都是源于财政危机、精英分裂以及不断增加的社会动员潜能。但在上述每个国家里，在其危机之后的几十年间，这些国家都极大地扩大了国家权力和国际影响。克伦威尔的海军从荷兰手中夺取了海洋，而这是斯图亚特王朝没有做到的；奥斯曼帝国在1689年再次威胁维也纳，并于1711年击败了俄国的彼得大帝；大清帝国的疆域和人口很快就超过了明朝；拿破仑帝国的疆域也远超波旁王朝最大的梦想。如果英国斯图亚特王朝、奥斯曼帝国、中国明朝和法国波旁王朝的领土扩张都已超出了国家能力，那么它们的继承者何以能够很快就恢复甚或超过原来的疆土呢？

自私的精英与国家的衰落

答案在于，这些政权的垮台是因为它们对国家资源使用不当。效率低下的低税收体制未能在国民财富中征收到更多的财政收入，我们曾经指出，17世纪的英国绅士减少了自己的应纳税额，享有特权的法国贵族和资产阶级精英可以不交租税，奥斯曼帝国的富豪权贵将其土地转变为瓦克夫（寺庙土地）或者麻力堪（长期租赁地，近似于私有土地），中国官员对依附者和亲朋故旧的土地加以荫庇。精英们这些抵制或者逃避税收的持久措施，规避了大量税收，造成了巨额的国家债务，并削弱了国家应对国内需求和外部威胁的能力。窘迫的国家财政也制约着国家支付官员薪水的能力，导致腐败以及官僚职位的频繁流转。

简而言之，处在衰落过程中的政权，其面对的关键困难是自私的精英。同一时代里一些最富裕的国家之所以也会遭遇财政危机，是因为精英们宁愿保护自己的私人财富，甚至不惜以损害国家财政、公共服务以及长期的国际影响力为代价。当然，我所说的“自私的精英”并不仅仅只是指精英们渴望维持在财富和权力中所占的不成比例的份额，这种野心是普遍存在的。我愿意强调的是，在历史的某些时期里，精英们将自己的利益与民族国家利益和社会公众福利区分开来，他们愿意为扩张国家和政府的影响力与资源而接受沉重的税收，而在另一些时期里，特别是在由通货膨胀和不断加剧的精英社会流动和精英内部竞争给精英造成不安全感的时期里，精英们就会分化为各个竞争性派系，这会推动精英们以牺牲对手为代价而自肥，即便这种行为意味着国家用以解决民众贫困以及用于国际竞争的资源有所减少。[3]

另外，处于衰落过程中的政权还深受精英派系争斗的困扰，这种派系争斗使得政策制定陷于瘫痪。声望和权力之争压倒了寻找一致接受的方法来解决财政问题和社会问题。在英国议会里的绅士之间、在法国的三级会议和国民议会里、在奥斯曼帝国官员之间、在中国的士绅之间，党派偏见压倒了一致意见，造成了灾难性的后果。

令人十分惊讶的是，就国家财政和精英态度来说，今天的美国正沿着导致早期现代国家走向危机的那种路径而前进。如同过去一样，无法继续维持国际影响力只不过是国内严重衰败的征兆。

例如，美国精英内部缺乏一致意见，这实际上已经妨碍了为应对不断增加的联邦财政赤字而采取的种种努力，也削弱了在许多外交政策以及国内政策制定方面的国家行动能力。在最近十年里以压倒性多数通过的唯一的一致意见（历史已经告诉我们，这个意见恰恰是最具灾难性的）是，私人消费应该优先于所有公共消费、应该强烈抵制把税收提高到足以保证政府履行其职责的实际水平的这一做法，因此，美国的政府债务越来越多，只能依靠举借外债勉强维持。

一些早期现代国家曾因缺乏足够的税收而不得不依靠举债，这些国家的历史恰好可以使我们预判这类做法的结果：某些精英的私人财富越来越多，而支撑经济发展的基本公共服务——小学和中学、机场、火车、公路和桥梁——却遭到忽视、不堪重负、退化衰败。而且，公职人员的工资比私营部门中同等人员的工资少得可怜，年产值 1 500 亿美元的汽车公司的执行总裁一年可以挣到 2 000 万美元，而在公共部门，国防部长这个每年掌握 6 000 亿美元经费的执行长官，其年薪仅有 20 多万美元。[4]低级公职人员的薪水按比例减少。《1984—1985 年行政、立法、司法部门工资调查委员会调查报告》指出，从 1969 年到 1985 年，公司高级管理人员的实际收入增长了68%,而联邦高级官员的实际收入则下降了40%。因此,官员们会屈服于某些隐秘的(有时并不隐秘)腐败形式,将其公职作为谋取报酬丰厚的私营部门工作的跳板。在总统新近任命的高级政府官员中,有三分之一的官员任职时间为一年半或者更少;这些高级政府官员平均的公职服务时间为两年。这种情况将使得敬业精神、行政经验以及致力于公共服务的奉献精神不复存在。

近年来,人们普遍哀叹公共生活中的道德缺失。但是,指望公职人员去从事那种只能拿到相当于其职责和才能5%—10%的薪水的工作,人们该如何判断这个社会的道德呢?我曾经看到过现代西方人取笑中国官僚制度的一个故事,他们笑话这种官僚制度支付给官员的工资少得可怜,指望他们获取私人捐赠来维持生活,作为回报,这些官员要利用其官场影响力为捐赠者牟利。但是,20世纪80年代的美国在对待高级官员方面又有何不同?

因此,美国带着几个明显的问题进入了20世纪90年代:破坏了达成政策一致意见的精英派系分裂,对实际可行的税收的普遍抵制,过度依赖举债,个人收入的两极分化,同时,用于公共服务以及支付公务员薪水的资金严重不足并因而丧失了支撑经济发展的能力。美国衰落的关键因素,并不像人们有时候描述的那样是美国制造能力的衰退或者美国外交力量的衰退,也不是巨大经济灾难的威胁;与之相反,关键的因素是公共习俗和公共服务的逐步衰败。这种衰落会削弱支撑了20世纪前75年美国经济发展的那些社会基础和基础设施。这种情况如果不加阻止,可以肯定的是,其长期结果是生活水平的相对下降、决策自由的衰退以及美国相对于其他工业化国家的国际地位的相对下降,这种长期结果目前已经稍有显现,今后十年间将加速显现。那么,这种困境是如何形成的呢?

部分答案仍然在于人口:美国"生育高峰"的影响。1950年至20世纪60年代早期这十几年间出生的人口数量极大。经济学家们就这种人口高峰的经济影响进行了广泛的辩论。然而,只需指出两点就足以澄清近年来的争论,其一,劳动力的增长会阻碍实际工资的增长,因为公司会认为用劳动力代替资本是明智的选择,因而也就延缓了投资。其二,投资增长的减缓以及随之而来的人均资本的下降会阻碍劳动生产率的提高。很简单的是，这就意味着国际竞争力的下降以及人均经济增长率的下降。与此同时，经济规模的全面扩张以及高峰期人口的长大成熟，会使极少数幸运儿极大地增加了经济机遇，因此，少数成功人士会获得非同寻常的收入，而大多数高峰期人口则会发现，他们很难维持父母那样的生活水平，更不要说超过父母的生活水平了。随着高峰期人口进入劳动力市场并竞相争夺晋升机会，紧张的经济状况使得他们之间的竞争越发激烈。因此，在其他条件都相同的情况下，可以想见，这些人会致力于自身的向上流动，而甚少关注投资和税收对于公共福利（比如教育和基础设施）的支撑作用，这种用于公共福利的投资和税收有助于未来的数代人，但却会稍稍减少他们自己的即期消费水平。因此，人口高峰期之后的美国已经出现了类似于遭遇人口暴增压力的早期现代经济的那种综合症：收入两极分化、实际工资停滞、不愿纳税、为了个人的荣华富贵而进行的激烈斗争。

1960 年之后，呼吁联邦政府在各个领域采取行动的要求越来越多：支持教育、科学研究和卫生保健；保护环境；强制实施劳动安全措施、药品安全措施、保健品和食品添加剂安全措施、生活消费品安全措施；禁止销售和使用麻醉毒品；为穷人提供“安全保障网”；扶持经济拮据的家庭农场主；援助联邦政府和地方政府；为全国交通运输提供款项并妥善管理，包括高速公路建设、机场管理、为铁路和公共交通工具提供补贴；为极大扩张的邮政服务提供资金；扶持国家统计、天气预报、图书馆和信息服务；为私人贷款、津贴、抵押贷款以及储蓄制度提供各种担保和补贴。所有这些服务，既要为 1960 年至 1987 年间已经增长了 39%的人口提供帮助，还要解决不断增加的老龄人口的社会保障问题、国防问题以及援外问题以保障并提高美国在一个越来越复杂的世界里的国际安全。简言之，对联邦政府的实际要求已经极大增加了。然而，从 1960 年到 1987 年，联邦政府的收入占 GNP 的百分比不但没有提高，反而有非常轻微的下降。[5]因此，我们发现了一个类似的模式——尽管对国家的要求不断增多，但政府税收收入在国民财富中所占的比例却在下降。结果就是联邦政府的财政赤字以及公共基础设施越来越无法满足国民的需要。

这些趋势和态度可能是美国政治短期化的信号，也说明人口高峰期后出生的一代人具有不同的价值观。然而不幸的是，鉴于目前美国政治中的多数派——自我关注、要求国家提供服务却又抵制税收——支持的国家政策造成了越来越多的巨额债务负担，下一代人将在协调国家资源与国家责任方面面临大量的问题，而不管其价值观如何。除了不断增加的政府债务之外，对水资源问题、燃料问题和交通基础设施问题、源自美国武器研发计划的放射性污染物的不断增加问题、美国银行体系以及其他为私人贷款和津贴提供国家担保的体制问题的忽视，已经给目前资金不足的美国政府履行其义务留下了数千亿美元的缺口。

此外，严重的税收不足以及公共服务和基础设施的衰败一旦开始，就会越发不可收拾。由于城市中心越来越不安全，较为富裕的精英们就会迁居到单独的——甚至有私人力量保卫的——居住区；由于学校越发破败，中产阶级和上层阶级就会把他们的子女送到私立学校去；由于公立医院越发破败，富人会到私立医院治病；由于公路越发破旧，有人会打算修建私人收费公路。所有这些趋势会造成这样一种情况，即经济上富有的人会感到不得不抵制税收，以便使自己能够有财力生活在更加封闭的社区里，并能够把子女送到私立学校接受教育；而且，他们会越发不能容忍税收，因为他们已经不再消费由这种税收所提供的公共服务。他们对税收的高度抵制就会造成政府资金的严重不足以及公共服务的恶化，而这又会增强私人替代这种趋势的加速循环。长此以往，结果是政府信用的丧失、更加严重的两极分化和社会分裂、个人失去社会成员感。这种趋势一旦开始蔓延，对私人消费的赞美以及对公共部门的诋毁将会获得根深蒂固的动力，这种动力会大大超越这种发展趋势起初具有的价值取向。由于这些原因，政府债务的不断增加以及公共服务的不断衰败将很难扭转。

现代早期的一些国家政权，其基础是狭隘的帝王权力或国王权力、传统的等级制度、相对僵化的农业经济，传统等级制度吸纳新精英的能力十分有限，因此，现代早期国家应对精英冲突和财政压力的能力也就极其有限。更糟糕的是，早期现代政府及其精英们往往并不理解他们的社会到底发生了什么变化，他们常常互相指责对方要对社会病症负责，而这些社会病症是由不断增加的人口和经济收入减少所造成的。

美国具有良好的制度灵活性，也有可观的选择余地。早期现代国家的国家崩溃和国家重建，往往要改变传统的税收制度、更新精英招录制度并废除等级制度、恢复人口与生产之间的平衡，美国可以通过选举、立法和创新实现这些目标。此外，美国面临的问题十分轻微，美国面临的并不是国家崩溃的威胁，而仅仅只是在国际上失去相对经济地位和政治影响力的威胁。然而，必须指出的是，美国人尚未普遍理解目前面临的各种问题。

人口老龄化与即将到来的衰落

美国人并未理解危机即将到来，一个明显的征兆是关于联邦财政赤字和社会保障预算的争论的实质问题。这个问题常常被作为一个会计问题提出来——美国应该有财政赤字吗？美国需要省下多少美元或者多少债券才能保证 21 世纪的社保申请者领到保障金？然而，这些问题都忽视了一个明显的事实：清偿财政赤字以及为生育高峰期出生的儿童们提供安全的退休金，这主要取决于未来美国的生产情况。**除非美国经济能够生产出足够的商品和服务以供社保金领取者购买，否则，对于政府公债的持有者和社会保障金领取者来说，不管手里有多少美元，都是毫无用处的。**

如果退休者领到的社保金只能购买到极少的商品和服务，那么，社会保障支出将造成灾难性的通货膨胀，而不会带来舒适的退休生活。因此，财政赤字和社会保障金问题并不是“节省”问题，而是生产问题；下个世纪里要过上良好的生活，并不取决于能够在各种账户里储存多少美元，而是取决于美国经济能够生产出多少可供购买的商品和服务。

我们可以通过美国生产力的发展情况来更为精确地分析美国之所需。1989 年，美国劳动力为 1.19 亿，他们要供养的退休人口为 2 760 万，因此，工作者和退休者的比例为 4.3∶1，30 年后的 2020 年，当人口高峰期的那一代人已经退休的时候，预计工作者和退休者的比例仅有 2.7∶1（2016 年 9 月，领取社保金的美国人，包括残疾人在内，共有 6 578 万，与此同时，雇佣工人数量为 1.52 亿，两者比率为 2.3∶1，因此，情况比预想的还要糟糕［美国劳工统计局 2016 年数据；美国社会保障局 2016 年数据］），那么，单单是维持今天的生活水平，2020 年每个工人就得多生产 59%的产出以满足他们自己和退休者之所需。因此，年龄结构的改变将造成下一个 30 年里的人口老龄化，仅维持现有生活水平，人均生产率就需要提高 59%，这就要求生产力年均增长 1.6%，稍微少一些的话，就会必然会造成生活水平的下降。[6]

从 1973 年到 1988 年，美国的生产率（工人人均实际 GNP）每年仅仅增长 0.86%，或者说，仅仅达到抵消人口老龄化所需提高的生产率的一半。[7]此外，从 1990 年到 2020 年，美国还有另外一些沉重的负担：偿还债务利息、救助储蓄并要为工业提供借贷资金、修缮目前的基础设施、清除有毒废弃物，这就需要数千亿美元。但是这些开支并不会提高生产率，也不会提高生活水平。这些开支之所以必要，仅仅是为了阻止剧烈的经济滑坡。为了抵消人口老龄化，美国就得把目前的生产率增速提高一倍，这就需要公共投资以提供熟练劳动力、改善交通运输、改善卫生保健和资源管理。提高生产率也需要大量的私人投资，以便用最新的资本和技术装备劳动力。因此，左右为难的处境是显而易见的：必须为政府找到资金以支付用以阻止经济急剧滑坡所需的开支，还必须为政府和私营企业找到为提高生产率所需的资金。

目前，用于这种开支和投资的资源太少了，因而，生产率的提高极为缓慢，仅仅达到抵消即将到来的人口老龄化所需生产率的一半。因此，未来 30 年里美国的生活水平会有所下降。

在这个问题上，这一节内容除了更新了一些日期和资料之外，关于"美国的衰落"的每一句话都与 1991 年版本无异。然而自从上面这些话初次写就以来，美国生产率的有关数据仍然让人深感忧虑。自 1998 年至 2000 年，是 12 年来仅有的多要素生产率增长超过 1.5% 的三年（《市场观察》2014），这是 21 世纪初美国生产率增长的顶点，但是自 2007 年开始，生产率急剧下滑，2008 年至 2010 年间美国劳动生产率每年仅增长 1.4%，2010 年至 2015 年间更是跌至令人惊讶的 0.5%（Blackrock 2016, p.4），更令人惊诧的是，当我于 2016 年中写下这段话的时候，数据显示，美国劳动生产率出现了最近 30 年来的首次下降（《财经时报》2016）。扭转这种趋势，需要当今美国的政治精英们作出更加不同以往的努力。

美国需要什么：高尚的领导人

我们之所以没有解决这些问题，其原因很容易理解：我们宁愿选择那些能带来短期利益的、利于消费的政策，而不愿意选择能够维持经济长期稳定发展的那些政策。有着这种经历的那些社会的历史，清楚地显示了这种做法的后果——腐朽、衰败、国内混乱、外战失败。20 世纪 80 年代美国的财政政策与 18 世纪 70 年代法国的财政政策有着惊人的相似之处，两者都有强大的经济，足以消除财政赤字，然而税收收入的增长都极其缓慢。但是，这两个国家都缺乏采取这种措施所必需的决心。在这两个国家里，精英和民众，前者安享由经济扩张带来的额外财富，他们认为这是他们应该得到的，后者则处在由生产率下降造成的压力之下，这两类人会共同抵制增税，因此这两个国家只得转而诉诸举借外债和内债。

要恢复美国的力量，就需要一种简单的药方：用足够的税收代替举债来为政府提供资金，增加用于公共服务以及支付公职人员薪水所需的资金；强调投资和科学研究而不是消费，以提高劳动生产率；对国内政策和外交政策的目标达成一致意见，以便责任共担并做出持续的努力。不幸的是，就连这个简单的药方，要实现起来也极端困难。美国需要的是既有效又高尚的领导人。

“有效的领导人”能够使许多人和各种团体都致力于一个共同事业。在这个意义上，罗纳德 · 里根就是一个特别有效的领导人。然而，1982 年至 1988 年里根总统任职期间的主要事业——用国债代替税收来换取国民的高消费以及强大的国防力量——并不要求国民做出任何牺牲，恰恰相反，这些措施带来了即期满足。降低收入所得税以及用举债来增加国防支出，这些政策是以满足情感需要为目标的，即对通货膨胀和 1978—1981 年伊朗人质危机的担忧。里根的政策目标并不是要满足美国社会的长期需要，这些长期需要是：提高劳动生产率，使个人、公司和政府的开支更加符合其收入水平，为投资和未来发展留出储备资金。例如，为了支付军工工程师和军人的薪水而举借的资金可以创造工作机会，包括给餐饮、办公以及为社区提供军事设施的其他国内服务行业创造的工作机会。但是，这些工作机会的增加，对于促进为进入国际市场而进行的制造业、服务业或者资本货物的高效率生产几乎毫无益处。[8]

“高尚的领导人”能够使许多人和各种团体都致力于一个并不仅仅只

是满足当前愿望的共同事业。恰恰相反,这种领导人将人们的兴趣引导到长期收益上,要求个人和团体做出当前牺牲、忍受当前的苦恼。这种高尚的领导人常常会提出能够维护美国长期经济利益、有助于保持美国长期全球领导权的那些政策。美国必须提高投资水平、减少对外债的依赖。然而,由于投资等于总产出加上借款减去消费,这个简单的算术告诉我们,如果不减少消费,至少要提高总产出使其能够足以减少我们的借贷需求,否则我们将左(低投资高外债)右(高投资低外债)失据、一无所获。要采取这些政策,我们的困难之处并不在于难以找到正确的措施,而在于,如果没有有效而又高尚的领导人让这些政策得到认可,减少消费就无法贯彻落实。除非美国公众能够确信,对即期消费做出某些牺牲是阻止美国不可避免的经济衰退和政治衰败的必要措施,否则恢复美国力量的这些必要措施将无法得到实施。

对任何一个领导人来说,要求公众做出牺牲都是极端困难的事情。战争和经济大萧条却会使之较为容易,正是因为这个原因,这类灾难更容易造就一些杰出的领导人——灾难使得公众易于接受高尚的领导人。公众对国家在国际竞争中越加落后的恐惧并非充分条件,这是因为,从短期来看,这种威胁会引发情感需要,这种情感需要可以通过侵略性的贸易政策和贸易保护主义而得以满足,这就给有效但不高尚的领导人提供了一条解决问题的路径,但是这种解决路径对于长期繁荣却几无裨益:限制性贸易政策能够为当下的产品继续找到市场,但是,如果将来的经济不能生产出畅销的商品,这种限制性贸易政策将毫无用处。因此,美国未来的经济前景和政治前景极大地取决于这种领导人的出现:他们能真正领导民意,而不仅仅只是迎合民意。20 世纪 90 年代美国政治领导人面临的极大挑战是说服美国人,无论这些美国人是否经历过毁灭性的经济大萧条,为了提高投资水平和公共产品供给水平,必须做出牺牲。

正如 20 世纪 90 年代那些事情所表明的那样,上述这段话写于 20 年前,不过这段话却准确地预测出唐纳德·特朗普这种类型的领导人的出现。事实上,2008 年到 2009 年,一场毁灭性的衰退已经发生,然而即便这样也并没有自然而然地出现什么变革,尽管奥巴马政府在提高医疗保险上取得了一些进展,增加了对基础科学研究的资助,但是一些根本性的变革措施却被国会中的共和党人阻挠下来,这些人依然走在自私的精英之路上,即使美国的收入中位数已经停滞不前、只有那些非常富有的人才能够从美国那缓慢的经济增长中获益,这些人却依然抵制政府投资、偏好私人消费。

我们对早期现代史的研究揭示出,当前美国的发展趋向会导致高度的派系冲突和经济衰落,但同时也揭示出,美国的衰落并非不可避免。早期现代的君主国和帝国之所以衰落,是因为它们缺乏灵活性以应对人口与资源之间平衡关系的改变。美国有应对问题的这种灵活性,问题是美国是否有这种意愿。

伊斯兰国的挑战与第二次冷战

19 世纪和 20 世纪里,许多观察家和学者们将革命视为进步的变革,不管是马克思主义者(Colburn 1994)还是功能主义者(Johnson 1966),他们都认为,资本主义的普遍发展或现代化的普遍发展,削弱了传统的规范性社会秩序,这种社会秩序赋予每个个人以不同的社会地位,并赋予统治者和贵族以绝对权威。革命完成了扫除旧秩序的任务,并创设了新型的更加平等更加自由的政治和社会组织。

然而,恰如我们在前述各章所详细阐述的那样,这种观点不过是一种神话,实际情况截然相反。17 世纪到 20 世纪的革命并非资本主义发展的结果,也不是现代化发展的结果,而是对变化了的社会状况未能做出正确反应的结果,正是这些变化了的社会状况导致了国家财政压力、精英的分裂和离心离德、民众的物质困窘和民族主义者的愤懑。革命一旦发生,就绝非仅仅只是要争取平等和自由,更准确地说,革命经常会导致权力斗争、内战以及更加激进的意识形态,因此革命也就会造就国家崩溃的种种条件。即便革命能够造成更高程度的平等和民主,通常也是转瞬即逝。在这些革命中,只有美国革命没有产生民粹主义独裁政权,即便如此,美国革命也留下了奴隶制这个毒疮在隐隐作痛,并且引发了 1861 年至 1865 年美国内战期间更具毁灭性的暴力斗争。那些建立了稳定民主制的国家,通常都经历了一个渐进而又暴力较少的过程,以劳动力的流动和国家领导的改革作为推动力。

因此，颇具讽刺意味的是，即便是在20世纪末期，1989年至1991年发生的横扫亚欧大陆的那一系列革命终结了东欧和苏联的共产主义政权，依然被视为资本主义和现代化的胜利。弗朗西斯·福山（Francis Fukuyama 1992）给这种洋洋得意的胜利心态贴上了一个标签，叫做“历史的终结”，福山宣称，在与西方自由资本主义国家的竞赛中，共产主义政权已经失败，这些国家的人民将会拥抱自由资本主义并将其视为组织社会的最好方式。

然而显而易见的是，如果用本书阐述的革命理论来检视这些事件，那么，这些共产主义政权的失败，极有可能的原因是这些国家财政收入的弱化、自私和日益分裂的精英、由于经济增长停滞以及社会流动管道的日益拥阻而懊恼沮丧的民众。[9]至于其他一些革命，其带来的结果虽然也不可能一致，但主要的结果绝非民主制。准确说来，革命会带来一系列后果，包括内战、激进主义或者民族主义的后果，这取决于精英内部的斗争以及盛行的意识形态结构体系。[10]

然而，这种误入歧途的胜利心态，正在造成一个错误的信念，这就是，颠覆了共产主义的那些革命，意味着自由民主制的世界大进军是无可避免的。这种信念带来了灾难性的政策。把北约的前线推进到苏联领土的边界和俄罗斯的国界，入侵伊拉克，期望所有的独裁政权垮台并转向民主制，这些政策产生了完全不切实际的后果。

这些事件在许多方面让人想起第一次世界大战和第二次世界大战之间发生的那些事情。第一次世界大战结束后，胜利了的协约国相信他们已经赢得了这场“终结了所有战争的战争”，再也不可能发生如此可怕如此致命规模的全球冲突了。他们相信，给战败了的德国施加屈辱的条件并不会造成严重的后果，自己的国家可以致力于经济发展和个人消费了。结果，战后德国的经济困窘造成了恶性通货膨胀，破坏了魏玛共和国政权，激起了德国的民族主义。与此同时，西方国家经济和股票市场的繁荣达到了新的巅峰，直至1929年崩盘，并导致长达十余年的全球经济衰退。20世纪30年代，保护主义猖獗，全球贸易萎缩，世界各国的民族主义和民粹主义领导人蜂拥而起。1933年，希特勒借口接连不断的街头暴力中有社会主义分子卷入其中，并指责共产党人放火烧了国会大厦，要求接管德国并获得法律授权，此后，希特勒开始系统性地清除异己，不到10年之后，第二次世界大战爆发。

我并不是说我们正在走向另一场世界大战。恰如常言所说，历史不会重复，但是常常相似。在这个意义上，我们也有一个类似的联句，因为第一次世界大战之后不到20年就发生了第二次世界大战，我相信第一次冷战过了二十年之后会发生第二次冷战。第一次冷战于1991年结束，此后，西方国家也对苏联国家施加了种种屈辱性条件，吸纳其东欧缓冲国和波罗的海国家加入北约，推动其实行经济和政治的急剧转型，这就造成90年代早期俄罗斯的毁灭性通货膨胀，从而削弱了该国民众对自由政府和自由市场治理的信心，并将俄罗斯推上了民粹主义复兴以及弗拉基米尔·普京领导的民族主义威权主义之路。与此同时，西方国家的经济和股票市场繁荣也达到了巅峰，直至2007年崩盘，此后就是长达十余年的工资停滞期。2016年，土耳其这个关键的北约成员国和中东的关键国家的领导人雷杰普·塔伊普·埃尔多安借口国内的未遂政变，获得了经法律授权的国家统治权，并且开始系统性地清除异己。

相似之处是十分明显的。第一次冷战的特征是遍及世界各国的代理人战争，西方国家担负的角色是自由市场和自由政府的捍卫者，反对蔑视这些原则、实行威权统治和国家统制经济的那些国家，巧合的是，现在我们又一次看到，美国及其北约盟国和西太平洋地区的盟国，也正在反对威权主义和国家统制经济的那些国家。在西方，代理人战争已经出现于格鲁吉亚、乌克兰和叙利亚，在亚洲，代理人战争已经涉及中国南海的军事演习(但尚未发展到公开的冲突)以及朝鲜和韩国之间日益升温的紧张局势。西方国家的领导人尚未来得及休息一下并享受第一次冷战的胜利果实，就已经发现他们正面临各种各样的困难。在国外，西方国家领导人面对的是日益自信的中央集权的领导人——俄罗斯、中国以及当今土耳其的领导人，这些国家控制的领土从中东心脏地带延伸到亚欧大陆，而且其影响力日渐上升。实际上，根据“自由之家”(Freedom House 2016)的最新资料，世界人口中居住在“自由国家”的人口比例已经从2005年高峰时期的45%下降到2015年的36%，基本上相当于20世纪80年代中期的比例。在各个西方国家的国内，西方国家领导人面对的是经济的持续低迷、日益增加的政治不满以及那些鼓吹孤立主义、保护主义和反移民政策的民粹主义候选人。我们远未实现安全与繁荣，看起来，我们还得为了把自由市场民主制确立为世界上主要社会秩序而再次战斗——因而就会有第二次冷战。

也许，最令人恐怖的是，与第一次冷战相似的某些事情会再次发生，这就是国际恐怖主义。20 世纪 70 年代，恐怖爆炸是由那些受到意识形态激励的左翼团体实施的，比如“红色军团”(Red Army Faction)、“红色旅”(Red Brigades)、“地下天气”(Weather Underground)等等。今天，实施恐怖攻击的是一个不同以往的意识形态集团，他们拥有 21 世纪的高科技装备，这个集团就是受伊斯兰国和其他一些极端主义伊斯兰团体煽动并由他们领导的激进伊斯兰教徒。

20 世纪 70 年代的恐怖主义者自认为他们是革命者，宣称其目标是建立一个崭新的世界秩序，如同这些人一样，过去十年里，伊斯兰恐怖主义者也宣称他们自己是革命者，其目标是颠覆国家政权并在北非和中东地区建立一个崭新的伊斯兰秩序。但是，由于叙利亚和伊拉克的国家崩溃，现在的伊斯兰恐怖主义者获得了一个建国的机会，因此力量更强威胁更大。如同本书所示，国家崩溃通常会导致两极分化和激进化、激进主义集团掌握权力并施行暴力以维护自身的统治。伊斯兰国在叙利亚的行动，对应的是其他革命中出现的激进恐怖主义阶段，其中的共同点有，伊斯兰国也致力于领土扩张，加之，伊斯兰国通过社交媒体扩散其奇特的思想，通过在世界各地实施军事行动和恐怖攻击来扩大全球影响力。也许，如果我们能早点把伊斯兰国视为国家建构的革命运动，更类似于雅各宾派或者其他，而不仅仅只是恐怖主义团体，那么我们就会更加严肃地对待其带来的威胁。

第一次冷战持续了数十年，付出了重大牺牲，坚强地守护了人权，小心谨慎地呵护了同盟，为了赢得胜利而在许多方面采取了协调一致的行动。今天，恰如以往的那场冲突一样，西方国家面对的对手也将使用宣传手段、代理人战争、军备竞赛乃至于当前的网络攻击，以削弱西方联盟、动摇其决心。击退伊斯兰国、遏制威权独裁主义的扩散、在世界各国确立尊重民主和人权的愿景,这绝非易事,也绝非自然而然就能实现的。尽管现代化在不断发展,但是,自私的精英们仍然试图掌控社会,一旦有可能就会使用恐吓、民族主义和胁迫等手段维护他们自身的统治,这些情况在非洲极有可能成为现实,未来数十年里,非洲各国将面临由越来越多的青年人口、快速的城市化,衰弱不堪的政府以及日渐分裂的精英所带来的种种挑战。

也许,我们可以期望,随着第一次冷战的结束,第二次冷战终将给欧亚各个主要国家和非洲国家带来和平的改革以及对独裁主义的抗拒,带来法治政府、宽容和公民权利的不断扩展。但是,除非西方国家领导人展示出较之第一次冷战更高程度的团结,付出更多的努力,否则,这种期望就不可能实现。而且,这一次如果他们成功了,对这些变化绝不能以洋洋得意的胜利主义心态加以欢呼,而是要报以谦逊的态度,尊重其他国家及其人民,以极大的耐心和持续的支持以帮助这些渐进的变化落地生根(Carothers 1999, Carothers and de Gramont 2013)。

我们生活在一个由资本和现代武器、政党和信息管理所支配的世界,但是,人口和资源的平衡依然是促进世界各国政治稳定和经济繁荣的关键因素。相较于早期现代的先辈们,我们所具有的巨大优势是,现代科技给予我们更大的选择范围,现代政治制度给予每个个人更多的机遇以做出发自本心的选择。然而,**我们不能不对自己的选择负责**。人口增长而资源有限,会导致自私和腐败、派系斗争、收入两极分化和财政衰败。当然还有可能的是,如果聪明的精英们允许提高税收以满足政府日渐增加的财政需求,做出谨慎的投资以提高劳动生产率,那么,人口增长也能成为经济发展的激励因素。对于许多发展中国家、新兴民主国家和包括美国在内的工业化国家来说,即使有困难,理想的选项应该是十分明确的。

机器人的崛起使人口变得无足轻重?

尽管许多国家都卷入了抗议工资停滞、公共服务衰败和自私的精英的民粹主义浪潮之中,但是,在加利福尼亚州的硅谷以及其他一些高科技谷地,雄心勃勃的创新者们,却许诺会给人们带来一个完全不同的更好的未来。人工智能、基因改造和机器人技术将把我们从体力劳动和老龄化社会中解放出来。这些变化似乎会使得我们对人口结构、劳动力替代和其他一些人口问题的关注变成完全多余的问题,但是,果真如此吗?

先抛开这种大规模的变化何时实现以及是否可行这个问题不谈,我们必须认识到,关于政治稳定的人口—社会结构理论关涉的是平衡问题。即使是在人工智能和机器人的世界里,这些问题也依然将长期困扰政治和经济——谁将获益?谁将受损?机遇和资源是否能够为其需求者所得?这些技术变化会有助于人们获得尊严而有意义的生活?还是会使人们失去这种生活?

简而言之,恰如过去二百年间技术和创新给予人们巨大的慷慨馈赠但并没有根本改变政治发展的本质一样,下一个百年里的技术变化也是如此。这种变化,将使得聪明而又无私的领导人更为关注满足不同群体的需求,防止收入两极分化,遏制派系斗争,以维护社会的稳定。

将继续控制政治制度、做出决策以保护自身的自由或者失去自由的,是人民,而不是机器或人工智能。社会将继续组织起来,以便给相互合作获取成就提供正确的激励,而又不至于产生过度的冲突和暴力行为。下一代技术发展所带来的挑战,将不会是在没有社会关注的情况下如何管理技术进步,而是如同以往一样,依然是如何在千百万不同的个体和社会团体中创建和维护一种珍贵的社会秩序。

过去,社会制度僵化、政治参与羁绊重重,通过不切实际的低税收和并不充分的公共投资来增加精英的私人财富,通过国家主导的文化一体化来限制个人自由以及经济积极性,国家也没有为穷人提供生产性机遇,这些问题曾造成日益扩大的社会不公、精英分裂、经济停滞、国家和帝国的衰落与崩溃。与此相反,本着妥协精神和牺牲精神、尊重个人自由、尊重民主政治、以资本主义经济为基础——激励投资、征收的税收足够公共产品以及救助穷人之需——而实施的那些改革,总是能够成为许多社会走向物质财富不断增进的坦途。未来虽有技术进步可资依赖,但是上述这类政策仍有可能产生恰似以往的结果。漠视过去,害莫大焉。

注　释

1. 美国独立战争常常被用来佐证革命可以建立民主制度，然而事实上，美国独立战争仅仅是要保卫既有的民主制度，反对英国试图绕开殖民地政府来增加英国来自这块殖民地的收入。1776 年之后美国各州、各地的民主制度以及全国民主制度，主要是输入并模仿了 1689 年大不列颠建立的民主制度。欧洲其他一些共和国，比如荷兰和威尼斯，原本都是狭隘的贵族寡头制，只是在拿破仑占领之后才向民主制度发展演变。瑞士那种土生土长的民主制度是各个地方结成军事防御联盟的产物，源于 1315 年在施维茨击败了哈布斯堡王朝利奥波德一世的各州之间结成的永久联盟。关于作为民主基础的"一致同意的精英和解协议"的详细研究，参见 M.G.伯顿(M.G.Burton)和 J.希格利(J.Higley)的著作(1987b)。

2. 我希望明年能出版一本书：*The Rise of the West 1500—1850：Entrepreneurship，Culture，and the Origins of Modern Economic Growth*. Cambridge，MA：Harvard University Press。

3. 西罗马帝国灭亡之后，东罗马帝国即拜占庭帝国仍然继续存在并繁荣了好几个世纪，西罗马帝国灭亡的原因可能与上述原因相似。G.唐尼(G.Downey 1969，p.81)说道："东罗马帝国和西罗马帝国的政府结构有着极大的差异，在西罗马帝国，土地贵族……对军费和政府费用的贡献比其应该承担的费用要少得多，与之相反，东罗马帝国……征收到的税收收入在全国收入占的比例要高于西罗马帝国。"

4. 这些数字已经更新，以反映出 2015 年的实际水平。

5. 1987 年之后，尽管联邦政府的责任进一步加大，但是联邦政府从国民生产总值中汲取的份额一直保持恒定，1960 年之后，联邦政府从国民生产总值中的汲取份额，1960 年为 17.26%，1970 年为 17.92%，1980 年为 18.06%，1990 年为 17.26%，2000 年提高到 19.69%，2010 年又跌至 14.45%，2015 年回升到 18.01%(资料来源于圣路易斯联邦储备银行 2016)。

6. 数据来源于美国劳工部(1990)、美国卫生与人力资源部(1990)、国际劳工局(1986)、美国国家统计局(1989b)，2020 年的退休人口数是根据对 65 岁人口的推算以及美国国家统计局的数据得出的。

7. 这个时期劳动生产率增长的变化相当大：1973 年至 1979 年间平均每年增长 0.5%，1979 年至 1988 年为 1%。然而，后一个时期包含了 1981 年至 1982 年经济萧条之后那段快速而短暂的经济复苏时期。1987 年，生产率提高了 0.8%，大致相当于 1973 年至今这个时期的平均值(Friedman 1988，1989，pp.206—207)。

8. 尽管里根总统已经获得了与债务作斗争的声誉，但是，这个斗争却是失败的。他降低了税收，却是以高于以往的赤字为代价的。里根总统在位时，美国的国家债务三倍于过往，从 1980 年的 9 090 亿美元增加到 1989 年的 28 700 亿美元，这是二战之后美国债务增加最快的十年(美国行政管理和预算办公室 2013 年年度报告)。

9. 在另外一些文章里，我曾经分析过，在苏联国家崩溃之前的那些年里，苏联政治压力指数的变化是十分明显的(Goldstone 1993, 1998)。

10. 在本书1991年版本里，这一章的一条脚注曾写道："过去20年间，这些国家政治压力指数中的各种要素都有极大提高：国家财政困窘或经济困窘；精英的离心离德和精英竞争(年龄普遍较大的忠于共产党的精英与普遍较为年轻的新崛起的改革主义者、技术精英、知识精英和宗教精英之间的竞争)；不断增加的民众动员潜能(有所提高的城市化、更为年轻化的人口、实际工资的下降)。1989年，这些潜在的危机压力突然爆发出来，这是由苏联领导人米哈伊尔·戈尔巴乔夫的指责以及苏联的改革措施而引发的。但是，如果想知道这些变革是否会成功地建立起稳定的民主制度，现在还为时尚早。

目前，我们似乎只能得出两个结论。其一，想要给1989年的这些事找到一个相似的历史现象或者先例，这是错误的做法。恰如不断增加的政治压力指数所示，共产主义世界的危机压力十分明显。但是，如同我曾强调的那样，任何一次政治危机的具体形式都取决于政治压力指数所包含的各种要素有何不同以及这些要素与特定的社会结构和政治结构如何相互作用。1989年的那些事件包括：匈牙利和捷克斯洛伐克那种温和但又迅捷的权力转移，这类似于1830年的法国革命；苏联那种持久的权力斗争以及国家全面崩溃的极大潜力。由于这些国家危机压力的构成要素以及社会结构都不相同，我们可以预料，1989年这些国家的危机及其结果将有很大差异。其二，尽管许多人都担心统一后的德国或者其他东欧国家会兴起民族主义，但是前面的分析已经揭示出，侵略性的民族主义很可能只是不断延续的权力斗争的产物。因此，这种威胁只可能产生于罗马尼亚和苏联。在德国，东德快速统一于稳定的、民主的联邦政府，应该能够避免而不是激发德国的民族主义。"

附　　录

法国和英国国家财政收入与税收图表的编制（表 2.2 和表 2.3）

法国的产出

法国产出分为农业产出、工业产出和外贸产出。马尔切夫斯基（Marczewski 1965，p.92）估计，1789 年法国的工农业总产出为 51 亿里弗尔。佩鲁（Perroux 1955，p.61）估计，1789 年法国的工农业总产出中，农业占 73%，工业占 27%，即农业产出为 37 亿里弗尔，工业为 14 亿里弗尔。J.赖利（Riley，1986）估计，1780 年前后外贸产出对法国总产出作出了 6% 的贡献。如果 1789 年法国外贸产出对总产出作出了同样贡献的话，那就会增加 3 亿里弗尔产出。因此，1789 年法国物质总产出估算为 54 亿里弗尔。（当然，这种估算不包括服务业。）

假定法国农业产出增加了（以不变价值计算）25%，工业增加了 80%，对前述产出数据进行缩减，就可以得到 1700 年法国产出的估算数据。法国农业增长率是基于拉迪里和古瓦（1982，pp.175—176）对什一税的估算、再根据本书中的研讨进行调整而得出的，法国工业增长率是基于马尔科维奇（Markovitch 1976，pp.458—459）对于羊毛布匹产量增加值的估算而得出的。

考虑到法国农产品价格上涨了 69%、工业产品价格上涨了 47.2%，以不变价估算的上述数据还要作进一步缩减。农产品价格缩减指数源自博兰（Baulant 1972）关于巴黎小麦价格的研究和拉布鲁斯（Labrousse 1970e，p.9）关于法国全国小麦价格的研究。我用这两人得出的 1730 年至1769年间小麦价格的平均数将这两人的研究数据进行了合并处理，然后，再用这个比率将博兰的研究数据转换成类似于拉布鲁斯小麦价格指数的那种数据(后者的起点是1726年)。那么，我就可以得出，1700年至1709年到1780年至1789年，法国小麦平均价格上涨了69%。法国工业产品价格缩减指数援引自马尔科维奇(1976，p.459)对1716年至1718年到1785年至1787年法国羊毛布匹价格的增长数据，即47.2%。这个数字没有考虑到从1700年到1716年至1718年法国工业制成品价格可能出现的变化。然而，由于从1730年至1739年到1780年至1789年法国小麦价格上涨了67%，而亚麻布匹和羊毛布匹的价格仅仅分别上涨了33%和24%，因此，有理由假定，1700年至1789年期间法国工业品价格的上涨幅度要小于农产品价格上涨幅度。法国名义贸易额的变化援引自克鲁泽(Crouzet 1970，p.261)的估算数据，即增长了400%。经过这些调整，1700年法国农业总产值(按1700—1709年的价格来计算)为18亿里弗尔，工商业总产值为5.9亿里弗尔，法国全部总产值为24亿里弗尔。

利用博兰和拉布鲁斯的物价研究资料，我把这些数据转换为等值的小麦，1700年至1709年的数据按照9.04里弗尔/百公升来折算，1780年至1790年的数据则按照15.28里弗尔/百公升来折算，然后再按照百公升=2.7蒲式耳将其转换成蒲式耳小麦。

假定1700年至1770年法国经济有着长期的实际增长，而此后则没有实质性增长，因此，关于1726年、1751年和1775年法国两个经济部门的实际产出，我进行了一些修正。1770年之后法国经济没有实质性增长这种假设是J.赖利(1987，p.237)提出来的。这个假设与赫夫顿(1974)和拉布鲁斯(1958，1984)的研究结果也是一致的，这两人的研究结果是，1770年之后法国的农业处于饱和状态、工业则进入了一个长期的衰退期。我用拉布鲁斯研究得出的1726年至1729年法国全国小麦平均价格代表1726年的价格、1746年至1755年的平均价格代表1751年、1770年至1779年的平均价格代表1775年，由此，我将法国的实际产出数据转换为当期价格。(1726年代表的那个简短时期是法国的币值稳定时期)。

法国的税收

这些数据只包括经常性财政收入，不包括借贷、出售公职以及一些特殊捐赠带来的财政收入。这些数据也不包括未载入皇家账目的、从社会公众中获取的收入，比如包税人的利润。然而，这些数据包括了征收自直接税的全部收入再减去征收成本。

1700年的数据援引自F.V.D.德福布奈斯（F.V.D. de Forbonnais 1758，4：167）。其他年份的数据援引自莫里诺（Morineau 1980，p.314），莫里诺的数据截至1788年，而不是1789年。

我把法国全部税收收入分为农业税收和工商业税收。我把这些税收收入分解为诸如土地税之类的直接税、来自王室领地的收入、来自牧师和三级会议的税收收入。我把福布奈斯列举的工商业税收收入分解为关税、消费税或"间接税"，把莫里诺列举的税收收入分解为"间接税"和"其他税收"。由于这些税收多半由农民缴纳，特别是盐税，因此这种做法就高估了工商业的税收负担、低估了农业的税收负担。然而，由于这种结果仍然意味着农业承受了过于沉重的税收负担，因此这些结果可以被视为保守性的。

1770年、1775年和1790年法国的总人口数据援引自迪帕基耶（1979，pp.34—37，81）的研究。1726年和1751年的总人口数据是依据迪帕基耶对法国1720年、1730年、1750年和1755年的人口数的估算进行修正而得出的。

英国的产出和税收

1700年和1790年英国各类产出数据，援引自W.科尔（W.Cole 1981，p.64），科尔把英国产出分为农业、贸易和工业。

根据B.米切尔（B.Mitchell 1962，pp.486—487）的小麦价格指数（埃克斯特、温彻斯特以及伊顿等地的小麦平均价格），科尔的名义数字被转换为等值的蒲式耳小麦。

1700年和1790年英国税收的有关数据，援引自米切尔的研究（1962，p.386）。我将这些税收分解为农业税即英国土地税、工商业税收即所有其他税收（关税、消费税、印花税等等）。如同法国一样，这就低估了农业承受的负担。然而，由于英国农业消费人口数量较少，大多数关税和消费税都落在了工业身上而不是落在一些固定税身上(比如英国的盐税税率就比法国小得多),因此,英国税收数据的错误可能要比法国少一些。

1700 年和 1790 年英国的人口数据援引自 E.A.里格利和 R.斯科菲尔德(E.A.Wrigley and R.Schofield 1981, pp.533—534)。

参考文献

Abbott, A. 1988. Transcending General Linear Reality. *Sociological Theory* 6:169–186.

Abel, W. 1973. *Crises agraires en Europe (XIIIe-XXe siécle).* Rev. and enl. Translated from 2d German ed. Paris: Flammarion.

Abrahamian, E. 1980. Structural Causes of the Iranian Revolution. *MERIP Reports* 87:21–26.

_______. 1982. *Iran: Between Two Revolutions.* Princeton, NJ: Princeton University Press.

Abrams, P. 1982. *Historical Sociology.* Shepton Mallet, Somerset: Open Books.

Abrams, P., and E. A. Wrigley, eds. 1978. *Towns in Societies: Essays in Economic History and Historical Sociology.* Cambridge: Cambridge University Press.

Abu-el-haj, R. A. 1987. Fitnah, Huruc Ala Al-Sultan, and Nasihat: Political Struggle and Social Conflict in Ottoman Society, 1560's–1700's. In *Comité international d'études pré-Ottomanes et Ottomanes VIe symposium,* edited by J.-L. Bacque-Grammont and E. van Donzel, 186–191. Istanbul: Divit Press.

Abu-Lughod, J. 1989. *Before European Hegemony: The World-System, A.D. 1250–1350.* New York: Oxford University Press.

Adelman, J. R. 1985. *Revolution, Armies, and War: A Political History.* Boulder, CO: L. Rienner.

Adshead, S. A. M. 1973. The Seventeenth Century General Crisis in China. *Asian Profiles* 1:271–280.

_______. 1974. An Energy Crisis in Early Modern China. *Ch'ing shih wen-t'i* 3(2):20–28.

Agulhon, M. 1976. La revolution et ('empire. In *Histoire de la France rurale,* edited by G. Duby and A. Wallon, 3:19–57. Paris: Editions du Seuil.

_______. 1982. *The Republic in the Village: The People of the Var from the French Revolution to the Second Republic.* Translated by J. Lloyd. Cambridge: Cambridge University Press.

_______. 1983. *The Republican Experiment, 1848–1852.* Translated by J. Lloyd. Cambridge: Cambridge University Press.

Alexander, J. C., and B. Giesen. 1987. From Reduction to Linkage: The Long View of the Micro-Macro Link. In *The Micro-Macro Link,* edited by J. C. Alexander, B. Giesen,

R. Munch, and N.J. Smelser, 1–42. Berkeley and Los Angeles: University of California Press.

Alldridge, N. 1986. The Population Profile of an Early Modern Town: Chester, 1547–1728. *Annales de Démographie Historique,* 115–131.

Allen, G. C. 1962. *A Short Economic History of Modern Japan, 1867–1837.* London: Allen and Unwin.

Allen, R. C. 1982. The Efficiency and Distributional Consequences of Eighteenth Century Enclosures. *Economic Journal* 92:937–953.

_______. 1987a. *The "Capital Intensive Farmer" and the English Agricultural Revolution. A Reassessment.* Department of Economics, University of British Columbia, Vancouver, Discussion Paper no. 87–11.

_______. 1987b. *Enclosure, Farming Methods, and Growth of Labor Productivity in the South Midlands.* Department of Economics, University of British Columbia, Vancouver, Discussion Paper no. 86–44.

_______. 1988. The Price of Freehold Land and the Interest Rate in the Seventeenth and Eighteenth Centuries. *Economic History Review,* 2d ser., 41:33–50.

Allen, R. C., and C. O'Grada. 1988. On the Road Again with Arthur Young: English, Irish, and French Agriculture during the Industrial Revolution. *Journal of Economic History* 48:93–116.

Allison, K. J., M. W. Bereford, J. G. Hurst, et al. *Deserted Villages of Oxfordshire.* Leicester: Leicester University Press.

Alsop, J. D. 1982. The Theory and Practice of Tudor Taxation. *English Historical Review* 97:1–30.

Alter, G., and J. Riley. 1986. How to Bet on Lives: A Guide to Life Contingent Contracts in Early Modern Europe. *Research in Early Modern History* 10:1–53.

Amelang, J. S. 1982. The Purchase of Nobility in Castile, 1552–1700: A Comment. *Journal of European Economic History* 11:219–226.

Aminzade, R. 1981. *Class, Politics, and Early Industrial Capitalism.* Albany, NY: State University of New York Press.

Amman, P. 1975. *Revolution and Mass Democracy: The Paris Club Movement in 1848.* Princeton, NJ: Princeton University Press.

Anderson, P. 1974. *Lineages of the Absolutist State.* London: NLB.

Andrews, R. M. 1985. Social Structures, Political Elites, and Ideology in Revolutionary Paris, 1792–94: A Critical Evaluation of A. Soboul's *Les sans-culottes parisiens en Pan II. Journal of Social History* 19:71–112.

Andriette, E. A. 1971. *Devon and Exeter in the Civil War.* Newton Abbot, Devon: David and Charles.

Antler, S.D. 1972. Quantitative Analysis of the Long Parliament. *Past and Present,* no. 56, 154–157.

Appleby, A. 1975a. Agrarian Capitalism or Seigneurial Reaction? The Northwest of England, 1500–1700. *American Historical Review* 80:574–594.

_______. 1975b. Common Land and Peasant Unrest in Sixteenth Century England: A Comparative Note. *Peasant Studies* 4:20–23.

_______. 1975c. Nutrition and Disease: The Case of London. *Journal of Interdisciplinary History* 6:1–22.

_______. 1978. *Famine in Tudor and Stuart England.* Stanford: Stanford University Press.

_______. 1979. Grain Prices and Subsistence Crises in England and France, 1590–1740. *Journal of Economic History* 43:865–888.

Ardant, G. 1965. *Théorie sociologique de l'impot.* 2 vols. Paris: Imprimerie Nationale.

_______. 1975. Financial Policy and Economic Infrastructure of Modern States and Nations. In *The Formation of National States in Western Europe,* edited by C. Tilly, 164–242. Princeton, NJ: Princeton University Press.

Aristotle. 1967. *The Politics of Aristotle.* Edited by E. Barker. Oxford: Oxford University Press.

Arjomand, S. A. 1985. Religion, Political Order, and Societal Change: With Special Reference to Shi'ite Islam. *Current Perspectives in Social Theory* 6:1–15.

_______. 1986. Iran's Islamic Revolution in Comparative Perspective. *World Politics* 38:383–414.

Armengaud, A. 1976. Le role de la demographie. In *Histoire sociale et économique de la France,* edited by F. Braudel and E. Labrousse, 3:161–235. Paris: Presses Universitaires de France.

Armitage, D. and S. Subrahmanyam, eds. 2009. *The Age of Revolutions in Global Context, c. 1760–1840.* New York: Palgrave Macmillan.

Armstrong, J. A. 1982. *Nations before Nationalism.* Chapel Hill, NC: University of North Carolina Press.

Armstrong, W. A. 1981a. The Influence of Demographic Factors on the Position of the Agricultural Laborer in England and Wales c. 1750–1914. *Agricultural History Review* 29: 71–82.

_______. 1981b. The Trend of Mortality in Carlisle between the 1780s and the 1840s: A Demographic Contribution to the Standard of Living Debate. *Economic History Review,* 2d ser., 34:94–114.

Ashton, R. 1960. *The Crown and the Money Market, 1603–1640.* Oxford: Clarendon Press.

_______. 1961. Charles I and the City. In *Essays in the Economic and Social History of Tudor and Stuart England,* edited by F. J. Fisher, 138–163. Cambridge: Cambridge University Press.

_______. 1969. The Aristocracy in Transition. *Economic History Review,* 2d ser., 22:308–322.

_______. 1978. *The English Civil War: Conservatism and Revolution, 1603–1649.* London: Weidenfeld and Nicolson.

_______. 1979. *The City and the Court, 1603–1643.* Cambridge: Cambridge University Press.

_______. 1984. *Reformation and Revolution, 1558–1660.* London: Granada.

Ashton, T. S. 1959. *An Economic History of England: The Eighteenth Century.* London: Methuen.

Ashton, T. S., and C. H. E. Philpin, eds. *The Brenner Debate: Agrarian Class Structure and Economic Development in Pre-industrial Europe.* Cambridge: Cambridge University Press.

Ashtor, E. 1981. Levantine Sugar Industry in the Later Middle Ages: A Case of Technological Decline. In *The Islamic Middle East, 700–1900,* edited by A. L. Udovitch, 91–132. Princeton, NJ: Darwin Press.

Aston, T., ed. 1967. *Crisis in Europe, 1560–1660.* New York: Doubleday.

Atkinson, R. F. 1978. *Knowledge and Explanation in History.* London: Macmillan.

Attman, A. 1981. *The Bullion Flow between Europe and the East, 1000–1750.* Translated by E. Green and A. Green. Goteberg: Kungl. Vetenskaps-och Vitterhetssamhället.
Atwell, W. S. 1975. From Education to Politics: The *Fu She.* In *The Unfolding of Neo-Confucianism,* edited by W. T. deBary, 333–368. New York: Columbia University Press.

_______. 1977. Notes on Silver, Foreign Trade, and the Late Ming Economy. *Ch'ing shih wen-t'i* 3(8):1–33.

_______. 1982. International Bullion Flows and the Chinese Economy circa 1530–1650. *Past and Present,* no. 95, 68–90.

_______. 1986. Some Observations on the Seventeenth Century Crisis in China and Japan. *Journal of Asian Studies* 45:223–244.

Aubin, H., and W. Zorn. 1976. *Handbuch der deutschen Wirtschafts- and Sozialgeschichte.* 2 vols. Stuttgart: Klett-Cotta.

Aya, R. 1984. Popular Intervention in Revolutionary Situations. In *Statemaking and Social Movements: Essays in History and Theory,* edited by C. Bright and S. Harding, 318–343. Ann Arbor: University of Michigan Press.

Aylmer, G. E. 1961. *The King's Servants: The Civil Service of Charles I, 1625–1642.* London: Routledge and Kegan Paul.

_______. 1965. *The Struggle for the Constitution, 1603–1689: England in the Seventeenth Century.* Rev. ed. London: Blandford Press.

_______. ed. 1972. *The Interregnum: The Quest for Settlement, 1646–1660.* London: Macmillan.

_______. 1975. *The Levellers in the English Revolution.* Ithaca, NY: Cornell University Press.

_______. 1986. *Rebellion or Revolution? England, 1640–1660.* Oxford: Oxford University Press.

Aymard, M. 1982. From Feudalism to Capitalism in Italy: The Case That Doesn't Fit. *Review* 6:131–208.

Bacqué-Grammont, J.-L., and E. van Donzel, eds. 1987. *Comité international d'études pré-Ottomanes et Ottomanes V le symposium.* Istanbul: Divit Press.

Baechler, J., J. A. Hall, and M. Mann, eds. 1988. *Europe and the Rise of Capitalism.* Oxford: Basil Blackwell.

Baehrel, R. 1961. *Une croissance: la Bas-Provence rurale (fin du XIVe siècle–1789). Essai d'économie historique statistique.* Paris: SEVPEN.

Bairoch, P. 1982. International Industrialization Levels from 1750 to 1980. *Journal of European Economic History* 11:269–334.

Bajoria, J. and R. Assaad. 2011. "Demographics of Arab Protests." Council on Foreign Relations Interview
http://www.cfr.org/egypt/demographics-arab-protests/p24096http://www.cfr.org/egypt/
demographics-arab-protests/p24096

Baker, K. M. 1978. French Political Thought at the Accession of Louis XVI. *Journal of Modern History* 50:279–303.

_______. 1987a. Politique et opinion publique sous l'ancien regime. *Annales, E.S.C.* 42:41–72.

_______. 1987b. Introduction. In *The French Revolution and the Creation of Modern Political Culture,* edited by K. Baker, 1:xi–xxiv. Oxford: Pergamon Press.

_______, ed. 1987c. *The French Revolution and the Creation of Modern Political Culture.* 2 vols. Oxford: Pergamon Press.

______. 1990. *Inventing the French Revolution.* Cambridge: Cambridge University Press.

Baker, K.M. and Dan Edelstein, eds. 2015. *Scripting Revolution.* Stanford, CA: Stanford University Press

Banai, A., and Vryonis, S., eds. 1977. *Individualism and Conformity in Classical Islam.* Wiesbaden: Otto Harrassowitz.

Barber, E. G. 1955. *The Bourgeoisie in 18th Century France.* Princeton, NJ: Princeton University Press.

Barkan, O. L. 1957. Essai sur les données statistiques des registres de recensement dans l'empire Ottoman aux XVe et XVIe siècles. *Journal of the Economic and Social History of the Orient* 1:9–36.

_______. 1963. The Social Consequences of Economic Crisis in Later Sixteenth Century Turkey. In *Social Aspects of Economic Development: International Conference on Social Aspects of Economic Development,* 17–36. Istanbul: Economic and Social Studies Conference Board.

_______. 1970. Research on the Ottoman Fiscal Surveys. In *Studies in the Economic History of the Middle East,* edited by M. A. Cook, 163–171. London: Oxford University Press.

_______. 1975. The Price Revolution of the Sixteenth Century: A Turning Point in the Economic History of the Near East. *International Journal of Middle East Studies* 6:3–28.

_______, ed. 1983. *Contributions a l'histoire économique et sociale de l'empire Ottoman.* Louvain: Editions Peeters.

Barnes, T. 1961. *Somerset, 1625–1640.* Cambridge, MA: Harvard University Press.

Bates, R. 1981. *Markets and States in Tropical Africa.* Berkeley and Los Angeles: University of California Press.

Batho, G. 1967. Landlords in England: Noblemen, Gentlemen, Yeomen. In *The Agrarian History of England and Wales,* vol. 4. *1500–1640,* edited by J. Thirsk, 276–305. Cambridge: Cambridge University Press.

Baulant, M. 1972. Grain Prices in Paris, 1431–1788. In *Social Historians in Contemporary France: Essays from Annales,* edited by M. Ferro, 22–41. New York: Harper and Row.

Baumber, M. L. 1977. *A Pennine Community on the Eve of the Industrial Revolution: Keighly and Haworth between 1660 and 1740.* Keighly, Yorkshire: J. L. Crabtree.

Beasley, W. G. 1972. *The Meiji Restoration.* Stanford: Stanford University Press.

_______. 1988. Meiji Political Institutions. In *The Cambridge History of Japan, vol. 5: The Nineteenth Century,* edited by M. B. Jansen, 618–673. Cambridge: Cambridge University Press.

Beattie, H. J. 1979. *Land and Lineage in China: A Study of T'ung-Ch'eng County Anhwei, in the Ming and Ch'ing Dynasties.* Cambridge: Cambridge University Press.

Beck, Colin J. 2015. *Radicals, Revolutionaries, and Terrorists.* Cambridge: Polity.

Beck, T. 1981. The French Revolution and the Nobility: A Reconsideration. *Journal of Social History* 15:219–234.

_______. 1983. Occupation, Taxes, and a Distinct Nobility under Louis Philippe. *European Studies Review* 13:403–422.

Beckett, J. V. 1977. English Landownership in the Later Seventeenth and Eighteenth Centuries: The Debate and The Problems. *Economic History Review,* 2d ser., 30:567–581.

_______. 1982. The Decline of the Small Landowner in Eighteenth and Nineteenth Century England: Some Regional Considerations. *Agricultural History Review* 30:97–111.

_______. 1983. The Debate over Farm Sizes in Eighteenth and Nineteenth Century England. *Agricultural History* 5:308–25.

_______. 1986. *The Aristocracy in England, 1660–1914*. Oxford: Basil Blackwell.

Beer, B. L. 1982. *Rebellion and Riot: Popular Disorder in England during the Reign of Edward VI*. Kent, OH: Kent State University Press.

Behrens, C. B. 1962. Nobles, Privilege, and Taxes in France at the End of the Ancien Régime. *Economic History Review*, 2d ser., 15:451–475.

_______. 1974. The Ancien Regime and the Revolution. *Historical Journal* 17:630–643.

_______. 1985. *Society, Government, and the Enlightenment: The Experience of Eighteenth-Century France and Prussia*. New York: Icon Editions.

Beier, A. L. 1974. Vagrants and the Social Order in Elizabethan England. *Past and Present*, no. 64, 3–29.

_______. 1983. *The Problem of the Poor in Tudor and Early Stuart England*. London: Methuen.

_______. 1989. Poverty and Progress in Early Modern England. In *The First Modern Society*, edited by A. L. Beier, D. Cannadine, and J. M. Rosenheim, 201–239. Cambridge: Cambridge University Press.

Beier, A. L., and R. A. Finlay, eds. 1986. *London, 1500–1700: The Making of the Metropolis*. London: Longman.

Beier, A. L., D. Cannadine, and J. M. Rosenheim, eds. 1989. *The First Modern Society: Essays in English History in Honour of Lawrence Stone*. Cambridge: Cambridge University Press.

Beik, W. 1985. *Absolutism and Society in Seventeenth Century France*. Cambridge: Cambridge University Press.

_______.1987. Urban Factions and the Social Order during the Minority of Louis XIV. *French Historical Studies* 15:36–67.

Beldiceanu, N. 1980a. Le timar dans l'état Ottoman. In *Structures féodales et féodalisme dans l'occident méditerranéen, Xe au XIIIe siècle*, 743–753. Rome: Centre de la Recherche Scientifique et l'Ecole Française de Rome.

_______.1980b. *Le timar dans l'état Ottoman, début XIVe-début XVIe siècle*. Wiesbaden: Otto Harrassowitz.

Beldiceanu-Steinherr, L., and J. L. Bacqué-Grammont. 1982. A propos de quelques causes de malaises sociaux en Anatoli centrale aux XVIe et XVIIe siècles. *Archivum Ottomanicum* 7:71–115.

Benecke, G. 1972. The Problem of Death and Destruction during the Thirty Years War: New Evidence from the Middle Western Front. *European Studies Review* 2:239–253.

Bengtsson, T., G. Fridlizius, and R. Ohlsson, eds. 1984. *Pre-industrial Population Change*. Stockholm: Almquist and Wiksell.

Bennett, M. K. 1968. British Wheat Yield per Acre for Seven Centuries. In *Essays in Agrarian History*, edited by W. Minchinton, 1:53–72. New York: Augustus M. Kelley.Beresford, M. 1948. Glebe Terrers and Open-Field Leicestershire. *Transactions of the Leicester Archeological Society* 24:77–126.

_______. 1954. *The Lost Villages of England*. London: Lutterworth.

_______. 1961. Habitation vs. Improvement: The Debate on Enclosure by Agreement. In *Essays in the Economic and Social History of Tudor and Stuart England,* edited by F. J. Fisher, 15–39. Cambridge: Cambridge University Press.

Bergeron, L. 1981. *France Under Napoleon.* Translated by R. R. Palmer. Princeton, NJ: Princeton University Press.

Berkner, L. K., and F. F. Mendels. 1978. Inheritance Systems, Family Structures, and Demographic Patterns in Western Europe, 1700–1900. In *Historical Studies of Changing Fertility,* edited by C. Tilly, 209–223. Princeton, NJ: Princeton University Press.

Bernard, L. 1975. French Society and Popular Uprisings under Louis XIV. In *State and Society in Seventeenth Century France,* edited by R. F. Kierstead, 157–179. New York: New Viewpoints.

Berry, B. J. L., E. C. Conkling, and D. M. Ray. 1976. *Geography of Economic Systems.* Englewood Cliffs, N.J.: Prentice-Hall.

Best, G. 1982. *War and Society in Revolutionary Europe, 1770–1870.* Bungay, Suffolk: Fontana.

Bezucha, R. J. 1975. The Revolution of 1830 and the City of Lyons. In *1830 in France,* edited by J. M. Merriman, 119–138. New York: New Viewpoints.

_______, ed. 1982. *Modern European Social History.* Lexington, MA: D.C. Heath.

_______. 1983. The French Revolution of 1848 and the Social History of Work. *Theory and Society* 12:469–484.

Bien, D. 1974. La reaction aristocratique avant 1789: l'exemple de l'armée. *Annales, E.S.C.* 29:27–48, 29:505–534.

_______. 1978. The Secretaires du Roi: Absolutism, Corps, and Privilege under the Ancien Régime. In *Vom Ancien Régime zur Französischen Revolution,* edited by E. Hinrichs, E. Schmitt, and R. Vierhaus, 153–168. Gottingen: Vandenhoeck and Rupert.

_______. 1987. Office Corps and a System of State Credit: The Uses of Privilege under the Ancien Régime. In *The French Revolution and the Creation of Modern Political Culture,* edited by K. Baker, 1:89–113. Oxford: Pergamon Press.

Biraben, J.-N. 1985. Le point de I'enquete sur le mouvement de la population en France avant 1670. *Population* 40:47–70.

Biraben, J.-N., and D. Blanchet. 1982. Le mouvement naturel de la population en France avant 1670. Présentation d'une enquête par sondage. *Population* 37:1099–1132.

Biraben, J.-N., and N. Bonneuil. 1986. Population et économie en pays de Caux aux XVIe et XVIIe siècles. *Population* 41:937–960.

Bitton, D. 1969. *The French Nobility in Crisis, 1560–1640.* Stanford: Stanford University Press.

Bix, H. 1986. *Peasant Protest in Japan, 1590–1884.* New Haven: Yale University Press.

Blacker, J. C. 1957. Social Ambitions of the Bourgeoisie in Eighteenth Century France and Their Relation to Family Limitation. *Population Studies* 11:4663.

Blackwood, B. G. 1978. *The Lancashire Gentry and the Great Rebellion, 1640–1660.* Manchester: Chatham Society.

Blackrock. 2016. Productivity Slowdown Puzzle: Structural, Cyclical, or Erroneous? https://www.blackrock.com/investing/literature/whitepaper/bii-productivity-puzzle-us.pdf

Blanchard, I. 1986. The Continental European Cattle Trade, 1400–1600. *Economic History Review,* 2d ser., 29:427–460.

Blanning, T. C. W. 1986. *The Origins of the French Revolutionary Wars.* London: Longman.

_______. 1987. *The French Revolution: Aristocrats versus Bourgeois?* Atlantic Highlands, NJ: Humanities Press.

Blaug, M. 1963. The Myth of the Old Poor Law and the Making of the New. *Journal of Economic History* 23:151–184.

Blayo, Y. 1975. Mouvement naturel de la population française de 1740 à 1829. *Population* (Numéro Special): 15–64.

Bloch, M. 1966. *French Rural History: An Essay on Its Basic Characteristics.* Translated by J. Sondheimer. Berkeley and Los Angeles: University of California Press.

Bloch, R. 1985. *Visionary Republic: Millennial Themes in American Thought, 1756–1800.* Cambridge: Cambridge University Press.

Bluche, R. 1976. The Social Origins of the Secretaries of State under Louis XIV, 1661–1715. In *Louis XIV and Absolutism,* edited by R. Hatton, 85–100. London: Macmillan.

Blum, C. 1986. *Rousseau and the Republic of Virtue: The Language of Politics in the French Revolution.* Ithaca, NY: Cornell University Press.

Bogucka, M. 1980. The Role of the Baltic Trade in European Development from the XVIth to the XVIIIth Centuries. *Journal of European Economic History* 9:27–35.

Bois, G. 1984. *The Crisis of Feudalism: Economy and Society in Eastern Normandy, c. 1300–1550.* Cambridge: Cambridge University Press.

Bois, J.-P. 1981. Les anciens soldats de 1715 à 1815. Problèmes et méthodes. *Revue Historique* 265:81–102.

Bois, P. 1960. *Paysans de l'ouest.* Le Mans: Maurice Vilaire.

Bonfield, L. 1981. Marriage Settlements 1660–1740: The Adoption of the Strict Settlement in Kent and Northamptonshire. In *Marriage and Society: Studies in the Social History of Marriage,* edited by R. B. Outhwaite, 101–116. London: European Publications.

_______. 1986. Affective Families, Open Elites, and Family Settlement in Early Modern England. *Economic History Review,* 2d ser., 39:341–354.

Bongaarts, J. and J. Casterline. 2013. "Fertility Transition: Is Sub-Saharan Africa Different?" *Population and Development Review* 38 (S1): 153-168.

Bonnell, V. 1983. *Roots of Rebellion.* Berkeley and Los Angeles: University of California Press.

Bonney, R. J. 1978a. *Political Change under Richelieu and Mazarin, 1624–1661.* Oxford: Oxford University Press.

_______. 1978b. The French Civil War, 1649–53. *European Studies Review* 8:71–100.

_______. 1979. The Failure of the French Revenue Farms, 1600–1660. *Economic History Review,* 2d ser., 32:11–32.

_______. 1980a. Cardinal Mazarin and His Critics: The Remonstrances of 1652. *Journal of European Studies* 10:15–31.

_______. 1980b. The English and French Civil Wars. *History* 65:365–382.

_______. 1981. *The King's Debts: Finances and Politics in France, 1589–1661.* Oxford: Oxford University Press.

Borchardt, K. 1976. Wirtschaftliches, Wachstum, and Wechsellagen, 18001914. In *Handbuch der deutschen Wirtschafts- and Sozialgeschichte,* edited by H. Aubin and W. Zorn, 1:198–275. Stuttgart: Klett-Cotta.

Bordo, M. D., and L. Jonung. 1987. *The Long-Run Behavior of the Income Velocity of Money: The International Evidence.* Cambridge: Cambridge University Press.

Borton, H. 1968. *Peasant Uprisings: Japan of the Tokugawa Period.* 2d ed. New York: Paragon.

Boserup, E. 1981. *Population and Technological Change: A Study of Long-Term Trends.* Chicago: University of Chicago Press.

Bosher, J. F. 1970. *French Finances, 1770–1795: From Business to Bureaucracy.* Cambridge: Cambridge University Press.

_______. 1972. The French Crisis of 1770. *History* 57:17–30.

_______. 1973. "Chambres de justice" in the French Monarchy. In *French Government and Society: Essays in Memory of Alfred Cobban,* edited by J. F. Bosher, 19–40. London: Athlone Press.

Bossenga, G. 1986. From Corps to Citizenship: The Bureaux des finances before the French Revolution. *Journal of Modern History* 58:610–642.

_______. 1987. City and State: An Urban Perspective on the Origins of the French Revolution. In *The French Revolution and the Creation of Modern Political Culture,* edited by K. Baker, 1:115–140. Oxford: Pergamon Press.

_______. Forthcoming. The Politics of Privilege: Old Regime and Revolution in Lille. Cambridge: Cambridge University Press.

Botham, F. W., and E. H. Hunt. 1987. Wages in Britain during the Industrial Revolution. *Economic History Review,* 2d ser., 40:380–399.

Bourdieu, P. 1984. *Distinction: A Social Critique of the Judgement of Taste.* Translated by R. Nice. Cambridge, MA: Harvard University Press.

Bourgeois-Pichet, J. 1968. The General Development of the Population of France since the Eighteenth Century. In *Population and History,* edited by D. V. Glass and D. E. C. Eversley, 474–506. Chicago: Aldine.

Bowden, P. J. 1962. *The Wool Trade in Tudor and Stuart England.* London: Macmillan.

_______. 1967a. Agricultural Prices, Farm Profits, and Rents. In *The Agrarian History of England and Wales,* vol. 4: *1500–1640,* edited by J. Thirsk, 593–695. Cambridge: Cambridge University Press.

_______. 1967b. Statistical Appendix. In *The Agrarian History of England and Wales,* vol. 4: *1500–1640,* edited by J. Thirsk, 814–870. Cambridge: Cambridge University Press.

Boyer, G. K. 1986. The Old Poor Law and the Agricultural Labor Market in Southern England: An Empirical Analysis. *Journal of Economic History* 46:113–135.

Boyson, R. 1972. Industrialization and the Life of the Lancashire Factory Worker. In *The Long Debate on Poverty: Eight Essays on Industrialization and "the Condition of England,"* edited by R. M. Hartwell, 61–85. London: Institute of Economic Affairs.

Bradshaw, Y. 1985. Dependent Development in Black Africa: A Cross National Study. *American Sociological Review* 50:195–207.

Braude, B. 1979. International Competition and Domestic Cloth in the Ottoman Empire, 1500–1650: A Study in Underdevelopment. *Review* 2:437–454.

Braudel, F. 1966. *The Mediterranean and the Mediterranean World in the Age of Philip II.* Translated by S. Reynolds. 2 vols. New York: Harper and Row.

_______. 1967. *Capitalism and Material Life, 1400–1800.* Translated by M. Kochan. New York: Harper and Row.

_______. 1980. *On History.* Translated by S. Matthews. London: Weidenfeld and Nicolson.

Braudel, F., and E. Labrousse, eds. 1970–1980. *Histoire économique et sociale de la France.* 4 vols. Paris: Presses Universitaires de France.

Brauer, C. 1988. Lost in Transition. *Atlantic* 262:74–80.

Braun, R. 1975. Taxation, Sociopolitical Structure, and State-Building: Great Britain and Brandenburg-Prussia. In *The Formation of National States in Western Europe,* edited by C. Tilly, 243–327. Princeton, NJ: Princeton University Press.

Bray, F. 1986. *The Rice Economies: Technology and Development in Asian Societies.* Oxford: Basil Blackwell.

Brenner, Reuven. 1983. *History: The Human Gamble.* Chicago: University of Chicago Press.

Brenner, Robert. 1973. The Civil War Politics of London's Merchant Community. *Past and Present,* no. 58, 53–107.

_______. 1976. Agrarian Class Structure and Economic Development in Pre-industrial Europe. *Past and Present,* no. 70, 30–75.

_______. 1978. The Agrarian Roots of European Capitalism. *Past and Present,* no. 97, 16–113.

Brenner, Y. S. 1961. The Inflation of Prices in Early Sixteenth Century England. *Economic History Review,* 2d ser., 14:225–239.

_______. 1962. The Inflation of Prices in England, 1551–1650. *Economic HistoryReview,* 2d ser., 15:266–284.

Brennig, J. J. 1983. Silver in Seventeenth Century Surat: Monetary Circulation and the Price Revolution in Mughal India. In *Precious Metals in the Late Medieval and Early Modern World,* edited by J. F. Richards, 477–496. Durham, NC: Carolina Academic Press.

Brewer, J., ed. 1980. *An Ungovernable People? The English and Their Law in the Seventeenth and Eighteenth Centuries.* New Brunswick, NJ: Rutgers University Press.

_______. 1988. The English State and Fiscal Appropriation, 1688–1789. *Politics and Society* 16:335–386.

Bridbury, A. R. 1974. Sixteenth Century Farming. *Economic History Review,* 2d ser., 27:538–556.

Bridge, F. R., and R. Ballen. 1980. *The Great Powers and the European States System.* London: Longman.

Briggs, R. 1977. *Early Modern France, 1560–1715.* Oxford: Oxford University Press.

Brinton, C. 1965. *The Anatomy of Revolution.* Rev. ed. New York: Vintage Books.

Broad, J. 1979. Gentry Finances and the Civil War: The Case of the Buckinghamshire Verneys. *Economic History Review,* 2d ser., 32:183–200.

_______. 1980. Alternate Husbandry and Permanent Pasture in the Midlands, 1650–1800. *Agricultural History Review* 27:77–89.

Brook, T. 1981. The Merchant Network in Sixteenth Century China. *Journal of the Economic and Social History of the Orient* 24:165–214.

_______. 1985. The Spacial Structure of Ming Local Administration. *Late Imperial China* 6:1–55.

Brooks, C. W. 1989. Interpersonal Conflict and Social Tensions: Civil Litigation in England, 1640–1830. In *The First Modern Society,* edited by A. L. Beier, D. Cannadine, and J. M. Rosenheim, 357–399. Cambridge: Cambridge University Press.

Bruhat, J. 1976. L'affirmation du monde du travail urbain. In *Histoire économique et sociale de la France,* edited by F. Braudel and E. Labrousse, 3:769–827. Paris: Presses Universitaires de France.

Bruijn, J. R., E S. Gaashra, and I. Schöffler, eds. 1979. *Dutch-Asiatic Shipping in the 17th and 18th Centuries.* The Hague: Martinus Nijhoff.

Brustein, W. 1985. Class Conflict and Class Collaboration in Regional Rebellions, 1500–1700. *Theory and Society* 14:445–468.

_______. 1986. Regional Social Orders in France and the French Revolution. *Comparative Social Research* 9:145–161.

Burke, P., and M. Kitch. 1976. Society and Social Groups in Sixteenth Century Europe. In *European History, 1S00–1700.* London: Sussex Books.

Burton, M. G. 1984. Elites and Collective Protest. *Sociological Quarterly* 25:45–66.

Burton, M. G., and J. Higley. 1987a. Invitation to Elite Theory: The Basic Contentions Reconsidered. In *Power Elites and Organizations,* edited by G. W. Domhoff and T. R. Dye, 133–143. Beverly Hills, CA: Sage.

_______. 1987b. Elite Settlements. *American Sociological Review* 52:295–307. Busch, H. 1949–1955. The Tung-lin Academy and Its Political and Philosophical Significance. *Monumenta Serica* 14:1–163.

Butlin, R. A. 1979. The Enclosure of Open Fields and Extinction of Common Rights in England, circa 1600–1750. In *Change in the Countryside: Essays on Rural England, 1500–1900,* edited by H. S. A. Fox and R. A. Butlin, 65–82. London: Institute of British Geographers.

_______. 1982. *The Transformation of Rural England, c. 1580–1800: A Study in Historical Geography.* Oxford: Oxford University Press.

Calhoun, C. J. 1982. *The Question of Class Struggle: Social Foundations of Popular Radicalism during the Industrial Revolution.* Chicago: University of Chicago Press.

_______. 1983a. Industrialization and Social Radicalism. *Theory and Society* 12:485–504.

_______. 1983b. The Radicalism of Tradition: Community Strength or Venerable Disguise and Borrowed Language? *American Journal of Sociology* 88:886–914.

_______. 1989. Classical Social Theory and the French Revolution of 1848. *Sociological Theory* 7:210–225.

Cameron, I. A. 1977. The Police of Eighteenth Century France. *European Studies Review* 7:47–76.

Cameron, R., ed. 1970. *Essays in French Economic History.* Homewood, IL: Richard D. Irwin.

_______. 1973. The Logistics of Economic Growth: A Note on Historical Periodization. *Journal of European Economic History* 2:145–148.

Campbell, B. M. S. 1981a. Commonfield Origins—The Regional Dimension. In *The Origins of Open Field Agriculture,* edited by T. Rowley, 112–129. London: Croom Helm.

_______. 1981b. The Regional Uniqueness of English Field Systems: Some Evidence from Eastern Norfolk. *Agricultural Historical Review* 29:16–28.

_______. 1983. Agricultural Progress in Medieval England: Some Evidence from Eastern Norfolk. *Economic History Review,* 2d ser., 36:26–46.

_______. 1984. Inheritance and the Land Market in a Peasant Community. In *Land, Kinship, and Life-Cycle,* edited by R. M. Smith, 87–134. Cambridge: Cambridge University Press.

Campbell, M. 1942. *The English Yeoman under Elizabeth and the Early Stuarts.* New Haven: Yale University Press.

Canet, M. 1983. *Entre Landes et bocage: Pleugueneuc et le pays Dolois au XVIIIème siècle.* Paris: ISI.

Cannadine, D. 1980. *Lords and Landlords: The Aristocracy and the Towns, 1774–1967.* Leicester: Leicester University Press.

Cannon, J. 1984. *Aristocratic Century: The Peerage of Eighteenth Century England.* Cambridge: Cambridge University Press.

Capp, B. S. 1972. *The Fifth Monarchy Men.* Totowa, NJ: Rowman and Littlefield.

Carlton, C. 1980. Three British Revolutions and the Personality of Kingship. In *Three British Revolutions: 1641, 1688, 1776,* edited by J. G. A. Pocock, 165–207. Princeton, NJ: Princeton University Press.

Caron, F. 1981. *Histoire économique de la France, XIXe-XXe siècles.* Paris: Armand Colin.

Carothers, T. 1999. *Aiding Democracy Abroad: The Learning Curve.* Washington, D.C.: Carnegie Endowment for International Peace.

Carothers, T. and D. de Gramont. 2013. *Development Aid Confronts Politics: The Almost Revolution.* Washington, D.C.: Carnegie Endowment for International Peace.

Carter, Jennifer. 1979. Law Courts and Constitution. In *The Restored Monarchy,* edited by J. R. Jones, 71–93. Totowa, NJ: Rowman and Littlefield.

Cartier, M. 1969. Notes sur l'histoire des prix en Chine du XIVe au XVIIe siècle. *Annales, E.S.C.* 24:876–879.

_______. 1973. Nouvelles données sur Ia démographie chinoise a l'époque des Ming (1368–1644). *Annales, E.S.C.* 28:1341–1359.

_______. 1979. La croissance démographique chinoise du XVIII siècle et l'enregistrement des Pao-Chia. *Annales de Démographic. Historique,* 9–28.

_______. 1981. Les importations de metaux monétaires en Chine: essai sur Ia conjoncture chinoise. *Annales, E.S.C.* 36:454–466.

Cavanaugh, G. J. 1974. Nobles, Privileges, and Taxes in France: A Revision Reviewed. *French Historical Studies* 8:681–692.

Chalkin, C. W., and M. A. Havinden, eds. 1974. *Rural Change and Urban Growth, 1500–1800: Essays in English Regional History in Honor of W. G. Hoskins.* London: Longman.

Challis, C. 1975. Spanish Bullion and Monetary Inflation in England in the Late Sixteenth Century. *Journal of European Economic History* 4:381–392.

_______. 1978. *The Tudor Coinage.* Manchester: Manchester University Press.

Chambers, J. D. 1966. *Nottinghamshire in the Eighteenth Century: A Study of Life and Labour under the Squirearchy.* New York: Augustus M. Kelley.

_______. 1967. Enclosure and Labour Supply in the Industrial Revolution. In *Agriculture and Economic Growth in England, 1650–1815,* edited by E. L. Jones, 94–127. London: Methuen.

_______. 1972. *Population, Economy, and Society in Pre-industrial England.* London: Oxford University Press.

Chan, A. 1982. *The Glory and Fall of the Ming Dynasty.* Norman: Oklahoma University Press.

Chan, H. L. 1980. *Li Chih (1527–1602) in Contemporary Chinese Historiography: New Light on His Life and Works.* White Plains, NY: M. G. Sharpe.

Chan, W. T. 1967. Syntheses in Chinese Metaphysics. In *The Chinese Mind: Essentials of*

Chinese Philosophy and Culture, edited by C. A. Moore, 132–147. Honolulu: East-West Center, University of Hawaii Press.

Chandaman, C. P. 1975. *The English Public Revenue, 1660–1688.* Oxford: Clarendon Press.

Chandler, T., and G. Fox. 1974. *3000 Years of Urban Growth.* New York: Academic Press.

Chang, C. L. 1962. *The Income of the Chinese Gentry.* Seattle: University of Washington Press.

Chao, K. 1977. *The Development of Cotton Textile Production in China.* Cambridge, MA: Harvard University Press.

________. 1981. New Data on Land Ownership Patterns in Ming-Ch'ing China—A Research Note. *Journal of Asian Studies* 40:719–734.

________. 1986. *Man and Land in the Chinese History: An Economic Analysis.* Stanford: Stanford University Press.

Charlesworth, A., ed. 1983. *An Atlas of Rural Protest in Britain, 1548–1900.* London: Croom Helm.

Chartier, R. 1982. Espace social et imaginaire social: les intellectuels frustrés au XVIIe siècle. *Annales, E.S.C.* 37:389–400.

Chartier, R., D. Julia, and M.-M. Compère. 1976. *L'éducation en France du XVIe au XVIIIe siècle.* Paris: Société d'Edition d'Enseignement Supérieur.

Chartres, J. A. 1977. *Internal Trade in England, 1500–1700.* London: Macmillan.

Chaudhuri, K. 1963. The East India Company and the Export of Treasure: The Early Seventeenth Century. *Economic History Review,* 2d ser., 16:23–38.

________. 1968. Treasure and Trade Balances: The East India Company's Export Trade, 1660–1720. *Economic History Review,* 2d ser., 21:480–502.

Chaunu, H., and P. Chaunu. 1953. Economie atlantique, économie-monde (1504–1650). *Cahiers d'histoire mondiale* 1:91–104.

________. 1974. The Atlantic Economy and the World Economy. In *Essays in European Economic History, 1500–1800,* edited by P. Earle, 113–126. Oxford: Clarendon Press.

Chaussinand-Nogaret, G. 1975. Aux origines de la révolution: noblesse et bourgeoisie. *Annales, E.S.C.* 30:265–278.

________. 1982. Un aspect de la pens& nobiliaire au XVIIIe siècle: <<l'antinobilism>>. *Revue D'histoire moderne et contemporaine* 29:442–452.

________. 1985. *The French Nobility in the Eighteenth Century: From Feudalism to Enlightenment.* Translated by W. Doyle. Cambridge: Cambridge University Press.Chavarría, R. 1986. The Revolutionary Insurrection. In *Revolutions: Theoretical, Comparative, and Historical Studies,* edited by J. A. Goldstone, 152–158. San Diego: Harcourt Brace Jovanovich.

Chen, C. N. 1975. Flexible Bimetallic Exchange Rates in China, 1650–1850. *Journal of Money, Credit, and Banking* 7:359–367.

Chesneaux, J. 1973. *Peasant Revolts in China.* Translated by C. A. Curwen. New York: Norton.

Chevalier, L. 1973. *Laboring Classes and Dangerous Classes.* Translated by F. Jellinek. Princeton, NJ: Princeton University Press.

Ch'ien, M. 1982. *Traditional Government in Imperial China: A Critical Analysis.* Translated by C. T. Hsueh and G. O. Totten. Hong Kong: Chinese University Press.

Chirot, D. 1976. *Social Change in a Peripheral Society: The Creation of a Balkan Society.* New York: Academic Press.

_______. 1985. The Rise of the West. *American Sociological Review* 50:181–195.

Chorley, G. P. H. 1981. The Agricultural Revolution in Northern Europe, 1750–1880: Nitrogen, Legumes, and Crop Productivity. *Economic History Review*, 2d ser., 34:71–93.

Choucri, N. 1974. *Population Dynamics and International Violence: Propositions, Insights, and Evidence.* Lexington, MA: Lexington Books.

_______, ed. 1984. *Multidisciplinary Perspectives on Population and Conflict.* Syracuse, NY: Syracuse University Press.

Choucri, N., and R. C. North. 1975. *Nations in Conflict: National Growth and International Violence.* San Francisco: W. H. Freeman.

Christiansen, P. 1976. The Causes of the English Civil War: A Reappraisal. *Journal of British Studies* 15:40–75.

_______. 1978. *Reformers and Babylon: English Apocalyptic Visions from the Reformation to the Eve of the Civil War.* Toronto: University of Toronto Press.

Chuan, H. S. 1975. Tu Chien Silk Trade with Spanish America from the Late Ming to the Mid-Ch'ing Period. In *Studia Asiatica*, edited by L. G. Thompson, 99–117. San Francisco: Chinese Materials Center.

Church, C. 1977. Forgotten Revolutions. *European Studies Review* 7:95–106.

_______. 1983. *Europe in 1830: Revolution and Political Change.* London: Allen and Unwin.

Cincotta, R. 2008/2009. "Half a Chance: Youth Bulges and Transitions to Liberal Democracy." Woodrow Wilson Center, *Environmental Change and Security Program Report* 13, pp. 10-18.

_______. 2009. "How Democracies Grow Up." *ForeignPolicy.com*, October 9
http://foreignpolicy.com/2009/10/09/how-democracies-grow-up/

_______. 2012. "Life Begins after 25: Demography and the Societal Timing of the Arab Spring." Foreign Policy Research Institute E-notes online:
http://www.fpri.org/article/2012/01/life-begins-after-25-demography-and-the-societal-timing-of-the-arab-spring/

Cincotta, R. and J. Doces. 2011. "The Age-Structural Maturity Thesis: The Impact of the Youth Bulge on the Advent and Stability of Liberal Democracy," in *Political Demography*, edited by J. A. Goldstone, E. P. Kaufmann and M. D. Toft. New York: Oxford University Press, pp. 98-116.

Cipolla, C. 1972. The So-called Price Revolution: Reflections on the Italian Situation. In *Economy and Society in Modern Europe: Essays from Annales*, edited by P. Burke, 43–46. New York: Harper and Row.

Cizakca, M. 1980. Price History and the Bursa Silk Industry: A Study of Ottoman Industrial Decline, 1550–1650. *Journal of Economic History* 40:533–550.

Clark, B. D. 1972. Iran: Changing Population Patterns. In *Populations of the Middle East and North Africa: A Geographical Approach*, edited by J. I. Clarke and W. B. Fisher, 68–96. London: University of London Press.

Clark, J. C. D. 1985. *English Society, 1688–1832: Ideology, Social Structure, and Political Practice during the Ancien Régime.* Cambridge: Cambridge University Press.

_______. 1986. *Revolution and Rebellion: State and Society in England in the Seventeenth and Eighteenth Centuries.* Cambridge: Cambridge University Press.

Clark, P. 1976. Popular Protest and Disturbances in Kent, 1558–1640. *Economic History Review*, 2d ser., 29:365–382.

_______. 1977. *English Provincial Society from the Reformation to the Revolution: Religion, Politics, and Society in Kent, 1500–1640.* Hassocks, Sussex: Harvester Press.

_______. 1979a. Migration in England during the Late Seventeenth and Early Eighteenth Centuries. *Past and Present,* no. 83, 57–90.

_______. 1979b. The "Ramoth-Gilead of the Good": Urban Change and Political Radicalism at Gloucester, 1540–1640. In *The English Commonwealth, 1547–1640: Essays in Politics and Society Presented to Joel Hurstfield,* edited by P. Clark, A. G. R. Smith, and N. Tyacke, 167–187. Leicester: Leicester University Press.

_______. 1984. *Country Towns in Pre-industrial England.* New York: St. Martin's Press.

_______, ed. 1985. *The European Crisis of the 1590s.* London: Allen and Unwin.

Clark, P., and P. Slack, eds. 1972. *Crisis and Order in English Towns, 1500–1700: Essays in Urban History.* London: Routledge and Kegan Paul.

_______. 1976. *English Towns in Transition, 1500–1700.* London: Oxford University Press.

Clark, P., A. G. R. Smith, and N. Tyacke, eds. 1979. *The English Commonwealth, 1547–1640: Essays in Politics and Society Presented to Joel Hurst-field.* Leicester: Leicester University Press.

Clarkson, L. A. 1972. *The Pre-industrial Economy in England, 1500–1700.* New York: Schocken Books.

Clay, C. 1981a. Property Settlements, Financial Provision for the Family, and Sale of Land by the Greater Landowners. *Journal of British Studies* 21:1838.

_______. 1981b. Lifeleasehold in the Western Counties of England, 1650–1750. *Agricultural History Review* 29:83–96.

_______. 1984. *Economic Expansion and Social Change: England, 1500–1700.* 2 vols. Cambridge: Cambridge University Press.

Cliffe, J. T. 1984. *The Puritan Gentry.* London: Routledge and Kegan Paul. Clifton, R. 1973. Fear of Popery. In *The Origins of the English Civil War,* edited by C. Russell, 144–167. New York: Barnes and Noble.

Clinton, R. L., ed. 1973. *Population and Politics.* Lexington, MA: D.C. Heath. Clinton, R. L., W. S. Flash, and R. K. Godwin, eds. 1972. *Political Science in Population Studies.* Lexington, MA: D.C. Heath.

Clout, H., ed. 1977. *Themes in the Historical Geography of France.* New York: Academic Press.

_______. 1980. *Agriculture in France on the Eve of the Railway Age.* London: Croom Helm.

_______.1983. *The Land of France, 1815–1914.* London: Allen and Unwin. Coale, A. J. 1956. The Effects of Changes in Mortality and Fertility on Age Composition. *Milbank Memorial Fund Quarterly* 34:79–114.

Cobb, R. C. 1967. The Police, the Repressive Authorities, and the Beginning of the Revolutionary Crisis in Paris. *Welsh History Review* 3:427–440.

Cobb, R., and G. Rudé. 1965. The Last Popular Movement of the Revolution in Paris: The "Journées" of Germinal and of Prairial of Year III. In *New Perspectives on the French Revolution,* edited by J. Kaplow, 254–276. New York: John Wiley.

Cobban, A. 1957. *History of Modern France.* 3 vols. Baltimore, MD: Penguin.

_______. 1964. *The Social Interpretation of the French Revolution.* Cambridge: Cambridge University Press.

_______. 1967. The "Middle Class" in France, 1816–1848. *French Historical Studies* 5:41–52.

Cohen, I. B. 1984. *Revolution in Science.* Cambridge, MA: Belknap Press.

Cohen, J. S., and M. L. Weitzman. 1975. Enclosures and Depopulation: A Marxian Analysis. In *European Peasants and Their Markets,* edited by W. N. Parker and E. L. Jones, 161–178. Princeton, NJ: Princeton University Press.

Cohn, N. 1970. *The Pursuit of the Millennium: Revolutionary Millenarians and Mystical Anarchists of the Middle Ages.* New York: Oxford University Press.

Cohn, S., and K. Markides. 1977. The Location of Ideological Socialization and Age-based Recruitment into Revolutionary Movements. *Social Science Quarterly* 58:462–471.

Colburn, F. D. 1994. *The Vogue of Revolutions in Poor Countries.* Princeton: Princeton University Press.

Cole, James H. 1986. *Shaoshing: Competition and Cooperation in Nineteenth Century China.* Tucson: University of Arizona Press.

Cole, W. A. 1981. Factors in Demand, 1700–80. In *The Economic History of Britain since 1700,* edited by R. Floud and D. McCloskey, 36–65. Cambridge: Cambridge University Press.

Coleman, D.C. 1960. *The Domestic System in Industry.* London: Routledge and Kegan Paul.

_______. 1976. Labour in the English Economy of the Seventeenth Century. In *Seventeenth Century England: Society in an Age of Revolution,* edited by P. A. Seaver, 111–138. New York: New Viewpoints.

_______. 1977. *The Economy of England, 1450–1750.* Oxford: Oxford University Press.

Coleman, D. C., and A. H. John, eds. 1976. *Trade, Government, and Economy in Preindustrial England.* London: Weidenfeld and Nicolson.

Coles, P. 1968. *The Ottoman Impact on Europe.* London: Thames and Hudson. Colley, Linda. 1982. *In Defense of Oligarchy: The Tory Party, 1714–60.* Cambridge: Cambridge University Press.

Collins, R. 1980. Weber's Last Theory of Capitalism: A Systematization. *American Sociological Review* 45:925–942.

_______. 1981. *Sociology since Midcentury: Essays in Theory Cumulation.* New York: Academic Press.

_______. 1986. *Weberian Sociological Theory.* Cambridge: Cambridge UniversityPress.

Collinson, Patrick. 1982. *The Religion of Protestants: The Church in English Society.* New York: Oxford University Press.

Compère, M.-M., and D. Julia. 1984. *Les collèges françaises, 16e–18e siècles.* Paris: INRP and CNRS.

Cook, M. A. 1972. *Population Pressure in Rural Anatolia, 1450–1600.* New York: Oxford University Press.

_______, ed. 1976. *A History of the Ottoman Empire to 1730.* Cambridge: Cambridge University Press.

Cooper, J. P. 1967. The Social Distribution of Land and Men in England, 14361700. *Economic History Review,* 2d ser., 20:419–440.

_______. 1978. In Search of Agrarian Capitalism. *Past and Present,* no. 80, 20–65.

Cooper, R. 1982. William Pitt, Taxation, and the Needs of War. *Journal of British Studies* 22:94–103.

Corcia, J. di. 1978. Bourg, Bourgeois, Bourgeois de Paris from the Eleventh to the Eighteenth Century. *Journal of Modern History* 50:207–233.

Corfield, P. 1982. *The Impact of English Towns, 1700–1800.* Oxford: Oxford University Press.

Cornwall, J. 1962. English Country Towns in the Fifteen-Twenties. *Economic History Review,* 2d ser., 15:54–69.

_______. 1970. English Population in the Early Sixteenth Century. *Economic History Review,* 2d ser., 22:32–44.

_______. 1977. *Revolt of the Peasantry, 1549.* London: Routledge and Kegan Paul.

_______. 1988. *Wealth and Society in Early Sixteenth Century England.* London: Routledge and Kegan Paul.

Corrigan, P., and D. Sayer. 1985. *The Great Arch: English State Formation as Cultural Revolution.* Oxford: Basil Blackwell.

Corvisier, A. 1979. *Armies and Societies in Europe, 1494–1789.* Translated by A. Sidall. Bloomington: Indiana University Press.

Coveney, P. J., ed. 1977. *France in Crisis, 1620–1675.* Totowa, NJ: Rowman and Littlefield.

Coward, B. 1980. *The Stuart Age.* London: Longman.

_______. 1986. Was There an English Revolution in the Middle of the Seventeenth Century? In *Politics and People in Revolutionary England,* edited by C. Jones, M. Newitt, and S. Roberts, 9–39. Oxford: Basil Blackwell.

Cowie, L. 1977. *Sixteenth Century Europe.* Edinburgh: Oliver and Boyd. Crafts, N. F. R. 1977. Determinants of the Rate of Parliamentary Enclosure. *Explorations in Economic History* 14:227–249.

_______. 1978. Enclosure and Labor Supply Revisited. *Explorations in Economic History* 15:172–183.

_______. 1980. Income Elasticities of Demand and the Release of Labour by Agriculture during the British Industrial Revolution. *Journal of European Economic History* 9:153–168.

_______. 1983. British Economic Growth, 1700–1831: A Review of the Evidence. *Economic History Review,* 2d ser., 36:177–199.

_______. 1984. Economic Growth in France and Britain, 1830–1910: A Review of the Evidence. *Journal of Economic History* 44:49–67.

_______. 1985. English Workers' Real Wages during the Industrial Revolution: Some Remaining Problems. *Journal of Economic History* 45:139–144.

Crafts, N. F. R., and N. J. Ireland. 1976. A Simulation of the Impact of Changes in Age at Marriage before and during the Advent of Industrialization in England. *Population Studies* 30:495–510.

Craig, A. M. 1961. *Choshu in the Meiji Restoration.* Cambridge, MA: Harvard University Press.

_______. 1986. The Central Government. In *Japan in Transition: From Tokugawa to Meiji,* edited by M. B. Jansen and G. Rozman, 36–37. Princeton, NJ: Princeton University Press.

Craig, G. A. 1966. *Europe since 1815.* New York: Holt, Rinehart and Winston.

Crawcour, E. S. 1988. Economic Change in Nineteenth Century Japan. In *The Cambridge History of Japan, vol. 5: The Nineteenth Century,* edited by M. B. Jansen, 569–617. Cambridge: Cambridge University Press.

Crawford, R. B. 1961–1962. Eunuch Power in the Ming Dynasty. *T'oung Pao* 49:115–148.

Croot, P., and D. Parker. 1978. Agrarian Class Structure and Economic Development. *Past and Present*, no. 78,37–47.

Cross, H. E. 1983. South American Bullion Production and Export, 1550–1750. In *Precious Metals in the Later Medieval and Early Modern World*, edited by J. F. Richards, 397–423. Durham, NC: Carolina Academic Press.

Crouzet, F. 1970. An Annual Index of French Industrial Production in the Nineteenth Century. In *Essays in French Economic History*, edited by R. Cameron, 245–278. Homewood, IL: Richard D. Irwin.

_______. 1980. Economic Growth in Britain and France. In *Britain and France: Ten Centuries*, edited by D. Johnson, F. Crouzet, and F. Bedarida, 187–195. Folkestone, Kent: William Dawson.

Cubells, M. 1982. La politique d'anoblissement de la monarchie en Provence de 1715 a 1789. *Annales du Midi* 94:173–196.

Curtis, M. 1959. *Oxford and Cambridge in Transition, 1558–1642*. Oxford: Oxford University Press.

_______. 1962. The Alienated Intellectuals of Early Stuart England. *Past and Present*, no. 23, 25–43.

Cvetkova, B. 1977. Problems of the Ottoman Empire in the Balkans from the Sixteenth to the Eighteenth Century. In *Studies in Eighteenth Century Islamic History*, edited by T. Naff and R. Owen, 165–169. Carbondale: Southern Illinois University Press.

_______. 1983a. Early Ottoman *Tahrir Defters* as a Source for Studies on the History of Bulgaria and the Balkans. *Ottoman Archivum* 8:133–213.

_______. 1983b. Le credit dans les Balkans, XVIe-XVIIe siècles. In *Contributions à l'histoire économique et sociale de l'empire Ottoman*, edited by O. L. Barkan, 299–308. Louvain: Editions Peeters.

Dallas, G. 1982. *The Imperfect Peasant Economy: The Loire Country, 1800–1914*. Cambridge: Cambridge University Press.

Daly, J. 1984. The Implications of Royalist Politics, 1642–46. *Historical Journal* 27:745–755.

Darby, H. C., ed. 1973a. *A New Historical Geography of England*. Cambridge: Cambridge University Press.

_______. 1973b. Age of the Improver, 1600–1800. In *A New Historical Geography of England*, edited by H. C. Darby, 302–388. Cambridge: Cambridge University Press.

Dardess, J. W. 1972. The Late Ming Rebellions: Peasants and Problems of Interpretation. *Journal of Interdisciplinary History* 3:103–117.

Darnton, R. 1970. The High Enlightenment and the Low Life of Literature in Prerevolutionary France. *Past and Present*, no. 51, 81–115.

_______. 1984. *The Great Cat Massacre and Other Episodes in French Cultural History*. New York: Basic Books.

Daumard, A. 1963. *La bourgeoisie parisienne de 1815 à 1848*. Paris: SEVPEN. Daumard, A., F. Locaccioni, G. Dupeaux, J. Herpin, J. Godechot, and J. Sentou.

_______. 1973. *Les fortunes françaises au XIXe siècle*. Paris: Mouton.

David, P. 1975. *Technical Choice, Innovation, and Economic Growth*. Cambridge: Cambridge University Press.

Davies, A. 1964. The Origins of the French Peasant Revolution of 1789. *History* 49:24–41.

Davies, C. S. L. 1964. Provisions for Armies, 1509–1550: A Study in the Effectiveness of Early Tudor Government. *Economic History Review,* 2d ser., 17:234–248.

_______. 1969. Révokes populaires en Angleterre (1500–1700). *Annales, E.S.C.* 24:24–60.

_______. 1973. Peasant Revolt in France and England: A Comparison. *Agricultural History Review* 21:122–134.

Davies, J. C. 1962. Toward a Theory of Revolution. *American Sociological Review* 27:5–19.

Davies, M. G. 1977. Country Gentry and Falling Rents in the 1660s and 1670s. *Midland History* 4:86–96.

Davis, K. 1971. The World's Population Crisis. In *Contemporary Social Problems,* edited by R. K. Merton and R. Nisbet, 363–406. New York: Harcourt Brace Jovanovich.

Davis, N. Z. 1975. *Society and Culture in Early Modern France.* Stanford: Stanford University Press.

Davis, R. 1966. The Rise of Protection in England, 1689–1786. *Economic History Review,* 2d ser., 19:306–317.

_______. 1967. *A Commercial Revolution: English Overseas Trade in the Seventeenth and Eighteenth Centuries.* London: The Historical Association.

_______. 1970. English Imports from the Middle East. In *Studies in the Economic History of the Middle East,* edited by M. A. Cook, 193–206. London: Oxford University Press.

_______. 1973. *English Overseas Trade, 1500–1700.* London: Macmillan.

_______. 1979. *The Industrial Revolution and Britain's Overseas Trade.* Leicester: University of Leicester Press.

Deane, P., and W. A. Cole. 1969. *British Economic Growth, 1688–1959.* 2d ed. Cambridge: Cambridge University Press.

deBary, W. T. 1957. Chinese Despotism and the Confucian Ideal: A Seventeenth Century View. In *Chinese Thought and Institutions,* edited by J. K. Fairbank, 163–203. Chicago: University of Chicago Press.

_______. 1970. Individualism and Humanitarianism in Late Ming Thought. In *Self and Society in Ming Thought,* edited by W. T. deBary, 145–247. New York: Columbia University Press.

deBary, W. T. et al. 1975. *The Unfolding of Neo-Confucianism.* New York: Columbia University Press.

Defourneaux, M. 1970. *Daily Life in Spain in the Golden Age.* Translated by N. Branch. Stanford: Stanford University Press.

DeGroot, A. H. 1978. *The Ottoman Empire and the Dutch Republic.* Leiden: Nederlands Historisch-Archeologisch Instituut.

Dennerline, J. 1981. *The Chia-ting Loyalists: Confucian Leadership and Social Change in Seventeenth Century China.* New Haven: Yale University Press.

Derouet, B. 1980. Une démographic differentielle: dés pour un système autorégulateur des populations rurales d'ancien regime. *Annales, E.S.C.* 35:341.

Desan, S. 1988. Redefining Revolutionary Liberty: The Rhetoric of Religious Revival during the French Revolution. *Journal of Modern History* 60:1–27.

de Vries, J. 1976. *Europe in an Age of Crisis, 1650–1750.* Cambridge: Cambridge University Press.

_______. 1984. *European Urbanization, 1500–1800.* Cambridge, MA: Harvard University Press.

Dewald, J. 1987. *Pont-St-Pierre, 1398–1789: Lordship, Community, and Capitalism in Early Modern France.* Berkeley and Los Angeles: University of California Press.

Deyon, P. 1975. Relations between the French Nobility and the Absolute Monarchy during the First Half of the Seventeenth Century. In *State and Society in Seventeenth Century France,* edited by R. F. Kierstead, 25–43. New York: New Viewpoints.

_______. 1976. Manufacturing Industries in Seventeenth Century France. In *Louis XIV and Absolutism,* edited by R. Hatton, 226–242. London: Macmillan.

Dickson, P. G. M. 1967. *The Financial Revolution in England: A Study in the Development of Public Credit, 1688–1756.* New York: St. Martin's Press.

Dietrich, C. 1972. Cotton Culture and Manufacture in Early Ch'ing China. In *Economic Organization in Chinese Society,* edited by W. E. Willmott, 105–136. Stanford: Stanford University Press.

Dietz, B. 1986. Overseas Trade and Metropolitan Growth. In *London, 1500–1700: The Making of the Metropolis,* edited by A. L. Beier and R. A. Finlay, 115–140. London: Longman.

Dietz, F. 1964. *English Public Finance, 1485–1641.* 2d ed. 2 vols. New York: Barnes and Noble.

Dillon, M. 1978. Jingdezhen as a Ming Industrial Center. *Ming Studies* 6:37–44.

Dimberg, R. 1974. *The Sage and Society: The Life and Thought of Ho Hsin-Yin.* Honolulu: University of Hawaii Press.

Dix, R. 1983. The Varieties of Revolution. *Comparative Politics* 15:281–293. Dobb, M. 1946. *Studies in the Development of Capitalism.* London: Routledge and Kegan Paul.

Dobson, R. B. 1977. Population Decline in Late Medieval England. *Transactions of the Royal Historical Society,* 5th ser., 27:1–22.

Dodgshon, R. A., and R. A. Butlin, eds. 1978. *An Historical Geography of England and Wales.* New York: Academic Press.

Dols, M. W. 1977. *The Black Death in the Middle East.* Princeton, NJ: Princeton University Press.

_______. 1979. The Second Plague Pandemic and Its Recurrences in the Middle East, 1347–1894. *Journal of the Economic and Social History of the Orient* 22:162–189.

Dominguez Ortiz, A. 1971. *The Golden Age of Spain, 1516–1659.* New York: Basic Books.

Dovring, F. 1965. The Transformation of European Agriculture. In *The Cambridge Economic History of Europe,* edited by H. J. Habakkuk and M. Postan, 6:604–672. Cambridge: Cambridge University Press.

Dow, F. D. 1985. *Radicalism in the English Revolution, 1640–1660.* Oxford: Basil Blackwell.

Dowell, S. 1884. *A History of Taxation and Taxes in England from the Earliest Times to the Present Day.* 2 vols. London: Longman, Green.

Downey, G. 1969. *The Late Roman Empire.* New York: Holt, Rinehart and Winston.

Doyle, W. 1970. The Parlements of France and the Breakdown of the Old Regime, 1771–1788. *French Historical Studies* 6:415–458.

_______. 1972. Was There an Aristocratic Reaction in Pre-revolutionary France? *Past and Present,* no. 57, 97–122.

_______. 1974. *The Parlement of Bordeaux and the End of the Old Regime, 1771–1790.* London: Ernest Benn.

_______. 1978. *The Old European Order, 1660–1800.* Oxford: Oxford University Press.

_______. 1980. *Origins of the French Revolution.* Oxford: Oxford University Press.

_______. 1984. The Price of Offices in Pre-revolutionary France. *Historical Journal* 27:831–860.

_______. 1986. *The Ancien Régime.* Atlantic Highlands, NJ: Humanities Press.

_______. 1989. *The Oxford History of the French Revolution.* Oxford: Clarendon Press.

_______. 2013. *France and the Age of Revolution: Regimes Old and New from Louis XIV to Napoleon Bonaparte.* London: I.B. Tauris.

Dray, W. H. 1964. *Philosophy of History.* Englewood Cliffs, NJ: Prentice-Hall.

Droz, J. 1967. *Europe between Revolutions, 1815–1848.* Translated by R. Baldick. New York: Harper and Row.

Duby, G., and A. Wallon, eds. 1975–1976. *Histoire de la France rurale.* 4 vols. Paris: Editions du Seuil.

DuFraisse, R. 1982. Elites anciennes et élites nouvelles dans les pays de la rive gauche du Rhin a l'époque napoléonienne. *Annales Historique de la Révolution Française* 248:244–283.

Dunstan, H. 1975. The Late Ming Epidemics: A Preliminary Survey. *Ch'ing shih wen-t'i* 3(3):1–59.

Dupâquier, J. 1970. French Population in the 17th and 18th Centuries. In *Essays in French Economic History,* edited by R. Cameron, 150–169. Homewood, IL: Richard D. Irwin.

_______. 1978. Révolution française et révolution demographique. In *Vom Ancien Régime zur Französischen Revolution,* edited by E. Hinrichs, E. Schmitt, and R. Vierhaus, 233–260. Göttingen: Vandenhoeck and Rupert.

_______. 1979. *La population française aux XVIIe et XVIIIe siècles.* Paris: Presses Universitaires de France.

_______. 1989. Demographic Crises and Subsistence Crises in France, 1650–1725. In *Famine, Disease and the Social Order in Early Modern Society,* edited by J. Walter and R. Schofield, 189–199. Cambridge: Cambridge University Press.

Dupâquier, J., et al. 1988. *Histoire de la population française.* 4 vols. Paris: Presses universitaires de France.

Dupeaux, G. 1976. *French Society, 1789–1970.* London: Methuen.

Durand, Y. 1966. Recherches sur les salaires des masons à Paris au XVIIIe siècle. *Revue d'Histoire Economique et Sociale* 44:468–480.

Dyer, A. D. 1973. *The City of Worcester in the Sixteenth Century.* Leicester: Leicester University Press.

_______. 1979. Growth and Decay in English Towns, 1500–1700. *Urban History Yearbook,* 60–72.

_______. 1981. Seasonality of Baptisms: An Urban Approach. *Local Population Studies,* no. 27, 26–34.

Dyer, C. 1982. Deserted Medieval Villages in the West Midlands. *Economic History Review,* 2d ser., 35:19–34.

Earle, P., ed. 1974. *Essays in European Economic History, 1500–1800.* Oxford: Clarendon Press.

Easterlin, R. 1980. *Birth and Fortune.* Chicago: University of Chicago Press. Eberhard, W. 1962. *Social Mobility in Traditional China.* Leiden: E. J. Brill. Ebrey, P. 1983. Types of Lineage in Ch'ing China: A Re-Examination of the Chang Lineage of T'ung-ch'eng. *Ch'ing shih wen-t'i* 4(9):1–20.

Echeverria, D. 1972. The Pre-revolutionary Influence of Rousseau's *Contrat Social. Journal of the History of Ideas* 33:543–560.

_______. 1985. *The Maupeou Revolution.* Baton Rouge: Louisiana State University Press.

Eckstein, S. 1982. The Impact of Revolution on Social Welfare in Latin America. *Theory and Society* 11:43–94.

Edeen, A. 1986. The Soviet Civil Service: Its Composition and Its Status. In *Revolutions: Theoretical, Comparative, and Historical Studies,* edited by J. A. Goldstone, 238–247. San Diego: Harcourt Brace Jovanovich.

Edmonds, B. 1983. Federalism and Urban Revolt in France in 1793. *Journal of Modern History* 55:22–53.

Egret, J. 1965a. The Origins of the Revolution in Brittany (1788–1789). In *New Perspectives on the French Revolution,* edited by J. Kaplow, 136–152. New York: John Wiley.

_______. 1965b. The Pre-Revolution in Provence. In *New Perspectives on the French Revolution,* edited by J. Kaplow, 153–169. New York: John Wiley.

_______. 1968. Was the Aristocratic Revolt Aristocratic? In *The French Revolution: Conflicting Interpretations,* edited by F. A. Kafker and J. M. Laux, 37–49. New York: Random House.

_______. 1977. *The French Pre-Revolution, 1787–88.* Translated by W. D. Camp. Chicago: University of Chicago Press.

Eisenstadt, S. N. 1963. *The Political Systems of Empires.* London: Macmillan.

_______. 1978. *Revolutions and the Transformation of Societies: A Comparative Study of Civilizations.* New York: Free Press.

_______. 1980a. *This Worldly Transcendentalism and the Structuring of the World: Weber's "Religion of China" and the Format of Chinese History and Civilization.* Jerusalem: Eliezer Kaplan School of Economics and Social Sciences of the Hebrew University.

_______. 1980b. Comparative Analysis of State Formation in Historical Contexts. *International Social Science Journal* 32:624–654.

_______. Forthcoming. Patterns of Conflict and Conflict Resolution in Japan: Some Comparative Indications. In *Japanese Models of Conflict Resolution,* edited by S. N. Eisenstadt and E. Ben An. London: Routledge and Kegan Paul.

Eisenstein, E. 1968. Was the Bourgeois Revolt Bourgeois? In *The French Revolution: Conflicting Interpretations,* edited by F. A. Kafker and J. M. Laux, 50–69. New York: Random House.

Eisner, R. 1986. *How Real is the Federal Deficit?* New York: Free Press. Eliade, M. 1959. *Cosmos and History: The Myth of the Eternal Return.* New York: Harper and Brothers.

Elliott, J. H. 1963a. *Imperial Spain, 1469–1716.* New York: New American Library.

_______. 1963b. *The Revolt of the Catalans.* Cambridge: Cambridge University Press.

_______. 1970. Revolts in the Spanish Monarchy. In *Preconditions of Revolution in Early Modern Europe,* edited by R. Forster and J. P. Greene, 109–130. Baltimore, MD: Johns Hopkins University Press.

_______. 1977. Self-Perception and Decline in Early Seventeenth Century Spain. *Past and Present,* no. 74, 48–61.

_______. 1984. *Richelieu and Olivares.* Cambridge: Cambridge University Press.

Ellis, G. 1978. The Marxist Interpretation of the French Revolution. *English Historical Review* 93:353–376.

Ellis, J. 1974. *Armies in Revolution.* New York: Oxford.

Elman, B. A. 1984. *From Philosophy to Philology: Intellectual and Social Aspects of Change in Late Imperial China.* Cambridge, MA: Council on East Asian Studies.

Elster, J. 1983. *Explaining Technical Change: A Case Study in the Philosophy of Science.* Cambridge: Cambridge University Press.

Elton, G. R. 1974a. *England under the Tudors.* London: Methuen.

_______. 1974b. *Studies in Tudor and Stuart Politics and Government: Papers and Reviews, 1946–1972.* 2 vols. Cambridge: Cambridge University Press.

_______. 1977. *Reform and Reformation: England, 1509–1558.* Cambridge, MA: Harvard University Press.

Elvin, M. 1972. The High-Level Equilibrium Trap: The Causes of the Decline of Invention in the Traditional Chinese Textile Industries. In *Economic Organization in Chinese Society,* edited by W. E. Willmott, 137–172. Stanford: Stanford University Press.

_______. 1973. *The Pattern of the Chinese Past.* Stanford: Stanford University Press.

_______. 1977. Marketing Towns and Waterways: The County of Shanghai from 1480 to 1910. In *The City in Late Imperial China,* edited by G. W. Skinner, 441–473. Stanford: Stanford University Press.

_______. 1984. Why China Failed to Create an Endogenous Industrial Capitalism: A Critique of Max Weber's Explanation. *Theory and Society* 13:379–391.

_______. 1988. China as a Counterfactual. In *Europe and the Rise of Capitalism,* edited by J. Baechler, J. Hall, and M. Mann, 101–112. Oxford: Basil Blackwell.

Emery, F. V. 1973. England circa 1600. In *A New Historical Geography of England,* edited by H. C. Darby, 248–301. Cambridge: Cambridge University Press.

England, C. 1982. Paupérisme et condition ouvrière dans la seconde moitié du XVIIIe siècle: l'exemple amienois. *Revue d'histoire moderne et contemporaine* 29:376–410.

Entenmann, R. E. 1982. Migration and Settlement in Sichuan, 1644–1796. Ph.D. diss., Harvard University.

Epstein, J., and D. Thompson, eds. 1982. *The Chartist Experience: Studies in Working Class Radicalism and Culture, 1830–1860.* London: Macmillan.

Erder, L. 1975. The Measurement of Preindustrial Population Changes: The Ottoman Empire from the 15th to the 17th Century. *Middle Eastern Studies* 11:284–301.

Erder, L., and S. Faroqhi. 1979. Population Rise and Fall in Anatolia, 15501620. *Middle Eastern Studies* 15:322–345.

_______. 1980. The Development of the Anatolian Urban Network during the Sixteenth Century. *Journal of the Economic and Social History of the Orient* 23:265–303.

Esler, A. 1972. Youth in Revolt: The French Generation of 1830. In *Modern European Social History,* edited by R. J. Bezucha. Lexington, MA: D.C. Heath.

Evans, E. 1983. *The Forging of the Modern State: Early Industrial Britain, 1783–1870.* London: Longman.

Evans, J. T. 1979. *Seventeenth Century Norwich: Politics, Religion, and Government, 1620–1690.* Oxford: Clarendon Press.

Everitt, A. 1967a. The Marketing of Agricultural Produce. In *The Agrarian History of England and Wales,* vol. 4: *1500–1640,* edited by J. Thirsk, 466–592. Cambridge: Cambridge University Press.

_______. 1967b. Farm Laborers. In *The Agrarian History of England and Wales,* vol. 4: *1500–1640,* edited by J. Thirsk, 396–465. Cambridge: Cambridge University Press.

_______.1968. The County Community. In *The English Revolution, 1600–1660,* edited by E. W. Ives, 48–63. New York: Harper and Row.

_______. 1969. *Change in the Provinces: The Seventeenth Century.* Leicester: Leicester University Press.

_______. 1973. The Local Community and the Great Rebellion. In *The Historical Association Book of the Stuarts,* edited by K. H. D. Haley, 74–101. New York: St. Martin's Press.

Faber, J. A., H. K. Roessingh, B. H. Slicher van Bath, A. N. van de Woude, and R. J. van Xanten. 1965. Economic Developments and Population Changes in the Netherlands up to 1800. In *Third International Conference of Economic History,* edited by D. E. C. Eversley, 67–78. Paris: Mouton.

Fairbank, J. K., E. O. Reischauer, and A. M. Craig. 1965. A *History of East Asia Civilization.* 2 vols. Boston: Houghton Mifflin.

Fairchilds, C. 1976. *Poverty and Charity in Aix-en-Provence, 1640–1789.* Baltimore, MD: Johns Hopkins University Press.

Farmer, E. L. 1990. Social Regulations of the First Ming Emperor: Orthodoxy as a Function of Authority. In *Orthodoxy in Late Imperial China,* edited by K. C. Liu, 103–125. Berkeley and Los Angeles: University of California Press.

Farnell, J. E. 1977. The Social and Intellectual Basis of London's Role in the English Civil Wars. *Journal of Modern History* 49:641–660.

Faroqhi, S. 1973. Social Mobility and the Ottoman 'Ulema in the Late Sixteenth Century. *International Journal of Middle East Studies* 4(2):204–218.

_______. 1977. Rural Society in Anatolia and the Balkans during the Sixteenth Century, parts 1 and 2. *Turcica* 9:161–196, 11:103–153.

_______. 1979a. Notes on the Introduction of Cotton and Cotton Cloth in Sixteenth and Seventeenth Century Anatolia. *Journal European Economic History* 8:405–417.

_______. 1979b. Sixteenth Century Periodic Markets in Various Anatolian Sancaks. *Journal of the Economic and Social History of the Orient* 22:32–80.

_______. 1979–1980. Taxation and Urban Activities in Sixteenth Century Anatolia. *International Journal of Turkish Studies 1:19–53.*

_______. 1980. Land Transfer, Land Dispute, and Askeri Holdings in Ankara (1592–1600). In *Memorial Omer Lüfti Barkan,* edited by H. İnalcık, 87–99. Paris: Librarie d'Amérique et d'Orient Adrien Maisonneuve.

_______. 1984. *Towns and Townsmen in Ottoman Anatolia.* New York: Cambridge University Press.

_______. 1986a. *Peasants, Dervishes, and Traders in the Ottoman Empire.* London: Variorum.

_______. 1986b. The Venetian Presence in the Ottoman Empire (1600–1630). *Journal of European Economic History* 15:345–384.

Farris, N.M. 1987. Remembering the Future, Anticipating the Past: History, Time, and Cosmology among the Maya of Yucatan. *Comparative Studies in Society and History* 29:566–593.

Fay, C. R. 1932. *The Corn Laws and Social England.* Cambridge: Cambridge University Press.

Federal Reserve Bank of St. Louis. 2016. Federal Reserve Bank of St. Louis and US. Office of Management and Budget, Federal Receipts as Percent of Gross Domestic Product

[FYFRGDA188S], retrieved from FRED, Federal Reserve Bank of St. Louis; https://fred.stlouisfed.org/series/FYFRGDA188S, August 14, 2016.

Feher, F. 1985. The French Revolution: Between Class Identity and Universalist Illusions. *Review* 8:335–351.

Fei, H. T. 1946. Peasantry and Gentry: An Interpretation of Chinese Social Structure and Its Changes. *American Journal of Sociology* 52:1–17.

Felloni, G. 1977. Italy. In *An Introduction to the Sources of European Economic History, 1500–1800,* edited by C. Wilson and G. Parker, 1–36. Ithaca, NY: Cornell University Press.

Feuerwerker, A. 1975. *Rebellion in Nineteenth Century China.* Ann Arbor: Center for Chinese Studies, University of Michigan.

_______. 1976. *State and Society in Eighteenth Century China: The Ch'ing Empire in Its Glory.* Ann Arbor: Center for Chinese Studies, University of Michigan.

_______, ed. 1982. *Chinese Social and Economic History from the Song to 1900.* Ann Arbor: Center for Chinese Studies, University of Michigan.

_______. 1984. State and Economy in Late Imperial China. *Theory and Society* 13:297–326.

Fiette, S. 1982. Propriétaire et exploitants dans un grand domaine du Lauragais a la fin de l'ancien régime et au dèbut de la révolution. *Revue d'histoire moderne et contemporaine* 29:177–213.

Financial Times. 2016. U.S. Productivity Slips for First Time in Three Decades. May 25, 2016.
http://www.ft.com/cms/s/0/925d8e6c-226f-11e6-9d4d-c11776a5124d.html#axzz4HDkGL6Xb

Fincham, K. 1984. The Judge's Decision on Ship Money in February 1637: The Reaction of Kent. *Historical Journal* 57:230–236.

Fincham, K., and P. Lake. 1985. The Ecclesiastical Policy of King James I. *Journal of British Studies* 24:169–207.

Finlay, R. 1981a. *Population and Metropolis: The Demography of London, 1580–1650.* Cambridge: Cambridge University Press.

_______. 1981b. Differential Child Mortality in Pre-industrial England: The Example of Cartmel, Cumbria, 1600–1750. *Annales de Demographie Historique,* 67–79.

Finlay, R., and B. Shearer. 1986. Population Growth and Suburban Expansion. In *London, 1500–1700: The Making of the Metropolis,* edited by A. L. Beier and R. A. Finlay, 37–59. London: Longman.

Finlayson, M. G. 1983. *Historians, Puritanism, and the English Revolution.* Toronto: University of Toronto Press.

Fisher, F. J. 1935. The Development of the London Food Market, 1540–1640. *Economic History Review,* 2d ser., 5:46–64.

_______, ed. 1961. *Essays in the Economic and Social History of Tudor and Stuart England.* Cambridge: Cambridge University Press.

_______. 1965. Influenza and Inflation in Tudor England. *Economic History Review,* 2d ser., 18:120–129.

_______. 1968. The Growth of London. In *The English Revolution, 1600–1660,* edited by E. W. Ives, 76–86. New York: Harper and Row.

_______. 1971. London as an Engine of Economic Growth. In *Britain and the Netherlands,*

vol. 4: *Metropolis, Dominion and Province,* edited by J. S. Bromley and E. H. Kossman, 3–16. The Hague: Martinus Nijhoff.
Fisher, I. 1911. *The Purchasing Power of Money.* London: Macmillan.
Fletcher, A. 1973. Tudor Rebellions. Harlow, Essex: Longman.
_______. 1975. *A County Community in Peace and War: Sussex, 1600–1660.* London: Longman.
_______. 1981. *The Outbreak of the English Civil War.* London: Edward Arnold.
_______. 1983. Parliament and People in Seventeenth Century England. *Past and Present,* no. 98, 151–155.
_______. 1986. *Reform in the Provinces: The Government of Stuart England.* New Haven: Yale University Press.
Fletcher, A., and J. Stevenson, eds. 1985. *Order and Disorder in Early Modern England.* Cambridge: Cambridge University Press.
Fletcher, J. F., Jr. 1985. Integrative History: Parallels and Interconnections in the Early Modern Period, 1500–1800. *Journal of Turkish Studies* 9:37–58.
Flinn, M. 1981. *The European Demographic System, 1500–1820.* Baltimore, MD: Johns Hopkins University Press.
Floud, R., and D. McCloskey, eds. 1981. *The Economic History of Britain since 1700.* 2 vols. Cambridge: Cambridge University Press.
Flynn, D. 1978. A New Perspective on the Spanish Price Revolution: The Monetary Approach to the Balance of Payments. *Explorations in Economic History* 15:388–406.
Fogel, R. W., and G. R. Elton. 1983. *Which Road to the Past: Two Views of History.* New Haven: Yale University Press.
Foran, J. 2005. *Taking Power: On the Origins of Third World Revolutions.* Cambridge: Cambridge University Press.
Forbonnais, F. V. D. de. 1758. *Recherches et considerations sur les finances de France depuis 1596 jusqu'en 1721.* 4 vols. Liège.
Forrest, A. 1981. *The French Revolution and the Poor.* Oxford: Basil Blackwell. Forstenzer, T. R. 1981. *French Provincial Police and the Fall of the Second Republic.* Princeton, NJ: Princeton University Press.
Forster, R. 1963. The Provincial Noble: A Reappraisal. *American Historical Review* 68:681–691.
_______. 1970. Obstacles to Agricultural Growth in Eighteenth Century France. *American Historical Review* 75:1600–1615.
_______. 1971. *The Nobility of Toulouse in the Eighteenth Century.* New York: Octagon Books.
_______. 1976. The Survival of the Nobility during the French Revolution. In *French Society and the Revolution,* edited by D. Johnson, 132–147. New York: Cambridge University Press.
_______. 1980. The French Revolution and the New Elite, 1800–1850. In *The American and European Revolutions, 1776–1848,* edited by J. Pelenski, 182–207. Iowa City: University of Iowa Press.
_______. 1981. *Merchants, Landlords, Magistrates: The Depont Family in Eighteenth Century France.* Baltimore, MD: Johns Hopkins University Press.
Forster, R., and J. Greene, eds. 1970. *Preconditions of Revolution in Early Modern Europe.* Baltimore, MD: Johns Hopkins University Press.

Forster, R., and O. Ranum, eds. 1977. *Rural Society in France: Selections from the Annales.* Translated by E. Forster and P. M. Ranum. Baltimore, MD: Johns Hopkins University Press.

Foster, J. 1974. *Class Struggle and the Industrial Revolution.* London: Weidenfeld and Nicolson.

Fox, E. 1971. *History in Geographic Perspective: The Other France.* New York: Norton.

Fox, H. S. A. 1981. Approaches to the Adoption of the Midland System. In *The Origins of Open Field Agriculture,* edited by T. Rowley, 64–111. London: Croom Helm.

_______. 1975. The Chronology of Enclosure and Economic Development in Medieval Devon. *Economic History Review,* 2d ser., 28:181–202.

Fox, H. S. A., and R. A. Butlin, eds. 1979. *Change in the Countryside: Essays on Rural England, 1500–1900.* London: Institute of British Geographers.

Fox-Genovese, E. 1976. *The Origins of Physiocracy: Economic Revolution and Social Order in Eighteenth Century France.* Ithaca, NY: Cornell University Press.

Frank, A. G. 1998. *Reorient: Global Economy in the Asian Age.* Berkeley and Los Angeles: University of California Press.

Franz, G. 1976. Landwirtschaft, 1800–1850. In *Handbuch der deutschen Wirtschafts- and Sozialgeschichte,* edited by H. Aubin and W. Zorn, 1:276–320. Stuttgart: Klett-Cotta.

Frêche, G. 1973. La population de la région Toulousaire sous l'ancien régime. In *Sur la population française au XVIIIe et au XIXe siècles,* 251–269. Paris: Société de Démographie Historique.

_______. 1974. *Toulouse et la region Midi-Pyrenees au siècle de Lumières (vers 1670–1789).* Paris: Cujas.

Freedom House. 2016. *Freedom in the World.* Washington, DC and New York: Freedom House.

Fridlizius, G. 1979. Population, Enclosure, and Property Rights. *Economy and History* 22:3–37.

Friedman, B. M. 1988. *Day of Reckoning: The Consequences of American Economic Policy under Reagan and After.* New York: Random House.

Frost, P. 1981. Yeomen and Metalsmiths: Livestock in the Dual Economy in South Staffordshire, 1560–1720. *Agricultural History Review* 29:29–41.

Fu I. L. 1981–1982. A New Assessment of the Rural Social Relationship in Late Ming and Early Ch'ing China. *Chinese Studies in History* 15:62–92.

Fukuyama, F. 1992. *The End of History and the Last Man.* New York: Free Press.

Fulbrook, M. 1982. The English Revolution and the Revisionist Revolt. *Social History* 7:249–264.

_______. 1983. *Piety and Politics.* Cambridge: Cambridge University Press.

_______. 1984. Legitimation Crisis and the Early Modern State: The Politics of Religious Toleration. In *Religion and Society in Early Modern Europe, 1500–1800,* edited by K. von Greyerz, 146–156. Boston: Allen and Unwin.

Furet, F. 1971. Le catéchisme révolutionnaire. *Annales,* E.S.C. 26:255–189.

_______. 1978. Les élections de 1789 a Paris: le tiers état et la naissance d'une classe dirigeante. In *Vom Ancien Regime zur Französischen Revolution,* edited by E. Hinrichs, E. Schmitt, and R. Vierhaus, 188–206. Göttingen: Vandenhoeck and Rupert.

_______. 1981. *Interpreting the French Revolution.* Translated by E. Forster. Cambridge: Cambridge University Press.

Furet, F., and D. Richet. 1970. *The French Revolution.* Translated by S. Hardman. New York: Macmillan.
Gagnol, P. 1974 [1911]. *Ladîme ecclesiastique en France au XVIIIe siècle.* Geneva: Slatkine-Megariotis Reprints.
Galassi, F. L. 1986. Reassessing Mediterranean Agriculture: Retardation and Growth in Tuscany, 1870–1914. *Rivista de Storia Economica,* 2d ser., 3:90–121.
Galloway, P. 1986. Long Term Fluctuations in Climate and Population. *Population and Development Review* 12:1–24.
Gardiner, P., ed. 1974. *The Philosophy of History.* Oxford: Oxford University Press.
Gardiner, S. R. 1970. *The First Two Stuarts and the Puritan Revolution.* New York: Thomas Y. Cromwell, Apollo Editions.
Garnot, B. 1983. *Vivre et mourir dans une ville d'Eure-et-Loir au XVIllème siècle: l'exemple de Chartres.* Chartres: Centre National de Documentation Pédagogique.
Garrier, G. 1973. *Paysans du Beaujolais et du Lyonnais, 1800–1970.* Grenoble: Presses Universitaires de Grenoble.
Garten Ash, Timothy. 1989. "Revolution in Hungary and Poland." *New York Review of Books,* August 17, 1989.
Gash, N. 1979. *Aristocracy and People: Britain, 1815–1865.* London: Edward Arnold.
Gates, J. M. 1986. Toward a History of Revolution. *Comparative Studies in Society and History* 28:535–544.
Gath, D. J., and J. W. McKenna, eds. 1977. *Tudor Rule and Revolution: Essays for G. R. Elton from His American Friends.* Cambridge: Cambridge University Press.
Gauthier, F. 1977. *La vole paysanne dans la revolution française.* Paris: F. Maspero.
Geertz, C. 1973. *The Interpretation of Culture.* New York: Basic Books. Geiss, J. P. 1979. Peking under the Ming, 1368–1644. Ph.D. diss., Princeton University.
_______. 1988. The T'ai-ch'ang, T'ien-ch'i, and Ch'ung-chen Reigns, 1620–1644. In *The Cambridge History of China,* edited by F. W. Mote and D. Twitchett, 4:586–640. Cambridge: Cambridge University Press.
Gellner, E. 1983. *Nations and Nationalism.* Oxford: Basil Blackwell.
George, A. L. 1979. The Causal Nexus between Cognitive Beliefs and Decision-making Behavior: The Operational Code Belief System. In *Psychological Models in International Politics,* edited by L. S. Flakowski, 95–124. Boulder, CO: Westview Press.
Gernet, J. 1982. *A History of Chinese Civilization.* Cambridge: Cambridge University Press.
Gibb, H., and H. Bowen. 1950. *Islamic Society and the West.* 2 vols. London: Oxford University Press.
Giddens, A. 1976. *New Rules of Sociological Method.* London: Hutchinson.
_______. 1979. *Central Problems in Social Theory.* London: Macmillan.
_______. 1982. *Profiles and Critique in Social Theory.* Berkeley and Los Angeles: University of California Press.
Giesey, R. E. 1977. Rules of Inheritance and Strategies of Mobility in Prerevolutionary France. *American Historical Review* 82:271–289.
_______. 1983. State-Building in Early Modern France: The Role of Royal Officialdom. *Journal of Modern History* 55:191–207.
Gillis, J. R. 1971. *The Prussian Bureaucracy in Crisis, 1840–1860.* Stanford: Stanford University Press.
_______.1974. *Youth and History.* New York: Academic Press.

_______. 1977. *The Development of European Society, 1770–1870.* Boston: Houghton Mifflin.

Glass, D. V., and R. Revelle, eds. 1972. *Population and Social Change.* London: Edward Arnold.

Glassman, D., and A. Redish. 1985. New Estimates of the Money Stock in France, 1493–1680. *Journal of Economic History* 40:31–46.

Gleason, J. H. 1969. *The Justices of the Peace in England, 1558–1640.* Oxford: Oxford University Press.

Glenn, N. 1976. Cohort Analysts' Futile Quest: Statistical Attempts to Separate Age, Period, and Cohort Effects. *American Sociological Review* 41:900–904.

Godechot, J. 1970. *Les révolutions, 1770–1799.* Paris: Presses Universitaires de France.

_______. 1971. *The Counter-Revolution: Doctrine and Action, 1789–1804.* Translated by S. Attanasio. Princeton, NJ: Princeton University Press.

Goitein, S.D. 1977. Individualism and Conformity in Classical Islam. In *Individualism and Conformity in Classical Islam,* edited by A. Banani and S. Vryonis, 3–18. Wiesbaden: Otto Harrassowitz.

Goldfrank, W. L. 1979. Theories of Revolution and Revolution without Theory: The Case of Mexico. *Theory and Society* 7:135–165.

Goldstone, J. A. 1980. Theories of Revolution: The Third Generation. *World Politics* 32:425–453.

_______. 1982. The Comparative and Historical Study of Revolutions. Annual *Review of Sociology* 8:187–207.

_______. 1983. Capitalist Origins of the English Revolution: Chasing a Chimera. *Theory and Society* 12:143–180.

_______. 1984. Urbanization and Inflation: Lessons from the English Price Revolution of the Sixteenth and Seventeenth Centuries. *American Journal of Sociology* 89:1122–1160.

_______. 1985. Revolutions. In *The International Social Science Encyclopedia,* edited by A. Kuper and J. Kuper, 705–707. London: Routledge and Kegan Paul.

_______. 1986a. The Demographic Revolution in England: A Reexamination. *Population Studies* 49:5–33.

_______ , ed. 1986b. *Revolutions: Theoretical, Comparative, and Historical Studies.* San Diego: Harcourt Brace Jovanovich.

_______. 1986c. The Outcomes of Revolutions. In *Revolutions: Theoretical, Comparative, and Historical Studies,* edited by J. A. Goldstone, 207–208. San Diego: Harcourt Brace Jovanovich.

_______. 1987. Cultural Orthodoxy, Risk, and Innovation: The Divergence of East and West in the Early Modern World. *Sociological Theory* 5:119–135.

_______. 1988. Regional Ecology and Agrarian Development in England and France. *Politics and Society* 16:287–334.

_______. 1990. The Causes of Long Waves in Early Modern Economic History. In *The Vital One: Essays in Honor of Jonathan R. T. Hughes,* edited by J. Mokyr. Greenwich, CT: JAI Press.

_______. 1993. "Predicting Revolutions: Why We Could (and Should) Have Foreseen the Revolutions of 1989–1991 in the U.S.S.R. and Eastern Europe," *Contention* 2: 127-152.

_______. 1998. "The Soviet Union: Revolution and Transformation," in *Elites, Crises, and the Origins of Regimes,* John Higley and Mattei Dogan, eds. Boulder, CO: Rowman and Littlefield, pp. 95-123.

_______. 2001. "Toward a Fourth Generation of Revolutionary Theory," *Annual Review of Political Science* 4:139-187.

_______. 2008. *Why Europe? The Rise of the West in World History 1500-1850.* New York: McGraw-Hill.

_______. 2011a. "The Social Origins of the French Revolution Revisited." In Thomas Kaiser and Dale Van Kley, eds. *From Deficit to Deluge: The Origins of the French Revolution,* eds. Thomas Kaiser and Dale van Kley. Palo Alto: Stanford University Press, pp. 67-103.

_______. 2011b. "Understanding the Revolutions of 2011: Weakness and Resilience in Middle Eastern Autocracies." *Foreign Affairs* 90 (May/June): 8-16.

_______. 2014. *Revolutions: A Very Short Introduction.* New York: Oxford University Press.

Goldstone, J. A., E. P. Kaufmann, and M.D. Toft, eds. 2011. *Political Demography: How Population Changes are Reshaping International Security and International Politics.* New York: Oxford University Press

Goldstone, J. A., T. R. Gurr, and F. Moshiri, eds. 1991. *Revolutions of the Late 20th Century.* Boulder, CO: Westview Press.

Goodman, D., and M. Redclift. 1982. *From Peasant to Proletarian: Capitalist Development and Agrarian Transition.* Oxford: Basil Blackwell.

Goodwin, J. 2001. *No Other Way Out: States and Revolutionary Movements 1945-1991.* Cambridge: Cambridge University Press.

Goody, J., J. Thirsk, and E. P. Thompson, eds. 1976. *Family and Inheritance: Rural Society in Western Europe, 1200–1800.* Cambridge: Cambridge University Press.

Gordus, A., and J. P. Gordus. 1981. Potosi Silver and Coinage in Early Modern Europe. In *Precious Metals in the Age of Expansion: Papers of the XIVth International Congress of the Historical Sciences,* edited by H. Kellenbenz, 225–241. Stuttgart: Klett-Cotta.

Gottfried, R. S. 1978. *Epidemic Disease in Fifteenth Century England: The Medical Response and the Demographic Consequences.* New Brunswick, NJ: Rutgers University Press.

_______. 1982. *Bury St. Edmunds and the Urban Crisis, 1290–1539.* Princeton, NJ: Princeton University Press.

Goubert, P. 1960. *Beauvais et le Beauvaisis de 1600 à 1730.* Paris: SEVPEN.

_______. 1965. Recent Theories and Research in French Population between 1500 and 1700. Translated by M. Hilton. In *Population in History: Essays in Historical Demography,* edited by D. Glass and D. E. C. Eversley, 457–473. Chicago: Aldine.

_______. 1967. The French Peasantry of the Seventeenth Century: A Regional Example. In *Crisis in Europe, 1560–1660,* edited by T. Aston, 150–176. Garden City, NY: Doubleday/Anchor Books.

_______. 1970a. Historical Demography and the Reinterpretation of Early Modern French History. *Journal of Interdisciplinary History* 1:37–48.

_______. 1970b. Les fondements demographiques; les campagnes françaises. In *Histoire économique et sociale de la France,* edited by F. Braudel and E. Labrousse, 2:9–160. Paris: Presses Universitaires de France.

_______. 1970c. Le <<tragique>> XVIIe siècle. In *Histoire économique et sociale de la*

France, edited by F. Braudel and E. Labrousse, 2:330–366. Paris: Presses Universitaires de France.

_______. 1973a. *The Ancien Regime: French Society, 1600–1750.* Translated by S. Cox. New York: Harper and Row.

_______. 1973b. *L'ancien régime: les pouvoirs.* Paris: Armand Colin.

_______. 1977a. Life and Death in a Peasant Village. In *The Peasantry in the Old Regime: Conditions and Protests,* edited by I. Woloch, 9–12. Huntington, NY: Robert E. Krieger.

_______. 1977b. Family and Province: A Contribution to the Knowledge of Family Structure in Modern France. *Journal of Family History* 2:179–195.

_______. 1986. *The French Peasantry in the Seventeenth Century.* Translated by I. Patterson. Cambridge: Cambridge University Press.

Gough, K. 1968. The Implications of Literacy in Traditional China and India. In *Literacy in Traditional Societies,* edited by J. Goody, 69–84. Cambridge: Cambridge University Press, 1968.

Gould, J. P. 1962. Agricultural Fluctuations and the English Economy in the Eighteenth Century. *Journal of Economic History* 22:313–333.

Gould, S. J. 1986. Cardboard Darwinism. *New York Review of Books* 33:47–54.

_______. 1988. Mighty Manchester. *New York Review of Books* 35:32–35.

Gouldner, A. W. 1983. Artisans and Intellectuals in the German Revolution of 1848. *Theory and Society* 12:521–532.

Graham, G. 1983. *Historical Explanation Reconsidered.* Aberdeen: Aberdeen University Press.

Granovetter, M. 1978. Threshold Models of Collective Behavior. *American Journal of Sociology* 83:1420–1443.

Grantham, G. 1978. The Diffusion of the New Husbandry in France, 1815–1840. *Journal of Economic History* 38:311–337.

Green, J. D. 1986. Countermobilization in the Iranian Revolution. In *Revolutions: Theoretical, Comparative, and Historical Studies,* edited by J. A. Goldstone, 127–138. San Diego: Harcourt Brace Jovanovich.

Greenlaw, R. W., ed. 1958. *The Economic Origins of the French Revolution.* Boston, MA: D.C. Heath.

_______, ed. 1975. *The Social Origins of the French Revolution.* Lexington, MA: D.C. Heath.

Grenier, J-Y. 1984. Quelques éléments pour une étude des liens entre conjoncture économique et conjoncture démographique aux XVIIe et XVIIIe siècles. *Annales de Démographie Historique,* 175–199.

Grenville, J. A. S. 1976. *Europe Reshaped, 1848–1878.* Hassocks, UK: Harvester Press.

Gribble, J. and J. Bremner. 2012. "The Challenge of Attaining the Demographic Dividend." Washington D.C.: Population Reference Bureau.

Grigg, D. B. 1963. Small and Large Farms in England and Wales: Their Size and Distribution. *Geography* 48:268–279.

_______. 1966. *The Agricultural Revolution in South Lincolnshire.* Cambridge: Cambridge University Press.

_______. 1980. *Population Growth and Agrarian Change.* Cambridge: Cambridge University Press.

Grim, T. 1969. Ming Educational Intendants. In *Chinese Government in Ming Times: Seven Studies,* edited by C. Hucker, 129–148. New York: Columbia University Press.

Griswold, W. J. 1985. *The Great Anatolian Rebellion, 1591–1611*. Berlin: Klaus Schwarz.

Grove, L., and C. Daniels, eds. 1984. *State and Society in China: Japanese Perspectives on Ming-Qing Social and Economic History*. Tokyo: University of Tokyo Press.

Grove, L., and J. W. Esherick. 1980. From Feudalism to Capitalism: Japanese Scholarship on the Transformation of Chinese Rural Society. *Modern China* 6:397–438.

Gruder, V. R. 1968. *The Royal Provincial Intendants: A Governing Elite in Eighteenth Century France*. Ithaca, NY: Cornell University Press.

_______. 1984a. Paths to Political Consciousness: The Assembly of Notables and the Pre-Revolution in France. *French Historical Studies* 13:323–355.

_______. 1984b. A Mutation in Elite Political Culture: The French Notables and the Defense of Property and Participation, 1787. *Journal of Modern History* 56:598–634.

Guéry, A. 1978. Les finances de la monarchie française sous l'ancien régime. *Annales, E.S.C.* 33:216–239.

Gugler, J. 1982. The Urban Character of Contemporary Revolutions. *Studies in Comparative International Development* 17:60–73.

Gunning, J. and I. Z. Baron. 2014. *Why Occupy a Square?: People, Protests and Movements in the Egyptian Revolution*. Oxford: Oxford University Press.

Guo, S. 1982. Wasteland Reclamation Policies and Achievements during the Reigns of Shunzhi (1644–1661) and Kangxi (1662–1722). In *Chinese Social and Economic History from the Song to 1900*, edited by A. Feuerwerker, 91–92. Ann Arbor: Center for Chinese Studies, University of Michigan.

Gurr, T. R. 1970. *Why Men Rebel*. Princeton, NJ: Princeton University Press.

_______. 1986. The Political Origins of State Violence and Terror: A Theoretical Analysis. In *Government Violence and Repression: An Agenda for Research*, edited by M. Stohl and G. A. Lopez, 45–71. New York: Greenwood Press.

Gutman, M. P. 1977. Putting Crises in Perspective: The Impact of War on Civilian Populations in the Seventeenth Century. *Annales de Démographie Historique*, 101–127.

Haas, M. L. 2011. "America's Golden Years? U.S. Security in an Aging World," in *Political Demography*, edited by J. A. Goldstone, E. P. Kaufmann and M. D. Toft. New York: Oxford University Press, pp. 49-62.

Habakkuk, J. H. 1960. The English Land Market in the Eighteenth Century. In *Britain and the Netherlands*, edited by J. S. Bromley and E. H. Kossman, 154–173. London: Chatto and Windus.

_______.1979. The Rise and Fall of English Landed Families, 1600–1800. *Transactions of the Royal Historical Society*, 5th ser., 29:187–207.

Haberman, M. 1986. Invisible Handshakes in Lancashire: Cotton Spinning in the First Half of the Nineteenth Century. *Journal of Economic History* 46:987–1009.

Hagen, W. W. 1986. Working for the Junker: The Standard of Living of Manorial Laborers in Brandenburg, 1584–1810. *Journal of Modern History* 58:1443–1458.

_______. 1989. Seventeenth-Century Crisis in Brandenburg: The Thirty Years' War, the Destabilization of Serfdom, and the Rise of Absolutism. *American Historical Review* 94:302–335.

Hajnal, J. 1965. European Marriage Patterns in Perspective. In *Population in History*, edited by D. V. Glass and D. E. C. Eversley, 101–143. Chicago: Aldine.

_______. 1982. Two Kinds of Pre-industrial Household Formation Systems. *Population and Development Review* 8:449–494.

Halèvi, R. 1984. Les représentations de la démocratie maçonnique au XVIIIe siècle. *Revue d'Histoire Moderne et Contemporaine* 31:571–596.

Hall, A. R. 1983. *The Revolution in Science, 1500–1750.* London: Longman. Hall, J. A. 1985. *Powers and Liberties: The Causes and Consequences of the Rise of the West.* Berkeley and Los Angeles: University of California Press.

Hall, J. W. 1970. *Japan: From Prehistory to Modern Times.* New York: Dell.

Hamashima, A. 1980. The Organization of Water Control in the Kiangnan Delta in the Ming Period. *Acta Asiatica* 38:69–92.

Hamerow, T. S. 1958. *Restoration, Revolution, Reaction: Economics and Politics in Germany, 1815–1871.* Princeton, NJ: Princeton University Press.

_______. 1983. *The Birth of a New Europe: State and Society in the Nineteenth Century.* Chapel Hill: University of North Carolina Press.

Hamilton, E. 1934. *American Treasure and the Price Revolution in Spain.* Cambridge, MA: Harvard University Press.

Hamilton, G. 1984. Patriarchalism in Imperial China and Western Europe: A Revision of Weber's Sociology of Domination. *Theory and Society* 13:393–426.

_______. 1985. Why No Capitalism in China: Negative Questions in Comparative Historical Sociology. In *Max Weber in Asian Studies,* edited by A. Buss, 65–89. Leiden: E. J. Brill.

Hamilton, G., and J. Walton. 1988. History in Sociology. In *The Future of Sociology,* edited by E. F. Borgatta and K. S. Cook, 181–199. Newbury Park, CA: Sage.

Hammarström, I. 1957. The Price Revolution of the Sixteenth Century: Some Swedish Evidence. *Scandinavian Economic History Review* 5:118–154.

Hampson, N. 1963. *A Social History of the French Revolution.* Toronto: University of Toronto Press.

_______. 1978. The Enlightenment and the Language of the French Nobility in 1789: The Case of Arras. In *Studies in the French Eighteenth Century,* edited by D. J. Messop, G. E. Rodmill, and D. B. Wilson, 81–91. Durham: University of Durham Press.

_______. 1983. *Will and Circumstance: Montesquieu, Rousseau, and the French Revolution.* London: Duckworth.

Handlin, J. F. 1983. *Action in Late Ming Thought: The Reorientation of Lu K'un and Other Scholar-Officials.* Berkeley and Los Angeles: University of California Press.

Hanley, S. B. 1983. A High Standard of Living in 19th Century Japan: Fact or Fantasy? *Journal of Economic History* 43:183–192.

Hanley, S. B., and K. Yamamura. 1977. *Economic and Demographic Change in Preindustrial Japan, 1600–1868.* Princeton, NJ: Princeton University Press.

Harootunian, H. D. 1988. Late Tokugawa Culture and Thought. In *The Cambridge History of Japan, vol. 5: The Nineteenth Century,* edited by M. B. Jansen, 168–258. Cambridge: Cambridge University Press.

Harris, J. R., and V. Samaraweera. 1984. Economic Dimensions of Conflict. In *Multidisciplinary Perspectives on Population and Conflict,* edited by N. Choucri, 123–156. Syracuse, NY: Syracuse University Press.

Harris, R. 1970. Necker's *Compte rendu* of 1781: A Reconsideration. *Journal of Modern History* 42:161–183.

_______. 1976. French Finances and the American War, 1777–83. *Journal of Modern History* 58:233–258.

_______. 1979. *Necker, Reform Statesman of the Ancien Régime.* Berkeley and Los Angeles: University of California Press.

_______. 1986. *Necker and the Revolution of 1789.* Lanham, MD: University Press of America.

Hartwell, R. M. 1966. Markets, Technology, and the Structure of Enterprise in the Development of the Eleventh Century Chinese Iron and Steel Industry. *Journal of Economic History.* 26:29–58.

_______, ed. 1972. *The Long Debate on Poverty: Eight Essays on Industrialization and "The Condition of England."* London: Institute of Economic Affairs.

_______. 1982. Demographic, Political, and Social Transformations of China, 50–1550. *Harvard Journal of Asiatic Studies* 42:365–442.

Hatcher, J. 1977. Plague, Population, and the English Economy, 1348–1530. London: Macmillan.

_______. 1986. Mortality in the Fifteenth Century: Some New Evidence. *Economic History Review,* 2d ser., 39:19–38.

Hauser, P. M., ed. 1979. *World Population and Development: Challenges and Prospects.* Syracuse, NY: Syracuse University Press.

Havinden, M. A. 1967. Agricultural Progress in Open-Field Oxfordshire. In *Agriculture and Economic Growth in England, 1650–1815,* edited by E. L. Jones, 66–79. London: Methuen.

Hawley, A. 1978. Presidential Address-Cumulative Change in Theory and in History. *American Sociological Review* 43:787–796.

Hayami, A. 1986a. Population Changes. In *Japan in Transition: From Tokugawa to Meiji,* edited by M. B. Jansen and G. Rozman, 280–317. Princeton, NJ: Princeton University Press.

_______. 1986b. A Great Transformation: Social and Economic Change in Sixteenth and Seventeenth Century Japan. *Bonner Zeitschrift fur Japanologie* 8:3–13.

Hazard, P. 1963. *The European Mind (1680–1715).* Translated by J. L. May. London: Hollis and Carter.

Heffer, J., J. Mairesse, and J.-M. Chanut. 1986. La culture du blé au milieu du XIXe siècle: rendement, prix, salaires, et autre coins. *Annales, E.S.C.* 41:1273–1302.

Hellmont, W. 1970–1971. On Ming Orthodoxy. *Monumenta Serica* 29:1–26.

Hempel, C. G. 1942. The Function of General Laws in History. Journal of Philosophy 39:35–48.

Henry, L., and Y. Blayo. 1975. La population de la France de 1740 a 1860. *Population* (Numéro Special): 71–92.

Herlihy, D. 1980. *Cities and Society in Medieval Italy.* London: Variorum Reprints.

Hershlag, Z. Y. 1980. *Introduction to the Modern Economic History of the Middle East.* Leiden: E. J. Brill.

Hess, A. C. 1974. Comment on McNeill. In *The Ottoman State and Its Place in World History,* edited by K. Karpat, 47–50. Leiden: E. J. Brill.

Hexter, J. H. 1961. *Reappraisals in History.* Evanston, IL: Northwestern University Press.

_______. 1968. The English Aristocracy, Its Crisis, and the English Revolution, 1558–1660. *Journal of British Studies* 8:22–78.

_______. 1978. Power Struggles, Parliaments, and Liberty in Early Stuart England. *Journal of Modern History* 50:1–50.

Hey, D. 1974. *An English Rural Community: Myddle under the Tudors and Stuarts.* Leicester: Leicester University Press.
Heyd, U. 1970. The Later Ottoman Empire in Rumelia and Anatolia. In *The Cambridge History of Islam,* edited by P. M. Holt, A. K. S. Lambton, and B. Lewis, 1:354–373. Cambridge: Cambridge University Press.
Heywood, C. 1981. The Role of the Peasantry in French Industrialization. *Economic History Review,* 2d ser., 34:359–376.
Hibbard, C. 1983. *Charles I and the Popish Plot.* Chapel Hill: University of North Carolina Press.
Higgs, D. 1981. Social Mobility and Hereditary Titles in France, 1814–1830: The *Majorats-sur-demande. Histoire Sociale* 14:29–48.
Higonnet, P. 1981. *Class, Ideology, and the Rights of Nobles during the French Revolution.* Oxford: Oxford University Press.
Hill, C. 1940. *The English Revolution, 1640.* London: Lawrence and Wishart.
_______. 1961. *The Century of Revolution, 1603–1714.* New York: Norton.
_______. 1972. *The World Turned Upside Down: Radical Ideas during the English Revolution.* New York: Viking.
_______. 1975. *Change and Continuity in Seventeenth Century England.* Cambridge, MA: Harvard University Press.
_______. 1980. A Bourgeois Revolution? In *Three British Revolutions: 1641, 1688, 1776* edited by J. G. A. Pocock, 109–139. Princeton, NJ: Princeton University Press.
Hilton, R. 1982. Towns in Societies. *Urban History Yearbook,* 7–13.
Himmelfarb, G. 1987. *The New History and the Old.* Cambridge, MA: Harvard University Press, Belknap Press.
Himmelstein, J., and M. S. Kimmel. 1981. States and Revolutions: The Implications and Limits of Skocpol's Structural Model. *American Journal of Sociology* 86:1145–1154.
Hinrichs, E., E. Schmitt, and R. Vierhaus, eds. 1978. *Vom Ancien Regime zur Französischen Revolution.* Göttingen: Vandenhoeck and Rupert.
Hirst, D. 1975. *The Representative of the People?* Cambridge: Cambridge University Press.
_______. 1978. Unanimity in the Commons, Aristocratic Intrigues, and the Origins of the English Civil War. *Journal of Modern History* 50:51–71.
_______. 1986. *Authority and Conflict: England, 1603–1658.* Cambridge, MA: Harvard University Press.
Ho, P. T. 1954. The Salt Merchants of Yang-chou: A Study of Commercial Capitalism in Eighteenth Century China. *Harvard Journal of Asiatic Studies* 17:130–168.
_______. 1959. *Studies on the Population of China.* Cambridge, MA: Harvard University Press.
_______. 1962. *The Ladder of Success in Imperial China.* New York: Columbia University Press.
_______. 1967. The Significance of the Ch'ing Period in Chinese History. *Journal of Asian Studies* 26:189–196.
Hobsbawm, E. J., 1962. *The Age of Revolution, 1789–1848.* New York: Mentor.
_______. 1965. The Crisis of the Seventeenth Century. In *Crisis in Europe, 1560–1660,* edited by T. Aston, 5–58. New York: Basic Books.
Hobsbawm, E. J., and G. Rudé. 1969. *Captain Swing.* London: Lawrence and Wishart.

Hochberg, L. 1984. The English Civil War in Geographical Perspective. *Journal of Interdisciplinary History* 14:729–750.

Hodges, R., and D. Whitehouse. 1983. *Mohammed, Charlemagne, and the Origins of Europe.* Ithaca, NY: Cornell University Press.

Hoffman, J., ed. 1839. *Die Bevölkerung des Preussischen Staats.* Berlin. Hoffman, P. T. 1986. Taxes and Agrarian Life in Early Modern France: Land Sales, 1550–1730. *Journal of Economic History* 46:37–55.

_______. 1988. Institutions and Agriculture in Old Regime France. *Politics and Society* 16:241–264.

Hohenberg, P. 1972. Change in Rural France in the Period of Industrialization, 1830–1914. *Journal of Economic History* 32:219–240.

Holderness, B. A. 1974. The English Land Market in the 18th Century: The Case of Lincolnshire. *Economic History Review,* 2d ser., 27:557–576.

Hollingsworth, T. H. 1965. *The Demography of the English Peerage.* London: London School of Economics.

_______. 1977. Mortality in the British Peerage Families since 1600. *Population* (Numéro Special): 323–352.

Holmes, C. 1974. *The Eastern Association in the English Civil War.* Cambridge: Cambridge University Press.

_______. 1980. *Seventeenth Century Lincolnshire.* Lincoln: Society for Lincolnshire History and Archeology.

Holmes, G. 1969. *Britain after the Glorious Revolution, 1689–1714.* London: Macmillan.

_______. 1986. *Politics, Religion, and Society in England, 1679–1742.* London: Hambleton Press.

Holt, P. M. 1970. The Later Ottoman Empire in Egypt and the Fertile Crescent. In *The Cambridge History of Islam,* edited by P. M. Holt, A. K. S. Lambton, and B. Lewis, 1:374–393. Cambridge: Cambridge University Press.

Holton, R. J. 1978. The Crowd in History: Some Problems of Theory and Method. *Social History* 3:219–233.

Homans, G. C. 1961. *Social Behavior: Its Elementary Forms.* New York: Harcourt, Brace and World.

Homer, S. 1963. *A History of Interest Rates.* New Brunswick, NJ: Rutgers University Press.

Honjo, E. 1965. *The Social and Economic History of Japan.* New York: Russell and Russell.

Hood, J. N. 1979. Revival and Mutation of Old Rivalries in Revolutionary France. *Past and Present,* no. 82, 82–115.

Horn, P. 1980. *The Rural World, 1780–1850.* London: Hutchinson.

Horwitz, H. 1977. *Parliament, Policy, and Politics in the Reign of William III.* Manchester: Manchester University Press.

Hoshi, A. 1980. Transportation in the Ming Period. *Acta Asiatica* 38:1–30.

Hoskins, W. H. 1953. The Rebuilding of Rural England, 1570–1640. *Past and Present,* no. 4, 44–58.

_______. 1963. *Provincial England: Essays in Social and Economic History.* London: Macmillan.

_______. 1964. Harvest Fluctuations and English Economic History, 1480–1619. *Agricultural History Review* 12:28–46.

_______. 1968. Harvest Fluctuations and English Economic History, 1620–1759. *Agricultural History Review* 16:15–31.

Hoszowski, S. 1972. Central Europe and the Sixteenth and Seventeenth Century Price Revolution. In *Economy and Society in Modern Europe: Essays from Annales,* edited by P. Burke, 85–103. New York: Harper and Row.

Hou, C. M., and T. S. Yu, eds. 1979. *Modern Chinese Economic History: Proceedings of the Conference on Modern Chinese Economic History, Academia Sinica, Taipei, Taiwan, Republic of China, Aug. 26–29.* Taipei: Institute of Economics, Academia Sinica.

Houdaille, J. 1982. Reconstitution des families de Rosny-sou-Bois de 1620 a 1669. *Population* 37:412–418.

Hourani, A. 1974. The Ottoman Background of the Modern Middle East. In *The Ottoman State and Its Place in World History,* edited by K. Karpat, 61–78. Leiden: E. J. Brill.

Howard, M. 1976. *War in History.* Oxford: Oxford University Press.

Howell, R. 1979. The Structure of Urban Politics in the English Civil War. *Albion* 11:111–127.

_______. 1982. Neutralism, Conservatism, and Political Alignment in the English Revolution: The Case of the Towns, 1642–9. In *Reactions to the English Civil War, 1642–1649,* edited by J. Morill, 67–87. London: Macmillan.

Hsiao, K. C. 1960. *Rural China: Imperial Control in the Nineteenth Century.* Seattle: University of Washington Press.

Hsieh, Y. W. 1967. Filial Piety and Chinese Society. In *The Chinese Mind,* edited by C. A. Moore, 167–187. Honolulu: East-West Center, University of Hawaii Press.

Hu, S. 1967. The Scientific Spirit and Method in Chinese Philosophy. In *The Chinese Mind,* edited by C. A. Moore, 104–131. Honolulu: East-West Center, University of Hawaii Press.

Huang, P. 1985. *The Peasant Economy and Social Change in North China.* Stanford: Stanford University Press.

Huang, R. 1969. Fiscal Administration during the Ming Dynasty. In *Chinese Government in Ming Times: Seven Studies,* edited by C. O. Hucker, 73–128. New York: Columbia University Press.

_______. 1974. *Taxation and Governmental Finance in Sixteenth Century Ming China.* Cambridge: Cambridge University Press.

_______. 1986. The History of the Ming Dynasty and Today's World. *Chinese Studies in History* 19:3–36.

Huber, T. M. 1981. *The Revolutionary Origins of Modern Japan.* Stanford: Stanford University Press.

Hucker, C. O. 1957. The Tung-lin Movement of the Late Ming Period. In *Chinese Thought and Institutions,* edited by J. K. Fairbank, 132–162. Chicago: University of Chicago Press.

_______, ed. 1969. *Chinese Government in Ming Times: Seven Studies.* New York: Columbia University Press.

Hudson, V. and A. M. den Boer. 2005. *Bare Branches: The Security Implications of Asia's Male Surplus Population.* Cambridge: MIT Press.

Hufton, O. H. 1967. *Bayeux in the Late Eighteenth Century: A Social Study.* Oxford: Clarendon Press.

_______. 1974. *The Poor of Eighteenth Century France.* Oxford: Oxford University Press.

_______. 1979. The Seigneur and the Rural Community in Eighteenth Century France: The "Seigneurial Reaction," a Reappraisal. *Transactions of the Royal Historical Society*, 5th ser., 29:21–40.

_______. 1980. *Europe: Privilege and Protest, 1730–1789.* Ithaca, NY: Cornell University Press.

_______. 1981. Women, Work, and Marriage in Eighteenth Century France. In *Marriage and Society: Studies in the Social History of Marriage,* edited by R. B. Outhwaite, 186–203. London: European Publications.

Hughes, A. 1987. *Politics, Society, and Civil War in Warwickshire, 1620–1660.* Cambridge: Cambridge University Press.

Hughes, J. R. T. 1968. Wicksell on the Facts: Prices and Interest Rates, 1844 to 1914. In *Value, Capital, and Growth: Papers in Honour of Sir John Hicks,* edited by J. N. Wolfe, 215–256. Edinburgh: University of Edinburgh Press.

Hunt, D. 1983. Theda Skocpol and the Peasant Route. *Socialist Review* 70:121–144.

_______. 1984. Peasant Politics in the French Revolution. *Social History* 9:277–299.

_______. 1988. Peasant Movements and Communal Property during the French Revolution. *Theory and Society* 17:179–210.

Hunt, E. H. 1986. Industrialization and Regional Inequality: Wages in Britain, 1760–1914. *Journal of Economic History* 4:935–966.

Hunt, L. 1978. *Revolution and Urban Politics in Provincial France.* Stanford: Stanford University Press.

_______. 1984. *Politics, Culture, and Class in the French Revolution.* Berkeley and Los Angeles: University of California Press.

_______, ed. 1989. *The New Cultural History.* Berkeley and Los Angeles: University of California Press.

Hunt, W. 1983. *The Puritan Moment: The Coming of Revolution in an English County.* Cambridge, MA: Harvard University Press.

Huntington, S. P. 1968. *Political Order in Changing Societies.* New Haven: Yale University Press.

Huppert, G. 1977. *Les Bourgeois Gentilshommes: An Essay on the Definition of Elites in Renaissance France.* Chicago: University of Chicago Press.

Hurstfield, J. 1979. *The Illusion of Power in Tudor Politics.* London: Athlone Press.

Hutteroth, W. 1980. The Demographic and Economic Organization of the Southern Syrian Sançaks in the Late Sixteenth Century. In *Social and Economic History of Turkey, 1071–1920,* edited by O. Okyar and H. İnalcık, 35–47. Ankara: Hacettepe University Press.

Hutton, R. 1985. *The Restoration: A Political and Religious History of England and Wales, 1658–1667.* Oxford: Clarendon Press.

Ighobor, Kingsley. 2013. Africa's youth: a 'ticking time bomb' or an opportunity? Africa Renewal Online: http://www.un.org/africarenewal/magazine/may-2013/africa%E2%80%99s-youth-%E2%80%9Cticking-time-bomb%E2%80%9D-or-opportunity

İnalcık, H. 1955. Land Problems in Turkish History. *Muslim World* 45:221–228.

_______. 1969a. Capital Formation in the Ottoman Empire. *Journal of Economic History* 29:97–140.

_______. 1969b. L'empire Ottoman. *Actes du Ier congrès international des études balkaniques et sud-est européennes* 3:75–103.

_______. 1970a. The Ottoman Economic Mind and Aspects of the Ottoman Economy. In *Studies in the Economic History of the Middle East,* edited by M. A. Cook, 207–218. London: Oxford University Press.

_______. 1970b. The Heyday and Decline of the Ottoman Empire. In *The Cambridge History of Islam,* edited by P. M. Holt, A. K. S. Lambton, and B. Lewis, 1:324–353. Cambridge: Cambridge University Press.

_______. 1972. The Ottoman Decline and Its Effects upon the *Reaya.* In *Aspects of the Balkans: Continuity and Change,* edited by H. Birnbaum and S. Vryonis, Jr., 338–354. The Hague: Mouton.

_______. 1973a. *The Ottoman Empire: The Classical Age, 1300–1600.* Translated by N. Itzkowitz and C. Imber. New York: Praeger.

_______. 1973b. Istanbul. In *Encyclopaedia of Islam,* edited by E. van Donzel, B. Lewis, and C. Pellat, 4:224–248. Leiden, E. J. Brill.

_______. 1974. The Turkish Impact on the Development of Modern Europe. In *The Ottoman State and Its Place in World History,* edited by K. Karpat, 51–57. Leiden: E. J. Brill.

_______. 1976. The Rise of the Ottoman Empire. In *A History of the Ottoman Empire to 1730,* edited by M. A. Cook, 10–53. Cambridge: Cambridge University Press.

_______. 1977. Centralization and Decentralization in Ottoman Administration. In *Studies in Eighteenth Century Islamic History,* edited by T. Naff and R. Owen, 27–52. Carbondale: Southern Illinois University Press.

_______. 1978. Impact of the *Annales* School on Ottoman Studies and New Findings. *Review* 1:69–96.

_______. 1980a. Military and Fiscal Transformation in the Ottoman Empire, 1600–1700. *Archivum Ottomanicum* 6:283–338.

_______. 1980b. Ottoman Social and Economic History: A Review. In *Social and Economic History of Turkey, 1071–1920,* edited by O. Okyar and H. İnalcık, 1–8. Ankara: Hacettepe University Press.

_______, ed. 1980c. *Memorial Omer Lüfti Barkan.* Paris: Librairie d'Amérique et d'Orient Adrien Maisonneuve.

_______. 1985. *Studies in Ottoman Social and Economic History.* London: Variorum Reprints.

Ingram, M. 1984. Religion, Communities, and Moral Discipline in Late Sixteenth Century England: Case Studies. In *Religion and Society in Early Modern Europe, 1500–1800,* edited by K. von Greyerz, 177–193. Boston: Allen and Unwin.

Inkster, I. 1983. Technology as the Cause of the Industrial Revolution: Some Comments. *Journal of European Economic History* 12:651–657.

Innes, R. L. 1980. The Door Ajar: Japan's Foreign Trade in the Seventeenth Century. Ph.D. diss., University of Michigan.

International Labor Office. 1986. *Economically Active Population: Estimates and Projections, 1950–2025.* Geneva: ILO.

İslamoğlu-İnan, H. 1979. Population Pressure in Rural Anatolia, 1450–1600: A Critique of the Present Paradigm in Ottoman History. *Review of Middle East Studies* 3:120–135.

_______. 1987a. 'Oriental Despotism' in World-System Perspective. In *The Ottoman*

Empire and the World-Economy, edited by H. Islâmo_lu, 1–24. Cambridge: Cambridge University Press.

_______. 1987b. State and Peasants in the Ottoman Empire: A Study of Peasant Economy in North-central Anatolia during the Sixteenth Century. In *The Ottoman Empire and the World-Economy,* edited by H. Islâmo_lu, 101–159. Cambridge: Cambridge University Press.

İslamoğlu-İnan, H., and S. Faroqhi. 1979. Crop Patterns and Agricultural Production Trends in Sixteenth Century Anatolia. *Review* 2:401–436.

İslamoğlu-İnan, H., and Ç. Keyder. 1977. Agenda for Ottoman History. *Review* 1:31–56.

Issawi, C. 1974. The Ottoman Empire in the European Economy, 1600–1914: Some Observations and Many Questions. In *The Ottoman State and Its Place in World History,* edited by K. Karpat, 107–117. Leiden: E. J. Brill.

_______. 1980. *The Economic History of Turkey, 1800–1914.* Chicago: University of Chicago Press.

_______. 1982. An *Economic History of the Middle East and North Africa.* New York: Columbia University Press.

Itzkowitz, N. 1972. *Ottoman Empire and Islamic Tradition.* New York: Knopf.

_______. 1977. Men and Ideas in the Eighteenth Century Ottoman Empire. In *Studies in Eighteenth Century Islamic History,* edited by T. Naff and R. Owen, 15–26. Carbondale: Southern Illinois University Press.

Iwao, S. 1976. Japanese Foreign Trade in the 16th and 17th Centuries. *Acta Asiatica* 30:1–18.

Jackson, R. and N. Howe. 2009, *The Graying of the Great Powers: Demography and Geopolitics in the 21st Century,* Washington DC: Center for Strategic and International Studies.

Jackson, R. V. 1985. Growth and Deceleration in English Agriculture, 16601790. *Economic History Review,* 2d. ser., 38:333–351.

_______. 1987. The Structure of Pay in 19th Century Britain. *Economic History Review,* 2d ser., 40:561–570.

Jacquart, J. 1974a. *La crise rurale en Ile-de-France, 1550–1670.* Paris: Armand Colin.

_______. 1974b. French Agriculture in the Seventeenth Century. In *Essays in European Economic History, 1500–1800,* edited by P. Earle, 165–184. Oxford: Clarendon Press.

_______. 1975. La rente foncière: indice conjoncturel? *Revue Historique,* no. 504, 355–76.

Jago, C. 1979. The Crisis of the Aristocracy in Seventeenth Century Castile. *Past and Present,* no. 84, 60–90.

James, M. 1974. *Family, Lineage, and Civil Society: A Study of Society, Politics, and Mentality in the Durham Region, 1500–1640.* Oxford: Clarendon Press.

Jansen, M. B. 1986. The Ruling Class. In *Japan in Transition: From Tokugawa to Meiji,* edited by M. B. Jansen and G. Rozman, 68–90. Princeton, NJ: Princeton University Press.

_______. 1988a. Japan in the Early Nineteenth Century. In *The Cambridge History of Japan,* vol. 5: *The Nineteenth Century,* edited by M. B. Jansen, 50115. Cambridge: Cambridge University Press.

_______. 1988b. The Meiji Restoration. In *The Cambridge History of Japan,* vol. 5: *The Nineteenth Century,* edited by M. B. Jansen, 308–366. Cambridge: Cambridge University Press.

Jansen, M. B., and G. Rozman, eds. 1986. *Japan in Transition: From Tokugawa to Meiji.* Princeton, NJ: Princeton University Press.

Jarausch, K. J. 1974. The Sources of German Student Unrest. In *The University in Society,* vol. 2: *Europe, Scotland, and the United States from the Sixteenth to the Twentieth Century,* edited by L. Stone, 533–570. Princeton, NJ: Princeton University Press.

_______. 1982. *Students, Society, and Politics in Imperial Germany: The Rise of Academic Illiberalism.* Princeton, NJ: Princeton University Press.

Jardin, A., and A.-J. Tudesq. 1983. Restoration and Reaction, 1815–1848. Translated by E. Forster. Cambridge: Cambridge University Press.

Jasso, G. 1988. Principles of Theoretical Analysis. *Sociological Theory* 6:1–20.

Jeanin, P. 1982. The Seaborne and Overland Trade Routes of Northern Europe in the XVIth and XVIIth Centuries. *Journal of European Economic History* 11:5–60.

Jenkins, P. 1983. *The Making of a Ruling Class: The Glamorgan Gentry, 1640–1790.* New York: Cambridge University Press.

Jennings, R. C. 1973. Loan and Credit in Early 17th Century Judicial Records: The Sharia Court of Anatolian Kayseri. *Journal of the Economic and Social History of the Orient* 16:168–216.

_______. 1976. Urban Population in Anatolia in the Sixteenth Century. *International Journal of Middle East Studies* 7:21–57.

_______. 1980. Firearms, Bandits, and Gun Control. *Archivum Ottomanicum* 6:339–358.

_______. 1983. The Population, Society, and Economy of the Region of Erciye_ da_i in the 16th Century. In *Contributions a l'histoire économique et sociale de l'empire Ottoman,* edited by Ö. L. Barkan, 149–250. Louvain: Editions Peeters.Jervis, R., N. Lebow, and J. G. Stein, eds. 1985. *Psychology and Deterrence.* Baltimore, MD: Johns Hopkins University Press.

John, A. H. 1978. The Course of Agricultural Change, 1660–1760. In *Essays in Agrarian History,* edited by W. E. Minchinton, 1:221–253. New York: Augustus M. Kelley.

Johnson, C. 1966. *Revolutionary Change.* Boston: Little, Brown.

Johnson, C. H. 1975a. Economic Change and Artisan Discontent: The Tailors' History, 1800–48. In *Revolution and Reaction: 1848 and the Second French Republic,* edited by R. Price, 87–114. London: Croom Helm.

_______. 1975b. The Revolution of 1830 in French Economic History. In *1830 in France,* edited by J. Merriman, 139–189. New York: New Viewpoints.

Johnson, D., ed. 1976. *French Society and the Revolution.* New York: Cambridge University Press.

Johnson, D., F. Crouzet, and F. Bedarida, eds. 1980. *Britain and France: Ten Centuries.* Folkestone, Kent: William Dawson.

Johnson, D., A. J. Nathan, and E. S. Rawski. 1985. *Popular Culture in Later Imperial China.* Berkeley and Los Angeles: University of California Press.

Johnson, D. G., and R. D. Lee, eds. 1987. *Population Growth and Economic Development: Issues and Evidence.* Madison: University of Wisconsin Press.

Johnson, H. C. 1986. *The Midi in Revolution: A Study of Regional Political Diversity, 1789–1793.* Princeton, NJ: Princeton University Press.

Johnson, L. L. 1983. Patronage and Privilege: The Politics of Provincial Capitalism in Tokugawa Japan. Ph.D. diss., Stanford University.

Jones, C. 1982. *Charity and "Bienfaisance": The Treatment of the Poor in the Montpellier Region, 1740–181S.* Cambridge: Cambridge University Press.

Jones, E. L. 1974. *Agriculture and the Industrial Revolution.* Oxford: Basil Blackwell.

_______. 1968. Agriculture and Economic Growth in England, 1660–1750: Agricultural Change. In *Essays in Agrarian History,* edited by W. E. Minchinton, 1:203–220. New York: Augustus M. Kelley.

_______. 1970. English and European Agricultural Development, 1650–1750. In *The Industrial Revolution,* edited by R. M. Hartwell, 42–76. Oxford: Basil Blackwell.

_______. 1981a. Agriculture, 1700–1800. In *The Economic History of Britain since 1700,* edited by R. Floud and D. McCloskey, 1:66–86. Cambridge: Cambridge University Press.

_______. 1981b. *The European Miracle.* Cambridge: Cambridge University Press.

Jones, E. L., and M. J. R. Healey. 1974. Wheat Yields in England, 1815–1859. In *Agriculture and the Industrial Revolution.* Cambridge: Cambridge University Press.

Jones, G. S. 1983a. *Languages of Class: Studies in English Working Class History, 1832–1882.* Cambridge: Cambridge University Press.

_______. 1983b. The Midcentury Crisis and the 1848 Revolutions. *Theory and Society* 12:505–520.

Jones, J. R. 1972. *The Revolution of 1688 in England.* London: Weidenfeld and Nicolson.

_______. 1978. *Court and Country: England, 1658–1714.* Cambridge, MA: Harvard University Press.

Jones, P. 1981. *The 1848 Revolutions.* London: Longman.

Jones, S. M., and P. A. Kuhn. 1978. Dynastic Decline and the Roots of Rebellion. In *The Cambridge History of China,* vol. 10: *Late Ch'ing, 1800–1911, Part 1,* edited by D. Twitchett and J. K. Fairbank, 107–162. Cambridge: Cambridge University Press.

Jorberg, L. 1972. *A History of Prices in Sweden, 1732–1914.* Lund: CWK Gleerup.

Jorgenson, J. 1963. Denmark's Relations with Lubeck and Hamburg in the Seventeenth Century. *Scandinavian Economics History Review* 9:73–116.

Kafker, F. A., and J. M. Laux, eds. 1968. *The French Revolution: Conflicting Interpretations.* New York: Random House.

Kagan, R. L. 1974. *Students and Society in Early Modern Spain.* Baltimore, MD: Johns Hopkins University Press.

_______. 1975. Law Students and Legal Careers in Eighteenth Century France. *Past and Present,* no. 68, 38–72.

Kaiser, T. and D. van Kley, eds. 2010. *From Deficit to Deluge: The Origins of the French Revolution,* eds. Thomas Kaiser and Dale van Kley. Palo Alto: Stanford University Press.

Kamen, H. 1971. *The Iron Century: Social Change in Europe, 1550–1660.* New York: Praeger.

_______. 1980. *Spain in the Later Seventeenth Century, 1665–1700.* London: Longman.

_______. 1983. *Spain, 1469–1714: A Society of Conflict.* London: Longman.

Kamien, M., and N. Schwartz. 1975. Market Structure and Innovation: A Survey. *Journal of Economic Literature* 13:1–37.

Kaplan, S. L. 1976. *Bread, Politics, and Political Economy in the Reign of Louis XV.* 2 vols. The Hague: Mouton.

_______. 1985. The Paris Bread Riot of 1725. *French Historical Studies* 14:23–56.

Kaplow, J., ed. 1965. *New Perspectives on the French Revolution: Readings in Historical Sociology.* New York: John Wiley and Sons.

_______, ed. 1971. *France on the Eve of Revolution: A Book of Readings.* New York: John Wiley.

_______. 1972. *The Names of Kings: The Parisian Laboring Poor in the Eighteenth Century.* New York: Basic Books.

Karpat, K. H. 1968. The Land Regime, Social Structure, and Modernization in the Ottoman Empire. In *The Beginnings of Modernization in the Middle East: The Nineteenth Century,* edited by W. R. Polk and R. L. Chambers, 69–90. Chicago: University of Chicago Press.

_______. 1972. The Transformation of the Ottoman State, 1789–1908. *International Journal of Middle East Studies* 3:243–281.

_______. 1973a. *Social Change and Politics in Turkey.* Leiden: E. J. Brill.

_______. 1973b. *An Inquiry into the Social Foundations of Nationalism in the Ottoman State.* Princeton, NJ: Center of International Studies.

_______. 1974a. Introduction. In *The Ottoman State and Its Place in World History,* edited by K. Karpat, 1–14. Leiden: E. J. Brill.

_______. 1974b. The Stages of Ottoman History: A Structural Comparative Approach. In *The Ottoman State and Its Place in World History,* edited by K. Karpat, 79–98. Leiden: E. J. Brill.

_______, ed. 1974c. *The Ottoman State and Its Place in World History.* Leiden: E. J. Brill.

_______. 1983. Population Movements in the Ottoman State in the Nineteenth Century: An Outline. In *Contributions a l'histoire économique et sociale de l'empire Ottoman,* edited by O. L. Barkan, 386–428. Louvain: Editions Peeters.

_______. 1985. *Ottoman Population, 1830–1914: Demographic and Social Characteristics.* Madison: University of Wisconsin Press.

Kaufhold, K. H. 1976. Handwerk und Industrie, 1800–1850. In *Handbuch der deutschen Wirtschafts- und Sozialgeschichte,* edited by H. Aubin and W. Zorn, 1:321–368. Stuttgart: Klett-Cotta.

Kearney, H. 1970. *Scholars and Gentlemen: Universities and Society in Preindustrial Britain.* London: Faber.

Keddie, N. 1981. *Roots of Revolution: An Interpretive History of Modern Iran.* New Haven: Yale University Press.

Kellenbenz, H., ed. 1981. *Precious Metals in the Age of Expansion: Papers of the XIV th International Congress of the Historical Sciences.* Stuttgart: Klett-Cotta.

Kelley, A. C., and J. G. Williamson. 1984. *What Drives Third World City Growth? A Dynamic General Equilibrium Approach.* Princeton, NJ: Princeton University Press.

Kelley, W. R., and O. R. Galle. 1984. Social Perspectives and Evidence on the Links between Population and Conflict. In *Multidisciplinary Perspectives on Population and Conflict,* edited by N. Choucri, 9–22. Syracuse, NY: Syracuse University Press.

Kemp, T. 1971. *Economic Forces in French History.* London: Dennis Dobson.

_______. 1985a. Some Recent Contributions to European Economic History. *European History Quarterly* 15:237–248.

_______. 1985b. French Economic Performance: Some New Views Critically Examined. *European History Quarterly* 15:473–88.

Kennedy, M. L. 1982. *The Jacobin Clubs in the French Revolution: The First Years.* Princeton, NJ: Princeton University Press.

_______. 1984. The Best and Worst of Times: The Jacobin Club Network from October 1791 to June 2, 1793. *Journal of Modern History* 56:635–666.

Kennedy, P. M. 1987. *The Rise and Fall of the Great Powers: Economic Change and Military Conflict from 1500 to 2000.* New York: Random House.

Kennedy, W. 1913. *English Taxation, 1640–1799: An Essay on Policy and Opinion.* London: G. Bell.

Kent, J. R. 1981. Population Mobility and Alms: Poor Migrants in the Midlands during the Early Seventeenth Century. *Local Population Studies,* no. 27, 35–51.

Kenyon, J. P. 1978. *Stuart England.* Harmondsworth, Middlesex: Pelican. Kerridge, E. 1962. The Movement of Rent, 1540–1640. In *Essays in Economic History,* edited by E. M. Carus-Wilson, 2:208–226. London: Edward Arnold.

_______. 1967. *The Agricultural Revolution.* London: Allen and Unwin.

_______. 1968. Turnip Husbandry in High Suffolk. In *Essays in Agrarian History,* edited by W. E. Minchinton, 1:143–146. New York: Augustus M. Kelley.

_______. 1973. *The Farmers of Old England.* London: Allen and Unwin.

Kessler, L. 1976. *K'ang-Hsi and the Consolidation of Ch'ing Rule, 1661–1684.* Chicago: University of Chicago Press.

Kettering, S. 1986. *Patrons, Brokers, and Clients in Seventeenth Century France.* New York: Oxford University Press.

Keyfitz, N. 1965. Political-economic Aspects of Urbanization in Southeast Asia. In *The Study of Urbanization,* edited by P. Hauser and L. F. Schnore, 265–310. New York: John Wiley.

Khaldûn, I. 1967. *The Muqaddimah.* Translated by F. Rosenthal, edited by N.J. Dawood. Princeton, NJ: Princeton University Press.

Kiel, M. 1987. Population Growth and Road Production in Sixteenth Century Athens and Attica according to the Ottoman *Tahrir Defters.* In *Comité international d'études pré-Ottomanes et Ottomanes VIe symposium,* edited by J.-L. Bacqué-Grammont and E. van Donzel, 115–133. Istanbul: Divit Press.

Kiernan, V. 1980. *State and Society in Europe, 1550–1650.* Oxford: Basil Blackwell.

Kierstead, R. F., ed. 1975. *State and Society in Seventeenth Century France.* New York: New Viewpoints.

Kimmel, M. S. 1988. *Absolutism and Its Discontents.* New Brunswick, NJ: Transaction Books.

Kishimoto-Nakayama, M. 1984. The Kangxi Depression and Early Qing Local Markets. *Modern China* 10:227–256.

Kishlansky, M. 1977. The Emergence of Adversary Politics. *Journal of Modern History* 49:617–640.

_______. 1979. *The New Model Army.* Cambridge: Cambridge University Press.

_______. 1986. *Parliamentary Selection.* Cambridge: Cambridge University Press.

Kiss, I. 1980. Money, Prices, Values, and Purchasing Power from the XVIth to the XVIIIth Century. *Journal of European Economic History* 9:459–490.

Kitchen, M. 1978. *The Political Economy of Germany, 1815–1914.* Montreal: McGill-Queens University Press.

Klein, D. M. 1987. Causation in Sociology Today: A Revised View. *Sociological Theory* 5:19–26.

Klooster, W. 2009. *Revolutions in the Atlantic World: A Comparative History.* New York: New York University Press.

Knafla, L. A. 1972. The Matriculation Revolution and Education at the Inns of Court in Renaissance England. In *Tudor Man and Institutions,* edited by A. J. Slavin, 232–264. Baton Rouge: Louisiana State University Press.

Kobata, A. 1965. The Production and Uses of Gold and Silver in Sixteenth and Seventeenth Century Japan. *Economic History Review,* 2d ser., 18:245–266.

_______. 1981. Production and Trade in Gold, Silver, and Copper in Japan, 1450–1750. In *Precious Metals in the Age of Expansion: Papers of the XIVth International Congress of the Historical Sciences,* edited by H. Kellenbenz, 273–276. Stuttgart: Klett-Cotta.

Koch, H. W. 1978. *A History of Prussia.* London: Longman.

Köllmann, W. 1976a. The Population of Germany in the Age of Industrialism. In *Population Movements in Modern European History,* edited by H. Moller, 100–108. New York: Macmillan.

_______. 1976b. Bevölkerungsgeschichte, 1800–1970. In *Handbuch der deutschen Wirtschafts- and Sozialgeschichte,* edited by H. Aubin and W. Zorn, 1:9–50. Stuttgart: Klett-Cotta.

Kondratieff, N.C. 1950. The Long Waves in Economic Life. In *Readings in Business Cycle Theory,* selected by a Committee of the American Economic Association, 20–42. London: Allen and Unwin.

Korotayev, A., J. Zinkina, J. A. Goldstone, and S. Shulgin. 2016. "Explaining Current Fertility Dynamics in Tropical Africa from an Anthropological Perspective: A Cross-Cultural Explanation." *Cross-Cultural Research* 50: 251-280.

Kovacsics, J. The Population of Hungary in the Eighteenth Century (17201876). *Third International Conference of Economic History,* edited by D. E. C. Eversley, 136–145. Paris: Mouton.

Kranzberg, M., ed. 1959. *1848: A Turning Point?* Boston: D.C. Heath. Krause, J. T. 1959. Some Implications of Recent Work in Historical Demography. *Comparative Studies in Society and History* 1:164–188.

Kuczynski, J. 1947. *Die Geschichte der Lage der Arbeiter in Deutschland von 1800 bis in die Gegenwart.* Berlin: Freie Gewerkschaft.

Kuhn, D. 1981. Silk Technology in the Sung Period (960–1278 A.D.). *T'oung Pao* 47:48–90.

Kuhn, P. 1970. *Rebellion and Its Enemies in Late Imperial China.* Cambridge, MA: Harvard University Press.

_______. 1977. Origins of the Taiping Vision of a Chinese Rebellion. *Comparative Studies in Society and History* 19:350–366.

_______. 1978. The Taiping Rebellion. In *The Cambridge History of China,* vol. 10: *Late Ch'ing, 1800–1911, Part 1,* edited by D. Twitchett and J. K. Fairbank, 264–317. Cambridge: Cambridge University Press.

Kunt, I. M. 1974. Ethnic-regional (*Cins*) Solidarity in the Seventeenth Century Ottoman Establishment. *International Journal of Middle East Studies* 5:233–239.

_______. 1983. *The Sultan's Servants: The Transformation of Ottoman Provincial Government, 1550–1650.* New York: Columbia University Press.
Kurat, A. N. 1976. The Reign of Mehmed IV, 1648–87. In *A History of the Ottoman Empire to 1730,* edited by M. A. Cook, 157–177. Cambridge: Cambridge University Press.
Kussmaul, A. 1981. *Servants in Husbandry in Early Modern England.* Cambridge: Cambridge University Press.
_______. 1985a. Agrarian Change in Seventeenth Century England: The Economic Historian as Paleontologist. *Journal of Economic History* 45:1–30.
_______. 1985b. Time and Space, Hoofs and Grain: The Seasonality of Marriage in England. *Journal of Interdisciplinary History* 15:755–779.
Kuznets, S. 1966. *Modern Economic Growth.* New Haven: Yale University Press.
Labrousse, E. 1958. The Crisis in the French Economy at the End of the Old Regime. In *The Economic Origins of the French Revolution,* edited by R. Greenlaw, 59–92. Boston: D.C. Heath.
_______. 1964. *Le mouvement ouvrier et les idées sociales en France de 1815 à la fin du XIXe siècle.* Paris: Centre de Documentation Universitaire.
_______. 1970a. Les bons prix agricoles du XVIIIe siècle. In *Histoire économique et sociale de la France,* edited by F. Braudel and E. Labrousse, 2:367–416. Paris: Presses Universitaires de France.
_______. 1970b. L'expansion agricole: la monté de la production. In *Histoire économique et sociale de la France,* edited by F. Braudel and E. Labrousse, 2:417–472. Paris: Presses Universitaires de France.
_______. 1970c. Aperçu de la répartition sociale de l'expansion agricole. In *Histoire économique et sociale de la France,* edited by F. Braudel and E. Labrousse, 2:473–498. Paris: Presses Universitaires de France.
_______. 1970d. Les ruptures periodiques de la prosperité: Crise économique du XVIIIe siècle. In *Histoire économique et sociale de la France,* edited by F. Braudel and E. Labrousse, 2:529–563. Paris: Presses Universitaires de France.
_______. 1970e. *Le prix du froment en France au temps de la monnaie stable (1726–1913).* Paris: SEVPEN.
_______. 1978. A Review of the Allocation of Industrial Expansion among Social Classes. *Review* 2:149–178.
_______. 1984 [1933]. *Equisse du mouvement des prix et des revenus en France au XVIIIe siècle.* 2 vols. Paris: Editions des Archives Contemporaines.
Lachman, R. 1987. *From Manor to Market: Structural Change in England, 1536–1640.* Madison: University of Wisconsin Press.
Lamont, W. 1969. *Godly Rule.* London: Macmillan.
Lamont, W., and S. Oldfield. 1975. *Politics, Religion, and Literature in the Seventeenth Century.* London: J. M. Dent.
Lampe, J. R., and M. R. Jackson. 1982. *Balkan Economic History, 1550–1950.* Bloomington: Indiana University Press.
Landau, N. 1984. *The Justices of the Peace, 1679–1760.* Berkeley and Los Angeles: University of California Press.
Landers, J. 1987. Mortality and Metropolis: The Case of London, 1670–1830. *Population Studies* 41:59–76.

Landers, J., and A. Monzos. 1988. Burial Seasonality and Causes of Death in London, 1670–1819. *Population Studies* 42:59–84.

Landes, D. S. 1950. The Statistical Study of French Crises. *Journal of Economic History* 10:195–211.

_______. 1969. *The Unbound Prometheus: Technological Change and Industrial Development in Western Europe from 1750 to the Present.* Cambridge: Cambridge University Press.

Lane, F. C. 1966. *Venice and Its History.* Baltimore, MD: Johns Hopkins University Press.

Lang, R. G. 1974. Social Origins and Social Aspirations of Jacobean London Merchants. *Economic History Review,* 2d ser., 27:28–47.

Langer, W. 1966. The Pattern of Urban Revolution in 1848. In *French Society and Culture since the Old Regime,* edited by E. Accomb and M. Brown, 89–118. New York: Holt, Rinehart and Winston.

_______. 1969. *Political and Social Upheaval, 1832–1852.* New York: Harper and Row.

Langford, P. 1988. Property and Virtual Representation in Eighteenth Century England. *Historical Journal* 31:83–115.

Lapidus, I. M. 1975. Hierarchies and Networks: A Comparison of Chinese and Islamic Societies. In *Conflict and Control in Late Imperial China,* edited by F. Wakeman and C. Grant, 26–42. Berkeley and Los Angeles: University of California Press.

Large, P. 1984. Urban Growth and Agricultural Change in the West Midlands during the Seventeenth and Eighteenth Centuries. In *Country Towns in Preindustrial England,* edited by P. Clark, 169–189. New York: St. Martin's Press.

Lash, S., and S. Whimster. 1987. *Max Weber, Rationality, and Modernity.* London: Allen and Unwin.

Laslett, P. 1971. *The World We Have Lost.* New York: Charles Scribner. Lattimore, O. 1951. *Inner Asian Frontiers of China.* Boston: Beacon Press. Laurent, R. 1970. *Octroi* Archives as Sources of Urban Social and Economic History. In *Essays in French Economic History,* edited by R. Cameron, 279–285. Homewood, IL: Dorsey.

_______. 1976. Tradition et progrés: le secteur agricole. In *Histoire économique et sociale de la France,* edited by F. Braudel and E. Labrousse, 3:619–738. Paris: Presses Universitaires de France.

Lawson, George. 2004. *Negotiated Revolutions: The Czech Republic, South Africa and Chile.* Aldershot, UK: Ashgate.

Lázaro Ruíz, M., P. A. Gurria Garcia, and F. Brumont. 1988. La population de La Riója. *Annales de Démographie Historique,* 221–241.Le Bas, C. 1984. *Histoire sociale des faits économiques: la France au XIXe siècle.* Lyon: Presses Universitaires de Lyon.

Lebow, R. N. 1981. *Between Peace and War: The Nature of International Crises.* Baltimore, MD: Johns Hopkins University Press.

Lebrun, F. 1980. Les crises démographiques en France aux XVIIe et XVIIIe siècles. *Annales, E.S.C.* 35:205–234.

Lee, J. 1982. Food Supply and Population Growth in Southwest China, 12501600. *Journal of Asian Studies* 41:711–746.

Lee, R. D. 1974. Estimating Series of Vital Rates and Age Structure from Baptisms and Burials: A New Technique, with Applications to Pre-industrial England. *Population Studies* 28:495–512.

_______. 1978. Models of Pre-industrial Dynamics with Applications to England. In

Historical Studies of Changing Fertility, edited by C. Tilly, 155–208. Princeton, NJ: Princeton University Press.

_______. 1980. A Historical Perspective on Economic Aspects of the Population Explosion: The Case of Pre-industrial England. In *Population and Economic Change in Developing Countries,* edited by R. A. Easterlin, 517–557. Chicago: University of Chicago Press.

_______. 1985. Population Homeostasis and English Demographic History. *Journal of Interdisciplinary History* 15:635–660.

Lee, W. R. 1977. *Population Growth, Economic Development, and Social Change in Bavaria, 1750–1850.* New York: Arno Press.

_______. 1979. Germany. In *European Demography and Economic Growth,* edited by W. R. Lee, 144–195. New York: St. Martin's Press.

_______. 1984. Mortality Levels and Agrarian Reform in Early Nineteenth Century Prussia: Some Regional Evidence. In *Pre-industrial Population Change,* edited by T. Bengtsson, G. Fridlizius, and R. Ohlsson, 161–190. Stockholm: Almquist and Wiksell.

Lefebvre, G. 1947. *The Coming of the French Revolution.* Translated by R. R. Palmer. Princeton, NJ: Princeton University Press.

_______. 1965a. The Movement of Prices and the Origins of the French Revolution. In *New Perspectives on the French Revolution: Readings in Historical Sociology,* edited by J. Kaplow, 103–135. New York: John Wiley.

_______. 1965b. Revolutionary Crowds. In *New Perspectives on the French Revolution: Readings in Historical Sociology,* edited by J. Kaplow, 173–190. New York: John Wiley.

_______. 1972 [1924]. *Les paysans du nord pendant la révolution française.* Paris: Armand Colin.

_______. 1973. *The Great Fear of 1789: Rural Panic in Revolutionary France.* Translated by J. White. Princeton, NJ: Princeton University Press.

_______. 1977. The Place of the Revolution in the Agrarian History of France. In *Rural Society in France: Selections from the Annales,* edited by R. Forster and O. Ranum, translated by E. Forster and P. M. Ranum, 31–49. Baltimore, MD: Johns Hopkins University Press.

Leffler, P. K. 1985. French Historians and the Challenge to Louis XIV's Absolutism. *French Historical Studies* 14:1–22.

Le Goff, T. J. A. 1981. *Vannes and Its Region: A Study of Town and Country in Eighteenth Century France.* Oxford: Clarendon Press.

Lemaître, N. 1978. *Un horizon bloqué: Ussel et la montagne Limousine aux XVIIe et XVIIIe siècles.* Ussel: Musée du Pays d'Ussel.

Lemmings, D. 1985. The Student Body of the Inns of Court under the Later Stuarts. *Bulletin of the Institute of Historical Research* 58:149–66.

Lemoigne, Y. 1965. Population and Provisions in Strasbourg in the Eighteenth Century. In *New Perspectives on the French Revolution: Readings in Historical Sociology,* edited by J. Kaplow, 47–67. New York: John Wiley.

Léon, P. 1970. L'elan industriel et commercial. In *Histoire économique et sociale de la France,* edited by F. Braudel and E. Labrousse, 2:499–528. Paris: Presses Universitaires de France.

Leonard, E. M. 1962. The Enclosure of Common Fields in the Seventeenth Century.

In *Essays in Economic History,* edited by E. M. Carus-Wilson, 2:227–256. London: Edward Arnold.

Lequin, Y., ed. 1984. *Histoire de français XIXe-XXe siècles.* Paris: Armand Colin.

Le Roy Ladurie, E. 1974a. *The Peasants of Languedoc.* Translated by J. Day. Urbana: University of Illinois Press.

_______. 1974b. Révokes et contestations rurales en France de 1675 à 1788. *Annales, E.S.C.* 29:6–22.

_______. 1975. De la crise ultime a la vraie croissance. In *Histoire rurale de la France,* edited by G. Duby and A. Wallon, 2:359–441. Paris: Editions du Seuil.

_______. 1976. A System of Customary Law: Family Structures and Inheritance Customs in Sixteenth Century France. In *Family and Society: Selections from the Annales,* edited by R. Forster and O. Ranum, translated by E. Forster and P. M. Ranum, 75–103. Baltimore, MD: Johns Hopkins University Press.

_______. 1977. Les masses profondes: la paysannerie. In *Histoire économique et sociale de la France,* edited by F. Braudel and E. Labrousse, 1:483–872. Paris: Presses Universitaires de France.

_______. 1978. Les paysans français au XVIIIe siècle, dans la perspective de la revolution française. In *Vom Ancien Régime zur Französischen Revolution,* edited by E. Hinrichs, E. Schmitt, and R. Vierhaus, 261–278. Göttingen: Vandenhoeck and Rupert.

_______. 1979. *The Territory of the Historian.* Translated by B. Reynolds and S. Reynolds. Hassocks, Sussex: Harvester Press.

_______. 1981. *The Mind and Method of the Historian.* Translated by B. Reynolds and S. Reynolds. Hassocks, Sussex: Harvester Press.

_______. 1987. *The French Peasantry, 1450–1660.* Translated by A. Sheridan. Berkeley and Los Angeles: University of California Press.

Le Roy Ladurie, E., and J. Goy. 1982. *Tithe and Agrarian History from the Fourteenth to the Nineteenth Centuries: An Essay in Comparative History.* Cambridge: Cambridge University Press.

Levi, M. 1988. *Of Rule and Revenue.* Berkeley and Los Angeles: University of California Press.

Levine, D. 1984. Production, Reproduction, and the Proletarian Family in England, 1500–1851. In *Proletarianization and Family History,* edited by D. Levine, 87–127. New York: Academic Press.

Lévy, C., and L. Henry. 1960. Ducs et pairs sous l'ancien regime. *Population* 15:807–830.

Levy, F. J. 1982. How Information Spread among the Gentry, 1550–1640. *Journal of British Studies* 21:2–25.

Lévy-Leboyer, M. 1968. La croissance économique en France au XIXe siècle. *Annales, E.S.C.* 23:788–807.

_______. 1970. L'héritage de Simiand: prix, profit, et termes d'échange au XIXe siècle. *Revue Historique* 94:77–120.

Lévy-Leboyer, M., and F. Bourguignon. 1985. *L'économie française au XIX siècle.* Paris: Economica.

Lewis, B. 1958. Some Reflections on the Decline of the Ottoman Empire. *Studia Islamica* 9:111–127.

_______. 1962. Ottoman Observers of Ottoman Decline. *Islamic Studies* 1:71–87.

Lewis, G., and C. Lucas, eds. 1983. *Beyond the Terror.* Cambridge: Cambridge University Press.

Liang, C. C. 1959. *Intellectual Trends in the Ch'ing Period.* Translated by I. C. Y. Hsu. Cambridge, MA: Harvard University Press.

Liang, F. 1956. The Ten-Part Tax System of the Ming. In *Chinese Social History,* edited by E. Sun and J. de Francis, 271–280. Washington, DC: American Council of Learned Societies.

Lincoln, B., ed. 1985. *Religion, Rebellion, Revolution: An Interdisciplinary and Cross-cultural Collection of Essays.* New York: St. Martin's Press.

Lindert, P. 1985. English Population, Wages, and Prices, 1541–1913. *Journal of Interdisciplinary History* 15:609–634.

Lindert, P., and J. Williamson. 1983. English Living Standards during the Industrial Revolution: A New Look. *Economic History Review,* 2d ser., 36:125.

_______. 1985. English Workers' Real Wages: A Reply to Crafts. *Journal of Economic History* 45:145–158.

Lindley, K. 1982. *Fenland Riots and the English Revolution.* London: Heinemann.

_______. 1986. London and Popular Freedom in the 1640s. In *Freedom and the English Revolution,* edited by R. C. Richardson and G. M. Ridden, 111150. Manchester: Manchester University Press.

Lis, C., and H. Soly. 1977. *Poverty and Capitalism in Pre-industrial Europe.* Translated by J. Coonan. Atlantic Highlands, NJ.: Humanities Press.

Littrup, L. 1981. *Sub-bureaucratic Government in China in Ming Times: A Study of Shandong Province in the Sixteenth Century.* Oslo: Universitetsforlaget, Institute for Comparative Research in Human Culture.

Liu, K. C., ed. 1990. *Orthodoxy in Late Imperial China.* Berkeley and Los Angeles: University of California Press.

Liu, P., and K. Hwang. 1977. Population Change and Economic Development in Mainland China since 1400. In *Modern Chinese Economic History,* edited by C. Hou and T. Yu, 61–81. Taipei: Institute of Economics, Academia Sinica.

Livi-Bacci, M. 1989. *Population and Nutrition: Antagonism and Adaptation.* Cambridge: Cambridge University Press.

Lloyd, C. 1986. *Explanation in Social History.* Oxford: Basil Blackwell.

Lloyd, H. A. 1968. *The Gentry of Southwest Wales, 1540–1640.* Cardiff: University of Wales Press.

Lodhi, A. Q., and C. Tilly. 1973. Urbanization, Crime, and Collective Violence in 19th Century France. *American Journal of Sociology* 79:296–318.

Lublinskaya, A. D. 1968. French Absolutism: The Crucial Phase, 1620–29. Translated by B. Pearce. Cambridge: Cambridge Unversity Press.

Lucas, C. 1973. Nobles, Bourgeois, and the Origins of the French Revolution. *Past and Present,* no. 60, 84–126.

_______. 1978. The Problem of the Midi in the French Revolution. *Transactions of the Royal Historical Society,* 5th ser., 28, 1–26.

Lucas, P. 1962. Blackstone and the Reform of the Legal Profession. *Economic History Review,* 2d ser., 77:456–496.

Lynch, J. 1981. *Spain under the Habsburgs.* 2d ed. 2 vols. New York: New York University Press.

Lyons, M. 1975. The 9 Thermidor: Motives and Effects. *European Studies Review* 5:123–146.

_______. 1978. *Revolution in Toulouse.* Bern: Peter Lang.

Macaulay, T. B. 1913–1915. *History of England from the Accession of James II.* London: Macmillan.

MacCaffery, W. 1958. *Exeter, 1540–1640.* Cambridge, MA: Harvard University Press.

McCahill, M. W. 1981. Peerage Creations and the Changing Character of the British Nobility, 1750–1850. *Economic History Review* 96:259–284.

McCarthy, J. 1976. Nineteenth Century Egyptian Population. *Middle Eastern Studies* 12(3):1–40.

_______. 1983. *Muslims and Minorities: The Population of Ottoman Anatolia and the End of the Empire.* New York: New York University Press.

McCloskey, D. 1975. The Economics of Enclosure: A Market Analysis. In *European Peasants and Their Markets,* edited by W. Parker and E. Jones, 123–160. Princeton: Princeton University Press.

_______. 1985. The Industrial Revolution, 1780–1860: A Survey. In *The Economics of the Industrial Revolution,* edited by J. Mokyr, 53–74. Totowa, NJ: Rowman and Allanheld.

McDermott, J. P. 1981. Bondservants during the Late Ming. *Journal of Asian Studies* 40:675–702.

McDougall, W. A. 1986. "Mais ce n'est pas l'histoire." Some Thoughts on Toynbee, McNeill, and the Rest of Us. *Journal of Modern History* 58:19–42.

McEvedy, C., and R. Jones. 1978. *Atlas of World Population History.* Harmondsworth, Middlesex: Penguin.

McGiffert, M. 1980. Covenant, Crown, and Commons in Elizabethan Puritanism. *Journal of British Studies* 20:32–52.

McGowan, B. 1981. *Economic Life in Ottoman Europe.* Cambridge: Cambridge University Press.

Machiavelli, N. 1952. *The Prince.* Translated by W. K. Marriott. Chicago: Encyclopaedia Britannica Books.

McInnes, A. 1982. When Was the English Revolution? *History* 67:377–392.

McKendrick, N., J. Brewer, and J. H. Plumb. *The Birth of a Consumer Society: The Commercialization of Eighteenth Century England.* Bloomington: Indiana University Press.

McManners, J. 1960. *French Ecclesiastical Society under the Old Regime: A Study of Angers in the Eighteenth Century.* Manchester: Manchester University Press.

McNeill, W. 1977. *Plagues and Peoples.* New York: Doubleday.

_______. 1982. *The Pursuit of Power.* Chicago: University of Chicago Press.

Macpherson, W. J. 1987. *The Economic Development of Japan, c. 1868–1914.* New York: Macmillan.

Maczaky, A. 1976. Money and Society in Poland and Lithuania in the Sixteenth and Seventeenth Centuries. *Journal of European Economic History* 1:69104.

Maddalena, A. de. 1974. Rural Europe, 1500–1750. In *Fontana Economic History of Europe,* vol. 2: *The Sixteenth and Seventeenth Centuries,* edited by C. Cipolla, 273–353. Glasgow: Fontana/Collins.

Major, J. R. 1975. Henry IV and Guyenne: A Study Concerning Origins of Royal Absolutism. In *State and Society in Seventeenth Century France,* edited by R. Kierstead, 2–24. New York: New Viewpoints.

_______. 1980. *Representative Government in Early Modern France.* New Haven: Yale University Press.

_______. 1981. Noble Income, Inflation, and the Wars of Religion in France. *American Historical Review* 86:21–48.

Malowist, M. 1972. Movements of Expansion in Europe in the Sixteenth and Seventeenth Centuries. In *Economy and Society in Early Modern Europe: Essays from Annales,* edited by P. Burke, 104–112. London: Routledge and Kegan Paul.

Mandel, E. 1980. *Long Waves of Capitalist Development: The Marxist Interpretation.* Cambridge: Cambridge University Press.

Mandrou, R. 1978. *Louis XIV et son temps: 1661–1715.* 2d ed. Paris: Presses Universitaires de France.

Mann, M. 1986. *The Sources of Social Power,* vol. 1: *A History of Power from the Beginning to A. D. 1760.* Cambridge: Cambridge University Press.

_______. 1988. *State, War and Capitalism.* Oxford: Basil Blackwell.

Manning, B. 1976. *The English People and the English Revolution, 1640–49. London: Heinemann.*

Mantelli, R. 1984. The Sale of Crown Lands in Spain in the Early Modern Era. *Journal of European Economic History* 13:201–205.

Mantoux, Paul. 1903. Histoire et sociologie. *Revue de Synthèse Historique* 1:121–140.

Mantran, R. 1962. *Istanbul dans la seconde moitié du X VIIe siècle.* Paris: Adrien Maisonneuve.

_______. 1977. The Transformation of Trade in the Ottoman Empire in the Eighteenth Century. In *Studies in Eighteenth Century Islamic History,* edited by T. Naff and R. Owen, 217–220. Carbondale: Southern Illinois University Press.

_______. 1980. Politique, économie et monnaie dans l'empire Ottoman au XVIIème siècle. In *Social and Economic History of Turkey, 1071–1920,* edited by O. Okyar and H. İnalcık, 123–125. Ankara: Hacettepe University Press.

_______. 1984. *L'empire Ottoman du XVI au XVIII siècle: Administration, économic, société.* London: Variorum.

Marczewski, J. 1961. Some Aspects of the Economic Growth of France, 1660–1958. *Economic Development and Cultural Change* 9:369–387. .

_______. 1965. *Introduction à l'histoire quantitative.* Geneva: Droz.

Mardin, Serif. 1969. Power, Civil Society, and Culture in the Ottoman Empire. *Comparative Studies in Society and History* 11:258–281.

Margadant, T. 1975. Modernisation and Insurgency in December 1951: A Case Study of the Drôme. In *Revolution and Reaction: 1848 and the Second French Republic,* edited by R. Price, 254–279. London: Croom Helm.

_______. 1979. *French Peasants in Revolt: The Insurrection of 1851.* Princeton, NJ: Princeton University Press.

_______. 1984. Tradition and Modernity in Rural France during the Nineteenth Century. *Journal of Modern History* 56:667–697.

Margerison, K. 1987. History, Representative Institutions, and Political Rights in the French Pre-Revolution (1787–89). *French Historical Studies* 15:68–98.

Marion, M. 1914. *Histoire financière de la France depuis 1715.* Paris: A. Rousseau.

Market Watch. 2014. *http://blogs.marketwatch.com/capitolreport/2014/07/09/u-s-productivity-Growth-last-year-was-worst-since-recession-new-data-show/*

Markoff, J. 1985. Rural Revolt and the French Revolution. *American Sociological Review* 50:761–782.

_______. 1988. Peasant Grievances and Peasant Insurrection: France in 1789. Paper presented at the annual meeting of the American Sociological Association, Atlanta, GA.

_______. 1996. *The Abolition of Feudalism: Peasants, Lords, and Legislators in the French Revolution.* University Park, PA: Pennsylvania State University Press.

Markoff, J., and G. Shapiro. 1985. Consensus and Conflict at the Onset of Revolution: A Quantitative Study of France in 1789. *American Journal of Sociology* 91:28–53.

Markovitch, T. 1970. The Dominant Sectors of French Industry. In *Essays in French Economic History,* edited by R. Cameron, 226–244. Homewood, IL: Richard D. Irwin.

_______. 1976. *Histoire des industries françaises: les industries lainières de Colbert à la révolution.* Geneva: Droz.

Marks, R. 1984. *Rural Revolution in South China.* Madison: University of Wisconsin Press.

Marmé, M. 1981. Population and Possibility in Ming (1368–1644) Suzhou: A Quantified Model. *Ming Studies* 12:29–64.

Marx, K. 1935. *The Eighteenth Brumaire of Louis Napoleon.* New York: International Publishers.

_______. 1964. *The Class Struggles in France, 1848–50.* New York: International Publishers.

Mathiez, A. 1928. *The French Revolution.* Translated by C. Phillips. New York: Knopf.

Matossian, M., and W. Schaefer. 1977. Family, Fertility, and Political Violence, 1700–1900. *Journal of Social History* 11:137–178.

Matthias, P., ed. 1972a. *Science and Society, 1600–1900.* Cambridge: Cambridge University Press.

_______. 1972b. Who Unbound Prometheus? Science and Technical Change, 1600–1800. In *Science and Society, 1600–1900,* edited by P. Matthias, 54–80. Cambridge: Cambridge University Press.

_______. 1979. The People's Money in the Eighteenth Century: The Royal Mint, Trade Tokens, and the Economy. In *The Transformation of England: Essays in the Economic and Social History of England in the Eighteenth Century,* edited by P. Matthias, 190–208. New York: Columbia University Press.

Matthias, P., and P. O'Brien. 1976. Taxation in Britain and France, 1715–1810: A Comparison of the Social and Economic Incidence of Taxes Collected for the Central Government. *Journal of European Economic History* 5:601650.

Mauro, F., and G. Parker. 1977. Spain. In *An Introduction to the Sources of European Economic History, 1500–1800,* edited by C. Wilson and G. Parker, 37–62. Ithaca, NY: Cornell University Press.

Mayer, J. 1953. La croissance économique française: la structure de l'économie française a trois époques éloignées: 1788, 1845, 1885. In *Income and Wealth,* edited by M. Gilbert, 3d. ser., 67–100. Cambridge: Cambridge University Press.

Maza, S.C. 1983. *Servants and Masters in Eighteenth Century France: The Uses of Loyalty.* Princeton, NJ: Princeton University Press.

_______. 1987. Le tribunal de la nation: les mémoires judiciaires et l'opinion publique à la fin de l'ancien régime. *Annales, E.S.C.* 42:73–90.

Mazauric, C. 1970. *Sur la révolution française: contributions a l'histoire de la révolution bourgeoise.* Paris: Editions Sociales.

Merriman, J. M. 1963. *Six Contemporaneous Revolutions.* Hamden, CT: Archon Books.

_______. 1975a. The *Demoiselles* of the Ariège, 1829–31. In *1830 in France,* edited by J. Merriman, 87–118. New York: New Viewpoints.

_______, ed. 1975b. *1830 in France.* New York: New Viewpoints.

_______. 1978. *The Agony of the Republic: The Repression of the Left in Revolutionary France, 1848–51.* New Haven: Yale University Press.

Meskill, J., ed. 1965. *The Pattern of Chinese History: Cycle, Development, or Stagnation?* Boston: D.C. Heath.

_______. 1982. *Academies in Ming China: An Historical Essay.* Tucson: University of Arizona Press.

Metzger, T. 1977. On the Historical Roots of Economic Modernization in China: The Increasing Differentiation of the Economy from the Polity during Late Ming and Early Ch'ing Times. In *Modern Chinese Economic History,* edited by C. Hou and T. Yu, 3–14. Taipei: Institute of Economics, Academia Sinica.

Meuvret, J. 1971. *Etudes d'histoire économique.* Paris: Armand Colin.

_______. 1974. Monetary Circulation and the Use of Coinage in Sixteenth and Seventeenth Century France. In *Essays in European Economic History, 1500–1800,* edited by P. Earle, 89–99. Oxford: Clarendon Press.

_______. 1976. Fiscalism and Public Order under Louis XIV. In *Louis XIV and Absolutism,* edited by R. Hatton, 199–225. London: Macmillan.

Meyer, J. 1977. La noblesse française au XVIIIe siècle: aperçu des problèmes. *Acta Poloniae Historica* 36:7–45.

_______. 1978. La noblesse parlementaire bretonne face à la pré-révolution et aux débuts de la révolution: du témoignage à la statistique. In *Vom Ancien Régime zur Französischen Revolution,* edited by E. Hinrichs, E. Schmitt, and R. Vierhaus, 279–317. Göttingen: Vandenhoeck and Rupert.

_______. 1984. Un destin de grand négociant: Descazaux du Halley. In *La France d'ancien régime: études réunies en l'honneur de Pierre Goubert,* edited by the Société de Démographie Historique, 2:463–470. Paris: Editions Privat.

Michael, F., and C. L. Chang. 1966. *The Taiping Rebellion: History and Documents.* 3 vols. Seattle: University of Washington Press.

Michelet, J. 1967. *History of the French Revolution.* Edited by G. Wright. Chicago: University of Chicago Press.

Migdal, J. S. 1974. *Peasants, Politics, and Revolution: Pressures toward Political and Social Change in the Third World.* Princeton, NJ: Princeton University Press.

Miller, J. 1979. The Later Stuart Monarchy. In *The Restored Monarchy, 1660–1688,* edited by J. R. Jones, 30–47. Totowa, NJ: Rowman and Littlefield.

_______. 1982. Charles H and His Parliaments. *Transactions of the Royal Historical Society,* 5th ser., 32:1–23.

_______. 1983. *The Glorious Revolution.* London: Longman.

_______. 1984. The Potential for Absolutism in Late Stuart England. *History* 69:187–204.

_______. 1987. *Bourbon and Stuart: Kings and Kingship in France and England in the Seventeenth Century.* New York: F. Watts.

Milward, A., and S. B. Saul. 1973. *The Economic Development of Continental Europe, 1780–1870.* London: Allen and Unwin.

Minchinton, W. E., ed. 1968. *Essays in Agrarian History.* 2 vols. New York: Augustus M. Kelley.

_______, ed. 1969. *The Growth of English Overseas Trade: The Seventeenth and Eighteenth Centuries.* London: Methuen.

Mingay, G. E. 1961–1962. The Size of Farms in the 18th Century. *Economic History Review,* 2d ser., 14:469–488.

_______. 1972. The Transformation of Agriculture. In *The Long Debate on Poverty: Eight Essays on Industrialisation and the "Condition of England,"* edited by R. M. Hartwell, 23–57. London: Institute of Economic Affairs.

_______. 1976. *The Gentry: The Rise and Fall of a Ruling Class.* London: Longman.

Miskimin, H. A. 1975. Population Growth and the Price Revolution in England. *Journal of European Economic History* 4:179–186.

_______. 1977. *The Economy of Later Renaissance Europe, 1460–1600.* Cambridge: Cambridge University Press.

_______. 1979. The Impact of Credit on Sixteenth Century English Industry. In *The Dawn of Modern Banking,* edited by the Center for Medieval and Renaissance Studies, UCLA, 275–289. New Haven: Yale University Press.

Mitchell, B. 1962. *English Historical Statistics.* Cambridge: Cambridge University Press.

_______. 1975. *European Historical Statistics, 1750–1970.* London: Macmillan.

Mitchell, H. 1973. Counterrevolutionary Mentality and Popular Revolution: Two Case Studies. In *French Government and Society: Essays in Memory of Alfred Cobban,* edited by J. F. Bosher, 231–260. London: Athlone Press.

Mitchison, R. 1965. The Movement of Scottish Corn Prices in the Seventeenth and Eighteenth Centuries. *Economic History Review* 2d ser., 18:278–291.

Mokyr, J. 1985a. Demand versus Supply in the Industrial Revolution. In *The Economics of the Industrial Revolution,* edited by J. Mokyr, 97–118. Totowa, NJ: Rowman and Allenheld.

_______, ed. 1985b. *The Economics of the Industrial Revolution.* Totowa, NJ: Rowman and Allanheld.

_______. 1988. Is There Still Life in the Pessimist Case? Consumption during the Industrial Revolution, 1790–1850. *Journal of Economic History* 48:69–92.

Molinier, A. 1985. *Stagnations et croissance: le vivarais aux XVIIe-XVIIIe siècles.* Paris: Ecole des Hautes Etudes en Sciences Sociales.

Moller, H. 1964. Population and Society during the Old Regime, c. 1640–1770. In *Population Movements in Modern European History,* edited by H. Moller, 19–41. New York: Macmillan.

_______. 1968. Youth as a Force in the Modern World. *Comparative Studies in Society and History* 10:238–260.

Moloughney, B. 1986. Silver, State, and Society: A Monetary Perspective in China's Seventeenth Century Crisis. M. A. thesis, University of Canterbury.

Moloughney, B., and W. Xia. 1989. Silver and the Fall of the Ming: A Reassessment. *Papers on Far Eastern History* (Australian National University) 40:51–78.

Mols, R. S. J. 1958. *Introduction à la demographie historique des villes d'Europe du XIV au XVIII siecle.* 3 vols. Louvain: Publications Universitaires de Louvain.

Mommsen, W. 1987. Personal Conduct and Societal Change: Toward a Reconstruction of Max Weber's Concept of History. In *Max Weber, Rationality, and Modernity,* edited by S. Lash and S. Whimster, 35–51. London: Allen and Unwin.

Monter, E. W. 1977. Historical Demography and Religious History in Sixteenth Century Geneva. *Journal of Interdisciplinary History* 9:399–927.

Moore, B., Jr. 1966. *Social Origins of Dictatorship and Democracy.* Boston: Beacon Press.

Moore, C. A., ed. 1967. *The Chinese Mind: Essentials of Chinese Philosophy and Culture.* Honolulu: East-West Center, University of Hawaii Press.

Moreau, J.-P. 1958. *La vie rurale dans le sud-est du bassin parisien.* Paris: Société des Belles Lettres.

Mori, M. 1980. The Gentry in the Ming Period: An Outline of the Relations between the Shih-ta-fu and Local Society. *Acta Asiatica* 38:31–53.

Morineau, M. 1968. D'Amsterdam a Seville: de quel réalité l'histoire de prix est-elle le miroir? *Annales, E.S.C.* 23:178–205.

_______. 1970a. *Les faux-semblants d'un démarrage économique: agriculture et démographie en France au XVIII siècle.* Paris: Armand Colin.

_______. 1970b. Was There an Agricultural Revolution in 18th Century France? In *Essays in French Economic History,* edited by R. Cameron, 170–182. Homewood, IL: Richard D. Irwin.

_______. 1976. The Agricultural Revolution in Nineteenth Century France: A Comment. *Journal of Economic History* 36:436–437.

_______. 1977. France. In *An Introduction to the Sources of European Economic History,* edited by C. Wilson and G. Parker, 155–189. Ithaca, NY: Cornell University Press.

_______. 1978. Trois contributions au colloque de Göttingen. In *Vom Ancien Régime zur Franzosischen Revolution,* edited by E. Hinrichs, E. Schmitt, and R. Vierhaus, 374–419. Göttingen: Vandenhoeck and Rupert.

_______. 1980. Budgets de Pétat et gestation des finances royales en France au dix-huitième siècle. *Revue Historique* 264:289–336.

_______. 1981. History and Tithes. *Journal of European Economic History* 10:437–480.

_______. 1985. *Incroyables gazettes et fabuleaux métaux.* Cambridge: Cambridge University Press.

Mornet, D. 1933. *Les origines intellectuelles de la révolution française 1715–1787.* Paris: Armand Colin.

Morrill, J. S. 1974. *Cheshire, 1630–1660: County Government and Society during the English Revolution.* Oxford: Oxford University Press.

_______. 1976. *The Revolt of the Provinces: Conservatives and Radicals in the English Civil War, 1630–1650.* London: Allen and Unwin.

Mote, F. W. 1961. The Growth of Chinese Despotism: A Critique of Wittfogel's Theory of Oriental Despotism as Applied to China. *Oriens Extremus* 8:141.

_______. 1971. *Intellectual Foundations of China.* New York: Knopf.

Mote, F. W., and D. Twitchett, eds. 1988. *The Cambridge History of China,* vol. 7: *The Ming Dynasty, 1368–1644.* Cambridge: Cambridge University Press.

Moulder, F. V. 1977. *Japan, China, and the Modern World Economy: Toward a Reinterpretation of East Asian Development, ca. 1600 to ca. 1918.* Cambridge: Cambridge University Press.

Mousnier, R. 1951. L'évolution des finances publiques en France et en Angleterre pendent les guerres de la Ligue d'Augsbourg et de la succession d'Espagne. *Revue Historique* 205:1–23.

_______. 1970a. The Fronde. In *The Preconditions of Revolution in Early Modern Europe,* edited by J. Greene and R. Forster, 131–159. Baltimore, MD: Johns Hopkins University Press.

_______. 1970b. *Peasant Uprisings in Seventeenth Century France, Russia, and China.* Translated by B. Pearce. New York: Harper and Row.

_______. 1973. *Social Hierarchies, 1450 to the Present,* edited by M. Clarke. Translated by P. Evans. London: Croom Helm.

_______. 1977. Conjoncture and Circumstance in Popular Uprisings. In *The Peasantry in the Old Regime,* edited by I. Woloch, 52–58. Huntington, NY: Robert E. Krieger.

_______. 1979. *The Institutions of France under the Absolute Monarchy, 1598–1789.* Translated by B. Pearce. 2 vols. Chicago: University of Chicago Press.

_______. 1982. Les fidelités et les clientèles en France aux XVIe, XVIIe, et XVIIIe siècles. *Histoire Sociale* 15:35–46.

_______. 1984. Quelques remarques pour une comparaison des monarchies absolues en Europe et en Asie. *Revue Historique* 551:29–44.

Moutafchieva, V. P. 1988. *Agrarian Relations in the Ottoman Empire in the 15th and 16th Centuries.* New York: Columbia University Press.

Multpl.com (2016). http://www.multpl.com/united-states-population/table

Murphey, R. 1980. The Construction of a Fortress at Mosul in 1631. In *Social and Economic History of Turkey, 1071–1920,* edited by O. Okyar and H. İnalcık, 163–172. Ankara: Hacettepe University Press.

_______. 1983. The Ottoman Attitude toward the Adoption of Western Technology: The Role of the *Efrence* Technicians in Civil and Military Applications. In *Contributions à l'histoire économique et sociale de l'empire Ottoman,* edited by O. L. Barkan, 287–298. Louvain: Editions Peeters.

Myers, R. 1974. Some Issues on Economic Organization during the Ming and Ch'ing Periods: A Review Article. *Ch'ing ship wen-t'i* 3(2):77–93.

_______. 1982. Customary Law, Markets, and Resource Transactions in Late Imperial China. In *Explorations in the New Economic History,* edited by R. L. Ransom, R. Sutch, and G. M. Walton, 273–298. New York: Academic Press.

_______. 1980. *The Chinese Economy, Past and Present.* Belmont, CA: Wadsworth.

Nadal, J. 1984. *La población española (siglos XVI a XX).* Edición corregida y aumentada. Barcelona: Editorial Ariel.

Nader, H. 1977. Noble Income in Sixteenth Century Castile: The Case of the Marquises of Mondéjar, 1480–1580. *Economic History Review,* 2d ser., 30:411–428.

Naff, T. 1977. The Central Administration, the Provinces, and External Relations: Introduction. In *Studies in Eighteenth Century Islamic History,* edited by T. Naff and R. Owen, 3–14. Carbondale: Southern Illinois University Press.

Nagata, Y. 1976. *Some Documents on the Big Farms of the Notables in Western Anatolia.* Tokyo: Institute for the Study of Languages and Culture of Asia and Africa.

Namboodiri, Krishnan. 1988. Ecological Demography: Its Place in Sociology. *American Sociological Review* 53:619–633.

Namier, L. B. 1959. 1848: Seed Plot of History. In *1848: A Turning Point?* edited by M. Kranzberg, 64–70. Boston: D.C. Heath.

_______. 1964. *The Revolution of the Intellectuals.* Garden City, NY: Anchor Books.

Naquin, S. 1976. *Millenarian Rebellion in China: The Eight Trigrams Uprising of 1813.* New Haven: Yale University Press.

Naquin, S., and E. S. Rawski. 1987. *Chinese Society in the Eighteenth Century.* New Haven: Yale University Press.
Needham, J., and R. Huang. 1974. The Nature of Chinese Society: A Technical Interpretation. *Journal of Oriental Studies* 12:1–16.
Neveux, H. 1980. *Vie et déclin d'une structure économique: les grains du Cambrésis, fin du XIVe-debut du XVIIe siècle.* Paris: Ecole des Hautes Etudes en Sciences Sociales.
_______. 1984. La gestion des grandes fermes du bassin parisien, XIVe-XVIe siècles: problèmes d'une difficile synthèse. In *La France d'ancien régime: études réunies en l'honneur de Pierre Goubert,* edited by the Société de Démographie Historique, 2:491–496. Paris: Editions Privat.
Newell, W. H. 1973. The Agricultural Revolution in Nineteenth Century France. *Journal of Economic History* 33:697–731.
_______. 1977. *Population Change and Agricultural Development in Nineteenth Century France.* New York: Arrow Press.
Newman, E. L. 1975. What the Crowd Wanted in the French Revolution of 1830. In *1830 in France,* edited by J. Merriman, 17–40. New York: New Viewpoints.
Nichols, E. 1986. Skocpol on Revolution: Comparative Analysis vs. Historical Conjuncture. *Comparative Social Research* 9:163–186.
Nières, C. 1984. Une province et ses villes: la Bretagne au XVIIIe siècle. In *La France d'ancien régime: études réunies en l'honneur de Pierre Goubert,* edited by the Société de Démographie Historique, 2:509–517. Paris: Editions Privat.
Nishijima, S. 1984. The Formation of the Early Chinese Cotton Industry. In *State and Society in China: Japanese Perspectives on Ming-Qing Social and Economic History,* edited by L. Grove and C. Daniels, 17–77. Tokyo: University of Tokyo Press.
Nishikawa, S. 1986. Grain Consumption: The Case of Choshu. In *Japan in Transition: From Tokugawa to Meiji,* edited by M. B. Jansen and G. Rozman, 421–466. Princeton, NJ: Princeton University Press.
Nodia, G. O. 2000. "The End of Revolution?" *Journal of Democracy* 11(1): 164-171.
Norden, J. 1607. *The Surveyor's Dialogue.* London: H. Astley.
North, D. 1981. *Structure and Change in Economic History.* New York: Norton.
North, R. C., and N. Choucri. 1975. *Nations in Conflict: National Growth and International Violence.* San Francisco: W. H. Freeman.
Oberschall, A. 1973. *Social Conflict and Social Movements.* Englewood Cliffs, NJ: Prentice-Hall.
O'Boyle, L. 1966. The Middle Class in Western Europe. *American Historical Review* 71:826–845.
_______. 1970. The Problem of an Excess of Educated Men in Western Europe, 1800–1850. *Journal of Modern History* 42:471–495.
O'Brien, P. 1977. Agriculture and the Industrial Revolution. *Economic History Review,* 2d ser., 30:166–181.
_______. 1988. The Political Economy of British Taxation, 1660–1818. *Economic History Review,* 2d ser., 41:411–432.
O'Brien, P., and Ç. Keyder. 1978. *Economic Growth in Britain and France: Two Paths to the Twentieth Century.* London: Allen and Unwin.
Okyar, O. 1980. Ottoman Economic Growth during the Sixteenth Century. In *Social and*

Economic History of Turkey, 1071–1920, edited by O. Okyar and H. İnalcık, 111–116. Ankara: Hacettepe University Press.

Olson, M. 1965. *The Logic of Collective Action.* Cambridge, MA: Harvard University Press.

_______. 1982. *The Rise and Decline of Nations.* New Haven: Yale University Press.

Ooms, H. 1985. *Tokugawa Ideology.* Princeton, NJ: Princeton University Press. Outhwaite, R. B. 1969. *Inflation in Tudor and Early Stuart England.* London: Macmillan.

Overbeek, J. 1974. *History of Population Theories.* Rotterdam: Rotterdam University Press.

Overmyer, Daniel L. 1984. Attitudes toward the Ruler and State in Chinese Popular Religion Literature: Sixteenth and Seventeenth Century *Pao-Chüan, Harvard Journal of Asiatic Studies* 44:347–379.

Overton, M. 1979. Estimating Crop Yields from Probate Inventories: An Example from East Anglia, 1585–1735. *Journal of Economic History* 39:363–378.

_______. 1983. An Agricultural Revolution, 1650–1750. Paper presented at the Economic History Society Conference, Canterbury, U.K.

Owen, R. 1975. The Middle East in the Eighteenth Century. *Review of Middle East Studies* 1:101–112.

_______. 1977. Resources, Population, and Wealth: Introduction. In *Studies in Eighteenth Century Islamic History,* edited by T. Naff and R. Owen, 133151. Carbondale: Southern Illinois University Press.

_______. 1981. *The Middle East in the World Economy, 1800–1914.* London: Methuen.

Ozouf, M. 1984. War and Terror in French Revolutionary Discourse. *Journal of Modern History* 56:579–597.

Paas, M. W. 1981. *Population Change, Labor Supply, and Agriculture in Augsberg 1480–1618.* New York: Arno Press.

Pach, Z. P. 1972. Sixteenth Century Hungary: Commercial Activity and Market Production by the Nobles. In *Economy and Society in Early Modern Europe: Essays from Annales,* edited by P. Burke, 113–133. London: Routledge and Kegan Paul.

Paige, J. M. 1975. *Agrarian Revolution: Social Movements and Export Agriculture in the Underdeveloped World.* New York: Free Press.

Palliser, D. M. 1983. *The Age of Elizabeth: England under the Later Tudors, 1547–1603.* London: Longman.

Palmer, R. R. 1959–1964. *The Age of the Democratic Revolution.* 2 vols. Princeton, NJ: Princeton University Press.

_______. 1977. Lefebvre's Interpretation of the Peasant Revolution. In *The Peasantry in the Old Regime: Conditions and Protests,* edited by I. Woloch, 98103. Huntington, NY: Robert E. Krieger.

_______. 1985. *The Improvement of Humanity: Education and the French Revolution.* Princeton, NJ: Princeton University Press.

Parker, D. 1983. *The Making of French Absolutism.* New York: St. Martin's Press.

Parker, G. 1974. The Emergence of Modern Finance in Europe, 1500–1730. In *The Fontana Economic History of Europe,* vol. 2: *The Sixteenth and Seventeenth Centuries,* edited by C. Cipolla, 527–594. Glasgow: Collins/Fontana.

_______. 1976. The Military Revolution, 1560–1660: A Myth? *Journal of Modern History* 48:195–214.

_______. 1979. *Europe in Crisis, 1598–1648.* Ithaca, NY: Cornell University Press.

Parker, G., and L. Smith, eds. 1978. *The General Crisis of the Seventeenth Century.* London: Routledge and Kegan Paul.

Parker, W. L. 1984. *Europe, America, and the Wider World: Essays on the Economic History of Western Capitalism,* vol.1: *Europe and the World Economy.* Cambridge: Cambridge University Press.

Parry, J. H. 1963. *The Age of Reconnaissance.* London: Weidenfeld and Nicolson.

Parry, V. 1976. The Period of Murad IV, 1617–1648. In *A History of the Ottoman Empire to 1730,* edited by M. A. Cook, 133–156. Cambridge: Cambridge University Press.

Parry, V., and M. E. Yapp, eds., 1975. *War, Technology, and Society in the Middle East.* London: Oxford University Press.

Parsa, M. 2000. *States, Ideologies, and Social Revolutions: A Comparative Analysis of Iran, Nicaragua, and the Philippines.* Cambridge, UK: Cambridge University Press.

Parsons, J. B. 1963. The Ming Dynasty Bureaucracy: Aspects of Background Forces. *Monumenta Serica* 22:343–406.

_______. 1969. The Ming Dynasty Bureaucracy: Aspects of Background Forces. In *Chinese Government in Ming Times: Seven Studies,* edited by C. O. Hucker, 175–231. New York: Columbia University Press.

_______. 1970. *Peasant Rebellions of the Late Ming Dynasty.* Tucson: University of Arizona Press.

Parsons, T. 1937. *The Structure of Social Action.* New York: Free Press. Patten, J. 1978. *English Towns, 1500–1700.* Hamden, CT: Archon Books. Pearce, B. 1942. Elizabethan Food Policy and the Armed Forces. *Economic History Review,* 2d ser., 12:39–46.

Pearl, V. 1961. *London and the Outbreak of the Puritan Revolution.* Oxford: Oxford University Press.

Pennington, D. H. 1970. *Seventeenth Century Europe.* London: Longman. Perdue, P. C. 1982. Water Control in the Dongting Lake Region during the Ming and Qing Periods. *Journal of Asian Studies* 41:747–765.

_______. 1987. *Exhausting the Earth: State and Peasant in Hunan, 1500–1850.* Cambridge, MA: Council on East Asian Studies.

Perkin, H. 1969. *The Origins of Modern English Society, 1780–1880.* London: Routledge and Kegan Paul.

Perkins, D. D. 1967. Government as an Obstacle to Industrialization: The Case of Nineteenth Century China. *Journal of Economic History* 27:478–492.

_______. 1969. *Agricultural Development in China, 1368–1968.* Chicago: Aldine.

_______, ed. 1975. *China's Modern Economy in Historical Perspective.* Stanford: Stanford University Press.

Perrenoud, A. 1985. Le biologique et l'humain dans le déclin séculaire de la mortalité. *Annales, E.S.C.* 40:113–135.

Perrot, J.-C., and S. J. Woolf. 1984. *State and Statistics in France, 1789–1815.* New York: Harwood Academic Publishers.

Perroux, F. 1955. Prise de vue sur la croissance de l'économie française, 17801950. *Income and Wealth* 5:41–78.

Petersen, E. L. 1967. *The Crisis of the Danish Nobility, 1580–1660.* Odense, Denmark: Odense University Press.

Peterson, W. P. 1975. Fang I-chih: Western Learning and the Investigation of Things.

In *The Unfolding of Neoconfucianism,* edited by W. T. deBary, 369–411. New York: Columbia University Press.

_______. 1976. From Interest to Indifference: Fang I-chih and Western Learning. *Ching shih wen-t'i* 3(5):72–85.

_______. 1979. *Bitter Gourd: Fang I-chih and the Impetus for Intellectual Change.* New Haven: Yale University Press.

_______. 1980. Chinese Scientific Philosophy and Some Attitudes Toward Knowledge about the Realm of Heaven and Earth. *Past and Present,* no. 87, 20–30.

Phelps-Brown, E. H., and S. Hopkins. 1957. Wage Rates and Prices: Evidence for Population Pressure in the Sixteenth Century. *Economica,* n.s., 24: 289306.

_______. 1962a. Seven Centuries of Building Wages. In *Essays in Economic History,* edited by E. Carus-Wilson, 2:168–178. London: Edward Arnold.

_______. 1962b. Seven Centuries of the Prices of Consumables, Compared with Builders' Wage-Rates. In *Essays in Economic History,* edited by E. Carus-Wilson, 2:179–196. London: Edward Arnold.

Phillips, W. D. 1978. State Service in Fifteenth Century Castile: A Statistical Study of Royal Appointees. *Societas* 8:115–136.

Pike, R. 1972. *Aristocrats and Traders: Sevillian Society in the Sixteenth Century.* Ithaca, NY: Cornell University Press.

Pinand, P.-F. 1982. La recette des finances, 1789–1865: essai d'histoire administrative. *Revue d'Histoire Moderne et Contemporaine* 29:584–598.

Pincus, S. 2009. *1688: The First Modern Revolution.* New Haven, CT: Yale University Press.

Pinkney, D. H. 1964. The Crowd in the French Revolution of 1830. *American Historical Review* 70:1–17.

_______. 1972. *The French Revolution of 1830.* Princeton, NJ: Princeton University Press.

_______. 1986. *Decisive Years in France: 1840–1847.* Princeton, NJ: Princeton University Press.

Plaks, A. 1985. After the Fall: Hsing-shih Yin-yuan Chuan and the Seventeenth Century Chinese Novel. *Harvard Journal of Asiatic Studies* 45:543–580.

Plato. 1952. *The Laws.* Translated by B. Jowett. Chicago: Britannica Great Books.

Plumb, J. H. 1967. *The Growth of Stability in England, 1675–1725.* London: Macmillan.

Pocock, J. G. A. 1975. *The Machiavellian Moment: Florentine Political Thought and the Atlantic Republican Tradition.* Princeton, NJ: Princeton University Press.

Polk, W. R., and R. L. Chambers. 1968. *The Beginnings of Modernization in the Middle East: The Nineteenth Century.* Chicago: University of Chicago Press.

Pomeranz, K. 2000. *The Great Divergence: China, Europe, and the Making of the Modern World Economy.* Princeton, NJ: Princeton University Press.

Poos, L. R. 1985. The Rural Population of Essex in the Later Middle Ages. *Economic History Review,* 2d ser., 38:515–530.

Popkin, S. 1979. *The Rational Peasant: The Political Economy of Rural Society in Vietnam.* Berkeley and Los Angeles: University of California Press.

Porch, D. 1974. *Army and Revolution: France, 1815–1848.* London: Routledge and Kegan Paul.

Porchnev, B. 1963. *Les soulèvements populaires en France de 1623 à 1648.* Paris: SEVPEN.

Post, J. D. 1977. *The Last Great Subsistence Crisis in the Western World.* Baltimore: Johns Hopkins University Press.

_______. 1985. *Food Shortage, Climatic Variability, and Epidemic Disease in Preindustrial Europe: The Mortality Peak in the Early 1740's.* Ithaca, NY: Cornell University Press.

Postan, M. M. 1972. *The Medieval Economy and Society.* Harmondsworth, Middlesex: Penguin.

Postan, M. M., and J. Hatcher. 1978. Population and Class Relations in Feudal Society. *Past and Present,* no. 78, 24–37.

Pound, J. 1971. *Poverty and Vagrancy in Tudor England.* Essex: Longman. Pounds, N.J. 1979. *An Historical Geography of Europe, 1500–1840.* Cambridge: Cambridge University Press.

Poussou, J.-P. 1980. Les crises démographiques en milieu urbain: l'exemple de Bordeaux (fin XVIIe-fin XVIIIe siècle). *Annales, E.S.C.* 35:235–252.

Prall, S. E. 1972. *The Bloodless Revolution: England, 1688.* New York: Anchor Books.

Prest, W. 1972. *The Inns of Court under Elizabeth I and the Early Stuarts, 1590–1640.* London: Longman.

_______. 1986. *The Rise of the Barristers: A Social History of the English Bar.* Oxford: Clarendon Press.

Price, R. 1972. *The French Second Republic: A Social History.* Ithaca, NY: Cornell University Press.

_______. 1975a. Introduction. In *1848 in France,* edited by R. Price, 11–51. Ithaca, NY: Cornell University Press.

_______ , ed. 19756. *Revolution and Reaction: 1848 and the Second French Republic.* London: Croom Helm.

_______. 1981. *An Economic History of Modern France, 1730–1914.* London: Macmillan.

_______. 1983a. *The Modernization of Rural France.* New York: St. Martin's Press.

_______. 1983b. Poor Relief and Social Crisis in Mid-Nineteenth Century France. *European Studies Review* 13:423–454.

Prost, A. 1968. *Histoire de l'enseignement en France, 1800–1967.* Paris: Armand Colin.

Protho, I. 1979. *Artisans and Politics in Early Nineteenth Century London.* Folkestone, Kent: Harvester Press.

Prussia. Statistisches Bureau zu Berlin. 1849. *Tabellen und amtliche Nachrichten über den Preussischen Staat fur das Jahr 1849.* Berlin: Druck und Verlag.

Pyle, K. B. 1988. Meiji Conservatism. In *The Cambridge History of Japan,* vol. 5: *The Nineteenth Century,* edited by M. B. Jansen, 674–720. Cambridge: Cambridge University Press.

Pythian-Adams, C. 1978. Urban Decay in Late Medieval England. In *Towns in Societies: Essays in Economic History and Historical Sociology,* edited by P. Abrams and E. A. Wrigley, 159–186. Cambridge: Cambridge University Press.

_______. 1979. *Desolation of a City: Coventry and the Urban Crisis of the Late Middle Ages.* Cambridge: Cambridge University Press.

Qian, W-Y. 1985. *The Great Inertia: Scientific Stagnation in Traditional China.* London: Croom Helm.

Rabb, T. K. 1962. The Effect of the Thirty Years War on the German Economy. *Journal of Modern History* 34:40–51.

_______. 1975. *The Struggle for Stability in Early Modern Europe.* New York: Oxford University Press.

_______. 1981. Revisionism Revised: The Role of the Commons. *Past and Present,* no. 92, 55–78.

Ragin, C. C. 1987. *The Comparative Method: Moving beyond Qualitative and Quantitative Strategies.* Berkeley and Los Angeles: University of California Press.

Ramsey, P., ed. 1971. *The Price Revolution in Sixteenth Century England.* London: Methuen.

Rawski, E. S. 1972. *Agricultural Change and the Peasant Economy of South China.* Cambridge, MA: Harvard University Press.

Raymond, A. 1972. Les grandes épidémies de peste au Caïre aux XVIIe et XVIIIe siècles. *Bulletin d'Etudes Orientales* 25:203–210.

_______. 1981. The Economic Crisis of Egypt in the Eighteenth Century. In *The Islamic Middle East, 700–1900: Studies in Economic and Social History,* edited by A. L. Udovitch, 687–707. Princeton, NJ: Darwin Press.

Rebaudo, D. 1979. Le mouvement annuel de la population française rurale de 1670 à 1740. *Population* 34:589–606.

Reinhard, M., A. Armengaud, and J. Dupâquier. 1968. *Histoire générale de la population mondiale.* Paris: Editions Montchrestien.

Reischauer, E. 0., and J. K. Fairbank. 1960. *East Asia: The Great Tradition.* Boston: Houghton Mifflin.

Rejai, M., and K. Phillips. 1979. *Leaders of Revolution.* Beverly Hills, CA: Sage.

_______. 1983. *World Revolutionary Leaders.* New Brunswick, NJ: Rutgers University Press.

Richards, J. F., ed. 1983. *Precious Metals in the Late Medieval and Early Modern World.* Durham, NC: Carolina Academic Press.

Richardson, R. C. 1973. Puritanism and the Ecclesiastical Authorities in the Case of the Diocese of Chester. In *Politics, Religion, and the English Civil War,* edited by B. Manning, 3–36. New York: St. Martin's Press.

_______. 1977. *The Debate on the English Revolution.* London: Methuen.

Richet, D. 1970. Economic Growth and Its Setbacks in France from the Fifteenth to the Eighteenth Centuries. In *Essays in French Economic History,* edited by R. Cameron, 180–211. Homewood, IL: Richard D. Irwin.

Riley, J. 1984. Monetary Growth and Price Stability: France, 1650–1700. *Journal of Interdisciplinary History* 15:235–254.

_______. 1986. *The Seven Years' War and the Old Regime in France: The Economic and Financial Toll.* Princeton, NJ: Princeton University Press.

_______. 1987. French Finances, 1727–68. *Journal of Modern History* 59:209–243.

Riley, J., and J. McCusker. 1983. Money Supply, Economic Growth, and the Quantity Theory of Money: France, 1650–1788. *Explorations in Economic History* 20:274–293.

Ringrose, D. R. 1983. *Madrid and the Spanish Economy, 1560–1850.* Berkeley and Los Angeles: University of California Press.

Roberts, B. K. 1973. Field Systems of the West Midlands. In *Studies of Field Systems in the British Isles,* edited by A. Baker and R. Butlin, 188–231. Cambridge: Cambridge University Press.

Roberts, C. 1977a. The Earl of Bedford and the Coming of the English Revolution. *Journal of Modern History* 49:600–616.

_______. 1977b. The Constitutional Significance of the Financial Settlement of 1690. *Historical Journal* 20:59–76.

Roberts, J. M. 1978. *The French Revolution.* Oxford: Oxford University Press.

Roberts, M. 1973. *Sweden's Age of Greatness, 1632–1718.* New York: St. Martin's Press.

Robin, R. 1970. *La société française en 1789: Semur-en-Auxois.* Paris: Plon.

Roche, Daniel. 1979. Nouveaux Parisiens au XVIIIe siècle. *Cahiers d'Histoire* 24:3–20.

_______. 1987. Académie et politique au siècle des lumières: les enjeux practiques de l'immortalité. In *The French Revolution and the Creation of Modern Political Culture,* edited by K. M. Baker, 1:331–343. Oxford: Pergamon Press.

Roden, D. 1973. Field Systems of the Chiltern Hills and Their Environs. In *Studies of Field Systems in the British Isles,* edited by A. Baker and R. Butlin, 325–376. Cambridge: Cambridge University Press.

Roebuck, P. 1980. *Yorkshire Baronets, 1640–1760: Families, Estates, and Fortunes.* Oxford: Oxford University Press.

Roehl, R. 1976. French Industrialization: A Reconsideration. *Explorations in Economic History* 13:233–281.

Romano, R. 1978. Between the Sixteenth and Seventeenth Centuries. In *The General Crisis of the Seventeenth Century,* edited by G. Parker and L. Smith, 165–225. London: Routledge and Kegan Paul.

Ronan, C. A. and J. Needham. 1981. *The Shorter Science and Civilization in China.* 2 vols. Cambridge: Cambridge University Press.

Root, H. 1982. En Bourgogne: Pétat et la communauté rurale, 1661–1789. *Annales, E.S.C.* 37:288–302.

_______. 1985. Challenging the Seigneurie: Community and Contention on the Eve of the French Revolution. *Journal of Modern History* 57:652–681.

_______. 1987. *Peasants and King in Burgundy: Agrarian Foundations of French Absolutism.* Berkeley and Los Angeles: University of California Press.

Ropp, P. S. 1981. *Dissent in Early Modern China and Ch'ing Social Criticism.* Ann Arbor: University of Michigan Press.

Rosenbaud, L. N. 1985. Productivity and Labor Discipline in the Montgolfier Paper Mill, 1780–1805. *Journal of Economic History* 45:435–443. Rosenberg, H. 1958. *Bureaucracy, Aristocracy, and Autocracy: The Prussian Experience, 1660–1815.* Boston: Beacon Press.

Rosenberg, N. 1969. The Direction of Technological Change. *Economic Development and Cultural Change* 17:1–24.

_______. 1971. *The Economics of Technological Change.* Harmondsworth, Middlesex: Penguin.

_______. 1982. *Inside the Black Box: Technology and Economics.* Cambridge: Cambridge University Press.

Rosenheim, J. M. 1989. County Governance and Elite Withdrawal in Norfolk, 1660–1720. In *The First Modern Society: Essays in English History in Honour of Lawrence Stone,* edited by A. L. Beier, D. Cannadine, and J. M. Rosenheim, 95–125. Cambridge: Cambridge University Press.

Rossabi, M. 1979. Muslim and Central Asian Revolts. In *From Ming to Ch'ing: Conquest, Region, and Continuity in Seventeenth Century China,* edited by J. D. Spence and J. E. Wills, Jr., 167–200. New Haven: Yale University Press.

Rowe, W. T. 1985. Approaches to Modern Chinese Social History. In *Reliving the Past: The Worlds of Social History,* edited by O. Zunz, 236–296. Chapel Hill: University of North Carolina Press.

Rowley, T., ed. 1981. *The Origins of Open Field Agriculture.* London: Croom Helm.

Rowney, D. K. 1982. Structure, Class, and Career: The Problem of Bureaucracy and Society in Russia, 1801–1917. *Social Science History* 6:87–110.
Rozman, G., ed. 1981. *Modernization of China*. New York: Free Press.
_______. 1982. *Population and Marketing Settlements in Ch'ing China*. New York: Cambridge University Press.
_______. 1988. Social Change. In *The Cambridge History of Japan*, vol. 5: *The Nineteenth Century*, edited by M. B. Jansen, 499–568. Cambridge: Cambridge University Press.
Rubinger, R. 1986. Education: From One Room to One System. In *Japan in Transition: From Tokugawa to Meiji*, edited by M. B. Jansen and G. Rozman, 195–230. Princeton, NJ: Princeton University Press.
Rubinstein, W. D. 1983. The End of "Old Corruption," 1780–1860. *Past and Present*, no. 101, 55–86.
Rudé, G. 1964. *The Crowd in History: A Study of Popular Disturbances in France and England 1730–1848*. New York: Riley.
_______. 1971. The Preindustrial Crowd. In *Paris and London in the Eighteenth Century*, edited by G. Rudé, 17–34. New York: Viking Press.
_______. 1972. *Debate on Europe, 1815–1850*. New York: Harper and Row.
_______. 1973. The Growth of Cities and Popular Revolt, 1750–1850, with Particular Reference to Paris. In *French Government and Society: Essays in Memory of Alfred Cobban*, edited by J. F. Bosher, 166–190. London: Athlone Press.
_______. 1975. The Outbreak of the French Revolution. In *The Social Origins of the French Revolution*, edited by R. Greenlaw, 3–16. Lexington, MA: D.C. Heath.
_______. 1980. *Ideology and Popular Protest*. New York: Pantheon Books.
Rule, J., and C. Tilly. 1972. 1830 and the Unnatural History of Revolution. *Journal of Social Issues* 28:49–76.
_______. 1975. Political Process in Revolutionary France, 1830–32. In *1830 in France*, edited by J. Merriman, 41–85. New York: New Viewpoints.
Russell, C., ed. 1973. *The Origins of the English Civil War*. London: Macmillan.
_______. 1979. *Parliaments and English Politics*. Oxford: Clarendon Press.
_______. 1982. Monarchies, Wars, and Estates in England, France, and Spain, c. 1580–c. 1640. *Legislative Studies Quarterly* 7:205–220.
_______. 1987. The British Problem and the English Civil War. *History* 72:395–415.
_______. 1988. The British Background to the Irish Rebellion of 1641. *Historical Research* 61:166–182.
Ruttan, V. 1978. Structural Retardation and the Modernization of French Agriculture: A Skeptical View. *Journal of Economic History* 38:714–728.
Sagarra, E. 1980. *An Introduction to Nineteenth Century Germany*. London: Longman.
Sahillio_lu, H. 1983. The Role of International Monetary and Metal Movements in Ottoman Monetary History, 1300–1750. In *Precious Metals in the Later Medieval and Early Modern World*, edited by J. F. Richards, 269–304. Durham, NC: Carolina Academic Press.
Saint-Jacob, P. 1960. *Les paysans de la Bourgogne du nord au dernier siècle de l'ancien régime*. Paris: Société des Belles Lettres.
Saito, O. 1986. The Rural Economy: Commercial Agriculture, By-Employment, and Wage-Work. In *Japan in Transition: From Tokugawa to Meiji*, edited by M. B. Jansen and G. Rozman, 400–420. Princeton, NJ: Princeton University Press.

Sakai, T. 1970. Confucianism and Popular Educational Works. In *Self and Society in Ming Thought,* edited by W. T. deBary, 331–366. New York: Columbia University Press.
Salmon, J. H. M. 1981. Storm over the Noblesse. *Journal of Modern History* 53:242–255.
Sayer, D. 1985. This Scepter'd Isle: State Formation and the Making of the English Ruling Class: An Argument. Glasgow University. Typescript.
Scarritt, J. Forthcoming. Zimbabwe: Revolutionary Violence Resulting in Reform. In *Revolutions of the Late 20th Century,* edited by J. A. Goldstone, T. R. Gurr, and F. Moshiri. Boulder, CO: Westview Press.
Schalk, E. 1976. The Appearance and Reality of Nobility in France during the Wars of Religion: An Example of How Collective Attitudes Can Change. *Journal of Modern History* 48:19–31.
_______. 1982. Ennoblement in France from 1350 to 1660. *Journal of Social History* 16:101–110.
Schama, S. 1989. *Citizens: A Chronicle of the French Revolution.* New York: Knopf.
Scheaper, T. 1980. *The Economy of France in the Second Half of the Reign of Louis XIV.* Montreal: Interuniversity Center for European Studies.
Schelling, T. C. 1960. *The Strategy of Conflict.* London: Oxford University Press.
Schmookler, J. 1971. Economic Sources of Inventive Activity. In *The Economics of Technological Change,* edited by N. Rosenberg, 117–136. Harmondsworth, Middlesex: Penguin.
Schofield, R. S. 1964. King, Parliament, and Society under the Tudors: The Question of Taxation. Cambridge University. Typescript.
_______. 1976. The Relationship between Demographic Structure and Environment in Pre-industrial Western Europe. In *Sozialgeschichte der Familie in der Neuzeit Europas,* edited by W. Conze, 147–160. Stuttgart: Ernst Klett.
_______. 1988. Taxation and the Political Limits of the Tudor State. In *Law and Government under the Stuarts,* edited by C. Cross, D. Loads, and J. J. Scarisbrick, 227–256. Cambridge: Cambridge University Press.
Schumpeter, J. A. 1934. *The Theory of Economic Development.* Oxford: Oxford University Press.
_______. 1939. *Business Cycles.* 2 vols. New York: McGraw-Hill.
Schwartz, B. 1959. Foreword. In C. C. Liang, *Intellectual Trends in the Ch'ing Period,* translated by I. C. Y. Hsu. Cambridge, MA: Harvard University Press.
Schwartz, L. D. 1985. The Standard of Living in the Long Run: London, 17001860. *Economic History Review,* 2d ser., 38:24–41.
Schwartz, R. M. 1988. *Policing the Poor in Eighteenth Century France.* Chapel Hill: University of North Carolina Press.
Schwartz, S. 2011. "Youth and the 'Arab Spring.'" U.S. Institute of Peace on-line: http://www.usip.org/publications/youth-and-the-arab-spring
Schwarz, M. L. 1982. Lay Anglicanism and the Crisis of the English Church in the Early Seventeenth Century. *Albion* 14:1–19.
Schwoerer, L. G. 1981. *The Declaration of Rights, 1689.* Baltimore, MD: Johns Hopkins University Press.
Sciubba, J. D. 2011a. *The Future Faces of War: Population and National Security.* Praeger Security International/ABCCLIO.
_______. 2011b. "A New Framework for Aging and Security: Lessons from Power

Transition Theory," in *Political Demography,* edited by J. A. Goldstone, E. P. Kaufmann and M. D. Toft. New York: Oxford University Press, pp. 63-77.

Scott, J. C. 1976. *The Moral Economy of the Peasant.* New Haven: Yale University Press.

_______. 1985. *Weapons of the Weak.* New Haven: Yale University Press.

Scott, S. 1978. *The Response of the Royal Army to the French Revolution: The Role and Development of the Line Army, 1787–1793.* Oxford: Oxford University Press.

Sée, H. 1958. The Peasants and Agriculture. In *The Economic Origins of the French Revolution,* edited by R. W. Greenlaw, 49–58. Boston: D.C. Heath. Sen, A. K. 1981 *Poverty and Famines: An Essay on Entitlement and Deprivation.* Oxford: Oxford University Press.

Selbin, E. 1993. *Modern Latin American Revolutions.* Boulder, CO: Westview.

_______. 2010. *Revolution, Rebellion, Resistance: The Power of Story.* London: Zed.

Sewell, W., Jr. 1980. *Work and Revolution in France: The Language of Labor from the Old Regime to 1848.* Cambridge: Cambridge University Press.

_______. 1985a. *Structure and Mobility: The Men and Women of Marseilles, 1820–1870.* Cambridge: Cambridge University Press.

_______.1985b. Ideologies and Social Revolutions: Reflections on the French Case. *Journal of Modern History* 57:57–85.

Shaffer, J. W. 1982. *Family and Farm: Agrarian Change and Household Organization in the Loire Valley, 1500–1900.* Albany: SUNY Press.

Shang, J. 1981–1982. The Process of Economic Recovery, Stabilization, and Its Accomplishments in the Early Ch'ing. *Chinese Studies in History* 15:19–62.

Shapiro, G., and P. Dawson. 1972. Social Mobility and Political Radicalism: The Case of the French Revolution of 1789. In *The Dimensions of Quantitative Research in History,* edited by W. O. Aydelotte, A. G. Bogue, and R. W. Fogel, 159–191. Princeton, NJ: Princeton University Press.

Sharp, B. 1980. *In Contempt of All Authority: Rural Artisans and Riot in the West of England, 1586–1660.* Berkeley and Los Angeles: University of California Press.

Sharpe, J. A. 1982. *Crime in Seventeenth Century England: A County Study.* New York: Cambridge University Press.

Sharpe, K. 1978a. Parliamentary History, 1603–1629: In or Out of Perspective? In *Faction and Parliament: Essays on Early Stuart History,* edited by K. Sharpe, 1–42. Oxford: Clarendon Press.

_______, ed. 1978b. *Faction and Parliament: Essays on Early Stuart History.* Oxford: Clarendon Press.

Shaw, S. J. 1975. The Nineteenth Century Ottoman Tax Reforms and Revenue System. *International Journal of Middle East Studies* 6:421–459.

_______. 1976. *History of the Ottoman Empire and Modern Turkey,* vol. 1: *Empire of the Gazis: The Rise and Decline of the Ottoman Empire 1280–1808.* Cambridge: Cambridge University Press.

Sheldon, C. D. 1958. *The Rise of the Merchant Class in Tokugawa Japan, 1600–1868.* Locust Valley, NY: J. J. Augustin.

Shiba, Y. 1977. Ningpo and Its Hinterland. In *The City in Late Imperial China,* edited by G. W. Skinner, 391–439. Stanford: Stanford University Press.

Shulim, J. 1981. The Continuing Controversy over the Etiology and Nature of the French Revolution. *Canadian Journal of History* 16:357–378.

Sigmann, J. 1973. *Eighteen Forty Eight: The Romantic and Democratic Revolution in Europe.* Translated by L. F. Edwards. London: Allen and Unwin.

Simiand, F. 1932. *Les fluctuations économiques a longue période et la crise mondiale.* Paris: Félix Alcan.

Simon, J. 1986. *Theory of Population and Economic Growth.* Oxford: Basil Blackwell.

Siraut, M. 1981. Physical Mobility in Elizabethan Cambridge. *Local Population Studies,* no. 27,65–70.

Skinner, G. W. 1985. The Structure of Chinese History. *Journal of Asian Studies* 44:271–292.

_______. 1987. Sichuan's Population in the Nineteenth Century: Lessons from Disaggregated Data. *Late Imperial China* 8:1–79.

_______. 1988. Reproductive Strategies, the Domestic Cycle, and Fertility among Japanese Villagers, 1717–1869. Paper presented at the Rockefeller Foundation Workshop on Women's Status in Relation to Fertility and Mortality, Bellagio, Italy.

Skipp, V. 1978. *Crisis and Development: An Ecological Case Study of the Forest of Arden, 1570–1674.* Cambridge: Cambridge University Press.

_______. 1981. The Evolution of Settlement and Open Field Topography in North Arden down to 1300. In *The Origins of Open Field Agriculture,* edited by T. Rowley, 163–183. London: Groom Helm.

Skocpol, T. 1979. *States and Social Revolutions.* Cambridge: Cambridge University Press.

_______ , ed. 1984. *Vision and Method in Historical Sociology.* Cambridge: Cambridge University Press.

_______. 1985. Cultural Idioms and Political Ideologies in the Revolutionary Reconstruction of State Power: A Rejoinder to Sewell. *Journal of Modern History* 57:86–96.

_______. 1986. Comments on Culture and Ideology in Revolutions. Lecture at Emory University, Atlanta, GA.

Slack, P. A. 1974. Vagrants and Vagrancy in England, 1598–1664. *Economic History Review,* 2d ser., 27:360–379.

Slicher van Bath, B. H. 1960. The Rise of Intensive Husbandry in the Low Countries. In *Britain and the Netherlands,* edited by J. S. Bromley and E. H. Kossman, 130–153. London: Chatto and Windus.

_______. 1963. *The Agrarian History of Western Europe, 500–1850.* New York: St. Martin's Press.

Smelser, N.J. 1963. *Theory of Collective Behavior.* New York: Free Press. Smith, A. 1937 [1776]. An Inquiry into the Nature and Causes of the Wealth of Nations. Edited by E. Cannan. New York: Modern Library.

Smith, A. G. R. 1984. *The Emergence of a Nation-State: The Commonwealth of England, 1529–1660.* London: Longman.

Smith, A. H. 1974. *County and Court: Government and Politics in Norfolk, 1558–1603.* Oxford: Clarendon Press.

Smith, R. J. 1990. Ritual in Ch'ing China. In *Orthodoxy in Late Imperial China,* edited by K. C. Liu, 281–310. Berkeley and Los Angeles: University of California Press.

Smith, R. M., ed. 1984a. *Land, Kinship, and the Life-cycle.* Cambridge: Cambridge University Press.

_______. 1984b. Families and Their Property in Rural England, 1250–1800. In *Land,*

Kinship, and the Life-Cycle, edited by R. M. Smith, 1–87. Cambridge: Cambridge University Press.

Smith, S. 1973. The London Apprentices as Seventeenth Century Adolescents. *Past and Present,* no. 61, 149–161.

_______. 1979. Almost Revolutionaries: The London Apprentices during the Civil Wars. *Huntington Library Quarterly* 42:313–328.

Smith, T. C. 1973. Pre-modern Economic Growth: Japan and the West. *Past and Present,* no. 60, 127–160.

_______. 1977. *Nakahara: Family, Farming, and Population in a Japanese Village, 1717–1830.* Stanford: Stanford University Press.

Smuts, R. M. 1989. Public Ceremony and Royal Charisma: the English Royal Entry in London, 1485–1642. In *The First Modern Society: Essays in English History in Honour of Lawrence Stone,* edited by A. L. Beier, D. Cannadine, and J. M. Rosenheim, 64–97. Cambridge: Cambridge University Press.

Snell, K. 1985. *Annals of the Laboring Poor: Social Change and Agrarian England, 1660–1900.* Cambridge: Cambridge University Press.

Snyder, R. S. 1999. "The End of Revolution?" *The Review of Politics* 61(1): 5-28.

Soboul, A. 1975. *The French Revolution, 1789–1799: From the Storming of the Bastille to Napoleon.* Translated by A. Forrest and C. Jones. New York: Vintage Books.

_______. 1976. Georges Lefebvre et l'histoire agraire de la révolution. In *Problèmes paysans de la révolution (1789–1848),* edited by A. Soboul, 431–440. Paris: F. Maspero.

_______. 1977a. *A Short History of the French Revolution, 1789–1799.* Translated by G. Symcox. Berkeley and Los Angeles: University of California Press.

_______. 1977b. Persistence of "Feudalism" in the Rural Society of Nineteenth Century France. In *Rural Society in France: Selections from the Annales,* edited by R. Forster and O. Ranum, translated by E. Forster and P. M. Ranum, 50–71. Baltimore, MD: Johns Hopkins University Press.

_______. 1982. Les philosopher, l'ancien régime, et la révolution. *Canadian Journal of History* 17:409–424.

Sociéte de Démographie Historique. 1984. *La France d'ancien régime: études réunies en l'honneur de Pierre Goubert.* 2 vols. Paris: Editions Privat. Solow, R. 1971. Technical Change and the Aggregate Production Function. In *The Economics of Technological Change,* edited by N. Rosenberg, 117–136. Harmondsworth, Middlesex: Penguin.

Soltow, L. 1981. The Distribution of Property Values in England and Wales in 1798. *Economic History Review,* 2d ser., 34:60–70.

Somerville, J. P. 1986. *Politics and Ideology in England, 1603–1640.* London: Longman.

Sonenscher, M. 1985. Les sans-culottes de l'an 2: repenser le langage du travail dans la France révolutionnaire. *Annales, E.S.C.* 40:1087–1108.

Speck, W. A. 1977. *Stability and Strife: England, 1714–1760.* Cambridge, MA: Harvard University Press.

Spence, J. D. 1966. *Ts'ao Yin and the K'ang-hsi Emperor: Bondservant and Master. New Haven:* Yale University Press.

Spence, J. D., and J. E. Wills, Jr. 1979. *From Ming to Ch'ing: Conquest, Region, and Continuity in Seventeenth Century China.* New Haven: Yale University Press.

Spiridonakis, B. G. 1977. *Essays on the Historical Geography of the Greek World in the Balkans during the Turkokratia.* Thessaloniki, Greece: Institute for Balkan Studies.

Spitzer, A. B. 1987. *The French Generation of 1820.* Princeton, NJ: Princeton University Press.

Spufford, M. 1974. *Contrasting Communities: English Villagers in the Sixteenth and Seventeenth Centuries.* Cambridge: Cambridge University Press.

_______. 1976. Peasant Inheritance Customs and Land Distribution in Cambridgeshire from the Sixteenth to the Eighteenth Centuries. In *Family and Inheritance,* edited by J. Goody, J. Thirsk, and E. P. Thompson, 156–176. Cambridge: Cambridge University Press.

Stadelmann, R. 1975. *Social and Political History of the German 1848 Revolution.* Translated by J. G. Chastain. Athens: Ohio State University Press.

Starr, P. 1982. *The Social Transformation of American Medicine.* New York: Basic Books.

Stearns, P. 1974. *1848: The Revolutionary Tide in Europe.* New York: Norton.

Steensgaard, N. 1973. *The Asian Trade Revolution of the Seventeenth Century.* Chicago: University of Chicago Press.

Stevenson, D. 1973. *The Scottish Revolution, 1637–1644.* Newton Abbot, Devon: David and Charles.

Stewart-McDougall, M. L. 1984. *The Artisan Republic: Revolution, Reaction, and Resistance in Lyon, 1848–51.* Montreal: McGill-Queen's University Press.

Stinchcombe, A. 1978. *Theoretical Methods in Social History.* New York: Academic Press.

Stoianovich, T. 1953. Land Tenure and Related Sections of the Balkan Economy, 1600–1800. *Journal of Economic History* 13:398–411.

Stone, B. 1981. *The Parlement of Paris, 1774–1789.* Chapel Hill: University of North Carolina Press.

_______. 1986. *The French Parlements and the Crisis of the Old Regime.* Chapel Hill: University of North Carolina Press.

_______. 2014. *The Anatomy of Revolution Revisited: A Comparative Analysis of England, France and Russia.* Cambridge: Cambridge University Press.

Stone, L. 1965. *The Crisis of the Aristocracy, 1558–1641.* Oxford: Oxford University Press.

_______. 1972. *The Causes of the English Revolution, 1529–1642.* New York: Harper and Row.

_______. 1974. The Size and Composition of the Oxford Student Body, 1580–1909. In *The University in Society,* vol. 1: *Oxford and Cambridge from the Fourteenth to the Early Eighteenth Centuries,* edited by L. Stone, 3–110. Princeton, NJ: Princeton University Press.

_______. 1976. Social Mobility in England, 1500–1700. In *Seventeenth Century England,* edited by P. Seaver, 25–70. New York: New Viewpoints.

_______. 1980. The Results of the English Revolutions of the Seventeenth Century. In *Three British Revolutions: 1641, 1688, 1776,* edited by J. G. A. Pocock, 23–108. Princeton, NJ: Princeton University Press.

_______. 1984. The New Eighteenth Century. *New York Review of Books* 31:42–48.

Stone, L., and J. C. F. Stone. 1984. *An Open Elite? England, 1540–1880.* Oxford: Clarendon Press.

Stone, R. 1987. *Some Seventeenth Century Econometrics: Consumers' Behaviour.* Cahiers du Département d'Econométrie, no. 87.08. University of Geneva.

Stradling, R. A. 1981. *Europe and the Decline of Spain.* London: Allen and Unwin.

Straka, G. M., ed. 1973. *The Revolution of 1688 and the Birth of the English Political Nation.* 2d ed. Lexington, MA: D.C. Heath.

Struve, L. 1982. The Hsu Brothers and Semi-official Patronage of Scholars in the K'ang-hsi Period. *Harvard Journal of Asiatic Studies* 42:231–266.

_______. 1984. *The Southern Ming, 1644–1662.* New Haven: Yale University Press.

Styles, P. 1978. *Studies in Seventeenth Century West Midlands History.* Kineton, Warwickshire: Roundwood Press.

Sugar, P. F. 1977. *Southeastern Europe under Ottoman Rule, 1354–1804.* Seattle: University of Washington Press.

Sullivan, R. J. 1984. Measurement of English Farming Technological Change, 1523–1900. *Explorations in Economic History* 21:270–289.

Sun, E-T. Z. 1972. Sericulture and Silk Textile Production in Ch'ing China. In *Economic Organization in Chinese Society,* edited by W. E. Willmott, 79108. Stanford: Stanford University Press.

Supple, B. 1959. *Commercial Crisis and Change in England, 1600–1642.* Cambridge: Cambridge University Press.

Sussman, G. D. 1977. The Glut of Doctors in Mid-Nineteenth Century France. *Comparative Studies in Society and History* 19:287–304.

Sutherland, D. 1982. *The Chouans: The Social Origins of Popular Counter-revolution in Upper Brittany, 1770–1796.* Oxford: Clarendon Press.

_______. 1986. *France, 1789–1815: Revolution and Counter-revolution.* New York: Oxford University Press.

Swidler, A. 1986. Culture in Action: Symbols and Strategies. *American Sociological Review* 51:273–286.

Szászdi, A. 1981. Preliminary Estimates of Gold and Silver Production in America, 1501–1610. In *Precious Metals in the Age of Expansion: Papers of the XIVth International Congress of the Historical Sciences,* edited by H. Kellenbenz, 151–223. Stuttgart: Klett-Cotta.

Tackett, T. 1977. *Priest and Parish in Eighteenth Century France: A Social and Political Study of the Curés in a Diocese of Dauphine, 1750–1791.* Princeton, NJ: Princeton University Press.

_______. 1982. The West in France in 1789: The Religious Factor in the Origins of the Counter-revolution. *Journal of Modern History* 54:715–745.

_______. 1984. Les revenues des curés a la fin de l'ancien régime: équisse d'une géographie. In *La France d'ancien régime: études réunies en l'honneur de Pierre Goubert,* edited by the Société de Demographie Historique, 2:665–671. Paris: Editions Privat.

_______. 1989. Nobles and Third Estate in the Revolutionary Dynamic of the National Assembly, 1789–1790. *American Historical Review* 94:271–301.

Taeuber, I. B. 1948. Population and Political Instabilities in Underdeveloped Areas. In *Population and World Politics,* edited by P. Hauser, 237–259. Glencoe, IL: Free Press.

_______. 1958. *The Population of Japan.* Princeton, NJ: Princeton University Press.

Takekoshi, Y. 1930. *The Economic Aspects of the History of the Civilization of Japan.* 3 vols. London: Allen and Unwin.

Tanaka, M. 1984. Popular Uprisings, Rent Resistance, and Bondservant Rebellions in the Late Ming. In *State and Society in China: Japanese Perspectives on Ming-Qing Social and Economic History,* edited by L. Grove and C. Daniels, 165–214. Tokyo: University of Tokyo Press.

Tang, A. M. 1979. China's Agricultural Legacy. *Economic Development and Cultural Change* 28:1–22.

Taniguchi, K. 1980. Peasant Rebellions in the Late Ming. *Acta Asiatica* 38:54–68.

Tardanico, R. 1985. State Dependency and Nationalism: Revolutionary Mexico, 1924–28. *Comparative Studies in Society and History* 24:400–423.

Tawney, R. H. 1941. The Rise of the Gentry, 1558–1640. *Economic History Review* 11:1–38.

Taylor, A. J. P. 1959. 1848: The Year of German Liberalism. In *1848: A Turning Point?* edited by M. Kranzberg, 24–39. Boston: D.C. Heath.

_______. 1980. *Revolutions and Revolutionaries.* London: Hamish Hamilton.

Taylor, G. V. 1962. The Paris Bourse on the Eve of the Revolution, 1781–89. *American Historical Review* 67:956–977.

_______. 1964. Types of Capitalism in Eighteenth Century France. *English Historical Review* 79:478–497.

_______. 1972a. Revolutionary and Nonrevolutionary Content in the Cahiers of 1789: An Interim Report. *French Historical Studies* 7:479–502.

_______. 1972b. Noncapitalist Wealth and the Origins of the French Revolution. *American Historical Review* 72:469–496.

Taylor, M., ed. 1988. *Rationality and Revolution.* Cambridge: Cambridge University Press.

Taylor, R. 1990. Official and Popular Religion and the Political Organization of Chinese Society in the Ming. In *Orthodoxy in Late Imperial China,* edited by K, C. Liu, 126–157. Berkeley and Los Angeles: University of California Press.

Telford, T. A. N.d.a. Marital Fertility in the Ming-Qing Transition: Tongcheng County, 1520–1661. California Institute of Technology. Typescript.

_______. N.d.b. Fertility and Population Growth in the Lineages of Tongcheng County, 1520–1661. California Institute of Technology. Typescript.

Temple, N. 1975. The Control and Exploitation of French Towns during the Ancien Régime. In *State and Society in Seventeenth Century France,* edited by R. F. Kierstead, 67–93. New York: New Viewpoints.

Tepaske, J. J. 1983. New World Silver, Castile, and the Philippines, 1590–1800. In *Precious Metals in the Later Medieval and Early Modern World,* edited by J. F. Richards, 425–445. Durham, NC: Carolina Academic Press.

Thirsk, J. 1961. Industries in the Countryside. In *Essays in the Economic and Social History of Tudor and Stuart England,* edited by F. J. Fisher, 70–88. Cambridge: Cambridge University Press.

_______. 1967a. Enclosing and Engrossing. In *The Agrarian History of England and Wales,* vol. 4: *1500–1640,* edited by J. Thirsk, 205–255. Cambridge: Cambridge University Press.

_______ , ed. 1967b. *The Agrarian History of England and Wales,* vol. 4: *1500–1640.* Cambridge: Cambridge University Press.

_______. 1976. Seventeenth Century Agricultural Change. In *Seventeenth Century England: Society in an Age of Revolution,* edited by P. Seaver, 71–110. New York: New Viewpoints.

_______, ed. 1984. *The Agrarian History of England and Wales,* vol. 5, pt. 1: *1640–1750—Regional Farming Systems.* Cambridge: Cambridge University Press.

_______, ed. 1985. *The Agrarian History of England and Wales*, vol. 5, pt. 2: *1640–1750-Agrarian Change*. Cambridge: Cambridge University Press.

Thirsk, J., and J. P. Cooper, eds. 1972. *Seventeenth Century Economic Documents*. Oxford: Clarendon Press.

Tholfson, T. R. 1984. *Ideology and Revolution in Modern Europe: An Essay on the Role of Ideas in History*. New York: Columbia University Press.

Thomas, B. 1985a. Escaping from Constraints: The Industrial Revolution in a Malthusian Context. *Journal of Interdisciplinary History* 15:729–753.

_______. 1985b. Food Supply in the United Kingdom during the Industrial Revolution. In *The Economics of the Industrial Revolution*, edited by J. Mokyr, 137–150. Totowa, NJ: Rowman and Allanheld.

Thomas, D. 1983. Financial and Administrative Developments. In *Before the English Civil War: Essays on Early Stuart Politics*, edited by H. Tomlinson, 103–122. New York: St. Martin's Press.

Thompson, E. P. 1963. *The Making of the English Working Class*. New York: Pantheon Books.

Thompson, I. A. A. 1979. The Purchase of Nobility in Castile. *Journal of European Economic History* 8:313–360.

Tilly, C. 1967. *The Vendée*. New York: John Wiley.

_______. 1972. How Protest Modernized in France. In *The Dimensions of Quantitative Research in History*, edited by W. Aydelotte, A. Bogue, and R. Fogel, 192–253. Princeton, NJ: Princeton University Press.

_______, ed. 1975. *The Formation of National States in Western Europe*. Princeton, NJ: Princeton University Press.

_______. 1976. Does Modernization Breed Revolution? *Comparative Politics* 5:425–447.

_______. 1978. *From Mobilization to Revolution*. Reading, MA: Addison-Wesley.

_______. 1981. *As Sociology Meets History*. New York: Academic Press.

_______. 1984a. *Big Structures, Large Processes, and Huge Comparisons*. New York: Russell Sage.

_______. 1984b. Democratic Origins of the European Proletariat. In *Proletarianization and Family History*, edited by D. Levine. 1–85. New York: Academic Press.

_______. 1985. Retrieving European Lives. In *Reliving the Past: The Worlds of Social History*, edited by O. Zunz, 11–52. Chapel Hill: University of North Carolina Press.

_______. 1986. *The Contentious French*. Cambridge, MA: Harvard University Press, Belknap Press.

Tilly, C., and L. H. Lees. 1975. The People of June 1848. In *Revolution and Reaction: 1848 and the Second French Republic*, edited by R. Price, 170–207. London: Groom Helm.

Tilly, C., L. Tilly, and R. Tilly. 1975. *The Rebellious Century, 1830–1930*. Cambridge, MA: Harvard University Press.

Tilly, L. 1971. The Food Riot as a Form of Political Conflict in France. *Journal of Interdisciplinary History* 2:23–57.

Tocqueville, A. de. 1955 [1856]. *The Old Regime and the French Revolution*. Translated by S. Gilbert. New York: Doubleday.

_______. 1970 [1893]. *Recollections*. Translated by G. Lawrence. London: MacDonald.

Tomlinson, H., ed. 1983. *Before the English Civil War: Essays on Early Stuart Politics and Government*. New York: St. Martin's Press.

Tong, J. W. 1985. Collective Violence in a Pre-modern Society: Rebellion and Banditry in the Ming Dynasty (1368–1644). Ph.D. diss., University of Michigan.

Totman, C. 1980. *The Collapse of the Tokugawa Bakufu, 1862–1868.* Honolulu: University of Hawaii Press.

_______. 1985. *The Origins of Japan's Modern Forests: The Case of Akita.* Honolulu: University of Hawaii Press.

Toutain, J. C. 1961. *La produit de l'agriculture française de 1700 à 1958.* Paris.

_______. 1963. *La population de la France de 1700 à 1959.* Paris: ISEA.

Traugott, M. 1983. The Mid-Nineteenth Century Crisis in France and England. *Theory and Society* 12:455–468.

_______. 1985. *Armies of the Poor: Determinants of Working Class Participation in the Parisian Insurrection of 1848.* Princeton, NJ: Princeton University Press.

Trevelyan, G. M. 1953. *History of England.* Garden City, NY: Doubleday/Anchor.

Trevor-Roper, H. R. 1953. *The Gentry, 1540–1640.* Cambridge: Cambridge University Press.

_______. 1965. The General Crisis of the Seventeenth Century. In *Crisis in Europe, 1560–1660,* edited by T. Aston, 57–96. New York: Basic Books.

Trimberger, E. K. 1978. *Revolution from Above.* New Brunswick, NJ: Transaction Books.

Trotsky, L. 1932. *History of the Russian Revolution.* Translated by M. Eastman. New York: Simon and Schuster.

Tsurumi, N. 1984. Rural Control in the Ming Dynasty. In *State and Society in China: Japanese Perspectives on Ming-Qing Social and Economic History,* edited by L. Grove and C. Daniels, 245–277. Tokyo: University of Tokyo Press.

Tunzelman, G. N. von. 1985. The Standard of Living Debate and Optimal Economic Growth. In *The Economics of the Industrial Revolution,* edited by J. Mokyr, 207–226. Totowa, NJ: Rowman and Allanheld.

Turchin, P. 2003. *Historical Dynamics: Why States Rise and Fall.* Princeton, NJ: Princeton University Press.

_______. 2016. *Ages of Discord*: **A Structural-Demographic Analysis of American History**. Storrs, CT: Beresta Books

Turchin, P. and S. A. Nefedov. 2009. *Secular Cycles.* Princeton, NJ: Princeton University Press.

Turner, D. 1978. A Lost Seventeenth Century Demographic Crisis? The Evidence of Two Contexts. *Local Population Studies* 21:11–18.

Turner, M. 1976. Parliamentary Enclosure and Population Change in England, 1750–1830. *Explorations in Economic History* 13:463–468.

_______. 1980. *English Parliamentary Enclosure: Its Historical Geography and Economic History.* Folkestone, Kent: William Dawson.

_______. 1982. Agricultural Productivity in England in the Eighteenth Century: Evidence from Crop Yields. *Economic History Review,* 2d ser., 35:489510.

_______. 1983. Sitting on the Fence of Parliamentary Enclosure: A Regressive Social Tax with Problematic Efficiency Gains. Paper presented at the Economic History Society Conference, Canterbury, United Kingdom.

_______. 1984. *Enclosure in Britain, 1750–1830.* London: Macmillan.

Turner, R. S. 1980. The *Bildungsbürgertum* and the Learned Professions in Prussia, 1770–1830: The Origins of a Class. *Histoire Sociale* 13:105–136.

Tusser, T. 1573. *Five Hundred Pointes of Good Husbandrie.* London: Company of Stationers.

Twitchett, D., and J. K. Fairbank. 1978. *The Cambridge History of China.* 14 vols. Cambridge: Cambridge University Press.

Udovitch, A. L., ed. 1981. *The Islamic Middle East, 700–1900: Studies in Economic and Social History.* Princeton, NJ: Darwin Press.

Underdown, D. 1973. *Somerset in the Civil War and Interregnum.* Newton Abbot, Devon: David and Charles.

_______. 1981. The Problem of Popular Allegiance in the English Civil War. *Transactions of the Royal Historical Society,* 5th ser., 31:69–94.

_______. 1985. *Pride's Purge: Politics in the Puritan Revolution.* London: Allen and Unwin.

_______. 1987. *Revel, Riot, and Rebellion.* Oxford: Oxford University Press.

United Nations Population Division. 2015. *World Population Prospects: The 2015 Revision.* On-line data base: https://esa.un.org/unpd/wpp/DataQuery/

Urdal, H. 2006. "A Clash of Generations? Youth Bulges and Political Violence." *International Studies Quarterly* 50:607-29.

_______. 2011. "Youth Bulges and Violence," in *Political Demography,* edited by J. A. Goldstone, E. P. Kaufmann and M. D. Toft. New York: Oxford University Press, pp. 117-132.

U.S. Bureau of the Census. 1964. *Statistical Abstract of the United States.* 84th ed. Washington, DC: U.S. Government Printing Office.

_______. 1989a. *Statistical Abstract of the United States.* 109th ed. Washington, DC: U.S. Government Printing Office.

_______. 1989b. *Projections of the Population of the United States by Age, Sex, and Race: 1988 to 2080.* By G. Spencer. Current Population Reports, Population Estimates, and Projections, Series P–25, no. 1018. Washington, DC: U.S. Government Printing Office.

U.S. Bureau of Labor Statistics. 2016. "The Employment Situation—September 2016." USDL-16-1961. http://www.bls.gov/news.release/pdf/empsit.pdf

U.S. Department of Health and Human Services. Social Security Administration. 1990. *Social Security Bulletin* 53, no 1. Washington DC: U.S. Government Printing Office.

U.S. Office of Management and Budget. 2013. *Fiscal Year 2013. Historical Tables. Budget of the U.S. Government.* Washington, D.C.: U.S. Government Printing Office.

U.S. Social Security Administration. 2016. "Monthly Statistical Snapshot, September 2016." https://www.ssa.gov/policy/docs/quickfacts/stat_snapshot/

U.S. Department of Labor. Bureau of Labor Statistics. 1990. *Employment and Earnings, February 1990.* Washington, DC: U.S. Government Printing Office.

van Creveld, M. 1989. *Technology and War: From 2000 B.C. to the Present.* New York: Free Press.

van der Sprenkel, O. B. The Geographical Background of the Ming Civil Service. *Journal of the Economic and Social History of the Orient* 55:302–336.

van der Wee, H. 1977. Monetary, Credit and Banking Systems. In *The Cambridge Economic History of Europe,* vol. 5: *The Economic Organization of Modern Europe,* edited by E. Rich and C. Wilson, 290–393. Cambridge: Cambridge University Press.

van Dillen, J. G. 1974. Economic Fluctuations and Trade in the Netherlands, 1650–1750.

In *Essays in European Economic History, 1500–1800,* edited by P. Earle, 199–212. Oxford: Clarendon Press.

van Donzel, E., B. Lewis, and C. Pellat, eds. 1973. *The Encyclopaedia of Islam.* Leiden: E. J. Brill.

van Houtte, J., and L. van Buyten. 1977. The Low Countries. In *An Introduction to the Sources of European Economic History,* edited by C. Wilson and G. Parker, 81–114. Ithaca, NY: Cornell University Press.

van Kley, D. 1975. *The Jansenists and the Expulsion of the Jesuits from France, 1757–65.* New Haven: Yale University Press.

_______. 1984a. Christianity, Christian Interpretation, and the Origins of the French Revolution. In *History and Historical Understanding,* edited by C. T. McIntire and R. A. Wells, 103–123. Grand Rapids, MI: William Eerdmans.

_______. 1984b. *The Damien's Affair and the Unraveling of the Ancient Regime, 1750–1770.* Princeton, NJ: Princeton University Press.

Verlinden, C., J. Craegbeckx, and E. Scholliers. 1972. Price and Wage Movements in Belgium in the Sixteenth Century. In *Economy and Society in Early Modern Europe: Essays from Annales,* edited by P. Burke, 55–84. London: Routledge and Kegan Paul.

Vicens Vives, J. 1969. *An Economic History of Spain.* Translated by F. M. López-Morilla. Princeton, NJ: Princeton University Press.

Vidalenc, J. 1970. *La société française de 1815 à 1848.* Paris: Rivière.

Vilar, P. 1976. *A History of Gold and Money, 1450–1920.* Translated by J. White. London: NLB.

Vlastos, S. 1986. *Peasant Protests and Uprisings in Tokugawa Japan.* Berkeley and Los Angeles: University of California Press.

Vogel, H. U. 1987. Chinese Central Monetary Policy, 1644–1800. *Late Imperial China* 8:1–52.

von Greyerz, K., ed. 1984. *Religion and Society in Early Modern Europe, 1500–1800.* Boston: Allen and Unwin.

Vovelle, M. 1977. Le tournant des mentalités en France, 1750–1789. *Social History* 5:605–629.

_______. 1978. La sensibilité pre-révolutionnaire. In *Vom Ancien Régime zur Franzosischen Revolution,* edited by E. Hinrichs, E. Schmitt, and R. Vierhaus, 516–538. Göttingen: Vandenhoeck and Rupert.

_______. 1980. *Ville et campagne au 18e siècle.* Paris: Editions Sociales.

_______. 1984. *The Fall of the French Monarchy, 1787–1792.* Translated by S. Burke. Cambridge: Cambridge University Press.

Vryonis, S. 1977. Cultural Conformity in Byzantine Society. In *Individualism and Conformity in Classical Islam,* edited by A. Banai and S. Vryonis, 115–144. Wiesbaden: Otto Harrassowitz.

Wake, C. H. H. 1979. The Changing Pattern of Europe's Pepper and Spice Imports, 1400–1700. *Journal of European Economic History* 8:360–404.

Wakeman, F., Jr. 1972. The Price of Autonomy: Intellectuals in Ming and Ch'ing Politics. *Daedalus* 101:35–70.

_______. 1975a. The Evolution of Local Control in Late Imperial China. In *Conflict and Control in Late Imperial China,* edited by F. Wakeman and C. Grant, 1–25. Berkeley and Los Angeles: University of California Press.

_______. 1975b. *The Fall of Imperial China.* New York: Free Press.

________. 1977. Rebellion and Revolution: The Study of Popular Movements in Chinese History. *Journal of Asian Studies* 36:201–238.

________. 1979. The Shun Interregnum of 1644. In *From Ming to Ch'ing: Conquest, Region, and Continuity in Seventeenth Century China,* edited by J. D. Spence and J. E. Wills, Jr., 39–88. New Haven: Yale University Press.

________. 1985. *The Great Enterprise: The Manchu Reconstruction of Imperial Order in Seventeenth Century China.* 2 vols. Berkeley and Los Angeles: University of California Press.

________. 1986. China and the Seventeenth Century Crisis. *Late Imperial China* 7:1–26.

Walker, H. A. 1987. Spinning Gold from Straw: On Cause, Law, and Probability. *Sociological Theory* 5:28–33.

Wallerstein, I. 1974. *The Modern World System,* vol. 1: *Capitalist Agriculture and the Origins of the European World Economy in the Sixteenth Century.* New York: Academic Press.

________. 1980. *The Modern World System,* vol. 2: *Mercantilism and the Consolidation of the European World Economy, 1600–1750.* New York: Academic Press.

________. 1984. Long Waves as Capitalist Process. *Review* 7:559–575.

________. 1989. *The Modern World System,* vol. 3: *The Second Era of Great Expansion of the Capitalist World Economy, 1730s–1840s.* San Diego: Academic Press.

Walter, J. 1980. Grain Riots and Popular Attitudes toward the Law: Maldon and the Crisis of 1629. In *An Ungovernable People?* edited by J. Brewer, 47–84. New Brunswick, NJ: Rutgers University Press.

Walter, J., and K. Wrightson. 1976. Dearth and the Social Order in Early Modern England. *Past and Present,* no. 71, 22–42.

Walter, J., and R. Schofield, eds. 1989. *Famine, Disease, and the Social Order in Early Modern Society.* Cambridge: Cambridge University Press. Walton, J. 1984. *Reluctant Rebels.* New York: Columbia University Press. Walzer, M. 1974. *The Revolution of the Saints.* New York: Atheneum.

Wang, G. 1984. The Chinese Urge to Civilize: Reflections on Change. *Journal of Asian History* 18:1–34.

Wang, Yeh-chien. 1973. *Land Taxation in Imperial China, 1750–1911.* Cambridge, MA: Harvard University Press.

Wang, Yü-ch'üan. 1936. The Rise of Land Tax and the Fall of Dynasties in Chinese History. *Pacific Affairs* 9:201–220.

Waquet, J.-C. 1982. Who Profited from the Alienation of Public Revenues in the Ancien Régime? Some Reflections on the Examples of France, Piedmont, and Naples in the XVIIth and XVIIIth centuries. *Journal of European Economic History* 11:665–673.

Watkins, S. C., and J. Mencken. 1985. Famines in Historical Perspective. *Population and Development Review* 11:647–675.

Watson, A. M. 1981. A Medieval Green Revolution: New Crops and Farming Techniques in the Early Islamic World. In *The Islamic Middle East, 700–1900: Studies in Economic and Social History,* edited by A. L. Udovitch, 29–58. Princeton, NJ: Darwin Press.

Watson, I. 1983. *Agricultural Innovation in the Early Islamic World.* Cambridge: Cambridge University Press.

Weary, W. 1977. The House of La Tremoille, Fifteenth through Eighteenth Centuries: Change and Adaptation in a French Noble Family. *Journal of Modern History* 49 (suppl.): 1001–1038.

Weber, A. F. 1963. *The Growth of Cities in the 19th Century.* New York: Macmillan.

Weber, H. 2012. "Demography and Democracy: The Impact of Youth Cohort Size on Democratic Stability in the World." *Democratization* 20(2): 335-357.

Weber, M. 1951. *The Religion of China.* Translated by H. Gerth. New York: Free Press.

________. 1958. *The Protestant Ethic and the Spirit of Capitalism.* Translated by T. Parsons. New York: Scribner.

________. 1961. *General Economic History.* Translated by F. Knight. New York: Collier-Macmillan.

________. 1978. *Economy and Society.* Edited by G. Roth and C. Wittich. Berkeley and Los Angeles: University of California Press.

Weiner, M. 1971. Political Demography: An Inquiry into the Political Consequences of Population Change. In *Rapid Population Growth: Consequences and Policy Implications,* compiled by the National Academy of Sciences, 567–617. Baltimore, MD: Johns Hopkins University Press.

Weir, D. R. 1982. Fertility Transition in Rural France 1740–1829. Ph.D. diss., Stanford University.

________. 1989a. Tontines, Public Finance, and Revolution in France and England, 1688–1789. *Journal of Economic History* 49:95–124.

________. 1989b. Markets and Mortality in France, 1600–1789. In *Famine, Disease, and the Social Order in Early Modern Society,* edited by J. Walter and R. Schofield, 201–234. Cambridge: Cambridge University Press.

Welch, C. 1980. *Anatomy of Rebellion.* Albany, NY: SUNY Press.

Wesson, R. 1978. *State Systems: International Pluralism, Politics, and Culture.* New York: Free Press.

White, E. N. 1989. Was There a Solution to the *Ancien Régime's* Financial Dilemma? *Journal of Economic History* 49:545–568.

White, J. W. 1988a. Rational Rioters: Leaders, Followers, and Popular Protest in Early Modern Japan. *Politics and Society* 16:35–69.

________. 1988b. State Growth and Popular Protest in Tokugawa Japan. *Journal of Japanese Studies* 14:1–26.

________. 1989. Economic Development and Sociopolitical Unrest in Nineteenth Century Japan. *Economic Development and Cultural Change* 37:231–260.

White, L. 1962. *Medieval Technology and Social Change.* Oxford: Clarendon Press.

Wick, D. L. 1987. *A Conspiracy of Well-intentioned Men: The Society of Thirty and the French Revolution.* New York: Garland.

Wiens, M. 1979. Masters and Bondservants: Peasant Rage in the Seventeenth Century. *Ming Studies* 8:57–64.

________. 1980. Lord and Peasant: The Sixteenth to the Eighteenth Centuries. *Modern China* 6:3–39.

Wilkinson, E. P. 1980. *Studies in Chinese Price History.* New York: Garland..

Williams, A. 1979. *The Police of Paris, 1718–1789.* Baton Rouge: Louisiana State University Press.

Williams, P. 1979. *The Tudor Regime.* Oxford: Clarendon Press.

Williamson, J. 1984. Why Was British Growth So Slow during the Industrial Revolution? *Journal of Economic History* 44:687–712.

Wilson, C., and G. Parker, eds. 1977. *An Introduction to the Sources of European Economic History, 1500–1800.* Ithaca, NY: Cornell University Press.

Wittfogel, K. A. 1957. *Oriental Despotism: A Comparative Study of Total Power.* New Haven: Yale University Press.

Wolf, E. 1969. *Peasant Wars of the Twentieth Century.* New York: Harper and Row.

Woloch, I., ed. 1977. *The Peasantry in the Old Regime: Conditions and Protests.* Huntington, NY: Robert E. Krieger.

Wong, R. B. 1982. Food Riots in the Qing Dynasty. *Journal of Asian Studies* 41:767–788.

_______. 1983. Les émeutes de subsistence en Chine et en Europe occidentale. *Annales, E.S.C.* 38:234–258.

_______. 1997. *China Transformed: Historical Change and the Limits of European Experience.* Ithaca, NY: Cornell University Press.

Wonnacott, R. J., and T. H. Wonnacott. 1979. *Econometrics.* New York: John Wiley.

Wood, E. 2003. *Insurgent Collective Action and Civil War in El Salvador.* Cambridge: Cambridge University Press.

Wood, J. 1976. The Decline of the Nobility in Sixteenth and Early Seventeenth Century France: Myth or Reality. *Journal of Modern History* 48 (suppl.): 1–30.

_______. 1977. Demographic Pressure and Social Mobility among the Nobility of Early Modern France. *Sixteenth Century Journal* 8:3–16.

Woodhead, C. 1987. "The Present Terror of the World?" Contemporary Views of the Ottoman Empire, c. 1600. *History* 72:20–37.

Woodward, D. 1981. Wage Rates and Living Standards in Pre-industrial England. *Past and Present,* no. 91, 28–46.

Woolrych, A. 1968. Puritanism, Politics, and Society. In *The English Revolution, 1600–1660,* edited by E. W. Ives, 87–100. New York: Harper and Row.

_______. 1980. Court, Country, and City Revisited. *History* 65:236–245.

_______. 1983. *England without a King, 1649–1660.* London: Methuen.

Wordie, J. R. 1983. The Chronology of English Enclosure. *Economic History Review,* 2d ser., 36:483–505.

Wright, G., and G. Saxonhouse, eds. 1984. *Technique, Spirit, and Form in the Making of Modern Economics: Essays in Honor of William N. Parker.* Greenwich, CT: JAI Press.

Wright, R. 2000. *The Last Great Revolution: Turmoil and Transformation in Iran.* New York: Vintage.

Wrightson, K., and D. Levine. 1979. *Poverty and Piety in an English Village: Terling, 1525–1700.* New York: Academic Press.

Wrigley, E. A. 1969. *Population and History.* New York: McGraw-Hill.

. 1972. The Process of Modernization and the Industrial Revolution in England. *Journal of Interdisciplinary History* 3:225–259.

_______. 1978. A Simple Model of London's Importance in Changing English Society and Economy, 1650–1750. In *Towns in Societies,* edited by P. Abrams and E. A. Wrigley, 215–244. Cambridge: Cambridge University Press.

_______. 1983. The Growth of Population in Eighteenth Century England: A Conundrum Resolved. *Past and Present,* no. 98, 121–150.

_______. 1985. The Fall of Marital Fertility in Nineteenth Century France: Example or Exception? *European Journal of Population* 1:31–60.

Wrigley, E. A., and R. Schofield. 1981. *The Population History of England, 1541–1871.* Cambridge, MA: Harvard University Press.

Wu, J. C. H. 1967. Chinese Legal and Political Philosophy. In *The Chinese Mind: Essentials of Chinese Philosophy and Culture,* edited by C. A. Moore, 213–237. Honolulu: East-West Center, University of Hawaii Press.

Wu, S. 1970. *Communication and Imperial Control in China.* Cambridge, MA: Harvard University Press.

_______. 1979. *Passage to Power: K'ang-hsi and His Heir-Apparent, 1661–1722.* Cambridge, MA: Harvard University Press.

Wuthnow, R. 1985. State Structure and Ideology. *American Sociological Review* 50:799–821.

_______. 1987. *Meaning and Moral Order: Explorations in Cultural Analysis.* Berkeley and Los Angeles: University of California Press.

_______. 1989. *Communities of Discourse: Ideology and Social Structure in the Reformation, the Enlightenment, and European Socialism.* Cambridge, MA: Harvard University Press.

Wyczanski, A. 1960. Le niveau de la récolte des céréales en Pologne du XVI au XVIII siècle. In *First International Conference on Economic History,* 585–590. Paris: Mouton.

Wyndham, K. 1979. Crown Land and Royal Patronage in Mid-Sixteenth Century England. *Journal of British Studies* 19:18–34.

Yamamura, K. 1967. The Role of the Samurai in the Development of Modern Banking in Japan. *Journal of Economic History* 27:198–220.

Yamamura, K., and T. Kamiki. 1983. Silver Mines and Sung Coins: A Monetary History of Medieval and Modern Japan in International Perspective. In *Precious Metals in the Later Medieval and Early Modern World,* edited by J. F. Richards, 329–362. Durham, NC: Carolina Academic Press.

Yang, L. 1969. Ming Local Administration. In *Chinese Government in Ming Times: Seven Studies,* edited by C. O. Hucker, 1–22. New York: Columbia University Press.

Yasuba, Y. 1986. Standard of Living in Japan before Industrialization: From What Level Did Japan Begin? A Comment. *Journal of Economic History* 46:217–224.

Yelling, J. A. 1973. Change in Crop Production in East Worcestershire, 1540–1867. *Agriculture Historical Review* 2:24–26.

_______. 1977. *Common Field and Enclosure in England, 1450–1800.* London: Macmillan.

_______. 1982. Rationality in Common Fields. *Economic History Review,* 2d ser., 35:409–415.

Yim, S. 1978. Famine Relief Statistics as a Guide to the Population of Sixteenth Century China: A Case Study of Honan Province. *Ch'ing shih wen-t'i* 3(9):130.

Young, A. 1971 [1792]. Travels during the Years 1787, 1788, and 1789. In *France on the Eve of Revolution: A Book of Readings,* edited by J. Kaplow, 121–136. New York: John Wiley.

Yuan, T. 1978a. The Porcelain Industry at Ching-te-chen, 1550–1700. *Ming Studies Newsletter,* no. 6, 45–53.

_______. 1978b. Continuities and Discontinuities in Chinese Agriculture, 1550–1700. *Ming Studies Newsletter,* no. 7, 35–51.

_______. 1979. Urban Riots and Disturbances. In *From Ming to Ch'ing: Conquest, Region, and Continuity in Seventeenth Century China,* edited by J. D. Spence and J. E. Wills, Jr., 277–320. New Haven: Yale University Press.

_______. 1981. The Silver Trade between America and China, 1550–1700. In *Precious*

Metals in the Age of Expansion: Papers of the XIVth International Congress of the Historical Sciences, edited by H. Kellenbenz, 268–272. Stuttgart: Klett-Cotta.

Zagorin, P. 1969. *The Court and the Country.* Cambridge: Cambridge University Press.

_______. 1982. *Rebels and Rulers.* 2 vols. Cambridge: Cambridge University Press.

Zakythinos, D. A. 1976. *The Making of Modern Greece.* Translated by J. Stone. Totowa, NJ: Rowman and Littlefield.

Zaret, D. 1985. *The Heavenly Contract: Ideology and Organization in Prerevolutionary Puritanism.* Chicago: University of Chicago Press.

Zelin, M. 1984. *The Magistrate's Tael: Rationalizing Fiscal Reform in Eighteenth Century Ch'ing China.* Berkeley and Los Angeles: University of California Press.

Zeller, O. 1983. *Les recensements lyonnais de 1597 et 1636.* Lyon: Presses Universitaires de Lyon.

Zen Sun, E. T., and J. de Francis, eds. 1956. *Chinese Social History: Translations of Selected Studies.* Washington, DC: Octagon Books.

Zerubavel, E. 1981. *Hidden Rhythms: Schedule and Calendars in Social Life.* Chicago: University of Chicago Press.

Zilfi, M. C. 1983. Elite Circulation in the Ottoman Empire: Great Mollas of the Eighteenth Century. *Journal of the Economic and Social History of the Orient* 26:318–364.

Zimmerman, E. 1979. Crises and Crisis Outcomes: Towards a New Synthetic Approach. *European Journal of Political Research* 7:67–115.

_______. 1983. *Political Violence, Crises, and Revolutions: Theories and Research.* Boston: G. K. Hall.

Zolberg, A. R. 1980. Strategic Interactions and the Formation of Modern States: France and England. *International Social Science Journal* 32:687–716.

Zunz, 0., ed. 1985. *Reliving the Past: The Worlds of Social History.* Chapel Hill: University of North Carolina Press.

Zurndorfer, H. T. 1981. The Hsin-an Ta-tsu Chih and the Development of Chinese Gentry Society, 800–1600. *T'oung Pao* 67:154–215.

_______. 1983. Violence and Political Protest in Ming and Qing China. *International Review of Social History* 28:304–319.

_______. 1984. Local Lineages and Local Development: A Case Study of the Fan Lineage, Hsui-ming hsien, Hui-chou (800–1500). *T'oung Pao* 70:18–59.

图书在版编目(CIP)数据

早期现代世界的革命与反抗:1600年至1850年间英国、法国、奥斯曼土耳其和中国的人口变化与国家崩溃:25周年版/(德)杰克·A.戈德斯通(Jack A. Goldstone)著;章延杰,黄立志,章璇译.—上海:上海人民出版社,2020
(东方编译所译丛)
书名原文:Revolution and Rebellion in the Early Modern World: Population Change and State Breakdown in England, France, Turkey, and China, 1600－1850, 25th Anniversary Edition
ISBN 978－7－208－16553－3

Ⅰ.①早… Ⅱ.①杰… ②章… ③黄… ④章… Ⅲ.①世界史-革命史-研究 Ⅳ.①K101

中国版本图书馆CIP数据核字(2020)第119167号

责任编辑 徐晓明
封面设计 夏 芳

东方编译所译丛
早期现代世界的革命与反抗
——1600年至1850年间英国、法国、奥斯曼土耳其和中国的人口变化与国家崩溃
(25周年版)
[德]杰克·A.戈德斯通 著
章延杰 黄立志 章 璇 译

出 版 上海人民出版社
(200001 上海福建中路193号)
发 行 上海人民出版社发行中心
印 刷 上海商务联西印刷有限公司
开 本 635×965 1/16
印 张 40
插 页 2
字 数 579,000
版 次 2020年9月第1版
印 次 2020年9月第1次印刷
ISBN 978－7－208－16553－3/K·2971
定 价 138.00元

Revolution and Rebellion in the Early Modern World: Population Change and State Breakdown in England, France, Turkey, and China, 1600—1850
25th Anniversary Edition/By Jack A. Goldstone/ISBN: 978-1-138-22212-0

东方编译所译丛·政治科学

早期现代世界的革命与反抗:1600年至1850年间英国、法国、奥斯曼土耳其和中国的人口变化与国家崩溃(25周年版)	[德]杰克·A.戈德斯通 著 章延杰 等译	138.00元
政党:组织与权力	[意]安格鲁·帕尼比昂科 著 周建勇 译	48.00元
裙带资本主义 ——韩国和菲律宾的腐败与发展	[美]康灿雄 著 李 巍 石 岩 王 寅 译	42.00元
民主的模式 ——36个国家的政府形式与政府绩效(第二版)	[美]阿伦·利普哈特 著 陈 崎 译	58.00元
政治分肥 ——自民党长期政权的政治经济学	[日]斋藤淳 著 杨 帆 张 帆 译	58.00元
国家与权力	[美]理查德·拉克曼 著 郦 菁 等译	30.00元
国家与社会革命 ——对法国、俄国和中国的比较分析	[美]西达·斯考切波 著 何俊志 等译	78.00元
社会运动、政治暴力和国家 ——对意大利和德国的比较分析	[意]多娜泰拉·德拉波尔塔 著 王 涛 等译	65.00元
不平等的民主 ——新镀金时代的政治经济学分析	[美]拉里·M.巴特尔斯 著 方 卿 译	48.00元
商业与联盟 ——贸易如何影响国内政治联盟	[美]罗纳德·罗戈夫斯基 著 杨 毅 译	36.00元
参与和民主理论	[美]卡罗尔·佩特曼 著 陈 尧 译	35.00元
政治科学研究方法(第八版)	[美]W.菲利普斯·夏夫利 著 郭继光 等译	32.00元
权力与社会 ——一项政治研究的框架	[美]哈罗德·D.拉斯韦尔 等著 王菲易 译	40.00元
共识与冲突(增订版)	[美]西摩·马丁·李普塞特 著 张华青 等译	88.00元

政治人 ——政治的社会基础	[美]西摩・马丁・李普塞特　著 张绍宗　译	56.00 元
政治科学中的制度理论:新制度主义(第三版)	[美]B.盖伊・彼得斯　著 王向民　等译	55.00 元
民主与再分配	[美]卡莱斯・鲍什　著 熊　洁　译	58.00 元
现代化的政治	[美]戴维・E.阿普特　著 陈　尧　译	75.00 元
民主的经济理论	[美]安东尼・唐斯　著 姚　洋　等译	32.00 元
利维坦的诞生 ——中世纪及现代早期欧洲的国家与政权建设	[美]托马斯・埃特曼　著 郭台辉　译	88.00 元
论政治平等	[美]罗伯特・A.达尔　著 谢　岳　译	25.00 元
俄罗斯未竟的革命 ——从戈尔巴乔夫到普京的政治变迁	[美]迈克尔・麦克福尔　著 唐贤兴　等译	58.00 元
国家、政党与社会运动	[美]杰克・A.戈德斯通　主编 章延杰　译	65.00 元
城市政治学理论	[英]戴维・贾奇　等编 刘　晔　译	38.00 元
政治与构想 ——西方政治思想的延续和创新(扩充版)	[美]谢尔登・S.沃林　著 辛亨复　译	78.00 元
民主	[美]查尔斯・蒂利　著 魏洪钟　译	56.00 元
选举制度与政党制度	[美]阿伦・李帕特　著 谢　岳　译	48.00 元
腐败征候群:财富、权力和民主	[美]迈克尔・约翰斯顿　著 袁建华　译	33.00 元
国家的艺术	[英]克里斯托弗・胡德　著 彭　勃　等译	27.00 元
变化社会中的政治秩序	[美]塞缪尔・P.亨廷顿　著 王冠华　等译	42.00 元
国家:本质、发展与前景	[美]贾恩弗朗哥・波齐　著 陈　尧　译	48.00 元
强制、资本和欧洲国家(公元 990—1992 年)	[美]查尔斯・蒂利　著 魏洪钟　译	30.00 元
集体暴力的政治	[美]查尔斯・蒂利　著 谢　岳　译	24.00 元
经济制度与民主改革	[丹麦]奥勒・诺格德　著	

孙友晋　等译　　28.00 元

政治社会学导论(第四版)　　[美]安东尼·奥罗姆　著
张华青　等译　　30.00 元

政治学理论与方法　　[挪威]斯坦因·U.拉尔森　主编
任　晓　等译　　42.00 元